Ertragsteuerliche Berücksichtigung von Verlusten
aus privaten Aktiengeschäften

Forum Unternehmens-, Steuer- und Bilanzrecht

Deutsche, europäische und internationale Rechtsfragen
Herausgegeben von Oliver Fehrenbacher / Michael Stöber

Band 27

PETER LANG

Florian A. Mayer

Ertragsteuerliche Berücksichtigung von Verlusten aus privaten Aktiengeschäften

PETER LANG

Bibliografische Information der Deutschen Nationalbibliothek
Die Deutsche Nationalbibliothek verzeichnet diese Publikation in der Deutschen Nationalbibliografie; detaillierte bibliografische Daten sind im Internet über http://dnb.d-nb.de abrufbar.

Zugl.: Dissertation an der Rechtswissenschaftlichen Fakultät der Privaten Universität im Fürstentum Liechtenstein, 2022

ISSN 2366-293X
ISBN 978-3-631-89913-7 (Print)

Peter Lang – Berlin · Bern · Bruxelles · New York · Oxford · Warszawa · Wien

Diese Publikation wurde begutachtet.

www.peterlang.com

Für meine Eltern

Vorwort

Das vorliegende Werk wurde im Wintersemester 2022/2023 von der Rechtswissenschaftlichen Fakultät der Privaten Universität im Fürstentum Liechtenstein als Dissertation angenommen. In meiner Dankbarkeit gegenüber der UFL möchte ich gerne Frau Dr. Elisabeth Berger hervorheben, die mich auf diesem Weg bestens begleitet hat. Besonders bedanken möchte ich mich zudem bei Herrn Prof. Dr. Marcel Kau von der Universität Konstanz für die Übernahme des Zweitgutachtens. Darüber hinaus gebührt mein größter und außerordentlicher Dank meinem Doktorvater Herrn Prof. Dr. Oliver Fehrenbacher von der Universität Konstanz, der mir diesen Weg überhaupt ermöglichte und diesen mit mir gegangen ist. Haben Sie vielen Dank!

Abschließend möchte ich mich noch bei meiner lieben Familie herzlichst bedanken. Eure Unterstützung, Rückendeckung und Geduld haben mir sehr geholfen!

München, Januar 2023
Florian A. Mayer

Inhaltsübersicht

Inhaltsverzeichnis

Abkürzungsverzeichnis

a. A.	andere Ansicht
a. F.	alte Fassung
ABl.	Amtsblatt der Europäischen Union
Abs.	Absatz
ADHGB	Allgemeines Deutsches Handelsgesetzbuch
ADR	American Depository Receipts
AfA	Absetzung für Abnutzung
AfaA	Absetzung für außergewöhnliche Abnutzung
AG	Aktiengesellschaft
AK	Anschaffungskosten
AktG	Aktiengesetz
Alt.	Alternative
Anm.	Anmerkung
AO	Abgabenordnung
APR	Allgemeines Persönlichkeitsrecht
Aufl.	Auflage
BA	Betriebsausgaben
BB	Betriebs-Berater (Zeitschrift)
Bd.	Band
BeckRS	Beck-Rechtsprechung
BFH	Bundesfinanzhof
BFHE	Amtliche Sammlung der Entscheidungen des Bundesfinanzhofs
BFH/NV	Sammlungen amtlich nicht veröffentlichter Entscheidungen des BFH
BGB	Bürgerliches Gesetzbuch
BGH	Bundesgerichtshof
BGHZ	Amtliche Sammlung der Entscheidungen des Bundesgerichtshofs in Zivilsachen
BGBl.	Bundesgesetzblatt
BHO	Bundeshaushaltsordnung

Bill.	Billion
BiRiLiG	Bilanzrichtliniengesetz
BMF	Bundesministerium der Finanzen
BörsG	Börsengesetz
BörsZulV	Börsenzulassungsverordnung
BRD	Bundesrepublik Deutschland
BR-Drs.	Bundesrat Drucksache
BRH	Bundesrechnungshof
BStBl.	Bundessteuerblatt
BT	Bundestag
BT-Drs.	Bundestag Drucksache
BV	Betriebsvermögen
BVerfG	Bundesverfassungsgericht
BVerfGE	Amtliche Sammlung der Entscheidungen des Bundesverfassungsgerichts
BVerwGE	Amtliche Sammlung der Entscheidungen des Bundesverwaltungsgerichts
bzgl.	bezüglich
bzw.	beziehungsweise
ca.	circa
CDU	Christlich Demokratische Union Deutschlands
CSU	Christlich-Soziale Union in Bayern
d. h.	das heißt
DAX®	Deutscher Aktienindex
DAC	Directive on Administrative Cooperation
DB	Der Betrieb (Zeitschrift)
DBA	Doppelbesteuerungsabkommen
DDV	Deutscher Derivate Verband e. V.
DepotG	Depotgesetz
ders.	derselbe
DFGT	Deutscher Finanzgerichtstag
dies.	dieselbe/n
DM	Deutsche Mark
DStJG	Deutsche Steuerjuristische Gesellschaft

DStR	Deutsches Steuerrecht (Zeitschrift)
DStRE	Deutsches Steuerrecht/Entscheidungsdienst (Zeitschrift)
DStRK	Deutsches Steuerrecht kurzgefaßt (Zeitschrift)
DStZ	Deutsche Steuer-Zeitung (Zeitschrift)
e. V.	eingetragener Verein
Einl.	Einleitung
Erg.-Lfg.	Ergänzungslieferung
ESt	Einkommensteuer
EStB	Ertrag-Steuerberater (Zeitschrift)
EStG	Einkommensteuergesetz
EU	Europäische Union
EWR	Europäischer Wirtschaftsraum
EZB	Europäische Zentralbank
f.	folgender
FamFG	Gesetz über das Verfahren in Familiensachen und in Angelegenheiten der freiwilligen Gerichtsbarkeit
FAZ	Frankfurter Allgemeine Zeitung
ff.	folgende
FiFo	First in, First out
FinArch	FinanzArchiv (Zeitschrift)
FördG	Gesetz über Sonderabschreibungen und Abzugsbeträge im Fördergebiet
FR	FinanzRundschau (Zeitschrift)
FS	Festschrift
gem.	gemäß
GewStG	Gewerbesteuergesetz
GG	Grundgesetz
ggf.	gegebenenfalls
GmbH	Gesellschaft mit beschränkter Haftung
GoB	Grundsätze ordnungsgemäßer Buchführung
GO-BT	Geschäftsordnung des Deutschen Bundestags
grdl.	grundlegend
GS	Gedächtnisschrift

HFR	Höchstrichterliche Finanzrechtsprechung (Zeitschrift)
HGB	Handelsgesetzbuch
HK	Herstellungskosten
Hs.	Halbsatz
i. E.	im Ergebnis
i. H. v.	in Höhe von
i. R. d.	im Rahmen der/des
i. R. e.	im Rahmen einer/eines
i. R. v.	im Rahmen von
i. S. d.	im Sinne des
i. V. m.	in Verbindung mit
InsO	Insolvenzordnung
jM	juris – Die Monatszeitschrift (Zeitschrift)
Kap.	Kapitel
KroatienAnpG	Kroatienanpassungsgesetz
KStG	Körperschaftsteuergesetz
KuK	Kredit und Kapital (Zeitschrift)
KWG	Kreditwesengesetz
LiFo	Last in, First out
m. E.	meines Erachtens
mind.	mindestens
Mio.	Million
Mrd.	Milliarde
MüKo	Münchener Kommentar
n. F.	neue Fassung
NaStrG	Gesetz zur Namensaktie und zur Erleichterung der Stimmrechtsausübung
NJW	Neue Juristische Wochenschrift (Zeitschrift)
NP	Nettoprinzip
NSTZ-RR	Rechtsprechungsreport der Neuen Zeitschrift für Strafrecht (Zeitschrift)
NV-Bescheinigung	Nichtveranlagungsbescheinigung
NWB	Neue Wirtschafts Briefe/NWB Steuer- und Wirtschaftsrecht (Zeitschrift)

NZG	Neue Zeitschrift für Gesellschaftsrecht (Zeitschrift)
NZI	Neue Zeitschrift für Insolvenz- und Sanierungsrecht (Zeitschrift)
obj.	objektive/n
OECD	Organisation für wirtschaftliche Zusammenarbeit und Entwicklung
OFD	Oberfinanzdirektion
OTC	Over-the-Counter
o. ä.	oder ähnlich
PrGS	Gesetzessammlung für die Königlichen Preußischen Staaten
PV	Privatvermögen
RGBl.	Reichsgesetzblatt
rkr.	rechtskräftig
RL	Richtlinie
Rn.	Randnummer
Rspr.	Rechtsprechung
RT-Drs.	Reichstag Drucksache
s.	siehe
S.	Satz/Seite
sog.	sogenannte/n/r/s
SolzG	Solidaritätszuschlaggesetz
StÄndG	Steueränderungsgesetz
StB	Der Steuerberater (Zeitschrift)
StBp	Die steuerliche Betriebsprüfung (Zeitschrift)
StEd	Steuer-Eildienst (Zeitschrift)
StEntlG	Steuerentlastungsgesetz
SteuerHBekG	Steuerhinterziehungsbekämpfungsgesetz
SteuerHBekV	Steuerhinterziehungsbekämpfungsverordnung
StNOG	Gesetz zur Neuordnung von Steuern
StraBEG	Strafbefreiungserklärungsgesetz
StRefG	Steuerreformgesetz
stRspr.	ständige Rechtsprechung

StSenkG	Steuersenkungsgesetz
STUmgBG	Steuerumgehungbekämpfungsgesetz
StuW	Steuern und Wirtschaft (Zeitschrift)
SZ	Süddeutsche Zeitung
u. a.	unter anderem/und andere
Überbl.	Überblick
Ubg	Die Unternehmensbesteuerung (Zeitschrift)
UntStRefG	Unternehmensteuerreformgesetz
usw.	und so weiter
v.	von/vom/vor
vgl.	vergleiche
Vorb.	Vorbemerkung
VSt	Vermögensteuer
VStG	Vermögensteuergesetz
VuV	Vermietung und Verpachtung
VZ	Veranlagungszeitraum
WPg	Die Wirtschaftsprüfung (Zeitschrift)
WpHG	Wertpapierhandelsgesetz
WK	Werbungskosten
WG	Wirtschaftsgut
WM	Wertpapier-Mitteilungen (Zeitschrift für Wirtschafts- und Bankrecht)
z. B.	zum Beispiel
ZIP	Zeitschrift für Wirtschaftsrecht (Zeitschrift)

Einleitung

Aus privaten Aktienbeteiligungen mit den regelmäßig zugehörigen Veräußerungsgeschäften entstehen nicht nur Gewinne, sondern auch Verluste. Es stellen sich daher folgende Fragen: Wie sind diese Verluste einkommensteuerrechtlich nach Einführung der Abgeltungsteuer[1] steuerbar und welche zu lösenden materiell- und verfahrensrechtlichen Rechtsprobleme schließen sich an. Mit dem Wandel in der Kapitalertragsbesteuerung durch Einführung einer Abgeltungsteuer seit dem Veranlagungszeitraum 2009 hat der Gesetzgeber die Einkünfte aus Kapitalvermögen unter anderem dahingehend umgestaltet und erweitert, dass – entgegen der früheren Auffassung – nicht nur die Erträge von der Quelle, sondern der gesamte Vermögensstamm steuerlich erfasst wird.[2] Dieser Schritt führt im Ergebnis zu einer umfassenden Besteuerung jeglicher Wertzuwächse der Kapitaleinkünfte im Privatvermögen und löst sich gleichzeitig von der Abhängigkeit der Steuerbarkeit von einer Haltedauerfrist.[3] Daher besteht eine besondere zu untersuchende Relevanz für § 20 Abs. 2, 4 und 6 EStG. Zuvor waren nur die Gewinne der besonders kurzfristigen Vermögensdurchgänge des Vermögensstamms aus einer privaten Aktienbeteiligung steuerbar, soweit die Haltedauerfrist von zuletzt einem Jahr unterschritten wurde. Verluste aus diesen Veräußerungsvorgängen wurden hingegen nur steuerlich anerkannt, soweit sie ebenfalls in der Haltedauerfrist realisiert wurden. Ansonsten wurden Veräußerungsverluste aus Aktien dem nicht steuerbaren Privatvermögen zugeordnet. Überdies konnten vor der umfassenden Steuerreform für private Kapitalerträge steuerliche Verluste im Zusammenhang mit der gehaltenen privaten Aktienbeteiligung entstehen. Das traf somit auch für diejenigen Fälle zu, die aus der gehaltenen Aktienbeteiligung im Privatvermögen regelmäßig Dividendenerträge erzielen. Im Ergebnis ist indes die ertragsteuerliche Verlustberücksichtigung aus privaten Aktiengeschäften nach Einführung der Abgeltungsteuer systematisch systemwidrig und verfassungsrechtlich verfassungswidrig. Eine Rechtfertigung gelingt nicht.

1 Der technisch ungenaue Begriff der Abgeltungsteuer bezieht sich nachfolgend freilich auf die umfassende Steuerreform der Einkünfte aus Kapitalvermögen i. S. d. § 20 EStG nach dem UntStRefG 2008, folglich die Besteuerung von Kapitaleinkünften des Privatvermögens, s. BT-Drs. 4841/16, S. 33.

2 *Jachmann-Michel*, BB 2018, 2329 (2329).

3 Vgl. BT-Drs. 16/4841, S. 54 f.

I. Fragestellung

Aus dem Blickwinkel der steuerlichen Verlustanerkennung privater Aktienbeteiligungen nach Einführung der Abgeltungsteuer ergibt sich ein grundlegendes Problem dadurch, dass die Gesetzesbegründung zur Abgeltungsteuer nur noch von Wertzuwächsen spricht, indes nicht von Wertminderungen beziehungsweise Verlusten[4]. Diese Unklarheit führt und führte zu unterschiedlichen Auffassungen von Finanzverwaltung, Rechtsprechung und Literatur in Bezug auf die steuerliche Berücksichtigung und Handhabung von Verlusten aus Einkünften des Kapitalvermögens. Darunter sind jedoch nun auch die Verluste aus Veräußerungsgeschäften aus einer privaten Aktienbeteiligung, sozusagen des in Aktien investierenden steuerpflichtigen Kleinanlegers, zu subsumieren. Der Gesetzgeber geht zwar selbst von einer grundsätzlichen Verlustanerkennung der Einkünfte von Kapitalvermögen aus wie sich zum Beispiel dadurch zeigt, dass dieser die Verlustverrechnung explizit in § 20 Abs. 6 EStG regelt, oder dass § 20 Abs. 6 S. 7 EStG sich begrifflich auf Verluste aus Kapitalvermögen im Zusammenhang mit dem Erfordernis der Verlustbescheinigung bezieht und diese erstmal zur Geltendmachung voraussetzt,[5] oder dass die Gesetzesbegründung im Rahmen der Gewinnermittlungsmethode des § 20 Abs. 4 EStG explizit bei einem negativen Betrag von einem Verlust spricht[6]. Hinsichtlich Veräußerungsverlusten aus der privaten Aktienbeteiligung hat der Gesetzgeber des Weiteren ausdrücklich einen eigenen besonderen Verlustverrechnungskreis in § 20 Abs. 6 S. 4 EStG geschaffen. Neben diesen allgemeinen Aspekten zur steuerlichen Verlustanerkennung von Veräußerungsgeschäften aus privaten Kapitalanlagen aus dem Gesetz hat der BFH mittlerweile verschiedene strittige Verluste aus privaten Kapitalanlagen wie unter anderem erstens des endgültigen Forderungsausfalls[7] und des -verzichts[8] im Rahmen eines privaten Gesellschafterdarlehens, zweitens aus dem Verfall von wertlosen Knock-out-Zertifikaten[9] und drittens aus dem Verfallenlassen von wertlosen Optionen[10] steuerlich anerkannt. Nur diese kurzen Ausschnitte von Sachverhalten zeigen schon, dass doch eine Vielzahl neuer Fragen in Bezug auf die Verlustanerkennung von Einkünften aus Kapitalvermögen durch die Einführung der Abgeltungsteuer entstanden sind. Deren Neuerungen gelten ebenso für eine private Aktienbeteiligung mit dem zugehörigen Veräußerungsgeschäft und wirken sich auf erlittene Verluste aus, insbesondere auf die Verlustanerkennung oder -verrechnung. So nehmen aus dem

4 Vgl. BT-Drs. 16/4841, S. 54 f.
5 Vgl. *Jachmann-Michel*, DB 2018, 2777 (2781).
6 BT-Drs. 16/4841, S. 57.
7 BFH BStBl. II 2021, 911 (912). Die Bezeichnung BStBl. II ohne weitere Benennung bezieht sich nachfolgend auf Entscheidungen des BFH.
8 BFHE 265, 531 = BStBl. II 2020, 833 (834).
9 BStBl. II 2019, 507 (507).
10 BStBl. II 2016, 456 (458).

steuerlichen Verlustblickwinkel einer privaten Aktienbeteiligung die Grundsatzfragen zur Erweiterung der Bemessungsgrundlage, zur Schaffung eines eigenen Tarifs und zur eingeschränkten Verlustverrechnung eine entscheidende Rolle ein. Darüber hinaus hat der BFH im Vorfeld dieser Dissertation zum Beispiel entschieden, dass das Tatbestandmerkmal der Veräußerung für die Verlustanerkennung einer privaten Aktienbeteiligung im Rahmen des § 20 Abs. 2 S. 1 Nr. 1 EStG weder von der Höhe der Gegenleistung noch von den Transaktionskosten abhängen kann.[11] Dieses Ergebnis zeigt auch schon im Hinblick auf die private Aktienbeteiligung, dass trotz der grundsätzlichen Verlustanerkennung aus dem Gesetz an sich eine Vielzahl weiterer Rechtsprobleme durch die Einführung der Abgeltungsteuer aus dem Verlustblickwinkel entstanden ist und einer Klärung bedarf. Indes handelt es sich um einen langwierigen Prozess. So sind vierzehn Jahre nach Einführung der Abgeltungsteuer immer noch teilweise Grundsatzfragen offen wie zum Beispiel die Verfassungsmäßigkeit der Abgeltungsteuer an sich oder die des besonderen Verlustverrechnungskreises für Aktienveräußerungsverluste. Mittlerweile konnte der BFH die ausstehende Frage in Bezug auf den besonderen Verlustverrechnungskreis für Aktienveräußerungsverluste zumindest dem BVerfG zur Klärung vorlegen.[12] Dessen Entscheidung ist abzuwarten. Darüber hinaus hat inzwischen kürzlich das FG Niedersachsen[13] die weitere offene Grundsatzfrage hinsichtlich der Verfassungsmäßigkeit der Abgeltungsteuer an sich ebenfalls dem BVerfG zur Entscheidung vorgelegt. Auch diesbezüglich bleibt eine Entscheidung des BVerfG abzuwarten. Ungeachtet dessen spielt der Gesetzgeber in diesem langwierigen Prozess der Klärung von strittigen Fragen zur Abgeltungsteuer selbst keine Klarheit schaffende Rolle, da neu eingeführte Gesetzeserweiterungen wie zum Beispiel der weitere Verlustverrechnungskreis des § 20 Abs. 6 S. 6 EStG für wertlose Wirtschaftsgüter das Gegenteil bewirken und mehr zu einer Verkomplizierung beitragen, als diese zu lösen. Daher soll anhand einer kurzen Darstellung

---

11 BFHE 262, 74 = BStBl. II 2019, 221 (222).

12 BStBl. II 2021, 562, Vorlagebeschluss zum anhängigen Verfahren BVerfG – 2 BvL 3/21.

13 FG Niedersachsen BeckRS 2022, 8273, Vorlagebeschluss zum Verfahren BVerfG – 2 BvL 6/22. Der festgestellte Verstoß gegen das obj. NP und den Grundsatz der Besteuerung nach der Leistungsfähigkeit wird seitens des Gerichts für die VZ 2013, 2015 und 2016 vereinfacht ausgedrückt u. a. hauptsächlich damit begründet, dass die in den Gesetzesmaterialien angeführten Rechtfertigungsgründe nicht den verfassungsrechtlichen Anforderungen genügen, vgl. FG Niedersachsen BeckRS 2022, 8273, Rn. 333–379, bzw. unabhängig von der grundsätzlichen Geeignetheit, die Erforderlichkeit einer Abgeltungsteuer nicht mehr vorliegt, da seit der Einführung der Abgeltungsteuer zusätzlich eingeführte Kontrollmechanismen das erklärte Ziel der Abgeltungsteuer hinsichtlich der Belastungsgleichheit spätestens seit dem VZ 2012 ebenso erreichen, vgl. FG Niedersachsen BeckRS 2022, 8273, Rn. 343–359.

der nachfolgenden Entscheidung mit dem Ergebnis des BFH als Einführungsfall eine Einführung in die Problemstellung der steuerlichen Verlustberücksichtigung aus einer privaten Aktienbeteiligung erfolgen.

1. Einführung in die Problemstellung

Nach dem Sachverhalt[14] stritten das FA und der Kläger über die steuerliche Verlustberücksichtigung aus privaten Veräußerungsgeschäften von Aktien im Rahmen der Steuerveranlagung. Der Kläger kaufte 2009 und 2010 über seine Bank Aktien im Wert von ca. 5.760 Euro. Zwei Drittel der Aktien veräußerte dieser am 21.10.2013 zu acht Euro an seine Bank. Das restliche Drittel veräußerte er am 20.12.2013 zu sechs Euro an seine Bank. In beiden Fällen behielt die Bank den Verkaufserlös für sich als Transaktionskosten ein. Den Verlust buchte die Bank unter Verweis auf das BMF-Schreiben[15] im Steuerabzugsverfahren nicht in den sogenannten Verlustverrechnungstopf ein und stellte über den Verlust auch keine Bescheinigung aus. Das FA berücksichtigte die Verluste nicht und lehnte den darauf gerichteten Einspruch ab. Es liege keine Veräußerung vor, weil der Veräußerungspreis die Transaktionskosten nicht übersteige. Der folgenden Klage gab das FG Niedersachsen statt[16], worauf wiederum das FA Revision einlegte, der das BMF beigetreten ist. Diese trugen im Wesentlichen vor, dass es sich um einen Missbrauch von Gestaltungsmöglichkeiten nach § 42 AO handelt. Der BFH hat die Revision als unbegründet zurückgewiesen.[17]

Der Ausgangspunkt des Rechtsstreits ergibt sich konkret in diesem Fall dadurch, dass der Wortlaut von § 20 Abs. 2 S. 1 Nr. 1 EStG nur von Gewinnen aus der Veräußerung von Aktien spricht, so dass sich die grundsätzliche Frage stellt, wie Verluste steuerlich in diesem Zusammenhang einzuordnen sind. Denn darüber hinaus existierte in der Finanzverwaltung durch BMF-Schreiben als Anwendungserlass die Auffassung, es liege keine steuerlich relevante Veräußerung in diesem Sinne vor, soweit der Veräußerungspreis die tatsächlichen Transaktionskosten nicht übersteige.[18] In einem solchen Fall liegt nach der Finanzverwaltung ein Missbrauch von steuerlichen Gestaltungsmöglichkeiten nach § 42 AO vor, da eine Übertragung von wertlosen Aktien auf einen Dritten wirtschaftlich unsinnig ist und nur so der Vorteil einer Steuerminderung über die Verlustanerkennung erlangt werden soll.[19] Folglich werden spezielle steuerliche Anforderungen an den Veräußerungstatbestand von Aktien mit Verlusten von der Finanzverwaltung gestellt. Dieser soll

14 BStBl. II 2019, 221 (221 f.).

15 BMF-Schreiben v. 18.1.2016 – IV C 1 – S 2252/08/10004: 017, BStBl. I 2016, 85.

16 FG Niedersachsen EFG 2017, 132 (133).

17 BStBl. II 2019, 221 (222).

18 BMF-Schreiben v. 18.1.2016 – IV C 1 – S 2252/08/10004: 017, Rn. 59, BStBl. I 2016, 85 (94).

19 BStBl. II 2019, 221 (222).

teilweise bei Nichtvorliegen der Voraussetzungen ausgeschlossen werden. Bevor indes die Tatbestandsmerkmale der Veräußerung in den Vordergrund rücken, stellt erstmal die Vermutungsregel der Einkünfteerzielungsabsicht trotz Verlustes[20] für die Berücksichtigung von Kapitalanlagen, dessen entgegenstehende Feststellungslast beim FA liegt[21], eine unabhängige Voraussetzung für die Verlustanerkennung dar,[22] da sich sozusagen ein erlittener Verlust ohne Einkünfteerzielungsabsicht als Ergebnis schon nur in der nichtsteuerbaren Privatsphäre abspielt und keine steuerlichen Auswirkungen haben kann. Des Weiteren müsste der Veräußerungsverlust aus Aktien trotz des Wortlauts in § 20 Abs. 1 S. 2 Nr. 1 EStG ebenfalls vom Anwendungsbereich des § 20 EStG nach dem Folgerichtigkeitsgebot erfasst werden[23], soweit Verluste nur die Kehrseite zu Gewinnen darstellen und lediglich negativ ausgestaltet sind[24]. Der BFH hat mit diesem Urteil konkret Stellung hinsichtlich des Tatbestandsmerkmals der Veräußerung in § 20 Abs. 2 S. 1 Nr. 1 EStG bezogen und folgt dem traditionellen Veräußerungsbegriff, der eine entgeltliche Übertragung des – zumindest wirtschaftlichen – Eigentums auf einen Dritten zulässt[25], so dass es ausreicht, wenn wertlose Anteile zwischen fremden Dritten auch ohne Gegenleistung oder nur gegen einen symbolischen Kaufpreis übertragen werden, da als einziges Tatbestandsmerkmal der Veräußerung nur ein entgeltlicher Rechtsträgerwechsel gefordert wird.[26] Im Ergebnis ist – nachdem in einem solchen Fall ein Steuerpflichtiger nur von einer ihm im Gesetz eingeräumten Möglichkeit Gebrauch macht – die Höhe der Gegenleistung als Abgrenzungskriterium für das Vorliegen einer Veräußerung in diesem Sinne untauglich und stellt keinen Gestaltungsmissbrauch nach § 42 AO dar, da es in der Dispositionsfreiheit eines jeden einzelnen Steuerpflichtigen steht, den Zeitpunkt der Veräußerung seiner Aktien selbst zu bestimmen und unter Umständen Verluste zu realisieren.[27] Denn die Dispositionsfreiheit darf nicht durch steuerliche Sanktion so weit eingeschränkt werden, dass sich dieser auf unbestimmte Zeit nicht von „lästig gewordenen Aktien" trennen kann.[28]

---

20 Etwa BStBl. II 2017, 1038 (1040); BStBl. II 2017, 1040 (1042).

21 Z. B. *Stahl*, S. 13.

22 *Jachmann-Michel*, BB 2018, 2329 (2329).

23 Vgl. z. B. BStBl. II 2016, 456 (458 f.).

24 Z. B. BStBl. II 2019, 221 (222).

25 Etwa BStBl. II 2020, 831 (832); BFH/NV 2015, 1364 (1365); vgl. z. B. stellvertretend auch *Bleschick*, in: Kirchhof/Seer, EStG, § 20 Rn. 122.

26 BStBl. II 2019, 221 (222).

27 BStBl. II 2019, 221 (223).

28 Etwa *Jachmann-Michel*, DB 2018, 2777 (2777).

2. Anschließende Einzelfragen

a) Materiellrechtlich relevante Untergangskonstellationen

An diesen vorstehend kurzen Problemaufriss schließt sich die Frage an: Wie sind nach Einführung der Abgeltungsteuer in diesem System Verluste zu berücksichtigen, die ohne eine Veräußerung der Aktien entstehen. Das betrifft zum Beispiel den Fall, wenn wertlos gewordene Aktien einfach untergehen und als Ergebnis schlicht aus dem Depot des Steuerpflichtigen ausgebucht werden. Eine mögliche Berücksichtigung solcher wirtschaftlichen Verluste könnte sich aus dem Wandel hin zur Abgeltungsteuer selbst ergeben, die „alle Wertveränderungen" von Einkünften aus Kapitalvermögen für steuerbar erklärt und nicht mehr zwischen Vermögens- und Ertragsebene unterscheidet.[29] Der BFH hat mittlerweile zu verschiedenen Untergangskonstellationen aus Aktienbeteiligungen Stellung bezogen, wählt jedoch einen anderen Weg als Teile der Literatur[30] für die Verlustanerkennung.[31]

b) Maßgebende Verlustverrechnungsbeschränkungen und deren wirtschaftlichen Zusammenhänge

Neben der Einordnung, ob für gewisse Untergangskonstellationen aus einer privaten Aktienbeteiligung überhaupt ein Verlusttatbestand greifen kann, ist die eingeschränkte Verlustverrechnung nach § 20 Abs. 6 S. 4 EStG für private Veräußerungsgeschäfte aus Aktien, die eine Schlechterstellung gegenüber den anderen Einkunftsarten sowie weitergehend noch zu den meisten anderen Einkünften aus Kapitalvermögen darstellt und gleichheitsrechtlich fraglich erscheint,[32] zu hinterfragen, da eine Rechtfertigung der Durchbrechung des Leistungsfähigkeitsprinzips aus der Gesetzbegründung – nämlich die Verhinderung von Haushaltsrisiken durch Spekulationsgeschäfte[33] im Vergleich zu anderen spekulativen Kapitalanlagen – möglicherweise nicht gelingen kann und fiskalisch motiviert erscheint.[34] In diesem Zusammenhang schließt sich die Frage an, inwieweit die Verlustverrechnungsbeschränkung von Veräußerungsverlusten aus Aktien speziell mit Dividendenerträgen aufgrund des engen Zusammenhangs zu Ungerechtigkeiten führt.[35] Nachdem der Gesetzgeber neue Verlustverrechnungsbeschränkungen einführte und hierdurch mittlerweile die Rechtsprechung des BFH zu den Verlusttatbeständen legalisiert hat, betrifft dies in § 20 Abs. 6 S. 6 EStG Verluste aus

29 Z. B. stellvertretend *Jachmann-Michel*, DB 2018, 2777 (2777).

30 Vgl. etwa *Faber*, DStR 2020, 1825 (1826–1830); *Stahl*, S. 43, 46.

31 Vgl. BStBl. II 2021, 378 (380); BFH/NV 2020, 687 (689); BStBl. II 2020, 836 (839).

32 Vgl. *Jachmann-Michel*, DB 2018, 2777 (2779).

33 BT-Drs. 16/5491, S. 19.

34 Vgl. etwa stellvertretend *Hey*, in: Tipke/Lang, Rn. 8.500.

35 Vgl. z. B. *Jochum*, in: Kirchhof/Söhn/Mellinghoff, EStG, § 20 Rn. H 60.

der privaten wertlosen Aktienbeteiligung. Durch die daraus resultierende Einführung einer Abgrenzung anhand des unbestimmten Rechtsbegriffs der Wertlosigkeit werden neue Fragen aufgeworfen. Gleichzeitig erscheint die höhenmäßige Begrenzung der neueren Verlustverrechnungsbeschränkung willkürlich.

Während nicht nur die neuere Verlustverrechnungsbeschränkung in die Zeit der Dissertation fiel, zeigen die sich in diesem Zeitraum ebenfalls ereignenden Vorfälle der Coronakrise sowie des Wirecard-Skandals aus der Praxis die bedeutende Rolle von privaten Verlusten aus Aktienbeteiligungen – gerade auch unter dem Aspekt der Verlustverrechnungsbeschränkung – für das Einkommensteuersystem. Denn einerseits kam es infolge der Coronakrise kurzfristig zu massiven Kursverwerfungen an den Börsen weltweit. Diese wurden zwar zwischenzeitlich durch das massive Einschreiten der Zentralbanken und die starke Neuverschuldung der einzelnen Staaten vorübergehend wieder aufgeholt. Dadurch konnten die Verluste allgemein vorerst ebenfalls neutralisiert werden. Indes sind die langfristigen wirtschaftlichen Folgen noch nicht absehbar. So besteht vereinfacht ausgedrückt die Gefahr, dass die in den Aktienkursen eingepreiste Erholung der globalen Wirtschaft auf lange Sicht nicht eintritt. Ebenso besteht die Gefahr, dass es infolge der Billig-Geld-Politik der Zentralbanken – insbesondere auch durch die umfangreiche Geldmengenvermehrung der EZB mittels Anleihekäufen –, zu einem nicht gewollten langfristigen übermäßigen Anziehen der Inflation führen wird. Dieses Szenario deutet sich mittlerweile seit dem Jahresende von 2021 möglicherweise an, so dass die Zentralbanken wiederum handeln müssen, indem sie die Anleihekaufprogramme herunterfahren und die Zinsen erhöhen werden. Und dieser Schritt der Zentralbanken ist auf amerikanischer Seite und auf europäischer Ebene – zwar etwas zögerlicher – mittlerweile bereits erfolgt. Dadurch fließt wiederum Kapital aus den risikoreicheren Aktienmärkten ab und könnte eine Baisse-Phase an der Börse auslösen.[36] Daneben würden in einem solchen Szenario die Refinanzierungskosten der Staatsverschuldung zunehmen. Zudem befinden sich die Aktienmärkte in einer sportlichen Bewertung[37]. Dies ist nur ein kleiner Ausschnitt als Aufriss, welche volkswirtschaftlichen Probleme sich auch durch die Coronakrise – natürlich neben dem jahrelang praktizierten Niedrigzinsumfeld der EZB – für die private Aktienbeteiligung langfristig noch ergeben können. Gleichzeitig ist auf unternehmerischer Seite noch nicht abzusehen, inwiefern die Coronakrise nicht nur kleine Unternehmen, sondern möglicherweise auch große börsennotierte Gesellschaften

---

36 Vgl. z. B. *https://www.focus.de/finanzen/boerse/gefahr-einer-korrektur-ezb-warnt-jetzt-vor-boersenrisiken-die-sie-selbst-geschaffen-hat_id_12707461.html*, zuletzt abgerufen am 24.8.2022.

37 Bezugnehmend auf die Aussage des ehemaligen Bundesbankpräsidenten *Weidmann*, z. B. *https://www.n-tv.de/wirtschaft/der_boersen_tag/Aktien-sehr-hoch-bewertet-Weidmann-warnt-vor-Greenspan-Put-article22466305.html*, zuletzt abgerufen am 24.8.2022.

(trotz teilweise vorübergehender staatlicher Hilfen und Bürgschaften) in die Insolvenz stürzen kann, wie sich am Beispiel der Reisebranche durch die Deutsche Lufthansa AG oder Tui AG in der Zukunft noch zeigen wird. Auch diese Szenarien können langfristig auf die private Aktienbeteiligung einwirken. Das lässt sich aus der immer noch vorliegenden Beteiligung des Bundes an der Commerzbank AG seit der Finanzkrise erahnen. Andererseits führte der Wirecard-Skandal schon jetzt zu sehr hohen Verlusten für Aktionäre. Deren Wertminderungen bewegen sich in einer Größenordnung von über 20 Milliarden Euro[38] und betreffen 300 institutionelle Investoren und 50.000 Kleinanleger[39]. Dies wird steuerliche Folgen auslösen. Hinzu tritt neuerdings noch der Ukraine-Krieg, dessen Folgen für die Aktienmärkte aktuell unabsehbar sind.

c) (Mittelbar) bedeutsame verfahrensrechtliche Fragen aus dem Steuerabzug

Ferner wurde durch die Einführung der Abgeltungsteuer das Steuerabzugsverfahren grundlegend verändert und betrifft genauso die private Aktienbeteiligung. Daher schließt sich die Frage der Verlustberücksichtigung im Steuerabzugsverfahren an. Insbesondere wenn keine Verlust- oder Korrekturbescheinigung von der auszahlenden Stelle ausgestellt wird. Es kann dann möglicherweise zu einer endgültigen Nichtanerkennung der Verluste schon im Abzugsverfahren kommen. Dies wäre der Fall, soweit eine Überprüfung der Verlustverrechnung im Veranlagungsverfahren nicht mehr möglich ist, da eine Bescheinigung von der auszahlenden Stelle – die eine Steuererhebungsfunktion im Steuerabzugsverfahren einnimmt – als Voraussetzung fehlt.[40] Grundsätzlich ist dennoch das Abzugsverfahren durch den Sinn und Zweck der Abgeltungsteuer zu dem Veranlagungsverfahren gleichlaufend ausgestaltet. Das Abzugsverfahren spielt jedoch hinsichtlich der Verlustanerkennung – außer im Fall der Endgültigkeit – nur eine untergeordnete Rolle. Denn es besteht unter anderem gerade auf Antrag die Möglichkeit der Wahlveranlagung für den Steuerpflichtigen nach § 32d Abs. 4 EStG, soweit der Steuereinbehalt nicht die tatsächliche Leistungsfähigkeit wiedergibt wie zum Beispiel im Fall der weiteren Einbeziehung nicht berücksichtigter Verluste aus Kapitalerträgen

38 Vgl. z. B. Becklink 2018218, abrufbar unter: *https://beck-online.beck.de/Dokument?vpath=bibdata%2Freddok%2Fbecklink%2F2018218.htm&anchor=Y-300-Z-BECKLINK-N-2018218&jumpType=Jump&jumpWords=Becklink%2B2018218*, zuletzt abgerufen am 24.8.2022.

39 Z. B. *Ehrensberger/Kintscher/Walter*, in Börse-online v. 13.7.2020; abrufbar unter: *https://www.boerse-online.de/nachrichten/aktien/so-schwer-hat-das-wirecard-desaster-die-kleinanleger-getroffen-1029367911*, zuletzt abgerufen am 24.8.2022.

40 In diese Richtung *Jachmann-Michel*, DB 2018, 2777 (2780 f.).

des § 43a Abs. 3 S. 2 bis 7 EStG oder eines Verlustvortrages nach § 20 Abs. 6 EStG in den Sondertarif.[41]

Im Zusammenhang mit dem Abzugsverfahren und der privaten Aktienbeteiligung ergibt sich die anschließende Frage, inwiefern im Fall unberechtigt abgeführter Steuer eine Berichtigung über die sogenannte Delta-Korrektur zu Ungerechtigkeiten führen kann.[42] Denn der Gesetzgeber hat zwar im Abzugsverfahren schon die Möglichkeit geschaffen, bestehende Fehler mittels der Korrekturregelung in § 43a Abs. 3 S. 7 EStG für die Zukunft korrigieren zu können. Dies wäre zum Beispiel für das Szenario denkbar, wenn ein Verlust im Abzugsverfahren von der auszahlenden Stelle aufgrund eines rechtsfehlerhaften BMF-Schreibens nicht anerkannt wurde und in weiteren Schritt zu einem zu hohen Steuereinbehalt führt. Eine rückwirkende Geltendmachung einer Korrektur ist indes nicht möglich, da die Finanzverwaltung die neue rechtliche Einordnung eines Verlustes als Rechtsanwendungsfehler nur für die Zukunft über die Delta-Korrektur lösen will.[43] Dies führt jedoch in dem Fall des ursprünglich rechtsfehlerhaften zu hohen Kapitalertragsteuereinbehalts zur Duldung eines rechtswidrigen und folglich ohne Rechtsgrund erhobenen Steuereingriffs, insbesondere wenn unter anderem keine neuen Gewinne zur Verlustverrechnung generiert werden.[44] Diese Situation kann sich gerade auch aus der früheren Nichtanerkennung eines Veräußerungsverlustes aus Aktien ergeben. Es stellt sich daher die Frage nach der Rolle eines Erstattungsanspruchs,[45] zumal in der Praxis der Gesetzgeber seit den Cum-/Ex-Skandalen keine Erstattungsansprüche mehr vollzieht, sondern nur noch künftig verrechnen will.

3. Hauptthese und Ziel der Untersuchung

Abschließend zeigt auch gerade der Wirecard-Skandal aus der Praxis, wie die Einführung der Abgeltungsteuer den Gesetzgeber aus dem Verlustblickwinkel in Bezug auf eine private Aktienbeteiligung vor Probleme stellt. Denn diese wirtschaftlichen Verwerfungen führen zu enormen wirtschaftlichen Verlusten. Diese werden wiederum in das Einkommensteuersystem hineingetragen, wenn der Aktienkurs infolge einer Insolvenz Richtung null also zur Wertlosigkeit tendiert und der Vermögensstamm möglicherweise sogar komplett untergeht. Vor Einführung der Abgeltungsteuer wurden solche Konstellationen – aufgrund des langwierigen Abwicklungsprozesses einer Insolvenz beziehungsweise auch überhaupt deren Anbahnung – meist unproblematisch dem nichtsteuerbaren Privatvermögen zugeordnet. Folglich ergaben sich keine steuerlichen Auswirkungen, da eine

41 Vgl. *Stahl*, S. 102 f.

42 Vgl. *Jachmann-Michel*, DB 2018, 2777 (2781 f.).

43 BMF-Schreiben v. 18.1.2016 – IV C 1 – S 2252/08/10004: 017, Rn. 241, BStBl. I 2016, 85 (120 f.).

44 Vgl. etwa *Fölsing*, DStR 2015, 2363 (2364).

45 Vgl. *Jachmann-Michel*, DB 2018, 2777 (2781 f.).

Verlustrealisierung außerhalb der Haltedauerfrist erfolgte. Dieser Ansatzpunkt hat sich durch die Einführung der Abgeltungsteuer möglicherweise grundlegend geändert und führt daher in einer Gesamtschau zu folgender zu untersuchenden Hauptthese: Gebietet das objektive Nettoprinzip aufgrund der gesetzgeberischen Entscheidung einer umfassenden Gewinnbesteuerung von privaten Aktienbeteiligungen durch die Abgeltungsteuer im Gegenzug zwingend eine umfängliche und unbeschränkte Verlustberücksichtigung und bleibt somit gewahrt. Oder bestehen für die Ausnahmen der grundsätzlichen Nichtanerkennung, oder aber insbesondere auch für die ansonsten beschränkten Verlustverrechnungsmöglichkeiten für Verluste aus privaten Aktienbeteiligungen, entsprechende Rechtfertigungen, mit ebenfalls den – vorstehend ausgeführten – sich anschließenden Einzelfragen. Wie bereits teils dargelegt, hat im Einführungsfall zum Beispiel die Finanzbehörde durch BMF-Schreiben eine andere Rechtsauffassung hinsichtlich einer Abgrenzung des Veräußerungsbegriffs über die Höhe der Transaktionskosten als teilweise Teile der Literatur[46] und die Rechtsprechung. Durch die unterschiedlichen Ansätze zwischen Finanzverwaltung, Rechtsprechung und den Teilen der Literatur wird aufgezeigt, dass auch Jahre nach Einführung der Abgeltungsteuer keine klare Einigkeit herrscht, wie grundsätzlich Verluste aus privaten Kapitalvermögen beziehungsweise Verluste aus der privaten Aktienbeteiligung steuerlich teils noch allgemein wie auch im Detail zu behandeln sind. Deshalb wurde auch an bereits ergangener Rechtsprechung des BFH, die dem Grunde nach ein positiveres Ergebnis für den Steuerpflichtigen schafft, erhebliche Kritik[47] geübt. Daher liegt neben den zu erarbeitenden gesetzlichen Grundlagen aus dem Verlustblickwinkel einer Aktienbeteiligung der nachfolgende Schwerpunkt in der Auseinandersetzung mit der bereits ergangenen Rechtsprechung zu den Verlusten aus einer privaten Aktienbeteiligung beziehungsweise zu vergleichbaren Verlustkonstellationen oder wie auch zu weiteren ertragsteuerlichen Verlustverrechnungsbeschränkungen, um Rückschlüsse auf die Hauptthese beziehungsweise die aufgeworfenen Fragen anstellen zu können.

4. Meinungsstand

Die Einführung der Abgeltungsteuer stellt im Allgemeinen mit ihren weitreichenden Neuerungen ein sehr weites Feld dar und führte bis dato zu zahlreichen Publikationen im Schrifttum mit unterschiedlichsten Ansatzpunkten. So hat sich umfassend zum Beispiel *Strohm* zu Beginn der Einführung der Abgeltungsteuer mit der systematischen Darstellung und ausgewählten Zweifelsfragen beschäftigt, während *Recnik* verfassungsrechtliche Aspekte des möglichen Systemwechsels durch die Abgeltungsteuer untersuchte. Danach legten *Treml* und *Worgulla* das Hauptaugenmerk auf die Bruttobesteuerung durch die Abgeltungsteuer, während

46 Vgl. z. B. *Jansen*, DStR 2016, 2729 (2731 f.); *Knoblauch*, DStR 2013, 778 (800).

47 Vgl. z. B. *Ratschow*, in: Brandis/Heuermann, EStG, § 20 Rn. 391, 393a.

sich *Aigner* auf den Wegfall der Einkunftsquelle bei den Kapitaleinkünften konzentrierte. Acht Jahre nach Einführung der Abgeltungsteuer führte *Klotz* eine verfassungsrechtliche Analyse unter Einbeziehung rechtspolitischer, steuersystematischer und europarechtlicher Aspekte durch, während kurz danach *Mertz* die Systematik und Besteuerung von Kapitalerträgen aus börsennotierten Aktien darstellte. Zudem befasste sich *Stahl* 2018 mit den aktuellen Brennpunkten der Abgeltungsteuer für die Praxis. Alle diese Abhandlungen beschäftigen sich auch mehr oder minder mit den Verlusten aus einer privaten Aktienbeteiligung, die im Zusammenhang mit den Einkünften aus Kapitalvermögen stehen, indes nicht insgesamt und einheitlich nur aus dem Aspekt des Verlustblickwinkels einer privaten Aktienbeteiligung mit den zugehörigen Problemen nach Einführung der Abgeltungsteuer. Neben diesen Abhandlungen zur Abgeltungsteuer gibt es eine weitere Vielzahl an intensiven Ausführungen in der Literatur allgemein wie auch konkret zu verschiedensten einzelnen Punkten. So hat sich zum Beispiel *Jachmann-Michel* über Jahre hinweg dieses Themas angenommen und in unterschiedlichster Breite hierzu publiziert. Daher werden zahlreiche der Fragen unter anderem in dem Aufsatz „Verluste aus Aktien“[48] behandelt. Grundsätzlich sieht die Literatur wie auch die Finanzverwaltung die vorstehend aufgeworfenen Fragen in Bezug auf die Verluste aus einer privaten Aktienbeteiligung. Diese werden jedoch kontrovers diskutiert oder sind teilweise noch ungeklärt. Hinsichtlich der Berücksichtigung von Verlusten aus privaten Aktienbeteiligungen in Untergangskonstellationen hat unter anderem *Faber*[49] einen Versuch unternommen, einen anderen Lösungsweg als die Rechtsprechung aufzuzeigen, während sich ein Teil der Literatur[50] gegen die Annahme eines weiten Veräußerungsbegriffs ausspricht. Ferner sind Teile der Literatur bezüglich der Fragestellung der eingeschränkten Verlustverrechnungsmöglichkeit durch den besonderen Verlustverrechnungskreis für Aktienveräußerungsverluste durchaus der Ansicht, dass Haushaltsrisiken bei einer uneingeschränkten Verlustverrechnung entstehen können.[51] In diesem Zusammenhang besteht ebenso in der Literatur die Ansicht einer Benachteiligung des Steuerpflichtigen – entgegen der Verwaltungsauffassung –, soweit Dividendenerträge nicht mit Aktienveräußerungsverlusten verrechnet werden können.[52] In Bezug auf die neu eingeführte „besondere“ Verlustverrechnungsbeschränkung in § 20 Abs. 6 S. 6 EStG haben unter anderem *Bachmann/Seifert*[53] , *Dahm/Hoffmann*[54] und *Drüen*[55] kritisch Stellung bezogen. Hinsichtlich der Bedeutung

48 *Jachmann-Michel*, DB 2018, 2777.

49 *Faber*, DStR 2020, 1825.

50 Vgl. z. B. *Jochum*, in: Kirchhof/Söhn/Mellinghoff, EStG, § 20 Rn. D/9 29a.

51 Vgl. z. B. *Kube*, DStR 2011, 1829 (1834 f.); *Weber-Grellet*, NJW 2008, 545 (550).

52 Vgl. z. B. *Dinkelbach*, DB 2009, 870 (873).

53 *Bachmann/Seifert*, DStR 2021, 1.

54 *Dahm/Hoffmann*, DStR 2020, 81.

55 *Drüen*, FR 2020, 663.

der Notwendigkeit einer Verlustbescheinigung zur Verlustberücksichtigung im Abzugsverfahren besteht unter anderem die Auffassung eines zwingenden Notwendigkeitserfordernisses[56] zur Geltendmachung. Des Weiteren halten Teile der Literatur[57] die zukünftige Berichtigungsalternative mittels Delta-Korrektur auch im Fall von Rechtsanwendungsfehlern für möglich. Im Zusammenhang mit dem Steuerabzug legt unter anderem *Schmidt*[58] das Verhältnis zwischen Veranlagungs- und Steuerabzugsverfahren mit den gemeinsamen Schnittstellen dar.

II. Gang der Untersuchung

In Kapitel 1 wird zuerst die einkommensteuerrechtliche Einordnung der Begriffe Verlust und Aktie dargelegt. Darauf aufbauend schließen sich allgemeine Ausführungen zum Veräußerungsgeschäft eines Privatanlegers an. So wird die grundsätzliche Nichtsteuerbarkeit des Vermögensstamms außerhalb der Haltedauerfrist bis zur Einführung der Abgeltungsteuer dargestellt, dem die Unterscheidung zwischen laufenden Erträgen und Erträgen aus dem Veräußerungsgeschäft folgt. Ferner wird die historische Entwicklung der Steuerbarkeit von Aktienerträgen des Privatvermögens in Grundzügen bis zur Einführung der Abgeltungsteuer dargelegt, um einen direkten oder indirekten Rückschluss auf die Verluste zu erhalten. Zudem wird der Werbungskostenabzug als mögliche Verlustgröße aufgezeigt. Abschließend werden die Spekulationsfrist und die Verlustberücksichtigung im Halbeinkünfte- und Halbabzugsverfahren dargestellt. In Kapitel 2 wird zuerst das der Einkommensteuer zugrundeliegende synthetische Prinzip behandelt. Danach folgt die Kritik zu der früheren Kapitalertragsbesteuerung mit Handlungsbedarf seitens des Gesetzgebers. Die neu eingeführte Abgeltungsteuer schafft hier Abhilfe, so dass aus dem Verlustblickwinkel der privaten Aktienbeteiligung eine systematische Einordnung der Neuerungen erfolgt. Danach werden die verfassungsrechtlichen Voraussetzungen einer Änderung der Besteuerung der Kapitaleinkünfte am Maßstab des allgemeinen Gleichheitssatzes aufgezeigt, insbesondere mit den daraus folgenden Punkten des Leistungsfähigkeitsprinzips, dem objektiven und subjektiven Nettoprinzip sowie dem Folgerichtigkeitsgebot, bevor die angeführten Rechtfertigungsgründe des Gesetzgebers für die grundlegende Änderung der Kapitalertragsbesteuerung und der Verlustverrechnung folgen. Danach wird die verfassungsrechtliche Überprüfung der Neuerungen der Abgeltungsteuer wie der Erweiterung der Bemessungsgrundlage des § 20 Abs. 2 EStG, des proportionalen Sondertarifs des § 32d Abs. 1 EStG und der Verlustverrechnungsbeschränkungen des § 20 Abs. 6 EStG, denen eine besondere Aktualität innewohnt, dargelegt, um die gewonnenen Ergebnisse auf Verluste aus privaten Aktienbeteiligungen direkt oder

56 FG Rheinland-Pfalz BeckRS 2016, 95226, rkr.

57 Vgl. z. B. *Bleschick*, in: Kirchhof/Seer, EStG, § 20 Rn. 148c; *Delp*, DB 2015, 1919 (1923).

58 *Schmidt*, DStR 2018, 1201.

indirekt übertragen zu können. Im Anschluss werden andere von der Rechtsprechung und zum großen Teil in der Literatur anerkannte Verlustverrechnungsbeschränkungen aus weiteren ertragsteuerlichen Tatbeständen des EStG wie erstens im Zusammenhang mit negativen Einkünften aus Drittstaaten nach § 2a EStG, zweitens in Bezug mit Verlusten des Kommanditisten nach § 15a EStG und drittens weiterhin Verluste aus privaten Veräußerungsgeschäften nach § 23 Abs. 3 S. 7 und 8 EStG aufgezeigt und eingeordnet, um mit einer vergleichenden Betrachtung zu § 20 Abs. 6 EStG entweder direkt oder indirekt Rückschlüsse auf die Verlustverrechnungsbeschränkungen der privaten Aktienbeteiligung zu erhalten. Kapitel 3 stellt die Anforderungen an den Veräußerungsbegriff des Veräußerungsgeschäfts einer privaten Aktienbeteiligung nach § 20 Abs. 2 S. 1 Nr. 1 EStG für die Verlustanerkennung nach Einführung der Abgeltungsteuer in den Mittelpunkt. Hierfür wird der Veräußerungsbegriff in seine Bestandteile zerlegt und es werden die Mindestvoraussetzungen des entgeltlichen Rechtsträgerwechsels aufgezeigt. In diesem Zusammenhang wird ebenfalls auf den unbestimmten Rechtsbegriff der Wertlosigkeit eingegangen. Zudem erfolgt eine Einordnung des Problems der Nichtanerkennung von Verlusten über die Abgrenzung der Höhe der Transaktionskosten als Gestaltungsmissbrauch. Darüber hinaus wird die geänderte Auffassung zur Verlustanerkennung durch den BFH für vergleichbare Verlusttatbestände aus Kapitalvermögen wie erstens dem Forderungsausfall und -verzicht eines Gesellschafters im Rahmen eines Gesellschafterdarlehens, zweitens dem Verfall von Knock-out-Zertifikaten oder drittens dem Verfall von Optionen im Rahmen zumindest einer weiten Auslegung teilweise der Ersatztatbestände des § 20 Abs. 2 S. 2 EStG dargestellt und eingeordnet, um wieder einen Rückschluss zu ermöglichen. Daraufhin werden die Untergangskonstellationen aus Aktien dargelegt und es wird erörtert, wie diese steuerlich einzuordnen sind. Letztlich folgt unter diesen Aspekten noch der Fall des Auflösungsverlustes eines wesentlichen Beteiligten im Zusammenhang mit Finanzierungshilfen. Kapitel 4 setzt sich mit den Auswirkungen eines Verlustes aus einer privaten Aktienbeteiligung auf das Steuerabzugsverfahren auseinander. Hierzu wird kurz auf die relevanten Punkte des Steuerabzugsverfahrens nach den §§ 43 ff. EStG in Bezug auf die private Aktienbeteiligung eingegangen. Danach folgt eine Einordnung des Verhältnisses zwischen Veranlagungs- und Steuerabzugsverfahren mit den gemeinsamen Schnittstellen. Abschließend wird die direkte Verlusteinordnung aus einer privaten Aktienbeteiligung mit der zugehörigen Verlustverrechnung bei der Kapitalertragsteuer dargelegt. In diesem Zusammenhang wird auf die Einzelheiten der Notwendigkeit einer Verlust- und Korrekturbescheinigung, der Delta-Korrektur und eines Erstattungsanspruchs eingegangen, wenn sich im Einzelfall nachträgliche Änderungen einer Verlustanerkennung von Veräußerungsverlusten aus Aktien für den Steuerpflichtigen ergeben. In Kapitel 5 werden als Gesamtfazit nochmal die zentralen Ergebnisse kurz dargestellt.

Kapitel 1: Grundlagen und Einordnung von Verlusten aus einer privaten Aktienbeteiligung vor Einführung der Abgeltungsteuer

Vor Einführung der Abgeltungsteuer war die Besteuerung eines privaten Veräußerungsgeschäfts von Aktien zuletzt in den §§ 22 Nr. 2, 23 Abs. 1 S. 1 Nr. 2 EStG a. F.[59] geregelt. Das objektive Nettoprinzip[60] spielte hinsichtlich der Steuerbarkeit von Verlusten solcher Veräußerungsgeschäfte bis zur umfassenden Reform der Kapitaleinkünfte durch das UntStRefG 2008[61] einkommensteuerrechtlich eine untergeordnete Rolle, soweit die erworbenen Aktien einen entsprechenden Zeitraum im Privatvermögen gehalten wurden. Denn bis zur Einführung der Abgeltungsteuer waren diese Gewinne und Verluste den sonstigen Einkünften des § 22 EStG unproblematisch als Überschusseinkünfte nach § 2 Abs. 2 S. 1 Nr. 2 EStG – die bis dahin im Allgemeinen keine Wertveränderungen des Vermögensstamms, sondern nur laufende Erträge steuerlich erfassten – zugeordnet. Es folgte für die Einkommensteuer daraus ein vorwiegend nicht steuerbarer Vorgang, soweit die Haltedauerfrist beziehungsweise die sogenannte Spekulationsfrist eingehalten wurde. Der durch den Aktienhandel betroffene Vermögensstamm war von den laufenden Erträgen aus Aktien, die wie damals und heute unter § 20 Abs. 1 Nr. 1 EStG fallen, zu trennen. Dieses Kapitel wird sich zuerst mit den Begriffen „Verlust" und „Aktie" auseinandersetzen und diese einkommensteuerlich einordnen, um anschließend allgemeine Ausführungen zum Veräußerungsgeschäft eines Privatanlegers anzustellen. Darauf aufbauend wird auf die grundsätzliche Nichtsteuerbarkeit des Vermögensstamms außerhalb der Haltedauerfrist bis zur Einführung der Abgeltungsteuer eingegangen. In diesem Zusammenhang wird die Unterscheidung zwischen laufenden Erträgen aus der Aktie und Erträgen von Veräußerungsgeschäften aus dem Handel mit Aktien aufgezeigt. Zudem wird zum Verständnis die Entwicklung der Steuerbarkeit von Kapitalvermögen aus Aktiengeschäften in Grundzügen bis zur Einführung der Abgeltungsteuer dargestellt, so dass entweder eine direkte oder durch einen Rückschluss eine Einordnung von Verlusten aus privaten Aktienbeteiligungen ermöglicht wird. Danach wird der Werbungskostenabzug als mögliche Verlustgröße einer privaten Aktienbeteiligung im Zusammenhang mit

---

59 Das Kürzel a. F. ohne weitere Erklärungen bezieht sich allgemein auf die Fassungen des EStG bis zur Einführung der Abgeltungsteuer.

60 Kap. 2, II. 2. b).

61 Unternehmensteuerreformgesetz 2008 (UntStRefG 2008) v. 14.8.2007, BGBl. I 2007, 1912.

dem Veranlassungsprinzip behandelt und eingeordnet. Des Weiteren wird auf die Spekulationsfrist eingegangen und die Verlustberücksichtigung im Halbeinkünfte- und Halbabzugsverfahren aufgezeigt.

I. Grundlagen

In Deutschland gab es im Jahr 2018 ca. 4,5 Millionen Aktionäre als Privatanleger, von denen ca. 2,5 Millionen nur direkt in Aktien und ca. 2 Millionen in Aktien und Aktienfonds investierten; zusammen mit den Privatanlegern, die nur in Aktienfonds investierten, erreichte die Anzahl der Privatanleger jedoch 10,3 Millionen und entsprach 16,2 % der Bevölkerung.[62] Während der Bevölkerungsanteil von Aktionären, der in die direkte Aktienanlage investierte, in der Vergangenheit leicht rückläufig – zumindest bis zur Corona-Krise – war, jedoch immer noch 7,1 % der Bevölkerung entsprach,[63] sind Aktionäre aufgrund deren Anzahl, deren Anteil am privaten Gesamtvermögen und deren ordentlichen Renditeeinnahmen für den Fiskus einkommensteuerlich interessant. Denn das gesamte Geldvermögen privater Haushalte (inklusive Schulden) betrug Ende des vierten Quartals 2018 ca. 6 Billionen Euro, wovon ca. 583 Milliarden Euro direkt in Aktien angelegt waren.[64] Nach Berechnungen des *Deutschen Aktieninstituts* betrug die durchschnittliche Nominalrendite einer 20-jährigen privaten Kapitalanlage in Aktien des deutschen Leitindexes DAX[65] jährlich 8,9 %. Diese Berechnung für die Wertermittlung greift,

---

62 *Deutsches Aktieninstitut*, Aktionärszahlen 2018, S. 2.

63 *Deutsches Aktieninstitut*, Aktionärszahlen 2018, S. 2.

64 *Deutsche Bundesbank*, Monatsbericht Mai 2019, Statistischer Teil, S. 57, wonach 183 Mrd. Euro auf börsennotierte Aktien inländischer Kapitalgesellschaften, 98 Mrd. Euro auf börsennotierte Aktien des Auslands und 302 Mrd. Euro auf nichtbörsennotierte Aktien und sonstige Anteilsrechte entfielen. Während sich sogar das private Vermögen Ende 2021 laut Berechnungen der DZ Bank auf 7,7 Bill. aufgrund der hohen Sparquote infolge der Coronakrise steigerte, trugen Kursgewinne an den Börsen ebenso einen erheblichen Beitrag hierzu bei, *https://www.n-tv.de/wirtschaft/Private-Haushalte-sind-so-reich-wie-nie-article23031731.html*, zuletzt abgerufen am 24.8.2022.

65 Der DAX®, als Produkt der Deutschen Börse AG, bildete die Wertentwicklung der 30 – nach Marktkapitalisierung und Börsenumsatz – größten börsennotierten Aktiengesellschaften ab, die im Prime Standard der Frankfurter Wertpapierbörse gehandelt werden. Die Berechnungen für die Abbildung des DAX erfolgten erstmals zum 1.7.1988. Der gesamte Wert aller DAX-Unternehmen wurde bei Start der Berechnungen auf 1.000 Punkte festgelegt. Die in den Medien hauptsächlich dargestellte Ausführung des DAX stellt die Performancevariante dar, d. h., die laufenden Erträge werden rechnerisch wieder thesauriert. Jedoch wird der DAX auch sekündlich als Kursindex, ohne reinvestierte Ausschüttungen, berechnet. Seit September 2021 wurde der DAX um 10 Unternehmen auf insgesamt 40 Unternehmen erweitert;

vor Beginn der Berechnungen des DAX durch die Deutsche Börse AG, bis 1955 auf veröffentlichte[66] und für davor auf unveröffentlichte Rückrechnungen von *Stehle*[67] zurück.[68] Ferner berechnet *Mertz* zum Beispiel für den 25-jährigen Zeitraum von 1988 bis 2013 eine jährliche durchschnittliche Nominalrendite für den DAX einerseits als Performanceindex von 8,5 % und andererseits als Kursindex[69] von 5,87 %.[70] Diese empirischen Werte verdeutlichen, dass der Staat über die Lenkung von Steuern ein Interesse haben muss, am wirtschaftlichen Erfolg der Investitionen von Aktionären „teilhaben" zu können, um diese Gewinne unter dem Aspekt der Steuergerechtigkeit ausgewogen abzuschöpfen.[71] Dies führt auch in diesem Fall zu dem allgemein bekannten Phänomen des Fiskus, dass dieser über die staatliche Steuererhebungskompetenz durch Steuern grundsätzlich Einnahmen aus einer Aktienbeteiligung des Privatanlegers für die Einkommensteuer generieren will, jedoch mit der Besonderheit, aus Sicht des Staates und dessen Finanzierungsbedürfnis, Verluste generell von Gewinnen zu trennen, um diese beim Privatanleger ohne steuerliche Wirkung zu belassen,[72] also bevorzugt eine Art „Rosinenpickerei"[73] betreiben will. An „Gewinnen" will der Staat partizipieren, Verluste sollen, wenn möglich, die Steuersubjekte jedoch alleine tragen.[74]

Für die steuerliche Erfassung von Kapitalerträgen aus privaten Veräußerungsgeschäften von Aktien des Privatanlegers ist aus Sicht des Fiskus der Börsenhandel,

---

zudem wurden aufgrund des Wirecard-Skandals ebenfalls die Auswahlkriterien modifiziert.

66 *Stehle/Huber/Maier*, KuK 1996, 277 (296), die z. B. für die Jahre 1960–1987 eine Rendite von 8,19 % für den DAX berechnen, *dies*, KuK 1996, 277 (279).

67 *Stehle/Wulff/Richter*, S. 42.

68 *Deutsches Aktieninstitut*, 50 Jahre Aktien-Renditen, S. 2.

69 Der empirische Wert nach dem Kursindex stellt sozusagen unkompliziert die jährlich relevante Zuwachsgröße für die spätere Besteuerung der stillen Reserven des Vermögensstamms der Aktie aus Sicht des Fiskus im privaten Veräußerungsfall dar, da die bestehende Dividendenbesteuerung für die Ausschüttungen im Fall des Performanceindex aus einkommensteuerrechtlicher Sicht für den Privatanleger nicht wieder herausgerechnet werden muss.

70 *Mertz*, S. 110–112.

71 Vgl. *Fehrenbacher*, § 1 Rn. 2 f.

72 *Eckhoff*, DStJG 2005, 11 (14).

73 Anlehnend an *Recnik*, S. 148, der diesen Begriff im Zusammenhang mit der Verlustverrechnungsbeschränkung nach § 20 VI 5 EStG 2009 gebraucht und die „Rosinenpickerei" vom Steuerpflichtigen und von einer vom BFH skizzierten Missbrauchsmöglichkeit i. R. d. § 23 III 8 EStG a. F. ausgehend sieht. Das Originalzitat stammt in diesem Zusammenhang von *Wernsmann*, DStR 2009, Beihefter zu Heft 34, 101 (104).

74 *Eckhoff*, DStJG 2005, 11 (14).

folglich das Transaktionsgeschäft an der Börse ausschlaggebend, bei dem Eigentumsrechte durch die Übertragung der Anteilsscheine an einer Kapitalgesellschaft von einem Marktteilnehmer auf einen anderen ausgetauscht werden.[75] Die Börse stellt in diesem Zusammenhang den „Marktplatz" für den Leistungsaustausch an Wertpapieren dar.[76] Darüber hinaus findet ein Aktienhandel auch im Rahmen von OTC-Geschäften[77] statt, indem zum Beispiel Banken oder institutionelle Investoren größere Aktienpakete mit Abschlag außerhalb der Börse handeln oder wie etwa im Fall des außerbörslichen Direkthandels zu geschlossenen Handelszeiten der Börsen. Eine weitere Gruppe, deren Aktienbesitz außerbörslich eine wichtige einkommensteuerrechtliche Rolle für den Staat spielt, sind Familiengesellschaften in Form von Aktiengesellschaften, die ihre Anteile jedoch nicht am Kapitalmarkt handeln und diesen nicht als Kapitalsammelfunktion nutzen.[78]

Das steuerlich relevante Ergebnis von Erträgen aus der privaten Aktienbeteiligung für den Fiskus zum Beispiel im Veräußerungsfall hängt ferner von verschiedensten Faktoren und rechtlichen Voraussetzungen ab, die allesamt Auswirkungen auf den Aktienkurs haben, so dass erst durch die wertbildenden Einflüsse nach Abschluss des Veräußerungsgeschäfts die Einkommensteuer auf letzter Stufe ansetzt. Denn es ergibt sich im Vorfeld der Veräußerung ein Zusammenspiel der verschiedensten Rechtsgebiete, wie einerseits des Gesellschaftsrechts über das AktG oder andererseits die Rechnungsregelungen des HGB sowie der wirtschaftlichen und rechtlichen Funktionen – wie des WpHG, BörsG, BörsZulV oder des DepotG – des Kapitalmarktes, so dass es durch diese eng verknüpften Beziehungen teilweise zu direkten, teilweise zu indirekten Auswirkungen auf den Aktienhandel kommt.[79] Darüber hinaus erfolgt grundsätzlich eine steuerliche Trennung auf Körperschaftsebene zwischen der AG und dem Privatanleger als Aktionär, jedoch beeinflussen alle Entscheidungen im Rahmen der Gesellschaft wiederum

75 In diese Richtung *Mertz*, S. 19.

76 *Duden*, Deutsches Universalwörterbuch, „Börse".

77 OTC bedeutet, dass der Aktienhandel nicht über eine Börse mit entsprechenden Mindeststandards, wie z. B. die Preisbildung, erfolgt, sondern sozusagen außerbörslich und weitgehend unreguliert abläuft.

78 Vgl. *Habersack*, in: Goette/Habersack, MüKo AktG, Einl. Rn. 9; die Kapitalisierung dieser Gruppe umfasst nach vorstehender Statistik zum 31.12.2018 302 Mrd. Euro, so dass – trotz Erfassung der sonstigen Anteilsrechte ebenfalls in dieser Gruppe – diese Summe ein erhebliches Interesse des Fiskus an nichtbörsennotierten Aktien mit sich bringen muss, da die Kapitalisierung schon größer ist als von börsengehandelten Aktien. Jedoch sind steuerlich relevante Vorgänge für diese Arbeit einerseits aufgrund des Steuergeheimnisses schwer nachvollziehbar sowie auswertbar und andererseits dürften relevante Veräußerungsvorgänge unter § 17 EStG und nicht § 20 II EStG fallen.

79 *Mertz*, S. 19.

die Sphäre des Aktionärs und dadurch den wirtschaftlichen Erfolg des Privatanlegers hinsichtlich der Steuerbarkeit für die Einkommensteuer. Zudem liegt für die einkommensteuerliche Erfassung dem Veräußerungsgeschäft eine zivilrechtliche Komponente zugrunde, die die Rahmenbedingungen des Leistungsaustausches für den Aktienhandel schafft und so den Zustand regelt, an den das Steuerrecht anknüpft.[80] Es muss bei der Auslegung von steuerrechtlichen Normen nicht nur die zivilrechtliche Ansicht von Tatbestandsmerkmalen angewandt werden, sondern eine Auslegung im steuerlichen Sinne erfolgt immer im Lichte des Steuerzusammenhangs, der die wirtschaftlichen Abläufe ebenso erfassen will.[81] Denn aufgrund der anderen Beurteilung eines Sachverhalts aus steuerrechtlicher Sicht kann es zu Abweichungen zwischen der Auslegung von Zivilrecht und Steuerrecht kommen, da das Zivilrecht mit dem Steuerrecht zwar auf gleicher Ebene steht, aber nur vorgreiflich und nicht vorrangig wirkt.[82]

1. Steuerliche Begriffseinordnung

Wie soeben aufgezeigt, kann einem Begriff zivilrechtlich und steuerrechtlich verschiedene Bedeutung zukommen, so dass die Begriffe „Verlust" und „Aktie" vorab genauer untersucht und abgegrenzt werden müssen. Sie sind steuerlich für diese Arbeit im Kontext der §§ 2 Abs. 1 S. 1 Nr. 5, 20 EStG einzuordnen, denn Privatanleger fallen mit ihren gesamten Kapitalerträgen aus Aktien nunmehr grundsätzlich unter die einkommensteuerliche Einordnung des § 20 EStG, der die Einkünfte aus Kapitalvermögen insgesamt regelt. Eine Legaldefinition des Begriffs „Kapitalvermögen" ist in § 20 EStG nicht existent.[83] Kapital einerseits ist in diesem Sinne nicht betriebswirtschaftlich, sondern steuerlich zu verstehen und Vermögen andererseits ist die Summe an Wirtschaftsgütern, die dem Steuerpflichtigen zugerechnet werden kann.[84] Folglich stellt Kapitalvermögen unter anderem das Entgelt für die Nutzungsüberlassung von Geld dar und entsteht somit einkommensteuerrechtlich relevant aus der Nutzung von privaten Geldvermögen.[85] Kapitalerträge hingegen sind die verschiedenen Arten der „Einzeleinkunft" des § 20 EStG, die zusammen den Oberbegriff „Kapitalvermögen" bilden und diesem unterliegen.[86] Mit dem Verweis aus § 2 Abs. 1 S. 1 Nr. 5, Abs. 2 S. 1 Nr. 2 EStG können dann die aufgezählten Einzeltatbestände des § 20 EStG, soweit sie vorliegen, Einkünfte aus Kapitalvermögen darstellen.[87]

---

80 Vgl. *Fehrenbacher*, § 1 Rn. 5.

81 *Fehrenbacher*, § 1 Rn. 5.

82 BVerfG BStBl. II 1992, 212 (213).

83 *Moritz/Strohm*, in: Frotscher/Geurts, EStG, § 20 (n. F.) Rn. 2.

84 *Aigner*, S. 21; *Buge*, in: Herrmann/Heuer/Raupach, EStG, § 20 Rn. 41.

85 BStBl. II 2007, 562 (564 ff.); vgl. für den Grundansatz des § 20 EStG auch *Levedag*, in: Schmidt, EStG, 39. Aufl., § 20 Rn. 2.

86 *Mertz*, S. 23.

87 *Moritz/Strohm*, in: Frotscher/Geurts, EStG, § 20 (n. F.) Rn. 2.

a) *Verlust*

Korrespondierend zu den Einkünften aus Kapitalvermögen des § 20 EStG ist fraglich, was unter einem Verlust aus Kapitalvermögen steuerlich in diesem Zusammenhang zu verstehen ist. Eine Legaldefinition nach dem EStG existiert wiederum nicht, so dass ein allgemeingültiger Verlustbegriff in diesem Sinne nicht vorliegt.[88] Jedoch verwendet das EStG an zahlreichen Stellen den Begriff Verlust, wie zum Beispiel in § 2a Abs. 3 S. 1, 2, 4, Abs. 4 S. 1, § 20 Abs. 1 S. 1 Nr. 4, Abs. 6 S. 1, 2, 4, 5 EStG oder § 23 Abs. 3 S. 1, 5, 7, 8 EStG. Aus den anderen relevanten Rechtsgebieten, die für die Wertbildung des Aktienkurses maßgeblich sind und dem Veräußerungsgeschäft zugrunde liegen, hat etwa nach § 92 Abs. 1 AktG der Vorstand einer AG unverzüglich die Hauptversammlung einzuberufen und dieser anzuzeigen, falls ein Verlust in Höhe der Hälfte des Grundkapitals bei Aufstellung der Jahresbilanz oder einer Zwischenbilanz besteht. Ferner normiert das HGB in § 242 HGB den Jahresabschluss aus Bilanz und Gewinn- und Verlustrechnung und stellt genaue Vorgaben in § 276 HGB auf, wie die Gewinn- und Verlustrechnung zu erfolgen hat. Demnach kennen das AktG und HGB ebenfalls Verluste, diese sind jedoch von dem einkommensteuerlichen Begriff zu unterscheiden. Eine die Rechtsgebiete übergreifende allgemeine Definition als fehlender finanzieller, materieller Ertrag[89] kann für das Steuerrecht nur teilweise übernommen werden.

aa) *Differenzierung*

Ferner kann die allgemeine steuerrechtliche Aussage, dass „Verluste einkommensteuerlich das negative Ergebnis im Rahmen einer Einkunftsart" sind,[90] so nicht undifferenziert übernommen werden. Denn einerseits stellt gemäß § 2 Abs. 2 EStG nur nach dem genauen Wortlaut der „Gewinn" oder der „Überschuss der Einnahmen über die Werbungskosten" Einkünfte dar. Ein negatives Ergebnis wird dort explizit nicht aufgeführt. Andererseits besteht grundsätzlich anlehnend an den Gewinn oder Einnahmenüberschuss als Ergebnis der Einkünfteermittlung kein normierter Ausschluss, dass negative Einkünfte ebenso als Ergebnis vorliegen können.[91] Darüber hinaus benutzt das Gesetz selbst den Begriff der negativen Einkünfte zum Beispiel ausdrücklich in § 2a, § 10d, § 15b Abs. 2 oder § 34a Abs. 8 EStG. Jedoch hält die Einkommensteuer wiederum allgemein – abgesehen von Einschränkungen bestimmter Konstellationen – an einer „Ist-Ertragsteuer" für die Bemessungsgrundlage fest.[92] Dies führt dazu, dass die Besteuerung von Verlusten als „fiktive Einkünfte" ausscheidet[93] und die Bemessungsgrundlage im Gegenzug

88 *Röder*, S. 5.
89 *Duden*, Deutsches Universalwörterbuch, „Verlust".
90 *König*, in: Creifelds, Rechtswörterbuch, „Verlust".
91 *Ratschow*, in: Brandis/Heuermann, EStG, § 2 Rn. 62.
92 *Röder*, S. 5.
93 *Eckhoff*, DStJG 2005, 11 (14); in diese Richtung *Vogel*, FS Friauf, 825 (826 f.).

als rein rechnerische Nettogröße verstanden wird, so dass folglich ein „positiver Saldo“ von Erwerbseinnahmen über Erwerbsaufwendungen den einkommensteuerlichen „allgemeinen Gewinn“ wie übertragen auf Überschusseinkünfte ebenfalls den Einnahmenüberschuss auf Ertragsebene darstellt.[94] Aus der Systematik, dass das Gesetz selbst von negativen Einkünften spricht, stellt dann ein negativer Saldo, als negatives Ergebnis eines Rechenvorgangs der Tatbestände des § 2 Abs. 1 S. 1 Nr. 1 bis 7 EStG, den steuerlichen Verlust dar,[95] da Erwerbsaufwendungen die Erwerbsbezüge übertreffen und einen Überschuss an Erwerbsaufwendungen im Sinne des § 2 Abs. 2 EStG darstellen, so dass Verluste grundsätzlich erstmal aus Betriebsausgaben und Werbungskosten entstehen.[96] Zu beachten ist jedoch, dass von Einkünften erst gesprochen werden kann, soweit die Erwerbseinnahmen mit Erwerbsaufwendungen „horizontal“ verrechnet wurden.[97] Als Gegenstück des negativen Saldos zu den negativen Einkünften im Rahmen der Gewinnermittlung bei den Gewinneinkünften nach § 2 Abs. 2 S. 1 Nr. 1 EStG wird der „allgemeine Gewinn“ bei Einkünften aus Kapitalvermögen nach § 2 Abs. 1 S. 1 Nr. 5, Abs. 2 S. 1 Nr. 2 EStG als Überschuss der Einnahmen über die Werbungskosten benannt und werden diese Verluste auch als „Werbungskostenüberschuss“ bezeichnet.[98] Im Rahmen der Steuerbarkeit von Verlusten aus privaten Aktienveräußerungen über den Saldo von Erwerbsaufwendungen zu Erwerbseinnahmen müssen die allgemeinen Werbungskosten jedoch gesondert betrachtet werden.[99] Darüber hinaus ist festzustellen, dass die Terminologie des Begriffs „Verlust“ bei Anwendung von Einkünften, über den Dualismus[100] des EStG als Überschusseinkünfte zugordnet, nicht eindeutig ist, so dass teilweise der Begriff „Unterschuss“ in diesem Zusammenhang für Verlust verwendet wird.[101]

bb) Steuerbarkeit

Zudem erfährt der einkommensteuerrechtlich relevante Verlust im Rahmen der Einkünfte aus Kapitalvermögen nach § 2 Abs. 1 S. 1 Nr. 5 EStG allgemeine Einschränkungen, die dem EStG zugrunde liegen. Da Verluste – als Gegenstück zum Gewinn – ebenfalls bei jeder wirtschaftlichen Betätigung anfallen können, wird auf objektiver Ebene vorausgesetzt, dass es sich um steuerbare Einkünfte der sieben Einkunftsarten des § 2 Abs. 1 EStG handelt und ein „ausreichender

94 *Röder*, S. 5.
95 *Eckhoff*, DStJG 2005, 11 (19).
96 *Eckhoff*, DStJG 2005, 11 (19); auch *Kirchhof*, in: Kirchhof/Söhn/Mellinghoff, EStG, § 2 Rn. A 61.
97 Vgl. z. B. *Bieber*, S. 4, 9 f.
98 *Bieber*, S. 7, 10; *Röder*, S. 5 f.
99 Zur Problematik eines Verlustes aus WK i. R. e. privaten Aktienbeteiligung Kap. 1, III.
100 Zum Dualismus Kap. 1, II. 2.
101 *Verfürth*, S. 8 f.

Kausalzusammenhang zwischen erzielten Einkünften und Erwerbstätigkeit vorliegt".[102] Für die konkrete Einordnung einer einzelnen Einnahme zu einer Einkunftsart wendet der BFH daher das Veranlassungsprinzip[103] an.[104] Schwierigkeiten[105] bereitet die private Vermögensverwaltung nach § 14 Abs. 3 AO, die gerade keiner Einkunftsart zugerechnet wird, jedoch nur, soweit sich der Sachverhalt außerhalb der Tatbestände der §§ 17, 20, 23 EStG bewegt.[106] Der Privatanleger, der sich damals eine Aktienbeteiligung zulegte und diese später wieder veräußerte, betrieb eigentlich die typische private Vermögensverwaltung, also die Umschichtung des verdienten Einkommens beziehungsweise erlangten Vermögens in die Anlageform Aktie und deren spätere Wiederveräußerung. Denn der allgemeine Erwerb und Verkauf von Aktien wurde als private Vermögensverwaltung angesehen, soweit der Aktienhandel nicht ein erhebliches Maß in Umfang und Ausführung überschritt und nur die Verwertung des Vermögensstamms im Vordergrund stand.[107] Die Abgrenzung erfolgte für den Einzelfall und musste ein deutliches Übermaß einer gewöhnlichen vermögensverwaltenden Tätigkeit, die einem Gewerbebetrieb gleicht, ausmachen.[108] Dies traf auf den durchschnittlichen Aktionär nicht zu. Jedoch ist die Abgrenzung zur privaten Vermögensverwaltung nun obsolet, da seit Einführung der Abgeltungsteuer die private Aktienveräußerung unter den Tatbestand des § 20 Abs. 2 S. 1 Nr. 1 EStG fällt und diese Erträge vollumfänglich steuerbar sind.[109] Die vormalige Zuordnung der Veräußerungsgeschäfte des Aktionärs als steuerbarer Vermögensverwaltungsvorgang – außer die gewerbliche Einordnung – wurde nur im Fall der Nichteinhaltung der Spekulationsfrist nach §§ 22 Nr. 2, 23 Abs. 1 S. 1 Nr. 2 EStG a. F. angewandt. Die ansonsten damit verbundene Nichtsteuerbarkeit der Erträge außerhalb der Haltedauerfrist stellte die typische nicht steuerbare, private Vermögensverwaltung für Veräußerungsvorgänge aus Aktien dar. Auf subjektiver Seite ist das ungeschriebene Tatbestandsmerkmal Einkünfteerzielungsabsicht Voraussetzung für die Steuerbarkeit von Einkünften. Diese zeichnet sich dadurch aus, dass sich nach einem gewissen Zeitraum der Tätigkeit oder Vermögensnutzung irgendwann als Ergebnis positive Erträge erwirtschaftet werden müssen beziehungsweise zu erwarten sind, ansonsten liegt nicht steuerbare Liebhaberei vor.[110] Für Verluste im Gegenzug bedeutet es,

102 *Fehrenbacher*, § 1 Rn. 28, 30; auch *Röder*, S. 5.

103 Kap. 1, III. 2. b) aa).

104 Z. B. BStBl. II 2005, 468 (470, 472 f.); *Ratschow*, in: Brandis/Heuermann, EStG, § 2 Rn. 48.

105 *Gersch*, in: Klein, AO, § 14 Rn. 13.

106 *Fehrenbacher*, § 1 Rn. 32.

107 Z. B. BStBl. II 1991, 631 (632 f.); BStBl. II 1980, 389 (391 f.); auch so etwa *Gersch*, in: Klein, AO, § 14 Rn. 17.

108 BStBl. II 1971, 620 (622).

109 Kap. 2, I. 4. b) aa).

110 *Ratschow*, in: Brandis/Heuermann, EStG, § 2 Rn. 120.

dass diese zu berücksichtigen sind, soweit eine „ernsthafte, aber fehlgeschlagene Einkünfteerzielung“ vorliegt oder vorlag.[111] Die Einkünfteerzielungsabsicht ist somit ein probates Mittel für den Fiskus, Verluste ausschließen zu können, falls die Ernsthaftigkeit, Erträge in Zukunft zu erzielen, fehlt.[112] Hinsichtlich des Vorliegens der Einkünfteerzielungsabsicht des Privatanlegers im Zusammenhang mit der Kapitalanlage Aktie wird diese mittlerweile von der Rechtsprechung unterstellt.[113]

cc) Künstliche Verluste

Eine weitere steuerlich relevante Gruppe von Verlusten sind die sogenannten unechten oder künstlichen Verluste, die die finanzielle Leistungsfähigkeit des Steuerpflichtigen zwar mindern, jedoch eigentlich nicht tatsächlich vorliegen.[114] Diese Verlustart ist aus der Möglichkeit von bilanziellen Bewertungswahlrechten und Sonderabschreibungsmöglichkeiten entstanden und in größeren Rahmen aufgetaucht, als hohe Sonderabschreibungen infolge der Wiedervereinigung nach dem mittlerweile wieder aufgehobenen FördG[115] gegenüber dem Fiskus als Verluste geltend gemacht wurden.[116] Zur Ermittlung, ob solche unechten Verluste vorliegen, müssen deren objektive und subjektive Komponenten zusammenwirken.[117] Objektiv muss durch den Verlust eine Beeinträchtigung der wirtschaftlichen Leistungsfähigkeit „tatsächlich und rechnerisch“ bei dem Steuersubjekt eingetreten sein.[118] Subjektiv wohnt den sogenannten Buchverlusten[119] inne, dass diese „bewusst und planvoll zur Reduzierung der Steuerlasten“ konstruiert werden.[120] Bei Vorliegen der Voraussetzungen wird angenommen, dass nur die Absicht bestehe, die Steuerlast durch kreative Gestaltung – wenn auch nur vorübergehend – zu verhindern beziehungsweise zu mindern, indem bei entsprechenden hohen Einkünften entsprechend hohe Neuinvestitionen ausgestaltet als Verluste – erlangt zum Beispiel durch hohe Sonderabschreibungen – zur Steuerminderung eingesetzt werden, so dass in solchen Fällen sich der Gesetzgeber gegen die „Aushöhlung der Basis der

111 *Weber-Grellet*, in: Schmidt, EStG, § 2 Rn. 23.

112 *Ratschow*, in: Brandis/Heuermann, EStG, § 2 Rn. 120.

113 Kap. 3, I. 2. a).

114 *Verfürth*, S. 9 f.

115 Gesetz über Sonderabschreibungen und Abzugsbeträge im Fördergebiet (FördG) v. 23.9.1993, BGBl. I 1993, 1654, aufgehoben zum 14.7.2016.

116 So etwa *Hergarten*, DStR 2001, 1876 (1878).

117 *Röder*, S. 9.

118 *Verfürth*, S. 9.

119 *Verfürth* und *Kohlhaas* sprechen sich gegen die Verwendung der Begriffe Buchverlust und unechte Verluste aus, da sie nach ihrem Ermessen aufgrund falscher Termini nicht zutreffen.

120 *Kohlhaas*, BB 2002, 2527 (2528).

Einkommensteuer“ stellen kann,[121] auch wenn es sich in einem solchen Abschreibungsfall eigentlich nur um eine Verlustverschiebung handelt. Des Weiteren können andere oder ähnliche Konstruktionen auch immer zu einem nicht zulässigen Gestaltungsmissbrauch nach § 42 AO führen. Dieser führt dann wiederum zur Nichtanerkennung solcher Verluste, wie im Einführungsfall vom BMF als Argument angeführt.

dd) Fazit

Zusammenfassend ist als Ergebnis festzuhalten, dass grundsätzlich alle Verluste – auch Buchverluste – die finanzielle Leistungsfähigkeit irgendwie berühren und einschränken.[122] Verluste in diesem Zusammenhang entweder nur als negative Einkünfte oder Werbungskostenüberschuss beziehungsweise Unterschuss zu bezeichnen, ist für die Begriffsbestimmung des Verlustes für diese Arbeit nicht ausreichend. Hinsichtlich des Gewinnbegriffs aus § 20 Abs. 2 S. 1 Nr. 1 EStG und der zugehörigen Gewinnermittlung eigener Art nach Abs. 4 stellt der korrespondierende Verlust eine saldierte Rechengröße mit negativen Vorzeichen dar, der sich aus dem Gewinn herausentwickelt und differenziert als Vorstufe zu § 2 Abs. 2 EStG angesehen werden muss. Werbungskosten als Verluste beziehungsweise Verluste aus einem Werbungskostenüberschuss müssen gesondert betrachtet werden. Der Sparer-Pauschbetrag nach § 20 Abs. 9 EStG nimmt hierfür eine besondere Rolle ein.

b) Aktie

Nachdem sich das Gesellschaftsrecht der AG und die Besteuerung von privaten Veräußerungsgeschäften aus Aktien rechtsgeschichtlich unterschiedlich entwickelt haben,[123] wird nachfolgend auf den Begriff der Aktie im steuerlichen Sinne eingegangen. Historische Ansätze nach dem römischen Recht, aus dem sich die Gesellschaftsform der AG entwickelt haben könnte, existieren nicht.[124] Es werden die niederländischen Handelskompanien des 17. Jahrhunderts als erste ähnliche Arten von Kapitalgesellschaften, die mit der heutigen AG vergleichbar sind, angesehen.[125] Regelungen des französischen Code de Commerce aus dem Jahr 1807, wie die Aufteilung des Kapitals in Aktien, eine Haftungsfreistellung für die Aktionäre und die Übertragung der Gesellschaftsführung auf Ausgewählte, stellten erste vergleichbare Kodifizierungen dar, die teilweise nach dem Zusammenbruch der napoleonischen Vorherrschaft ebenfalls in teils deutschen Gebieten galten.[126] Dieser

---

121 BStBl. II 2001, 552 (554).

122 *Bieber*, S. 11.

123 *Mertz*, S. 25.

124 *Habersack*, in: Goette/Habersack, MüKo AktG, Einl. Rn. 14.

125 *Körber*, in: Bürgers/Körber, AktG, Einl. Rn. 2.

126 *Assman*, in: Hopt/Wiedemann, AktG, Einl. Rn. 7, 31, 34; *Körber*, in: Bürgers/Körber, AktG, Einl. Rn. 3.

französische Ansatz floss mit dem Preußischen Aktiengesetz aus dem Jahr 1843 in das ADHGB des Jahres 1861 ein und vereinheitlichte das Aktienrecht für den geltenden deutschen Rechtsraum insgesamt.[127] Das 1937 aus dem HGB herausgelöste und seit 1965 mit dem heute ausgestalteten und ständig weiterreformierten, vergleichbaren, AktG, beinhaltet vorwiegend Innenrecht, also Verbandsrecht,[128] während der Aktienhandel an sich durch die Veräußerung zivilrechtliche Komponenten aufweist sowie durch das WpHG einerseits reguliert und andererseits geschützt wird.[129] Die Rechnungslegungsvorschriften der AG befinden sich durch Einführung des BiRiLiG[130] seit 1985 als Formkaufmann nach § 3 Abs. 1 AktG und § 6 HGB wieder im HGB.[131]

aa) Definition und Aktiengattung

Eine Aktie stellt ein Wertpapier dar, durch das die Rechte des Aktionärs (Mitgliedschaftsrechte) durch Übernahme eines Anteils am Grundkapital verbrieft werden und zudem wird durch den Anteilsschein die Beteiligungsquote des Privatanlegers an der AG widergespiegelt.[132] Dem Begriff Aktie kommen folglich drei Bedeutungen zu – erstens sämtliche Mitgliedschaftsrechte der Beteiligung, zweitens die Verbriefung als Wertpapier und drittens die Beteiligungsquote an der Gesellschaft.[133] Durch die Zerlegung, folglich die Mindestaufteilung des Grundkapitals nach satzungsmäßiger Festlegung der Anteilshöhe in zwei Aktien (§ 1 Abs. 2 AktG), einerseits entweder in Nennbetragsaktien oder Stückaktien und andererseits in Inhaberaktien oder Namensaktien (§ 23 Abs. 3 Nr. 3 AktG), wird der Umfang des zivilrechtlichen Mitgliedschaftsrechts durch die Beteiligungsquote an der Körperschaft bestimmt.[134] Der Mindestnennbetrag des Grundkapitals beträgt 50.000 Euro und darf diese Summe nicht unterschreiten.[135] Die Zerlegung des Grundkapitals erfolgt dann gemäß § 8 Abs. 1 AktG in Nennbetragsaktien oder Stückaktien und darf den Nennbetrag von 1 Euro pro Aktie nicht unterschreiten (§ 8 Abs. 1, 2, 3 AktG). Nennbetragsaktien werden auf einen festen Nennbetrag ausgegeben und müssen immer auf volle Euro lauten (§ 8 Abs. 2 S. 4 AktG). Stückaktien lauten hingegen nicht auf einen Nennbetrag (§ 8 Abs. 3 S. 1 AktG), sondern die Beteiligung

127 *Assman*, in: Hopt/Wiedemann, AktG, Einl. Rn. 53, 68 ff.; *Grigoleit*, in: Grigoleit, AktG, Einl. Rn. 2.

128 *Assman*, in: Hopt/Wiedemann, AktG, Einl. Rn. 352.

129 *Grigoleit*, in: Grigoleit, AktG, Einl. Rn. 4; *Mertz*, S. 26.

130 Bilanzrichtliniengesetz (BiRiLiG) v. 19.12.1985, BGBl. I 1985, 2355.

131 *Habersack*, in: Goette/Habersack, MüKo AktG, Einl. 3, 153.

132 So etwa *Kainz*, in: Creifelds, Rechtswörterbuch, „Aktie"; *Koch*, in: Hüffer/Koch, AktG, § 1 Rn. 13.

133 *Ammon*, in: Heidel, AktG, § 1 Rn. 25.

134 *Ammon*, in: Heidel, AktG, § 1 Rn. 25; auch *Koch*, in: Hüffer/Koch, AktG, § 1 Rn. 13.

135 *Koch*, in: Hüffer/Koch, AktG, § 1 Rn. 10.

des Aktionärs an der AG errechnet sich mit Teilung des Grundkapitals durch ausgegebene Stückaktien im Verhältnis zu den gehaltenen Aktien (§ 8 Abs. 4 AktG).

Aktien sind grundsätzlich Wertpapiere im weiteren Sinne, da die mitgliedschaftlichen Rechte nur mit Inhaberschaft und nicht nur mit Besitz der Aktienurkunde, wie bei Legitimationspapieren, geltend gemacht werden können.[136] Der Unterschied zwischen Inhaberaktien und Namensaktien liegt darin, dass bei Namensaktien der Aktionär mit Adresse und Geburtsdatum in das Aktienregister einzutragen ist (§ 67 Abs. 1 S. 1 AktG). Es gilt nur derjenige als berechtigter Aktionär, der im Aktienregister eingetragen ist (§ 67 Abs. 2 AktG). Der Aktionär einer Inhaberaktie hingegen wird ohne weiteren Nachweis als Gesellschafter akzeptiert und kann seine zustehenden Rechte ausüben, soweit dieser die Urkunde vorlegen kann, da es sich bei der Inhaberaktie um ein Wertpapier im engeren Sinn handelt.[137] Seit der Aktienrechtsnovelle 2016[138] werden Namensaktien als Regelfall der Verbriefung angesehen, so dass Inhaberaktien nur noch im Zuge besonderer Zusatzvoraussetzungen, wie zum Beispiel der Börsennotierung, ausgestellt werden können.[139] Ferner können von der AG sogenannte Vorzugsaktien herausgegeben werden, die gerade mit keinem Stimmrecht in der Hauptversammlung ausgestattet sind, jedoch dafür meist höhere Dividenden ausschütten (§ 12 Abs. 1 AktG).

bb) Weitere Merkmale

Kennzeichen einer Aktie sind zudem einerseits die Fungibilität, somit die leichte verkehrsfähige Übertragung, meist durch den Börsenhandel und anderseits die „beschränkte Mitgliederhaftung“ der rechtlich verselbstständigten AG.[140] Eine Haftung des Privatanlegers ist nur in den sogenannten Haftungsdurchgriffsfällen, die jedoch hauptsächlich für die GmbH relevant sind, wie zum Beispiel die Vermögensvermischung, möglich, soweit das Grundkapital in voller Höhe geleistet ist,[141] da die AG allein mit ihrem Gesellschaftsvermögen haftet und eine allgemeine Nachschusspflicht nicht besteht.[142] Es findet eine Trennung zwischen den rechtlichen Sphären der AG und dem Aktionär statt (Trennungsprinzip).[143] Ferner sieht *Habersack* allein den wirtschaftlichen Zweck der AG in einer reinen

---

136 *Ammon*, in: Heidel, AktG, § 10 Rn. 5 ff.; *Koch*, in: Hüffer/Koch, AktG, § 10 Rn. 4.

137 *Ammon*, in: Heidel, AktG, § 10 Rn. 10.

138 Gesetz zur Änderung des Aktiengesetzes (Aktienrechtsnovelle 2016) v. 22.12.2015, BGBl. I 2015, 2565.

139 *Koch*, in: Hüffer/Koch, AktG, § 10 Rn. 5.

140 *Grigoleit*, in: Grigoleit, AktG, Einl. Rn. 2.

141 *Koch*, in: Hüffer/Koch, AktG, § 1 Rn. 15 f., 20.

142 *Habersack*, in: Goette/Habersack, MüKo AktG, Einl. Rn. 5.

143 *Koch*, in: Hüffer/Koch, AktG, § 1 Rn. 4, 15.

„Kapitalsammelfunktion“,[144] in der sich ein Privatanleger mit einem geringen Geldbetrag an einem großen Wirtschaftsunternehmen beteiligen kann.

Die rechtsgeschäftliche Übertragung von Aktien kann einerseits durch die sachenrechtliche Übereignung nach den §§ 929 ff. BGB und andererseits durch Abtretung der Aktionärsstellung nach §§ 413, 398 BGB erfolgen und durch den elektronisch gestützten Computerhandel wird hauptsächlich das Eigentum von Inhaberaktien bei girosammelverwahrten Aktien (§ 6 DepotG) durch Übertragung des Mitbesitzes am Girosammelbestand übertragen.[145] Denn der Normalfall ist – insbesondere seit Einführung des elektronischen Handels –, dass Aktien nicht mehr physisch ausgehändigt werden. Die Aktien werden – dies gilt seit 1997 ebenfalls aufgrund der Einführung eines Abwicklungsprogramms für börsennotierte Namensaktien[146] – als Sammelbestand bei einer Wertpapierhandelsbank gehalten, so dass der Aktionär nur noch mittelbaren Besitz erlangt. Namensaktien können zwar grundsätzlich auf den ersten Blick aus der Natur der Sache nicht in einem Sammelbestand gehalten werden, da diese namensabhängig sind. In der Praxis hatte jedoch bis zum Jahr 2010 die Hälfte der großen DAX-Konzerne aus Gründen der Transparenz ihrer eigenen Aktionärsstruktur und einer besseren Möglichkeit der Unternehmenskommunikation auf Namensaktien umgestellt.[147] Denn trotz der Terminologie handelt es sich bei Namensaktien um Orderpapiere, deren Übertragung durch Indossament möglich (§ 68 Abs. 1 AktG) ist, so dass ein Unterschriftenvermerk der Übertragung auf der Rückseite der Aktie vorerst ausreichen würde.[148] Wird das Erfordernis der Übertragung, folglich in diesem Fall die Einigung, Indossierung und Übergabe auf den heute geltenden Börsenhandel in der Praxis angewandt, erfolgt dies meist durch vom AktG gedeckte Blankoindossamente – deren Übertragungskette jedoch lückenlos vorhanden sein muss –, dass der Aktionär seine zustehenden Rechte ausüben kann, und dieser Nachweis gelingt dann über die Eintragung im Aktienregister, dem Aktienbuch.[149] Aufgrund dessen, dass durch die Umstellung auf die elektronische Abwicklungsweise – sowie die Beschränkung der Verbriefung auf Globalurkunden – keine verbrieften Aktienurkunden mehr ausgegeben werden, wurde die Namensaktie in der Praxis zu einer „virtuellen Namensaktie“, deren Übertragung nur noch durch die elektronische Umbuchung im Rahmen des Sammelbestands bei einer Wertpapierhandelsbank[150] – für deutsche börsennotierte Unternehmen erledigt dies als Zentralverwahrer und Wertpapiersammelbank die Clearstream Banking AG, Frankfurt, die unter anderem

144 *Habersack*, in: Goette/Habersack, MüKo AktG, Einl. Rn. 5.
145 *Ammon*, in: Heidel, AktG, § 10 Rn. 20.
146 *Noack*, FS Bezzenberger, 291 (296).
147 *Sommer*, Handelsblatt v. 19.3.2010, S. 32.
148 *Ammon*, in: Heidel, AktG, § 10 Rn. 20.
149 *Noack*, FS Bezzenberger, 291 (297 f.).
150 Vgl. z. B. BGHZ 160, 121 (125 f.); *Sprau*, in: Grüneberg, BGB, § 675b Rn. 2.

aus der Deutschen Börse Clearing AG hervorgegangen ist und vollständig im Eigentum der Deutschen Börse AG steht – durch unkomplizierten Datenabgleich mit den elektronischen Aktienregistern der Unternehmen erfolgt.[151] Im Ergebnis besteht für den Aktionär auch durch Einführung des NaStrG[152] mit der Angleichung der rechtlichen Regelungen an die Praxis durch vereinfachte Umschreibung im Aktienregister aus dem Jahr 2001 sowie Vorschriften technischer Art fast keine Differenz mehr zur Inhaberaktie.

Bei vinkulierten Namensaktien ist die Übertragung von der Zustimmung der Gesellschaft abhängig.[153]

cc) Fazit

Während § 20 EStG einerseits in Abs. 1 Nr. 1 von „Gewinnanteilen" und in Klammern ausgeschrieben von „Dividenden", mit denen das Recht am Gewinn und Liquidationserlös einer Kapitalgesellschaft verbunden sind, spricht und anderseits in Abs. 2 S. 1 Nr. 1 die Anteile an einer Körperschaft im Sinne des Abs. 1 Nr. 1 erfasst, ist die Aktie als „AG-Anteil" hierunter zu subsumieren. Hervorzuheben ist im Sinne des § 20 Abs. 1 Nr. 1 EStG, dass der Begriff des Gewinnanteils ein Unterfall des Begriffs Bezüge, also der Beteiligungsbezüge[154], ist, der dem Begriff der Einnahmen des § 8 Abs. 1 EStG gleicht.[155] Vor Einführung der Abgeltungsteuer war die private Veräußerung von Aktien unter dem „Veräußerungsgeschäft bei anderen Wirtschaftsgütern, insbesondere bei Wertpapieren" des § 23 Abs. 1 S. 1 Nr. 2 EStG a. F. bis einschließlich des Veranlagungszeitraums 2008 zu subsumieren (§ 52 Abs. 31 S. 2 EStG). Der private Veräußerungsvorgang aus Aktien wurde somit dem Begriff des Wertpapiergeschäfts zugeordnet, während die laufenden Erträge aus Aktien getrennt und dem § 20 Abs. 1 Nr. 1 EStG a. F. zugerechnet waren. § 20 Abs. 2 S. 1 Nr. 1 EStG umfasst nun vom Wortlaut den Gewinn aus der Veräußerung von Anteilen an einer Körperschaft des § 20 Abs. 1 Nr. 1 EStG, so dass hierunter der private Veräußerungsvorgang aus Aktien fällt. Trotz Verwendung verschiedener Begriffe und eines anderen terminologischen Ansatzes vor und nach Einführung der Abgeltungsteuer seitens des Gesetzgebers umfassen beziehungsweise umfassten die Begriffe die Aktie steuerlich insgesamt unproblematisch mit ihren verschiedenen Gattungen.

---

151 Vgl. *Noack*, FS Bezzenberger, 291 (295).

152 Gesetz zur Namensaktie und zur Erleichterung der Stimmrechtsausübung (Namensaktiengesetz – NaStrG) v. 25.1.2001, BGBl. I 2001, 123.

153 *Ammon*, in: Heidel, AktG, § 10 Rn. 20.

154 *Bleschick*, in: Kirchhof/Seer, EStG, § 20 Rn. 48a, 49; *Levedag*, in: Schmidt, EStG, § 20 Rn. 28 f.

155 BStBl. II 1983, 128 (129), das von „Einnahmen in Gestalt von Gewinnanteilen" spricht; *Buge*, in: Herrmann/Heuer/Raupach, EStG, § 20 Rn. 60–62; *Strohm*, S. 34.

2. Allgemeine Voraussetzungen

Ferner sind für die steuerliche Erfassung von Verlusten aus einer privaten Aktienbeteiligung die allgemeinen Voraussetzungen des EStG zu beachten, wie die Abgrenzung der Kapitalanlage zum Betriebs- oder Privatvermögen sowie die weitere Zuordnung des privaten Veräußerungsvorgangs unter § 17 EStG oder § 20 EStG, oder wie der Privatanleger als Steuersubjekt und die Zurechnung des Wirtschaftsguts Aktie sowie der Zeitpunkt für die steuerliche Erfassung von Verlusten.

a) Einordnung der privaten Kapitalanlage

Um festzustellen zu können, dass es sich um eine private Kapitalanlage handelt, ist zu klären, ob der Steuerpflichtige das Wirtschaftsgut Aktie im Betriebs- oder Privatvermögen hält. Denn nach der Subsidiaritätsklausel des § 20 Abs. 8 EStG sind über den Einkünfteverweis Wirtschaftsgüter, die dem Betriebs- und nicht dem Privatvermögen zugeordnet werden, den entsprechenden Einkünften der anderen Einkunftsarten zuzuordnen.[156] In einem weiteren Schritt ist zur steuerlichen Einordnung die Beteiligungshöhe für die im Privatvermögen gehaltene Beteiligung dafür ausschlaggebend, ob im Veräußerungsfall nun § 17 EStG oder § 20 Abs. 2 EStG zur Anwendung kommt. Denn § 17 EStG findet Anwendung und rechnet den Veräußerungsvorgang eigentlich den Einkünften aus Gewerbebetrieb zu, soweit der Steuerpflichtige innerhalb der letzten fünf Jahre mit 1 % an der Kapitalgesellschaft beteiligt war. Diese sogenannte wesentliche Beteiligung wurde vom Gesetzgeber schon immer unterschiedlich behandelt,[157] obwohl es sich grundsätzlich ebenfalls um eine Beteiligung des Privatvermögens handelt. So wurde die Wesentlichkeitsschwelle im Jahr 1999 durch das StEntlG 1999/2000/2002[158] von zuerst 25 % auf 10 % und dann durch das StSenkG[159] auf 1 % im Jahr 2000 abgesenkt, um die Überschreitung der Wesentlichkeitsschwelle für den Steuerpflichtigen zu erleichtern. Für die Anerkennung der 1 %-Schwelle, deren Tatbestand nicht mehr den Begriff wesentlich seit Absenkung der Schwelle auf 1 % enthielt, reicht es aus, dass diese Beteiligungshöhe oder deren Überschreitung nur für einen Tag in den letzten fünf Jahren vorlag.[160] Vor Einführung des StSenkG war es nach der früheren Fassung des § 17 Abs. 1 S. 1 EStG notwendig, dass mindestens ein 1 %-Anteil der 25 %-Mindestbeteiligung im Veranlagungszeitraum veräußert wurde. Als Ergebnis für einen privaten Veräußerungsvorgang aus Aktien, der unter § 17 EStG fällt wurde

156 *Ratschow*, in: Brandis/Heuermann, EStG, § 20 Rn. 477 f.

157 Vgl. *Vogt*, in: Brandis/Heuermann, EStG, § 17 Rn. 1, 16–18.

158 Steuerentlastungsgesetz 1999/2000/2002 (StEntlG) v. 24.3.1999, BGBl. I 1999, 402.

159 Gesetz zur Senkung der Steuersätze und zur Reform der Unternehmensbesteuerung (Steuersenkungsgesetz – StSenkG) v. 23.10.2000, BGBl. I 2000, 1433.

160 *Frotscher/Moritz/Strohm*, in: Frotscher/Geurts, EStG, § 17 Rn. 58; *Vogt*, in: Brandis/Heuermann, EStG, § 17 Rn. 300 f.

seit dem StEntlG 1999/2000/2002 und bis zur Einführung der Abgeltungsteuer das Halbeinkünfte- und Halbabzugsverfahren[161] angewandt. Dies wurde danach vom Teileinkünfte- und Teilabzugsverfahren abgelöst, das noch vorherrscht. Hinsichtlich der Kapitalanlage von börsengehandelten Aktien wird trotz der Absenkung der Anwendungsschwelle ein gewöhnlicher Privatanleger diese Schwelle selten erreichen.[162] Die unterschiedliche Behandlung zu § 20 EStG erfolgt weiterhin auf Rechtsfolgenseite und privilegiert steuerlich nach Einführung der Abgeltungsteuer eine solche Beteiligung,[163] da das Teileinkünfte- und Teilabzugsverfahren nach § 3 Nr. 40c EStG sowie § 3c Abs. 2 EStG Anwendung findet und nur 60 % des saldierten Veräußerungspreises steuerbar sind. Vor Einführung der Abgeltungsteuer führte die Einordnung eines Veräußerungsgeschäfts aus Aktien unter § 17 EStG a. F. hingegen zu einer Benachteiligung verglichen mit § 23 EStG a. F. soweit die Haltedauer der Aktienanlage größer als ein Jahr war, da 50 % des saldierten Veräußerungspreises nach dem Halbeinkünfte- und Halbabzugsverfahren zur Steuer herangezogen wurden (§ 3 Nr. 40c EStG und § 3 Abs. 2 EStG a. F.). Hervorzuheben ist in diesem Zusammenhang, dass sich durch Einführung der Abgeltungsteuer die Prüfungsreihenfolge zwischen § 17 Abs. 1 S. 1 EStG und § 20 Abs. 2 EStG beziehungsweise § 23 Abs. 1 S. 1 Nr. 2 EStG a. F. verändert hat.[164] Vor Einführung der Abgeltungsteuer wurde im Rahmen der Veräußerung zuerst geprüft, ob § 23 Abs. 1 S. 1 Nr. 2 EStG a. F. vorliegt; falls nicht, aufgrund § 23 Abs. 2 S. 2 EStG, wurde dann § 17 Abs. 1 S. 1 EStG geprüft. Nach Einführung der Abgeltungsteuer hat sich dies gerade wegen § 20 Abs. 8 EStG umgekehrt, so dass erst § 17 Abs. 1 S. 1 EStG zu prüfen ist und falls dieser nicht einschlägig ist, kommt nun § 20 Abs. 2 EStG zur Anwendung.

b) Steuersubjekt

Im Rahmen der Einkommensteuer ergibt sich im Regelfall eine unbeschränkte Steuerpflicht des Privatanlegers als natürliche Person aus dessen Wohnsitz oder gewöhnlichen Aufenthaltsort (§ 1 Abs. 1 S. 1 EStG in Verbindung mit §§ 8, 9 AO), so dass sein Welteinkommen besteuert wird.[165] Dies bedeutet, dass für einen hierzulande ansässigen Privatanleger die unbeschränkte Steuerpflicht gilt und auch ausländische Einkünfte aus Aktien grundsätzlich erstmal in Deutschland zu versteuern sind, außer es existieren entsprechende Ausnahmen, um eine Doppelbesteuerung zu verhindern.[166] Solche Ausnahmen können sich durch bilaterale DBA ergeben, die mit einer Freistellungs- oder Anrechnungsmethode ausgestaltet

---

161 Kap. 1, IV.

162 *Frotscher/Moritz/Strohm*, in: Frotscher/Geurts, EStG, § 17 Rn. 58a.

163 *Frotscher/Moritz/Strohm*, in: Frotscher/Geurts, EStG, § 17 Rn. 287 ff.

164 *Strohm*, S. 115.

165 Vgl. *Fehrenbacher*, § 2 Rn. 19.

166 *Fehrenbacher*, § 1 Rn. 40.

werden. Nachdem die Kapitalertragsteuer teilweise wie eine Art Objektsteuer erhoben wird, da der Steuerabzug vorrangig an die Aktienbeteiligung und nicht an die Person anknüpft,[167] ergeben sich im Steuerabzugsverfahren zwar Besonderheiten, insbesondere zum Beispiel im Zusammenhang mit dem Entrichtungsschuldner der Kapitalertragsteuer sowie in Bezug auf ins Ausland abfließende Kapitalerträge, ändern jedoch nichts am Steuerschuldner insgesamt.[168] Dieser bleibt im Regelfall weiterhin der Kleinanleger als unbeschränkt steuerpflichtige natürliche Person mit einem inländischen Wohnsitz.

c) Zurechnung

Im Allgemeinen ergibt sich die Zurechnung eines Wirtschaftsgut nach § 39 AO und ist vorrangig dem zivilrechtlichen Eigentümer nach Abs. 1 zuzurechnen, also vorliegend dem Aktionär. Denn im Rahmen der Girosammelverwahrung, als standardisierter Form der Verwahrung und dem Regelfall für börsennotierte Aktien, ergibt sich der Miteigentumsanteil durch die Erlangung des Mitbesitzes am Sammelbestand und der entsprechenden Beteiligungsquote am Gesamtbestand der girosammelverwahrten Aktiengattung. Hinsichtlich der Fälle des Abweichens der Eigentümerstellung, wie zum Beispiel in Bezug auf Verluste aus Leerverkäufen, also dass die Aktien nur von dem Eigentümer geliehen werden, erfolgt die steuerliche Zurechnung über § 39 Abs. 2 Nr. 1 AO, der auf den wirtschaftlichen Eigentümer abstellt[169].

d) Zeitpunkt der steuerlichen Erfassung von Verlusten

Grundsätzlich gilt für die Überschusseinkünfte das Zufluss- und Abflussprinzip des § 11 EStG. Danach sind Zuflüsse nach Abs. 1, wie ebenfalls Abflüsse nach Abs. 2, in dem Veranlagungszeitraum, somit dem Kalenderjahr (§ 25 Abs. 1 EStG) – außer es liegt die Ausnahme des § 43 Abs. 5 oder § 46 EStG vor –, anzusetzen, in dem diese tatsächlich erfolgt sind, demnach einerseits mit der „Erlangung der wirtschaftlichen Verfügungsmacht" oder andererseits mit dem wirtschaftlichen Ausscheiden aus dem Vermögen.[170] Hinsichtlich der Gewinnermittlung nach § 20 Abs. 4 EStG oder § 23 Abs. 3 EStG a. F. besteht beziehungsweise bestand jedoch die Ausnahme vom Abflussprinzip des § 11 Abs. 2 EStG, dass die in unmittelbarem Zusammenhang stehenden Aufwendungen und die Anschaffungskosten dem Jahr zugeordnet werden beziehungsweise wurden, indem es zu den Einnahmen aus der

167 *Bleschick*, in: Kirchhof/Seer, EStG, § 43 Rn. 1.

168 Zu den Besonderheiten des Steuerabzugsverfahrens Kap. 4.

169 Zur Verlustberücksichtigung durch Übertragung des wirtschaftlichen Eigentums Kap. 3, I. c) bb)–d).

170 *Walter*, in: Frotscher/Geurts, EStG, § 11 Rn. 14 f., 26 f.

Veräußerung kommt oder kam.[171] Folglich sind die Kosten für die Anschaffung dem Kalenderjahr zuzuordnen, in dem die Einnahmen aus dem Verkauf des Wirtschaftsguts Aktie angefallen sind, so dass sich der Zeitpunkt hinsichtlich möglicher Verlustrealisationen eindeutig darstellt. Vom Zufluss- und Abflussprinzips für den Erhalt von laufenden Erträgen aus der Kapitalanlage Aktie ergeben sich keine Ausnahmen. In Bezug auf das Steuerabzugsverfahren nach den §§ 43 ff. EStG und die Korrekturregelung des § 43a Abs. 3 S. 7 EStG können jedoch weitere Besonderheiten entstehen, soweit sich eine nachträgliche Verlustanerkennung erst nach Ablauf des Kalenderjahres ergibt.[172]

II. Nichtsteuerbarkeit des Vermögensstamms

Im Rahmen der Nichtsteuerbarkeit des Vermögensstamms vor Einführung der Abgeltungsteuer ist sich nochmals vor Augen zu führen, dass zwischen den laufenden Erträgen eines Aktionärs aus der Aktie und den Veräußerungserträgen aus dem Aktienverkauf damals deutlich unterschieden wurde, indem eine Trennung der Tatbestände durch Zuordnung von Ertrags- und Vermögensebene unter verschiedene Normen des EStG durch den Gesetzgeber erfolgte. Denn einerseits waren und sind die laufenden Erträge in Form der Dividenden unter § 20 Abs. 1 Nr. 1 EStG zu subsumieren und anderseits ergaben sich Erträge aus dem privaten Veräußerungsgeschäft von Wertpapieren in Form eines Gewinns aus dem Aktienverkauf nach § 22 Abs. 1 Nr. 2, 23 Abs. 1 Nr. 2, Abs. 3 EStG a. F.

Nach dem zwar auf dem Papier vorherrschenden Prinzip des Dualismus der Einkommensteuer aus § 2 Abs. 2 EStG, somit der Unterscheidung zwischen Gewinn- und Überschusseinkünften und dadurch der unterschiedlichen Behandlung von Einnahmen des Betriebs- und Privatvermögens, wurden jedoch beide Einkunftsarten nach §§ 2 Abs. 1 Nr. 5 und 7, 2 Abs. 1 Nr. 2 EStG – trotz Trennung – den Überschusseinkünften unproblematisch zugeordnet, mit dem vorerst augenscheinlichen Ergebnis, dass allgemein für Überschusseinkünfte – bis zur Einführung der Abgeltungsteuer – kennzeichnend war, dass gerade der Vermögensstamm nicht steuerbar sein sollte, sondern nur die Fruchtziehung im Vordergrund stand.[173] Dies hatte zur Folge, dass das private Veräußerungsgeschäft aus Aktien grundsätzlich – bis auf die Besonderheit innerhalb der Spekulationsfrist – nicht steuerbar und im Gegenzug eine steuerliche Verlustberücksichtigung des Vermögensstamms nicht möglich waren. Jedoch ist dieser Grundsatz resultierend aus dem Dualismus wiederum teils zu differenzieren und die Besonderheiten hinsichtlich der privaten Aktienbeteiligung mit ihren Ausnahmen und der Unterscheidung

---

171 BStBl. II 1991, 916 (917 f.), zu § 23 IV EStG 1988; *Meinhardt*, in: Feyerabend, Besteuerung privater Kapitalanlagen, D Rn. 104; *Strohm*, S. 70.

172 Kap. 4, III. 3.

173 *Ratschow*, in: Brandis/Heuermann, EStG, § 20 Rn. 15.

zwischen laufenden Erträgen und Erträgen aus Veräußerungsvorgängen sind im Zusammenhang mit den Einkommenstheorien einzuordnen. Denn nach den verschiedenen Einkommenstheorien, die dem Einkommensbegriff des EStG eben teils zugrunde liegen, ergeben sich schon durch die rechtliche Einordnung der unterschiedlichen Art von Erträgen Rückschlüsse für die Verlustberücksichtigung sowie die Besonderheit der Spekulationsfrist[174]. Als steuerbarer Ausgangspunkt von privaten Kapitalerträgen allgemein im Rahmen der Einkommensteuer galt vor Einführung der Abgeltungsteuer mit der Herausnahme durch § 2 Abs. 5b EStG nur das zu versteuernde Einkommen als Bemessungsgrundlage für die tarifliche Einkommensteuer nach § 2 Abs. 5 S. 1 EStG, das vor allem „ein wirtschaftlicher Begriff und eine vorrechtliche Gegebenheit“ ist[175]. Deshalb hatte für die Einordnung von Erträgen aus einer Aktienbeteiligung schon damals eine Begriffsbestimmung und klare Abgrenzung des gesetzlich verwandten Ausdrucks Einkommen zu erfolgen, um feststellen zu können, ob solche Erträge überhaupt unter den Einkommensbegriff und die Bemessungsgrundlage fielen und welche Zusammenhänge sich konkret aus dem Dualismus ergaben. Daher wird zuerst auf die Entwicklung der Einkommenstheorien eingegangen, bevor eine historische Zuordnung von Kapitalerträgen in Zusammenhang mit dem Dualismus erfolgt.

1. Theorien des Einkommensbegriffs

Im Ergebnis orientierte sich der Einkommensbegriff des EStG in der Entwicklung einerseits an der Quellentheorie und andererseits an der Reinvermögenszugangstheorie sowie der später entwickelten Markteinkommenstheorie.[176] Andere „eng verstandene“ Theorien zum Einkommensbegriff außer der Quellentheorie, wie die Produktionseinkommenstheorie, Periodizitätstheorie oder Konsumtionsfondstheorie, beruhten im Wesentlichen auf der Quellentheorie und spielten eine untergeordnete Rolle, da diese keine entscheidenden Neuerungen mit sich brachten.[177]

a) Quellentheorie

Die dem Einkommensbegriff zugrunde liegende historische Quellentheorie[178] galt als Hauptbestandteil der Steuerreform von 1891 des damaligen Finanzministers Miquel[179] und will nur die Früchte der Quelle beziehungsweise des Vermögensstamms für die Nutzungsüberlassung besteuern;[180] die Wertveränderungen, somit

174 Kap. 1, III. 3.

175 *Ratschow*, in: Brandis/Heuermann, EStG, § 2 Rn. 42.

176 *Fehrenbacher*, § 2 Rn. 5.

177 *Kirchhof*, in: Kirchhof/Söhn/Mellinghoff, EStG, § 2 Rn. A 328.

178 *Fuisting*, Die preußischen direkten Steuern, Bd. 4, S. 110, 147 ff., 156 ff.

179 *Fehrenbacher*, § 2 Rn. 5.

180 *Ratschow*, in: Brandis/Heuermann, EStG, § 20 Rn. 15.

Spekulationsgewinne oder stille Reserven des Vermögensstamms, sollen danach unbeachtlich bleiben.[181] Ebenso gehören die Anschaffungs- und Erhaltungskosten nicht zu steuerbaren Vorgängen, sondern sind dem Privatvermögen zuzuordnen.[182] Folglich kommt es nicht darauf an, ob die Erträge einer steuerbaren Quelle zugeordnet werden können, sondern entscheidend ist die Loslösung der laufenden Erträge von der Quelle mit dessen Wertsteigerung.[183] Daher erfolgt eine strikte Trennung von dem „steuerlichen Ertragsbegriff und dem nach handelsrechtlichen Grundsätzen mittels Bilanz darzustellenden Gewinn",[184] da die Bilanzen das komplette Vermögen und sämtliche Wertsteigerungen und -minderungen steuerlich erfassen.[185] Diese Theorie wurde in den Anfängen der Etablierung einer Einkommensteuer in Deutschland von *Fuisting* vertreten und weiterentwickelt, der gerade Wertpapiere als reine Quelle betrachtete, soweit diese nur Anlagekapital darstellten.[186] Erträge aus Aktienveräußerungen von „Gelegenheitsspekulationen" sollten dem Privatvermögen zugeordnet werden, da eine Wertsteigerung nach *Fuisting* mehr oder weniger zufällig, wie eine Erbschaft oder ein „Glückszufall" eintrat, und eine Abgrenzung zum gewerblichen Handel erfolgte damals durch die Kriterien „Wiederholung und berufsmäßige Ausübung",[187] die der Abgrenzung bis zur Einführung der Abgeltungsteuer zur privaten Vermögensverwaltung fast glich. Für *Fuisting* war auf die private Aktienbeteiligung die Quellentheorie anzuwenden, da sich einerseits eine reine Spekulationsabsicht als subjektive Komponente schwer nachweisen ließ; anderseits sah dieser die Gefahr, dass der Fiskus in starke finanzielle Bedrängnis gebracht wäre, falls die Verluste des Vermögensstamms steuerbar wären, da sich damals durch keine klare Abgrenzung der subjektiven Spekulationsabsicht eine Art „Wahl" ergab, die Verluste steuerlich geltend und die Gewinne gerade nicht steuerlich beachtlich zu machen.[188]

Im Ergebnis orientieren sich die Überschusseinkünfte an der Quellentheorie, die jedoch teils „zu kurz greift"[189], also zu eng ist[190].

---

181 *Aigner*, S. 88.

182 *Ratschow*, in: Brandis/Heuermann, EStG, § 2 Rn. 44.

183 *Lindberg*, in: Frotscher/Geurts, EStG, § 2 Rn. 32.

184 *Küppers*, S. 30.

185 *Fuisting*, Die preußischen direkten Steuern, Bd. 4, S. 171 f.

186 *Fuisting*, Die preußischen direkten Steuern, Bd. 4, S. 148.

187 *Fuisting*, Die preußischen direkten Steuern, Bd. 4, S. 156.

188 *Fuisting*, Die preußischen direkten Steuern, Bd. 4, S. 156 f., denn die Zurechnung erfolgte durch einfaches Behaupten gegenüber dem FA.

189 *Ratschow*, in: Brandis/Heuermann, EStG, § 2 Rn. 44.

190 Vgl. *Fehrenbacher*, § 2 Rn. 5.

b) *Reinvermögenszugangstheorie*

Den einzig weiten Ansatz hinsichtlich des Einkommensbegriffs verglichen als Gegenstück zur Quellentheorie verfolgte die Reinvermögenszugangstheorie[191] – die als Vorlage für die Steuerreform von 1920 des Finanzministers *Erzberg* galt[192] –, die jeglichen Zuwachs des Reinvermögens eines Steuerpflichtigen für die gewählte Zeitperiode besteuern wollte.[193] Durch diesen Ansatz sollten jegliche Wertzuwächse im Vermögen des Steuerpflichtigen erfasst werden;[194] es wurde somit ein weiter „ökonomischer Güterbegriff" zugrunde gelegt, der jegliche Vorteile erfassen wollte.[195] Dieser Ansatz ging teilweise sogar so weit, dass hierunter jegliche Nutzungswerte von Wirtschaftsgütern sowie fiktive, noch nicht realisierte Wertsteigerungen des Wirtschaftsguts steuerlich erfasst werden sollten.[196] Aufgrund eines Vergleichs mit Buchführungspflichtigen und der eingehenden Bewertung des Vermögens hatte dies zur Folge, dass Kurssteigerungen einer Aktie, die jedoch noch nicht bei dem Steuerpflichtigen realisiert waren, steuerbar waren.[197] Im Gegenzug wurden jegliche Vermögensverluste und Schuldzinsen zum Abzug zugelassen.[198] *V. Schanz*, der prägende Vertreter dieser Theorie, der diesen Ansatz mit seinen Abhandlungen weiterformte,[199] führte gerade den Veräußerungsverlust eines Privatanlegers aus Aktiengeschäft als Beispiel eines steuerlich relevanten Vermögensverlustes an.[200] Denn als Grundgedanke sollte die steuerliche Leistungsfähigkeit von dem persönlichen Konsumverhalten des Steuerpflichtigen abhängen.[201] *V. Schanz* stellte somit den Steuerpflichtigen und seine „Mittel" in das Zentrum der Besteuerung, jedoch sollte trotzdem keine Bestandsvermögensaufzehrung insgesamt erfolgen.[202] Werterhöhungen oder -minderungen wurden mit Konjunkturgewinnen oder -verlusten verglichen und dem Einkommen zugerechnet.[203] Für die Gewinnermittlung sollte der Bestandsvergleich des Vermögens dienen, zumindest

191 *Kirchhof*, in: Kirchhof/Söhn/Mellinghoff, EStG, § 2 Rn. A328.

192 *Fehrenbacher*, § 2 Rn. 5.

193 *Ratschow*, in: Brandis/Heuermann, EStG, § 2 Rn. 43.

194 *v. Schanz*, FinArch I 1896, 1 (1 f.).

195 *Küppers*, S. 31.

196 *Hey*, in: Tipke/Lang, Rn. 7.30; *Ratschow*, in: Brandis/Heuermann, EStG, § 2 Rn. 43.

197 *v. Schanz*, FinArch I 1896, 1 (42 ff.), der sich bei Veräußerungsgegenständen auf die Möglichkeit der Bewertung zum Verkehrswert beruft, da hinsichtlich des Realisationsprinzips nach den GoB dem Buchführungspflichtigen bei Veräußerungsgegenständen teilweise zu dieser Zeit noch ein Wahlrecht eingeräumt wurde.

198 *v. Schanz*, FinArch I 1896, 1 (24).

199 *v. Schanz*, FinArch I 1896, 1 (1 ff.); *v. Schanz*, FinArch II 1922, 107 (107 ff.).

200 *v. Schanz*, FinArch I 1896, 1 (46).

201 *Ratschow*, in: Brandis/Heuermann, EStG, § 2 Rn. 43.

202 *v. Schanz*, FinArch I 1896, 1 (5).

203 *v. Schanz*, FinArch I 1896, 1 (44).

hinsichtlich der tatsächlich erlangten Wertsteigerungen,[204] da nur diese mit dem Bestandsvergleich wirklich erfasst werden konnten, da schon bekannt war, abgeleitet aus den GoB, dass nur der nicht „solide Geschäftsmann" zu Verkehrswert und nicht zu Anschaffungskosten bewerten würde.[205] Jedoch war dieser Ansatz unzulänglich, einerseits da keine ausreichende Differenzierung hinsichtlich noch nicht realisierter Wertsteigerungen durch im Privatvermögen gehaltene Wirtschaftsgüter erfolgte,[206] und andererseits war die technische Umsetzung der Steuererhebung in der Praxis aussichtslos,[207] da es fraglich erschien, wie eine fiktive Besteuerung ausgestaltet und kontrollierbar sein könnte. *V. Schanz* erkannte zwar das Problem der Besteuerung von noch nicht realisierten Wertsteigerungen, fügte aber – wenn auch folgerichtig im System des reinen Vermögenszugangs – keine Lösung für dieses Problem hinzu.[208]

Die Gewinneinkünfte nach § 2 Abs. 2 S. 1 Nr. 2 EStG wenden diese Theorie teilweise an, indem realisierte stille Reserven des Betriebsvermögens besteuert werden.[209]

c) Markteinkommenstheorie

Ein weiterer bedeutender, modernerer Ansatz zur Heranziehung für die Einkommensdefinition ist die Markteinkommenstheorie, die „jegliche Verwertung von Leistungen (Wirtschaftsgütern und Dienstleistungen) am Markt" besteuern will.[210] Die Vermögensmehrung aus dem am Markt hergeleiteten Vermögen stellt hierfür die steuerbare Grundlage dar.[211] Private Vermögensmehrungen wie zum Beispiel Erbschaften und Schenkungen oder staatliche Transferleistungen und Lottogewinne sind hiervon nicht berührt,[212] es soll – bis auf wenige Ausnahmen – nur das Markteinkommen herangezogen werden.[213] Auf die subjektive Absicht des Steuerpflichtigen kommt es nicht an, sondern es zählt nur noch ein objektiv messbarer Maßstab für die Festlegung als Erwerbseinkommen, so dass auch Zufallsgewinne steuerbar sind.[214] Das Markteinkommen stellt eine „Mischform"

---

204 *Küppers*, S. 31; *v. Schanz*, FinArch I 1896, 1 (24).

205 *v. Schanz*, FinArch I 1896, 1 (43).

206 *Hey*, in: Tipke/Lang, Rn. 7.33; *Ratschow*, in: Brandis/Heuermann, EStG, § 2 Rn. 43.

207 *Fehrenbacher*, § 2 Rn. 5; *Kirchhof*, in: Kirchhof/Söhn/Mellinghoff, EStG, § 2 Rn. A 330.

208 *Lang*, DStJG 1981, 45 (54).

209 *Ratschow*, in: Brandis/Heuermann, EStG, § 2 Rn. 43.

210 So etwa z. B. *Kirchhof*, DStJG 2001, 9 (14–18); *Lang*, DStJG 1981, 45 (54 f.); oder auch schon *Ruppe*, DStJG 1978, 7 (16–19, 38 f.), jedoch ohne Festlegung auf den Begriff der „Markteinkommenstheorie".

211 *Kirchhof*, in: Kirchhof/Söhn/Mellinghoff, EStG, § 2 Rn. A 363.

212 *Lindberg*, in: Frotscher/Geurts, EStG, § 2 Rn. 37.

213 *Ratschow*, in: Brandis/Heuermann, EStG, § 2 Rn. 45.

214 *Kirchhof*, in: Kirchhof/Söhn/Mellinghoff, EStG, § 2 Rn. A 367.

zwischen Wertmehrung des Reinvermögens im Betrachtungszeitraum und dessen Einschränkung durch die Festlegung auf verschiedene Quellen dar,[215] daher ist die Markteinkommenstheorie nur Grundlage des normierten EStG.[216] Gegen die Anwendung der Markteinkommenstheorie wird angeführt, dass sie dem „individuellen Leistungsfähigkeitsprinzip nicht genügend Rechnung trägt", da die Mittelherkunft im Rahmen der persönlichen Leistungsfähigkeit in den Hintergrund tritt.[217]

d) Fazit

Den Einkommenstheorien kommt jedoch nur eine untergeordnete Bedeutung zu, da sich der Gesetzgeber zur abschließenden Aufzählung der sieben Einkunftsarten des § 2 Abs. 1 S. 1 Nr. 1 bis 7 EStG entschieden hat.[218] Die Rechtsprechung wendet, wie bereits ausgeführt, anstatt der Theorien das Veranlassungsprinzip zur Zurechnung von Einkünften zu einer Einkunftsart an,[219] so dass es im Ergebnis auf die „Auslegung und Abgrenzung" zu einer Einkunftsart und nicht auf den Einkommensbegriff ankommt.[220]

2. Historische Zuordnung und Dualismus

Um die Verluste aus einer privaten Aktienbeteiligung steuerlich besser einordnen zu können, ist zudem auf die historische Entwicklung der Besteuerung des allgemeinen Einkommens und insbesondere des Kapitalvermögens einzugehen. Denn nachdem sich die verschiedenen Einkommenstheorien zwar nicht vollumfänglich durchsetzen konnten, sondern der Gesetzgeber sich zur Ermittlung der Einkünfte für den Dualismus entschieden hat, prägten die Quellentheorie und die Reinvermögenszugangstheorie dennoch das deutsche Einkommensteuerrecht.[221]

a) 1808 bis 1891

Erste Formen in Deutschland für die direkte und heute geltende Einkommensteuergesetzgebung begannen ab dem 19. Jahrhundert mit dem Ostpreußischen

---

215 *Fehrenbacher*, § 2 Rn. 5.

216 *Lindberg*, in: Frotscher/Geurts, EStG, § 2 Rn. 38.

217 *Ratschow*, in: Brandis/Heuermann, EStG, § 2 Rn. 45.

218 *Ratschow*, in: Brandis/Heuermann, EStG, § 2 Rn. 48.

219 Z. B. BStBl. II 2005, 468 (470), das schon nur eine Mitveranlassung als vorteilsauslösendes Moment hinsichtlich der Ausgabe von Bonusaktien als Zurechnungskriterium zur steuerbaren Erwerbssphäre ausreichen lässt; *Ratschow*, in: Brandis/Heuermann, EStG, § 2 Rn. 48.

220 *Ratschow*, in: Brandis/Heuermann, EStG, § 2 Rn. 48.

221 *Küppers*, S. 30.

Reglement[222] für Kriegsschulden,[223] dem „Reglement, das Kriegs-Schulden-Wesen der Provinz Ostpreußen und Litthauen und der Stadt Königsberg" vom 23.2.1808. Dies orientierte sich an der Quellentheorie und besteuerte gezielt durch § 22 verschiedene Ertragsquellen des Einkommens, wie unter anderem „Kapitalien", worunter dann nach § 28 Dividenden gefasst wurden; eine Besteuerung des Vermögensstamms erfolgte nicht, da dies „to[d]te Vermögen steuerfrei" nach § 14 bleiben sollte.

Nachdem die preußischen Landesteile zu einer Klassensteuer zurückgekehrt waren, und andere deutsche Staaten ebenfalls eine Einkommensteuer entwickelt hatten, wurde mit dem PreußEStG von 1891[224], der Dualismus der Einkünfte erstmals angedeutet.[225] Denn einerseits wurde die Nichtsteuerbarkeit des Vermögensstamms in § 8 PreußEStG 1891 im Rahmen von außerordentlichen Einnahmen festgehalten, andererseits wurden in § 14 PreußEStG 1891 erstmals Buchführungspflichtige nach dem ADHGB einer Gewinnbesteuerung nach Bestandsvergleich unterzogen und wurde somit deren ganzes Vermögen erfasst.[226] Dem Grundsatz nach folgte das Gesetz der Quellentheorie.[227] Zugleich erfolgte die Trennung zwischen der AG und dem Aktionär.[228] Unter § 7 Nr. 1 PreußEStG 1891 war die Einkunftsquelle aus Kapitalvermögen geregelt. Die spekulativ getätigten Veräußerungsgeschäfte, wie die gewerbsmäßigen, wurden von der Nichtsteuerbarkeit des Vermögensstamms jedoch wieder in § 8 PreußEStG 1891 herausgenommen, also besteuert. Die Heranziehung der Spekulationsabsicht als Abgrenzungskriterium für die Steuerbarkeit war damals undurchsichtig und schwierig, da die Spekulationsabsicht nur an dem subjektiven Element abgegrenzt wurde, welches für den Fiskus kaum nachvollziehbar war,[229] und durch die Herausnahme der Spekulationsgewinne wurde die Quellentheorie schon damals durchbrochen; in § 14 Nr. 3 PreußEStG 1891 war eine eigene Gewinnermittlung für private Spekulationsgeschäfte „durch Gegenüberstellung der Einnahme und Abzüge, nicht aber die besonderen Vorschriften des § 14 Abs. 1 Satz 2, 3 [, die] über Gewinnberechnung bei kaufmännischer Buchführung Anwendung finden" vorgesehen.[230] Im Ergebnis waren trotzdem grundsätzlich aufgrund der Nichtsteuerbarkeit des Vermögensstamms

---

222 Sammlung der für die Königlichen Preußischen Staaten erschienen Gesetze und Verordnungen von 1806 bis zum 27sten Oktober 1810, 193.

223 *Bayer*, FR 1983, 77 (77 f.); *Kirchhof*, in: Kirchhof/Söhn/Mellinghoff, EStG, § 2 Rn. A 396; *Mertz*, S. 25.

224 Einkommensteuergesetz (PreußEStG) v. 24.6.1891, PrGS 1891, 175.

225 *Küppers*, S. 32.

226 Auch *Küppers*, S. 32 f.

227 *Kirchhof*, in: Kirchhof/Söhn/Mellinghoff, EStG, § 2 Rn. A 400.

228 *Mertz*, S. 29 f.

229 *Fuisting*, Die preußischen direkten Steuern, Bd. 1, S. 58–60.

230 *Fuisting*, Die preußischen direkten Steuern, Bd. 1, S. 165.

„Vermögens-, insbesondere Kursverluste niemals abzugsfähig" für den Privatanleger,[231] außer es handelte sich um ein Spekulationsgeschäft, das im Gegenzug zur Gewinnbesteuerung die Berücksichtigung von Verlusten zuließ.[232]

b) 1920

Das REStG von 1920[233] orientierte sich an der Reinvermögenzugangstheorie und unterwarf alle Einnahmen den steuerbaren Einkünften, insbesondere auch die Besteuerung von Kursgewinnen aus Aktiengeschäften.[234] Aufgrund der schlechten finanziellen Lage des deutsches Reiches nach dem Ersten Weltkrieg hoben die verschiedenen Bundesstaaten ihre Blockade gegen eine einheitliche direkte Einkommensteuer auf und schafften in der neuen Reichsverfassung die entsprechende Gesetzgebungskompetenz.[235] Das REStG von 1920 übernahm einerseits die bewährten Vorschriften der Einkommensteuergesetze der verschiedenen Bundesstaaten, andererseits wurden grundlegende Neuerungen geschaffen.[236] Grundsätzlich erfolgte dann, aufgrund des Mangels der Nichterfassung von einmaligen Einkünften, eine Abkehr von der Quellentheorie hin zur Reinvermögenszugangstheorie, die jedoch dahingehend eingeschränkt wurde, dass nur die realisierten, nicht die fiktiven Gewinne besteuert wurden.[237]

In dieser Zeit wurden Kursgewinne nach § 11 Nr. 5 REStG 1920 als sonstige Einkünfte und Dividenden nach § 8 Nr. 1 REStG 1920 als Einkünfte aus Kapitalvermögen, beide in Verbindung mit § 5 REStG 1920, der unter anderem nicht mehr zwischen einmaligen und wiederkehrenden Einkünften unterschied, gleichermaßen der Besteuerung unterworfen.[238] Eine Durchbrechung der Reinvermögenszugangstheorie erfolgte in den Fällen des privaten Veräußerungsgeschäfts, soweit ein Grundstück zehn Jahre im Besitz gehalten wurde oder soweit es sich bei dem Veräußerungsgegenstand um Gebrauchsvermögen ohne Wiederveräußerungsabsicht handelte.[239] Im Ergebnis konnten nach der zugrunde liegenden Einkommenstheorie des Zugangs an Reinvermögen Verluste entsprechend geltend gemacht werden[240] wie auch Verluste aus Wertpapiergeschäften.[241] Aufgrund dessen, dass mit der umfänglichen Besteuerung jedoch vor allem Verluste geltend gemacht

---

231 *Fuisting*, Die preußischen direkten Steuern, Bd. 1, S. 118.
232 *Fuisting*, Die preußischen direkten Steuern, Bd. 1, S. 60.
233 Einkommensteuergesetz (REStG 1920) v. 23.3.1920, RGBl. 1920, 359.
234 Z. B. schon *Ball*, DStZ 1921, 14 (14 f.).
235 *Kirchhof*, in: Kirchhof/Söhn/Mellinghoff, EStG, § 2 Rn. A 420.
236 *Kirchhof*, in: Kirchhof/Söhn/Mellinghoff, EStG, § 2 Rn. A 421.
237 *Kirchhof*, in: Kirchhof/Söhn/Mellinghoff, EStG, § 2 Rn. A 422.
238 *Mertz*, S. 29.
239 *Kirchhof*, in: Kirchhof/Söhn/Mellinghoff, EStG, § 2 Rn. A 424.
240 *Kirchhof*, in: Kirchhof/Söhn/Mellinghoff, EStG, § 2 Rn. A 425.
241 *Ball*, DStZ 1921, 14 (14).

wurden, wurden ab 1921 durch die Änderung des REStG vom 24.3.1921[242] nur die mit Spekulationsabsicht getätigten Veräußerungsgeschäfte der Einkommensteuer unterworfen.[243] Die Berücksichtigung des Vermögensstamms in diesen Fällen trat in den Hintergrund; eine Verrechnung mit anderen Verlusten als aus Wertpapiergeschäften wurde wieder abgeschafft, so dass nur spekulative Verluste aus Aktien mit spekulativen Gewinnen im selben Veranlagungszeitraum ausgeglichen werden konnten.[244] Eine höhenmäßige Steuerprivilegierung für Aktiengeschäfte wurde mit Einführung der Spekulationsabsicht durch die Streichung des § 22 REStG 1920 abgeschafft. Die Gewinn- beziehungsweise Verlustermittlung erfolgte weiterhin nach § 35 REStG 1920 und Gewinn war der Unterschied zwischen Anschaffungs- und Veräußerungspreis. Im Ergebnis folgte somit die Besteuerung von Erträgen aus Aktien – außer den sogenannten wesentlichen Beteiligungen – seit dieser Zeit dann der Quellentheorie, jedoch galt hinsichtlich der Dividendenerträge die Besonderheit, dass diese zusätzlich zur Einkommensteuer seit 1920 einer direkten Kapitalertragsteuer von 10 % (§ 6 Abs. 1 KapErtStG 1920[245]) unmittelbar an der Quelle unterlagen (§ 9 Abs. 1 KapErtStG 1920) und die doppelte Besteuerung der Kriegsschuldenbegleichung dienen sollte.[246]

c) 1925

Durch das REStG von 1925[247] wurden die vorherrschenden Fehler der früheren Fassungen der Einkommensteuer beseitigt[248] und der Dualismus und die Unterscheidung zwischen Gewinn- und Überschusseinkünften in § 7 Abs. 2 REStG 1925 kodifiziert.[249] § 6 Abs. 1 REStG 1920 regelte die verschiedenen Einkunftsarten, Abs. 2 deren Zurechnung und so gilt § 6 REStG 1920 in Verbindung mit § 7 REStG 1925 „als unmittelbarer Vorläufer des heutigen § 2 [EStG]“;[250] in Nr. 5 waren die Einkünfte aus Kapitalvermögen und in Nr. 8 die sonstigen Leistungsgewinne der §§ 42, 43 REStG 1925 geregelt. Nach § 41 in Verbindung mit § 42 REStG 1925 wurden Veräußerungsgeschäfte mit Spekulationsabsicht den Einkünften aus sonstigen Leistungsgewinnen zugeordnet. § 42 Abs. 1 REStG 1925 grenzte die Spekulationsabsicht über die zeitliche Komponente als objektives Kriterium ein. Hinsichtlich des Veräußerungsgeschäfts aus Wertpapieren galt eine dreimonatige Frist gemäß § 42 Abs. 1 Nr. 1b REStG 1925. Durch diese Frist und das Wort „vorbehaltlich“ sollte

---

242 Gesetz zur Änderung des Einkommensteuergesetzes v. 24.3.1921, RGBl. I 1921, 313.

243 *Ball*, DStZ 1921, 14 (14 f.); auch *Küppers*, S. 34.

244 *Ball*, DStZ 1921, 14 (15).

245 Kapitalertragsteuergesetz v. 29.3.1920, RGBl. I 1920, 345.

246 *Mertz*, S. 30.

247 Einkommensteuergesetz (REStG 1925) v. 10.8.1925, RGBl. I 1925, 189.

248 *Kirchhof*, in: Kirchhof/Söhn/Mellinghoff, EStG, § 2 Rn. A 431.

249 *Küppers*, S. 34.

250 *Kirchhof*, in: Kirchhof/Söhn/Mellinghoff, EStG, § 2 Rn. A 432.

die Absicht der gewinnbringenden Wiederveräußerung, folglich die reine Spekulationsabsicht, objektiv, jedoch widerlegbar, vermutet werden.[251] In § 42 REStG 1925 wurde die besondere Gewinn- beziehungsweise Verlustermittlung – Verlust als Wortlaut wurde vom Gesetzgeber explizit verwandt – als saldierte Rechengröße zwischen Anschaffungs- sowie Werbungskosten und Veräußerungspreis geregelt. Der Verlust nach § 42 Abs. 3 REStG 1925 wurde jedoch weiterhin in seiner Verrechnungsmöglichkeit dahingehend eingeschränkt, dass dies nur mit gleichgestellten Gewinnen aus Aktien und nur bis zu deren Höhe möglich sein sollte. Eine Objektivierung der vormals rein subjektiven Spekulationsabsicht, anhand des unwiderlegbaren Kriteriums der Frist, erfolgte noch nicht ausschließlich.[252] Es bestand noch die Möglichkeit für den Steuerpflichtigen darzulegen, dass der Gegenstand nicht für eine Wiederveräußerung mit Gewinnabsicht erfolgte.[253]

Im Ergebnis war hinsichtlich gewerblicher Einnahmen die Reinvermögenszugangstheorie prägend, hinsichtlich der anderen Einkünfte die Quellentheorie, so dass realisierte private Aktienkursgewinne nicht steuerbar waren, soweit die damalige Spekulationsfrist des § 42 REStG 1925 von drei Monaten eingehalten wurde[254] oder sie ohne Gewinnabsicht erfolgten.

d) 1934 bis zum UntStRefG 2008

Aufgrund der Unübersichtlichkeit durch zahlreiche Novellen zum REStG 1925 und der immer mehr voranschreitenden Wirkungslosigkeit der Einkommensteuer im Zuge der Wirtschaftskrise zu dieser Zeit folgte eine weitere Steuerreform auf Basis des REStG 1925.[255] Das EStG von 1934[256] schaffte klare terminologische Abgrenzungen zwischen Einkommen und Einkünften, führte den Dualismus der Einkunftsarten in § 2 Abs. 4 EStG 1934 fort und glich in der Form dem heutigen EStG.[257] Eine Besteuerung der Spekulationsgeschäfte als „Unterfall" der sonstigen Einkünfte folgte dann nach § 22 Nr. 1 in Verbindung mit § 23 REStG 1934 und glich in etwa dieser Fassung bis zum Jahr 1998.[258] Die Haltedauervoraussetzung für die Steuerbarkeit von Wertpapierveräußerungen nach Abs. 1 Nr. 1b betrug ein Jahr zwischen Anschaffung und Veräußerung. Jedoch wurden der Wortlaut „vorbehaltlich" sowie die subjektive Möglichkeit der Darlegung, dass es sich gerade nicht um ein Veräußerungsgeschäft mit Spekulationsabsicht handelte, gestrichen, so dass es zu einer rein objektiven Voraussetzung für die Abgrenzung von

251 *Kirchhof*, in: Kirchhof/Söhn/Mellinghoff, EStG, § 2 Rn. A 435.
252 *Kirchhof*, in: Kirchhof/Söhn/Mellinghoff, EStG, § 2 Rn. A 435.
253 *Ratschow*, in: Brandis/Heuermann, EStG, § 23 Rn. 2.
254 *Mertz*, S. 29.
255 *Kirchhof*, in: Kirchhof/Söhn/Mellinghoff, EStG, § 2 Rn. A 441 f.
256 Einkommensteuergesetz (REStG 1934) v. 16.10.1934, RGBl. I 1934, 1005.
257 *Kirchhof*, in: Kirchhof/Söhn/Mellinghoff, EStG, § 2 Rn. A 443, A 446; *Küppers*, S. 36.
258 *Ratschow*, in: Brandis/Heuermann, EStG, § 23 Rn. 2.

Spekulationsgeschäften aus Wertpapieren über die Haltedauerfrist kam. Die Spekulationsabsicht wurde nun unwiderlegbar vermutet.[259] Ferner wurde in diesem Zusammenhang das „Leerverkauf-Geschäft" als reines Spekulationsgeschäft in § 23 Abs. 1 Nr. 2 REStG 1934 erfasst. Die Veräußerung von Vorzugsaktien der Deutschen Reichsbahngesellschaft wurde nach § 23 Abs. 2 Nr. 3 REStG 1934 privilegiert und war nicht steuerbar. Die Ermittlung des Veräußerungsgewinns oder -verlustes war in § 23 Abs. 4 REStG 1934 geregelt und glich inhaltlich dem REStG 1925.

Durch das StNOG[260] aus dem Jahr 1954 wurde die unwiderlegbare Vermutung der Spekulationsabsicht von einem Jahr auf drei Monate für Wertpapierveräußerungen herabgesetzt. Durch das StÄndG 1958[261] wurde die Passage zur Privilegierung hinsichtlich der Vorzugsaktien der Deutschen Reichsbahngesellschaft gestrichen. Darüber hinaus wurde durch das StÄndG 1960[262] die Frist bezüglich der unwiderlegbaren Vermutung der Spekulationsabsicht wieder von drei auf sechs Monaten erhöht. Das StÄndG 1977[263] schaffte die Möglichkeit des Verlustabzugs zwischen allen Einkunftsarten und des Verlustvortrags, jedoch galt dies gerade nicht für Spekulationsgeschäfte aus Wertpapierveräußerungen, da diese davon ausgenommen wurden. Durch das StEntlG aus dem Jahr 1999 erfolgten eine komplette Umgestaltung und Erweiterung des § 23 EStG[264] sowie eine Neuformulierung des § 22 Nr. 2 EStG 1999, das wieder Änderungen hinsichtlich der Steuerbarkeit von privaten Aktienveräußerungen mit sich gebracht hat. Einerseits wurde der Begriff des „Spekulationsgeschäfts" durch den Begriff des „privaten Veräußerungsgeschäfts" ersetzt. Hierdurch erfolgte eine Klarstellung seitens des Gesetzgebers, dass es nicht auf eine subjektive Spekulationsabsicht als Tatbestandsmerkmal im Rahmen des privaten Veräußerungsgeschäfts ankomme.[265] Dies war und ist ständige Rechtsprechung des BFH[266] und wurde schon im Jahr 1969 durch das BVerfG bestätigt, das den Begriff des Spekulationsgeschäfts nur als „eine aus der Tradition des § 42 EStG 1925 überkommene technische Bezeichnung" ansieht, und der subjektiven

---

259 *Ratschow*, in: Brandis/Heuermann, EStG, § 23 Rn. 2.

260 Gesetz zur Neuordnung von Steuern (StNOG) v. 16.12.1954, BGBl. I 1954, 373.

261 Gesetz zur Änderung von steuerlichen Vorschriften auf dem Gebiet der Steuern vom Einkommen und Ertrag und des Verfahrensrechts (StÄndG 1958) v. 18.7.1958, BGBl I 1958, 473.

262 Gesetz zur Änderung des Einkommensteuergesetzes, des Körperschaftsteuergesetzes, des Gewerbesteuergesetzes und des Wohnungsbau-Prämiengesetzes (StÄndG 1960) v. 30.7.1960, BGBl. I 1960, 616.

263 Gesetz zur Änderung des Einkommensteuergesetzes (StÄndG 1977) v. 20.4.1976, BGBl. I 1976, 1054.

264 *Ratschow*, in: Brandis/Heuermann, EStG, § 23 Rn. 3.

265 *Lindberg*, in: Frotscher/Geurts, EStG, § 23 Rn. 19; *Ratschow*, in: Brandis/Heuermann, EStG, § 23 Rn. 12.

266 Z. B. BFH/NV 2012, 738 (739); BStBl. II 1969, 705 (705 f.).

Spekulationsabsicht schon länger keine Bedeutung mehr zukommen lässt.[267] Grundsätzliche Voraussetzung für die Steuerbarkeit bleibt jedoch weiterhin die allgemeine Einkünfteerzielungsabsicht.[268] Zudem wurde die Wesentlichkeitsschwelle des § 17 EStG auf 10 % und dann durch das StSenkG auf 1 % gesenkt. Andererseits wurde die Haltedauerfrist für private Veräußerungsgeschäfte aus Wertpapieren des § 23 Abs. 1 S. 1 Nr. 2 EStG a. F. durch das StEntlG wieder auf ein Jahr erhöht.

3. Fazit

Hinsichtlich der Einkünfteermittlung aus Kapitalvermögen in Zusammenhang mit der privaten Aktienbeteiligung muss im Ergebnis gerade zwischen den laufenden Erträgen in Form von Dividenden und dem Veräußerungsvorgang unterschieden werden, da eben verschiedene Ansätze zur Einkünfteermittlung vorherrschen,[269] wie schon der historische Aufriss zeigt.

a) Dividenden

Die Dividende ist der jährlich ausgeschüttete Anteil am Reingewinn eines Unternehmens, der sich für eine Aktie ergibt.[270] Es handelt sich hierbei um eine offene Gewinnausschüttung, die auf einem Gewinnverwendungsbeschluss nach den §§ 58, 174 AktG beruht.[271] Ferner stellen diese steuerlich die laufenden Erträge aus Kapitalvermögen der privaten Aktienbeteiligung dar. Die Steuerbarkeit solcher Erträge geht auf die Quellentheorie zurück. Während der historischen Entwicklung des EStG war stets die Besteuerung der Früchte des privaten Vermögensstamms, somit der laufenden Erträge im Privatvermögen, vorgesehen. Darüber hinaus kommt es für Dividendenerträge nicht auf die Einordnung im Zusammenhang mit den prägenden Theorien des Einkommensbegriffs an, da diese Erträge nach beiden Theorien, mit dem quellen- oder dem reinvermögenszugangstheoretischen Ansatz der Besteuerung unterliegen.

Verluste im Allgemeinen blieben hingegen unberücksichtigt. Denn aus der Natur der Sache heraus muss in diesem Zusammenhang Folgendes weiter differenziert und verdeutlicht werden. Eine AG schüttet keine Gewinne an den Aktionär aus, soweit die Körperschaft selbst keinen Gewinn erwirtschaftet hat, da die finanziellen Mittel – mit Ausnahme der Substanzausschüttung – fehlen. Aufgrund der fehlenden Nachschusspflicht des Aktionärs kann es dann im Rahmen der Dividendenausschüttungen einkommensteuerrechtlich zu keinen negativen

267 BVerfGE 26, 302 (308 f., 313).

268 Z. B. BStBl. II 2009, 296 (298); *Lindberg*, in: Frotscher/Geurts, EStG, § 23 Rn. 19a; *Ratschow*, in: Brandis/Heuermann, EStG, § 23 Rn. 13.

269 *Strohm*, S. 65.

270 *Duden*, Deutsches Universalwörterbuch, „Dividende".

271 *Ratschow*, in: Brandis/Heuermann, EStG, § 20 Rn. 65.

Einkünften nach der jährlichen Ertragsausschüttung im Sinne des § 20 Abs. 1 Nr. 1 EStG für den Steuerpflichtigen kommen, da der steuerliche Ertrag aus Dividenden im schlechtesten Fall null ist. Die Verluste der AG werden jedoch im Aktienkurs eingepreist, so dass sich die eigentlich laufenden negativen Erträge durch eine negative Wertveränderung des Aktienkurses als Vermögensstamm bei dem Privatanleger bemerkbar machen. Solange der steuerpflichtige Aktionär seine Wertminderung jedoch nicht realisiert hat, kann es, unter Zugrundelegung der beiden historischen Theorieansätze – mit Ausnahme der fiktiven Besteuerung, die jedoch nicht umgesetzt wurde – grundsätzlich nicht zu negativen Einkünften wegen der Trennung des Vermögensstamms von § 20 Abs. 1 Nr. 1 EStG kommen. Denn eine Zuordnung solcher Verluste erfolgte nicht unter § 20 Abs. 1 EStG, sondern unter §§ 22 Nr. 2, 23 Abs. 1 S. 1 Nr. 2 EStG a. F., die jedoch wiederum nicht zu § 20 Abs. 1 Nr. 1 EStG zurechenbar waren, wie noch zu zeigen sein wird,[272] da erst durch die Realisation der Wertminderung durch den Steuerpflichtigen im Rahmen des privaten Veräußerungsgeschäfts nach §§ 22 Nr. 2, 23 Abs. 1 S. 1 Nr. 2 EStG a. F. dieser Verlust steuerlich relevant werden könnte. Dies verdeutlicht nochmal, dass der Gesetzgeber hinsichtlich der Dividendenbesteuerung nur an der Quellentheorie festhielt, da er Wertminderungen des Vermögensstamms im Rahmen des § 20 Abs. 1 Nr. 1 EStG nicht berücksichtigen wollte. Jedoch wird ebenfalls nachfolgend noch zu zeigen sein,[273] dass Verluste im Rahmen des § 20 Abs. 1 Nr. 1 EStG aus einem Werbungskostenüberschuss entstehen konnten, da Werbungskosten nach § 20 Abs. 4 EStG a. F. zum Abzug zugelassen waren.

Zu beachten ist ferner, dass die Besteuerung von Dividenden seit 1977 im Anrechnungsverfahren bis zum Jahr 2000 und dann im Halbeinkünfteverfahren bis zum Jahr 2009, faktisch zuerst zu einer Drei-Siebtel-Belastung und dann zu einer 50 %-Belastung des Steuerpflichtigen im Rahmen der Einkommensteuer geführt hat.[274]

b) Erträge und Verluste aus dem Veräußerungsvorgang

Bis auf die Ausnahme des REStG von 1920 folgte der Gesetzgeber dem quellentheoretischen Ansatz und besteuerte nicht die Erträge aus privaten Aktienverkäufen, mit den zwei Ausnahmen der wesentlichen Beteiligung oder der Nichteinhaltung der Spekulationsfrist. Eine Abkehr von dem Ansatz der Reinvermögenszugangstheorie geschah sehr schnell, da dem Fiskus gegenüber hauptsächlich Verluste geltend gemacht wurden. Ob diese Verluste wirtschaftlich durch ökonomische Krisen bedingt waren oder die Geltendmachung von Verlusten durch das subjektive Element der Spekulationsabsicht verzerrt wurde, führte dies zur Eingrenzung solcher Verluste schon früh in der Entwicklung des EStG durch Einführung einer Frist,

---

272 Kap. 1, III. 1. und 2.

273 Kap. 1, III. 2.

274 Kap. 1, IV.

die im Fall der Nichteinhaltung objektiv solche privaten Veräußerungsgeschäfte als spekulativ einordnete. Wurde das Wertpapier innerhalb dieses Zeitraums wiederveräußert, galt die Gesetzesfiktion als Spekulationsgeschäft, die den Vermögensstamm, anlehnend an die Reinvermögenszugangstheorie, der Besteuerung unterwarf.

Im Ergebnis hat auch der Dualismus zur Einkünfteermittlung für private Veräußerungsgeschäfte mit der Zeit an Bedeutung verloren.[275] Die Erträge aus Aktienverkäufen wurden dem Privatvermögen zugordnet und waren nicht steuerbar; kurzfristige Transaktionen führten bis zur Einführung der Abgeltungsteuer hingegen zu steuerbaren Überschusseinkünften nach §§ 2 Abs. 2 S. 1 Nr. 2, 22 Nr. 2, 23 Abs. 1 S. 1 Nr. 2 EStG a. F. Hinsichtlich Veräußerungen außerhalb der Haltedauerfrist hielt sich der Gesetzgeber an die Quellentheorie und besteuerte nicht den Vermögensstamm; Veräußerungen innerhalb der Spekulationsfrist waren anlehnend an die Reinvermögenszugangstheorie steuerbar. Die Unterscheidung zwischen formellem und materiellem Dualismus sowie dem Dualismus insgesamt für Kapitaleinkünfte führte folglich nicht zu einem eindeutigen Ergebnis und ist nicht ausschließlich anwendbar,[276] da der Dualismus zumindest durch die Steuerbarkeit von privaten Veräußerungsgeschäften aus Aktien innerhalb der Spekulationsfrist durchbrochen wurde. Für diesen Fall orientierte sich der Gesetzgeber nicht an einem quellentheoretischen Ansatz, wie es jedoch ein strikter Dualismus erfordern würde.

III. Werbungskostenabzug und Haltedauerfrist

Im System der Einkommensermittlung des EStG waren, wie dargelegt, die Dividendenbesteuerung sowie das private Veräußerungsgeschäft aus Aktien entweder über die Einordnung als Kapitaleinkünfte nach den §§ 2 Abs. 2 S. 1 Nr. 2, Abs. 1 S. 1 Nr. 5, 20 Abs. 1 Nr. 1 EStG a. F. oder als sonstige Einkünfte nach den §§ 2 Abs. 2 S. 1 Nr. 2, Abs. 1 S. 1 Nr. 7, 22 Nr. 2, 23 Abs. 1 Nr. 2 EStG a. F. den Überschusseinkünften zugeordnet; grundsätzlich bestimmt sich die Einkünfteermittlung von Überschusseinkunftsarten allgemein durch den Verweis des § 2 Abs. 2 S. 1 Nr. 2 EStG auf die §§ 8 bis 9a EStG. Danach sind alle Einnahmen abzüglich der Werbungskosten der steuerbare Überschuss. Nach § 8 Abs. 1 EStG sind Einnahmen alle Güter, die in Geld oder Geldeswert bestehen und dem Steuerpflichtigen im Rahmen einer Überschusseinkunftsart zufließen. Werbungskosten nach § 9 Abs. 1 S. 1 EStG sind hingegen jegliche Aufwendungen zur Erwerbung, Sicherung und Erhaltung der Einnahmen. Dies führt zu dem theoretischen Ansatz, dass jegliche Aufwendungen auf das Wirtschaftsgut Aktie, demnach möglicherweise die Anschaffungskosten sowie weitere Aufwendungen, Werbungskosten darstellen könnten, da diese zum

275 *Küppers*, S. 36.
276 Vgl. *Aigner*, S. 97–110.

Erwerb der Einnahmen – falls beruflich veranlasst – getätigt wurden. Denn für die Anwendung des § 9 EStG im Rahmen des Veräußerungsgeschäfts ist die Erwerbsleistung im Zusammenhang mit den Aufwendungen, somit die steuerbare Tätigkeit der Aktienveräußerung abzüglich der Aufwendungsleistung, ausschlaggebend.[277] Folglich stellt der Veräußerungspreis des auf den Kauf folgenden Transaktionsgeschäfts für den Steuerpflichtigen die Einnahme nach § 8 Abs. 1 EStG dar. Die Aufwendungen für die Erwerbsleistung des vorangehenden Transaktionsgeschäfts spielen somit eine erhebliche Rolle, da sich durch Verrechnung entweder ein Aufwendungsüberschuss als Verlust oder ein Einnahmenüberschuss als Gewinn abzeichnet. Stellt sich nun ein Aufwendungsüberschuss bei dem steuerpflichtigen Privatanleger ein, könnte dieser (vorab veranlasste[278]) Werbungskosten darstellen, die möglicherweise in einem nächsten Schritt steuerbar sind. Denn Werbungskosten wurden nach § 20 Abs. 4 EStG a. F. oder im Fall des § 23 Abs. 3 EStG a. F. neben den Anschaffungskosten zum Abzug zugelassen. Daher ist nachfolgend auf die Werbungskosten genauer einzugehen.[279]

Grundsätzlich kann jedoch nach einer Ansicht[280] nur das „Verhältnis zwischen Erwerbsleistung und Einnahmen und Erwerbsleistung und Aufwendungen" für die Steuerbarkeit beachtlich sein, da die Erwerbsleistung, somit die steuerbare Tätigkeit einer Einkunftsart insgesamt, als „Bindeglied" zwischen Aufwendungen und Einnahmen fungiert.[281] Andererseits folgt jedoch nicht aus dem Wortlaut des § 9 Abs. 1 S. 1 EStG, dass „Aufwendungen" und „Einkünfte", sondern „Einnahmen" mit den „Aufwendungen" in Zusammenhang stehen.[282] Eine Unterscheidung zwischen der Erwerbsleistung insgesamt in Verbindung mit den Aufwendungen und den Einnahmen in Verbindung mit Aufwendungen ist im Ergebnis insoweit von untergeordneter Bedeutung,[283] als Werbungskosten in jedem Fall nur vorliegen können, soweit diese mit einer Einkunftsart – des § 2 Abs. 1 S. 1 Nr. 4 bis

---

277 *Aigner*, S. 83.

278 *Kreft*, FR 2002, 657 (664), verwendet den Begriff „vorab veranlasste Erwerbsaufwendungen" und hält diesen terminologisch am zutreffendsten, anstatt vorweggenommene/vorab entstandene WK o. ä.; zu beachten ist ferner i. R. d. § 20 IV EStG und § 23 III EStG a. F. die Ausnahme des Abflussprinzips des § 11 II EStG, der die Aufwendungen und AK dem Jahr der Einnahmen zurechnet.

279 Kap. 1, III. 2.

280 *Aigner*, S. 83; auch so in etwa *Kreft*, FR 2002, 657 (664–667); *ders.*, in Herrmann/Heuer/Raupach, EStG, § 9 Rn. 116 f., der zur Verdeutlichung von einem gedanklichen Hinzudenken der Erwerbsleistung spricht.

281 *Aigner*, S. 83.

282 *Kreft*, in: Herrmann/Heuer/Raupach, EStG, § 9 Rn. 110; *Thürmer*, in: Brandis/Heuermann, EStG, § 9 Rn. 113.

283 Vgl. *Thürmer*, in: Brandis/Heuermann, EStG, § 9 Rn. 113.

7 EStG – als Grundvoraussetzung zusammenhängen (Veranlassungsprinzip).[284] Daher ist fraglich, ob Verluste in Zusammenhang mit der privaten Aktienbeteiligung, auch in Bezug auf das Veräußerungsgeschäft, aus Werbungskosten entstehen und steuerlich, vorerst vor Einführung der Abgeltungsteuer, beachtlich waren, da die Ermittlung der Bemessungsgrundlage der Überschusseinkünfte möglicherweise derjenigen der Gewinneinkünfte ähnlich ist. Denn die Auslegung des Werbungskostenbegriffs erfolgt für die Überschusseinkünfte insgesamt gleich[285] und ist mit der Legaldefinition des Begriffs der Betriebsausgaben in § 4 Abs. 4 EStG gleichzusetzen.[286] Jedoch enthielt § 23 Abs. 3 EStG a. F. beziehungsweise enthält § 23 Abs. 3 EStG eine eigene Gewinnermittlungs- und Verlustermittlungsmethode, von der nur die Wertpapierveräußerung mit Einführung der Abgeltungsteuer herausgenommen wurde, da die Wertpapierveräußerung nicht mehr unter das private Veräußerungsgeschäft des § 23 Abs. 1 S. 1 Nr. 2 EStG fällt. Seitdem ist die Ermittlung des Gewinns oder Verlustes aus der privaten Aktienveräußerung in § 20 Abs. 4 EStG normiert und es handelt sich nur noch (vom Wortlaut her) um eine Gewinnermittlungsmethode. Dies führt dazu, dass auch beide Ermittlungsmethoden genauer zu untersuchen sind, da diese sich zumindest auf den ersten Anschein nun vom Wortlaut her erheblich unterscheiden. Denn die neu eingeführte Ermittlungsmethode in der Fassung des § 20 Abs. 4 EStG enthält nicht mehr den Begriff „Verlust“ und „Werbungskosten“. Ferner ist die Anwendung der Haltedauerfrist von einem Jahr nach § 23 Abs. 1 S. 1 Nr. 2 EStG a. F. auf die Wertpapierveräußerung jetzt nicht mehr anwendbar. Zudem existiert nun ein allgemeines Werbungskostenabzugsverbot für Einkünfte aus Kapitalvermögen nach § 20 Abs. 9 EStG, so dass ebenfalls auf Verluste aus (unbegrenzten) Werbungskosten im Rahmen des § 20 Abs. 4 EStG a. F. näher einzugehen ist.

---

284 Z. B. BStBl. II 2012, 24 (26 f.), hinsichtlich eines Gesellschafter-Geschäftsführer-Darlehens und der Abgrenzung zu § 19 oder § 20 EStG; *Kreft*, in: Herrmann/Heuer/Raupach, EStG, § 9 Rn. 110.

285 BStBl. II 1982, 37 (39); BStBl. II 1982, 40 (41); *Krüger*, in: Schmidt, EStG, § 9 Rn. 11; *Lochte*, in: Frotscher/Geurts, EStG, § 9 Rn. 10.

286 BStBl. II 1990, 423 (425 f.), der von bewusster Gleichstellung der Begriffe BA und WK spricht, jedoch spezielle Regelungen für beide Begriffe prüft; BStBl. II 1981, 368 (369); BStBl. II 1980, 75 (76); BStBl. II 1978, 105 (108); BStBl. II 1975, 641 (641); *Krüger*, in: Schmidt, EStG, 39. Aufl., § 9 Rn. 41, der von „angeglichen“ spricht; *Lochte*, in: Frotscher/Geurts, EStG, § 9 Rn. 9; *Offerhaus*, BB 1979, 617 (621 f.); *Söffing*, DB 1990, 2086 (2087 f.).

1. Die eigenständige Verlustermittlungsmethode in § 23 Abs. 3 EStG a. F.

Die vor Einführung der Abgeltungsteuer geltende Fassung der Gewinnermittlungs- und Verlustermittlungsmethode für Wertpapierveräußerungen war in § 23 Abs. 3 EStG a. F. geregelt. Danach wurde der Gewinn oder Verlust als Ergebnis zwischen dem Unterschied des Veräußerungspreises einerseits und den Anschaffungs- oder Herstellungskosten sowie den Werbungskosten andererseits berechnet. Diese Ermittlungsmethode zur Berechnung eines Verlustes aus Veräußerungsgeschäft folgte – trotz unterschiedlichen Wortlauts – dem Grunde nach dem gleichen Ansatz wie § 17 Abs. 2 EStG, der direkt von dem Wort „Veräußerungsverlust" Gebrauch macht, mit dem Zweck, den negativen Wertunterschied „des veräußerten Wirtschaftsguts seit dessen Anschaffung" zu erfassen.[287] Auffällig ist, dass terminologisch im Rahmen der Überschusseinkunftsart „sonstige Einkünfte" bei Ermittlung des „Überschusses" eines einzelnen Transaktionsgeschäfts der Begriff „Gewinn" anstatt Überschuss vom Gesetzgeber verwendet wurde. Darüber hinaus fällt auf, dass der Gesetzgeber damals ausdrücklich den Begriff Verlust verwandt hat. Folglich definierte der Gesetzgeber den Verlust eines einzelnen Transaktionsgeschäfts aus Wertpapieren als saldierte negative Rechengröße zwischen einerseits dem erlangten Veräußerungspreis aus dem Aktienverkauf und andererseits den aufgewandten Anschaffungskosten für den Aktienkauf und den Werbungskosten.

Im Ergebnis hatte der Gesetzgeber somit eine eigene Sondervorschrift im Rahmen der Überschusseinkünfte angewandt um Verluste aus Aktienveräußerungen steuerlich zu ermitteln, jedoch mit der weiteren Besonderheit, dass trotz bestehender eigener Verlustermittlungsmethode Werbungskosten zum Abzug zugelassen waren. Jedoch geht nicht aus der Ermittlungsvorschrift hervor, um welche Art von Verlusten es sich handelte, also auf welchen Vorgängen die Wertverluste beruhten,[288] so dass sich die Frage stellt, wie Werbungskosten in diesem Zusammenhang einzuordnen sind, da Verluste generell im Rahmen von Überschusseinkünften aus einem Überhang an Werbungskosten entstehen können,[289] somit Kursverluste möglicherweise nicht direkt auch Werbungskosten sind. Die Annahme eines Verlustes als saldierte negative Rechengröße ist folglich zur Problemerfassung in diesem Zusammenhang doch nicht ausreichend. Vielmehr muss der Begriff Vermögensverlust nochmals weiter differenziert werden als unfreiwillige Aufwendungen und anderseits als vermögensbezogene Aufwendungen, die wiederum dahingehend abgegrenzt werden müssen, ob es sich um eine reine Wertminderung, einen Veräußerungsverlust oder einen Vermögensverlust (im engeren Sinne, wie zum Beispiel den Substanzverlust) handelt.[290]

---

287 *Hierl*, S. 10 f.

288 *Hierl*, S. 11.

289 Kap. 1, I. 1. a) aa).

290 *Hierl*, S. 6–16.

2. Verlust aus Werbungskosten

a) Grundlagen zum Werbungskostenbegriff

Nach der Legaldefinition des § 9 Abs. 1 EStG werden jegliche Aufwendungen, die zur Erwerbung, Sicherung und Erhaltung der Einnahmen dienen von dem allgemeinen Werbungskostenbegriff erfasst. Jedoch ist nachfolgend zwischen dem Werbungskostenbegriff des § 20 Abs. 4 EStG a. F. und dem des § 23 Abs. 3 EStG a. F. zu differenzieren und es gilt einzeln zu untersuchen, was darunter zu verstehen ist und inwieweit ein Rückgriff auf den allgemeinen Werbungskostenbegriff überhaupt möglich ist.

aa) Aufwendungen, Abfluss und Anschaffungskosten

Der vielfach im EStG benutzte Ausdruck „Aufwendungen" wird allgemein gleich verstanden und stellt Ausgaben dar,[291] die im „Umkehrschluss" zu den Einnahmen des § 8 Abs. 1 EStG[292] alle Vermögensabflüsse in Geld oder Geldeswert sind, die ein Steuerpflichtiger im Rahmen einer Einkunftsart der Überschusseinkünfte hat[293] und die eine Vermögensminderung darstellen.[294] Aufwendungen sind jedoch nicht mit dem betriebswirtschaftlichen und bilanzrechtlichen Begriff „Aufwand" gleichzusetzen.[295] Unter Abfließen wird das „Ausscheiden der Güter aus dem Vermögen des Aufwendenden durch Verlust der wirtschaftlichen Verfügungsmacht" verstanden,[296] für dessen Erfüllung ein tatsächlich vollzogener Realakt ausreicht.[297] Diese

---

291 BStBl. II 1990, 830 (836).

292 *Oertel*, in: Kirchhof/Seer, EStG, § 9 Rn. 6; *Thürmer*, in: Brandis/Heuermann, EStG, § 9 Rn. 103; **a. A.** *Stapperfend*, FS Kruse, 533 (550 f.), der keinen Umkehrschluss aufgrund verschiedener Begrifflichkeiten zulassen will, sondern eine Herleitung über den betrieblichen Aufwand schafft.

293 BStBl. II 2012, 24 (26); BStBl. II 1990, 830 (836); *Kreft*, in: Herrmann/Heuer/Raupach, EStG, § 9 Rn. 65; *Lochte*, in: Frotscher/Geurts, EStG, § 9 Rn. 43; *Oertel*, in: Kirchhof/Seer, EStG, § 9 Rn. 6; *Offerhaus*, BB 1979, 617 (617 f.); *Söhn*, StuW 1991, 270 (271), der die verschiedenen Ansichten zu Aufwendungen als tatsächliche Ausgaben, als Oberbegriff oder engen und weiten Aufwendungsbegriff darstellt; **a. A.** *Ring*, DStZ 1980, 155 (157 f.), der nicht jegliche Vermögensabflüsse, sondern anstatt Aufwendungen insgesamt nur laufenden Aufwand bzw. Kosten auf das WG unter die WK fallen lassen will.

294 BStBl. II 1994, 289 (289–291).

295 *Kreft*, in: Herrmann/Heuer/Raupach, EStG, § 9 Rn. 68; *Offerhaus*, BB 1979, 617 (617); *Thürmer*, in: Brandis/ Heuermann, EStG, § 9 Rn. 103; *Söhn*, StuW 1991, 270 (271); **a. A.** *Hey*, in: Tipke/Lang, Rn. 8.229; *Stapperfend*, FS Kruse, 533 (550–552).

296 Kap. 1, I. 2. d); BFH/NV 2000, 825 (826); i. E. gleich BStBl. II 1986, 453 (454); *Teller*, in: Littmann/Bist/Putz, EStG, § 9 Rn. 9; *Thürmer*, in: Brandis/Heuermann, EStG, § 9 Rn. 104.

297 *Thürmer*, in: Brandis/Heuermann, EStG, § 9 Rn. 104.

Annahme führt dazu, dass der noch nicht realisierte Kursverlust einer Aktie als unbeachtliche Wertveränderung des Vermögens angesehen wird, da es gar nicht zu einem Abfluss an Geld oder Geldeswert kommt beziehungsweise kam.[298] Denn der vermeintliche Aktionär hat die wirtschaftliche Verfügungsmacht noch inne. Die unrealisierte Wertminderung hat somit keinen Einfluss auf die Nutzungsmöglichkeit des Wirtschaftsguts Aktie als Grundlage zur Einkünfteerzielung, da sich nur der Wiederbeschaffungspreis verändert hat, das Wirtschaftsgut Aktie jedoch noch weiterhin der Einkünfteerzielung dient.[299] Im Ergebnis ist somit festzuhalten, dass die unrealisierte negative Wertveränderung einer Aktie als Verlust unter dem Aspekt des „Abfließens" in Zusammenhang mit dem allgemeinen Werbungskostenbegriff im Fall des § 20 Abs. 4 EStG a. F. oder § 23 Abs. 3 EStG a. F. nicht vorliegen konnte, da kein tatsächlicher Abfluss an Vermögen ohne Verkauf der Aktie erfolgte. Jedoch ist auf die reine Wertminderung in einem anderen Zusammenhang noch näher einzugehen.[300]

Zur grundlegenden Einordnung von Werbungskosten ist ferner auszuführen, dass diese ebenfalls aus Anschaffungs- und/oder Herstellungskosten bestehen können, soweit diese beruflich veranlasst sind. Denn unter Anschaffungskosten werden ebenfalls steuerlich[301] unter anderem alle Aufwendungen verstanden, die notwendig sind, um ein existierendes Wirtschaftsgut zu erwerben[302] sowie es in einen gebrauchsfähigen Zustand zu versetzen.[303] Die früher vorherrschende Differenzierung von Anschaffungskosten als nicht steuerbare Privatausgaben nach § 12 EStG im Rahmen der Überschusseinkünfte und die damit nicht einhergehende Anerkennung von Anschaffungskosten unter den Werbungskostenbegriff wurde mit der Zeit aufgegeben, muss jedoch in diesem Fall weiterhin differenziert betrachtet werden.[304] Unproblematisch handelt es sich bei dem Erwerb der Aktien um Anschaffungskosten. Dies ergibt sich ebenfalls aus der historischen Entwicklung des EStG: Während das REStG 1925 ausdrücklich in § 18 Abs. 1 Nr. 1 REStG 1925 ausführte, dass Aufwendungen, für den Erwerb der Kapitalanlage – die sich als Verwendung des Einkommens, wie zum Beispiel „Aufwendungen zur Verbesserung und Mehrung des Vermögens oder zu Kapitalanlagen" darstellen –, demnach die Anschaffungskosten keine Werbungskosten sein konnten, wurde

298 *Kreft*, in: Herrmann/Heuer/Raupach, EStG, § 9 Rn. 65, 187; *Thürmer*, in: Brandis/Heuermann, EStG, § 9 Rn. 105.

299 *Hierl*, S. 8 f.

300 Kap. 1, III. 2. b) cc).

301 § 255 I 1 HGB definiert die Anschaffungskosten als Aufwendungen, die geleistet werden, um einen Vermögensgegenstand zu erwerben und ihn in einen betriebsbereiten Zustand zu versetzen, soweit sie diesem einzeln zugeordnet werden können.

302 BStBl. II 1988, 1009 (1010).

303 *Ehmcke*, in: Brandis/Heuermann, EStG, § 6 Rn. 92.

304 *Flies*, FR 1996, 702 (705); vgl. auch *Lochte*, in: Frotscher/Geurts, EStG, § 9 Rn. 8.

diese Ansicht des Gesetzgebers über die vorhandene Normierung „ohne besondere Begründung“ mit dem REStG 1934 einfach aufgehoben.[305] Einerseits jedoch enthält § 23 Abs. 3 EStG a. F. explizit den Begriff Anschaffungskosten neben dem Begriff der Werbungskosten, so dass teleologisch unter dem Werbungskostenbegriff keine Anschaffungskosten verstanden werden können; anderseits ist schon aus systematischen Gründen ein Rückgriff auf die allgemeinen Werbungskosten in diesem Fall wegen der eigenen Ermittlungsmethode des § 23 Abs. 3 EStG nicht möglich.

bb) Finalität

Der zu eng gewählte Wortlaut („zur [...] der Einnahmen“) des Gesetzgebers in § 9 EStG in Zusammenhang mit den Aufwendungen führt in einem ersten Moment zu einem finalen Werbungskostenbegriff, dessen Zwecksetzung über den Wortlaut zu kurz greift[306] und bei Anwendung nach dem Wortlaut zu „eng“ ist.[307] Jedoch wandten die frühere Rechtsprechung[308] und Teile der Literatur[309] aufgrund des Wortlauts einen auf den Zweck der Einnahmeerzielung gerichteten, finalen Werbungskostenbegriff an,[310] so dass fraglich ist, inwieweit eine finale Auslegung des Werbungskostenbegriffs sachgerecht war oder es doch auf ein kausales Verhältnis zwischen Aufwendungen und Erwerbsleistung ankommt, denn nach dem Wortlaut müssen nach einem rein finalen Verständnis die Aufwendungen gerade zum Zweck der Einnahmeerzielung erfolgt sein.[311] Jedoch können gerade Aufwendungen entstehen, wie zum Beispiel Aufwendungen zur Gefahrenabwehr[312], nachträgliche Aufwendungen[313] oder unfreiwillige Aufwendungen in Zusammenhang mit einem Forderungsausfall beziehungsweise der Insolvenz der Gesellschaft[314], die gerade nicht von einem rein finalen Werbungskostenbegriff gedeckt wären. Dies führt in einem nächsten Schritt dazu, den Sinn der Werbungskosten des § 9 EStG im Gebilde des EStG zu hinterfragen, das gerade im Rahmen der Überschusseinkünfte

305 *Flies*, FR 1996, 702 (703).

306 *Rieck*, DStR 2003, 1958 (1959).

307 *Lochte*, in: Frotscher/Geurts, EStG, § 9 Rn. 8.

308 BStBl. III 1958, 103 (104).

309 *Kruse*, FR 1981, 473 (479); *ders.*, FS Ritter, 413 (418 f.); *Stapperfend*, FS Kruse, 533 (550 f.).

310 *Thürmer*, in: Brandis/Heuermann, EStG, § 9 Rn. 114.

311 *Aigner*, S. 84.

312 BStBl. II 2001, 342 (345).

313 BFH/NV 2008, 933 (934); BFH/NV 2002, 16 (17), lässt jedoch in diesem Fall die strittige Frage der nachträglichen WK offen und erkennt diese als SA i. S. d. § 10e VI EStG 2000 an.

314 *Aigner*, S. 84.

das objektive Nettoprinzip wahren soll.[315] Denn wenn einerseits nur der steuerbare Überschuss im Rahmen der Überschusseinkünfte, das als materielle Grundlage der Besteuerung für den Steuerpflichtigen dienen soll, der Einkommensteuer im Rahmen des objektiven Nettoprinzips unterliegen soll, sind die Werbungskosten zu konkretisieren, abzugrenzen und von den Bruttoeinnahmen abzuziehen, um die steuerbaren Nettoeinkünfte einer Überschusseinkunftsart zu erlangen;[316] und wiederum erst durch die Anerkennung von Werbungskosten wird grundsätzlich der Besteuerung nach dem Leistungsfähigkeitsprinzip über das objektive Nettoprinzip Rechnung getragen, da abzuziehende Aufwendungen als Werbungskosten die steuerrelevanten Nettoeinkünfte schaffen.[317]

Daher erfolgt einerseits eine erweiterte Auslegung des finalen Werbungskostenbegriffs hin zu einem kausalen Werbungskostenbegriff über die Herleitung in einer dreistufigen Prüfungsabfolge und dem Verständnis, dass der Wortlaut in § 9 Abs. 1 S. 1 EStG nicht nur final, sondern auch kausal zu verstehen ist.[318] Andererseits wird der Veranlassungsgedanke des § 4 Abs. 4 EStG herangezogen und es wird von einer analogen Anwendung des § 4 Abs. 4 EStG zur Beseitigung der bestehenden Regelungslücke nach dem Wortlaut des § 9 Abs. 1 S. 1 EStG ausgegangen.[319] Denn historisch hat sich der Betriebsausgabenbegriff aus dem seit 1906 existierenden Werbungskostenbegriff, der seit 1920 als Oberbegriff fungierte, erst durch das REStG 1934 von diesem – jedoch ohne Erkennbarkeit der Einführung eines weitergehenden Abzugstatbestands als des Werbungskostenabzugstatbestands[320] – abgetrennt.[321] Zudem wird durch § 9 Abs. 1 S. 1 EStG und § 4 Abs. 4 EStG über das objektive Nettoprinzip der gleiche Grundgedanke verfolgt,[322] dass die Abzugsfähigkeit von Werbungskosten ein entscheidendes Merkmal der Einkommensteuer als „Besitzsteuer" ausmacht, ansonsten wäre die Einkommensteuer als bloße Steuer auf den Einnahmenumsatz lediglich eine Art angelegte Verbrauchersteuer.[323] Darüber hinaus kennt das Gesetz selbst im Rahmen der Überschusseinkünfte den Veranlassungsgedanken, wie in § 9 Abs. 1 S. 3 Nr. 5 EStG.[324] Daher

---

315 So etwa *Kreft*, in: Herrmann/Heuer/Raupach, EStG, § 9 Rn. 132; *Prinz*, FR 1986, 397 (401).

316 *Lochte*, in: Frotscher/Geurts, EStG, § 9 Rn. 1; so wohl auch *Söhn*, DStJG 1980, 13 (17 f., 31), der eine genaue Abgrenzung von WK durch eine Gleichsetzung mit der Abgrenzung von BA schafft.

317 *Lochte*, in: Frotscher/Geurts, EStG, § 9 Rn. 1.

318 *Lochte*, in: Frotscher/Geurts, EStG, § 9 Rn. 11–19.

319 Ausführlich hierzu *Aigner*, S. 83–86.

320 *Aigner*, S. 85.

321 *Lochte*, in: Frotscher/Geurts, EStG, § 9 Rn. 8 f.

322 *Aigner*, S. 85; *Lochte*, in: Frotscher/Geurts, EStG, § 9 Rn. 1.

323 *Lochte*, in: Frotscher/Geurts, EStG, § 9 Rn. 1.

324 *Aigner*, S. 85.

erfolgte ein Wandel in Rechtsprechung[325] und Literatur[326] dahingehend, dass der Werbungskostenbegriff kausal, mittels Gleichsetzung von „Veranlassung" und „Verursachung" oder durch erweiterte finale Auslegung am Wortlaut durch das Veranlassungsprinzip bestimmt wird.[327] Die unterschiedlichen Herleitungen führen jedoch zum gleichen Ergebnis und der Werbungskostenabzug ist „nicht nur [eine] Technik der Einkommensermittlung, sondern gehört zum Kernbereich einer sachgerechten, damit letztlich gerechten und verfassungsgemäßen Besteuerung".[328] Dies wurde vom BFH bestätigt, indem dieser entschied, dass die Auslegung von § 9 Abs. 1 S. 1 EStG mit § 4 Abs. 4 EStG gleichzusetzen ist,[329] obwohl sich § 9 Abs. 1 S. 1 EStG durch den Wortlaut ursprünglich enger darstellte.[330]

Dies führt zu der weiteren Frage, inwieweit durch diese Gleichsetzung die reine Wertminderung der Aktie, also sozusagen der noch nicht realisierte Verlust im Rahmen des § 20 Abs. 4 EStG a. F. als Verlust aus Werbungskostenabzug beachtlich war. Denn nach § 6 Abs. 1 Nr. 2 S. 2 EStG besteht hinsichtlich der Bewertung von Betriebsvermögen im Sinne des § 4 Abs. 1 EStG oder § 5 EStG die Möglichkeit das Wirtschaftsgut nur mit einem Teilwert in der Bilanz anzusetzen, soweit für dieses Wirtschaftsgut eine Wertminderung eingetreten ist.

cc) Werbungskosten aus AfA

Hinsichtlich der soeben getroffenen Feststellung, dass jegliche Geldabflüsse im Rahmen einer Einkunftsart Werbungskosten darstellen können, muss insoweit ferner differenziert werden, dass die Aufwendungen für einen Vermögensgegenstand gerade keine sofort abziehbaren Werbungskosten darstellen, falls es sich hierbei um die Anschaffungskosten des Wirtschaftsguts handelt.[331] Denn diese Geldabflüsse sind dann über die AfA-Regelung des § 9 Abs. 1 S. 3 Nr. 7 EStG, als Verteilungsregel, zeitlich entsprechend zu verteilen.[332] Jedoch muss es sich um ein abnutzbares Wirtschaftsgut handeln, von dem im Rahmen einer Aktie, als Wertpapier, nicht ausgegangen werden kann.[333] Denn erst durch die Veräußerung zu einem niedrigeren Preis als die Anschaffungskosten tritt eine Wertminderung des

---

325 Vgl. z. B. BStBl. II 2001, 668 (669 f.); BStBl. II 1993, 867 (867 f.).

326 *v. Bornhaupt*, DStJG 1980, 149 (179 f.); *Kreft*, in: Herrmann/Heuer/Raupach, EStG, § 9 Rn. 115; *Krüger*, in: Schmidt, EStG, 39. Aufl., § 9 Rn. 41; *Offerhaus*, BB 1979, 617 (620 f.); *Teller*, in: Littmann/Bist/Putz, EStG, § 9 Rn. 68.

327 *Kreft*, in: Herrmann/Heuer/Raupach, EStG, § 9 Rn. 115, 142; *Teller*, in: Littmann/Bist/Putz, EStG, § 9 Rn. 68 f; *Thürmer*, in: Brandis/Heuermann, EStG, § 9 Rn. 114.

328 *Lochte*, in: Frotscher/Geurts, EStG, § 9 Rn. 1.

329 BStBl. II 1981, 368 (369); BStBl. II 1978, 105 (108).

330 *Lochte*, in: Frotscher/Geurts, EStG, § 9 Rn. 9.

331 BStBl. II 1983, 410 (411 f.).

332 *Jakob/Wittmann*, FR 1988, 540 (547); *Lochte*, in: Frotscher/Geurts, EStG, § 9 Rn. 46.

333 *Lochte*, in: Frotscher/Geurts, EStG, § 9 Rn. 39.

Wirtschaftsguts als Vermögensverlust ein, so dass in diesem Rahmen nicht von einer Abnutzung ausgegangen werden kann. Zudem handelt es sich bei einem Wertpapier nicht um Anlagevermögen, sondern Umlaufvermögen nach § 266 HGB, falls eine vergleichende bilanzrechtliche Einordnung angestellt wird.

Grundsätzlich sind Aufwendungen für nicht abnutzbare Wirtschaftsgüter als Werbungskosten insofern nicht steuerbar, soweit diese aufgrund des objektiven Nettoprinzips und des nicht steuerbaren Vermögensstamms im Rahmen der Überschusseinkünfte nicht dem Verlust oder der Beschädigung des Wirtschaftsguts dienen.[334] Rechtsdogmatisch wird die (sofortige) Nichtabzugsfähigkeit von Anschaffungskosten eines nicht abnutzbaren Wirtschaftsguts über die AfA einerseits durch exakte Wortlautanwendung des § 9 Abs. 1 S. 3 Nr. 3 EStG in Verbindung mit § 7 Abs. 1 EStG hergeleitet, da die Nutzungsdauer grundsätzlich unbegrenzt – entgegen der bilanzrechtlichen Einordnung – und folglich länger als ein Jahr ist, was wiederum nur einen Sofortabzug der AfA beziehungsweise AfaA zulassen würde.[335] Andererseits wird dieses Ergebnis durch eine teleologische Reduktion des § 9 Abs. 1 S. 1 EStG im Rahmen des objektiven Nettoprinzips erreicht.[336] Jedoch ist festzuhalten, dass selbst bei Veränderungen des Vermögensstamms von abnutzbaren Wirtschaftsgütern diese grundsätzlich unbeachtlich sind, soweit kein anerkannter Ausnahmefall vorliegt, durch den der Steuerpflichtige im Rahmen der Einkünfteerzielung eine „Minderung seines Vermögens" erfährt, die gerade sozusagen Aufwendungen auf sein Vermögen darstellen, das der Einkünfteerzielung dient.[337] Dies führt dann wiederum in einem weiteren Schritt zu der Besonderheit für nicht abnutzbare Wirtschaftsgüter, dass zwar eine AfA auf solche Vermögensverluste nicht anwendbar ist, aber dass diese unmittelbar als Werbungskosten zu qualifizieren wären.[338] Jedoch beruhend auf dem objektiven Nettoprinzip hinsichtlich des Werbungskostenbegriffs sind nicht jegliche „Vermögensopfer, mit Ausnahme der reinen Wertminderung" beachtlich, da dies nur der Fall wäre, soweit die Wertung, dass der Zusammenhang zur Einkünfteerzielung durch das Vermögen gegeben ist, dauerhaft vorliegen müsste.[339] Folglich ist bis

334 Vgl. *v. Bornhaupt*, in: Kirchhof/Söhn/Mellinghoff, EStG, § 9 Rn. B 91 f.; *Hierl*, S. 115 f.; *Thürmer*, in: Brandis/Heuermann, EStG, § 9 Rn. 138.

335 Z. B. schon *Wolff-Diepenbrock*, DStZ 1982, 331 (332).

336 *Jakob/Wittmann*, FR 1988, 540 (549).

337 Vgl. BStBl. II 1994, 289 (289–291); auch so in etwa *Heuermann*, DStZ 1994, 229 (230 f.), der dies über ein Zuordnungsprinzip, also das folgende Veranlassungsprinzip, schon begründet; auch *Thürmer*, in: Brandis/Heuermann, EStG, § 9 Rn. 139.

338 I. E. in diese Richtung *Heuermann*, DStZ 1994, 229 (230 f.).

339 *Jakob/Wittmann*, FR 1988, 540 (551–553), die auf den Vergleich zu § 4 IV EStG im Zeitpunkt der Veräußerung abstellen; auch i. E., aber sehr **kritisch** *Kruse*, FS Ritter, 413 (416–422), der eine Gleichsetzung von BA und WK zwar ablehnt, aber davon spricht, dass der einmal beschrittene Weg über das Veranlassungsprinzip nicht mehr umzukehren sein wird; *Thürmer*, in: Brandis/Heuermann, EStG, § 9 Rn. 140; vgl.

dato festzuhalten, dass Aufwendungen als allgemeine Werbungskosten nicht anerkannt werden, soweit der wirtschaftliche Zusammenhang nicht mit einer der „Einkünfteerzielung dienenden Tätigkeit" erfolgt, wie zum Beispiel in Zusammenhang mit steuerfreien Einnahmen oder bei der rein privaten Vermögensverwaltung.[340] Daher konnten aufgrund der Unbeachtlichkeit des Vermögensstamms außerhalb der Spekulationsfrist – auch nach dem allgemeinen Werbungskostenbegriff (trotz systematischer Nichtanwendbarkeit im Rahmen des § 23 Abs. 3 EStG a. F.) – keine Vermögensverluste aus Werbungskosten über die AfA beziehungsweise AfaA im Rahmen des § 23 Abs. 3 EStG a. F. entstehen und überdies scheitert es an – möglicherweise vorerst – der Nichtabnutzungsfähigkeit des Wirtschaftsguts Aktie. Es lässt sich somit festhalten, dass Wertveränderungen des Wirtschaftsguts Aktie sowie Veräußerungsverluste keine Werbungskosten – trotz Ausnahme der AfA- beziehungsweise AfaA-Regelungen – darstellen, da solche Vermögensänderungen steuerlich nicht als relevante Aufwendungen erfasst wurden.[341] Denn hierbei handelt es sich – auch wenn die Aktie als sogenanntes „Berufsvermögen"[342] erfasst sein sollte – im Rahmen der Vermögensänderung nicht um einen anzuerkennenden Substanzverlust, sondern nur um eine unbeachtliche Wertveränderung sowie nicht um den Wegfall der Substanz an sich.[343]

dd) Zeitliches Moment

Hinsichtlich des zeitlichen Moments ist es für die Anerkennung eines wirtschaftlichen Zusammenhangs im Rahmen der Werbungskosten nicht erforderlich, dass die Aufwendungen und Einnahmen unmittelbar hintereinander erfolgen, es kann dazwischen ebenfalls ein längerer Zeitraum verstrichen sein.[344] Dies ist meist bei der Aktienveräußerung des Privatanlegers der Fall, da die durchschnittliche

---

ebenfalls *Uhländer*, S. 113–115, 123, der bereits bei dem Aufwendungsbegriff des § 9 I 1 EStG ansetzt und so zwischen Vermögensbestandsverlusten und Erwerbsausgaben unterscheiden will; **a. A.** *Flies*, FR 1996, 702 (703 f.), der zwar ein Abzugsverbot über eine Analogie aus § 7 EStG schafft, aber eine außerordentliche AfA über eine Analogie von § 7 Abs. 1 S. 5 EStG für nicht abnutzbare WG i. R. d. Vermögenseinbuße wieder zulässt; *Kreft*, in: Herrmann/Heuer/Raupach, EStG, § 9 Rn. 187, der sämtliche erwerbsbezogenen Vermögensopfer mit Ausnahme nutzungsunabhängiger, reiner Wertminderungen anerkennen will; *Krüger*, in: Schmidt, EStG, 39. Aufl., § 9 Rn. 78, der grundsätzlich jegliche Vermögenseinbuße in Zusammenhang mit der Einkünfteerzielungsabsicht zulassen will, soweit kein Abzugsverbot besteht.

340 *Thürmer*, in: Brandis/Heuermann, EStG, § 9 Rn. 117.

341 *Lochte*, in: Frotscher/Geurts, EStG, § 9 Rn. 48.

342 **A. A.** *v. Bornhaupt*, in: Kirchhof/Söhn/Mellinghoff, EStG, § 9 Rn. B85.

343 *Lochte*, in: Frotscher/Geurts, EStG, § 9 Rn. 48 f.

344 *Thürmer*, in: Brandis/Heuermann, EStG, § 9 Rn. 116.

Haltedauer von Aktien als private Kapitalanlage fünf Jahre[345] beträgt. Diese lange Haltedauer durchbricht jedoch nicht den wirtschaftlichen Zusammenhang, so dass das zeitliche Moment keinen Ausschluss von Werbungkosten mit sich bringen kann.

b) Differenzierung zwischen Berufssphäre und Privatsphäre

In einem nächsten Schritt ist festzustellen, wie bereits unter dem Punkt Werbungskosten aus AfA angedeutet, ob die Aufwendungen beruflich veranlasst sind,[346] da die Eingrenzung des Werbungskostenbegriffs zugleich eine Abgrenzung zwischen dem steuerlich relevanten „betrieblichen" – klarstellender für Überschusseinkünfte als „beruflichen" – und nicht steuerbaren privaten Rahmen schafft.[347] Durch die Einordnung, ob die Aufwendungen der Privatsphäre oder der beruflich veranlassten Sphäre zuzuordnen sind, ergeben sich für Vermögensverluste in Form der reinen Wertminderung, erhebliche Unterschiede, da durch diese Unterscheidung möglicherweise erst eine grundsätzliche Steuerbarkeit dieser Verluste aus Werbungskosten im Rahmen des § 20 Abs. 4 EStG a. F. geschaffen werden kann. Denn das zum Erwirtschaften von Dividenden eingesetzte Kapital im Sinne des § 20 Abs. 1 EStG könnte als Berufsvermögen steuerlich beachtlich sein.

aa) Veranlassungsprinzip

Als klare Abgrenzung, ob Aufwendungen der Berufs- oder der Privatsphäre zugeordnet werden, kommt als Lösung das Veranlassungsprinzip in Betracht, da eine reine Kausaltheorie wie zum Beispiel nach der Äquivalenztheorie im Rahmen der Vermögensverluste keine annähernde Gleichheit zwischen dem Werbungskosten- und dem Betriebsausgabenbegriff bewirkt.[348] Denn die Kausaltheorien schaffen durch ihren weiten Ursachenradius keine „gerechte Einzelfallentscheidung" hinsichtlich steuerrelevanter Aufwendungsberücksichtigung, da die Privatebene außen vor gelassen wird, wie gerade bei den Vermögensverlusten, weil unklar bleibt, ob die Aufwendungen nun privat oder beruflich erfolgten und daher findet für eine gerechte Besteuerung eine Wertung über das Veranlassungsprinzip statt, welches am objektiven Nettoprinzip ausgerichtet ist, ob die Aufwendungen dem privaten oder beruflichen Bereich zuzuordnen sind, weil durch Eingrenzung der Kausalkette eine möglichst gleiche Definition des Werbungskosten- und des Betriebsausgabenbegriffs geschaffen wird.[349] Werbungskosten sind nach dem Veranlassungsprinzip somit alle durch die Einkünfteerzielung veranlassten

---

345 Z. B. *Mohr*, FAZ.net v. 1.3.2013, der auf eine Studie der Commerzbank verweist.

346 Kap. 1, III. 2. b) aa).

347 *Lochte*, in: Frotscher/Geurts, EStG, § 9 Rn. 1.

348 *Langohr*, S. 106 f.

349 *Langohr*, S. 107 f.

Aufwendungen,[350] die einerseits auf objektiver Ebene in Zusammenhang mit der Einkünfteerzielung stehen müssen und andererseits subjektiv diese „fördern" sollen (wirtschaftlicher Zusammenhang zu einer Einkunftsart).[351] Das objektive Element zur Abgrenzung ist unerlässlich, während auf das subjektive Element in bestimmten Konstellationen verzichtet werden kann, wie zum Beispiel bei den unfreiwilligen Aufwendungen, da eine Berücksichtigung dieser Aufwendungen das objektive Nettoprinzip, als Ausdruck der Besteuerung nach der Leistungsfähigkeit, gebietet.[352] Denn Aufwendungen werden erst Werbungskosten, indem sie in Zusammenhang mit der Berufstätigkeit stehen, so dass deren Einordnung im Hinblick auf das auslösendes Moment auf objektiver Ebene zur Berufssphäre und auf subjektiver Ebene – mittels „Widmung des Wirtschaftsguts" zur Berufssphäre oder Privatsphäre – zu erfolgen hat, welche bei Zweifeln der Veranlassung durch eine allgemeine Betrachtung abgewogen werden.[353] Ausreichend jedoch für die Annahme des objektiven Elements ist ein mittelbarer Zusammenhang zu einer Einkunftsart zwischen Aufwendung und Berufssphäre, der sich in einem noch wirtschaftlich zusammenhängenden Rahmen widerspiegeln muss.[354]

---

350 Z. B. BStBl. II 2012, 829 (830); BStBl. II 2010, 198 (200 f.); BStBl. II 2010, 672 (680 f.); *Thürmer*, in: Brandis/Heuermann, EStG, § 9 Rn. 114; **a. A.** *Lochte*, in: Frotscher/Geurts, EStG, § 9 Rn. 14, der nur auf das objektive Element des Vorliegens der Berufssphäre als einziges Merkmal abstellt und auf das finale Element komplett verzichten will, da die Annahme einer adäquaten Kausalität auch ohne den Willen des Steuerpflichtigen eintreten kann. Jedoch führt diese Ansicht insgesamt zu dem gleichen Ergebnis.

351 BFH/NV 2012, 782 (783); BFH/NV 2006, 728 (729 f.); *Thürmer*, in: Brandis/Heuermann, EStG, § 9 Rn. 114; *Watrin/Riegler*, FR 2015, 1049 (1055, 1057).

352 BStBl. II 2007, 317 (318); in diese Richtung auch BStBl. II 1993, 44 (45); *v. Bornhaupt*, DStZ 1990, 496 (504); *Kreft*, in: Herrmann/Heuer/Raupach, EStG, § 9 Rn. 147, 149; *Krüger*, in: Schmidt, EStG, § 9 Rn. 42; auch *Ruppe*, DStJG 1980, 103 (126–129); *Söhn*, DStJG 1980, 13 (26–31), hinsichtlich BA und dann deren Gleichsetzung mit WK.

353 In diese Richtung als Grundsatzurteil BStBl. II 1980, 75 (76); **a. A.** *Tipke*, StuW 1979, 193 (199, 206 f.), der die subjektive Motivation in den Vordergrund stellt und das objektive Kriterium als Beweisfrage einordnet; *Wassermeyer*, StuW 1982, 352 (352, 360–362, 364), der entweder das Vorliegen der objektiven oder subjektiven Komponente, als unverzichtbarer Ausfluss einer inneren Willensbildung (wiederum objektiv oder subjektiv), fordert.

354 BStBl. II 2015, 635 (636); BStBl. II 2014, 560 (561 f.); BStBl. II 2013, 282 (283 f.); BStBl. II 2004, 1071 (1072), ein „zu loser und entfernter" Zusammenhang ist jedoch abzulehnen; genauso BStBl. II 1986, 866 (867); *v. Bornhaupt*, DStJG 1980, 149 (173 f.); *Kreft*, in: Herrmann/Heuer/Raupach, EStG, § 9 Rn. 152 f.; *Thürmer*, in: Brandis/Heuermann, EStG, § 9 Rn. 115.

Nach Anwendung des Veranlassungsprinzips auf den allgemeinen Werbungskostenbegriff, wie bereits erwähnt, ist dieser mit dem Betriebsausgabenbegriff des § 4 Abs. 4 EStG gleichzusetzen.[355] Dies führt zu dem Ergebnis, dass es nicht auf den erwünschten Erfolgseintritt durch die Aufwendungen ankommen muss, und auch in Bezug auf die Höhe der Aufwendungen liegen diese grundsätzlich nur im Ermessen des Steuerpflichtigen.[356] Obwohl eine Gleichsetzung des Werbungskosten- und des Betriebsausgabenbegriffs erfolgte, ist der Werbungskostenbegriff immer noch „enger", da trotzdem eine Differenzierung im Rahmen der Einkünfteermittlung zwischen Gewinn- und Überschusseinkünften durch die grundsätzliche Unbeachtlichkeit des Vermögensstamms besteht, folglich sozusagen der Unbeachtlichkeit von Veräußerungsverlusten und Wertminderungen von Wirtschaftsgütern des Privatvermögens.[357] Denn hinsichtlich der Aufwendungen auf das Vermögen im Rahmen der Überschusseinkünfte wird das der „Einkünfteerzielung dienende Vermögen" gerade nicht steuerlich berücksichtigt, so dass grundsätzlich der „Erwerb, die Veräußerung und die Wertveränderung" nicht steuerbar sind.[358] Dadurch wurde teils das grundsätzliche Problem, dass das Halten von Wertpapieren eigentlich immer Berufsvermögen darstellte, da mit dem Aktienvermögen zumindest Dividenden nach § 20 Abs. 1 Nr. 1 EStG erwirtschaftet wurden, die steuerbar waren, einerseits gelöst. In diesem Zusammenhang ist die reine Wertminderung jedoch noch gesondert zu betrachten.[359] Andererseits ist festzuhalten, dass Werbungskosten nur im Rahmen einer Einkunftsart nach § 9 Abs. 1 S. 2 EStG „erwachsen" und deren Einkünfte mindern und nicht so auf eine andere Einkunftsart übertragen werden können. Dies führt zu dem Ergebnis, dass Werbungskosten im Rahmen des § 23 Abs. 3 EStG a. F. nicht auf Werbungskosten im Rahmen des § 20 Abs. 4 EStG a. F. EStG übertragen werden können. Zudem, wie bereits aufgezeigt, fällt ein Veräußerungsverlust gerade nicht unter den speziellen Werbungskostenbegriff des § 23 Abs. 3 EStG a. F.

bb) Unfreiwillige Aufwendungen und Substanzverlust

Vermögensverluste aus Aktien könnten möglicherweise ebenfalls sogenannte unfreiwillige Aufwendungen, die „ohne oder gegen den Willen" des Steuerpflichtigen erfolgten, darstellen.[360] Diese wären wiederum als Werbungskosten steuerlich

---

355 *Krüger*, in: Schmidt, EStG, 39. Aufl., § 9 Rn. 41, der von Angleichung an den BA-Begriff durch die Rspr. spricht; in diese Richtung auch *Lochte*, in: Frotscher/Geurts, EStG, § 9 Rn. 8; *Thürmer*, in: Brandis/Heuermann, EStG, § 9 Rn. 121.

356 *Thürmer*, in: Brandis/Heuermann, EStG, § 9 Rn. 122 f.

357 *Thürmer*, in: Brandis/Heuermann, EStG, § 9 Rn. 125.

358 *Thürmer*, in: Brandis/Heuermann, EStG, § 9 Rn. 135.

359 Kap. 1, III. 2. b) dd).

360 Vgl. BStBl. II 1995, 534 (535); *Kreft*, in: Herrmann/Heuer/Raupach, EStG, § 9 Rn. 139; *Teller*, in: Littmann/Bist/Putz, EStG, § 9 Rn. 78; *Thürmer*, in: Brandis/Heuermann, EStG, § 9 Rn. 150.

beachtlich, da dem Aktionär gerade Verluste ohne seinen Willen beziehungsweise gegen seinen Willen bei Verkauf des Wertpapiers entstehen. Denn hauptsächlich möchte ein Aktionär Rendite mit seiner Kapitalanlage und keine Verluste erwirtschaften; diese unfreiwilligen Aufwendungen wären (hypothetisch), soweit sie „durch die Einkünfteerzielung veranlasst" und der „einkommensteuerrechtlich relevanten Erwerbssphäre" beziehungsweise der beruflichen „Risikosphäre" unterstellt werden können, erstmal steuerbar,[361] wenn sie als Verluste in „Zusammenhang mit einer der Einnahmeerzielung dienenden Tätigkeit" stehen und das Veranlassungsprinzip verwirklichen,[362] jedoch nur, wenn das „auslösende Moment der Wertabgabe im Bereich der Einkünfteerzielung liegt".[363] Dies würde zwar bei Einordnung der Aktie als Berufsvermögen zumindest im Rahmen des § 20 Abs. 1 EStG zutreffen, aber dieser Grundgedanke bezüglich der Vermögensverluste aus der Aktienveräußerung ist gesondert zu betrachten. Denn ein solcher Ansatz kann eben nur angenommen werden, soweit sich der Steuerpflichtige „der von außen aufgezwungenen" Aufwendung „nicht entziehen kann".[364] Dieses Erfordernis liegt grundsätzlich bei dem Aktionär nicht vor. Nur dieser bestimmt den Zeitpunkt der Veräußerung selbst, so dass gerade keine aufgezwungenen Aufwendungen vorliegen können, da der Aktionär sozusagen „einfach" abwarten könnte, bis der Aktienkurs konjunkturbedingt wieder steigt. Dieser Grundgedanke ist sehr allgemein gehalten und m. E. argumentativ grenzwertig, da grundsätzlich der niedrigere Aktienkurs – gesetzt von verschiedenen äußerlichen Faktoren – eine Verlustrealisation im Sinne keiner Entzugsmöglichkeit gegebenenfalls notwendig macht, da ansonsten noch höhere Verluste eintreten beziehungsweise drohen und ein Handeln erforderlich machen. Das allgemeine Argument, Vermögensverluste seien von grundsätzlichen Konjunkturschwankungen abhängig, kann in diesem Zusammenhang nicht überzeugen, da zwar konjunkturbedingte Aufschwung- oder Abschwungphasen volkswirtschaftlich existieren, jedoch ein Verlust im Speziellen nur im Rahmen eines Einzelunternehmens beziehungsweise der konkreten Investition anfallen kann. Es erfolgt somit keine ausreichende Differenzierung, so dass darin zumindest ein mittelbarer Zwang von außen ohne Entzugsmöglichkeit gesehen werden könnte, der sich gerade durch die Nichtanerkennung eines steuerlichen Verlustes durch den Gesetzgeber zeigt. Dies würde aber bedeuten, dass ein Verlust im Sinne des § 23 Abs. 3 EStG a. F. realisiert werden muss, welcher wiederum jedoch aufgrund der Unbeachtlichkeit des Vermögensstamms und der steuerfreien Einnahmengenerierung außerhalb der Spekulationsfrist im Rahmen

361 BStBl. II 2001, 342 (344 f.); in diese Richtung BStBl. II 1995, 534 (534 f.); *Thürmer*, in: Brandis/Heuermann, EStG, § 9 Rn. 150.

362 *Thürmer*, in: Brandis/Heuermann, EStG, § 9 Rn. 151.

363 BStBl. II 1995, 534 (534).

364 BStBl. II 1995, 534 (534); vgl. BFH/NV 1990, 553 (555), hinsichtlich BA; *Teller*, in: Littmann/Bist/Putz, EStG, § 9 Rn. 78.

der §§ 22 Nr. 2, 23 Abs. 1 Nr. 2, Abs. 3 EStG a. F. sowie der Unübertragbarkeit von Werbungskosten auf eine andere Einkunftsart ebenfalls im Rahmen des § 20 Abs. 1, 4 EStG a. F. als unfreiwillige Aufwendung keine Rolle spielen kann.

Fraglich ist ferner, ob die Aufwendungen des Aktionärs für eine Kapitalerhöhung oder die Verwässerung des Vermögensstamms bei Nichtausübung des Bezugsrechts als unfreiwillige Aufwendungen im Sinne des § 20 Abs. 4 EStG a. F. Werbungskosten darstellen können. Dies scheitert jedoch wiederum an dem Argument der Entzugsmöglichkeit. Denn einerseits steht es dem Aktionär frei, sich an einer Kapitalerhöhung zu beteiligen, andererseits erhält der Aktionär hinsichtlich seines gehaltenen Kapitals am Gesamtkapital Bezugsrechte, die er entweder ausüben oder weiterverkaufen kann. Problematischer hingegen ist die Kapitalerhöhung mit Bezugsrechteausschluss, da hier in jedem Fall eine Verwässerung des gehaltenen Aktienanteils erfolgt. Jedoch gelten Besonderheiten und enge Grenzen nach dem AktG für eine Kapitalerhöhung mit Bezugsrechteausschluss, die als Ergebnis dem Schutz der Altaktionäre dienen, wie zum Beispiel einer regelmäßig geforderten Dreiviertelmehrheit des vertretenen Grundkapitals im Rahmen der Beschlussfassung (§ 186 Abs. 3 S. 2 AktG), oder die Kapitalerhöhung gegen Bareinlagen darf im zulässigen Fall 10 % des Grundkapitals nicht übersteigen und gleichzeitig darf der Ausgabebetrag den Börsenpreis nicht wesentlich unterschreiten (§ 186 Abs. 3 S. 4 AktG). Folglich kommt es zumindest theoretisch einerseits nicht zu einer „starken“ Verwässerung und anderseits für diese Fälle[365] zu keinem möglichen Nichtentzug, da der Börsenpreis nicht wesentlich unterschritten wird sowie die Verkaufsmöglichkeit an der Börse zu diesen Konditionen weiter besteht.

Ein Substanzverlust liegt ebenfalls vor, soweit das Wirtschaftsgut an sich beschädigt, zerstört oder anderweitiger verloren wird, jedoch sind hierunter im Falle eines sonstigen Verlustes gerade nicht die Wertveränderung und der Veräußerungsverlust zu verstehen und ein entsprechender Restwert des verlorenen Wirtschaftsguts ist dann über die AfaA als Werbungskosten geltend zu machen.[366] Wie bereits unter dem Punkt der AfA ausgeführt, handelt es sich indes bei einem Wertpapier um ein nicht abnutzungsfähiges Wirtschaftsgut, so dass kein Substanzverlust eintreten kann, der zu beachtlichen Werbungskosten im Rahmen des § 20 Abs. 4 EStG a. F. führte.

cc) Reine Wertminderung

Anders verhält es sich möglicherweise bei der reinen Wertminderung als Werbungskosten im Rahmen des § 20 Abs. 4 EStG a. F., soweit nach dem Veranlassungsprinzip

---

365 Hinsichtlich der konkreten Verlustkonstellation durch Herausdrängen der Altaktionäre mittels einer Kapitalherabsetzung und anschließender Kapitalerhöhung samt Bezugsrechtausschluss im Wege eines Insolvenzplans Kap. 3, III. 1. a).

366 *Lochte*, in: Frotscher/Geurts, EStG, 175. Erg.-Lfg., § 9 Rn. 244, ABC der WK, Stichwort „Substanzverluste“.

die Kapitalanlage Aktie, wie angenommen, Berufsvermögen im Sinne des § 20 Abs. 1 EStG darstellt. Denn durch die Gleichsetzung des Werbungskostenbegriffs mit dem Betriebsausgabenbegriff stellt sich die Frage, ob Wertveränderungen des Wirtschaftsguts an sich im Rahmen der Überschusseinkünfte beachtlich sein müssen, da es hinsichtlich der Vermögensgegenstände nach der Ermittlung der Bemessungsgrundlage für Gewinneinkünfte durch Bestandsvergleich die Möglichkeit der Teilwertabschreibung für nichtabnutzungsfähige Wirtschaftsgüter nach § 6 Abs. 2 Nr. 2 S. 1 EStG gibt. Es handelt sich bei der Teilwertansetzung aufgrund der Aufgabe der „umgekehrten Maßgeblichkeit" zur Bilanzierung nach dem HGB um ein steuerliches Wahlrecht,[367] das aus dem Niederwertprinzip der GoB stammt. Im Fall der Ansetzung zu einem niedrigeren Teilwert würde dies bedeuten, dass der noch nicht realisierte Kursverlust einer Aktie aufgrund dauerhafter Wertminderung über die AfaA nach dem „Bestandsvergleich" der Anschaffungskosten zu steuerbaren Werbungskosten nach § 20 Abs. 4 EStG a. F. führen kann. Jedoch fehlt es an einer entsprechenden Norm als Rechtsgrundlage im Rahmen der allgemeinen Werbungskosten oder zumindest einem Verweis, der einen direkten Zugriff auf die Bewertungsvorschriften des § 6 EStG für Vermögensgegenstände der Überschusseinkünfte zulässt.[368]

Ferner fehlt es für die Annahme einer analogen[369] Anwendung des § 6 EStG über das Veranlassungsprinzip zumindest an einer vergleichbaren Interessenlage, da es gerade im Rahmen der Überschusseinkünfte keinen Bestandsvergleich für nicht abnutzungsfähige Wirtschaftsgüter nach § 9 EStG gibt.[370] Der Werbungskostenbegriff des § 9 EStG ist, wie bereits erwähnt, trotz Gleichsetzung mit dem Betriebsausgabenbegriff des § 4 EStG über das Veranlassungsprinzip hinsichtlich der Überschusseinkünfte dennoch „enger" zu verstehen, da der Vermögensstamm grundsätzlich nicht der Besteuerung unterliegt. Des Weiteren ergibt das systematische Argument des Gesetzgebers der eigenen Regelung der Ermittlung eines Veräußerungsverlustes in § 23 Abs. 3 EStG a. F. nur Sinn, soweit nicht auf einen Bestandsvergleich im Rahmen der Überschusseinkünfte zurückgegriffen wird, da ansonsten diese Regelung überflüssig ist. Dann wäre nur der Bestandsvergleich als Bemessungsgrundlage für die Steuer entscheidend.[371] Darüber hinaus entfällt ein Unterschied zu den Gewinneinkünften, da jegliche „beruflich veranlassten" Wirtschaftsgüter einer fortwährenden Bewertung unterzogen werden. Zudem führt das Erfordernis einer Zuschreibung des Wirtschaftsguts nach dem

367 *Mutscher*, in: Frotscher/Geurts, EStG, § 6 Rn. 247.

368 BStBl. II 1978, 620 (623).

369 *Larenz/Canaris*, S. 202–210 sowie insgesamt zur Ausfüllung von Gesetzeslücken *dies.*, S. 191 ff.

370 BStBl. II 1978, 620 (623); vgl. auch v. *Bornhaupt*, in: Kirchhof/Söhn/Mellinghoff, EStG, § 9 Rn. B 92.

371 *Aigner*, S. 21.

Wertaufholungsgebot des § 6 Abs. 1 Nr. 2 S. 3 EStG, falls eine dauerhafte Wertminderung nicht mehr vorliegt, zu dem Ergebnis, dass seit dem 1.1.1999 wieder ein höherer Wert bis zur Bewertungsobergrenze der Anschaffungskosten anzusetzen ist.[372] Neben Durchführungsproblemen in der Praxis ergeben sich zwei weitere Argumente aus dem Wertaufholungsgebot: Einerseits führt es zu einer fiktiven Besteuerung, da Gewinne aus der Zuschreibung aufgrund der vorhergehenden Verlustberücksichtigung dann wieder bis zur Bewertungsobergrenze steuerlich beachtlich sind, soweit die Aktie weiter gehalten wird. Andererseits führt es zur Aushebelung des objektiven Nettoprinzips, da bei einem Verkauf der Aktien außerhalb der Spekulationsfrist – unter Annahme der Aktienkurs steigt höher als die Anschaffungskosten und es erfolgte davor noch keine Wertaufholung – der Gewinn hieraus nach § 23 Abs. 1 S. 1 Nr. 2 EStG a. F. grundsätzlich erstmal steuerfrei wäre.

Ferner ist nach dem historischen Argument die Quellentheorie ohne Vermögensbestandsvergleich vom Grundgedanken her für Überschusseinkünfte prägend.

c) Werbungskostenabzugsverbot

aa) Allgemein

Grundsätzlich galt bis zur Einführung der Abgeltungsteuer allgemein, also für § 20 Abs. 1, 4 EStG a. F. und §§ 22 Nr. 2, 23 Abs. 1 Nr. 2 EStG a. F., gerade kein Werbungskostenabzugsverbot, wie es durch § 2 Abs. 2 S. 2 EStG in Verbindung mit § 20 Abs. 9 EStG durch das UntStRefG 2008 eingeführt wurde, das für *Strohm* zugleich die „tiefgreifendste Änderung“ im Rahmen der Einkünfteermittlung darstellt[373]. Danach ist grundsätzlich nur noch der Sparer-Pauschbetrag als Werbungskosten in Höhe von 801 Euro pro Veranlagungszeitraum beziehungsweise 1602 Euro im Rahmen der Zusammenveranlagung von Ehegatten steuerlich abziehbar. Mit § 20 Abs. 9 S. 2 Hs. 2 EStG ist folglich ein Ausschluss der tatsächlichen Werbungskosten kodifiziert worden. Der seitdem geltende Sparer-Pauschbetrag setzt sich in Höhe von 750 Euro aus dem früheren Sparer-Freibetrag des § 20 Abs. 4 EStG a. F. und dem davor geltenden Werbungskosten-Pauschbetrag in Höhe von 51 Euro des § 9a S. 1 Nr. 2 EStG a. F. zusammen[374], welche im Zuge der Einführung der Abgeltungsteuer gestrichen wurden.[375] Darüber hinaus kann es im Rahmen der Einkünfteermittlung nicht mehr zu negativen Einkünften durch Werbungskosten als Einnahmen im Sinne des § 20 Abs. 1 Nr. 1 EStG kommen, da der Sparer-Pauschbetrag insgesamt nach § 20 Abs. 9 S. 4 EStG nicht höher sein darf als die verrechneten Kapitalerträge des § 20 Abs. 6 EStG. Dies bedeutet, soweit keine Erträge anfallen, kann ebenfalls

---

372 *Mutscher*, in: Frotscher/Geurts, EStG, § 6 Rn. 257h, 257j.

373 *Strohm*, S. 65.

374 *Moritz/Strohm*, in: Frotscher/Geurts, EStG, § 20 (n. F.) Rn. 409.

375 BT-Drs. 16/4841, S. 57.

kein Sparer-Pauschbetrag geltend gemacht werden. Die damalige Grenze für die Nichtsteuerbarkeit von Veräußerungsgewinnen aus Aktienverkäufen innerhalb der Spekulationsfrist in Höhe von 512 Euro nach § 23 Abs. 3 S. 6 EStG a. F. wurde vom Gesetzgeber nicht in § 20 EStG übernommen.

Im Ergebnis hatte die vormals geltende eigene Gewinn- und Verlustermittlungsmethode des § 23 Abs. 3 EStG a. F. Werbungskosten zugelassen und nicht in der Höhe begrenzt, außer dem Grundsatz der hälftigen Anerkennung aufgrund des Halbeinkünfte- und Halbabzugsverfahrens (§ 23 Abs. 1 S. 1 Nr. 2, Abs. 3, § 3 Nr. 40j, § 3c Abs. 2 S. 1 EStG a. F.) innerhalb der Spekulationsfrist. Ebenso wurden nach § 20 Abs. 4 EStG a. F. Werbungskosten unbeschränkt – außer dem Grundsatz der hälftigen Anerkennung aufgrund des Halbeinkünfte- und Halbabzugsverfahren (§ 20 Abs. 1 Nr. 1, § 3 Nr. 40d, § 3c Abs. 2 S. 1 EStG a. F.) – im Rahmen des Abs. 1 zugelassen. Es sind jedoch, wie soeben aufgezeigt, differenzierte Ansätze unter dem Begriff der Werbungskosten als Ergebnis zu verstehen. Die Regelung des § 52a Abs. 10 S. 10 EStG a. F. legte den zeitlichen Rahmen für den Ausschluss der Geltendmachung von Werbungskosten – die höher ausfallen als der Sparer-Pauschbetrag – auf den Stichtag bis zum 31.12.2008 fest, wobei der Zeitpunkt des Abflusses der Werbungskosten das entscheidende Kriterium darstellt.[376] Auf das tatsächliche Werbungskostenabzugsverbot nach § 20 Abs. 9 EStG sowie dessen generelle Anwendung nach Einführung der Abgeltungsteuer wird zwar nachfolgend zum besseren Verständnis kurz eingegangen, jedoch kann schon hier festgehalten werden, dass grundsätzlich Werbungskosten nach Einführung der Abgeltungsteuer als relevante Verlustgröße für diese Arbeit aufgrund des gerechtfertigten tatsächlichen Werbungskostenabzugsverbots keine besondere Rolle mehr spielen.[377] Denn einerseits fällt ein Veräußerungsverlust – trotz umfänglicher Steuerverstrickung des Vermögensstamms nach Einführung der Abgeltungsteuer – gerade nicht unter die Typisierung des § 20 Abs. 9 S. 1 EStG;[378] zudem werden die Anschaffungsnebenkosten im Rahmen der Gewinnermittlungsmethode des § 20 Abs. 4 EStG als Aufwendungen, die im unmittelbaren Zusammenhang mit dem Veräußerungsgeschäft stehen, weiterhin zum Abzug zugelassen. Andererseits existiert das tatsächliche Werbungskostenabzugsverbot des § 20 Abs. 9 S. 1 Hs. 2 EStG für § 20 Abs. 1 und 2 EStG. Daher ist auch die Geltendmachung allgemeiner Werbungskosten als Verlustgröße wie typischerweise veranlasste Darlehensaufwendungen, Depotgebühren oder Verwalterhonorare für die Kapitalanlage nun grundsätzlich maximal in der Höhe auf den Sparer-Pauschbetrag begrenzt, § 20 Abs. 9 S. 1 Hs. 1 EStG.

376 *Moritz/Strohm*, in: Frotscher/Geurts, EStG, § 20 (n. F.) Rn. 409.
377 Kap. 2, I. 4. b) bb) (1) (a) und (b).
378 Vgl. auch z. B. *Strohm*, S. 195.

bb) Ausnahme

Jedoch sei ebenfalls bereits hier erwähnt, dass seit Einführung der Abgeltungsteuer weiterhin in einigen Fällen die Möglichkeit besteht, die tatsächlichen Werbungskosten im Rahmen des § 20 Abs. 1 Nr. 1 EStG geltend zu machen, soweit diese Einkünfte nicht dem Sondertarif des § 32d Abs. 1 S. 1 EStG, sondern dem Normaltarif des § 32a Abs. 1 EStG wie zum Beispiel nach § 32d Abs. 2 Nr. 3 S. 1 und 2 EStG unterliegen. Hierunter fällt der Steuerpflichtige nach § 32d Abs. 2 S. 1 Nr. 3a oder b wenn dieser unmittelbar oder mittelbar entweder zu mindestens 25 % an der Kapitalgesellschaft beteiligt ist oder dieser zu mindestens mit 1 % an der Kapitalgesellschaft beteiligt ist und durch eine berufliche Tätigkeit für diese maßgeblichen unternehmerischen Einfluss auf ihre wirtschaftliche Tätigkeit nehmen kann. Dann ist jedoch wiederum das Teileinkünfte- und Teilabzugsverfahren anzuwenden, so dass effektiv nur 60 % an Werbungskosten in diesem Sinne abgezogen werden könnten. Diese Ausnahme ist indes – aufgrund des Fehlens einer gesetzlichen Grundlage im Rahmen des § 32d Abs. 2 EStG – nicht auf das Veräußerungsgeschäft aus Aktien anwendbar.

c) Fazit

Die grundsätzliche Schlussfolgerung, dass Aufwendungen auf das Vermögen keine Werbungskosten darstellen können,[379] gilt als überholt und ist zu differenzieren.[380] Denn es werden im Einzelfall einige Aufwendungen, soweit diese einen grundsätzlichen Verlust unter Anwendung des objektiven Nettoprinzips darstellen, als Werbungskosten anerkannt,[381] da grundsätzlich die Anschaffungskosten oder Herstellungskosten eines Wirtschaftsguts, das der Einnahmeerzielung dienen soll, die Vermögenssphäre als Berufssphäre, festgelegt durch Zuordnung der Aufwendungen nach dessen Schwerpunkt, den Steuerpflichtigen betreffen, soweit es sich um ein abnutzbares Wirtschaftsgut handelt.[382] Dies führte im Ergebnis trotz des Ansatzes über das Veranlassungsprinzip nicht zu einer steuerlichen Anerkennung von Verlusten aus Aktienveräußerungen als Vermögensverluste, da einerseits hinsichtlich der sonstigen Einkünfte des §§ 22 Nr. 2, 23 Abs. 1 Nr. 2 EStG a. F. der Vermögensstamm unberücksichtigt blieb, soweit steuerfreie Einnahmen außerhalb

---

379 BStBl. II 2011, 920 (921); BStBl. II 1983, 17 (18 f.); *Hey*, in: Tipke/Lang, Rn. 8.359, zu beachten ist jedoch das Abzugsverbot nach § 20 IX EStG.

380 I. E. genauso *Kreft*, in: Herrmann/Heuer/Raupach, EStG, § 9 Rn. 186 f.; *Thürmer*, in: Brandis/Heuermann, EStG, § 9 Rn. 136.

381 Z. B. BFH/NV 2013, 1922 (1922 f.); BStBl. II 2010, 198 (201); BFH/NV 2009, 13 (13 f.); BFH/NV 2006, 296 (297); BStBl. II 1990, 830 (836 f.), hinsichtlich vergeblicher Vorauszahlungen als AK/HK eines Gebäudes.

382 BFH/NV 2000, 825 (825 f.); vgl. BStBl. II 1993, 832 (833 f.); *Kreft*, in: Herrmann/Heuer/Raupach, EStG, § 9 Rn. 187; *Teller*, in: Littmann/Bist/Putz, EStG, § 9 Rn. 51–53.

der Spekulationsfrist generiert werden sollten aufgrund des Arguments des quellentheoretischen Ansatzes der Überschusseinkünfte und des objektiven Nettoprinzips. Andererseits konnten keine Verluste aus Werbungskosten im Rahmen des §§ 22 Nr. 2, 23 Abs. 1 Nr. 2 EStG geltend gemacht werden – trotz Einordnung als Berufsvermögen nach § 20 Abs. 1 EStG –, da eine Übertragung von Werbungskosten auf andere Einkunftsarten ausgeschlossen ist. Die Zulassung von Werbungskosten neben der eigenen Verlustermittlungsmethode des § 23 Abs. 3 EStG a. F. qualifizierte die Werbungskosten ferner dahingehend, dass darunter typischerweise nur die Anschaffungsnebenkosten, wie in § 255 Abs. 1 S. 2 HGB, verstanden werden konnten, wie zum Beispiel die Transaktionskosten für den Kauf und Verkauf der Aktien an sich. Durch das systematische Argument der eigenen Verlustermittlungsmethode des § 23 Abs. 3 EStG a. F. war ein Rückgriff auf den allgemeinen Werbungskostenbegriff des § 9 EStG nicht möglich. Darüber hinaus wurden vom Wortlaut her ausdrücklich Verluste – daher unproblematisch steuerbar innerhalb der Spekulationsfrist – erfasst.

Im Rahmen der Werbungskosten des § 20 Abs. 4 EStG a. F. konnten fiktive Aufwendungen schon unter dem Aspekt des Abfließens nicht entstehen. Ferner konnten aufgrund der Nichtabnutzungsfähigkeit der Aktie keine Verluste, wie der Substanzverlust oder die reine Wertminderung, aus Werbungskosten über die AfA oder AfaA geltend gemacht werden. Des Weiteren stellten Verluste aus der Aktienveräußerung – ebenfalls im Rahmen des § 20 Abs. 4 EStG a. F. – keine unfreiwilligen Aufwendungen dar, da schon kein äußerlich gesetzter Zwang vorlag und es zudem an der Übertragungsmöglichkeit mangelte. Daher wurden unter dem Werbungskostenbegriff des § 20 Abs. 4 EStG a. F. im Ergebnis typischerweise zum Beispiel Verwaltungsgebühren für das Depot oder Schuldzinsen[383] für Kredite, mit denen die Aktien gekauft worden sind (meist auch Effektenkredite), verstanden, soweit das Veranlassungsprinzip solche Aufwendungen entsprechend zuordnen konnte.

3. Haltedauerfrist

a) Sinn und Zweck

Vor Einführung der Abgeltungsteuer war die Haltedauerfrist nach mehreren Anpassungen auf ein Jahr festgelegt und in § 23 Abs. 1 S. 1 Nr. 2 EStG a. F. für die Wertpapierveräußerung normiert.[384] Sinn und Zweck der Einführung einer

---

383 In Zeiten eines „normalen“ Zinsumfelds, nicht des schon länger anhaltenden Niedrigzinsumfelds, lag der jährliche Kreditzins, der vom Steuerpflichtigen aufgewandt werden musste, durchaus bei ca. 8 % oder mehr, so dass erhebliche Werbungskosten i. R. d. § 20 I EStG a. F. auflaufen konnten.

384 Kap. 1, II. 2. d), hinsichtlich des festgelegten Zeitrahmens der unterschiedlichen Haltedauerfristen.

Haltedauerfrist, die damals ebenfalls Spekulationsfrist hieß, war, dass eine klare Abgrenzung zwischen privater und gewerblicher Vermögensverwaltung geschaffen werden sollte. Das subjektive Element der Einkünfteerzielungsabsicht geriet dadurch in den Hintergrund und die Einführung der Frist objektivierte die Motivation des Anlegers nach außen hin auf überprüfbare Kriterien,[385] da das damalige erforderliche subjektive Abgrenzungskriterium zu Problemen führte. Denn die Heranziehung der Spekulationsabsicht als Abgrenzungskriterium für die Steuerbarkeit war undurchsichtig und schwierig, da eine Abgrenzung am subjektiven Element für den Fiskus kaum nachvollziehbar war.[386] Die Haltedauerfrist wurde ebenso unter fiskalischen Zwecken eingeführt. Denn diese ergab sich damals einerseits unter anderem dadurch, dass einerseits erhebliche Spekulationsgewinne, ausgelöst durch die hohe Inflation zu Zeiten der Weimarer Republik erfasst werden sollten,[387] und zudem schritt das Städtewachstum stetig und schnell voran, so dass gerade durch die Einführung einer Spekulationsfrist, Gewinne aus Grundstücksgeschäften an den Randlagen der Städte ebenfalls abgeschöpft werden konnten[388]. Andererseits sollte gerade auch schon in dieser Zeit einer Steuerflucht von gewerblichen Einnahmen hin zu nicht mehr steuerbaren Privateinnahmen entgegengewirkt werden, indem klargestellt wurde, dass es sich bei kurzfristigen Vermögenstransaktionen nicht mehr um eine nicht steuerbare private Vermögensverwaltung handelt, da dies zu sehr der gewerblichen Vermögensverwaltung ähnelt. Die Haltedauerfrist führt jedoch zu der weiteren Missbrauchsmöglichkeit, dass der Steuerpflichtige alleine durch die Wahl des Veräußerungszeitpunktes entscheiden kann, ob das Veräußerungsgeschäft steuerbar ist oder eben nicht.[389]

Durch die Steuerbarkeit des Vermögensstamms innerhalb der Haltedauerfrist beziehungsweise Spekulationsfrist von privaten Veräußerungsgeschäften wurden der formelle Dualismus sowie der materielle Dualismus schon früh durchbrochen. Ferner wurde nach Einführung der Abgeltungsteuer durch Herausnahme des Veräußerungsgeschäfts von Wertpapieren aus § 23 Abs. 1 S. 1 Nr. 2, 3 EStG und Normierung unter § 20 Abs. 2, 4 EStG die Haltedauerfrist aus § 23 Abs. 3 EStG im Sinne des § 20 Abs. 4 EStG unanwendbar, da gerade § 20 Abs. 2 EStG keine Frist enthält. Das Veräußerungsgeschäft aus Aktien soll vollumfänglich steuerbar sein. Hervorzuheben ist ferner noch die umfassende Steuerverstrickung im Zusammenhang mit der Haltedauerfrist durch Einführung der Abgeltungsteuer, die eine Fristverlängerung der Steuerbarkeit für sonstige Wirtschaftsgüter in § 23 Abs. 2 S. 4 EStG von einem auf zehn Jahre vorschreibt, falls mit dem Wirtschaftsgut laufende

385 *Lindberg*, in: Frotscher/Geurts, EStG, § 23 Rn. 19a.

386 *Fuisting*, Die preußischen direkten Steuern, Bd. 1, S. 58–60.

387 *Hensel*, S. 94, in Bezug auf den Grund der damaligen Besteuerung an sich; *Langohr*, S. 17.

388 *Fuisting*, Die preußischen direkten Steuern, Bd. 1, S. 59.

389 Vgl. BStBl. II 2007, 259 (260 f.).

Erträge, wobei der einmalige Ertrag in einem Kalenderjahr ausreicht, erzielt werden. Dies wäre mit einer Aktie dem Grundgedanken des Systems von Wertsteigerungen des Vermögensstamms und laufende Erträge nach vergleichbar.

b) Verfahren

Die einzelne Aktie stellt steuerlich den relevanten Gegenstand hinsichtlich der Ermittlung der Einkommensteuer des privaten Veräußerungsgeschäfts dar.[390] Nachdem das Halten von Wertpapieren im Girosammelbestand zur Vermischung und zu Abgrenzungsproblemen führte, wurde seit dem Veranlagungszeitraum 2005 die FiFo-Methode für Wertpapiere durch § 23 Abs. 1 S. 1 Nr. 2 S. 2 und 3 EStG a. F. verbindlich vorgeschrieben. Denn die zuvor von der Verwaltung festgelegte LiFo-Methode sowie die von der Rechtsprechung angewandte Berechnung nach Durchschnittsätzen führten in diesen Fällen zu keinem gerechten Ergebnis, da diese die Haltedauer verzerrt hatten.[391] Nach Einführung der Abgeltungsteuer wurde die FiFo-Methode weiterhin verbindlich für den Fall der Girosammelverwahrung in § 20 Abs. 4 S. 7 EStG festgelegt.

c) Fazit

Nach Ansicht von *Klotz* ist zwar festzuhalten, dass die Durchbrechung des Dualismus über die Haltedauerfrist systematisch aufgrund des rein fiskalischen Interesses nicht zu rechtfertigen ist und sich in der Ausgestaltung des zeitlichen Anwendungsbereichs wahllos darstellt.[392] Jedoch sollte eine klare objektivierte Regelung hinsichtlich der Haltedauer die Einordnung für die Verwaltung erleichtern und abgrenzen, ob das Veräußerungsgeschäft der Kapitalanlage in Aktien – vergleichbar dem Betriebsvermögen, folglich dem „steuerbaren Privatvermögen“, aufgrund der Ähnlichkeit zum gewerblichen Handel durch kurzfristigen Wertpapierbesitz, da objektiv innerhalb der Spekulationsfrist veräußert wurde – tatsächlich nur dem Privatvermögen zugeordnet werden kann. Nur eine objektive Regelung konnte den Missbrauch einschränken. Im Ergebnis wurde somit schon damals einer Steuerflucht ins nichtsteuerbare Privatvermögen entgegengetreten und die Verwaltung musste nicht mehr jeglichen Einzelfall gesondert prüfen. Eine Rechtfertigung erscheint daher auf den ersten Blick aus Gründen der Vereinfachung und Belastungsgleichheit gerechtfertigt. Inwiefern und aus welchen Gründen die Haltedauerfrist tatsächlich gerechtfertigt ist, so viel sei hier schon vorweggenommen, wird noch zu zeigen sein.[393]

---

390 BStBl. II 1975, 331 (332 f.).

391 *Ratschow*, in: Brandis/Heuermann, EStG, § 23 Rn. 165.

392 *Klotz*, S. 66 f.

393 Kap. 2, III. 1. b) aa)(1).

IV. Verlustberücksichtigung im Halbeinkünfte- und Halbabzugsverfahren bei einer Haltedauer von unter einem Jahr

Seit der Reform des Körperschaftsteuerrechts im Jahr 1977 galt bis zur Einführung des Halbeinkünfte- und Halbabzugsverfahrens durch das StSenkG im Jahr 2000 das Anrechnungsverfahren, um einer steuerlichen Doppelbelastung von Körperschaft- und Einkommensteuer für den Aktionär entgegenzuwirken.[394] Durch das Anrechnungsverfahren wurde dem Aktionär in einem zweigliedrigen Festlegungsschritt mit 30 % der Ausschüttungsbelastung an Körperschaftsteuer über § 36 Abs. 2 Nr. 3 EStG 1977 angerechnet,[395] so dass es zu einer effektiven Steuerbelastung nach dem persönlichen Steuersatz des Steuerpflichtigen für Dividenden von Drei-Siebtel kam. Aufgrund unter anderem europarechtlicher Bedenken ersetzte der Gesetzgeber jedoch das Anrechnungsverfahren durch das Halbeinkünfte- und Halbabzugsverfahren.[396] Bis einschließlich zum Veranlagungszeitraum 2008 wurden dann bei Veräußerungen von Wertpapieren innerhalb der Haltedauerfrist wie auch bei den laufenden Erträgen aus Wertpapieren, die als sogenanntes Berufsvermögen unter § 20 Abs. 1 Nr. 1 EStG a. F. einzuordnen waren, das Halbeinkünfte- und Halbabzugsverfahren nach § 3 Nr. 40j EStG a. F. angewandt, mit dem Ergebnis, dass nur der hälftige Veräußerungspreis des § 23 Abs. 3 S. 1 EStG a. F., abzüglich der hälftigen Anschaffungskosten und eines hälftigen Anteils an Werbungskosten nach § 3c Abs. 2 EStG a. F., anzusetzen war[397] beziehungsweise der hälftige Ertrag aus den Dividenden abzüglich der hälftigen Werbungskosten steuerbar war. Dies bedeutete im Gegenzug, dass Verluste in diesem Zusammenhang nur mit 50 % geltend gemacht werden konnten. Das Halbeinkünfteverfahren – sowie nachfolgend das Teileinkünfte- und Teilabzugsverfahren – schaffte typisierend einen Ausgleich für Aktionäre hinsichtlich einer steuerlichen Doppelbelastung, da die Unternehmensgewinne schon mit Körperschaftsteuer vorbelastet sind.[398] Das Halbeinkünfte- und Halbabzugsverfahren wurde nämlich dann ebenfalls durch Einführung der Abgeltungsteuer durch das Teileinkünfte- und Teilabzugsverfahren des § 3 Nr. 40d und i EStG ersetzt, das nur noch 40 % der Einnahmen aus Dividendenausschüttungen im Betriebsvermögen oder sonstigen Einkünften des § 22 Nr. 1 S. 2 EStG, jedoch nicht mehr aus § 23 Abs. 3 S. 1 EStG a. F. beziehungsweise nun § 20 Abs. 2 EStG steuerfrei belässt. Ferner wurde durch Einführung der Abgeltungsteuer das Teileinkünfte- und Teilabzugsverfahren für Kapitalbeteiligungen des Privatvermögens – außer für die Veräußerung nach § 17 EStG und den weiteren Ausnahmen des § 32d Abs. 2 EStG – abgeschafft. Denn als weitere Änderung kommt nach

394 *Zipfel*, in: Beck'sches Steuer- und Bilanzrechtslexikon, „Anrechnungsverfahren" Rn. 1.

395 *Zipfel*, in: Beck'sches Steuer- und Bilanzrechtslexikon, „Anrechnungsverfahren" Rn. 1.

396 *Hey*, in: Tipke/Lang, Rn. 11.17 f.

397 *Lindberg*, in: Frotscher/Geurts, EStG, § 23 Rn. 17.

398 *Birk/Desens/Tappe*, Rn. 1305–1317; *Recnik*, S. 99.

§ 3 Nr. 40 S. 2 EStG in Verbindung mit § 20 Abs. 8 S. 1 EStG sowie § 3c Abs. 2 S. 1 EStG hinzu, dass das Teileinkünfte- und Teilabzugsverfahren nunmehr nicht auf Dividendenerträge aus § 20 Abs. 1 Nr. 1 EStG angewandt werden kann sowie ebenfalls nicht mehr auf die Veräußerungsgewinne innerhalb der Haltedauerfrist, wie damals des § 23 Abs. 3 EStG in Verbindung mit § 3 Nr. 40j EStG a. F., da eine Anwendung seit Einführung der Abgeltungsteuer nicht mehr vorgesehen ist. Es fehlt an einer entsprechenden Rechtsgrundlage; etwas anderes gilt hinsichtlich der unternehmerischen Beteiligung nach § 32d Abs. 2 Nr. 3EStG.

V. Zusammenfassung

Verluste aus Veräußerungsvorgängen der privaten Aktienbeteiligung im Rahmen des § 23 EStG a. F. außerhalb der Spekulationsfrist wurden – vor Einführung der Abgeltungsteuer – nicht anerkannt. Dies wurde hauptsächlich mit dem quellentheoretischen Ansatz der Überschusseinkünfte begründet, der Wertsteigerungen des privaten Vermögensstamms außerhalb der Haltedauerfrist nicht steuerverstrickt, so dass gerade auch solche Verluste im Gegenzug nicht steuerbar sein konnten. Nach dem objektiven Nettoprinzip kommt es folgerichtig zu keiner Verlustanerkennung, soweit steuerfreie Einnahmen erlangt werden sollen. Ein strenger Dualismus wurde schon früh in der Entwicklung des EStG durch die Besteuerung von privaten Veräußerungsvorgängen aus Aktienbeteiligungen innerhalb der Spekulationsfrist durchbrochen. Die Haltedauerfrist in Zusammenhang mit dem Veranlassungsprinzip schaffte ferner objektiv eine Abgrenzung zwischen steuerbarer Berufs- und nicht steuerbarer Privatsphäre. Zudem bestand eine eigene Gewinn- und Verlustermittlungsmethode für den Veräußerungsvorgang.

Unrealisierte Verluste aus privaten Veräußerungsvorgängen der Aktienbeteiligung konnten einerseits aufgrund des vorherrschenden Zufluss- und Abflussprinzips des § 11 EStG nicht zur Anerkennung führen. Andererseits scheitert die Anerkennung der reinen Wertminderung für Überschusseinkünfte an einer Rechtsgrundlage, entgegen dem Teilwertansatz bei den Gewinneinkünften, sowie einer analogen Anwendung diesen Ansatzes aufgrund keiner vergleichbaren Interessenlage eines Bestandsvermögensvergleichs bei Überschusseinkünften. Anschaffungskosten stellen in diesem Fall keine Werbungskosten dar. Werbungskosten waren im Rahmen des Veräußerungsvorgangs die Anschaffungsnebenkosten und im Rahmen des § 20 Abs. 1 EStG zum Beispiel Kreditzinsen. Aufgrund der Trennung des Veräußerungsvorgangs von den laufenden Erträgen unter verschiedene Einkünftetatbestände war eine Übertragung von Werbungskosten nicht möglich. Eine weitergehende Verlustanerkennung hinsichtlich der laufenden Erträge über die AfA beziehungsweise AfaA als Werbungskosten im Zusammenhang mit unfreiwilligen Aufwendungen konnte aufgrund keines äußerlich gesetzten Zwangs erfolgen. Schließlich wurde nur ein hälftiger Verlust über das Halbeinkünfte- und Halbabzugsverfahren aus Werbungskosten im Rahmen des § 20 Abs. 1 EStG oder nach der Gewinn- und Verlustermittlungsmethode des § 23 Abs. 3 EStG a. F. innerhalb der Haltedauerfrist anerkannt.

Kapitel 2: Einführung der Abgeltungsteuer durch das UntStRefG 2008 vom 14.8.2007

Aufgrund einer „Vielzahl von Defiziten" im Rahmen der einkommensteuerrechtlichen Besteuerung von Kapitalanlagen im Privatvermögen erfolgte ebenfalls für diese durch das UntStRefG 2008 vom 14.8.2007 eine umfassende Reform seitens des Gesetzgebers,[399] die erhebliche Änderungen für private Aktienbeteiligungen und deren steuerliche Einordnung, deren Beteiligungsergebnis sich entweder als steuerlicher Gewinn und -anteil oder Verlust darstellt, mit sich brachte. Daher wird im Rahmen dieses Kapitel zuerst auf das Prinzip der synthetischen Einkommensteuer eingegangen, um danach die vormals bestehenden änderungsbedürftigen Punkte beziehungsweise Defizite aus Sicht des Gesetzgebers im Allgemeinen und insbesondere im Hinblick auf die Besteuerung des privaten Kapitalvermögens zu erläutern. Anschließend wird auf die Abgeltungsteuer als Lösungsansatz eingegangen und es werden die Neuerungen der Abgeltungsteuer hinsichtlich der Art und des Umfangs systematisch dargestellt und eingeordnet, die im Zusammenhang mit Verlusten aus privaten Aktienbeteiligungen relevant sind. Ferner werden die verfassungsrechtlichen Voraussetzungen für die Besteuerungsänderung des Kapitalvermögens durch Darstellung des allgemeinen Gleichheitssatzes als bereichsspezifischer Maßstab des EStG aufgezeigt. In diesem System wird auf die finanzielle Leistungsfähigkeit mit den beiden Subprinzipien des objektiven und subjektiven Nettoprinzips und dem Gebot der Folgerichtigkeit eingegangen, bevor die angeführten Rechtfertigungsgründe des Gesetzgebers eingeordnet werden. Abschließend erfolgt die verfassungsrechtliche Würdigung der Neuerungen der Abgeltungsteuer, um die gewonnenen Ergebnisse auf Verluste aus privaten Aktienbeteiligungen direkt oder indirekt übertragen zu können. Es wird insbesondere auf die Erweiterung der Bemessungsgrundlage des § 20 Abs. 2 EStG, den proportionalen Sondertarif des § 32d Abs. 1 EStG und die Verlustverrechnungsbeschränkungen des § 20 Abs. 6 EStG in diesem Zusammenhang eingegangen.

I. Die Abgeltungsteuer als Schedulensteuer bei der synthetischen Einkommensteuer

Im Zuge der Unternehmensteuerreform wurde die Abgeltungsteuer für die Kapitalertragsbesteuerung zwar erst verzögert zum 1.1.2009 eingeführt, diese gilt jedoch als grundlegender Einschnitt der bis dahin vorherrschenden Struktur der

399 *Strohm*, S. 21.

Einkommensteuer,[400] da die Neuerungen augenscheinlich ein neues System der Besteuerung im Rahmen der Einkommensteuer und möglicherweise einen vollständigen Systemwechsel durch Ersetzung mit einer neuen Besteuerungsart hinsichtlich der Kapitalerträge des Privatvermögens schafften.

1. Synthetische Einkommensteuer

Der Gesetzgeber hatte sich bis zur Einführung der Abgeltungsteuer für die grundsätzliche Gleichbehandlung aller Einkunftsarten des § 2 Abs. 1 S. 1 Nr. 1 bis 7 EStG im Rahmen der Einkommensbesteuerung festgelegt, indem das zu versteuernde Einkommen nach § 2 Abs. 5 EStG als Ergebnis gemeinsam dem progressiv angelegten Steuertarif des § 32a EStG zugeordnet war.[401] Damit folgte das deutsche Einkommensteuerrecht in der Ausgestaltung grundsätzlich einer Einheitssteuer.[402] Diesem synthetischen Prinzip folgte der Gesetzgeber einerseits aufgrund der unterschiedlichen Einkunftsarten aus der Natur der Sache heraus zwar nicht in allerletzter Konsequenz,[403] da jede Einkunftsart Eigenarten aufweist, und anderseits Ausnahmen vom Tarif des § 32a EStG zugelassen wurden, wie zum Beispiel § 32c EStG a. F., jedoch wurde der synthetische Einkommensbegriff allgemein nicht angezweifelt.[404] Gerade auch nicht durch existierende analytische Elemente, wie zum Beispiel den Einkünftedualismus.[405] Es bestand der Eindruck, dass der Gesetzgeber dieses „Ideal“ beziehungsweise die „Annäherung an das Ideal“ als Ziel insgesamt verfolgte.[406] Daher wird unter anderem die Ansicht vertreten, dass das passende Gegenstück zum synthetischen Einkommensbegriff die finanzielle Leistungsfähigkeit ist.[407] Denn über die Herleitung, dass Einkommen grundsätzlich „wirtschaftliche Leistungsfähigkeit begründet“, wird dem Leistungsfähigkeitsprinzip erst Rechnung getragen, da es nach dem Syntheseprinzip gerade nicht darauf ankommt, auf welchen Vorgängen die Einkünfte beruhen, sondern diese einkommensteuerrechtlich in ihrer Gesamtheit gleich erfasst beziehungsweise bewertet

---

400 *Strohm*, S. 21.

401 *Bäuml/Gageur*, FR 2006, 213 (214); *Eckhoff*, FR 2007, 989 (989); *Klotz*, S. 71.

402 *Jachmann*, Steuergesetzgebung, S. 109 f.; *Recnik*, S. 1; *Tipke*, Steuerrechtsordnung, Bd. II, 1. Aufl., 1993, S. 593 f., 600; *ders.*, Steuerrechtsordnung, Bd. II, S. 669 f.

403 *Faltlhauser*, FS Ritter, 511 (511 f.); *Klotz*, S. 71; *Lang*, StuW 2006, 22 (28).

404 *Eckhoff*, FR 2007, 989 (989); auch z. B. die Ausnahme der sog. Tonnagebesteuerung oder die für Forst- und Landwirte.

405 *Eckhoff*, FR 2007, 989 (989); vgl. auch *Hey*, in: Tipke/Lang, Rn. 8.1; *Jachmann*, Nachhaltige Entwicklung und Steuern, S. 117–119; *Kanzler*, FR 1999, 363 (363–365); *Strohm*, S. 126.

406 *Lang*, StuW 2006, 22 (28), der eine reine Einheitsbesteuerung aufgrund der zahlreichen Durchbrechungen jedoch nicht für möglich hält.

407 Z. B. *Birk*, StuW 2000, 328 (330 f.); *Eckhoff*, FR 2007, 989 (990); *Schön*, FS Solms, 263 (267).

werden.[408] Die verschiedenen Einkunftsarten knüpften unter dem Gesichtspunkt der Summe der Einkünfte des § 2 Abs. 3 EStG (a. F.) ebenfalls einheitlich an die gleiche Rechtsfolge des progressiven Normaltarifs des § 32a EStG an und wurden unter Wahrung der Belastungsgleichheit nach dem Leistungsfähigkeitsprinzip regelmäßig gleichbehandelt[409], so dass noch von einem synthetischen Prinzip, das der Einkommensteuer insgesamt zugrunde lag, ausgegangen werden konnte. Zur Unterstreichung dieses synthetischen Prinzips ermöglicht darüber hinaus § 2 Abs. 3 EStG einen vertikalen Verlustausgleich unter den verschiedenen Einkunftsquellen des § 2 Abs. 1 S. 1 Nr. 1 bis 7 EStG insgesamt.[410] Zu beachten ist jedoch, dass hinsichtlich der Verrechnung von Verlusten aus privaten Veräußerungsgeschäften aus Aktienbeteiligungen schon vor Einführung der Abgeltungsteuer die Besonderheit galt, dass eine Verrechnung nur mit Verlusten aus privaten Veräußerungsgeschäften der sonstigen Einkünfte der §§ 22 Nr. 2, 23 Abs. 1 S. 1 Nr. 2 EStG a. F. möglich war, da nach § 23 Abs. 3 S. 8 und 9 EStG a. F. Verluste nur bis zur Höhe des Gewinns im selben Kalenderjahr aus privaten Veräußerungsgeschäften der sonstigen Einkünfte nach §§ 22 Nr. 2, 23 Abs. 1 S. 1 Nr. 2 EStG a. F. ausgeglichen und nicht nach § 10d EStG abgezogen werden durften; ein eigenständiger Verlustrücktrag nach Maßgabe des § 10d EStG für den zurückliegenden Veranlagungszeitraum sowie ein Verlustvortrag für folgende private Veräußerungsgeschäfte waren erst seit dem Veranlagungszeitraum 1999 durch Änderungen des StEntlG 1999/2000/2002 möglich. Ein vertikaler Verlustausgleich für Verluste aus privaten Aktienveräußerungsgeschäften war somit damals schon nicht möglich.

Als Ergebnis führte der progressive Steuertarif des § 32a EStG zwar wiederum zu einer unterschiedlichen Besteuerung im Verhältnis nach der Höhe des Einkommens im Veranlagungszeitraum, jedoch war die Rechtsfolge des progressiven Steuertarifs für alle Einkunftsarten weiterhin gleich. Als höchste Belastung für den Einkommensteuerpflichtigen nach dem progressiven Tarif liegt der Spitzensteuersatz nach § 32a Abs. 1 S. 2 Nr. 5 EStG aktuell bei 45 % für ein zu versteuernden Einkommen von größer als 277.826 Euro, während der Grundfreibetrag das Existenzminimum sichern soll und für ein zu versteuerndes Einkommen von bis zu

---

408 *Klotz*, S. 71.

409 BVerfGE 99, 88 (96), hinsichtlich des verfassungswidrigen vollständigen Ausschlusses der Verlustverrechnung bei Vermietung beweglicher Gegenstände nach § 23 III 3 EStG 1984; BStBl. II 1999, 450 (458 f.), i. R. d. Vorlagebeschlusses zur Verfassungsmäßigkeit der Tarifbegrenzung bei gewerblichen Einkünften des § 32c EStG 1993 und der Durchbrechung der synthetischen ESt; *Kirchhof*, in: Kirchhof/Söhn/Mellinghoff, EStG, § 2 Rn. A 673; *Kirchhof*, in: Kirchhof/Seer, EStG, 19. Aufl., § 2 Rn. 7; *Weber-Grellet*, S. 79, der jedoch ebenfalls schon die schedulenhaften Züge hervorhebt.

410 *Aigner*, S. 41.

10.347 Euro (§ 32a Abs. 1 S. 2 Nr. 1 EStG) keine Einkommensteuer erhoben wird.[411] In diesem Zusammenhang ist sich der Grundgedanke nochmals vor Augen zu führen, dass Verluste generell das zu versteuernde Einkommen schmälern können und somit ebenfalls den Tarif.

2. Die Einführung der Abgeltungsteuer als Schedulensteuer

Mit Einführung der Abgeltungsteuer durch das UntStRefG 2008 führte der Gesetzgeber aus dem Blickwinkel der Steuersystematik einen bis dahin „einmalig[en]" Wechsel durch, indem er aus dem synthetischen System des EStG die Kapitalerträge herausnahm und als Schedulensteuer konzipierte.[412] Denn durch die Herausnahme der Kapitalerträge von den definierten Begriffen „Einkünfte, Summe der Einkünfte, Gesamtbetrag der Einkünfte, Einkommen, zu versteuerndes Einkommen" des § 2 EStG über § 2 Abs. 5b EStG und die Festlegung eines eigenen Einkommensteuertarifs von einheitlich 25 % nach § 32d Abs. 1 S. 1 EStG für jegliche Einkünfte aus Kapitalvermögen des § 20 EStG schaffte der Gesetzgeber eine Schedulenbesteuerung für private Kapitaleinkünfte, die „fortan ein steuergesetzliches Eigenleben führen" werden,[413] da diese grundsätzlich nicht mehr dem progressiven Tarif des § 32a EStG unterliegen (§ 32a Abs. 1 S. 2 EStG).

Die Gründe für die Einführung einer Schedulenbesteuerung des Kapitalvermögens seitens des Gesetzgebers beruhen auf verschiedensten Ansätzen, die sich jedoch aus einer schon länger dem Gesetzgeber bewussten defizitären Kapitalertragsbesteuerung ergeben. Denn das BVerfG hat sich bereits aus dem historischen Blickwinkel vor Inkrafttreten des UntStRefG 2008 im Rahmen des sogenannten Zinsurteils[414] mit der Verfassungsmäßigkeit der Kapitalertragsbesteuerung auseinandergesetzt, nachdem ein Finanzbeamter sich nicht mit der unzureichenden Situation abgeben wollte, dass nur die „Dummen" Steuern auf ihre Zinserträge zahlten.[415] Das BVerfG gelangte in diesem Urteil zu dem Ergebnis, dass eine erhebliche Ungleichheit bei der Besteuerung der privaten Erträge des Kapitalvermögens vorherrsche.[416] Darüber hinaus gelangte das BVerfG im später ergangenen

411 Eine Anpassung der Beträge erfolgte zuletzt durch das Steuerentlastungsgesetz 2022 v. 23.5.2022, BGBl. I 2022, 749, rückwirkend für den VZ 2022.

412 *Recnik*, S. 1.

413 *Hey*, BB 2007, 1303 (1307 f.).

414 BVerfGE 84, 239; die Verfassungsbeschwerde an sich war noch unbegründet, da gegenwärtig nicht festgestellt werden konnte, dass die Beschwerdeführer in ihrem Grundrecht auf Besteuerungsgleichheit verletzt waren. Denn der durch die unzulänglichen Erhebungsregelungen bewirkte Gleichheitsverstoß war für eine Übergangszeit noch hinzunehmen. Das BVerfG setzte dem Gesetzgeber eine Frist bis zum 1.1.1993 diesen Mangel zu beheben.

415 *Bilsdorfer*, NJW 1997, 2368 (2368).

416 BVerfGE 84, 239 (274 f.).

Spekulationsurteil[417] hinsichtlich der Verfassungsmäßigkeit des § 23 Abs. 1 S. 1 Nr. 1b EStG 1997 für sonstige Einkünfte aus Spekulationsgeschäften mit Wertpapieren für die Veranlagungszeiträume 1997 und 1998 ebenfalls zu dem Ergebnis, dass die Anforderungen des Art. 3 Abs. 1 GG nicht erfüllt seien, da eine gleichheitsgerechte Durchsetzung aufgrund von strukturellen Erhebungsmängeln nicht erfolgen könne.[418] Dies veranlasste den Gesetzgeber das strukturelle Vollzugsdefizit konkret im Wege von Reformen zu beseitigen;[419] dass das UntStRefG 2008 möglicherweise hierbei nur eine nicht mehr entscheidende Rolle einnimmt, wird noch zu zeigen sein.[420]

Als grundlegendes Ergebnis des vorangegangenen Zinsurteils ist ferner noch festzuhalten, dass das BVerfG in diesem Urteil den Weg für eine Art Quellensteuer mit einem linearen Steuersatz frei machte, indem es dem Gesetzgeber die Möglichkeit einräumte, nicht an Personen oder den Ort der Erwerbsgrundlage gebundenes „Finanzkapital" an der Quelle zu besteuern und mit einer „Definitivsteuer" zu belasten, „die in einem linearen Satz absetzbaren Aufwand und Progressionssatz in Durchschnittswerten typisiere".[421] Mit diesen Ausführungen, „etwas jenseits des judikativen Auftrags", zeigte das BVerfG dem Gesetzgeber eine Lösungsmöglichkeit für das strukturelle Vollzugsdefizit über eine Quellensteuer.[422] Dies galt als neuer Weg im Einkommensteuerrecht, obwohl eine Quellensteuer bereits 1920 im Rahmen der Dividendenbesteuerung (§ 6 Abs. 1, § 9 Abs. 1 KapErtStG 1920) erhoben wurde. Diese war jedoch nicht im REStG 1920 integriert, sondern wurde parallel dazu erhoben. Das Spekulationsurteil stellte ebenfalls die Möglichkeit der Ausweichung auf eine Quellensteuer fest und hob zudem nochmals hervor, dass der „Gesetzgeber verfassungsrechtlich nicht gehindert wäre, Gewinne aus jeder Veräußerung von Gegenständen des Privatvermögens zu besteuern",[423] so dass eine steuerliche Erfassung des Wertpapierveräußerungsgeschäfts insgesamt hierunter fallen könnte.

a) Reformbedürftigkeit der Kapitalertragsbesteuerung

Der Reformbedarf der Kapitalertragsbesteuerung ergab sich zuerst vor allem aus der Notwendigkeit, die Besteuerung von Zinserträgen aus Sicht des Staates in den Griff zu bekommen,[424] da diese als „besonders hinterziehungsanfällig"

417 BVerfGE 110, 94, das betont, dass die Art der Steuererhebung zu rechtswidrigem Handeln eingeladen hatte.

418 BVerfGE 110, 94 (116).

419 *Recnik*, S. 3.

420 Kap. 2, I. 2. c).

421 BVerfGE 84, 239 (283 f.).

422 *Eckhoff*, FR 2007, 989 (990).

423 BVerfGE 110, 94 (112), bezugnehmend auf BVerfGE 26, 302 (312).

424 Vgl. *Esskandari*, DStZ 2001, 761 (761 f.); *Tipke*, BB 1989, 157 (157 f.).

galten.[425] Auf den ersten Anschein stellte sich die Motivation des Staates für eine Reform der Zinsbesteuerung dem Grunde nach so dar, dass der Fiskus nicht am wirtschaftlichen Erfolg der Zinseinnahmen des Bürgers partizipieren konnte und dies ändern wollte. Jedoch verhielt es sich anders, da ein lang praktiziertes „Drei-Affen-Prinzip" der Finanzverwaltung –„das bekanntlich besagt: nichts hören, nichts sehen, nichts sagen" – schon in der Zeit der Weimarer Republik aufgrund der ausbreitenden Finanzmittelnot auf den Weg gebracht und von der Rechtsprechung bis zur Entscheidung des Zinsurteils gebilligt wurde.[426] Im Ergebnis begünstigten somit unterschiedliche Faktoren entweder aus Sicht des Steuerpflichtigen oder des Staates die Hinterziehungsanfälligkeit von Zinsen, die jedoch wesentlich dahingehend zusammengefasst werden können, dass es einerseits den Steuerpflichtigen an einer entsprechenden Akzeptanz zur Zinsbesteuerung fehlte und andererseits der Staat seine Steuererhebungskompetenz nicht durchsetzen wollte beziehungsweise dann konnte.[427]

aa) Mangelnde Akzeptanz

Der Hauptgrund der mangelnden Akzeptanz des Steuerpflichtigen hinsichtlich der Zinsbesteuerung rührte daher, dass es für ihn zu einer gefühlten steuerlichen Doppelbelastung von Zinserträgen kam, da Zinserträge auf „bereits versteuertem Einkommen" basiert.[428] Denn soweit das gesparte Vermögen mit dem sofort konsumierten Arbeitseinkommen verglichen wird, erweckt es den Anschein, dass die nochmalige Zinsbesteuerung eine Art Sonderbelastung für den Sparer darstellt, da ein Steuerpflichtiger, der sein Arbeitseinkommen sofort konsumiert, begünstigt wird, indem dieses nicht unter die Zinsbesteuerung fällt.[429] Ein weiteres schwerwiegendes Argument gegen eine breite Akzeptanz in der Bevölkerung ergibt sich aufgrund des Nominalwertprinzips im EStG, da Zinsen nach Auffassung des steuerpflichtigen Sparers lediglich eine angemessene Kompensation für die erlittene Inflation darstellen; dieser Inflationsausgleich wird im EStG jedoch nicht berücksichtigt, wodurch „gefühlt" eine Verstärkung der periodischen Steuerlast durch „Inflation und Progression" für den Steuerpflichtigen hinzutritt[430]. Überdies wurde bis zum Veranlagungszeitraum 1996 eine Vermögensteuer in Höhe von 1 % auf

---

425 Vgl. Keßler, DStZ 1995, 629 (629), der von keinem vorhandenen allgemeinen Besteuerungswillen ausgeht, welcher wiederum zur Steuer- oder Kapitalflucht führt; *Tipke*, Steuerrechtsordnung, Bd. II, S. 707 f.

426 *Bilsdorfer*, NJW 1997, 2368 (2368).

427 Vgl. *Recnik*, S. 9–12.

428 Z. B. *Recnik*, S. 9.

429 In diese Richtung *Hey*, in: Tipke/Lang, Rn. 3.80, mit Beispielsrechnung.

430 Z. B. *Hey*, in: Tipke/Lang, Rn. 3.80.

den privaten Vermögensstamm nach § 10 Nr. 1 VStG oberhalb der Freigrenze von umgerechnet etwa 60.000 Euro erhoben.[431]

bb) Strukturelles Vollzugsdefizit

Das strukturelle Vollzugsdefizit ergab sich einerseits dadurch, dass bis zur Einführung der „kleinen Kapitalertragsteuer" durch das StRefG 1990[432] Zinsen aus Kapitalforderungen allgemein keinem Steuerabzug an der Quelle unterworfen und anderseits die Kontrollmöglichkeiten über eine Selbstbeschränkung für die Finanzbehörden stark eingeschränkt waren, denn das Rücksichtsgebot auf das Vertrauensverhältnis zwischen Bankkunde und Geschäftsbank statuiert in Nr. 1 des Bankenerlasses in der Neufassung von 1979[433] implizierte für den Regelfall, dass die in der Steuererklärung gegebenen Auskünfte vollständig und richtig abgegeben wurden, so dass der „Sparwille der Bevölkerung nicht geschmälert werden" sollte.[434] Zudem sah Nr. 3 des Bankenerlasses vor, dass Guthabenkonten oder Depots nach einmaliger Legitimationsprüfung gemäß § 154 Abs. 2 AO im Rahmen einer Außenprüfung bei einem Kreditinstitut unter anderem nicht zwecks Nachprüfung festgestellt sowie keine Kontrollmitteilungen hierüber erteilt werden sollten. Dadurch bestand ein geringes Risiko, im Rahmen einer Steuerhinterziehung von Kapitalerträgen aus Zinsen entdeckt zu werden, da von Kontrollmitteilungen,

431 *Fehrenbacher*, § 1 Rn. 20; *Recnik*, S. 10; hervorzuheben ist, dass die Vermögensteuer seit dem VZ 1997 aufgrund der Entscheidung BVerfGE 93, 121 in der derzeitigen Ausgestaltung nicht mehr erhoben werden darf, *Hey*, in: Tipke/Lang, Rn. 3.62; jedoch ist das VStG immer noch in Kraft und nur außer Vollzug gesetzt, so dass politische Äußerungen zur Reaktivierung der Vermögensteuer alle Tage wieder im politischen Diskurs sind; überdies ist jedoch zweifelhaft, ob der Bund für eine Neugestaltung überhaupt noch zuständig ist; zudem haben die Länder bisweilen aufgrund der Steuerfluchtgefahr keine Anstalten für eine Neufassung unternommen, *Hey*, in: Tipke/Lang, Rn. 7.43.

432 Steuerreformgesetz 1990 (StRefG 1990) v. 25.7.1988, BGBl. I 1988, 1093; die Kapitalertragsteuer als Quellensteuer mit Vorauszahlungswirkung von 10 % auf Zinserträge wurde jedoch kurz nach Einführung durch das Gesetz zur Änderung des Steuerreformgesetzes 1990 sowie zur Förderung des Mietwohnungsbaus und von Arbeitsplätzen in Privathaushalten v. 30.6.1989, BGBl. I 1989, 1267, wieder bis zur Einführung des Zinsabschlaggesetzes im Jahr 1993 abgeschafft.

433 BMF-Schreiben (sog. Bankenerlass) v. 31.8.1979, IV A7 – S 0230 – 11/79, BStBl. I 1979, 590, der ursprüngliche Verwaltungserlass zur Zurückhaltung bei der Aufdeckung von steuerbaren Vorgängen für die Finanzbehörden in der BRD wurde schon 1949 erlassen, Erlass des Direktors der Verwaltung für Finanzen des Vereinigten Wirtschaftsgebiets an die Oberfinanzpräsidenten, Landesfinanzämter und Finanzämter v. 2.8.1949, III – S 1171 – 23/49, DStZ/B 1949, 242.

434 *Recnik*, S. 10 f.

die eine Steuerhinterziehung aufdecken könnten, abgesehen wurde.[435] Denn die Steuerüberwachung fand wegen fehlender materieller Rechtsgrundlagen durch § 30a AO 1977, der die Sachverhaltsermittlung der Finanzbehörden nach § 88 AO sowie konkret die Außenprüfung nach § 194 AO erheblich einschränkte, und infolge mangelnder konkreter Hinweise dem Grunde nach mit unzulässigen Ermittlungen „ins Blaue hinein" statt, ob der Steuerpflichtige seine steuerlichen Pflichten tatsächlich ordentlich erfüllt.[436] Im Ergebnis sah das BVerfG im Zinsurteil, nachdem der Gesetzgeber die Regelungen des Bankenerlasses durch Art. 15 Nr. 1 des StRefG 1990 fast deckungsgleich in § 30a AO 1977, der jedoch durch das StUmgBG[437] im Jahr 2017 endgültig abgeschafft wurde, übernommen hatte, die wesentliche Ungleichbehandlung der Belastungsgleichheit von Zinserträgen, da es keine wirksamen Kontrollmöglichkeiten zur Sachverhaltsaufklärung durch das Verbot der Kontrollmitteilungen gebe.[438] Daher forderte das BVerfG neben dem Deklarationsprinzip eine Ergänzung durch das Verifikationsprinzip im Veranlagungsverfahren.[439]

b) Lösung über das Verifikationsprinzip

Zur Lösung des strukturellen Vollzugsdefizits im Rahmen der Zinsbesteuerung führte der Gesetzgeber mehrere Maßnahmen durch, die im Ergebnis aus Sicht des BFH und des BVerfG den Finanzbehörden ein ausreichendes Instrumentarium an Verifikationsmöglichkeiten im Veranlagungsverfahren an die Hand gaben, um das Problem der Zinsbesteuerung in den Griff zu bekommen. Denn nach Auffassung des BFH führen aufgrund der nachfolgend getroffenen Maßnahmen des Gesetzgebers die in § 30a AO kodifizierten Regelungen nicht mehr zu einem relevanten Erhebungsdefizit, welches das Gebot der Belastungsgleichheit verletze, da § 30a AO 1977 entsprechend eingeschränkt auszulegen sei.[440] Das BVerfG übernahm diese Ansicht und sah ebenfalls kein strukturelles Vollzugsdefizit für Kapitalerträge nach § 20 Abs. 1 Nr. 7 EStG mehr durch § 30a AO seit dem Veranlagungszeitraum 1994

---

435 BVerfGE 84, 239 (278 f.).

436 So auch BStBl. II 2003, 74 (81 f.) i. R. d. Vorlagebeschlusses zum Spekulationsurteil; damals noch offengelassen, ob der Bankenerlass tatsächlich möglicherweise verfassungswidrig sei, da die Verwaltung bis dato richtig handelte, weil noch keine Verfassungswidrigkeit des § 30a AO 1977 feststand, BStBl. II 1989, 836 (839 f.).

437 Gesetz zur Bekämpfung der Steuerumgehung und zur Änderung weiterer steuerlicher Vorschriften (Steuerumgehungsbekämpfungsgesetz – StUmgBG) v. 23.6.2017, BGBl. I 2017, 1682.

438 *Recnik*, S. 11 f.

439 BVerfGE 84, 239 (273).

440 BStBl. II 1997, 499 (504–508); **a. A.** vgl. bzgl. Wertpapierveräußerungsgeschäfte für den VZ 1999/1998 i. R. d. Vorlagebeschlusses zum Spekulationsurteil BStBl. II 2003, 74 (81 f.).

begründet und nahm die Verfassungsbeschwerde nicht zur Entscheidung an.[441] Die Maßnahmen im Einzelnen erfolgten einerseits durch das Zinsabschlaggesetz[442], das eine anrechenbare „Zinsabschlagsteuer“ in Höhe von 30 % beziehungsweise 35 % sowie eine Mitteilungspflicht für Freistellungsaufträge nach § 45d EStG a. F., die durch das StEntlG 1999/2000/2002 verändert wurden, einführte; das StÄndG 2003[443] führte andererseits eine Jahresbescheinigung für Kapitalerträge und Veräußerungsgewinne nach § 24c EStG[444] a. F. ein, die jedoch nur dem Steuerpflichtigen als Hilfestellung dienen sollte; ferner wurde über das StraBEG[445] der Kontenabruf nach §§ 93 Abs. 7, 93b AO kodifiziert.[446] Aufgrund dessen, dass der Gesetzgeber sich gegen eine „Definitiv-Quellensteuer“ entschied und einen anrechenbaren Zinsabschlag einführte sowie § 30a AO beibehielt, wurde Kritik an der Reform unter anderem dahingehend geübt, dass der Staat den Anreiz für Steuerflucht schaffte, die nach Schätzungen ungefähr in Höhe von 300 Milliarden DM vonstattenging.[447] Selbst der BT forderte die Bundesregierung umgehend auf die Kapitalflucht einzuschränken und die EU-Harmonisierung zur Zinsbesteuerung voranzutreiben, da seit Beginn der Quellensteuerdebatte alleine 150 Milliarden DM nach Luxemburg transferiert wurden, um dem deutschen Fiskus zu entgehen.[448]

Trotzdem bestehen im Ergebnis nach dem BFH zwar in den zwei Fällen, dass entweder Kapitalerträge im Sinn des § 20 Abs. 1 Nr. 7 EStG 1993 von ausländischen Zahlstellen bezogen werden, die keinem Quellensteuerabzug unterliegen oder inländische Kapitalerträge des § 20 Abs. 1 Nr. 7 EStG 1993 über dem Grenzsteuersatz von grundsätzlich 30 % liegen und kein Freistellungsauftrag erteilt wurde, immer noch Erhebungsmängel; diese liegen jedoch aufgrund des geltenden Territorialprinzips und der Ursache des Steuerpflichtigen an sich und nicht des Erhebungsverfahrens nicht mehr im Verantwortungsbereich des Gesetzgebers.[449] Folglich hatte der Gesetzgeber somit das Problem der nichtgleichheitsgerechten Zinsbesteuerung gelöst, so dass verfassungsrechtlich ein Systemwechsel unter

---

441 BVerfG DStRE 2008, 1320 (1321) für den VZ 1994, 1995, 2000 und 2001.

442 Gesetz zur Neuregelung der Zinsbesteuerung (Zinsabschlaggesetz) v. 9.11.1992, BGBl. I 1992, 1853.

443 Zweites Gesetz zur Änderung steuerlicher Vorschriften (Steueränderungsgesetz 2003 – StÄndG 2003) v. 15.12.2003, BGBl. I 2003, 2465.

444 § 24c EStG a. F. wurde mit Einführung der Abgeltungsteuer durch das UntStRefG 2008 aufgehoben.

445 Gesetz zur Förderung der Steuerehrlichkeit (Strafbefreiungserklärungsgesetz – StraBEG) v. 23.12.2003, BGBl. I 2003, 2928.

446 Ausführlich *Recnik*, S. 12–17.

447 *Bilsdorfer*, NJW 1997, 2368 (2368).

448 BT-Drs. 13/936, S. 6.

449 BStBl. II 1999, 138 (139), das aufgrund des gleichen VZ 1993 hauptsächlich auf die Ausführungen des nachstehenden Urteils verweist; BStBl. II 1997, 499 (503 f.).

diesem Gesichtspunkt hin zur jetzigen Abgeltungsteuer nicht mehr geboten war.[450] Ferner lehnte das BVerfG eine Verfassungsbeschwerde hinsichtlich privater Wertpapierveräußerungen für den Veranlagungszeitraum 1999 zur Entscheidung ab, da das strukturelle Vollzugsdefizit nicht mehr besteht.[451] Fraglich bleibt jedoch, ob die bisherigen Maßnahmen ausreichten, um das strukturelle Vollzugsdefizit für Wertpapiergeschäfte der Veranlagungszeiträume 1997/1998 ebenfalls zu beseitigen.

c) Problem der Wertpapierveräußerung für die Veranlagungszeiträume 1997/1998

Nach dem Ergebnis des Spekulationsurteils, in dem ein bekannter emeritierter Universitätsprofessor aus Köln[452] Kläger des Ausgangsverfahrens war, bestand trotz der Reformen seitens des Gesetzgebers ein strukturelles Vollzugshindernis hinsichtlich der steuerlich gleichheitsgerechten Erfassung von privaten Wertpapierveräußerungen. Denn die steuerliche Erfassung von Spekulationsgeschäften erfolgte hauptsächlich nur über die Erklärungsbereitschaft des Steuerpflichtigen und es bestand faktisch ein geringes Entdeckungsrisiko aufgrund verschiedenster Faktoren, wie zum Beispiel, dass nur unzureichende Mitteilungspflichten und daher verwertbare Kontrollmitteilungen dem Fiskus vorlagen oder dass Spekulationsgeschäfte nicht als klassisches Prüfungsfeld der Veranlagung galten.[453] Ferner ergab sich seit Abschaffung der Vermögensteuer keine tatsächliche Information mehr über die Entwicklung der Wertpapieranlagen, da unter anderem im Erhebungsverfahren keine realitätsgerechte Ausgestaltung durch zum Beispiel zwingende Jahresbescheinigungen erfolgte.[454] Hinsichtlich des Erhebungsdefizits erkannten die unterschiedlichsten Stellen[455], dass eine tatsächliche Erfassung der steuerlichen Gewinne aus Wertpapiergeschäften nicht möglich sei beziehungsweise der Realität entsprechen könne, da die steuerlich erfassten Aktiengewinne der Privatanleger trotz des damaligen „Aktienbooms" – also der erheblichen Wertsteigerungen der Jahre 1994 bis 1999 und des allgemein bekannten Umstandes, dass Privatanleger seit diesem Zeitpunkt vermehrt in Aktienbeteiligungen investierten –, erklärte und steuerbare Gewinne bei dem Fiskus kaum vorlagen. Es lag

---

450 Auch *Recnik*, S. 17; **kritisch** *Bilsdorfer*, NJW 1997, 2368 (2369 f.).

451 BVerfG DStR 2008, 197 (201).

452 Daher in der Literatur auch unter dem Stichwort „Tipke-Urteil" zu finden.

453 BVerfGE 110, 94 (119–126).

454 BVerfGE 110, 94 (127–134).

455 Z. B. schon im Jahr 1994 durch eine eingesetzte Arbeitsgruppe „Steuerausfälle" des Landesfinanzministeriums NRW, S 1900 – 1122 – V B 5 / S 1427 – 2 – V C 5, StB 1994, 399 (449 f.); Bericht des BRHs nach § 99 BHO v. 24.4.2002 mit dem Schwerpunkt der Besteuerung privater Veräußerungsgeschäfte aus Wertpapieren, BT-Drs. 14/8863, S. 4 ff.

für den Fiskus jedoch auf der Hand, dass auch enorme Spekulationsgewinne innerhalb der sechsmonatigen Spekulationsfrist anfielen mussten, und es wurde trotz nicht gesicherter Quantifizierung aufgrund der Untersuchungsergebnisse sowie der Börsenentwicklung ein gleichheitswidriges Erhebungsdefizit festgestellt.[456]

Im Ergebnis hatte das System der Steuererhebung bezüglich Spekulationsgewinne aus Wertpapierbeteiligungen zur Steuerhinterziehung eingeladen, die auch tatsächlich vollzogen wurde, so dass nach dem BVerfG aufgrund des Vollzugsdefizits der Tatbestand der sonstigen Einkünfte des § 22 Nr. 2 EStG 1997 in Verbindung mit § 23 Abs. 1 Nr. 1b EStG 1997 in seiner damaligen Form nicht mit Art. 3 Abs. 1 GG verfassungskonform war.[457] Erst durch die Reformen des StEntlG 1999/2000/2002 wurde dieses Defizit durch die bereits erwähnte terminologische Änderung hinsichtlich des Spekulationsbegriffs sowie inhaltliche Änderungen der Haltedauerfristverlängerung und der erweiterten überperiodischen Verlustverrechnungsmöglichkeit beseitigt. Erstaunlich ist gerade, dass die Möglichkeit der überperiodischen Verlustverrechnung mit einjähriger Rücktrags- und beliebiger Vortragsmöglichkeit seit dem Veranlagungszeitraum 1999 und einer Steueramnesie sowie die stark negative Marktentwicklung des Neuen Marktes zumindest ab dem Frühjahr 2000[458] zur tatsächlichen Beseitigung des Vollzugsdefizits geführt hatten, da die Steuerpflichtigen in großem Maße Verluste geltend machen konnten und dies auch taten. Durch diese erweiterte Verlustverrechnungsmöglichkeit kam es einerseits zur Offenlegung des tatsächlichen Aktienbesitzes gegenüber den Finanzbehörden, so dass ein Stochern im Nebel beziehungsweise „Ermittlungen ins Blaue hinein" nicht mehr notwendig waren und anderseits aufgrund der Marktentwicklung zu keinen massenhaften positiven Kursgewinnen an der Börse seitens der Steuerpflichtigen, die die Annahme eines tatsächliches Vollzugsdefizits in diesem Sinne weiter stützen würden,[459] da die Gewinne sozusagen ausgeglichen beziehungsweise neutralisiert[460] wurden. Unterstützt wurden die Verifikationsmöglichkeiten der Jahresbescheinigungen durch die Kreditinstitute nach § 24c EStG und Mitteilungen der Kreditinstitute seit dem Veranlagungszeitraum 1999 nach § 45d EStG an das BMF ferner durch das – grundsätzlich geklärte verfassungsgemäße[461] – Kontoabrufverfahren der §§ 93 Abs. 7, 93b AO,[462] das jedoch durch die

456 BVerfGE 110, 94 (114–119).

457 BVerfGE 110, 94 (136 f.).

458 Ebenfalls z. B. im Bericht des BRHs v. 24.4.2002, BT-Drs. 14/8863, S. 4.

459 BVerfG DStR 2008, 197 (200 f.).

460 *Lindberg*, in: Frotscher/Geurts, EStG, § 23 Rn. 21c.

461 Das anlassbezogene Kontenabrufverfahren nach den §§ 93 VII, 93b AO in Zusammenhang mit § 24c III 1 Nr. 2 KWG hinsichtlich der Abfragemöglichkeiten durch die Finanzbehörden ist ausreichend bestimmt und daher verfassungskonform, BVerfGE 118, 168 (191–194).

462 BVerfG DStR 2008, 197 (200).

Einführung der Abgeltungsteuer wieder erheblich eingeschränkt wurde.[463] Folglich hatte der Gesetzgeber die Verifikationsmöglichkeiten für den Fiskus auch in Bezug auf die private Aktienbeteiligung ebenfalls fortwährend erweitert, so dass eine „nahezu lückenlose Kontrollmöglichkeit" seit dem Veranlagungszeitraum 1999 bestand und eine gestützte Verfassungswidrigkeit auf § 30a AO 1977 hinsichtlich des privaten Veräußerungsgeschäfts aus Wertpapieren nach § 23 Abs. 1 S. 1 Nr. 2 EStG a. F. nicht mehr vorliegt[464].

d) Weitere (wirtschaftliche) Gründe zur Einführung der Abgeltungsteuer durch das UntStRefG 2008

Nachdem der Finanzplatz Deutschland aufgrund des immer größer werdenden internationalen Steuerwettbewerbs an Attraktivität verloren hatte[465] und darüber hinaus die zunehmende „Mobilität des Geldes" über die voranschreitende und vereinfachende elektronische Abwicklungsweise[466] zu einer „Erosion der Steuerbasis" und inländischen „Steuersubstrat[s]" geführt hatte, sah sich der Gesetzgeber zur Handlung gezwungen.[467] Denn laut Gesetzgeber wirkt sich ein Verlust an internationaler Wettbewerbsfähigkeit indirekt auf ein geringeres Wirtschaftswachstum aus, das wiederum Auswirkungen auf die Beschäftigung hat und dann im Ergebnis aufgrund des Zusammenspiels beider Faktoren zu Steuermindereinnahmen des Staates führt.[468] Daher definierte der Gesetzgeber Ziele zur Steigerung der Attraktivität des Wirtschaftsstandorts Deutschland, die sich aus der Erhöhung der Attraktivität für Direktinvestitionen, der Belastungsneutralität der verschiedenen Rechtsformen, der Stabilisierung der Gemeindesteuern, der Transparenz und der Entflechtung der Finanzströme sowie einer Reform der Besteuerung von privatem Kapitalvermögen ergeben sollte.[469] Darüber hinaus sieht der Gesetzgeber durch eine Abkehr von den im international Vergleich höchsten Unternehmensteuersätzen positive gesamtwirtschaftliche Auswirkungen für die künftige Wirtschaftslage.[470]

Hinsichtlich der Reform des privaten Kapitalvermögens verfolgt der Gesetzgeber durch Einführung einer Abgeltungsteuer auf Kapitalerträge im Ergebnis eine Vereinfachung[471], Vereinheitlichung der Besteuerung[472], Verbesserung

---

463 Vgl. *Brusch*, FR 2007, 999 (1003 f.).

464 BVerfG DStR 2008, 197 (201).

465 BR-Drs. 220/07, S. 1, 53; BT-Drs. 16/4841, S. 1, 30.

466 Vgl. *Strohm*, S. 22, der von der hohen Mobilität des privaten Kapitals in der modernen Finanzwelt spricht.

467 BR-Drs. 220/07, S. 2, 52.

468 BT-Drs. 16/4841, S. 2.

469 BR-Drs. 220/07, S. 53–57.

470 BT-Drs. 16/4841, S. 2.

471 BR-Drs. 220/07, S. 61; vgl. BT-Drs. 16/11108, S. 18.

472 BR-Drs. 220/07, S. 57; vgl. BT-Drs. 16/11108, S. 18.

der Anonymität des Steuerpflichtigen[473] und weiterhin eine Verringerung des Vollzugsdefizits[474]. Denn trotz der Reformen zur Beseitigung des strukturellen Vollzugsdefizits lag immer noch eine „hohe Komplexität der Kapitalertragsbesteuerung“ vor, die unter anderem durch die verschiedene Behandlung der einzelnen Kapitalerträge des Privatvermögens aufgrund der gewählten und sich fortwährend weiterentwickelnden „Kapitalanlageform“ im Steuergefüge entstand, und ferner bestand immer noch das Defizit in der mit bis zu 45 % benachteiligten besteuerten Entscheidung des Steuerpflichtigen, ob er sein erwirtschaftetes Vermögen anlegt oder am Markt ohne weitere Besteuerung konsumiert, sowie dass die Geldentwertung mittels Inflation immer noch keine Beachtung fand.[475] Darüber hinaus trat für den Fiskus zudem regelmäßig das Problem auf, dass außerhalb der Europäischen Union – für EU-Staaten galt grundsätzlich eine Kontrollmitteilungspflicht basierend auf der Zinsrichtlinie[476] seit dem Jahr 2005 – keine Zugriffsmöglichkeit trotz erweiterter Verifikationsmöglichkeiten bestand, wie auf tatsächlicher Ebene die Liechtensteiner und Schweizer Steuerskandale aus den Jahren 2008 und 2010 zeigten, so dass ein Handeln aufgrund des Kapitalabflusses seitens des Gesetzgebers notwendig war, da der einfache Übertragungsweg in der „modernen Finanzwelt“ tatsächlich zu einer vermehrten „Kapitalflucht“ ohne Wohnsitzwechsel in sogenannte niedrigbesteuerte Steueroasen geführt hatte, die wiederum nicht als ausländische Kapitalerträge im Rahmen der Einkommensteuererklärung angegeben wurden, und daher bescherte im Ergebnis die (seit dem Zinsurteil selbst geschaffene und) weiter bestehende Steuerflucht von privatem Kapitalvermögen dem deutschen Staat erhebliche finanzielle Ausfälle,[477] so dass eine umfassende Reform aus Sicht des Gesetzgebers, zumindest auch wirtschaftlich, angebracht war.

3. Ausgestaltung einer weiteren Reform zur Besteuerung von privatem Kapitalvermögen

a) Abgeltungsteuer als Möglichkeit

Die Diskussion um die Einführung einer Abgeltungsteuer auf privates Kapitalvermögen entfachte sich schon nach der Entscheidung des BVerfG im Wege des Zinsurteils,[478]

473 BR-Drs. 220/07, S. 57.

474 BT-Drs. 16/5491, S. 15.

475 *Strohm*, S. 21 f.

476 Richtlinie im Bereich der Besteuerung von Zinserträgen (Zinsrichtlinie) v. 3.6.2003 – RL 2003/48/EG, ABl. L 157/38, hinsichtlich der gemeinschaftlichen Durchsetzung der Besteuerung von Zinserträgen.

477 *Strohm*, S. 22.

478 Z. B. *Ehrenforth*, BB 1991, 2125 (2125, 2127 f.); *Jachmann*, BB 2003, 2712 (2713); *Tipke*, FR 1991, 480 (480 f.).

das wiederum, wie aufgezeigt[479], indirekt den Weg für die Möglichkeit der Einführung einer Abgeltungsteuer ebnete. Im länderübergreifenden Vergleich ergaben sich ebenfalls verschiedenste Ansätze, wie Zinsen zu erfassen und zu besteuern sind; jedoch war die überwiegende Mehrzahl an europäischen Nachbarstaaten dieses Problem angegangen und versuchte mit Einführung oder Fortführung einer Quellensteuer ohne oder mit abgeltender Wirkung, wiederum unterschiedlich in der Höhe von 10 % bis 30 % absolut oder relativ verglichen mit dem Spitzensteuersatz von bis zu 50 %, in ihren unterschiedlichsten Ausgestaltungen die Zinsbesteuerungsproblematik zu erfassen.[480] Dem dadurch verglichenem mit anderen europäischen Staaten hinterher laufenden Reformbedürfnis sollte mit Einführung der Abgeltungsteuer Rechnung getragen werden, wobei die gewählte deutsche Ausgestaltung als Abgeltungsteuer im Ergebnis der polnischen, schwedischen und österreichischen am ehesten entspricht.[481]

Der im Vorfeld des Gesetzgebungsverfahrens von der Bundesregierung in Auftrag gegebene Entwurf des Sachverständigenrats zur „Reform der Einkommens- und Unternehmensbesteuerung durch die Duale Einkommensteuer“ wurde jedoch nur partiell übernommen, da die weitreichendere Gleichbehandlung von Kapitaleinkünften und Unternehmensbesteuerung mit dem proportionalen Tarif von 25 % – was für die Unternehmensbesteuerung weitgehende Finanzierungsneutralität und Rechtsformneutralität gewährleisten würde – und die Veranlagungsoption – außer in bestimmten Ausnahmefällen – nicht mitübernommen wurden.[482] Denn dies hätte nach Aussagen der Bundesregierung und der Fraktionen CDU/CSU und SPD eine Vielzahl an Implementierungsproblemen mit sich gebracht, die kurzfristig zu Mindereinnahmen des Fiskus im zweistelligen Milliardenbereich (wahrscheinlich) geführt hätten.[483] Zudem existierten andere ausgereifte und in sich konsistente Reformvorschläge für eine grundlegende Ertragsbesteuerungsreform mit der Flat Tax oder von der Stiftung Markwirtschaft, die sich zuerst gegen eine Abgeltungsteuer[484] und dann in dem Reformvorschlag 2009 zur Einkommensteuer für diese aussprach[485], denen der Gesetzgeber aber nicht folgte und lediglich eine Unternehmensteuerreform sowie die Änderungen bezüglich der Erträge aus privatem Kapitalvermögen anging.[486]

---

479 Kap. 2, I. 2.

480 Vgl. *Jachmann*, BB 2003, 2712 (2713–2715) mit vergleichender Übersicht; ausführlich *Klotz*, S. 32–35.

481 *Klotz*, S. 34 f.; Schweden und Polen besteuern ebenfalls fast alle Kapitalerträge mit einem einheitlichen Satz, jedoch in unterschiedlicher Tarifhöhe; zu Österreich besteht der Unterschied, dass dessen ESt eine Veranlagungsoption beinhaltet.

482 *Sachverständigenrat*, Duale Einkommensteuer, 2006, S. 134 ff.

483 BR-Drs. 220/07, S. 2; BT-Drs. 16/4841, S. 2.

484 *Stiftung Marktwirtschaft*, Steuerpolitisches Programm, 2006, S. 49 f.

485 *Stiftung Marktwirtschaft*, Einkommensteuergesetz, 2009, S. 35 f.

486 *Eckhoff*, FR 2007, 989 (991).

b) Entscheidung des Gesetzgebers

Hinsichtlich der Reform der Besteuerung von Kapitalvermögen sieht der Gesetzgeber hauptsächlich die Gefahr, dass Kapital nur ins Ausland verlagert wird, um einer Besteuerung in Deutschland zu entgehen, so dass die Einführung einer Abgeltungsteuer das richtige Mittel ist, um dagegen vorzugehen,[487] da eine Quellensteuer mit abgeltender Wirkung und einem niedrigen linearen Steuertarif zumindest augenscheinlich den Anreiz gibt, Einnahmen hierzulande „gering" zu versteuern und die Hinterziehungsanfälligkeit zu mindern.

Der Gesetzgeber legte ferner in der Gesetzesbegründung dar, dass Deutschland vor vier großen Herausforderungen („Bekämpfung der Arbeitslosigkeit, Abbau der Staatsverschuldung, Bewältigung des demographischen Wandels und eine intelligente Reaktion auf den Veränderungsdruck der Globalisierung"[488]) steht, um künftigen Wohlstand ebenso aufrechterhalten zu können und neben der angeführten Modernisierung durch Verbesserung der Rahmenbedingungen für mehr Wachstum und Beschäftigung steht ebenso die Wiederherstellung der finanziellen Handlungsfähigkeit im Vordergrund, wobei diese Maßnahmen nur über eine Stärkung der Wirtschaftskraft – die wiederum nur Sinn macht, soweit das in Deutschland erarbeitete Sozialprodukt hierzulande versteuert wird – und eine dem internationalen Steuerwettbewerb bestehende Besteuerung zu erreichen sind.[489] Um diesem Gesamtziel gerecht zu werden, beruft sich der Gesetzgeber auf einen positiven Effekt mit Einführung einer Abgeltungsteuer durch Vergleich mit anderen EU-Staaten, insbesondere auf eine OECD-Studie zu Österreich, die eine erhebliche Erhöhung des Steueraufkommens durch Einführung einer Abgeltungsteuer auf Zinseinkünfte mit sich brachte.[490] Jedoch erscheint Österreich diesbezüglich kein aussagekräftiger Vergleichsmaßstab zu sein, da Zinseinkünfte dort vor Einführung einer Quellensteuer tatsächlich fast nicht besteuert und erst durch die Einführung einer Quellensteuer erfasst wurden, die dann erhebliche Mehreinnahmen für den Fiskus brachte.[491] Darüber hinaus gibt der Gesetzgeber an, dass die Einführung einer Abgeltungsteuer eine Steuerentlastung für die Bürger bedeute.[492] Inwieweit dieser Aussage zugestimmt werden kann oder ob es sich nur um einen psychologischen Effekt aufgrund des proportionalen Tarifs von 25 % handelt, da mit

---

487 BT-Drs. 16/4841, S. 1.

488 BR-Drs. 220/07, S. 49.

489 BT-Drs. 16/4841, S. 29.

490 *Recnik*, S. 21.

491 *Klotz*, S. 40; vgl. *Weyss*, in: Schick, Veranlagung – Abgeltung – Steuerfreiheit, 63 (63 f., 67), der jedoch trotz der schwierigen Ausgangslage ein annehmbares Endergebnis sieht, das für andere europäische Länder ebenfalls ein möglicher Weg sein könnte; hervorzuheben ist noch die Amnestieregelung, die in Österreich für das Jahr 1992 und die Vorjahre galt.

492 BR-Drs. 220/07, S. 61.

Einführung der Abgeltungsteuer grundsätzlich alle Veräußerungsgewinne steuerbar sind, wird noch zu zeigen sein.[493]

Als Ergebnis ist unter dem Aspekt der Kapitalflucht ins niedrigbesteuerte Ausland der Einführung der Abgeltungsteuer im Wege der Schaffung einer tatsächlichen Steuergerechtigkeit zuzustimmen, so dass dies sich erstmal grundsätzlich als einleuchtender Rechtfertigungsgrund darstellt, obwohl die durch das UnStRefG 2008 unmittelbar angeführten Gründe des Gesetzgebers den Anschein erwecken, dass hauptsächlich ein wirtschaftspolitischer und folglich fiskalischer Zweck mit der Unternehmensteuerreform verfolgt werden könnte.[494] Dennoch ist der beschrittene Weg der Einführung einer Abgeltungsteuer auf den ersten Blick ein richtiges Mittel, um das deutsche Steuersubstrat zu sichern und die Hinterziehungsanfälligkeit einzuschränken sowie gleichzeitig einen Anreiz über den niedrigen linearen Steuertarif, wenn vielleicht auch nur durch einen psychologischen Effekt, der mangelnden Akzeptanz der Kapitalertragsbesteuerung entgegenzuwirken.

c) Der beschrittene Weg der Einführung einer Abgeltungsteuer

Bereits 2003 entwickelte die Bundesregierung im Vorfeld des Zinsabschlaggesetzes den Entwurf des Gesetzes zur Neuregelung der Zinsbesteuerung und Förderung der Steuerehrlichkeit mit einem proportionalen Steuersatz von 25 % (zuzüglich Solidaritätszuschlag und Kirchensteuer) mit abgeltender Wirkung, einem Werbungskostenabzugsverbot und einem Veranlagungswahlrecht; das Gesetz wurde jedoch aufgrund der ablehnenden Haltung des Sonderparteitags der SPD nicht umgesetzt.[495] Erst durch das UnStRefG 2008 wurde die Abgeltungsteuer durch die Große Koalition eingeführt. Jedoch erfuhr die Abgeltungsteuer schon vor und nach Einführung zum 1.1.2009 zahlreiche Änderungen, wobei nur die für diese Arbeit relevanten Änderungen erwähnt werden sollen. So hat der Gesetzgeber aufgrund Kritik der Literatur[496] durch das JStG 2008[497] § 32d Abs. 2 EStG dahingehend ergänzt, dass dieser unter Nr. 3 die Möglichkeit für Beteiligungen ab einer Höhe von 25 % oder Beteiligungen von 1 % zuzüglich mit unternehmerischer Tätigkeit schaffte, auf Antrag zu wählen, ob der Tarif des § 32d Abs. 1 EStG oder das Teileinkünfte- und Teilabzugsverfahren Anwendung finden soll. Hierdurch wurde den verfassungsrechtlichen Zweifeln im Wege hoher Fremdfinanzierungskosten an der unternehmerischen Beteiligung begegnet und die Möglichkeit eingeräumt, Werbungskosten im Teileinkünfte- und Teilabzugsverfahren geltend zu machen.[498] Diese Problematik stellt sich insbesondere bei einer GmbH-

---

493 Kap. 2, III. 2. c) dd).

494 *Klotz*, S. 39 f.

495 *Recnik*, S. 19.

496 *Behrens*, DStR 2007, 1998 (2002); *ders.*, BB 2007, 1025 (1028 f.); *Fischer*, DStR 2007, 1898 (1898 f.); *Schönfeld*, in: Schaumburg/Rödder, S. 639.

497 Jahressteuergesetz 2008 (JStG 2008) v. 20.12.2007, BGBl. I 2007, 3150.

498 *Recnik*, S. 23.

Beteiligung,[499] ist jedoch ebenfalls auf die AG und somit den Aktionär übertragbar. Der unternehmerische Aktionär wird hauptsächlich Dividendenzahlungen erhalten, denen hohe Fremdfinanzierungskosten gegenüberstehen, die steuerlich ansonsten aufgrund des § 20 Abs. 9 EStG größtenteils leerlaufen würden. Ferner wurde schon aufgezeigt, dass Fremdfinanzierungskosten Werbungskosten im Rahmen der Überschusseinkünfte darstellen können, die wiederum – zumindest vor Einführung der Abgeltungsteuer – als grundsätzliche Verluste im Rahmen der Ertragsermittlung des § 20 Abs. 1, 4 EStG a. F. zu beachten waren. Darüber hinaus wurde durch das JStG 2009[500] einerseits § 20 Abs. 4a EStG eingefügt, der sich mit der steuerlichen Einordnung von Kapitalmaßnahmen ohne Geldmaßnahmen befasst wie dem Bezugsrecht des Aktionärs. Andererseits wurde die Anrechnung ausländischer Steuern nach § 32d Abs. 5 EStG im Sinne der Abgeltungsteuer angepasst und neu geregelt. Zudem wurde durch das JStG 2010[501] die ursprüngliche Fassung des § 43 Abs. 5 S. 1 EStG aufgrund des unklaren Wortlauts abgeändert und mit dem Wort „soweit" ergänzt, um missbräuchlichen Gestaltungsmöglichkeiten den Boden zu entziehen.[502] Ferner hat der Gesetzgeber S. 2 der ursprünglichen Fassung zur Einführung der Abgeltungsteuer von § 2 Abs. 5b EStG durch Gesetz[503] ab dem Veranlagungszeitraum 2012 gestrichen, um ein effizientes Verwaltungshandeln durch die Abgeltungsteuer gewährleisten zu können.[504] Überdies ist hervorzuheben, dass der Gesetzgeber erst kürzlich Änderungen im Rahmen der Verlustverrechnung für wertlos gewordene Anteile nach § 20 Abs. 6 S. 6 EStG durch Gesetz[505] dahingehend vorgenommen hat, dass nur noch Verluste bis zu einer Höhe von 10.000 Euro, hieraus nach § 52 Abs. 28 S. 26 EStG ab dem Veranlagungszeitraum 2020, das wiederum durch das JStG 2020[506] in der Höhe auf 20.000 Euro angehoben wurde, nur noch mit anderen Kapitalerträgen verrechnet oder vorgetragen werden dürfen. Auf diese Thematik wird noch einzugehen sein;[507] jedoch ist bereits hier festzuhalten, dass unter anderem aufgrund der Ablehnung des Bundesrats wegen verfassungsrechtlicher Bedenken eine Regelung zur Verlustverrechnungsbeschränkung

499 *Fischer*, DStR 2007, 1898 (1898).
500 Jahressteuergesetz 2009 (JStG 2009) v. 19.12.2008, BGBl. I 2008, 2794.
501 Jahressteuergesetz 2010 (JStG 2010) v. 8.12.2010, BGBl. I 2010, 1768.
502 Kap. 4, II. 1.
503 Steuervereinfachungsgesetz 2011 v. 1.11.2011, BGBl. I 2011, 2131.
504 Kap. 4, II. 1.
505 Gesetz zur Einführung einer Pflicht zur Mitteilung grenzüberschreitender Steuergestaltungen v. 21.12.2019, BGBl. I 2019, 2875 (im Folgenden „PflichtMitteilungsG 2019").
506 Jahressteuergesetz 2020 (JStG 2020) v. 21.12.2020, BGBl. I 2020, 3096.
507 Kap. 2, III. 3. b) ee) (2).

von wertlosen Anteilen unter § 20 Abs. 2 S. 3 EStG (Entwurf) im vorherigen Referentenentwurf zum sogenannten JStG 2019[508] nicht übernommen wurde.[509]

4. Art und Umfang der Abgeltungsteuer

a) Allgemein

Der Ausdruck Abgeltungsteuer erweckt auf den ersten Anschein den Eindruck, dass es sich um eine „eigene Steuerart" handeln könnte, was jedoch nicht zutreffend sein kann.[510] Denn es ist nur eine „Technik der Besteuerung und der Steuererhebung" im EStG mit „materiell-rechtliche[n]" sowie „verfahrensrechtliche[n]" Folgen.[511] Es handelt sich um eine Quellensteuer mit abgeltender Wirkung auf Kapitalvermögen, die im Regelfall auf eine Deklaration dieser Einkünfte verzichtet und eine Veranlagung für Kapitalerträge nach den §§ 25 ff. EStG entfallen lässt, so dass sich die Abgeltungsteuer folglich nur als besondere Erhebungsform der Einkommensteuer darstellt.[512] Daher ist zwischen dem Veranlagungsverfahren für Kapitaleinkünfte nach § 32d EStG und dem Abzugsverfahren der Kapitalertragsteuer nach § 43a EStG zu unterscheiden. Durch das Abzugsverfahren erfolgt die Steuererhebung für Einkünfte aus Kapitalvermögen nun regelmäßig schon an der Quelle. Die Steuer wird zwar nach § 44 Abs. 1 S. 1 EStG vom Steuerpflichtigen geschuldet, jedoch hat die auszahlende Stelle den Steuerabzug nach S. 4 für die Kapitalerträge unter Beachtung der im Bundessteuerblatt veröffentlichten Auslegungsvorschriften der Finanzverwaltung für Rechnung des Gläubigers vorzunehmen. Ferner ergibt sich für den einbehaltenden Steuerabzug von Kapitalerträgen, die der Kapitalertragsteuer unterliegen, nach § 43 Abs. 5 S. 1 EStG die abgeltende Wirkung auf die Einkommensteuer. Das bekannte Konstrukt der Vorauszahlungen im Steuerrecht, insbesondere für die Fälle des Steuerabzugs nach § 36 Abs. 2 Nr. 2 EStG – das ebenfalls die bis dato geltende Kapitalertragsteuer betraf –, trifft im Regelfall für Kapitalerträge nicht mehr zu, sondern es tritt eine abgeltende Wirkung

508 Gesetz zur weiteren steuerlichen Förderung der Elektromobilität und zur Änderung weiterer steuerlicher Vorschriften (im Folgenden „JStG 2019") v. 12.12.2019, BGBl. I 2019, 2451.

509 *Dahm/Hoffmann*, DStR 2020, 81 (81–83); vgl. auch schon *dies.*, DStR 2019, 1239 (1246), hinsichtlich Kritik am Referentenentwurf und deren Begründung.

510 *Klotz*, S. 21, der schon aus einer vergleichenden Wortlautbetrachtung nach der Systematik des EStG darlegt, dass eine Einkunftsquelle „Abgeltung" keinen Sinn machen kann, jedoch mit einem Vergleich zum Begriff der „Lohnsteuer" eine Parallele des Begriffs „Abgeltungsteuer als Vorauszahlung auf Kapitalvermögen mit abgeltender Wirkung" aufzeigt; *Worgulla*, FR 2013, 921 (921).

511 *Weber-Grellet*, NJW 2008, 545 (545); vgl. auch *Levedag*, in: Schmidt, EStG, § 43 Rn. 1–3.

512 Z. B. *Klotz*, S. 21; *Recnik*, S. 25; *Weber-Grellet*, NJW 2008, 545 (545).

ein, so dass eine spätere Veranlagung grundsätzlich nicht mehr durchgeführt wird. Nur im Ausnahmefall der Veranlagung stellt die schon einbehaltene Kapitalertragsteuer wieder eine Vorauszahlung auf die Einkommensteuer dar. Auf das konkrete Verhältnis im Rahmen privater Kapitalerträge zwischen Veranlagungs- und Kapitalertragsteuerverfahren und seine Auswirkungen wird noch einzugehen sein.[513] Eine weitere Besonderheit einer Abgeltungsteuer ist der proportionale Steuertarif, der in diesem Fall für alle Einkünfte aus Kapitalvermögen einheitlich nach § 32d Abs. 1 S. 1 EStG 25 % beträgt, genauso wie im Abzugsverfahren für die hier relevanten Kapitalerträge nach § 43a Abs. 1 S. 1 Nr. 1 EStG. Darüber hinaus handelt es sich bei einer Abgeltungsteuer um eine Bruttobesteuerung, da Werbungskosten meist nicht berücksichtigt beziehungsweise typisierend einheitlich erfasst werden, wie im Fall des § 20 Abs. 9 EStG, da ansonsten die Vereinfachung, die aus der Natur der Sache einer Abgeltungsteuer innewohnt, wieder aufgehoben wird und eine Veranlagung zur Feststellung der Werbungskosten jedes Einzelfalls notwendig machen würde. Zusammenfassend ist festzuhalten, dass die Abgeltungsteuer als Kapitalertragsteuer keine eigene Steuerart ist, sondern als besondere Erhebungsform in das EStG integriert wurde.[514] Zudem wird durch die Kapitalertragsteuer der Umfang der Steuerpflicht nicht erweitert, sondern vorausgesetzt.[515]

b) Konkrete Änderungen bezogen auf die private Aktienbeteiligung, insbesondere mit möglicherweise daraus resultierenden Verlusten

Die Einführung der Abgeltungsteuer hat daher vornehmlich erhebliche Auswirkungen auf die Einkünfte aus Kapitalvermögen nach § 20 EStG, da diese einerseits als „Kernvorschrift“ der Besteuerung des privaten Kapitalvermögens fungiert und anderseits umfassend erweitert und umgestaltet wurde.[516] Neben den Änderungen in § 20 EStG, wie der Besteuerung aller Wertsteigerungen des Kapitalvermögens, der Gewinnermittlung in Abs. 4, des tatsächlichen Werbungskostenabzugsverbots und der beschränkten Verlustverrechnung ergeben sich zudem aus dem relevanten Verlustblickwinkel dieser Arbeit noch Änderungen hinsichtlich der grundsätzlichen Nichtmehranwendung des Halbeinkünfte- und Halbabzugsverfahren, eines einheitlich linearen Steuertarifs für Einkünfte aus Kapitalvermögen, der Anrechnung ausländischer Quellensteuern in Verbindung mit Verlusten aus Einkünften des Kapitalvermögens, die im Ausland erzielt und dort steuerbar sind, sowie des Steuerabzugsverfahrens mit regelmäßiger abgeltender Wirkung.

---

513 Kap. 4, II.

514 Z. B. schon BStBl. II 1973, 452 (453); BStBl. II 1970, 464 (465); vgl. allgemein auch *Jachmann-Michel*, in: Brandis/Heuermann, EStG, § 43 Rn. 1.

515 Z. B. BStBl. II 1973, 452 (453).

516 *Strohm*, S. 32.

aa) Erweiterung des Tatbestands durch § 20 Abs. 2 EStG

Grundsätzlich muss nach Einführung der Abgeltungsteuer immer noch zwischen den laufenden Erträgen und der Werterhöhung oder -minderung im Rahmen eines Veräußerungsgeschäfts der privaten Aktienbeteiligung unterschieden werden. Die laufenden Erträge einer Beteiligung an der Körperschaft AG werden weiterhin durch § 20 Abs. 1 Nr. 1 EStG erfasst. An der Tatsache, dass der Begriff „Bezüge" des § 20 Abs. 1 Nr. 1 EStG als Oberbegriff für die Gewinnanteile, wie gerade zum Beispiel Dividenden, fungiert,[517] hat sich durch Einführung der Abgeltungsteuer nichts geändert. Es werden auch nach Einführung der Abgeltungsteuer sämtliche offenen Gewinnausschüttungen aus dem Beteiligungsverhältnis an der AG unter dem Stichwort Dividende erfasst[518] und sind mit dem Begriff der Einnahmen nach § 8 Abs. 1 EStG gleichzusetzen.[519] Hinsichtlich des Besteuerungstatbestands aus der Veräußerung von Kapitalvermögen ergeben sich aber durch die Einführung der Abgeltungsteuer erhebliche Änderungen, da die private Wertpapierveräußerung aus § 23 Abs. 1 S. 1 Nr. 2 EStG a. F. nun unter den Veräußerungstatbestand des § 20 Abs. 2 EStG fällt und somit nicht mehr der Haltedauerfrist des § 23 Abs. 1 S. 1 Nr. 2 EStG a. F. unterliegt. Im Rahmen des § 20 EStG gibt es keine Haltedauerfrist. Aufgrund dessen, dass sämtliche Wertsteigerungen des Vermögensstamms eines Wertpapiers – ohne jegliche Ausnahme nach einer gewissen Haltedauer im Privatvermögen – nunmehr steuerbar sind, ist unter anderem die Einlösung, Auflösung oder Abtretung einer Kapitalanlage nach § 20 Abs. 2 S. 2 EStG mit dem Tatbestandsmerkmal der Veräußerung[520], der jedoch nicht in § 20 Abs. 2 S. 1 EStG seitens des Gesetzgebers definiert wurde, gleichzusetzen,[521] da möglicherweise ein enger Veräußerungsbegriff gilt[522]. Hierdurch will der Gesetzgeber erreichen, dass Wertsteigerungen des Privatvermögens in diesem Kontext umfänglich erfasst werden und steuerbar sind. Die private Aktienbeteiligung ist folglich umfassend steuerverstrickt. Ferner gilt der Depotwechsel einer privaten Aktienbeteiligung nach § 43 Abs. 1 S. 4 EStG als Veräußerung, soweit dem Finanzamt nicht die unentgeltliche Übertragung seitens der auszahlenden Stelle mitgeteilt wird.[523] In diesem Zusammenhang ist noch auf die Subsidiaritätsklausel des § 20 Abs. 8 S. 1 EStG

---

517 *Bleschick*, in: Kirchhof/Seer, EStG, § 20 Rn. 48a f.; *Buge*, in: Herrmann/Heuer/Raupach, EStG, § 20 Rn. 61 f.; vgl. *Levedag*, in: Schmidt, EStG, § 20 Rn. 31,34.

518 *Bleschick*, in: Kirchhof/Seer, EStG, § 20 Rn. 49; *Levedag*, in: Schmidt, EStG, § 20 Rn. 31, 34; *Ratschow*, in: Brandis/Heuermann, EStG, § 20 Rn. 65.

519 Z. B. BStBl. II 1983, 128 (129 f.); *Buge*, in: Herrmann/Heuer/Raupach, EStG, § 20 Rn. 60.

520 Kap. 3, II.

521 BT-Drs. 16/4841, S. 56.

522 Vgl. z. B. *Levedag*, in: Schmidt, EStG, 39. Aufl., § 20 Rn. 147; *Ratschow*, in: Brandis/Heuermann, EStG, § 20 Rn. 390, aus dem Grundgedanken zu § 20 II 2 EStG heraus.

523 *Bleschick*, in: Kirchhof/Seer, EStG, § 20 Rn. 143.

einzugehen, der einerseits eine Aktienbeteiligung, die im Betriebsvermögen gehalten wird, einer anderen Einkunftsart zurechnet und anderseits wird das private Veräußerungsgeschäft aus Aktien weiterhin dem § 17 Abs. 1 S. 1 EStG zugeordnet und verdrängt § 20 Abs. 2 EStG, soweit die Beteiligungshöhe an der AG mindestens 1 % ist.[524] § 52a Abs. 10 S. 1 EStG legt als Übergangsvorschrift den zeitlichen Rahmen für private Veräußerungsgeschäfte aus Aktienbeteiligungen fest, so dass die Abgeltungsteuer auf Einkünfte des § 20 Abs. 2 S. 1 EStG anzuwenden ist, soweit die Anschaffung nach dem 31.12.2008 erfolgte. Der konkrete Anschaffungszeitpunkt für Aktien ergibt sich, wie bereits angedeutet, durch Erlangung der wirtschaftlichen Verfügungsmacht über diese.[525]

bb) Umfang

(1) Die Gewinnermittlung des § 20 Abs. 4 EStG und Werbungskosten

(a) Neuerungen nach Einführung der Abgeltungsteuer

Die Unterscheidung zwischen den laufenden Erträgen und dem Veräußerungstatbestand aus der privaten Aktienbeteiligung zeigt sich trotz Zusammenführung in einen Tatbestand besonders aufgrund der unterschiedlichen Ermittlungsmethoden zur Feststellung der einzelnen Einkünfte. Durch die Zusammenführung in einen Tatbestand gilt jedoch nun regelmäßig für beide Methoden das Werbungskostenabzugsverbot des § 20 Abs. 9 S. 1 EStG sowie, dass das Halbeinkünfte- und Halbabzugsverfahren keine Anwendung mehr findet.[526] Nach dem Grundsatz des § 2 Abs. 2 S. 1 Nr. 2 EStG ergibt sich die Ermittlung der laufenden Erträge nach § 20 Abs. 1 Nr. 1 EStG als Überschusseinkünfte weiterhin durch Verrechnung der Einnahmen über die Werbungskosten, wobei anstatt der tatsächlichen Werbungskosten der Sparer-Pauschbetrag von maximal 801 Euro abgezogen wird.[527] Eine Verrechnung mit den tatsächlichen Werbungskosten im Rahmen des § 20 Abs. 1 Nr. 1 EStG im Zusammenhang mit dieser Arbeit kann sich somit nur noch durch Ausnahmen ergeben, wie zum Beispiel, dass der Sondertarif des § 32d Abs. 1 S. 1 EStG nicht Anwendung findet, da die Ausnahme des § 32d Abs. 2 Nr. 3 EStG einschlägig ist. Im Rahmen der Ausnahme der Günstigerprüfung gilt hinsichtlich der Einkünfte aus Kapitalvermögen jedoch das tatsächliche Werbungskostenabzugsverbot des § 20 Abs. 9 EStG analog weiter,[528] da ansonsten dessen Umgehung möglich wäre. Die Gewinnermittlungsmethode für den Veräußerungstatbestand aus Aktien ergibt sich nun aus § 20 Abs. 4 S. 1 EStG. Diese hat sich zumindest vom Wortlaut her

---

524 Kap. 1, I. 2. a).
525 Kap. 1, I. 2 c) und d).
526 *Strohm*, S. 65.
527 Kap. 1, III. 2. c) aa).
528 *Paukstadt/Luckner*, DStR 2007, 653 (656).

erheblich verändert[529], folgt aber immer noch in Anlehnung an den Gewinnbegriff des § 17 und § 23 EStG.[530] Danach ist der Gewinn der Unterschied zwischen den Einnahmen aus der Veräußerung nach Abzug der Aufwendungen, die in unmittelbarem sachlichem Zusammenhang mit dem Veräußerungsgeschäft stehen, und den Anschaffungskosten. Zudem wird die Ermittlungsmethode durch eine Währungsumrechnungsregel im zweiten Halbsatz des S. 1 ergänzt, die besagt, dass bei nicht in Euro getätigten Geschäften die Einnahmen im Zeitpunkt der Veräußerung und die Anschaffungskosten im Zeitpunkt der Anschaffung in Euro umzurechnen sind. Die Gesetzesbegründung führt ferner aus, dass die saldierte Rechengröße als Ergebnis sowohl positiv als auch negativ ausfallen kann und somit den Gewinn im engeren Sinne oder den Verlust darstellt.[531] Des Weiteren ist zu beachten, dass die Anschaffungskosten sowie die Aufwendungen, die in unmittelbaren sachlichen Zusammenhang stehen, abweichend vom Abflussprinzip des § 11 Abs. 2 EStG dem Veranlagungszeitraum zuzuordnen sind, in dem die Veräußerung stattfindet. Das verfassungsgemäße[532] tatsächliche Werbungskostenabzugsverbot des § 20 Abs. 9

---

529 Kap. 1, III. 1.

530 *Levedag*, in: Schmidt, EStG, § 20 Rn. 203.

531 BR-Drs. 220/07, S. 91; BT-Drs. 16/4841, S. 57; *Levedag*, in: Schmidt, EStG, 39. Aufl., § 20 Rn. 203.

532 Die Nichtanerkennung von tatsächlichen WK i. R. d. § 20 EStG führt zu der Annahme, dass diese Benachteiligung gegenüber den anderen Einkunftsarten gegen das Leistungsfähigkeitsprinzip verstößt, da bei gleich hoher Leistungsfähigkeit die Einkünfte aus Kapitalvermögen nur noch mit den Bruttoeinnahmen – abzüglich des Sparer-Pauschbetrags – der Besteuerung unterliegen, vgl. z. B. *Strohm*, S. 182 f. Der Gesetzgeber rechtfertigt die Ungleichbehandlung dadurch, dass der Sparer-Pauschbetrag die WK in Bezug auf die Steuerpflichtigen mit geringeren Kapitaleinkünften typisiert und dass durch die Einführung des Sondertarifs mit der damit verbundenen Absenkung des Normaltarifs auf proportional 25 % eine Typisierung der WK in Bezug auf die Steuerpflichtigen mit höheren Einkünften aus Kapitalvermögen erfolgt, s. BR-Drs. 220/07, S. 92.
Hinsichtlich der Typisierung in Bezug auf die Geringverdiener stellt die Höhe des Sparer-Pauschbetrags realitätsgerecht den Regelfall dar und ist plausibel gewählt, vgl. BStBl. II 2018, 478 (480), Fremdfinanzierungsaufwand stellt keinen typischen Fall dar; BStBl. II 2015, 387 (388), auch i. R. d. Günstigerprüfung; BStBl. II 2014, 975 (976 f.); auch z. B. *Bleschick*, in: Kirchhof/Seer, EStG, § 20 Rn. 186; vgl. ebenso *Eckhoff*, FR 2007, 989 (997 f.); *Levedag*, in: Schmidt, EStG, 39. Aufl., § 20 Rn. 262; *Moritz/Strohm*, in: Frotscher/Geurts, EStG, § 20 (n. F.) Rn. 45; *Musil*, FR 2010, 149 (154), der u. a. auch die bloße Begünstigung bei bessergestellten geringen Beziehern als unproblematisch hervorhebt; *Philipowski*, DStR 2009, 353 (356); *Ratschow*, in: Brandis/Heuermann, EStG, § 20 Rn. 487; *Wernsmann*, DFGT 2008, 107 (108); **a. A.** allgemein *Englisch*, StuW 2007, 221 (238 f.); vgl. auch *Haas*, DStR 2014, 567 (570); *Hey*, BB 2007, 1303 (1307), in Bezug auf den Substanzsteuereffekt bei fremdfinanzierten

Kapitalanlagen; ebenso allgemein *Wenzel*, DStR 2009, 1182 (1883 f.), der einerseits auf eine teilweise Besserstellung für die geringen Bezieher abstellt und andererseits wiederum den Substanzsteuereffekt anführt; **kritisch** und teils ablehnend *Jochum*, in: Kirchhof/Söhn/Mellinghoff, EStG, § 20 Rn. K 62 f., K 66, u. a. hinsichtlich fremdfinanzierter Kapitalanlagen und der fehlenden Möglichkeit, die Typisierung in Veranlagungsfällen zu widerlegen; indes ist bei der Annahme einer Werbungskostenquote von 10 % – trotz Fehlens belastbarerer Daten – der gesetzliche Ansatz noch vertretbar.

In Bezug auf die Spitzeninvestoren wird gerade der Ausschluss der tatsächlichen Werbungskosten durch den Sondertarif des § 32d Abs. 1 S. 1 EStG kompensiert, vgl. BStBl. II 2018, 478 (480); BStBl. II 2014, 975 (976 f.); auch z. B. *Bleschick*, in: Kirchhof/Seer, EStG, § 20 Rn. 186; *Levedag*, in: Schmidt, EStG, 39. Aufl., § 20 Rn. 262; *Moritz/Strohm*, in: Frotscher/Geurts, EStG, § 20 (n. F.) Rn. 45; *Musil*, FR 2010, 149 (154); *Philipowski*, DStR 2009, 353 (356); *Ratschow*, in: Brandis/Heuermann, EStG, § 20 Rn. 487; *Wernsmann*, DFGT 2008, 107 (108); **a. A.** *Buge*, in: Herrmann/Heuer/Raupach, EStG, § 20 Rn. 8; *Eckhoff*, FR 2007, 989 (998), der eine Kompensation durch die Tarifsenkung nicht sieht, dennoch bei den Spitzeninvestoren den hinnehmbaren Härtefall annimmt und sich die Rechtfertigung aus der Vereinfachung ergibt; *Englisch*, StuW 2007, 221 (227 f., 239); *Groh*, FR 2008, 264 (265), bezieht sich allgemein auf die Fremdfinanzierung, die aus der Natur der Sache hauptsächlich bei den Spitzeninvestoren vorkommt; vgl. auch *Haas*, DStR 2014, 567 (570); oder *Hey*, FR 2008, 1033 (1038); *Jochum*, GS Schindhelm, 405 (412–414, 417 f.), mit anschaulichem Beispiel sowie dem Ansatz, dass eine fremdfinanzierte Kapitalanlage sogar schon bei den unteren Einkommensgruppen vorkommt; *dies.*, in: Kirchhof/Söhn/Mellinghoff, EStG, § 20 Rn. K 62 f.; *Roser/Will/Mendel*, FR 2008, 953 (956 f.); *Wenzel*, DStR 2009, 1182 (1883 f.).

Eine Rechtfertigung des § 20 IX EStG insgesamt ergibt sich daher einerseits durch eine realitätsgerechte Typisierung sowie den Ausgleich der höheren Werbungskosten durch die Absenkung des Tarifs und andererseits durch den Vereinfachungseffekt für die Finanzverwaltung und den Steuerpflichtigen, vgl. BStBl. II 2019, 231 (235); BStBl. II 2018, 478 (480); BStBl. II 2015, 387 (388); BStBl. II 2014, 975 (975 f.); auch z. B. *Bleschick*, in: Kirchhof/Seer, EStG, § 20 Rn. 186; *Eckhoff*, FR 2007, 989 (998), soweit ökonomische Förderzwecke – in Anlehnung an die Begründung des BVerfG zu § 32c EStG a. F. – als ausreichende Begründung anerkannt werden; *Levedag*, in: Schmidt, EStG, § 20 Rn. 264; *Moritz/Strohm*, in: Frotscher/Geurts, EStG, § 20 (n. F.) Rn. 45; *Musil*, FR 2010, 149 (154); *Philipowski*, DStR 2009, 353 (356); *Ratschow*, in: Brandis/Heuermann, EStG, § 20 Rn. 487; *Recnik*, S. 128; *Strohm*, S. 202 f.; *Wernsmann*, DFGT 2008, 107 (108); **a. A.** *Buge*, in: Herrmann/Heuer/Raupach, EStG, § 20 Rn. 8; *Englisch*, StuW 2007, 221 (238 f.); *Groh*, FR 2008, 264 (265); *Haas*, DStR 2014, 567 (570 f.); *Hey*, BB 2007, 1303 (1307); *dies.*, in: Tipke/Lang, Rn. 8.506, die eine Rechtfertigung für die Bruttobesteuerung im Bereich der abgeltenden Besteuerung zwar für möglich hält, aber i. R. d. Einbeziehung von Kapitaleinkünften in die Veranlagung die Bruttobesteuerung nicht mehr als gerechtfertigt ansieht; *Jochum*, in: Kirchhof/Söhn/Mellinghoff, EStG, § 20 Rn. K 66; *dies.*, GS Schindhelm,

S. 1 Hs. 2 EStG gilt für Abs. 2 EStG in gleichem Maße wie für Abs. 1, so dass ebenso nur noch der Sparer-Pauschbetrag von maximal 801 Euro abgezogen werden kann. Die früher geltende Freigrenze von 512 Euro für unterjährige Veräußerungsgewinne wurde abgeschafft. Das Halbeinkünfte- und Halbabzugsverfahren für steuerbare Veräußerungsvorgänge, die unter § 23 Abs. 1 S. 1 Nr. 2 EStG a. F. fielen, wurde ebenso abgeschafft. Darüber hinaus ist die Ausnahme des Tarifs nach § 32d Abs. 2 S. 1 EStG nicht auf Veräußerungsgewinne des § 20 Abs. 2 EStG anzuwenden. Ferner hat der Gesetzgeber in § 20 Abs. 4a EStG solche besonderen Fälle für die Gewinnermittlung durch inländische und ausländische Kapitalmaßnahmen geregelt, wie zum Beispiel in S. 4 die Bezugsrechte, so dass im Fall der Ausübung oder Veräußerung der Teil der Anschaffungskosten der Altanteile, der auf das Bezugsrecht entfällt, bei der Gewinnermittlung mit null Euro anzusetzen ist.

(b) Fazit

Im Ergebnis hat der Gesetzgeber durch die Einführung der Abgeltungsteuer grundsätzlich einen Ausschluss der tatsächlichen Werbungskosten in Bezug auf die Einkünfte aus Kapitalvermögen des § 20 EStG beschlossen. Folglich besteht ein tatsächlicher Ausschluss für allgemeine Werbungskosten als mögliche Verlustgröße. Es ist sich zwar im Zusammenhang mit Werbungskosten nochmal vor Augen zu führen, dass wie aufgezeigt Verluste aus der privaten Aktienbeteiligung vor Einführung der Abgeltungsteuer durch Werbungskosten entstehen konnten, insbesondere fielen darunter die Zinsen einer fremdfinanzierten Kapitalanlage im Privatvermögen, die Vermögensverwaltungshonorare und die Depotgebühren. Diese wurden im Rahmen des § 20 Abs. 1, 4 EStG a. F. vollumfänglich zum Abzug zugelassen. Weitergehend ist aufgrund der Zusammenführung in einen Tatbestand

---

405 (417 f.), die ausführt, dass der Gesetzgeber i. E. seinen Typisierungsspielraum überschreitet, indem er zwei Typisierungsansätze vermischt; *Klotz*, S. 192, 195 f.; *Roser/Will/Mendel*, FR 2008, 953 (956 f.); *Wenzel*, DStR 2009, 1182 (1883 f.); *Worgulla*, S. 192 f., 309; *ders.*, FR 2013, 921 (931). Hiervon zu trennen sind indes Veräußerungsverluste und Aufwendungen, die im unmittelbaren sachlichen Zusammenhang mit dem Veräußerungsgeschäft stehen, da solche Aufwendungen gerade nicht unter die Typisierung des Werbungskostenabzugsverbots fallen, vgl. auch *Strohm*, S. 195. Im Ergebnis erscheint die Wahl der Typisierung des Gesetzgebers im Rahmen einer weiten Einschätzungsprärogative als plausibel; die Verfassungsmäßigkeit des § 20 IX EStG spiegelt mittlerweile die gefestigte Auffassung der Rechtsprechung wider, s. zuletzt BStBl. II 2019, 231 (235); *Bleschick*, in: Kirchhof/Seer, EStG, § 20 Rn. 186, so dass auch das BVerfG eine dagegen gerichtete Verfassungsbeschwerde nicht zur Entscheidung – mit der Begründung, dass die Abzugsmöglichkeit des Sparer-Pauschbetrags und die Tarifsenkung mit dem Leistungsfähigkeitsprinzip im Einklang stehe und eine Typisierung möglich war und realitätsgerecht gewählt wurde – angenommen hat, vgl. BVerfG StEd 2016, 246 (246).

sogar an eine Übertragung von allgemeinen Werbungskosten aus den laufenden Erträgen auf das Veräußerungsgeschäft – entgegen der früheren Möglichkeit – zudenken. Jedoch ist ein Ansatz über allgemeine Werbungskosten als relevante Verlustgröße nach Einführung der Abgeltungsteuer für diese Arbeit aufgrund des tatsächlichen Werbungskostenabzugsverbots des § 20 Abs. 9 S. 1 Hs. 2 EStG nicht mehr möglich. Darüber hinaus fallen gerade Verluste aus dem Veräußerungsgeschäft und Aufwendungen, die im unmittelbaren sachlichen Zusammenhang mit dem Veräußerungsgeschäft stehen, also die Anschaffungsnebenkosten als weitere relevante Verlustgröße, nicht unter die Typisierung des tatsächlichen Werbungskostenabzugsverbot des § 20 Abs. 9 S. 1 Hs. 2 EStG. Denn einerseits handelt es sich hinsichtlich eines Veräußerungsverlustes vereinfacht ausgedrückt immer noch grundsätzlich um die negative Differenz zwischen den Anschaffungskosten und dem Veräußerungserlös.[533] Der Gesetzgeber hat mit der eigenen Gewinnermittlungsmethode des § 20 Abs. 4 EStG indes ebenso den Fall erfasst, dass die Anschaffungskosten höher ausfallen als der Veräußerungserlös, so dass ein entsprechender Verlust aus dem Veräußerungsgeschäft – der den Sparer-Pauschbetrag in Höhe von 801 Euro übersteigen würde – im Rahmen der Einkünfte aus Kapitalvermögen des § 20 EStG steuerlich geltend gemacht werden kann, obwohl nicht mehr explizit von dem Wortlaut Verlust Gebrauch gemacht wird[534]. Im Ergebnis führt durch den Sinn und Zweck der Ermittlungsmethode sowie den aufgezeigten Ansatz, dass keine Veräußerungsverluste aufgrund dieser speziellen Regelung aus allgemeinen Werbungskosten entstehen können, dies dazu, dass Veräußerungsverluste von Einkünften aus Kapitalvermögen nicht durch die Typisierung des Sparer-Pauschbetrags abgedeckt werden.[535] Denn Erwerbsaufwendungen, die eben zu dem Ergebnis eines Verlustes aus den Anschaffungskosten und dem Veräußerungserlös im negativ saldierten Fall der Kapitalanlage führen können, können weiterhin von dem Verkaufserlös im Rahmen der Gewinnermittlungsmethode abgezogen werden. Für relevante Veräußerungskonstellationen mit einem Verlust größer als 801 Euro findet kein Ausschluss der Erwerbsaufwendungen durch die Typisierung – aufgrund sozusagen keiner Anwendung des typisierten Werbungskostenabzugsverbots im Rahmen der speziellen Gewinnermittlungsmethode des § 20 Abs. 4 S. 1 EStG für den Verlust selbst – statt. Für den Fall der allgemeinen Werbungskosten wie Darlehenszinsen, Verwalterhonorare oder Depotgebühren, die nicht in den Bereich der Gewinnermittlungsmethode des § 20 Abs. 4 S. 1 EStG fallen, gilt hingegen die typisierte Regelung des tatsächlichen Werbungskostenabzugsverbots nach § 20 Abs. 9 S. 1 EStG. Dem anderen Fall, der zu hohen Erwerbsaufwendungen führen kann, sind anderseits fremde Spesen für den Betreiber des Börsenplatzes und

533 S. vom Ansatz her schon Kap. 1, III. 2. d).

534 Die Gesetzesbegründung spricht indes explizit auch von der Möglichkeit des Eintritts eines Verlustes im negativen Fall, etwa BR-Drs. 220/07, S. 91.

535 Vgl. auch *Strohm*, S. 195.

die Umschreibung der Aktien sowie Provisionen für die Kreditinstitute oder die Handelshäuser, die im Rahmen eines Aktienkaufs beziehungsweise -verkaufs bei jeder Transaktion anfallen können. Dass diese Aufwendungen zum Überschreiten des Sparer-Pauschbetrags führen können und vormals relevante Werbungskosten nach der Gewinn- und Verlustermittlungsmethode des § 23 Abs. 3 EStG a. F. im Veräußerungsfall darstellten,[536] hat der Gesetzgeber für diese Fälle jedoch erkannt und sie im Rahmen der speziellen Gewinnermittlungsmethode des § 20 Abs. 4 S. 1 EStG wieder mitübernommen. Denn diese Anschaffungsnebenkosten unterfallen weiterhin der Gewinnermittlungsmethode des § 20 Abs. 4 S. 1 EStG als Aufwendungen, die im unmittelbaren sachlichen Zusammenhang mit dem Veräußerungsgeschäft stehen und zum Abzug zugelassen werden. Mit der Folge, dass für diese Fälle ebenfalls nicht die Typisierung des Werbungskostenabzugsverbots nach § 20 Abs. 9 S. 1 EStG greift.

(2) Tarif

Eine weitere erhebliche Änderung durch die Einführung der Abgeltungsteuer resultiert aus dem nun für Einkünfte aus Kapitalvermögen geltenden einheitlich linearen Sondertarif des § 32d Abs. 1 EStG von 25 %. Ein gleichlaufender Tarif gilt ebenfalls grundsätzlich im Steuerabzugsverfahren nach § 43a Abs. 1 S. 1 EStG. Der allgemeine progressive Tarif des § 32a EStG ist für Einkünfte aus Kapitalvermögen nur noch in Ausnahmefällen anwendbar. Daneben fallen der Solidaritätszuschlag[537] und die Kirchensteuer[538] als Zuschlagsteuern an, wobei sich die Kirchensteuerpflicht nach § 32d Abs. 1 S. 3 EStG um 25 % ermäßigt, so dass nach dem Gesetzgeber die Kirchensteuer pauschal berücksichtigt wird, da diese nunmehr nicht als Sonderausgabe nach § 10 Abs. 1 Nr. 4 EStG für Kapitaleinkünfte abgezogen werden kann.[539]

---

536 Kap. 1, III. 1. und 2. d).

537 § 1 I, § 4 S. 1 SolZG, Gesetz zur Einführung eines befristeten Solidaritätszuschlags und zur Änderung von Verbrauchsteuer- und anderen Gesetzen (SolZG) v. 24.6.1991, BGBl. I 1991, 1318; die Höhe des Solidaritätszuschlags als Zuschlagsteuer u. a. zur ESt liegt oberhalb der sog. neueren Milderungszone aktuell bei 5,5 % auf die ESt; die Freigrenze wurde von 962 Euro auf 16.956 Euro zum 1.1.2021 angehoben, so dass i. R. d. Einzelveranlagung erst ab einem zu versteuernden Einkommen von über 62.127 Euro eine Zuschlagsteuer zu entrichten ist, deren voller Satz von 5,5 % erst ab einem zu versteuernden Einkommen von über 96.820 Euro Anwendung findet.

538 § 51a IIb–IId EStG, die Höhe kann nach Bundesland variieren und liegt aktuell zwischen 8 % und 9 %.

539 BR-Drs. 220/07, S. 108 f.; *Moritz/Strohm*, in: Frotscher/Geurts, EStG, § 32d Rn. 23, 25 f.

(3) Verlustverrechnung

Seit Einführung der Abgeltungsteuer wird die Verlustverrechnung für Kapitalerträge[540] speziell für das Steuerabzugsverfahren in § 43a Abs. 3 EStG und für das Veranlagungsverfahren in § 20 Abs. 6 EStG geregelt. Denn durch den sofortigen Verlustausgleich bei Einbehaltung der Kapitalertragsteuer im Steuerabzugsverfahren soll als Art Parallelverfahren bewirkt werden, dass die breite Masse an Steuerfällen abgeschlossen werden kann, so dass eine Veranlagung zur Verlustverrechnung entbehrlich wird und dem Grunde nach folgt die Verlustverrechnung im Steuerabzugsverfahren oder Veranlagungsverfahren dem gleichen Ansatz, da ansonsten eine Veranlagung wieder zum Regelfall werde und so der abgeltenden Wirkung zuwiderlaufen würde.[541] Demnach hat der Gesetzgeber die bis dato geltenden Regelungen zum sogenannten Stückzinstopf im Abzugsverfahren zu einem ausführlichen Verlustverrechnungstopf ausgebaut und es werden von diesem jetzt unter anderem ebenfalls die Veräußerungsverluste aus Wertpapierbeteiligungen sowie die ausländisch einbehaltene Quellensteuer erfasst, so dass eine Veranlagung entbehrlich bleibt.[542] Eine Veranlagung soll nur noch für den Ausnahmefall stattfinden, wie unter anderem dass Verluste bei Einbehalt der Kapitalertragsteuer durch Gewinne nicht vollständig kompensiert werden,[543] wie für den Beispielsfall, dass der Steuerpflichtige zwei Depots bei zwei verschiedenen Banken unterhält und mit einem Gewinn und dem anderen einen Verlust erzielt und eine sofortige Verrechnung nicht erfolgen kann. Denn jedes Kreditinstitut beziehungsweise die auszahlende Stelle führt für jeden einzelnen Anleger einen separaten Verlustverrechnungstopf, so dass bei einem negativen Saldo, also sozusagen dem Überwiegen der negativen Kapitalerträge in einem Veranlagungszeitraum, es die zwei Möglichkeiten gibt, dass entweder der Verlust vorgetragen wird oder eine Bescheinigung über den Verlust seitens der Bank ausgestellt wird, so dass die Verluste im Veranlagungsverfahren durch Antrag auf Wahlveranlagung nach § 32d Abs. 4 EStG wie im angeführten Beispiel geltend gemacht werden können.[544] Für den Fall der Geltendmachung von der Ausnahme der sofortigen Verlustverrechnung im Steuerabzugsverfahren ist unter anderem eine Bescheinigung der Bank nach § 43a Abs. 3 S. 4 Hs. 1 EStG notwendig. In diesem Fall wird der separat geführte Verlustverrechnungstopf wieder auf null gestellt. Das exakte System der Verlustverrechnung mit Verlustverrechnungstöpfen im Abzugsverfahren und sich weiter anschließenden Problemen wird noch aufzuzeigen sein.[545]

540 Ausführlich zur Systematik z. B. *Strohm*, S. 79–87.

541 *Strohm*, S. 79.

542 *Paukstadt/Luckner*, DStR 2007, 653 (654).

543 In diese Richtung BR-Drs. 220/07, S. 109; vgl. auch *Bleschick*, in: Kirchhof/Seer, EStG, § 43a Rn. 14–18; *Levedag*, in: Schmidt, EStG, 39. Aufl., § 43 Rn. 29–32.

544 *Paukstadt/Luckner*, DStR 2007, 653 (654).

545 Kap. 4, III. 1.

Im Ergebnis muss auch im Rahmen der Verlustverrechnung von Kapitaleinkünften zwischen dem innerperiodischen Verlustausgleich nach § 2 Abs. 3 EStG und dem überperiodischen Verlustabzug nach § 10d EStG differenziert werden, die jedoch seit Einführung der Abgeltungsteuer erheblich eingeschränkt wurden.[546] Der Gesetzgeber beschränkt die Verrechnungsmöglichkeit auf horizontaler Ebene des innerperiodischen Verlustausgleichs dahingehend, dass Verluste aus Kapitaleinkünften – ausgenommen die Verrechnungsmöglichkeit für Altverluste nach der Übergangsregelung des § 52a Abs. 11 S. 10 EStG bis einschließlich zum Veranlagungszeitraum 2013 – nur noch mit Verlusten aus Kapitaleinkünften im Rahmen des Verlustverrechnungstopfs des § 43a Abs. 3 S. 2 EStG ausgeglichen werden können. Hinsichtlich bis zum 31.12.2008 entstandener sogenannter Altverluste aus privaten Veräußerungsgeschäften von Wertpapieren waren die Sonderregelungen des § 23 Abs. 3 S. 9, 10 EStG in Verbindung mit § 52a Abs. 11 S. 10 EStG anzuwenden[547], so dass eine Verlustverrechnung aus Altverlusten nach § 43a Abs. 3 EStG mit Veräußerungsgewinnen des § 20 Abs. 2 EStG, jedoch nicht mit Erträgen aus § 20 Abs. 1 EStG bis zum 31.12.2013 möglich war, denn einerseits wurden Altverluste im Abzugsverfahren nach § 43a EStG nicht berücksichtigt und daher nicht mit „Neuverlusten" verrechnet, so dass lediglich im Veranlagungsverfahren eine Altverlustverrechnung vor einer Neuverlustverrechnung durchgeführt werden konnte,[548] soweit eine Veranlagung der Einkünfte aus Kapitalvermögen freiwillig beantragt wurde.[549] Andererseits durften Altverluste aus privaten Wertpapierveräußerungen seit dem 31.12.2013 nur noch mit privaten Veräußerungsgeschäften des § 23 EStG verrechnet werden, so dass verschiedene Strategien, wie zum Beispiel die Zwei-Banken-Strategie oder die Kauf-Verkauf-Strategie, zur steuerlichen Nutzung von Altverlusten entwickelt wurden, um die beachtlichen Altverluste – hauptsächlich hervorgerufen durch die Finanzmarktkrise – noch geltend machen zu können.[550] Ferner konnten nach § 23 Abs. 3 S. 9 EStG Altverluste übergangsweise mit sämtlichen Veräußerungsgewinnen aus § 20 Abs. 2 EStG verrechnet werden,[551] so

546 *Strohm*, S. 80.

547 § 23 III 9, 10 EStG 2009 sowie § 20 IV 1 EStG 2009, die die Verrechnungsmöglichkeit schafften und die Reihenfolge für Altverluste im Veranlagungsverfahren festlegten, wurden durch Gesetz zur Anpassung des nationalen Steuerrechts an den Beitritt Kroatiens zur EU und zur Änderung weiterer steuerlicher Vorschriften (Kroatien AnpG) v. 25.7.2014, BGBl. I 2014, 1266, aufgehoben.

548 *Königer/Ziegler*, DStR 2012, 2582 (2583).

549 *Strauch*, DStR 2010, 254 (254).

550 *Strauch*, DStR 2010, 254 (254 f.); die Zwei-Banken-Strategie besagt, dass zwei Bankverbindungen für einen Anleger unterhalten werden, wo im Idealfall ein Depot die Verluste und das andere die Gewinne beinhaltet; die Kauf-Verkauf-Strategie führt dazu, dass Gewinne kurzfristig realisiert, also die Aktien verkauft und sofort wieder gekauft werden, um den so erlangten steuerlichen Gewinn mit den Altverlusten verrechnen zu können.

551 BT-Drs. 16/4841, S. 59.

dass diesbezüglich kein eigener Verlustverrechnungskreis für Altverluste aus privaten Veräußerungsgeschäften von Aktienbeteiligungen bestand. Denn nach § 20 Abs. 6 S. 4 EStG erfährt die Verlustverrechnungsmöglichkeit hinsichtlich Verluste aus der privaten Aktienveräußerung die weitere Einschränkung, dass Verluste aus Kapitalvermögen des § 20 Abs. 2 S. 1 Nr. 1 S. 1 EStG, die aus der Veräußerung von Aktien entstehen, nur mit Gewinnen aus Kapitalvermögen des § 20 Abs. 2 S. 1 Nr. 1 S. 1 EStG, die aus der Veräußerung von Aktien entstehen, ausgeglichen werden dürfen. Es entsteht somit (noch) ein zweiter Verlustverrechnungskreis, der mit dem Argument der unkalkulierbaren Haushaltsrisiken durch Spekulationsgeschäfte seitens des Gesetzgebers gerechtfertigt wird.[552] Auf vertikaler Ebene dürfen Verluste aus Kapitalvermögen schon nicht mehr mit Gewinnen aus anderen Einkunftsarten ausgeglichen werden, was durch den proportional abweichenden Steuertarif seitens des Gesetzgebers gerechtfertigt wird, so dass schon ein erster Verlustverrechnungskreis besteht.[553] Hinsichtlich des überperiodischen Verlustabzugs nach § 10d Abs. 1, 2 EStG brachte die Einführung der Abgeltungsteuer wiederum erhebliche Einschränkungen mit sich. Denn nach § 20 Abs. 6 S. 2 EStG wurde der Verlustrücktrag seit Einführung der Abgeltungsteuer grundsätzlich ausgeschlossen und seitens des Gesetzgebers mit der Nichtintegrierbarkeit in die Abgeltungsteuer und der Möglichkeit des Verlustvortrags gerechtfertigt.[554] Der Verlustvortrag nach § 10d Abs. 2 EStG ist grundsätzlich möglich, unterliegt jedoch einerseits wiederum den bereits aufgezählten Beschränkungen und anderseits hat der Gesetzgeber die Verlustvortragsmöglichkeit in der Höhe auf 20.000 Euro je Veranlagungszeitraum unter anderem für den Untergang wertloser Kapitalanlagen beschränkt, indem er § 20 Abs. 6 S. 6 EStG für den Veranlagungszeitraum 2020 einführte. Die höhenmäßige Beschränkung wird unter anderem dadurch gerechtfertigt, dass diese Verluste ansonsten verloren wären und im Hinblick insbesondere auf Kleinanleger nicht generell versagt, sondern zeitlich gestreckt werden.[555] Der Gesetzgeber hat hinsichtlich einer Aktienbeteiligung somit noch einen weiteren Verlustverrechnungskreis im Veranlagungsverfahren geschaffen.

---

552 BT-Drs. 16/5491, S. 19, die Ausführungen des Finanzausschusses beziehen sich auf den Börsencrash der Jahre 2000 bis 2002 und besagen, dass sich die Verluste durch private Veräußerungsgeschäfte in diesem Zusammenhang auf 11,2 Mrd. Euro summierten und eine Übernahme der Verlustverrechnungsbeschränkung des § 23 III EStG a. F. auf § 20 II EStG notwendig sei, da ansonsten eine Verrechnung mit anderen Kapitaleinkünften, wie z. B. Zinseinnahmen, möglich wäre, wodurch dann abstrakt Haushaltsrisiken drohen würden; *Bleschick*, in: Kirchhof/Seer, EStG, § 20 Rn. 177; *Hoffmann*, in: Frotscher/Geurts, EStG, § 43a Rn. 96.

553 BR-Drs. 220/07, S. 92 f.; auch z. B. *Bleschick*, in: Kirchhof/Seer, EStG, § 20 Rn. 175.

554 *Strohm*, S. 86.

555 Kap. 2, III. 3. b) ee) (2) (a); BT-Drs. 19/15876, S. 61.

(4) Anrechnung ausländischer Steuern und im Ausland erzielter Verluste

Ferner änderte sich das System der Anrechnung von ausländischer Quellensteuer durch Einführung des § 32d Abs. 5 EStG auf die Abgeltungsteuer. Dies ist gerade dem gesonderten Steuertarif geschuldet. Denn § 34c EStG a. F. ist grundsätzlich auf die Steuererhebung des progressiven Tarifs des § 32a EStG zugeschnitten. Für den weiteren relevanten Fall des ursprünglichen Anrechnungssystems, dass ein DBA existierte, das keine inländische Steuererhebung auf ausländische Kapitalerträge vorsah, und daher § 34c EStG a. F. nicht angewandt werden konnte, wurden die gezahlten ausländischen Steuern jedoch durch den Progressionsvorbehalt des § 32b Abs. 1 S. 1 Nr. 3 EStG berücksichtigt.[556] Das neue System sieht nach § 32d Abs. 5 EStG entweder im Fall der „per-item-limitation" vor, dass ausländische Quellensteuern höchstens mit 25 % auf die Abgeltungsteuer angerechnet werden,[557] oder im Fall der „over-all-limitation", dass die ausländische Quellensteuer maximal mit dem saldierten Ergebnis der gesamten ausländischen Kapitalanlagen auf die Einkommensteuer angerechnet werden kann[558]. Im Falle eines existierenden DBA mit Freistellungsmethode, das wiederum keine inländische Steuererhebung auf ausländische Kapitalerträge vorsieht, kommt nach § 34c Abs. 6 S. 1 EStG gerade § 32d Abs. 5 EStG nicht zur Anwendung, sondern wird wieder durch den Progressionsvorbehalt nach § 32b Abs. 1 S. Nr. 3 EStG berücksichtigt,[559] so dass sich diesbezüglich nichts geändert hat. Im Zusammenhang mit der Anrechnung ausländischer Quellensteuer ist jedoch zu beachten, falls Verluste im Ausland generiert wurden, müssen diese vorrangig mit Gewinnen aus Kapitalvermögen, die im Ausland erwirtschaftet werden, verrechnet werden.[560]

cc) Verfahren

Im Rahmen der Steuererhebung ist zwischen dem Steuerabzugsverfahren der §§ 43 ff. EStG und dem Veranlagungsverfahren der §§ 25 ff. EStG zu unterscheiden, die jedoch nebeneinanderstehen. Denn nach § 36 Abs. 2 Nr. 2 EStG stellt die einbehaltene Kapitalertragsteuer grundsätzlich, also bis auf die unter Nr. 2 und den weiteren Anrechnungsbeschränkung des § 36a EStG normierten Ausnahmen, keine Vorauszahlung mehr auf die Einkommensteuer dar, so dass die Steuerschuld

---

556 *Strohm*, S. 88–90.

557 *Haisch/Danz*, DStZ 2008, 392 (397 f.); *Werth*, in: Brandis/Heuermann, EStG, § 32d Rn. 110; per-item-limitation bedeutet, dass die ausländischen Kapitalerträge mit zugehöriger ausländischer Steuer jeweils einzeln betrachtet werden.

558 *Haisch/Danz*, DStZ 2008, 392 (398 f.); over-all-limitation bedeutet, dass die gesamten ausländischen Einkünfte sowie die ausländische anzurechnende Steuer insgesamt angerechnet werden.

559 *Strohm*, S. 90.

560 *Hoffmann*, in: Frotscher/Geurts, EStG, § 43a Rn. 92.

aufgrund der abgeltenden Wirkung des § 43 Abs. 5 EStG erlischt und eine Veranlagung im Regelfall, wie bereits ausgeführt, unterbleibt.[561]

(1) Kapitalertragsteuerabzugsverfahren

Das Steuerabzugsverfahren der §§ 43 ff. EStG wurde durch Einführung der Abgeltungsteuer erheblich in der Erfassung der Kapitalerträge ausgeweitet und dahingehend verändert, dass das Steuerabzugsverfahren, ebenso geläufig als Kapitalertragsteuer, grundsätzlich abgeltende Wirkung nach § 43 Abs. 5 S. 1 EStG entfaltet, so dass, wie schon erläutert, der Begriff Abgeltungsteuer an sich hiervon abzuleiten ist. Dem Steuerabzug nach § 43 Abs. 3 EStG unterfallen nun nicht mehr nur die Einkünfte aus § 20 Abs. 1 EStG, sondern gerade auch die Einkünfte aus dem Veräußerungstatbestand des § 20 Abs. 2 EStG. Der vormals geltende Kapitalertragsteuertarif war von verschiedensten Faktoren geprägt und betrug nach § 43a Abs. 1 EStG a. F. zwischen 10 % und 53,84 %.[562] Dieser wurde grundsätzlich durch den einheitlichen linearen Tarif von 25 % nach § 43a Abs. 1 S. 1 Nr. 1 EStG für die meisten Fälle im Steuerabzugsverfahren abgelöst. Auf die konkrete Ausgestaltung des Steuerabzugsverfahrens mit den einzelnen Punkten, wie welche Kapitalerträge dem Steuerabzug nach § 43 EStG unterliegen, wie sich die Bemessungsgrundlage nach § 43a EStG bestimmt, die Entrichtung des § 44 EStG, die Abstandnahme des § 44a EStG, die Anmeldung und Bescheinigung des § 45a EStG sowie die Erstattung nach den §§ 44b, 45, 45b, 45c EStG ergibt, sowie deren zugehörige Probleme nach Einführung der Abgeltungsteuer wird nachfolgend noch einzugehen sein.[563]

(2) Veranlagungsverfahren

Grundsätzlich ist weiterhin eine Veranlagung der Kapitaleinkünfte über den Verweis des § 20 Abs. 8 EStG durchzuführen, soweit diese einer anderen Einkunftsart zugeordnet werden. Ansonsten stellt das Steuerabzugsverfahren, wie bereits aufgezeigt, den Regelfall für Einkünfte aus Kapitalvermögen dar. Dennoch wird in den nachfolgenden Ausnahmefällen weiter das Veranlagungsverfahren durchgeführt. Falls in diesen Fällen die Kapitalertragsteuer schon einbehalten wurde, stellt die Einbehaltung – wie nach den Reformen des Zinsabschlaggesetzes für Zinseinkünfte – eine Vorauszahlung auf die Einkommensteuer mit Anrechnungswirkung dar, falls sich keine Erstattung nach § 36 Abs. 2 Nr. 2a S. 1 EStG ergibt oder beantragt ist.[564] Dies führt wiederum zur Ausweisungspflicht in der Steuererklärung, da keine abgeltende Wirkung eingetreten ist.

---

561 *Ettlich*, in: Brandis/Heuermann, EStG, § 36 Rn. 132, 135; in diese Richtung auch *Hoffmann*, in: Frotscher/Geurts, EStG, § 43a Rn. 90.

562 *Strohm*, S. 97.

563 Kap. 4.

564 *Strohm*, S. 102 f.

Die Ausnahmen der Pflichtveranlagung zum Normaltarif nach § 32d Abs. 2 Nr. 1 und 2 EStG wie die Missbrauchsfällen (Nr. 1) durch sogenannte „nahe stehende Personen", „Gesellschafter-Fremdfinanzierung" oder „Back-to-Back-Finanzierungen" sowie die Versicherungsleistungsfällen (Nr. 2) werden vollständigkeitshalber erwähnt, sind jedoch nicht Untersuchungsgegenstand dieser Arbeit.[565] Relevanz für diese Arbeit hat hingegen die Wahlveranlagung zum Normaltarif nach § 32d Abs. 2 Nr. 3 und 6 EStG im Rahmen der Antragstellung einer sogenannten unternehmerischen Beteiligung oder der Fall der Antragstellung auf Günstigerprüfung, da für diese Fälle eine Verlustberücksichtigung der Aktienbeteiligung im Rahmen des Werbungskostenabzugs teilweise anders ausgestaltet ist als für den Regelfall. Eine unternehmerische Beteiligung ist nach § 32d Abs. 2 Nr. 3 S. 1 EStG gegeben, soweit eine Beteiligungshöhe von 25 % oder 1 % mit beruflicher Tätigkeit des Steuerpflichtigen vorliegt. Unter dem Begriff der beruflichen Tätigkeit wird sowohl die selbstständige wie auch die nicht selbstständige Tätigkeit subsumiert, jedoch reicht eine geringfügige Tätigkeit nicht für das Wahlrecht aus.[566] Wie bereits aufgezeigt, soll das Wahlrecht für die Fälle gelten, in denen es sich „eigentlich" nicht um eine Kapitalanlage, sondern um eine Beteiligung im Zusammenhang mit der Berufstätigkeit handelt, so dass gegebenenfalls (hohe) Fremdfinanzierungskosten im Wege des Teileinkünfte- und Teilabzugsverfahren geltend gemacht werden können.[567] Im Rahmen der Günstigerprüfung wird dem Fall Rechnung getragen, dass der angewandte normale Steuertarif des § 32a EStG zu einer geringeren Belastung als § 32d Abs. 1 EStG führt. Soweit eine Antragstellung erfolgt, führt das Finanzamt den Vergleich beider Verfahren von Amts wegen durch, mit dem Ergebnis, dass der Antrag als nicht gestellt gilt, soweit im Veranlagungsverfahren ein höherer Steuersatz ermittelt wird als im Steuerabzugsverfahren.[568] Darüber hinaus wird ein Veranlagungsverfahren entweder im Rahmen der Pflichtveranlagung zum Sondertarif nach § 32d Abs. 3 EStG durchgeführt, wenn zum Beispiel kein Steuerabzug erfolgte, da es sich um ein privates Darlehen handelt oder es sich um bestimmte Konstellationen von ausländischen Kapitalerträgen handelt, da keine ausländische Stelle zum Steuerabzug (an der Quelle) verpflichtet werden kann, oder im Rahmen der Wahlveranlagung zum Sondertarif des § 32d Abs. 4 EStG, der den Fall vorsieht, dass zum Beispiel nachträglich im Veranlagungsverfahren steuermindernde Tatsachen wie die Nichtausschöpfung des Sparer-Pauschbetrags oder eines nichtberücksichtigten Verlustes geltend gemacht werden können.[569]

---

565 Ausführlich auch z. B. *Strohm*, S. 103–109.

566 BMF-Schreiben v. 22.11.2009, IV C 1 – S 2252/08/1004, Rn. 138, BStBl. I 2010, 94 (113); *Elser/Bindl*, FR 2010, 360 (362); *Paukstadt/Kerpf*, DStR 2010, 678 (682).

567 *Elser/Bindl*, FR 2010, 360 (362).

568 BR-Drs. 220/07, S. 57; vgl. insgesamt hierzu auch *Werth*, in: Brandis/Heuermann, EStG, § 32d Rn. 160–164.

569 Auch *Strohm*, S. 112 f.

5. Fazit

Die Einführung der Abgeltungsteuer durch das UntStRefG 2008 gilt als grundlegender Einschnitt der vorherrschenden Struktur der Einkommensteuer, die bis dahin „grundsätzlich" als Einheitssteuer ausgestaltet war. Die Einkünfte aus Kapitalvermögen wurden aus dem vorherrschenden synthetischen System des EStG über § 2 Abs. 5b EStG herausgelöst und als Schedulensteuer konzipiert. Diese unterliegen nun einem proportionalen Sondertarif von 25 % nach § 32d Abs. 1 EStG. Die Bewegründe des Gesetzgebers zur Einführung einer Abgeltungsteuer beruhten auf der schon länger bekannten defizitären Kapitalertragsbesteuerung, deren Reformbedürftigkeit ihren Ursprung neben dem strukturellen Vollzugsdefizit in der mangelnden Akzeptanz einer Zinsbesteuerung hat. Das strukturelle Vollzugsdefizit wurde jedoch schon vor Einführung der Abgeltungsteuer vom Gesetzgeber wieder behoben, indem dieser Verifikationsmöglichkeiten schaffte. Das Vollzugsdefizit der Spekulationsgewinne aus Wertpapieren hingegen erledigte sich sozusagen von selbst aufgrund einer negativen Börsenentwicklung und der neugeschaffenen Verlustverrechnungsmöglichkeit zum Veranlagungszeitraum 1999, so dass wieder Aktienbestände seitens der Steuerpflichtigen offengelegt wurden. Neben wirtschaftspolitischen Zielen sollten durch die Einführung einer Abgeltungsteuer insbesondere eine Vereinfachung, Vereinheitlichung, Verbesserung der Anonymität und Verringerung des irgendwie immer doch noch vorliegenden Vollzugsdefizits – aufgrund der hohen Komplexität – des privaten Kapitalvermögens erreicht werden. Weiterhin bestand auf tatsächlicher Ebene ein Mangel an Zugriffsmöglichkeiten für ausländische Kapitalerträge, so dass eine Quellensteuer mit abgeltender Wirkung und einem niedrigen linearen Tarif zumindest augenscheinlich den Anreiz, die Hinterziehungsanfälligkeit zu mindern, setzte. Die Abgeltungsteuer ist als Ergebnis keine eigene Steuerart, sondern nur eine Technik der Besteuerung und Steuererhebung im EStG mit materiellen und verfahrensrechtlichen Folgen. Es muss zwischen dem Veranlagungs- und dem Kapitalertragsteuerabzugsverfahren unterschieden werden, die grundsätzlich nebeneinanderstehen. Die Abgeltungsteuer erfuhr jedoch schon vor und nach Einführung zahlreiche Änderungen.

II. Verfassungsrechtliche Voraussetzungen für die Änderung der Besteuerung von Kapitalerträgen

Der Bund hat nach Art. 105 Abs. 2 GG die konkurrierende Gesetzgebung für das Einkommensteuerrecht, da ihm grundsätzlich die Hälfte des Steueraufkommens nach Art. 106 Abs. 3 S. 2 GG zusteht. Das GG enthält in den Art. 104a bis 108 GG zwar das System der bundesstaatlichen Kompetenzverteilung für das Finanzwesen, jedoch gelten aus der Finanzverfassung keine direkten Vorschriften, wie auch aus den Grundrechten oder dem Rechtsstaatsprinzip, denen sich ohne Weiteres Wertungen für das Einkommensteuerrecht entnehmen lassen.[570] Dies führt aufgrund keines „ausdrücklichen Maßstab[s]“ zu der Annahme, dass nach dem ersten Anschein ein konkreter Wertungsmaßstab für die Steuergesetzgebung des Bundes fehlt.[571] Dem ist jedoch nicht so. Die Gesetzgebung hinsichtlich der Änderungen der Besteuerung von Kapitalerträgen muss sich insbesondere an den nachfolgenden Wertungen messen lassen.

Nach der Rechtsprechung des BVerfG zum Zinsurteil erhält ein Eingriff in die Vermögens- und Rechtssphäre des Bürgers seine Rechtfertigung soweit dieser im Wege der Lastenverteilung gleichheitsgerecht ausgestaltet ist, so dass materielle Normen des EStG zumindest am allgemeinen Gleichheitssatz des Art. 3 Abs. 1 GG ausgerichtet sein müssen.[572] Folglich ist der allgemeine Gleichheitssatz Prüfungsmaßstab für die steuerrechtlichen Änderungen der Kapitalerträge und der zugehörigen Verluste aus Aktienbeteiligungen des Privatvermögens durch Einführung der Abgeltungsteuer, da verfassungsrechtliche Voraussetzung für die Rechtfertigung der Änderung die Belastungsgleichheit erstmal im Rahmen der Ausgestaltung wäre. Darüber hinaus kommt möglicherweise zumindest das Freiheitsrecht des Art. 14 Abs. 1, 2 GG als verfassungsrechtlicher Prüfungsmaßstab der Abgeltungsteuer mit deren Einschränkungen der Verlustberücksichtigung aus Sicht des Privatanlegers in Betracht,[573] da sich ein Eingriff in die Eigentumsfreiheit durch die Abgeltungsteuer auf den ersten Blick nicht ausschließen lässt.

1. Allgemeiner Gleichheitssatz des Art. 3 Abs. 1 GG

Nach dem allgemeinen Gleichheitssatz des Art. 3 Abs. 1 GG hat der Gesetzgeber „wesentlich Gleiches gleich und wesentlich Ungleiches ungleich zu behandeln“[574], so dass durch die Verwirklichung dieses Grundsatzes dem elementaren Gerechtigkeitsprinzip des Grundgesetzes Rechnung getragen wird.[575] Dieser Grundsatz wird

---

570 *Recnik*, S. 49; *Seer*, in: Tipke/Lang, Rn. 2.7; vgl. auch *Siekmann*, in: Sachs, GG, Vor Art. 104a Rn. 12–18.

571 In diese Richtung *Klotz*, S. 122.

572 BVerfGE 84, 239 (240–243).

573 Vgl. *Recnik*, S. 50.

574 Z. B. BVerfGE 152, 274 (311), zu Erstausbildungskosten; BVerfGE 145, 106 (141 f.), zur Verlustabzugsbeschränkung des § 8c KStG; BVerfGE 122, 210 (230), zur gekürzten Pendlerpauschale; BVerfGE 116, 164 (180), i. R. d. Gewerbesteuerbelastung bei der ESt; ebenso z. B. zuletzt BStBl. II 2021, 562 (566) i. R. d. Vorlagebeschlusses zur möglichen verfassungswidrigen Verlustverrechnungsbeschränkung durch die Aktienschedule.

575 Vgl. BVerfGE 54, 277 (293 f.); *Hey*, in: Tipke/Lang, Rn. 3.110, die von „Schlüsselbegriff der Gerechtigkeit“ spricht; *Jarass*, in: Jarass/Pieroth, GG, Art. 3 Rn. 1, der von „Fundamentalprinzip der Gerechtigkeit“ spricht.

auf „ungleiche Belastungen“ sowie auf „ungleiche Begünstigungen“ angewandt.[576] Eine Ungleichbehandlung liegt jedoch tatsächlich nur vor, soweit die Differenzierung im Rahmen einer Gleichbehandlung nicht gerechtfertigt werden kann.[577] Darüber hinaus kann ein konkreter Maßstab, der eine Verletzung des allgemeinen Gleichheitssatzes seitens des Gesetzgebers festlegt, nicht „abstrakt und allgemein“, sondern nur jeweils im Kontext der relevanten „Sach- und Regelungsbereiche getroffen“ werden.[578] Die Rechtfertigung einer staatlichen Maßnahme hingegen ist im Rahmen des Gleichheitssatzes an der früheren „Willkürformel“ sowie der darauf entwickelten „Neuen Formel“ des BVerfG zu messen. Die Prüfung erfolgt in einem Zwei-Stufen-System, wonach auf erster Stufe Vergleichspaare durch Findung eines gemeinsamen Oberbegriffs gebildet werden,[579] um dann auf zweiter Stufe eine Ungleichbehandlung hinsichtlich des gleichen Sachverhalts oder der gleichen Personengruppe feststellen zu können.[580] Jedoch lässt sich aus Art. 3 Abs. 1 GG nicht ableiten, wie sich der Vergleichsmaßstab zusammensetzen muss, so dass dieser sich grundsätzlich erstmal als „Blankett“ darstellt.[581] Es ergeben sich „je nach Regelungsgegenstand und Differenzierungsmerkmalen unterschiedliche Grenzen für den Gesetzgeber, die vom bloßen Willkürverbot bis zu einer strengeren Bindung an Verhältnismäßigkeitserfordernisse reichen.“[582] Allgemein ist jedoch ein sachgerechter Maßstab zur Vergleichsgruppenbildung anzusetzen,[583] so dass eine Anwendung des Gleichheitssatzes „bereichsspezifisch“ zu erfolgen hat.[584]

---

576 Z. B. BVerfGE 152, 274 (311); BVerfGE 145, 106 (141 f.); BVerfGE 122, 210 (230); BVerfGE 116, 164 (180); BVerfGE 110, 412 (431), bzgl. der Nichtgewährung eines Teilkindergeldes an Grenzgänger in die Schweiz; BStBl. II 2021, 562 (566).

577 BStBl. II 2013, 573 (574 f.); *Gersch*, in: Klein, AO, § 4 Rn. 13; *Wernsmann*, in: Hübschmann/Hepp/Spitaler, AO, § 4 Rn. 434.

578 StRspr.; BVerfGE 152, 274 (312); BVerfGE 145, 106 (141 f.); BVerfGE 122, 210 (230); BVerfGE 112, 268 (279); BVerfGE 107, 27 (45 f.); BVerfGE 105, 73 (111).

579 *Recnik*, S. 52.

580 Vgl. *Jarass*, in: Jarass/Pieroth, GG, Art. 3 Rn. 10 f., 26.

581 Auch *Tipke*, Steuerrechtsordnung, Bd. I, S. 314.

582 StRspr.; BVerfGE 152, 274 (312); BVerfGE 145, 106 (141 f.); BVerfGE 122, 210 (230); BVerfGE 116, 164 (180); BVerfGE 112, 164 (174); BVerfGE 110, 274 (291); BStBl. II 2021, 562 (566).

583 Vgl. *Jarass*, in: Jarass/Pieroth, GG, Art. 3 Rn. 10 f.

584 BVerfGE 93, 121 (134), zum Einheitswert und der VSt; BVerfGE 84, 239 (268 f.); *Osterloh*, in: Sachs, GG, Art. 3 Rn. 37.

2. Auswirkung auf das Einkommensteuerrecht

Im Steuerrecht ergibt sich nach dem allgemeinen Gleichheitssatz des Art. 3 Abs. 1 GG somit ebenfalls ein allgemein verbindlicher Grundsatz zur Steuergerechtigkeit,[585] so dass „der Gesetzgeber bei der Auswahl des Steuergegenstands“ und „bei der Bestimmung des Steuersatzes [zwar] einen weitreichenden Entscheidungsspielraum“[586] hat, jedoch „unter dem Gebot der möglichst gleichmäßigen Belastung aller Steuerpflichtigen im Rahmen der Ausgestaltung des steuerrechtlichen Ausgangstatbestands die einmal getroffene Belastungsentscheidung folgerichtig im Sinne der Belastungsgleichheit umsetzen“[587] muss. Denn die Entscheidungsfreiheit des Gesetzgebers festzulegen, welche Sachverhalte als rechtlich gleich zu qualifizieren sind, wird insbesondere im Einkommensteuerrecht dahingehend eingeschränkt, dass dieser die eng miteinander verbundenen Grundsätze des Gebots der „Ausrichtung der Steuerlast am Prinzip der finanziellen Leistungsfähigkeit“ und des Gebots der „Folgerichtigkeit“ zu wahren hat.[588] Ferner muss die Belastung, wie bereits aufgezeigt, auch auf tatsächlicher Ebene zu einer gleichen Belastung führen, ansonsten kann wiederum ein strukturelles Vollzugsdefizits vorliegen.[589] Der allgemeine Gleichheitssatz des Art. 3 Abs. 1 GG fordert im Ergebnis jedoch nicht von jedem Steuerpflichtigen den „gleichen Betrag“ zur Finanzierung der Gemeinlasten, sondern eine gleichmäßige Finanzierung der Gemeinlasten je nach der finanziellen Leistungsfähigkeit,[590] so dass die finanzielle Leistungsfähigkeit im Steuerrecht nachfolgend gesondert zu betrachten ist.

a) Finanzielle Leistungsfähigkeit

aa) Grundsatz

Als grundlegendes Prinzip der Steuergerechtigkeit zur bereichsspezifischen Ausgestaltung des Gleichheitssatzes im Steuerrecht gilt die Besteuerung nach der finanziellen beziehungsweise wirtschaftlichen Leistungsfähigkeit und ist von Rechtsprechung[591] und Literatur[592] anerkannt.[593] Das „Interesse verfassungsrechtlich

---

585 BVerfGE 84, 239 (269–271); BVerfGE 66, 214 (233); BVerfGE 47, 1 (29); BVerfGE 13, 181 (202).

586 Z. B. BVerfGE 152, 274 (313 f.); BVerfGE 145, 106 (143 f.).

587 Z. B. BVerfGE 122, 210 (230 f.).

588 Z. B. BVerfGE 152, 274 (313 f.); BVerfGE 145, 106 (144 f.); BVerfGE 122, 210 (230); BVerfGE 116, 164 (180 f.); vgl. auch BStBl. II 2021, 562 (566).

589 BVerfGE 110, 94 (112 f.); BVerfGE 84, 239 (283 f.).

590 BVerfGE 117, 1 (31); vgl. BVerfGE 93, 121 (135).

591 Z. B. BVerfGE 152, 274 (311); BVerfGE 145, 106 (142 f.).

592 Z. B. *Birk*, StuW 2000, 328 (329); *Hey*, in: Tipke/Lang, Rn. 3.48; *Lang*, DStJG 2001, 49 (55–58); *Osterloh*, in: Sachs, GG, Art. 3 Rn. 134; *Ratschow*, in: Brandis/Heuermann, EStG, § 2 Rn. 11 f.

593 Vgl. z. B. *Jarass*, in: Jarass/Pieroth, GG, Art. 3 Rn. 52, 57 f.; *Recnik*, S. 54.

gebotener steuerlicher Lastengleichheit" konkretisiert sich in der Ausgestaltung, dass „Steuerpflichtige bei gleicher Leistungsfähigkeit auch gleich hoch zu besteuern (horizontale Steuergerechtigkeit)" sind, „während (in vertikaler Richtung) die Besteuerung höherer Einkommen im Vergleich mit der Steuerbelastung niedriger Einkommen angemessen sein muss",[594] so dass sich nach dem Grundsatz der erforderlichen Lastengleichheit im Wege der Steuergerechtigkeit auf horizontaler Ebene ergibt, dass bei gleich hoher Leistungsfähigkeit Steuerpflichtige gleich hoch besteuert werden, und auf vertikaler Ebene die Besteuerung höherer Einkommen im Verhältnis zu niedrigeren Einkommen ausgewogen sein muss.[595] Daraus folgt, dass die Besteuerung nach der finanziellen Leistungsfähigkeit als geeigneter Vergleichsmaßstab im Rahmen der Prüfung des Art. 3 Abs. 1 GG heranzuziehen ist, so dass das Leistungsfähigkeitsprinzip im Einkommensteuerrecht besonders beachtet werden muss,[596] da sich das Prinzip der Leistungsfähigkeit im Ergebnis wiederum auf die Steuerbelastung auswirkt.[597] Denn dem allgemeinen Gerechtigkeitsempfinden der Rechtsordnung wird dadurch nachgekommen, dass ein Steuerzugriff nur im Rahmen des disponiblen Einkommens des Steuerpflichtigen erfolgt und zugleich die Steuerlast gleichheitsgerecht auf die Steuerpflichtigen verteilt.[598] Im Ergebnis erhält das Leistungsfähigkeitsprinzip somit seine konkrete Gestalt hauptsächlich durch den allgemeinen Gleichheitssatz des Art. 3 Abs. 1 GG, erfährt jedoch ebenfalls Beachtung in den Art. 6 Abs. 1, 12 Abs. 1 und 14 Abs. 1, 2 GG und ferner findet das Leistungsfähigkeitsprinzip wiederum auf alle Steuerarten Anwendung[599], ist jedoch besonders bei den direkten Steuern und insbesondere im Einkommensteuerrecht stark durch die horizontale und vertikale Steuergerechtigkeit ausgeprägt; zudem gilt hinsichtlich der konkreten Steuerlast eines Steuerpflichtigen zwar keine allgemeine „Obergrenze", indes ist eine durch „sachgerechten Vergleich" abgewogene Leistungsfähigkeitsgrenze, die durch Wertung des Einzelfalls bestimmt wird und dann eine Verletzung des Leistungsfähigkeitsprinzips darstellt, zu ermitteln.[600] Der früher vertretene Ansatz des BVerfG zur Festlegung einer Obergrenze nach der Halbteilung, also maximal 50 % Belastung, wurde vom BVerfG wieder aufgegeben[601], stellt gleichwohl einen geeigneten Maßstab dar, ab dem eine Leistungsfähigkeitsverletzung im Einzelfall eintreten könnte, aber in jedem Fall stellen die

594 BVerfGE 152, 274 (313); BVerfGE 145, 106 (142 f.).

595 Z. B. BVerfGE 122, 210 (230 f.); BVerfGE 116, 164 (180 f.).

596 BVerfGE 82, 60 (86); BVerfGE 66, 214 (222–224); BVerfGE 43, 108 (120).

597 *Gersch*, in: Klein, AO, § 3 Rn. 14.

598 Vgl. z. B. BVerfGE 112, 268 (279 f.).

599 BVerfGE 93, 121 (134 f.).

600 *Gersch*, in: Klein, AO, § 3 Rn. 14, 16; die Ausführungen zum Leistungsfähigkeitsprinzip sind daher in Zusammenhang mit Art. 3 I GG erfolgt und wurden nicht vorweg dargestellt.

601 BVerfGE 93, 121 (136–139).

Übermaßbesteuerung beziehungsweise die Erdrosselungsbesteuerung sowie die Besteuerung des Grundbedarfs eine solche Grenzverletzung dar.[602]

bb) Konkrete Ausgestaltung

Das Gebot der gerechten steuerlichen Lastenverteilung fordert im Hinblick auf die Ausgestaltung einer Steuer hingegen, dass diese am Steuergegenstand ausgerichtet ist, eine gleichheitsgerechte Lastenverteilung gewährleistet und Ausnahmen nur mit besonderem sachlichem Grund zulässt, soweit die Ausgestaltung folgerichtig erfolgt.[603] Denn „bei Ausgestaltung des steuerrechtlichen Ausgangstatbestands muss die einmal getroffene Belastungsentscheidung folgerichtig im Sinne der Belastungsgleichheit umgesetzt werden" und „Ausnahmen von einer solchen folgerichtigen Umsetzung bedürfen eines besonderen sachlichen Grund[s]"[604], so dass die Ermessensentscheidung des Gesetzgebers, wie dieser konkret eine Steuererhebung ausgestalten darf, weiter eingeschränkt wird. Im Ergebnis sind die beiden Grundsätze der finanziellen Leistungsfähigkeit und der Folgerichtigkeit eng miteinander verbunden, da hierdurch festgelegt wird, welche Aufwendungen belastungsmindernd hinsichtlich der Steuerlast anerkannt werden und zur Festlegung der Berücksichtigung von Aufwendungen ist nicht nur die bloße Unterscheidung zwischen betrieblicher und privater Aufwendung ausschlaggebend, sondern der Unterschied zwischen freiwilligen (beziehungsweise beliebigen) oder zwangsläufigen (beziehungsweise pflichtgemäßen) Aufwendungen spielt ebenso eine Rolle[605], so dass das Leistungsfähigkeitsprinzip gerade auf „die sach- und personenbezogenen Verhältnisse des Steuerpflichtigen" abstellt.[606] Das Leistungsfähigkeitsprinzip erhält somit seine konkrete Ausgestaltung durch das objektive und subjektive Nettoprinzip, da nach dem Nettoprinzip einerseits die „erwerbssichernden" und andererseits die „existenzsichernden" Aufwendungen abzuziehen sind, so dass das steuerbare Einkommen als Nettogröße verstanden wird.[607] Es unterliegt allgemein nur das Nettoeinkommen, somit der Saldo zwischen den „Erwerbseinnahmen einerseits und den (betrieblichen/beruflichen) Erwerbsaufwendungen sowie den (privaten) existenzsichernden Aufwendungen andererseits", als Ergebnis der Einkommensteuer, so dass grundsätzlich „Aufwendungen für die Erwerbstätigkeit gem. §§ 4, 9 EStG und existenzsichernde Aufwendungen im Rahmen von Sonderausgaben, Familienleistungsausgleich und außergewöhnlichen Belastungen

---

602 *Gersch*, in: Klein, AO, § 3 Rn. 16.

603 Z. B. BVerfGE 152, 274 (313 f.); BVerfGE 145, 106 (144 f.); BStBl. II 2021, 562 (566); BStBl. II 2012, 603 (607).

604 Vgl. z. B. BVerfGE 152, 274 (313 f.); BVerfGE 145, 106 (144 f.); auch etwa BVerfGE 122, 210 (230 f.); BVerfGE 116, 164 (180 f.); BStBl. II 2021, 562 (566).

605 BVerfGE 107, 27 (50, 52–54).

606 Z. B. *Gersch*, in: Klein, AO, § 3 Rn. 18.

607 Z. B. *Recnik*, S. 55; *Weber-Grellet*, S. 176–178.

gem. §§ 10 ff., 31 f., 33 ff. EStG" steuerliche Beachtung finden im Gegensatz zu Aufwendungen für die private Lebensführung nach § 12 Abs. 1 EStG.[608] Durch die Möglichkeit des Abzugs dieser Aufwendungen wird einer gleichheitsgerechten Besteuerung nach der tatsächlichen wirtschaftlichen als finanzielle Leistungsfähigkeit Rechnung getragen, so dass das Nettoprinzip als Eckpfeiler der Einkommensteuer gilt und nicht zur „Disposition des Gesetzgebers steht"[609].[610] Denn nur so kann die tatsächliche persönliche Steuerlast zutreffend ermittelt werden, da unter anderem „zwingend zu tätigende Aufwendungen" im Privatbereich nicht steuerlich mit einer Doppelbelastung erfasst werden.[611] Einerseits werden die Aufwendungen nicht zum Abzug zugelassen und anderseits erhöht sich die Steuerbelastung dadurch insgesamt progressiv. Ein Verlust, der im Privatvermögen erlitten wurde, setzt gerade hier an, da auf tatsächlicher Ebene ein Weniger an Vermögensstamm insgesamt für den Veräußerungsvorgang zur Verfügung steht sowie ein Verlust aus einem tatsächlichen Werbungskostenüberhang hinsichtlich der laufenden Erträge vorliegen kann. Werden solche Verluste jedoch seit Einführung der Abgeltungsteuer nun nicht (mehr) steuerlich anerkannt oder durch die Verlustverrechnung eingeschränkt, so erweckt dies den Anschein, dass das Nettoprinzip durch die Abgeltungsteuer ausgehebelt wird und so einen Verstoß gegen das Gebot der Leistungsfähigkeit darstellt. Hinsichtlich einzelner Maßnahmen des Gesetzgebers in der Vergangenheit zeichnet sich ebenfalls ab, dass „immer häufiger" gegen das Leistungsfähigkeitsprinzip verstoßen wird, wie zum Beispiel im Rahmen des Werbungskostenabzugs für ein Erststudium sowie bei der Kürzung der Pendlerpauschale.[612]

cc) *Fazit*

Im Ergebnis misst das BVerfG dem Leistungsfähigkeitsprinzip Verfassungsrang zu, da es den allgemeinen Gleichheitssatz mit dem Gebot der Besteuerung nach der wirtschaftlichen Leistungsfähigkeit gleichsetze beziehungsweise daran ausrichte.[613] Eine alleinige Differenzierung zwischen privatem und beruflichem Veranlassungsgrund für Aufwendungen ist nicht ausreichend, sondern der Gesetzgeber hat zudem zu beachten, ob die private Einkommensverwendung zwangsläufig beziehungsweise pflichtgemäß oder frei beziehungsweise beliebig erfolgt, so dass der Gesetzgeber die angeführten Rechtfertigungsgründe im „Lichte betroffener Grundrechte differenziert zu würdigen" hat.[614] Ferner ist festzuhalten, dass

608 BVerfGE 152, 274 (316 f.); BVerfGE 122, 210 (233 f.).
609 Z. B. *Hey*, in: Tipke/Lang, Rn. 8.54.
610 *Klotz*, S. 70.
611 In diese Richtung *Recnik*, S. 55.
612 *Gersch*, in: Klein, AO, § 3 Rn. 18.
613 Z. B. BVerfGE 152, 274 (311).
614 Z. B. BVerfGE 152, 274 (318 f.); BVerfGE 122, 210 (234 f.).

hinsichtlich der Besteuerung von Vermögen die Ertragsfähigkeit des Vermögensstamms als Leistungsfähigkeit gilt.[615]

b) Objektives Nettoprinzip

Zur Erfassung des verfügbaren Einkommens eines Steuerpflichtigen müssen die Aufwendungen von den Erwerbseinnahmen abgezogen werden, da diese dem Steuerpflichtigen auf der Einnahmeseite fehlen, so dass der Steuerpflichtige dadurch objektiv nicht leistungsfähig ist.[616] Demnach unterwirft das objektive Nettoprinzip nur das verfügbare Einkommen, folglich nach Abzug der Betriebsausgaben und Werbungskosten, der Besteuerung.[617] Denn das objektive Nettoprinzip wird in § 2 Abs. 2 EStG „verortet" und alle Einkünfte sind als „Reineinkünfte" zu verstehen, da die Erwerbsaufwendungen, also die Betriebsausgaben bei den Gewinneinkünften und die Werbungskosten bei den Überschusseinkünften abzugsfähig sind.[618] Daher gilt als Ausdruck persönlicher Leistungsfähigkeit der Werbungskostenabzug, der gerade durch das objektive Nettoprinzip das wirtschaftliche Ergebnis der Erwerbstätigkeit widerspiegelt,[619] so dass hinsichtlich der Übertragung auf Verluste, die, wie aufgezeigt, gerade durch den Abzug von Erwerbsaufwendungen entstehen können, das objektive Nettoprinzip verlangt, dass diese bei Ermittlung der Bemessungsgrundlage berücksichtigt werden und die Steuerlast mindern.[620] Folglich führen Einschränkungen des Erwerbsaufwendungsabzugs und des Verlustausgleichs zur Beschränkung des objektiven Nettoprinzips.[621] Darüber hinaus ordnet der Gesetzgeber über das Veranlassungsprinzip, wie schon erläutert, im Rahmen des objektiven Nettoprinzips dann die konkreten Aufwendungen dem privaten oder beruflichen Bereich zu.[622] Jedoch erfuhr das objektive Nettoprinzip ebenfalls in der Vergangenheit zahlreiche Einschränkungen und Durchbrechungen, wie zum Beispiel die einfachgesetzlichen Abzugsverbote in § 4 Abs. 5 EStG.[623] Eine „ideale Verwirklichung des Leistungsfähigkeitsprinzips" und somit des objektiven Nettoprinzips ist nicht möglich, so dass zur Erreichung dieser Maßgabe das Gebot der Folgerichtigkeit heranzuziehen ist, da die Probleme in der Umsetzung darin liegen, dass die richtige Erfassung der persönlichen Leistungsfähigkeit über Typisierungen, Pauschalisierungen und Schätzungen in der Praxis erfolgt[624] und

615 *Gersch*, in: Klein, AO, § 3 Rn. 14.
616 *Recnik*, S. 55.
617 *Birk/Desens/Tappe*, Rn. 615 f.
618 *Görke*, DStR 2009, Beihefter zu Heft 34, 106 (106).
619 *Hey*, in: Tipke/Lang, Rn. 8.54.
620 Vgl. auch *Birk/Desens/Tappe*, Rn. 615–618.
621 *Görke*, DStR 2009, Beihefter zu Heft 34, 106 (106).
622 BVerfGE 152, 274 (317); BVerfGE 122, 210 (233 f.).
623 *Paetsch*, DStR 2009, Beihefter zu Heft 34, 78 (82).
624 So in etwa *Gersch*, in: Klein, AO, § 3 Rn. 18.

so im Einzelfall zur Verletzung beziehungsweise Ungerechtigkeiten führen kann. Denn der Gesetzgeber kann das objektive Nettoprinzip bei „Vorliegen gewichtiger Gründe durchbrechen und sich dabei generalisierender, typisierender und pauschalierender Regelungen bedienen“, jedoch nur, soweit schon das objektive Nettoprinzip im Zusammenspiel mit dem Gebot der Folgerichtigkeit nicht verletzt ist, sondern die Ausnahme „von der folgerichtigen Umsetzung der mit dem objektiven Nettoprinzip getroffenen Belastungsentscheidung“ durch einen „besonderen, sachlich rechtfertigenden Grun[d]“ gerechtfertigt wird.[625]

aa) Rechtliche Einordnung

Hinsichtlich der rechtlichen Einordnung des objektiven Nettoprinzips ist fraglich, ob diesem Verfassungsrang zukommt oder ob es sich nur um eine „einfachgesetzliche Systemwahl“ handelt.[626] Das BVerfG sieht zwar in dem objektiven Nettoprinzip ein „systemtragendes Prinzip“ für die Einkommensteuer, ordnet es jedoch bis dato nur dem einfachgesetzlichen Recht aufgrund seiner Verankerung in § 2 Abs. 2 EStG zu[627] und hat die Frage nach dem Verfassungsrang bislang noch nicht entschieden.[628] Die herrschende Meinung in der Literatur misst dem objektiven Nettoprinzip Verfassungsrang zu, da es sich nach einem Begründungsansatz um ein erforderliches Unterprinzip des Leistungsfähigkeitsprinzips handelt, das als Ausfluss des Leistungsfähigkeitsprinzips einen grundlegenden Eckpfeiler des Einkommensteuerrechts ausmache[629] und aufgrund der Gleichsetzung mit dem allgemeinen Gleichheitssatz des Art. 3 Abs. 1 GG Verfassungsrang innehabe.[630] Als weitere Begründungsansätze dieser These wird einerseits ein „finanzverfassungsrechtlicher Ansatz“ angeführt, der aus der traditionellen Begrifflichkeit des Art. 106 GG ableitet, dass zwischen Einkommensteuer und Umsatzsteuer unterschieden wird und eine komplette Bruttobesteuerung der Einkommensteuer faktisch zu einer „verfassungsrechtlich unzulässig zweiten Umsatzsteuer“ führen würde;[631] andererseits wird an das Grundrecht des Art. 14 Abs. 1, 2 GG angeknüpft, so dass in diesem Rahmen ein Eingriff in die geschützte, notwendige Einkunftsquelle des

625 Z. B. BVerfGE 122, 210 (234); vgl. auch BStBl. II 2021, 562 (566 f.).

626 *Seiler*, DStJG 2011, 61 (63).

627 *Recnik*, S. 56; *Tipke*, BB 2007, 1525 (1527).

628 Ausdrücklich BVerfGE 126, 268 (279 f.); *Hey*, in: Tipke/Lang, Rn. 8.55.

629 Vgl. auch z. B. *Birk*, StuW 2000, 328 (331); *Hey*, DStR 2009, Beihefter zu Heft 34, 109 (110); *dies.*, in: Tipke/Lang, Rn. 8.54 f.; *Klein*, DStZ 1995, 630 (630); *Krüger*, in: Schmidt, EStG, § 9 Rn. 1; *Palm*, DStR 2002, 152 (154); *Schön*, FR 2001, 381 (382–384); *Tipke*, BB 2007, 1525 (1526 f.); *Wendt*, DStJG 2005, 41 (50 f.); ebenso *Lehner*, DStR 2009, 185 (185 f., 190), der das obj. NP jedenfalls in Art. 14 GG verortet.

630 Vgl. z. B. *Schön*, FR 2001, 381 (382).

631 Vgl. *Drüen*, StuW 2008, 3 (7 f.); auch in etwa *Englisch*, DStR 2009, Beihefter zu Heft 34, 92 (92 f.); *Klotz*, S. 131.

Erwerbeinkommens unter Missachtung des objektiven Nettoprinzips zur „Erdrosselung“ der wirtschaftlichen Betätigung führen kann.[632] Andere hingegen sehen in dem objektiven Nettoprinzip nur eine Ermittlungsmethode des disponiblen Einkommens, so dass das Ergebnis der Ermittlung die verfassungsrechtlichen Grundsätze zwar beachten muss, jedoch daraus kein Verfassungsrang des objektiven Nettoprinzips selbst abgeleitet werden kann.[633]

bb) Fazit

Durch Einführung der Abgeltungsteuer gewinnt die Frage nach der rechtlichen Einordnung des objektiven Nettoprinzips an Bedeutung, da gerade die Verlustverrechnungsbeschränkungen und das tatsächliche Werbungskostenabzugsverbot durch den Sparer-Pauschbetrag zu einer Aushebelung des objektiven Nettoprinzips und dadurch zu einem „Frontalangriff“ auf das objektive Nettoprinzip mit seiner Hauptaussage führt, und es bleibt nicht mehr nur bei vereinzelnden Durchbrechungen des objektiven Nettoprinzips, sondern führt faktisch zu einer allgemeinen Durchbrechung, also einer Abschaffung im Rahmen einer ganzen Einkunftsart, so dass die rechtliche Einordnung als verfassungsmäßig garantiertes Prinzip relevant ist, da ansonsten hinsichtlich der Kapitaleinkünfte oder der anderen Einkunftsarten der Abschaffung des grundlegenden Strukturprinzips mit hinreichenden Rechtfertigungsgründen Tür und Tor geöffnet wird und es beliebig ausgehebelt werden kann.[634] Im Ergebnis ist somit dem objektiven Nettoprinzip Verfassungsrang einzuräumen. Denn nur so kann der Gesetzgeber zur Wahrung des Grundrechtsschutzes im Steuerrecht allgemein und nicht dessen weiterer Aufweichung bewegt werden.[635] Es besteht ansonsten die Gefahr, dass sich die Einkommensteuer zu einer reinen Bruttobesteuerung wandelt und nur noch mit einer Umsatzsteuer vergleichbar wäre. Eine weitere Herleitung des objektiven Nettoprinzips als Verfassungsrang erfolgt durch einen Vergleich zu dem subjektiven Nettoprinzip, dem Verfassungsrang eingeräumt wird[636], wie sich nachfolgend zeigt, denn eine Unterscheidung beider Subprinzipien des Leistungsfähigkeitsprinzips erscheint nicht gerechtfertigt, da gerade die soziale Marktwirtschaft ein prägendes Element des deutschen Staates ist, so dass unersichtlich bleibt, wieso nur die „wirtschaftliche Existenz“ bis zum Existenzminimum und nicht an sich insgesamt verfassungsrechtlich geschützt sein soll.[637] Nach Ansicht von *Klotz* findet sich ein geeigneter Anknüpfungspunkt zur Tragfähigkeit beider Subprinzipien in der garantierten

---

632 Z. B. *Englisch*, DStR 2009, Beihefter zu Heft 34, 92 (94); *Lehner*, DStR 2009, 185 (190 f.).

633 *Heuermann*, FR 2012, 435 (436, 438 f.); *Schneider*, DStR 2009, Beihefter zu Heft 34, 87 (89).

634 *Klotz*, S. 133.

635 Vgl. z. B. *Lang*, StuW 2007, 3 (15).

636 **Kritisch** *Hey*, in: Tipke/Lang, Rn. 8.77–8.80.

637 *Klotz*, S. 134; **a. A.** *Schneider*, DStR 2009, Beihefter zu Heft 34, 87 (88 f.).

Menschenwürde des Art. 1 Abs. 1 GG, dass der Steuerpflichtige nicht „Objekt staatlicher Geldgier" wird, indem gerade existenzsichernde und die wirtschaftliche Existenz erwerbssichernde Aufwendungen anerkannt werden, und ferner ergibt sich aus der Natur der Sache, dass das objektive Nettoprinzip als Subprinzip der finanziellen Leistungsfähigkeit vornehmlich unter Art. 3 Abs. 1 GG zu verorten ist, da, wie bereits aufgezeigt, das Leistungsfähigkeitsprinzip seine Hauptentfaltung im allgemeinen Gleichheitssatz hat sowie eine Einordnung des objektiven Nettoprinzips unter das Freiheitsrecht des Art. 14 Abs. 1, 2 GG erst Wirkung entfalten würde und grundsätzlich nicht zur Verfügung stünde, soweit ein Eingriff nicht unverhältnismäßig wäre.[638]

c) Subjektives Nettoprinzip

Das subjektive Nettoprinzip als weiteres Unterprinzip des Leistungsfähigkeitsprinzips führt zur Minderung der Bemessungsgrundlage durch unvermeidbare Privatausgaben.[639] Danach sind jegliche Aufwendungen von dem Einkommen abzuziehen, die in Zusammenhang mit der Existenzsicherung sowie Familienerhaltung stehen, denn diese Aufwendungen mindern das disponible Einkommen aus existenzsichernder und familiärer Notwendigkeit heraus und schränken den Steuerpflichtigen in seiner subjektiven Leistungsfähigkeit ein,[640] da im konkreten Einzelfall dem Steuerpflichtigen nach Entrichtung seiner Einkommensteuer vom Einkommen so viel verbleiben muss, dass er den notwendigen Lebensunterhalt für sich und seine Familie aufbringen kann,[641] so dass dadurch dem allgemeinen Gerechtigkeitsempfinden Rechnung getragen wird. Denn das BVerfG beruft sich in diesem Zusammenhang auf das subjektive Nettoprinzip und fordert im Rahmen der Ausgestaltung der Steuerlast die „steuerliche Verschonung des Existenzminimums des Steuerpflichtigen und seiner unterhaltsberechtigten Familie zu beachten".[642] Es sind die persönlichen Verhältnisse im Zusammenhang mit der Leistungsfähigkeit zu würdigen.[643] Daher müssen zum Beispiel besonders die Aufwendungen für Kinder wie Unterhaltsaufwendungen[644] oder Aufwendungen für Betreuungs- und Erziehungsbedarf[645] vom steuerbaren Einkommen abgezogen werden, so dass dem Steuerpflichtigen mindestens ein Existenzminimum verbleibt, dessen Untergrenze der Sozialhilfesatz zur Deckung des Lebensbedarfes darstellt.[646] Das subjektive

638 *Klotz*, S. 135.
639 Vgl. BVerfGE 152, 274 (318 f.); *Gersch*, in: Klein, AO, § 3 Rn. 18.
640 *Hey*, in: Tipke/Lang, Rn. 8.42 f., als sog. privates oder subjektives NP; *Jakob*, Rn. 24.
641 BVerfG BStBl. II 1993, 413 (418); BFH/NV 2014, 1970 (1975 f.).
642 StRspr.; z. B. BVerfGE 122, 210 (234).
643 Auch z. B. *Wernsmann*, in: Hübschmann/Hepp/Spitaler, AO, § 4 Rn. 504.
644 Z. B. BVerfGE 99, 273 (276–278).
645 Z. B. BStBl. II 2012, 816 (819).
646 *Gersch*, in: Klein, AO, § 3 Rn. 18.

Nettoprinzip erfährt konkret seine Ausgestaltung durch den Grundfreibetrag und den Abzug außergewöhnlicher Belastungen, so dass zwingende Privataufwendungen hierdurch die Steuerlast mindern.[647] Die Sicherung des Existenzminimums wird einerseits über den Grundfreibetrag des § 32a Abs. 1 S. 2 Nr. 1 EStG typisierend berücksichtigt, andererseits wird das subjektive Nettoprinzip einfachgesetzlich in § 2 Abs. 4, 5 EStG umgesetzt, um existenzsichernde Aufwendungen berücksichtigen zu können.[648] Ferner beruht das subjektive Nettoprinzip auf verschiedenen Grundrechtsnormen, lässt sich aber ebenfalls dem Leistungsfähigkeitsprinzip entnehmen;[649] zudem wird dem subjektiven Nettoprinzip eben Verfassungsrang eingeräumt.[650]

d) Gebot der Folgerichtigkeit

Wie bereits ausgeführt, hat der Gesetzgeber bei der „Auswahl des Steuergegenstands" sowie der Festlegung der Besteuerungshöhe einen „weitreichenden Entscheidungsspielraum", so dass er frei in seiner Wahl ist, ob er bestimmte Steuerquellen erschließen will oder nicht.[651] Hat der Gesetzgeber jedoch die Ausgestaltung einer Belastungsentscheidung dem Grunde nach getroffen, so hat er diese gemäß dem allgemeinen Gleichheitssatzes im Wege der Belastungsgleichheit folgerichtig umzusetzen.[652] Das Gebot der Folgerichtigkeit legt somit fest, dass die einmal getroffene Ausgestaltung einer Belastungsentscheidung vom Gesetzgeber genauso weiterzuverfolgen ist, wie diese ursprünglich ausgestaltet wurde. Daher wird der Gesetzgeber durch die Bindung an das Gebot der Folgerichtigkeit erheblich in seinem steuerlichen Gestaltungsspielraum eingeschränkt. Jedoch erfährt das Gebot der Folgerichtigkeit Einschränkungen, da eine Nichtumsetzung „nur" eines besonders sachlichen Grunds bedarf.[653] Denn nicht jede Durchbrechung des Grundsatzes dieses Systems führt zu einer relevanten Ungleichbehandlung und Verletzung des Gleichheitssatzes des Art. 3 Abs. 1 GG, soweit im Einzelfall eine Ungleichbehandlung durch außerfiskalische Förderungs- beziehungsweise Lenkungszwecke oder Vereinfachungen und Typisierungen geboten ist,[654] da sich ausreichend unterschiedliche Handhabung vergleichbarer Sachverhalte durch

---

647 *Görke*, DStR 2009, Beihefter zu Heft 34, 106 (106).

648 Ebenso *Recnik*, S. 57.

649 Ebenfalls z. B. auf den grundrechtlichen Wertungen des Art. 6 I, 12 I, 20 I GG.

650 BVerfGE 110, 412 (433 f.); BVerfGE 107, 27 (48 f.); *Klotz*, S. 126.

651 StRspr.; zuletzt BVerfGE 152, 274 (313 f.); BVerfGE 148,147 (184 f.); BVerfGE 145, 106 (143 f.); vgl. auch BStBl. II 2021, 562 (566).

652 Z. B. BVerfGE 152, 274 (313 f.); BVerfGE 145, 106 (144 f.); BVerfGE 122, 210 (230 f.); BVerfGE 116, 164 (180 f.); vgl. auch BStBl. II 2021, 562 (566).

653 StRspr.; zuletzt BVerfGE 152, 274 (313 f.); BVerfGE 148,147 (184 f.); BVerfGE 145, 106 (144 f.).

654 *Gersch*, in: Klein, AO, § 3 Rn. 17.

sachgerechte Erwägungen, wie zum Beispiel finanzpolitischer, sozialpolitischer, volkswirtschaftlicher oder steuertechnischer Art, ergeben.[655] In diesem Zusammenhang ist sich vor Augen zu führen, dass der Gesetzgeber aufgrund der Verfassungsbefugnis einerseits ohne Weiteres neue Regelungen treffen kann, ohne an das Gebot der Folgerichtigkeit an die Grundentscheidung gebunden zu sein, soweit ein völlig neuartiges Regelwerk auf den Weg gebracht wird, und andererseits ist die Veränderung von nur punktuellen Maßnahmen in diesem Zusammenhang nicht ausreichend, da ansonsten jede nur punktuelle Maßnahme von der Grundentscheidung als neues Regelwerk angesehen werden könnte und somit das Gebot der Folgerichtigkeit aushebeln würde.[656] Von einer punktuellen Maßnahme ist auszugehen, soweit eine abweichende Belastungsentscheidung von der Grundentscheidung in nur einem schmalen Teilbereich verwirklicht wurde.[657] Das BVerfG lässt durch die Veränderung einer nur punktuellen Maßnahme jedoch einen „Systemwechsel" von der Grundentscheidung ohne Verletzung des Folgerichtigkeitsgebots zu, soweit die damit verfolgten Regelungsziele konsequent und nicht widersprüchlich weiterverfolgt werden.[658]

e) Fazit

Es ergeben sich durch die Einführung der Abgeltungsteuer hinsichtlich der Verluste aus privaten Aktienbeteiligungen verschiedenste Ungleichbehandlungen und Neuerungen, so dass erstmal fraglich ist, ob ein vollständiger Systemwechsel zu einer absolut reinen Schedulensteuer durch Ersetzung des ursprünglichen Systems oder nur ein partieller Systembruch des synthetischen Ansatzes der Einkommensteuer durch die Kapitalertragsbesteuerung seitens des Gesetzgebers erfolgte, dieser jedoch insgesamt den synthetischen Ansatz weiterverfolgt, so dass im letzteren Fall jedenfalls die relevanten Änderungen der zugehörigen Verluste, am steuerspezifischen Maßstab der Konkretisierung des allgemeinen Gleichheitssatzes nach Art. 3 Abs. 1 GG zu messen sind.[659] Daher ist grundsätzlich nach der Vereinbarkeit eines Systemwechsels von der synthetischen Einkommensteuer hin zu einer möglicherweise reinen und vollständig ersetzenden Schedulensteuer mit eigenem Tarif sowie der umfänglichen Steuerverstrickung des Veräußerungstatbestands aus privaten Aktiengeschäften einzugehen.[660] Ferner führt die Einschränkung des grundsätzlichen Besteuerungsmaßstabs mit der Ausrichtung an der wirtschaftlichen Leistungsfähigkeit durch das Werbungskostenabzugsverbot in § 20 Abs. 9 EStG sowie der eingeschränkten Verlustverrechnung zu einer systemimmanenten

---

655 BVerfGE 105, 17 (46 f.); BVerfGE 65, 325 (354); BVerfGE 49, 343 (360).
656 Auch *Recnik*, S. 59.
657 BVerfGE 122, 210 (242 f.).
658 Z. B. *Drüen*, Ubg 2009, 23 (27); *Hey*, DStR 2009, 2561 (2564).
659 Vgl. z. B. *Recnik*, S. 60, *Strohm*, S. 123.
660 Auch *Weber-Grellet*, NJW 2008, 545 (547 f.).

Bruttobesteuerung und möglicherweise – im Kontext dieser Arbeit indes nur noch in Bezug auf die Verlustverrechnungsbeschränkungen – dadurch zu einem Verstoß gegen das objektive, wie auch das subjektive Nettoprinzip.[661] Zudem ist dadurch eine verfassungsrechtliche Überprüfung auch der allgemeinen Punkte der Abgeltungsteuer teilweise notwendig, um in einem zweiten Schritt diese Ergebnisse und Wertungen speziell auf Verluste im Rahmen dieser Arbeit übertragen zu können.

3. Rechtfertigung

Nachdem sich im Rahmen der Vergleichsgruppenbildung des Art. 3 Abs. 1 GG tatsächlich allein schon eine Abweichung durch verschiedene Tatbestände in der Erfassung von Sachverhalten und Personengruppen aus der Natur der Sache ergibt, stellt nicht jede formale Ungleichbehandlung eine Verletzung des Gleichheitssatzes nach Art. 3 Abs. 1 GG dar, sondern eine Verletzung liegt erst vor, wenn die Ungleichbehandlung nicht verfassungsrechtlich gerechtfertigt werden kann.[662] Das BVerfG zog früher allein zur Überprüfung einer Verletzung des Gleichheitssatzes die sogenannte Willkürformel heran, die im Ergebnis nur feststellte, ob eine offensichtliche und ursächliche Ungleichbehandlung vorliegt.[663] Eine Verletzung lag insbesondere vor, wenn sich ein „vernünftiger" oder „sachlich einleuchtender Grund für die gesetzliche Differenzierung oder Gleichbehandlung nicht finden lässt",[664] wobei als Rechtfertigungsgrund wiederum jegliche „vernünftige Erwägung" in Betracht kommt,[665] so dass der Gesetzgeber nicht die gerechteste oder zweckmäßigste Entscheidung treffen muss.[666] Die Willkürformel wurde mit der Zeit durch die „Neue Formel" seitens des BVerfG ergänzt, die nicht mehr nur auf die „Evidenz" der Ungleichbehandlung abstellt, sondern abwägt, ob der rechtfertigende Grund in einem angemessenen Verhältnis zur Ungleichbehandlung steht.[667] Das BVerfG hält nun eine Verletzung des Gleichheitssatzes für gegeben, soweit zwei Gruppen von Normadressaten verschieden behandelt werden, obwohl „keine Unterschiede von solcher Art und solchem Gewicht bestehen", dass sie eine

---

661 Ebenso z. B. *Eckhoff*, FR 2007, 989 (994). Das tatsächliche Werbungskostenabzugsverbot des § 20 IX EStG hat für diese Arbeit keine bedeutende Relevanz mehr, vgl. Kap. 1, III. 2. c) aa) und Kap. 2, I. 4. b) bb) (1) (b); vordergründig trifft die relevante Verlustproblematik ebenfalls nicht auf das subj. NP zu.

662 Vgl. *Wernsmann*, in: Hübschmann/Hepp/Spitaler, AO, § 4 Rn. 434.

663 BVerfGE 89, 132 (140 f.); BVerfGE 55, 72 (89 f.); BVerfGE 23, 135 (143–145); BVerfGE 12, 326 (333).

664 BVerfGE 89, 132 (141 f.); BVerfGE 83, 1 (22 f.); BVerfGE 68, 37 (250 f.); BVerfGE 1, 14 (52 f.).

665 *Jarass*, in: Jarass/Pieroth, GG, Art. 3 Rn. 15.

666 BVerfGE 84, 348 (359); BVerfGE 83, 395 (401).

667 BVerfGE 102, 68 (87); BVerfGE 99, 165 (177 f.).

Ungleichbehandlung rechtfertigen.[668] Ferner dürfen die Rechtfertigungsgründe nicht im Widerspruch stehen, sondern müssen das Gesetzesvorhaben weiterverfolgen.[669] Im Ergebnis unterliegt somit die Ungleichbehandlung einer Verhältnismäßigkeitsprüfung, die festlegt, dass der verfolgte legitime Zweck nur gerechtfertigt ist, soweit die angeführten Gründe zur Erreichung des Differenzierungsziels geeignet, erforderlich und angemessen sind.[670] Aus den Anforderungen an die Geeignetheit ergibt sich das Gebot, dass das gewählte Mittel des Gesetzgebers nicht evident oder „schlechthin" ungeeignet zur Erreichung des Ziels ist, also der Willkür entgegentritt.[671] Im Rahmen der Erforderlichkeit wird vorausgesetzt, dass dem Staat kein milderes Mittel zur Zweckerreichung zur Verfügung steht.[672] Die Angemessenheit stellt die Verhältnismäßigkeitsprüfung im engeren Sinn dar, mit der eine Abwägung stattfindet, ob die Folgen der Ungleichbehandlung in einem ausgewogenen Verhältnis zum verfolgten Differenzierungsziel stehen.[673]

a) Rechtfertigungsmaßstab in Zusammenhang mit der Abweichung von der einmal getroffenen Belastungsentscheidung

Aus dem Erfordernis der Belastungsgleichheit durch Art. 3 Abs. 1 GG macht das BVerfG im Steuerrecht den bereichsspezifischen Rechtfertigungsmaßstab einer Ungleichbehandlung, wie bereits ausgeführt, in einem ersten Schritt an den Kriterien fest, ob es sich dem Grunde nach um eine Belastungsentscheidung oder um die Ausgestaltung einer Belastungsentscheidung handelt, denn dies folgt wiederum dem bereits angeführten Grundsatz, dass der Gesetzgeber bei der „Auswahl des Steuergegenstands und bei der Bestimmung des Steuersatzes einen weitreichenden Gestaltungsraum" hat, jedoch muss dieser „die einmal getroffene Belastungsentscheidung folgerichtig im Sinne der Belastungsgleichheit" umsetzen.[674] Daher reicht es bei Einführung einer neuen Belastungsentscheidung für die Rechtfertigung einer Ungleichbehandlung aus, dass der Gesetzgeber einen einleuchtenden sachlichen Grund anführt und somit wird der Rechtfertigungsgrund einer Ungleichbehandlung nur einer Willkürprüfung unterzogen, so dass

---

668 BVerfGE 102, 41 (54); BVerfGE 95, 39 (45); BVerfGE 84, 197 (199); BVerfGE 84, 348 (359); BVerfGE 55, 72(88).

669 BVerfGE 116, 164 (181 f.).

670 *Jarass*, in: Jarass/Pieroth, GG, Art. 3 Rn. 20–31; *Osterloh*, in: Sachs, GG, Art. 3 Rn. 19–24.

671 BVerfGE 65, 116 (126); vgl. auch z. B. *Osterloh*, in: Sachs, GG, Art. 3 Rn. 19.

672 BVerfGE 91, 389 (401 f.); vgl. auch z. B. *Jarass*, in: Jarass/Pieroth, GG, Art. 3 Rn. 22.

673 BVerfGE 108, 52 (67 f.); BVerfGE 103, 225 (235 f.); BVerfGE 102, 68 (87); auch z. B. *Jarass*, in: Jarass/Pieroth, GG, Art. 3 Rn. 22.

674 StRspr.; Vgl. z. B. BVerfGE 152, 274 (313 f.); auch BVerfGE 145, 106 (144 f.); BVerfGE 122, 210 (230 f.); BVerfGE 116, 164 (180 f.); BStBl. II 2021, 562(566).

eine gerichtliche Kontrolle nicht statthaft ist, soweit ein sachlicher Grund allgemein vorliegt.[675] Es kommt in diesem Fall gerade aufgrund der Verfassungsbefugnis des Gesetzgebers nicht darauf an, ob die Auswahl des Rechtfertigungsgrunds verhältnismäßig zur Maßnahme ist. Diese darf nur nicht willkürlich erfolgen. Hat der Gesetzgeber jedoch schon eine Belastungsentscheidung getroffen, indem er den Steuergegenstand ausgewählt sowie den Steuersatz festgelegt hat, wird der Gestaltungsspielraum durch eine folgerichtige Umsetzung zur Wahrung der Belastungsgleichheit eingeschränkt.[676] Eine Ungleichbehandlung bedarf dann der Rechtfertigung durch besondere sachliche Gründe.[677] Differenzierungsziele zur Rechtfertigung der Ungleichbehandlung, wie Lenkungs- und Förderzwecke sowie die Vereinfachung und Typisierung der Besteuerung, sind vom BVerfG als besondere sachliche Gründe anerkannt, denn „für die Anforderungen an Rechtfertigungsgründe für gesetzliche Differenzierungen kommt es – in einem zweiten Schritt – wesentlich darauf an, in welchem Maß sich die Ungleichbehandlung von Personen oder Sachverhalten auf die Ausübung“ im Rahmen der verfassungsrechtlich geschützten Grundrechte „auswirken kann“.[678] Die Rechtfertigungsgründe der Lenkungs- und Förderzwecke sowie die der Typisierung, die auf die Vereinfachung abzielt, sind somit einer umfassenden Verhältnismäßigkeitsprüfung zu unterziehen, so dass einerseits eine strengere Bindung an den Gleichheitssatz besteht, je größer die Ungleichbehandlung ist, und anderseits die vollzogenen Maßnahmen hinsichtlich der Vereinfachung geeignet, erforderlich und angemessen sind.[679] Im Ergebnis bedeutet dies, dass gerade auch eine Verhältnismäßigkeitsprüfung durchzuführen ist, soweit das Gebot der Folgerichtigkeit durchbrochen wurde.

Als Ergebnis der Verhältnismäßigkeitsprüfung kann indes hier schon festgehalten werden, dass einerseits eine nur systematische Unterscheidung der verschiedenen Einkunftsarten der Rechtfertigung einer Ungleichbehandlung nicht genügt.[680] Darüber hinaus liegt anderseits kein anerkannter Rechtfertigungsgrund vor, soweit zum Beispiel die Typisierung nur der Erhöhung des Steueraufkommens für den Fiskus dienen soll.[681]

b) Vereinfachung, Typisierung und Pauschalierung

Eine Verletzung des allgemeinen Gleichheitssatzes liegt – trotz des Erfordernisses der gleichmäßigen Anwendung steuerlicher Gesetze – nicht vor, sofern die

---

675 Vgl. BVerfGE 65, 325 (354 f.); BVerfGE 49, 343 (360 f.); BVerfGE 26, 302 (310).

676 Z. B. *Strohm*, S. 124.

677 StRspr.; zuletzt BVerfGE 152, 274 (313 f.); BVerfGE 148,147 (184 f.); BVerfGE 145, 106 (144 f.); BStBl. II 2021, 562 (566).

678 StRspr.; ausführlich z. B. BVerfGE 122, 210 (230–233).

679 Vgl. *Wernsmann*, in: Hübschmann/Hepp/Spitaler, AO, § 4 Rn. 449, 451, 454.

680 Z. B. BVerfGE 116, 164 (181); BVerfGE 105, 73 (125 f.).

681 BVerfGE 145, 106 (144 f.); auch z. B. *Gersch*, in: Klein, AO, § 3 Rn. 17.

Gesetzgebung persönliche Belastungen eines einzelnen Steuerpflichtigen durch Typisierung berücksichtigt, die dem materiellen Recht sachdienlich sind.[682] Denn dem Grundsatz der „Gleichheit im Belastungserfolg" hinsichtlich der Ausgestaltung von Steuernormen muss der Gesetzgeber nicht durch „eine immer mehr individualisierende und spezialisierende Gesetzgebung" nachkommen, sondern es genügt ein allgemeiner und unausweichlicher Belastungsgrund zur gleichmäßigen steuerlichen Erfassung, der durch einen typisierenden „Lebensvorgang" abgebildet wird, so dass nicht jede individuell gestaltbare Besonderheit berücksichtigt werden muss.[683] Des Weiteren reicht es aus, dass der Gesetzgeber von einem durch Erfahrungen zugrundeliegenden Gesamtbild ausgeht, dann „generalisierende, typisierende und pauschalierende Regelungen" verwendet und nicht „alleine schon wegen der damit unvermeidlich verbundenen Härten gegen den allgemeinen Gleichheitssatz" verstößt.[684] Denn nach dem Grundsatz, dass „jede gesetzliche Regelung" verallgemeinern muss, ergibt sich unabhängig von der Zweckverfolgung einer Steuernorm, dass der Gesetzgeber Vereinfachungen und Typisierungen verwenden darf.[685] Dies gilt zugleich für die Pauschalisierung.

Eine Typisierung liegt vor, soweit „bestimmte in wesentlichen Elementen gleich geartete Lebenssachverhalte normativ" zusammengefasst werden, wobei gerade Besonderheiten des Einzelfalls – die unter anderem dem Gesetzgeber auch geläufig sind – „generalisierend vernachlässigt" werden dürfen.[686] Zur Zulässigkeit und Festlegung einer Typisierung müssen die Vereinfachungen einer „möglichst breiten Beobachtung" zugrunde liegen, also einem umfassenden Gesamtbild, so dass alle betroffenen Gruppen und Regelungsgegenstände ausreichend gewürdigt werden und nicht gerade der Ausnahmefall als Idealfall angesehen wird.[687] Denn der Gesetzgeber ist „bei der Ordnung von Massenerscheinungen" berechtigt, die Masse an Einzelfällen mit einem Gesamtbild abzudecken, das aus seinen vorliegenden Erfahrungen darauf am besten zutrifft, jedoch so, dass der Regelfall auf eine „möglichst breite, alle betroffenen Gruppen und Regelungsgegenstände einschließende Beobachtung" aufbaut.[688] Grundsätzlich sind gerade nicht jegliche Besonderheiten durch Sonderregelungen zu erfassen, jedoch hat der Gesetzgeber darauf zu achten, dass er für eine „gesetzliche Typisierung keinen atypischen Fall als Leitbild" wählt,

---

682 BVerfGE 96, 1 (5 f.); vgl. auch BFH/NV 2018, 462 (463); BFH/NV 2017, 368 (369); *Gersch*, in: Klein, AO, § 3 Rn. 18.

683 BVerfGE 96, 1 (5 f.).

684 StRspr.; zuletzt BVerfGE 152, 274 (314); BVerfGE 145, 106 (145 f.); vgl. BStBl. II 2021, 562 (567).

685 BVerfGE 122, 210 (232 f.).

686 BVerfGE 152, 274 (314 f.); BVerfGE 145, 106 (146).

687 BVerfGE 122, 210 (232 f.); auch z. B. *Gersch*, in: Klein, AO, § 3 Rn. 17.

688 Z. B. BVerfGE 152, 274 (314 f.); BVerfGE 145, 106 (145 f.).

sondern den realitätsgerechten typischen Fall zugrunde legt.[689] Der Eingriff durch die Typisierung kann auch den verhältnismäßigen Härtefall erfassen, darf dann jedoch nur von geringer Intensität sein sowie nur eine geringe Anzahl an Personen berühren, so dass darauf aufbauend der Gesetzgeber seine sachliche Auswahl nach ausreichend abgewogenen Gründen zu treffen hat.[690] Es ist – gerade auch aus dem praktischen Blickwinkel der Verwaltung – zu prüfen, inwiefern der Härtefall durch entsprechende andere Maßnahmen vermieden werden kann, dennoch darf der Gesetzgeber im Ergebnis das Verfahren zur Verwirklichung des Steuertatbestands vereinfachen und die dem Gesetzgeber zugrundeliegenden personellen und finanziellen Mittel in die Abwägung mit einbeziehen, und ferner dient die Typisierung dem Steuerpflichtigen dazu komplizierte Sachverhalte nach Verständlichkeit und Übersichtlichkeit aufzuschließen, so dass Transparenz hinsichtlich der Steuerbelastung geschaffen wird.[691] Zudem setzt die Typisierung im Punkt der Praktikabilität an, da Steuergesetze in der „Regel Massenvorgänge des Wirtschaftslebens betreffen“.[692] Als Ergebnis müssen in einer Gesamtschau die mit der Typisierung erlangten Vorteile in einem angemessenen Verhältnis zu der mit der Typisierung „notwendig verbundenen Ungleichheit der steuerlichen Belastung stehen“.[693]

c) Lenkungs-, Förder- und Fiskalzwecke

Die Lenkungs- und Förderzwecke beziehungsweise solche Ziele des Gesetzgebers geben im Rahmen der Gesetzgebung die Richtung vor, in welche sich der Staat entwickeln möchte beziehungsweise welche (steuerlichen) Defizite aus der Vergangenheit beseitigt werden sollen. Daher ist aus Gründen des Gemeinwohls der Gesetzgeber grundsätzlich berechtigt, gerade auch außerfiskalische Lenkungs- und Förderziele zu verfolgen.[694] Die Befugnis des Gesetzgebers reicht so weit, dass dieser nicht nur „Ge- und Verbote“ erlassen darf, sondern gerade durch „mittelbare Verhaltenssteuerung auf Wirtschaft und Gesellschaft gestaltend Einfluss nehmen“ kann, sowie die mittelbare Verhaltenssteuerung führt ferner dazu, dass der Steuerpflichtige auf indirektem Weg zu einem „bestimmten Tun oder Unterlassen“ bewegt wird, indem er zwar nicht „rechtsverbindlich zu einem bestimmten Verhalten verpflichtet“ wird, jedoch durch entweder eine Sonderbelastung oder eine Begünstigung zu erwünschtem Verhalten aus Sicht des Gesetzgebers durch ein

---

689 StRspr.; z. B. BVerfGE 152, 274 (314 f.); BVerfGE 145, 106 (146); BVerfGE 122, 210 (232 f.).
690 BVerfGE 87, 234 (255 f.).
691 Schon z. B. BVerfGE 96, 1 (6).
692 BVerfGE 117, 1 (31).
693 Zuletzt BVerfGE 152, 274 (315); BVerfGE 145, 106 (146 f.); BStBl. II 2021, 562 (567).
694 StRspr.; BVerfGE 122, 210 (231 f.); BVerfGE 117, 1 (31 f.); BVerfGE 116, 164 (182); vgl. auch BVerfGE 110, 274 (292 f.); BVerfGE 105, 73 (112 f.); BVerfGE 99, 280 (296); BVerfGE 93, 121 (147 f.).

„finanzwirtschaftliches Motiv“ hingelenkt wird.[695] Die Verhaltenssteuerung durch Lenkungs- und Förderziele ist dahingehend eingeschränkt, dass diese von „erkennbaren gesetzgeberischen Entscheidungen getragen werden“ muss, die auch geeignet ist, „rechtfertigende Gründe für steuerliche Belastungen oder Entlastungen zu liefern“.[696] Daher ist eine Verhältnismäßigkeitsüberprüfung der Lenkungs- und Förderziele durchzuführen. Darüber hinaus sind die Lenkungs- und Förderziele grundsätzlich gleichheitsgerecht auszugestalten und können zum Beispiel Vergünstigungstatbestände, also auch Steuergeschenke des Gesetzgebers, nicht einfach so auf den Weg gebracht werden, sondern „müssen jedenfalls ein Mindestmaß an zweckgerechter Ausgestaltung aufweisen“[697], so dass es sich nicht um eine versteckte Subvention handelt. Dieser Ansatz ist auf eine begünstigende sowie beschränkende Verlustverrechnung übertragbar. Denn ein Steuergesetz, das der steuerlichen Verschonung dient, in der Belastungsgleichheit jedoch den „jeweiligen Steuergegenstände[n] innerhalb einer Steuerart widerspricht“ und nach dem allgemeinen Gleichheitssatz eigentlich nicht gerechtfertigt wäre, kann dennoch gerechtfertigt sein, soweit der Gesetzgeber „dadurch das wirtschaftliche oder sonstige Verhalten des Steuerpflichtigen aus Gründen des Gemeinwohls fördern oder lenken will“, so dass dies in Ausnahmefällen sogar zu einer verfassungsrechtlich gerechtfertigten vollständigen Ausnahme der Besteuerung bestimmter Steuergegenstände führen kann, obwohl die Bindung an den allgemeinen Gleichheitssatz weiterhin gilt und keine willkürlichen Entscheidungen getroffenen werden dürfen, dennoch ergibt sich eine Möglichkeit, die „sich nicht auf eine der Lebenserfahrung geradezu widersprechende Würdigung der jeweiligen Lebenssachverhalte stützt“, sachbezogene Gründe in weitem Umfang zur Rechtfertigung seiner Abgrenzung anzuführen.[698]

Wird das Steuerecht genutzt, um außerfiskalische Verwaltungsziele zu verfolgen, muss sich dies neben der „erkennbaren Entscheidung des Gesetzgebers“, nicht nur „bloße Ertragswirkungen zu erzielen“ eindeutig ergeben, denn ansonsten könnten Steuergesetze lediglich zu außerfiskalischen Zwecken, folglich zur Regelung von Verwaltungszielen, eingesetzt werden und könnte die besondere Gesetzgebungskompetenz zur Besteuerung nach Art. 105 GG genutzt werden, um möglicherweise Länderkompetenzen zu umgehen, so dass der Gesetzgeber prüfen muss, „ob er das Handlungsmittel der Besteuerung für außerfiskalische Zwecke einsetzen darf und will“, und demnach muss der verfolgte Lenkungszweck mit hinreichender Bestimmtheit tatbestandlich vorgezeichnet und gleichheitsgerecht ausgestaltet sein.[699] Das Gebot der Folgerichtigkeit steht dem Gesetzgeber nicht

695 Z. B. BVerfGE 122, 210 (231 f.); BVerfGE 117, 1 (31 f.).

696 Z. B. BVerfGE 122, 210 (231 f.); BVerfGE 116, 164 (182).

697 Z. B. BVerfGE 122, 210 (231 f.); BVerfGE 117, 1 (31 f.).

698 Z. B. BVerfGE 117, 1 (31 f.).

699 BVerfGE 93, 121 (147 f.).

entgegen, außerfiskalische Lenkungs- und Förderungsziele zu verfolgen[700], jedoch nur, soweit diese wiederum von „erkennbaren gesetzgeberischen Entscheidungen getragen werden" und dadurch geeignet sind „rechtfertigende Gründe für steuerliche Belastungen oder Entlastungen zu liefern".[701] Daher darf der Gesetzgeber Lenkungszwecke in Form zielgenauer und normenklarer steuerlicher Verschonungsregelungen verfolgen und zudem ist für die Erreichung des Lenkungsziels im Steuerrecht festzuhalten, dass dieses „nicht in jedem Fall" hundertprozentig erreicht werden muss, sondern nur als ein „Instrument zur Annäherung an ein Ziel" fungiert.[702] Der Gesetzgeber ist weitgehend frei in seiner Wahl, welcher Personenkreis zum Beispiel gefördert werden soll,[703] so dass dies im umgekehrten Fall möglicherweise auf die Gruppe der privaten Aktionäre zutreffen könnte. Dieser kann sich jedoch nicht darauf berufen, dass sich irgendwelche (anderen) legitimen Lenkungsziele aufgrund tatsächlichen Eintritts im Nachhinein herausstellen, da die vorbehaltene Entscheidung über die Steuerwürdigkeit bestimmter Sachverhalte ebenfalls diesem grundsätzlich obliegt, so dass gesetzgeberisches Unterlassen nicht zur Rechtfertigung führt.[704]

Zu beachten ist, dass als „nicht besonderer sachlicher Grund für Ausnahmen von einer folgerichtigen Umsetzung und Konkretisierung steuergesetzlicher Belastungsentscheidungen" der rein fiskalische Zweck alleine als Lenkungsziel herangezogen werden kann; denn der „Finanzbedarf des Staates oder eine knappe Haushaltslage reichen für sich allein nicht aus, um ungleiche Belastungen durch konkretisierende Ausgestaltung der steuerrechtlichen Grundentscheidungen zu rechtfertigen", da der Gesetzgeber die Belastungsgleichheit zu wahren hat, „auch wenn der Staat auf Einsparungsmaßnahmen angewiesen ist".[705] Im Ergebnis ist daher der rein fiskalische Zweck als Lenkungsziel zur staatlichen Einnahmenerhöhung als besonderer sachlicher Rechtfertigungsgrund nicht anerkannt,[706] so dass weder die Deckung des Finanzbedarfs des Staates noch die Verwendung der Mittel als Rechtfertigung herangezogen werden darf.[707]

700 StRspr.; z. B. BVerfGE 105, 73 (112 f.).
701 Auch BVerfGE 105, 73 (112 f.).
702 Z. B. BVerfGE 117, 1 (31 f.).
703 Z. B. BVerfGE 117, 1 (32); auch schon BVerfGE 17, 210 (216).
704 BVerfGE 93, 121 (134 f., 147).
705 BVerfGE 122, 210 (233); auch z. B. BVerfGE 116, 164 (182); BVerfGE 82, 60 (89 f.); BVerfGE 19, 76 (84 f.).
706 BVerfGE 122, 210 (231).
707 Vgl. *Jachmann*, DStJG 2011, 251 (264 f.).

d) Angeführte Rechtfertigungsgründe des Gesetzgebers

Hinsichtlich der ausgeführten Differenzierungsziele des Gesetzgebers, wie der Erhöhung der Standortattraktivität[708], die Vereinfachung des Besteuerungsverfahrens der Kapitaleinkünfte[709] sowie der langfristigen Bindung des inländischen Steuersubstrats[710] durch das UntStRefG 2008, insbesondere für die Abgeltungsteuer, sind im Rahmen des allgemeinen Gleichheitssatzes rechtlich einzuordnen, um feststellen zu können, ob diese als Rechtfertigungsgründe im Wege der verfassungsrechtlichen Verhältnismäßigkeitsprüfung überhaupt herangezogen werden können.[711] Darüber hinaus führt der Gesetzgeber die Verbesserung der Anonymität des Steuerpflichtigen[712] sowie eine Verringerung des Vollzugsdefizits[713] als Rechtfertigungsgründe an und will mit der Verlustverrechnungsbeschränkung für die Aktienveräußerungsverluste den unkalkulierbaren Haushaltsrisiken[714] entgegenwirken. Zudem beruft sich der Gesetzgeber mit der jüngsten Erweiterung der Verlustverrechnungsbeschränkung in der Höhe auf die Typisierung für Kleinanleger und den niedrig linearen Tarif für die atypischen Fälle.[715]

aa) Standortattraktivität, Vereinfachung und Vereinheitlichung

Indem der Gesetzgeber durch die Absenkung der Steuerlast auf Kapitaleinkommen einen Anreiz schaffen will, dass sich die Investitionen dadurch im Inland wieder erhöhen, malt dieser sich aus, dass durch die niedrigeren Steuersätze künftig wieder eine im internationalen Vergleich bestehende Wettbewerbsfähigkeit für Deutschland vorherrsche, und mit diesem Differenzierungsziel verfolgt der Gesetzgeber somit einen Lenkungszweck, da er sich durch das UntStRefG 2008 erhofft, dass die Ausgestaltung dahingehend Wirkung entfaltet, dass Unternehmen wieder vermehrt im Inland investieren und somit hierzu „gelenkt" werden.[716] In der Literatur wird es kritisch gesehen, ob alleine ein wirtschaftliches Argument aufgrund der nicht ausreichenden Überprüfbarkeit solcher Annahmen und daher deren Unbestimmtheit ausreicht, um einen Systemwechsel hin zu einer Schedulenbesteuerung zu rechtfertigen.[717] Das BVerfG hat jedoch das wirtschaftspolitische

708 BR-Drs. 220/07, S. 1.
709 BR-Drs. 220/07, S. 61.
710 BR-Drs. 220/07, S. 1.
711 Ebenso *Recnik*, S. 64.
712 BR-Drs. 220/07, S. 57.
713 Vgl. BR-Drs. 220/07, S. 1, 2.
714 BT-Drs. 16/5491, S. 19.
715 BT-Drs. 19/15876, S. 61.
716 *Recnik*, S. 64 f.
717 *Eckhoff*, FR 2007, 989 (995); *Englisch*, StuW 2007, 221 (224 f.); vgl. auch *Tipke*, StuW 2007, 201 (209).

Differenzierungsziel des Gesetzgebers den inländischen Wirtschaftsstandort zu verbessern – zumindest für eine bestimmte zeitliche Phase – als Rechtfertigungsgrund anerkannt[718], so dass die Erhöhung der Standortattraktivität als Rechtfertigungsgrund im Rahmen des allgemeinen Gleichheitssatzes in Frage kommt.

Die Vereinfachung des Besteuerungsverfahrens ist gerade als weiteres rechtfertigendes Differenzierungsziel anerkannt, da nur so der Effizienz der Steuererhebung und somit des staatlichen Verwaltungshandelns Rechnung getragen werden kann. Folglich handelt es sich um den Förderzweck, dass der staatliche Eingriff auf Seiten des Bürgers und des Staates vereinfacht wird.

Beide Differenzierungsziele sind somit als Rechtfertigungsgründe für eine Ungleichbehandlung geeignet. Die Vereinheitlichung als Rechtfertigungsgrund ergibt sich schon aus der Natur der Sache des allgemeinen Gleichheitssatzes, da im Wege der horizontalen Steuergerechtigkeit gleiche Einkommen gleich erfasst und dann gleich hoch besteuert werden müssen.

bb) Die Bindung des inländischen Steuersubstrats

Das Argument der Bindung des inländischen Steuersubstrats erweckt auf den ersten Anschein den Eindruck, dass es sich um einen reinen Fiskalzweck handelt, da der Gesetzgeber das Steueraufkommen zur Finanzierung seines Haushalts verwendet.[719] Ein reiner Finanzierungszweck ergibt sich aus der Natur der Steuererhebung an sich, kann jedoch nicht als allgemeiner Rechtfertigungsgrund einer ungleichen Belastungsgleichheit herangezogen werden.[720] Indes führt der Gesetzgeber an, es bestünde die Gefahr, dass Kapital des Privatvermögens weiter ins Ausland transferiert werde, um der inländischen Steuererhebung zu entgehen.[721] Aus den Gründen einer ebenfalls tatsächlichen gleichen Steuerbelastung ist die staatliche Ausgestaltung, die solche Vermeidungspraktiken verhindert, als Differenzierungsziel im Rahmen der Rechtfertigung einer Ungleichbehandlung nach dem allgemeinen Gleichheitssatz allgemein anerkannt. Im Ergebnis verfolgt der Gesetzgeber ein geeignetes Differenzierungsziel, wenn er das im Inland erwirtschafte Vermögen auch an die Besteuerung im Inland binden will.

cc) Verbesserung der Anonymität und Verringerung des Vollzugsdefizits

Die Verbesserung der Anonymität eignet sich als Differenzierungsziel, da hierdurch dem allgemein bekannten „gläsernen Bürger“ entgegengewirkt wird. Der staatliche Eingriff wird auf ein Mindestmaß zurückgedrängt.

---

718 BVerfGE 116, 164 (191–195).

719 *Recnik*, S. 68.

720 *Hey*, FR 2008, 1033 (1036); vgl. *Lang*, StuW 2007, 3 (7 f.).

721 *Recnik*, S. 69.

Aufgrund der allgemeinen Hinterziehungsanfälligkeit von Kapitalerträgen ist die Verringerung des Vollzugsdefizits und somit die Schaffung einer Belastungsgleichheit ein geeignetes Differenzierungsziel und geht mit der Bindung des Steuersubstrats einher und kann daher im Ergebnis als anerkannter Rechtfertigungsgrund her auf dieses verwiesen werden.

dd) Unkalkulierbare Haushaltsrisiken und Gestaltungszwecke

Ferner führt der Gesetzgeber die unkalkulierbaren Haushaltsrisiken als Gründe für die Sonderbehandlung der Kapitalerträge an. In diesem Zusammenhang ist schon fraglich, inwieweit es sich mit diesem Argument nur um einen reinen Fiskalzweck handelt. Denn grundsätzlich ist der Finanzierungsbedarf des Staates an sich, wie bereits mehrfach ausgeführt, nicht als Rechtfertigung für eine Ungleichbehandlung der Belastungsgleichheit geeignet, da trotz der Notwendigkeit für den Staat Finanzmittel zu erlangen eine ausgewogene Lastenverteilung zu erfolgen hat.[722] Wird der Aspekt der unkalkulierbaren Haushaltsrisiken jedoch unter dem Prinzip des Sozialstaates betrachtet, käme ein geeigneter Förderzweck hinzu. Dieser Ansatz kann im Ergebnis indes ebenfalls nicht geeignet sein, da diese grundsätzliche Unbestimmtheit Missbrauch Tür und Tor öffnen würde. Demnach sind unkalkulierbare Haushaltsrisiken an sich ungeeignet eine Ungleichbehandlung alleine zu rechtfertigen. Das Gleiche gilt für das Argument der reinen Haushaltskonsolidierung. Im Zusammenhang mit unter anderem Verlusten aus wertlosen Kapitalanlagen und der neuesten Erweiterung der Verlustverrechnungsbeschränkung in der Höhe beruft sich der Gesetzgeber auf eine erfassende sachgerechte typisierte Verlustanerkennung für Kleinanleger mit dem Argument, dass solche Verluste nicht generell versagt, sondern nur zeitlich gestreckt werden sowie einer gerechtfertigten Beschränkung für die professionellen Anleger durch den niedrigen linearen Tarif.[723] Der Rechtfertigungsgrund der unkalkulierbaren Haushaltsrisiken durch spekulative Kapitalanlagen, wie für die jüngst gleichzeitig geschaffene Verlustverrechnungsbeschränkung im Rahmen von privaten Termingeschäften, wird vom Gesetzgeber nicht angeführt, sondern dieser will gerade die Veräußerungstatbestände erfassen, die zu Gestaltungszwecken abgewickelt werden, also nach dem Gesetzgeber sich das Solvenzrisiko bereits ganz oder teilweise realisiert hat.[724] Auf den ersten Blick erscheint das Argument der Verhinderung einer Abwicklung wertloser Kapitalanlagen durch Gestaltungszwecke geeignet und der Verhinderung der Steuervermeidung zu dienen. Möglicherweise handelt es sich bei genauer Betrachtung jedoch um einen reinen Fiskalzweck, der alleine nicht zur Rechtfertigung genügen kann.

722 BVerfGE 122, 210 (233); auch *Jachmann*, DStJG 2011, 251 (264 f.).
723 BT-Drs. 19/15876, S. 61.
724 BT-Drs. 19/15876, S. 61.

4. Freiheitsrecht des Art. 14 Abs. 1 GG

Des Weiteren ist das Freiheitsrecht des Art. 14 Abs. 1 GG im Hinblick auf rechtfertigungsbedürftige Eingriffe im Zusammenhang mit Verlusten aus privaten Aktiengeschäften nach Einführung der Abgeltungsteuer zu überprüfen.[725] Die Hauptprobleme der Verluste aus Aktienbeteiligungen sind verfassungsrechtlich unter dem allgemeinen Gleichheitssatz des Art. 3 Abs. 1 GG zu verorten.[726] Dennoch ergibt sich die Möglichkeit eines Eingriffs in die Eigentumsfreiheit des Art. 14 Abs. 1 GG durch den Steuerzugriff allgemein sowie konkret, indem die Verlustverrechnungsbeschränkungen des § 20 Abs. 6 EStG die Eigentumsfreiheit beeinträchtigen.

Art. 14 Abs. 1 GG gewährleistet unter anderem das Eigentum, dessen Inhalt und Schranken sich durch S. 2 nach den Gesetzen bestimmen. Es stellt sich somit grundsätzlich die Frage, inwieweit die Steuererhebung durch die Auferlegung staatlicher Geldleistungspflichten überhaupt einen Eingriff in die Eigentumsfreiheit darstellen kann beziehungsweise der Grundrechtsschutz der Eigentumsfreiheit in diesem Zusammenhang reicht, denn einerseits beschränkt das EStG die allumfassende Ertragsfreiheit des Eigentums, zudem muss zwischen Eigentum von einzelnen Vermögensgegenständen sowie dem allgemeinen Vermögen unterschieden werden, und andererseits steht es dem Steuerpflichtigen frei aus welchem Vermögen er seine Steuerlast begleicht.[727] Vermögen wird jedoch gerade in seiner Gesamtheit nicht von Art. 14 Abs. 1 GG geschützt. Dennoch hatte das BVerfG im Rahmen der Steuerlast einen Eingriff in die Eigentumsfreiheit angenommen, soweit einer Besteuerung eine „erdrosselnde Wirkung“ zukommt und folglich ist der Gesetzgeber dazu angehalten, Steuern in eigentumsschonender Ausgestaltung auf den Weg zu bringen, und ein rechtfertigungsbedürftiger Eingriff in die Eigentumsfreiheit könne sich durch das EStG ergeben, soweit der Eingriff in das Erwerbseinkommen nicht zu Gunsten der Allgemeinheit eingeschränkt werden darf.[728] Dies ist im Kontext des EStG und der Eigentumsfreiheit des Art. 14 GG der Fall, wenn die Grenze einer zumutbaren Steuerlast im Einzelfall überschritten ist,[729] so dass sich eine Erwerbstätigkeit wirtschaftlich unrentabel darstellt und die Fortsetzung dadurch unmöglich ist.[730] Wie bereits ausgeführt, wurde der entwickelte Halbteilungsgrundsatz in Zusammenhang mit der Vermögensteuer und dem einheitswertgebundenen Grundbesitz vom BVerfG wieder aufgegeben beziehungsweise in Art. 14 GG nicht übernommen und dient nur als grober Richtwert, denn ein Verstoß gegen das Übermaßverbot ergibt sich für das EStG nach einer

---

725 *Klotz*, S. 198.

726 *Eckhoff*, FR 2007, 989 (993).

727 Vgl. BVerfGE 95, 267 (300 f.); ebenso *Klotz*, S. 199.

728 In diese Richtung BVerfGE 115, 97 (113–117); auch z. B. *Recnik*, S. 73.

729 BVerfGE 115, 97 (113–117); BVerfGE 123, 111 (131).

730 Vgl. schon z. B. BVerfGE 38, 61 (102); BVerfGE 16, 147 (161, 187).

Angemessenheitsüberprüfung, ob dem Steuerpflichtigen nach der Steuererhebung ein ausreichendes disponibles Einkommen zur Verfügung steht.[731] Folglich erfolgt ebenfalls eine Rechtfertigungsprüfung des Eingriffs im Lichte des Art. 14 Abs. 1 GG. Hinsichtlich möglicher Rechtfertigungsgründe kann auf vorstehende Ausführung[732] verwiesen werden, jedoch handelt es sich im Rahmen eines Verlustes aus einer privaten Aktienbeteiligung im Ergebnis um Vermögen, welches gerade nicht unter den Schutzbereich des Art. 14 Abs. 1 GG fällt.

Nachdem sich diese Arbeit mit Verlusten aus im Privatvermögen stehenden Aktienbeteiligungen auseinandersetzt, kann sich in diesem Rahmen nicht auf den Grundrechtsschutz des Art. 12 Abs. 1 GG berufen werden, da der Schutzbereich im Fall des Haltens oder der Veräußerung einer Aktienbeteiligungen im Privatvermögen aufgrund mangelnder Einschlägigkeit nicht eröffnet ist, da es sich nicht um Berufsvermögen handeln kann. Zudem werden die Grundrechte des Art. 6 Abs. 1 und Art. 4 Abs. 1 GG im Zusammenhang mit Verlusten aus privaten Aktienbeteiligungen und der Abgeltungsteuer nur entfernt tangiert, so dass darauf im Rahmen dieser Arbeit nicht eingegangen wird.

III. Verfassungsrechtliche Würdigung, insbesondere der Verlustberücksichtigung über das objektive Nettoprinzip

Hinsichtlich der im Kontext dieser Arbeit bestehenden Verluste aus privaten Aktiengeschäften seit Einführung der Abgeltungsteuer sind nachfolgende Punkte verfassungsrechtlich zu würdigen, da der synthetische Einkommensbegriff und der bis dahin hauptsächlich eingehaltene Einkünftedualismus offensichtlich möglicherweise aufgegeben wurden.[733] In Bezug auf das objektive Nettoprinzip fällt schon auf, dass dieses aufgrund des Wandels an sich hin zu einer Bruttobesteuerung infolge der Einführung einer Abgeltungsteuer als Quellensteuer neben dem offensichtlichen tatsächlichen Werbungskostenabzugsverbot auch aufgrund der beschränkten Verlustverrechnung nicht mehr uneingeschränkt gilt, so dass insgesamt die vorherrschenden Grundstrukturen des EStG für Einkünfte aus Kapitalvermögen aufgegeben wurden und als eigene Schedule – möglicherweise jedoch nur als partielle Veränderung des EStG und nicht als eigenständige Belastungsentscheidung – ausgestaltet wurden, so dass die Neuerungen jedenfalls einer verfassungsrechtlichen Überprüfung standhalten müssen.[734] Denn

731 BVerfGE 115, 97 (108, 115–117).

732 Kap. 2, II. 3. d) aa)–dd).

733 *Eckhoff*, FR 2007, 989 (990).

734 Vgl. *Hey*, BB 2007, 1303 (1307 f.), die von einem radikalen Abschied des Nettoprinzips spricht im Zusammenhang nur mit der Bruttobesteuerung aufgrund des Werbungskostenabzugsverbots.

soweit zumindest Abweichungen vom Gebot der Folgerichtigkeit erfolgen, sind diese verfassungsrechtlich zu rechtfertigen. Dies bedeutet, dass in einem ersten Schritt die Neuerungen der Tatbestandserweiterung des § 20 Abs. 2 EStG und der eigene Tarif der Besteuerung von Einkünften aus Kapitalvermögen durch Einführung der Abgeltungsteuer verfassungsrechtlich dahingehend zu würdigen sind, ob ein solcher Systemwechsel unter anderem unter dem Gebot der Folgerichtigkeit überhaupt möglich war. Um dann in einem zweiten Schritt im Binnensystem der Abgeltungsteuer die Bedeutung des objektiven Nettoprinzips für die Verlustberücksichtigung, insbesondere der Verlustverrechnungsbeschränkung, aufzuzeigen und verfassungsrechtlich zu bewerten, denn die Einführung der Abgeltungsteuer führt möglicherweise zudem zu einem Verzicht auf eine Besteuerung nach der tatsächlichen Leistungsfähigkeit und somit zu einer Ungleichbehandlung[735], soweit Erwerbsaufwendungen – im Sinne von Verlusten unter anderem aus Anschaffungskosten – nur noch eingeschränkt zum Abzug oder zur Verrechnung mit den Erwerbseinnahmen zugelassen werden.

1. Erweiterung des Tatbestands durch § 20 Abs. 2 EStG

Die nachfolgende verfassungsrechtliche Überprüfung der Erweiterung des Tatbestands durch § 20 Abs. 2 EStG erfolgt im Rahmen dieser Arbeit, da erst durch eine umfängliche Steuerbarkeit von Veräußerungsgewinnen aus der privaten Aktienbeteiligung möglicherweise eine Verlustberücksichtigung als zugehörige Grundvoraussetzung über das objektive Nettoprinzip erfolgen kann beziehungsweise muss.

a) Erfassung jeglicher Wertsteigerungen

Nachdem nun jegliche privaten Veräußerungsgewinne aus Wertpapierveräußerungen, die auf einfachen Wertsteigerungen beruhen, von § 20 Abs. 2 EStG erfasst werden und eine Nichtsteuerbarkeit über den Ablauf der Haltedauerfrist von einem Jahr des § 23 Abs. 1 S. 1 Nr. 2 S. 1 EStG keine Anwendung mehr findet, handelt es sich um eine charakterliche Änderung des EStG in diesem Punkt[736]. Denn trotz Besteuerung innerhalb der Haltedauerfrist waren die Einkünfte aus Wertpapierveräußerungen nicht nur formal den Überschusseinkünften zugeordnet, sondern verfolgten im Kern durch die Ausgestaltung als steuerfreie Einkünfte nach Ablauf der Haltedauerfrist im Privatvermögen einen quellentheoretischen Ansatz, wie bereits dargelegt. Zwar wurde der Dualismus durch die Haltedauerfrist schon früh im Rahmen der privaten Wertpapierveräußerungen durchbrochen, jedoch wurde hierdurch – trotz möglicherweise von Zweifeln und verfassungsrechtlicher Bedenken am Sinn und Zweck der Haltedauerfrist – eine objektive Annäherung an den gewerblichen Wertpapierhandel geschaffen, indem nur die

735 *Weber-Grellet*, NJW 2008, 545 (548).
736 *Weber-Grellet*, NJW 2008, 545 (548).

Wertsteigerungen innerhalb der Frist dem zugrunde liegenden Ansatz der Reinvermögenszugangstheorie der Gewinneinkünfte folgte. Im tatsächlichen Bereich zeigen die vorstehenden Ausführungen zum Spekulationsurteil, dass bis zur Einführung des StEntlG 1999/2000/2002 durch Wiederverlängerung der Haltedauerfrist auf ein Jahr und unter anderem die Möglichkeit des Verlustvortrags sowie den privaten Börsenboom der Jahre 1994 bis 2000 die Haltedauerfrist für die Verluste vorerst keine besonders entscheidende Rolle einnahm. Denn Gewinnrealisierungen erfolgten außerhalb der Steuerbarkeit und Verluste konnten nur mit steuerbaren Gewinnen in maximal gleicher Höhe und des gleichen Veranlagungszeitraums ausgeglichen werden. Erst durch die entscheidende Verlustvortragsmöglichkeit wurde die Missbrauchsmöglichkeit durch Steuervermeidungspraktiken erheblich erweitert.

Formal ist § 20 EStG weiterhin nach dem gleichgebliebenen Wortlaut des § 2 Abs. 2 Nr. 2 EStG den Überschusseinkünften zugeordnet, jedoch folgt die vollständige Erfassung der Veräußerungsgewinne im Privatvermögen dem Ansatz der Gewinneinkünfte des § 2 Abs. 1 Nr. 1 EStG, so dass unter anderem *Eckhoff* die Ansicht vertritt, dass der Dualismus in seiner geltenden Form der Unterscheidung von Gewinn- und Überschusseinkünften durchbrochen wird und eine dritte, hybride Form, die nicht von dem bisherigen Dualismus erfasst werden kann, hinzutritt.[737] Denn formal bleiben die privaten Veräußerungsgeschäfte aus Wertpapieren den Überschusseinkünften nach § 2 Abs. 2 Nr. 2 EStG in Verbindung mit § 20 Abs. 2, 4 EStG zugeordnet; deren Gewinn, wie der Wortlaut des § 20 Abs. 4 EStG schon zeigt, erfasst indes in Anlehnung an die Reinvermögenszugangstheorie nun sämtliche Wertsteigerungen. Inwieweit ein Systembruch des Dualismus tatsächlich vorliegt, kann vorerst dahinstehen, da eine verfassungsrechtliche Würdigung schon aus dem Blickwinkel des Gebots der Folgerichtigkeit allein dadurch folgt, dass durch Einführung der Abgeltungsteuer eine vollumfängliche Steuerbarkeit von Wertsteigerungen des Privatvermögens im Zusammenhang mit Kapitaleinkünften einherging. Denn hinsichtlich dieser Änderung handelt es sich unter der Annahme (k)einer Einführung einer neuen Belastungsentscheidung durch die Abgeltungsteuer, wie noch zu zeigen sein wird,[738] im Gesamtzusammenhang mit der Einführung der Abgeltungsteuer zwar um eine Durchbrechung des synthetischen Systems, indes nicht um eine vollständige, in letzter Konsequenz umgesetzte Ersetzung der ursprünglichen Belastungsentscheidung durch eine reine, absolute Schedulensteuer für Kapitaleinkünfte, da es an dem geforderten „bestimmte[n] Mindestmaß an konzeptioneller Neuorientierung“[739] des BVerfG[740] für einen

737 Z. B. *Eckhoff*, FR 2007, 989 (990); auch etwa *Spengel/Ernst*, DStR 2008, 835 (835), die von einer dritten Einkunftsart sprechen.

738 Kap. 2, III. 2. a) und b).

739 *Strohm*, S. 131.

740 Vgl. BVerfGE 122, 210 (241–243).

Systemwechsel auch in Bezug auf die Erweiterung der Bemessungsgrundlage fehlt, so dass im Ergebnis in jedem Fall hinsichtlich des Gebots der Folgerichtigkeit die Änderung der Grundstruktur des Tatbestands einer Rechtfertigung durch einen besonderen sachlichen Grund bedarf.[741] Dieser Ansatz wird nachfolgend weiterverfolgt. Anders verhält es sich hingegen, wenn der Annahme gefolgt wird, dass es sich um die Schaffung einer neuen Belastungsentscheidung durch das UntStRefG 2008 für die Einkünfte aus Kapitalvermögen – im Zuge keines einheitlichen Steuergegenstand des Einkommens durch die unterschiedlichen Steuergegenstände des Arbeits- und Kapitaleinkommens[742] –, aufgrund der grundsätzlichen Änderung der vorwiegenden Nichtsteuerbarkeit des Vermögensstamms hin zur umfänglichen Besteuerung[743], handelt. Dann würde das Gebot der Folgerichtigkeit in Bezug auch auf die Erweiterung der Bemessungsgrundlage leerlaufen, da eine unterschiedliche Behandlung der Einkunftsarten an sich nur noch verfassungsrechtlich an der Gleichbehandlung der eigenen Abteilung, somit der Binnenfolgerichtigkeit, zu messen wäre.[744]

b) Rechtfertigung

aa) Vereinheitlichung

(1) Haltedauerfrist

Nachdem keine expliziten Rechtfertigungsgründe seitens des Gesetzgebers zur Erweiterung des Tatbestands des § 20 EStG genannt werden, ist zumindest der Rechtfertigungsgrund der Vereinheitlichung aus der Gesetzesbegründung zur umfänglichen Erfassung der privaten Veräußerungsgeschäften aus Kapitalanlagen des § 20 EStG zu lesen.[745] Jedoch ist hinsichtlich der möglichen Rechtfertigungsreihenfolge der umfänglichen Steuerbarkeit von privaten Veräußerungsgewinnen aus Wertpapieren unter dem Gebot der Steuergerechtigkeit das Pferd von hinten aufzuzäumen. Denn über die Annahme, dass Einkommen finanzielle Leistungsfähigkeit darstellt, erweist sich die Ausnahme der Besteuerung von privaten Veräußerungsgeschäften aus Wertpapieren nach Ablauf der Haltedauerfrist verglichen mit erzielten steuerbaren Gewinnen vor Ablauf der Haltedauerfrist als eine

741 Vgl. für die unterschiedlichen Ansatzpunkte *Strohm*, S. 122–133.

742 Kap. 2, III. 2. b).

743 Vgl. *Drüen*, Ubg 2020, 241 (247 f.), hinsichtlich einer neuen Belastungsentscheidung durch Änderung der Steuerbarkeit des Vermögensstamms.

744 Vgl. in etwa *Jochum*, in: Kirchhof/Söhn/Mellinghoff, EStG, § 20 Rn. H 37; auch *Strohm*, S. 127.

745 BR-Drs. 220/07, S. 93, dort steht zu Nummer 17 (§ 23): „Die Neuregelung der einheitlichen Besteuerung von privaten Kapitalerträgen und privaten Veräußerungsgeschäften aus Kapitalanlagen in § 20 […]“.

horizontale Steuerungerechtigkeit,[746] die einer Rechtfertigung bedarf. Das BVerfG hat mit seinen Beschlüssen einerseits zur Vereinbarkeit von § 23 Abs. 1 EStG mit Art. 3 Abs. 1 GG konstatiert, dass die zeitliche Differenzierung durch die Spekulationsfrist nicht gegen das Willkürverbot verstoße und sich als einleuchtender sachlicher Grund darstellt,[747] und anderseits zur Verfassungsmäßigkeit von Einkünften nach § 17 EStG ausgeführt, dass der Gesetzgeber von seiner Freiheit zur Erschließung von Steuerquellen rechtmäßigen Gebrauch machte[748]. Jedoch unterließ das BVerfG eine konkrete Begründung, warum der zeitliche Ablauf der Spekulationsfrist als sachlicher Rechtfertigungsgrund tauglich ist, so dass der einfache Hinweis, dass sich die Grenze der Gestaltungsfreiheit des Gesetzgebers zur Nichtbeachtung des Leistungsfähigkeitsprinzips außerhalb der Frist nur an einer am „Gerechtigkeitsdenken orientierten Betrachtungsweise" messen lassen muss, eine reine „Floskel" darstellt,[749] genauso wie die Begründung „innerhalb verhältnismäßig kurzer Zeit".[750] *Tipke* zum Beispiel führt als tatsächliche Begründung aus, dass die vollumfängliche Erfassung von privaten Veräußerungseinkünften aufgrund technischer Gründe erschwert ist und eine zeitliche Eingrenzung die Erfassung erleichtere.[751] Im Ergebnis ist jedoch die Ausgestaltung als Frist und das Argument der technischen Undurchführbarkeit für einen gesetzlich einleuchtenden Rechtfertigungsgrund nach der Literatur kein geeignetes Mittel zur Erfassung, so dass eher eine Differenzierung nach Art des Wirtschaftsguts unter Aspekten des Konsumvermögens einleuchtender wäre.[752] Hebt der Gesetzgeber nun diese Besserstellung von Gewinnen aus dem privaten Veräußerungsgeschäft nach Ablauf der Haltedauerfrist auf, beseitigt er in einem ersten Schritt nur die sowieso an sich kritisch gesehene Ungleichbehandlung.[753] Dass Wertsteigerungen des Privatvermögens nur noch in Ausnahmefällen besteuert werden, entspricht zwar nicht mehr dem liberalen Grundverständnis der Einkommensteuer, das teils gerade in der Verschonung des Privatvermögens vorlag, aber das „Idealbild von der Unberührtheit des Privatvermögens" ist – auch im internationalen Vergleich – vorbei.[754]

---

746 *Küppers*, S. 133 f., bezieht sich auf einen Vergleich von § 17 EStG und § 23 EStG mit Streitstanddarstellung.

747 BVerfGE 26, 302 (312).

748 BVerfGE 27, 111 (127).

749 Vgl. *Tipke*, Steuerrechtsordnung, Bd. II, S. 719–722; auch *ders.*, StuW 1971, 2 (8–11), zu den verschiedenen Begründungsansätzen des BVerfG.

750 *Tipke*, FS Paulick, 391 (399).

751 Vgl. *Tipke*, FS Paulick, 391 (399).

752 Vgl. z. B. *Lang*, S. 58–60.

753 In diese Richtung *Lindberg*, in: Frotscher/Geurts, EStG, § 23 Rn. 20; *Wernsmann*, in: Kirchhof/Söhn/Mellinghoff, EStG, § 23 Rn. A 15.

754 *Weber-Grellet*, NJW 2008, 545 (548), der jedoch im Konjunktiv schreibt.

(2) Dualismus und Vergleich zur Beteiligung im Betriebsvermögen

In Bezug auf die umfängliche Besteuerung von privaten Veräußerungsgewinnen aus Wertpapieren ist in einem zweiten Schritt auf den Dualismus des EStG einzugehen, da zumindest das BVerfG durch unter anderem folgenden Beschluss den Einkünftedualismus für das EStG gebilligt hat, da im Rahmen der Gewinneinkünfte verglichen mit den Überschusseinkünften ein „Gewinndenken vorherrsche“[755]. Verglichen mit § 17 EStG und § 23 EStG a. F. überzeugt der Rechtfertigungsgrund des Einkünftedualismus indes nicht die Nichtbesteuerung privater Veräußerungsgeschäfte und die Begründung für die Ausnahme von der Besteuerung nach der finanziellen Leistungsfähigkeit für diesen Fall erfolgt teilweise aufgrund des systematischen Arguments der immanenten Steuerfreiheit privater Vermögensmehrungen.[756] Neben dem vertretenen Ansatz[757] der Rechtfertigung des Dualismus als Grundprinzip durch die amtliche Begründung des REStG 1925, dass einerseits den Einkünften aus nicht selbstständiger Arbeit kein gewidmetes Vermögen zugrunde liege und dass es anderseits nicht auf die Veränderung der Vermögensgegenstände ankomme, soweit es sich um Erträge handelt, die ohne Arbeit oder geringen Verwaltungsaufwand aus Vermögen bezogen werden, wie Kapitalerträge,[758] wird vertreten, dass diese traditionelle Begründung durch den verfassungsrechtlichen Schutz der Privatsphäre erweitert werden muss, so dass der Steuerpflichtige vor staatlichem Überwachen geschützt wird.[759] Jedoch kann der Dualismus als Grundprinzip nicht zur Rechtfertigung der Nichtsteuerbarkeit von privaten Veräußerungsgeschäften dienen, da die Einkommensteuer auf einem synthetischen Ansatz beruht, und wie bereits aufgezeigt, gelten zumindest alle Einkunftsarten bis zur Einführung der Abgeltungsteuer als grundsätzlich gleichwertig[760],[761] so dass die Aufzählungsunterscheidung in § 2 EStG aus Praktikabilitätsgründen erfolgte, da sich eine Generalklausel nicht umsetzen ließ.[762] Es folgt aus dem historischen Ansatz zwar für die Steuerbarkeit von privaten Wertsteigerungen als Einkommen,[763] dass

---

755 BVerfGE 28, 227 (237 f.).

756 Vgl. *Küppers*, S. 136.

757 *Kirchhof*, in: Kirchhof/Söhn/Mellinghoff, EStG, § 2 Rn. A 675 f.

758 Begründung zum Entwurf des Reichseinkommensteuergesetzes v. 23.4.1925, RT-Drs. III/795, S. 41, auch abgedruckt unter *Kirchhof*, in: Kirchhof/Söhn/Mellinghoff, EStG, § 2 Rn. A 437.

759 *Kirchhof*, in: Kirchhof/Söhn/Mellinghoff, EStG, § 2 Rn. A 676; **ablehnend** *Müller-Franken*, GS Trzaskalik, 195 (208–210).

760 Kap. 2, I. 1.; *Jachmann*, Steuergesetzgebung, S. 109 f.; *Recnik*, S. 1; *Tipke*, Steuerrechtsordnung, Bd. II, 1. Aufl., 1993, S. 593 f., 600; *ders.*, Steuerrechtsordnung, Bd. II, S. 669 f.

761 Ebenso *Küppers*, S. 136 f.

762 *Lang*, S. 219.

763 Vgl. *Tipke*, FS Paulick, 391 (391–397).

der quellentheoretische Ansatz der Überschusseinkünfte das Totalitätsprinzip schon immer, wenn auch systembedingt, durchbricht,[764] dies ist jedoch so eigentlich nicht mit dem Grundgedanken des Leistungsfähigkeitsprinzips vereinbar,[765] da es danach keinen Unterschied machen darf, ob der veräußerte Gesellschaftsanteil im Betriebs- oder Privatvermögen gehalten wird.[766] Aus dem Blickwinkel des Leistungsfähigkeitsprinzips stellte die grundsätzliche Nichtsteuerbarkeit von privaten Veräußerungsgeschäften aus Wertpapieren eine „Lücke" als systematischen Mangel dar[767], die zu beheben war. Darüber hinaus kann das Argument des „Gewinndenken[s]" nicht als Rechtfertigung für den Dualismus in der Unterscheidung von Gewinn- und Überschusseinkünften und der unterschiedlichen Behandlung von Wertsteigerungen im Betriebs- oder Privatvermögen ausreichen, da es sich hierbei lediglich um die Einkünfteerzielungsabsicht handelt, die ebenso im Rahmen der Überschusseinkünfte auftritt.[768] Ähnlich verhält es sich mit dem Argument, dass es auf die Veränderungen des Vermögensstamms im Privatvermögen nicht ankomme, sondern nur auf dessen Erträge.[769] Es kommt gerade auch auf die realisierten Wertveränderungen des Wirtschaftsguts im Privatvermögen an,[770] wie das Beispiel der Aktie einerseits hinsichtlich des Wirtschaftsguts an sich durch die Kursgewinne und -verluste und andererseits hinsichtlich der Motivation, wie der damalige private Börsenboom zeigte, belegt. Die vormals zugrunde gelegte Ansicht der Irrelevanz des Vermögensstamms gilt als überholt;[771] Umschichtungen im Privatvermögen sind der Regelfall.[772] Im Ergebnis ergibt sich aus der wirtschaftlichen Gleichheit des Veräußerungsvorgangs – das BVerfG nimmt ebenso einheitlich den gleichen wirtschaftlichen und rechtlichen Ablauf für beide Fälle der Veräußerung an[773] –, dass das private Veräußerungsgeschäft verglichen mit

764 In diese Richtung *Küppers*, S. 137.

765 Vgl. BStBl. II 1995, 870 (872 f.); ebenfalls *Lang*, S. 504, i. R. d. Hauptaussage des Totalitätsprinzips zu § 17 EStG; in diese Richtung auch *Wernsmann*, in: Kirchhof/Söhn/Mellinghoff, EStG, § 23 Rn. A 14 f., 82; ebenso aus dem Grundgedanken i. R. d. § 17 EStG *Wolff-Diepenbrock*, FS Klein, 875 (883 f.); *ders.*, DStZ 1993, 118 (119).

766 Vgl. z. B. *Lindberg*, in: Frotscher/Geurts, EStG, § 23 Rn. 20; auch *Hey*, in: Tipke/Lang, Rn. 8.185; *Tipke*, Steuerrechtsordnung, Bd. II, S. 723 f., mit veranschaulichendem Beispiel; *Wernsmann*, in: Kirchhof/Söhn/Mellinghoff, EStG, § 23 Rn. A 14.

767 *Lang*, S. 56 f.; vgl. auch *Merkenich*, S. 51 f.; *Tipke*, FS Paulik, S. 399; *ders.*, StuW 1971, 2 (11).

768 *Merkenich*, S. 46 f.; *Tipke*, Steuerrechtsordnung, Bd. II, S. 722.

769 *Küppers*, S. 137.

770 *Tipke*, Steuerrechtsordnung, Bd. II, S. 718, 722.

771 *Küppers*, S. 138.

772 *Dietz*, FR 1999, 85 (87); *Jachmann*, Steuergesetzgebung, S. 124.

773 BVerfGE 26, 302 (312 f.).

den Gewinneinkünften gleichbehandelt werden muss.[774] Dies bedeutet, dass Wertsteigerungen aus Veräußerungsgeschäften von Aktien im Privatvermögen genauso zu behandeln sind wie Wertsteigerungen aus Veräußerungsgeschäften von Aktien im Betriebsvermögen, denn hinsichtlich erstgenannter Wertsteigerungen lag eine ungerechtfertigte Nichtsteuerbarkeit aus vorstehenden Gründen vor. Hervorzuheben ist noch, dass das BVerfG damals im Rahmen der Rechtfertigungsprüfung von nichtsteuerbaren privaten Einkünften außerhalb der Spekulationsfrist lediglich nach der Willkürformel vorgegangen ist,[775] so dass *Küppers* unter anderem die Ansicht vertritt, dass das BVerfG bei Anwendung der aus dem „Gleichheitssatz abgeleiteten System- und Wertungskonsequenz" – „wahrscheinlich" – nicht nochmal zu einer Billigung des § 17 EStG a. F. und § 23 EStG a. F. als Ergebnis gekommen wäre.[776]

bb) Investitionsneutralität

Des Weiteren ist festzustellen, dass die Erfassung aller Wertsteigerung aus Kapitalvermögen Belastungsgleichheit auf Ebene der Investitionen schafft, welche zur Erzielung von Einkommen eingesetzt werden. *Strohm* unter anderem bezeichnet dies als Gebot der intersektoralen Neutralität, das ein Unterfall der Investitionsneutralität ist[777], mit der Aussage, dass es nicht mehr darauf ankommt, in welche Kapitalanlage konkret investiert wird, da mit Einführung der Abgeltungsteuer jegliche Arten von Investitionen gleich steuerlich erfasst werden sollen, und die vormals steuerliche unterschiedliche Behandlung von Vollrisikoprodukten, Teilrisikoprodukten und Garantieprodukten im Rahmen des § 20 Abs. 1 oder Abs. 2 EStG a. F. abgeschafft wurde.[778] Im Ergebnis lag in der vergleichenden Besteuerung von Wertsteigerungen des privaten Kapitalvermögens ein noch größeres Ungleichgewicht aufgrund der unterschiedlichen Behandlung der laufenden Erträge im Vergleich zum Vermögensstamm nach § 23 Abs. 1 S. 1 Nr. 2 EStG a. F. vor, da nach Ablauf der Haltedauerfrist Wertsteigerungen steuerfrei vereinnahmt werden konnten; dies stellte eine Verletzung der Belastungsgleichheit durch einen Verstoß gegen den allgemeinen Gleichheitssatz des Art. 3 Abs. 1 GG dar, der sich in seiner bereichsspezifischen Konkretisierung durch eine ungerechtfertigte Verletzung des Leistungsfähigkeitsprinzips zeigt, denn es ist nicht ersichtlich, wieso eine

---

774 Vgl. ebenso *Musil*, in: Herrmann/Heuer/Raupach, EStG, § 2 Rn. 520–523, der aufzeigt, dass der wesentliche Unterschied der Behandlung von Wertveränderungen des PV und BV immer weiter schwindet, und zudem wird die mehrschichtige Begriffsbedeutung des Einkünftedualismus dargestellt; *Tipke*, Steuerrechtsordnung, Bd. II, S. 720–722.

775 BVerfGE 26, 302 (310).

776 *Küppers*, S. 138.

777 *Suttmann*, S. 36.

778 *Strohm*, S. 134 f.

unterschiedliche Behandlung von laufenden Erträgen und den Gewinnen aus der Veräußerung seitens des Gesetzgebers vorgenommen wurde.[779] Das Argument des Einkünftedualismus, wie auch der historische Ansatz, konnte eine solche Ungleichbehandlung im Binnensystem der Kapitalerträge nicht wirklich rechtfertigen, und ein solches Ungleichgewicht zeigte sich insbesondere zum Beispiel, wenn eine AG ihre Gewinne nicht als Dividende ausschüttet, sondern thesauriert, so dass der Aktienkurs steigt. Die Kursgewinne waren nach Ablauf der Haltefrist steuerfrei, während die Dividendenerträge versteuert werden mussten. Der Steuerpflichtige konnte sozusagen im Ergebnis durch gezielte Wahl seiner Anlageform oder in der Anlage selbst Steuern vermeiden, so dass seine Anlagewahl von der Steuerbarkeit der Anlage abhängig war. Durch die Erfassung nun sämtlicher Wertsteigerungen, wie auch jeglicher Produkttypen durch die Abgeltungsteuer kommt es einerseits auf die Wahl der Anlageform zur Einkommenserzielung steuerlich nicht mehr an, so dass von einer deutlichen Verbesserung der intersektoralen Neutralität ausgegangen werden kann.[780] Durch Erfassung aller Anlageformen und Wertsteigerungen kommt es andererseits zu einem Fortschritt hinsichtlich der rechtlichen Belastungsgleichheit,[781] da jegliche Einkünfte aus Kapitalvermögen bei gleich hoher Leistungsfähigkeit gleich hoch besteuert werden. Mit der Verbesserung der intersektoralen Neutralität und der rechtlichen Belastungsgleichheit geht ebenso eine Vereinheitlichung aus der Natur der Sache einher. *Strohm* vertritt die Auffassung, dass diese Ziele nur durch eine Verbreiterung der Bemessungsgrundlage hinsichtlich der Einkünfte aus Kapitalvermögen erreicht werden können, soweit der Steuertarif für diese Einkünfte auf 25 % abgesenkt wird, da sich der Normaltarif von bis zu 45 % aufgrund bestehender „erheblicher Vollzugsdefizite“ in der Praxis nicht durchsetzen ließe[782].[783]

cc) Vereinfachung

Im Ergebnis liegt auf jeden Fall eine Vereinfachung hinsichtlich des Steuertatbestands und der Bemessungsgrundlage aus Sicht der Verwaltung sowie des Steuerpflichtigen vor. Denn wie ausgeführt, bestand ein großes Defizit der

779 Vgl. *Strohm*, S. 135–137.

780 Z. B. *Hey*, in: Tipke/Lang, Rn. 8.492 f.; *Stiftung Marktwirtschaft*, Einkommensteuergesetz, 2009, S. 36.

781 Z. B. *Eckhoff*, FR 2007, 989 (994); *Englisch*, StuW 2007, 221 (233); ähnlich auch *Pfirrmann*, in: Kirchhof/Seer, EStG, § 32d Rn. 2; *Söhn*, GS Kopp, 392 (396 f.), spricht von der Gleichheit im Vollzug; **kritisch** z. B. *Haisch*, DStZ 2007, 762 (772 f.).

782 *Kronberger Kreis*, Abgeltungsteuer bei Kapitaleinkommen, S. 20, 22; vgl. *Müller-Franken*, GS Trzaskalik, 195 (217), der sich für Kapital auf das bekannte „scheue Reh“ von *Abs* bezieht.

783 *Strohm*, S. 139 f.

Kapitalertragsbesteuerung in der hohen Komplexität und Unübersichtlichkeit[784] sowie der damit einhergehenden unterschiedlichen Besteuerung von Kapitalerträgen im Einzelnen vor Einführung der Abgeltungsteuer. Es stellte sich somit immer die Frage, wie die Kapitalerträge zu ermitteln waren und welche dann tatsächlich der Besteuerung unterfielen, denn hinsichtlich der steuerbaren laufenden Erträge nach § 20 Abs. 1 EStG a. F. musste wieder zwischen Garantie-, Risikoprodukt und Teilrisikoprodukt unterschieden werden, da nur die Garantieprodukte – beziehungsweise im Rahmen der Teilrisikoprodukte musste eine aufwändige Aufteilung nach Garantieanteil und Risikoanteil erfolgen – der Besteuerung unterlagen.[785] Ferner bestand die Schwierigkeit, die sich wieder im Rahmen einer komplizierten Einzelfallbetrachtung ergab, ob eine Rückzahlung des Emittenten geschuldet war, so dass es im Ergebnis zu erheblichen „Abgrenzungs- und Aufteilungsschwierigkeiten" kam, und diese Komplexität lag hinsichtlich privater Wertsteigerung aus Kapitalvermögen genauso vor, da einerseits im Rahmen des § 20 Abs. 2 EStG a. F. wieder zwischen steuerbarer Wertsteigerung des Garantieproduktes und nicht steuerbarer Wertsteigerung des Risikoproduktes oder Teilrisikoproduktes unterschieden werden musste;[786] andererseits waren zudem nur die Wertsteigerungen des Privatvermögens steuerbar, die unter § 17 Abs. 1 EStG a. F. oder § 23 Abs. 1 EStG a. F. fielen. Dies führte im Ergebnis aufgrund von Finanzinnovationen,[787] Termingeschäften[788] und anderer Steuervermeidungspraktiken dazu, dass die komplexe Lage dazu genutzt wurde, um der Besteuerung zu entgehen, insbesondere mit dem Instrument laufende Erträge in steuerfreie Veräußerungsgewinne umzuqualifizieren, so dass von einem für den Staat nicht zu gewinnenden „Hase-und-Igel-Spiel"[789] die Rede war, das wiederum zu einer immer steigenden Komplexität der privaten Kapitalertragsbesteuerung führte.[790] Hat der Gesetzgeber die Bemessungsgrundlage und den Steuertatbestand erweitert, indem seit Einführung der Abgeltungsteuer alle Einkünfte aus privaten Kapitalvermögen, egal ob laufende Erträge oder Wertsteigerung, oder aus welcher Art des Anlageprodukts, steuerbar erfasst werden, wirkt dies der Komplexität der Kapitalertragsbesteuerung auf Seiten der Verwaltung und des Steuerpflichtigen entgegen. Es wird eine spürbare Vereinfachung schon dadurch erlangt, dass nun eine steuerliche Einordnung der privaten Kapitalanlage obsolet wird. Das Ziel des Gesetzgebers,

---

784 Vgl. etwa *Jachmann*, BB 2003, 2712 (2712); ähnlich auch *Schenk/Brusch*, DStR 2005, 1254 (1255); *Weber-Grellet*, NJW 2008, 545 (547).

785 *Strohm*, S. 145

786 *Strohm*, S. 146 f.

787 Zu Finanzinnovationen allgemein vgl. z. B. *Jachmann*, DStJG, 2007, 153 (153–199).

788 Ausführlich zur Systematik von Termingeschäften z. B. *Meinhardt*, in: Feyerabend, Besteuerung privater Kapitalanlagen, 2009, D Rn. 200–231.

789 *Bäuml/Gageur*, FR 2006, 213 (217); *Kanzler*, FR 2000, 1245 (1255).

790 Vgl. *Hey*, in: Tipke/Lang, Rn. 8.493, 8.497; auch *Strohm*, S. 148.

durch die Abgeltungsteuer alle privaten Kapitalerträge gleich zu erfassen,[791] führt zugleich zu einer signifikanten Vereinfachung der Besteuerung[792] mit einer damit einhergehenden Transparenz der Besteuerung von privaten Kapitalerträgen[793]. Die Dokumentationspflicht hinsichtlich des Anschaffungs- und Veräußerungszeitpunktes beziehungsweise der Einlösung oder der Ersatztatbestände tritt aufgrund der Unabhängigkeit der Besteuerung von der Haltedauerfrist im Rahmen der Wertsteigerungen des privaten Anlageproduktes nach § 20 Abs. 2 EStG a. F. oder § 23 Abs. 1 S. 1 Nr. 2 EStG a. F. in den Hintergrund, da die Haltedauerfrist des § 23 Abs. 1 S. 1 Nr. 2 EStG auf private Veräußerungsgewinne des Kapitalvermögens nicht mehr anwendbar ist.[794] Nach § 20 Abs. 2 EStG a. F. waren die Wertsteigerungen unabhängig von der Haltedauerfrist steuerbar. *Strohm* unter anderem vertritt die Ansicht, eine noch größere Vereinfachung hinsichtlich der Besteuerungen der Wertsteigerungen aus privaten Kapitalanlagen würde sich durch eine Abschaffung von § 17 EStG ergeben.[795] Dem ist im Grundsatz zuzustimmen.

Zusammenfassend kann festgehalten werden, dass einerseits hinsichtlich des Produkttyps seit Einführung der Abgeltungsteuer eine Unterscheidung entfällt und andererseits die Unterscheidung zwischen laufenden Erträgen und Wertsteigerungen entfällt, so dass im Ergebnis von einer erheblichen Vereinfachung durch die Abgeltungsteuer auszugehen ist, die folgend eine größere Transparenz schafft, und mit der damit einhergehenden leichteren Nachvollziehbarkeit gleichzeitig ebenfalls die Akzeptanz der privaten Kapitalertragsbesteuerung in der Bevölkerung steigt,[796] was vom ideellen Grundgedanken – ohne die doch unzählige Einzelprobleme am Randbereich der Abgeltungsteuer – auch nach vierzehn Jahren Abgeltungsteuer nachvollziehbar ist, da es nicht abwegig erscheint, dass die Abgeltungsteuer allgemein im Bewusstsein der breiten Bevölkerungsschicht angekommen ist. Ferner wird aufgrund der abgeschafften Steuervermeidungsmöglichkeit beziehungsweise deren deutlicher Erschwerung, da alle privaten Kapitalerträge – außer § 17 Abs. 1 EStG – steuerlich gleich erfasst und behandelt werden, dem Leistungsfähigkeitsprinzip Rechnung getragen sowie tatsächliche Belastungsgleichheit geschaffen, so

---

791 BR-Drs. 220/07, S. 87, 90.

792 Z. B. *Hey*, in: Tipke/Lang, Rn. 8.492 f.; vgl. auch *Englisch*, StuW 2007, 221 (233); *Paukstadt/Luckner*, DStR 2007, 653 (657); *Pfirrmann*, in: Kirchhof/Seer, EStG, § 32d Rn. 1 f.; *Söhn*, GS Kopp, S. 392 (394 f.); *Stiftung Marktwirtschaft*, Einkommensteuergesetz, 2009, S. 36; *Weber-Grellet*, NJW 2008, 545 (550); **kritisch** *Haisch*, DStZ 2007, 762 (773); *Haisch/Krampe*, FR 2010, 311 (311), die ein 100-seitiges BMF-Schreiben als Gegenbegründung anführen.

793 Z. B. *Pfirrmann*, in: Kirchhof/Seer, EStG, § 32d Rn. 2.

794 Vgl. *Feyerabend*, in: Feyerabend, Besteuerung privater Kapitalanlagen, Einf. Rn. 1, 3; auch *Hey*, in: Tipke/Lang, Rn. 8.493.

795 *Strohm*, S. 149.

796 Vgl. *Strohm*, S. 150.

dass unter diesem Aspekt die Abgeltungsteuer gerechtfertigt ist. Wie sich ebenfalls zeigt, geht die Vereinheitlichung mit der Vereinfachung einher.

c) Fazit

Der Gesetzgeber kann zur Erfassung der tatsächlichen Leistungsfähigkeit die Bemessungsgrundlage erweitern, auch so, dass die Freistellung des Privatvermögens hinter die Besteuerung nach der Leistungsfähigkeit zurücktreten muss; daher ist die Entwicklung verfassungsrechtlich nicht zu beanstanden.[797] Dem ist zuzustimmen. Einerseits hat der Gesetzgeber nur die Ungleichbehandlung zu den Gewinneinkünften aufgehoben, indem er Veräußerungsvorgänge im Betriebs- oder Privatvermögen nach dem Leistungsfähigkeitsprinzip gleich erfassen will. Dieser Ansatz ist ebenso auf den Wegfall der Haltedauerfrist zu übertragen. Eine Ungleichbehandlung erschien nicht gerechtfertigt, da der Einkünftedualismus nicht als Rechtfertigung für die unterschiedliche Behandlung dienen kann. Denn realisierte Wertsteigerungen im Privatvermögen stehen einerseits auf der Tagesordnung. Die Privatsphäre wird überdies durch die Beibehaltung der grundsätzlichen Anonymität durch die Abgeltungsteuer trotzdem gewahrt. Zu beachten ist andererseits, dass der Dualismus schon durch § 23 Abs. 1 S. 1 Nr. 2 EStG a. F. durchbrochen wurde, indem die Veräußerungsgewinne innerhalb der Haltedauerfrist schon vor Einführung der Abgeltungsteuer steuerbar waren. Im Ergebnis führt der weitere Bruch des Dualismussystems zu keiner verfassungsrechtlichen Beanstandung in diesem Zusammenhang, da die früher vorherrschende Begünstigung lediglich abgeschafft wurde. Eine Rechtfertigung aus dem Dualismussystem wurde zwar vom BVerfG gebilligt, jedoch schon damals kritisch gesehen. Entscheidend für diesen Fall ist der synthetische Einkommensbegriff. Der Bezugspunkt zu dem Verlustblickwinkel dieser Arbeit ergibt sich, dass der Gesetzgeber erst durch die Erweiterung der Bemessungsgrundlage eine breite Masse an steuerbaren Verlusten schaffte, nämlich diejenigen, die damals außerhalb der Haltedauerfrist keine steuerliche Beachtung fanden. Dass hierdurch neuerliche Probleme bei Anwendung des Grundgedankens der vollumfänglichen Steuerbarkeit aus Sicht des Fiskus, die dieser möglicherweise zu wenig bedacht hat, entstehen, wird sich nachfolgend unter anderem bei einer wertlosen Aktie, von einer insolventen AG, zeigen.[798]

2. Eigener Tarif

Nachdem der Vorteil aus dem Sondertarif gerade zur Rechtfertigung ebenfalls unter anderem im Rahmen der Verlustverrechnungsbeschränkung vom Gesetzgeber angeführt wird[799], ist unter dem Verlustblickwinkel verfassungsrechtlich ebenso

---

797 *Weber-Grellet*, NJW 2008, 545 (548).

798 Kap. 3, III.

799 BR-Drs. 220/07, S. 92; ebenso i. R. d. Rechtfertigung des § 20 IX EStG für Spitzeninvestoren.

auf den Sondertarif einzugehen. In Bezug auf den Streit, ob weiter ein einheitlicher Steuergegenstand mit nur einem schedulisierenden Element oder kein einheitlicher Steuergegenstand mehr als duale Einkommensteuer durch die Einführung der Abgeltungsteuer vorliegt, führt dies im Rahmen des Umfangs der Rechtfertigungsprüfung zum gleichen Ergebnis durch besonders sachliche Gründe, wird jedoch nachfolgend dargestellt.

a) Einheitlicher Steuergegenstand

Die auffälligste Änderung, die die Einführung der Abgeltungsteuer mit sich brachte, ist die Abweichung der Einkünfte aus Kapitalvermögen vom System des progressiven Steuertarifs von bis zu 45 % nach § 32a Abs. 1 EStG und der Einführung eines eigenen proportionalen Sondertarifs von nur 25 % nach § 32d Abs. 1 S. 1 EStG.[800] Diese augenscheinliche Ungleichbehandlung führt zu einer Verletzung des allgemeinen Gleichheitssatzes nach Art. 3 Abs. 1 GG, da gegen das Leistungsfähigkeitsprinzip verstoßen wird, indem gleich hohe Leistungsfähigkeit unterschiedlich nach Einkunftsart besteuert wird, wie ein Vergleich mit den anderen Einkunftsarten aufzeigt.[801] Diese Ungleichbehandlung bedarf einer Rechtfertigung;[802] hierfür nicht ausreichend, wie schon erwähnt, ist allein der Umstand der systematischen Unterscheidung der Einkunftsarten an sich.[803] Zu beachten ist noch, dass nach dem Trennungsprinzip Vorbelastungen der Einkünfte aus Kapitalvermögen, wie zum Beispiel durch Körperschaft- und Gewerbesteuer, für die Grundlage der Ungleichbehandlung nicht zu beachten sind, da das Leistungsfähigkeitsprinzip keine Gesamtbetrachtung erfordert.[804]

Dass für den Maßstab der Rechtfertigung eine Verhältnismäßigkeitsprüfung und nicht nur eine Willkürprüfung zu erfolgen hat, ergibt sich aus nachfolgendem Ansatz, dass der Gesetzgeber trotz Schaffung einer eigenen Schedule für Einkünfte aus Kapitalvermögen insgesamt inhaltlich an einer Einheitssteuer festhalten will und somit einer strengeren Bindung an den Gleichheitssatz unterliegt.[805] Denn die

800 Z. B. *Moritz/Strohm*, in: Frotscher/Geurts, EStG, § 20 (n. F.) Rn. 41.

801 Vgl. *Englisch*, StuW 2007, 221 (223 f.); *Strohm*, S. 122 f., der als Beispiel Arbeitslohn i. H. v. 10.000 Euro mit Zinseinnahmen i. H. v. 10.000 Euro vergleicht; sowie ausführlich zur nachfolgenden Problematik *ders.*, S. 122–133.

802 Z. B. BVerfGE 116, 164 (180 f.); *Eckhoff*, FR 2007, 989 (994); *Englisch*, StuW 2007, 221 (224); vgl. auch *Hey*, BB 2007, 1303 (1308); *Söhn*, DStJG, 2007, 13 (30 f.); *Tipke*, StuW 2007, 201 (209); *Weber-Grellet*, NJW 2008, 545 (547); mit schon dem gerechtfertigten Ergebnis *Wernsmann*, DFGT 2008, 107 (111 f.).

803 Kap. 2, II. 3. a).

804 In diese Richtung BVerfGE 116, 164 (199); vgl. auch *Pezzer*, DStJG 2002, 37 (45 f.).

805 Vgl. allgemein zur Rechtfertigung schedulisierender Elemente bei der synthetischen ESt *Jachmann*, Nachhaltige Entwicklung und Steuern, S. 121–139; hinsichtlich eines

Schaffung eines Sondertarifs führt nicht zu einer neuen Belastungsentscheidung seitens des Gesetzgebers, sondern zu keiner folgerichtigen Einführung einer Schedulenbesteuerung im Rahmen der bereits bestehenden Belastungsentscheidung.[806] Dass gerade keine neue Belastungsentscheidung durch den Systemwechsel hin zu einer absolut reinen analytischen Einkommensteuer durch Einführung des Sondertarifs nach § 32d Abs. 1 S. 1 EStG vorliegt,[807] ergibt sich dadurch, dass die Wahl der Belastungsentscheidung des Gesetzgebers sich insgesamt dennoch weiterhin als Einheitssteuer darstellt[808], die zwar unbestritten durchbrochen, jedoch nicht in letzter Konsequenz ersetzt wird[809], aus nachfolgenden Erwägungen. Durch die Einführung eines eigenen Sondertarifs und die Herausnahme von den übrigen Einkunftsarten über § 2 Abs. 5b EStG erweckt dies zwar auf den ersten Anschein, dass Steuergegenstand nicht mehr das Gesamteinkommen, sondern die zwei unterschiedlichen Abteilungen, also Schedulen, Arbeitseinkommen beziehungsweise jegliche Einkünfte außer denen aus Kapitalvermögen des § 20 EStG und Kapitaleinkommen sind[810], mit der sich anschließenden Frage, ob das Einkommen weiterhin überhaupt einen einheitlichen Steuergegenstand bildet oder das Arbeits- und das Kapitaleinkommen eigene Steuergegenstände abbilden können.[811] Hinsichtlich der Bestimmung eines Steuergegenstands kann auf die Übersicht des Art. 106 GG und dessen Wortlaut zurückgegriffen werden.[812] In Art. 106 Abs. 3 S. 1 GG spricht der Gesetzgeber von der Einkommensteuer, so dass sich dieser entschieden hat, eine Belastungsentscheidung hinsichtlich der Steuerbarkeit des Einkommens als Auswahl insgesamt zu treffen. Wird seitens des Gesetzgebers nun Arbeits- und Kapitaleinkommen unterschiedlich besteuert, handelt es sich nur um die Art und

solchen Ansatzes *Strohm*, S. 128 f., der jedoch im Konjunktiv schreibt; **a. A.** vgl. etwa *Kühner*, in: Herrmann/Heuer/Raupach, EStG, § 32d Rn. 4.

806 Vgl. auch *Strohm*, S. 132 f.

807 Vgl. z. B. *Eckhoff*, FR 2007, 989 (989 f.); *Englisch*, StuW 2007, 221 (224, 236); *Lang*, StuW 2008, 1 (2); **a. A.** vgl. z. B. *Hey*, BB 2007, 1303 (1304, 1308); *Kühner*, in: Herrmann/Heuer/Raupach, EStG, § 32d Rn. 4; *Hechtner/Hundsdoerfer*, StuW 2009, 23 (23); *Schulz/Vogt*, DStR 2008, 2189 (2189); *Werth*, in: Brandis/Heuermann, EStG, § 32d Rn. 1, 46.

808 *Englisch*, Abgeltungsteuer, S. 87; *Jochum*, DStZ 2010, 309 (311); *Lang*, StuW 2008, 1 (2).

809 Auch so etwa z. B. *Jochum*, in: Kirchhof/Söhn/Mellinghoff, EStG, § 20 Rn. H 37; **a. A.** für eine Ersetzung des synthetischen Ansatzes z. B. *Seer*, in: Kirchhof/Seer, EStG, § 2 Rn. 112.

810 Z. B. *Sachverständigenrat*, Duale Einkommensteuer, 2006, S. 18; *Schön*, FS Solms, 2005, 263 (266).

811 *Strohm*, S. 127, 129.

812 *Jachmann*, DFGT 2006, 59 (63 f.), bezieht sich auf den jeweils intendierten Steuertypus als Essentialia; *Wernsmann*, S. 311–314, mit veranschaulichenden Beispielen wie etwa der Bier- oder der Hundesteuer.

Weise als inhaltliche Ausgestaltung, wie Einkommen besteuert werden soll, und nicht um die grundsätzliche Auswahl, dass Einkommen überhaupt steuerbar sein soll. Folglich ergibt sich schon aus dem Grundgesetz, dass das Gesamteinkommen einen einheitlichen Steuergegenstand abbildet, da durch den „weit gefassten Oberbegriff" jegliche Einkünfte besteuert werden sollen,[813] die dann im Rahmen der Belastungsentscheidung einheitlich wiederum nur eine Einheitssteuer für die Einkommensteuer ergeben können.[814] Im Ergebnis handelt es sich nach dieser Ansicht durch Einführung eines Sondertarifs in § 32d Abs. 1 S. 1 EStG um keinen selbstständigen Systemwechsel zu einer rein analytischen Einkommensteuer hin, sondern um einen Systemwechsel in der inhaltlichen Ausgestaltung der existierenden Belastungsentscheidung „durch Einfügung eines weiteren schedulisierenden Elements",[815] so dass die Rechtfertigung der Ungleichbehandlung eines Sondertarifs aufgrund des Verstoßes gegen das Leistungsfähigkeitsprinzip, wie vorstehend aufgezeigt, der besonderer sachlicher Gründe bedarf.[816] § 2 EStG ist nach *Jochum* trotz des Richtungswechsels insoweit „eindeutig".[817] Des Weiteren ergibt sich dadurch eine Durchbrechung des Gebots der Folgerichtigkeit, da die einmal getroffene Belastungsentscheidung als Einheitssteuer nicht folgerichtig umgesetzt wurde, die ebenfalls der Rechtfertigung der besonderen sachlichen Gründe bedarf.[818]

b) Kein einheitlicher Steuergegenstand

Dem anderen Ansatz nach, dass der Steuergegenstand des Gesamteinkommens nicht einheitlich vorliegt, sondern das Arbeits- und das Kapitaleinkommen getrennte Steuergegenstände sind beziehungsweise als solche angesehen werden können, führt dies ebenso zu einer umfassenden Rechtfertigungsprüfung, da die Durchbrechung der bisherigen Belastungsentscheidung gerade nicht als neue Belastungsentscheidung angesehen werden kann[819] und somit als eine vollständige Ersetzung. Denn es fehlt an dem von dem BVerfG geforderten bestimmten Mindestmaß an konzeptioneller Neuorientierung für einen vollständigen Systemwechsel,[820] das gerade sicherstellen soll, dass so nicht das Erfordernis einer ausführlichen Rechtfertigungsprüfung mit dem Merkmal der besonderen sachlichen

813 *Wernsmann*, S. 312 f.

814 **A. A.** etwa *Jachmann*, Nachhaltige Entwicklung und Steuern, S. 127–129; *Schön*, FS Solms, 263 (266–269).

815 *Strohm*, S. 130, der als Ergebnis für die Nichtersetzung des synthetischen Prinzips durch ein rein analytisches System wieder z. B. *Eckhoff*, FR 2007, 989 (989 f.) oder *Englisch*, StuW 2007, 221 (236) anführt.

816 Z. B. BVerfGE 116, 164 (180 f.).

817 *Jochum*, in: Kirchhof/Söhn/Mellinghoff, EStG, § 20 Rn. H37.

818 Vgl. zuletzt BVerfGE 152, 274 (313 f.).

819 Vgl. *Strohm*, S. 131.

820 Kap. 2, II. 2. d); vgl. BVerfGE 122, 210 (241–243).

Gründe im Gegensatz zur Willkürprüfung mit dem Merkmal des nur einleuchtenden Grunds umgangen werden kann.[821] Ansonsten könnte auf diese Weise über die Hintertür das Leistungsfähigkeitsprinzip als Gerechtigkeitsmaßstab für eine Ungleichbehandlung ausgehebelt werden, da sich sehr leicht ein einleuchtender Grund für eine Ungleichbehandlung in den überwiegenden Fällen ergibt,[822] wenn nicht sogar konstruieren lässt. Nachfolgende Ausführungen zeigen auf, dass es dem Gesetzgeber an dem bestimmten Mindestmaß an konzeptioneller Neuorientierung fehlt, soweit es sich um keinen einheitlichen Steuergegenstand handelt, so dass es sich im Ergebnis unter diesem Aspekt ebenfalls um die Ausgestaltung der bisherigen Belastungsentscheidung handelt – auch wenn ein duales System eingeführt wurde. Denn der Gesetzgeber hat keine hundertprozentige Trennung von Arbeits- und Kapitaleinkommen vollzogen, die einen vollständigen Systemwechsel in letzter Konsequenz von einer Einheitssteuer zu einer absolut reinen Schedulensteuer begründen würde.[823] Der Wortlaut in der Überschrift von § 32d EStG spricht von „Gesonderter Steuertarif". Nach der Bedeutung von „gesondert", dass etwas von anderem getrennt oder extra oder für sich ist,[824] könnte dies eher für die eigene Schedule des Kapitaleinkommens als konzeptionelle Neuorientierung sprechen. Dem ist aber nicht so, denn dem Kapitaleinkommen an sich werden ebenso Kapitalerträge zugeordnet, die weiterhin dem Tarif des § 32a EStG unterfallen.[825] Hierzu zählen jegliche Kapitalerträge, die über die Verweisungsnorm des § 20 Abs. 8 EStG anderen Einkunftsarten außer den Einkünften aus Kapitalvermögen des § 20 EStG zugeordnet werden. Vordergründig handelt es sich um Kapitalerträge aus Gewerbebetrieb nach § 15 EStG, wie zum Beispiel dass Aktienbeteiligungen im Betriebsvermögen gehalten werden, und selbst wenn angenommen wird, dass diese „Kapitalerträge" Arbeitseinkommen darstellen, da sich die Beteiligung im Betriebsvermögen befindet und der Vermögensstamm vollumfänglich steuerbar ist, ist dieses Abgrenzungskriterium für Arbeits- und Kapitaleinkommen durch Einführung der Abgeltungsteuer obsolet geworden, da durch die Tatbestandserweiterung des § 20 Abs. 2 EStG ebenso der Vermögensstamm im Privatvermögen steuerbar ist; ferner verweist *Strohm* auf die Kapitalerträge des § 17 EStG und die Kapitalerträge aus der staatlich geförderten Altersvorsorge im Sinn des § 22 Nr. 1 und 5 EStG.[826] Entscheidend zudem ist jedoch, dass der Gesetzgeber zahlreiche Ausnahmen geschaffen hat, indem er für bestimmte Kapitalerträge des § 20 EStG nicht den Sondertarif des §32d EStG, sondern wieder den Normaltarif des § 32a EStG anwendet. Denn einerseits ist auf die Kapitalerträge, die unter § 32d Abs. 2

---

821 Kap. 2, II. 2. d); vgl. BVerfGE 122, 210 (241–243).

822 Ebenso *Strohm*, S. 131.

823 **A. A.** etwa *Kühner*, in: Herrmann/Heuer/Raupach, EStG, § 32d Rn. 4.

824 *Duden*, Deutsches Universalwörterbuch, „gesondert".

825 Z. B. *Strohm*, S. 132.

826 *Strohm*, S. 132.

Nr. 1 und 2 EStG fallen, zwingend der Normaltarif anzuwenden; andererseits kann der Steuerpflichtige im Fall des § 32 Abs. 2 Nr. 3 EStG oder des Abs. 6 einen Antrag auf Veranlagung zum Normaltarif stellen.[827] Im Ergebnis hat der Gesetzgeber somit eine neue Belastungsentscheidung im Rahmen einer eigenständigen Schedulenbesteuerung nicht hinreichend folgerichtig umgesetzt, sondern lediglich teilweise verwirklicht, so dass auch unter dem Aspekt unterschiedlicher Steuergegenstände keine absolut reine Schedulensteuer entstand.[828] Es fehlt auch in diesem Zusammenhang an dem geforderten bestimmten Mindestmaß konzeptioneller Neuorientierung, das zwar teilweise vorliegt, jedoch nicht in aller letzter Konsequenz, so dass ebenfalls in diesem Zusammenhang eine umfassende Rechtfertigungsprüfung vorzunehmen ist. Vorliegend wird dem Ansatz von unter anderem *Jochum* und *Strohm* gefolgt, der einerseits eine Durchbrechung des synthetischen Ansatzes sieht, aber anderseits weiterhin einer einheitlich „bemessenen Leistungsfähigkeit trotz Schedulenkonzept“ nachkommen will.[829] Durchaus bestehen indes auch berechtigte Stimmen, die die gegenteilige Auffassung keines einheitlichen Steuergegenstands mit den Steuergegenstände Arbeits- und Kapitaleinkommen und einer Ersetzung des synthetischen Systems durch ein „Sondersystem“ für die Einkünfte aus Kapitalvermögen vertreten.[830]

Ein weiteres Indiz gegen eine absolut reine duale Einkommensteuer mit den Schedulen Arbeits- und Kapitaleinkommen zeigt sich durch die neuere Diskussion um die teilweise Abschaffung der Abgeltungsteuer auf bestimmte Kapitalerträge[831],

---

827 Ebenso *Strohm*, S. 132; vgl. zu den Ausnahmen auch *Levedag*, in: Schmidt, EStG, § 20 Rn. 9.

828 Vgl. z. B. *Englisch*, StuW 2007, 221 (223 f.); *Jochum*, DStZ 309 (311); auch i. E. *Lang*, StuW 2008, 1 (2).

829 *Jochum*, in: Kirchhof/Söhn/Mellinghoff, EStG, § 20 Rn. H 37; *Strohm*, S. 132; vgl. *Kirchhof*, DStR 2009, Beihefter zu Heft 49, 135 (143), der u. a. aufzeigt, dass das EStG schon fortwährend durch verschiedene versteckte begünstigende wie auch benachteiligende Schedulen trotz synthetischen Ansatzes durchbrochen wird.

830 Vgl. z. B. *Bleschick*, in: Kirchhof/Seer, EStG, § 20 Rn. 19; *Hey*, BB 2007, 1303 (1304, 1308); *dies.*, in: Tipke/Lang, Rn. 7.79, 8.1, 8.403, wieder teilweise relativierend, da sie einerseits von einer Durchbrechung und andererseits zwar auch von dem Sondersystem Schedulensteuer spricht, jedoch gleichzeitig hervorhebt, dass der Gesetzgeber nur rudimentär den Ansatz einer dualen ESt folgt, indes einen einheitlichen am Erwerbseinkommen ausgerichteten Einkünftetatbestand folgen müsste und es einer konsequenten und systematischen Differenzierung zwischen Arbeits- und Kapitaleinkommen fehlt; *Kühner*, in: Herrmann/Heuer/Raupach, EStG, § 32d Rn. 4; *Seer*, in: Kirchhof/Seer, EStG, § 2 Rn. 122; *Werth*, in: Brandis/Heuermann, EStG, § 32d Rn. 1, 46.

831 Z. B. *Kühner*, in: Herrmann/Heuer/Raupach, EStG, § 32d Rn. 4.

so dass eine Abschaffung der Abgeltungsteuer für zum Beispiel Zinseinnahmen[832] im Ergebnis zu der Abschaffung des Sondertarifs führen würde und mit der Anwendung des progressiven Tarifs wieder Richtung synthetischen Ansatz gehen könnte. Freilich wäre es eine Sache der konkreten Umsetzung. Zudem müsste der Gesetzgeber den Mechanismus des sofortigen Einbehalts und der abgeltenden Wirkung auf Zinseinnahmen wieder zurückdrehen, das doch fraglich bleibt. Es bleibt also abzuwarten, wann und wie eine Umsetzung erfolgt, die dann gegebenenfalls zeigen wird, ob noch weiterhin von den unterschiedlichen Steuergegenständen Arbeits- und Kapitaleinkommen ausgegangen werden könnte, oder es doch wieder deutlicher Richtung eines einheitlichen Steuergegenstands des Einkommens geht.

c) *Rechtfertigung*

aa) *Intertemporale Neutralität*

Vorab wird in diesem Zusammenhang auf die Verbesserung der intertemporalen Neutralität durch Einführung der Abgeltungsteuer eingegangen. Es liegt erstmal eine ungerechtfertigte Verletzung im Rahmen der Belastungsgleichheit durch die unterschiedliche Behandlung vor, wenn erlangtes Vermögen entweder gespart oder sofort konsumiert wird. Denn der Sofortkonsum bleibt einkommensteuerrechtlich unbeachtlich, während im Rahmen des Sparens die Kapitaleinkünfte ein zweites Mal unter die Einkommensteuer fallen und besteuert werden. Einerseits führte diese Konstellation zu einer mangelnden Akzeptanz der Kapitalertragsbesteuerung und anderseits wurden die Erträge – zumindest Zinserträge – aus der Sparanlage nur als steuerfreier Inflationsausgleich aufgrund des Nominalprinzips des EStG verstanden[833] oder als Ausgleich für den Verzicht auf den Sofortkonsum[834]. Wurde jetzt ein entsprechender Vorteil aus dem Sofortkonsum durch zum Beispiel ein nutzungsfähiges „dauerhaftes Konsumgut" gezogen, war dieser nicht zu versteuern, während der Vorteil des Sparens als Erträge aus der Kapitalanlage im Gegensatz dazu zu versteuern war.[835] Es kam dadurch zu einer Verletzung der

---

832 Während der Koalitionsvertrag der vorherigen Regierung auf S. 69, abrufbar unter: *https://archiv.cdu.de/system/tdf/media/dokumente/koalitionsvertrag_2018.pdf?file=1*, zuletzt abgerufen am 24.8.2022, einen solchen Ansatz vertrat, ist die jetzige Bundesregierung von diesem Vorhaben wieder abgerückt, vgl. z. B. *Michael Bormann*, Neue Bundesregierung – Die Pläne der Ampel bei den Steuern, abrufbar unter: *https://www.n-tv.de/ratgeber/Die-Plaene-der-Ampel-bei-den-Steuern-article22981978.html*, zuletzt abgerufen am 24.8.2022.

833 Kap. 2, I. 2. a) aa); vgl. *Jachmann*, BB 2003, 2712 (2715 f.); *Lang*, StuW 2006, 22 (30); *Rädler*, DB 2007, 988 (988); *Tipke*, StuW 2007, 201 (209); *Weber-Grellet*, NJW 2008, 545 (547 f.); **kritisch** etwa *Jochum*, in: Kirchhof/Söhn/Mellinghoff, EStG, § 20 Rn. A 159, da eine solche Pauschalierung zu allgemein ist.

834 *Flick*, DStZ 1998, 186 (190 f.); *Jachmann*, BB 2003, 2712 (2717).

835 *Strohm*, S. 142 f.

rechtlichen Belastungsgleichheit hinsichtlich des Zukunftskonsums, da nach dem Leistungsfähigkeitsprinzip die gleich hohe Leistung des Sofortkonsums anders – im Ergebnis also bessergestellt durch die Nichtbesteuerung ein zweites Mal – wie der Zukunftskonsum behandelt wurde; Voraussetzung ist jedoch, dass die individuelle Leistungsfähigkeit unter dem Aspekt des Reinvermögenszuwachses in beiden Fällen gleich stark gesteigert wurde und dadurch eine Verletzung des Leistungsfähigkeitsprinzips mit einhergeht.[836] Aus diesem Blickwinkel wirkt im Ergebnis die Besteuerung privater Kapitalerträge wie eine Lenkungsteuer, da der Sofortkonsum seitens des Gesetzgebers privilegiert gegenüber der Einkommensverwendung in der Zukunft wird.[837] Um diese Benachteiligung des Zukunftskonsums zu beseitigen wird die Ansicht vertreten, dass der Gesetzgeber auf die (doppelte) Besteuerung der privaten Kapitalerträge verzichten sollte.[838] Jedoch ist zu beachten, dass hinsichtlich der gemachten Staatsschulden in der Vergangenheit und des immer größer werdenden Finanzbedarfs des Staates, auch unter dem sozialen Aspekt, wie sich am aktuellen Beispiel der Coronakrise wieder zeigt, es wohl künftig nicht so schnell Zeiten geben wird, in denen der Staat genügend Spielraum für eine umfassende Verschonung des Privatvermögens hat.[839] Das „Idealbild" von der Verschonung des Privatvermögens gilt als „überholt",[840] so dass zumindest ein anderer Lösungsweg über eine „Niedrigbesteuerung" der Einkünfte aus Kapitalvermögen

---

836 In diese Richtung *Jachmann*, in: Schick, Veranlagung – Abgeltung – Steuerfreiheit, 15 (17 f.); vgl. auch *Jochum*, in: Kirchhof/Söhn/Mellinghoff, EStG, § 20 Rn. A 156; auch i. E. ähnlich *Lehner*, DStJG 2007, 61 (64).

837 So z. B. *Neumann*, in: Schick, Veranlagung – Abgeltung – Steuerfreiheit, 31 (31 f.); auch *Strohm*, S. 141.

838 Vgl. z. B. *Gerken/Schick*, in: Schick, Veranlagung – Abgeltung – Steuerfreiheit, 71 (72–74); *Kronberger Kreis*, Abgeltungsteuer bei Kapitaleinkommen, S. 17, 24, 33; i. E. ähnlich *Schick*, in: Schick, Veranlagung – Abgeltung – Steuerfreiheit, 9 (10), der schon dadurch die Vorstufe einer zinsbereinigten ESt sieht.

839 So äußerte sich z. B. der BRH über eine besorgniserregende Finanzlage des Bundes aufgrund des „Klammergriffs" der Coronapandemie, insbesondere auf Verschuldensseite (450 Mrd. Euro an Krediten für die Jahre 2020–2022), deren Beseitigung nicht durch wirtschaftliches Wachstum alleine, sondern nur durch fiskalische Maßnahmen und strukturelle Reformen erfolgen kann, Pressemitteilung des BRH v. 8.4.2021, abrufbar unter: *https://www.bundesrechnungshof.de/de/veroeffentlichungen/produkte/gutachten-berichte-bwv/berichte/bwv-informiert-ueber-die-lage-der-bundesfinanzen/copy_of_staatliche-handlungsfaehigkeit-nach-der-pandemie-zurueckgewinnen*, zuletzt abgerufen am 24.8.2022. Dennoch bleibt abzuwarten, was die Politik daraus macht.

840 *Weber-Grellet*, NJW 2008, 545 (548).

eine Benachteiligung des Zukunftskonsums abmildert[841] und so einen Schritt in Angleichung an eine intertemporale Neutralität geht. Ein solcher Verstoß gegen die Belastungsgleichheit des Zukunftskonsums wird abgemildert und führt durch einen augenscheinlichen niedrigeren Tarif zu einer größeren Akzeptanz der Besteuerung von künftigen Kapitalerträgen in der Bevölkerung, so dass aus diesem Aspekt eine Abweichung von der „Besteuerungsneutralität und Belastungsgleichheit" gerechtfertigt erscheint.[842] Diesem Ansatz von *Strohm* ist zuzustimmen.

bb) Vereinfachung

Die Kompliziertheit des deutschen Steuersystems hinsichtlich der privaten Kapitalertragsbesteuerung zeigte sich ebenfalls in dem vormals geltenden progressiven Steuertarif und dem damit einhergehenden Verfahren, da der Normaltarif des § 32a Abs. 1 EStG im Rahmen der Veranlagung die Sache nicht einfacher machte und zu Ungerechtigkeiten führte[843]. Denn einerseits hatten die Kreditinstitute, die hauptsächlich als einbehaltende Stellen der Kapitalertragsteuer fungierten, je Einzelfall unterschiedliche Kapitalertragsteuertarife nach § 43 Abs. 1 EStG a. F. einzubehalten, die dann anderseits zu einem komplizierten Mehraufwand in der Veranlagung nach einem progressiven Steuertarif für die Verwaltung führten.[844] Durch Einführung eines Proportionaltarifs von 25 % – mit Ausnahme von 15 % in den Fällen des § 43 Abs. 1 S. 1 Nr. 7b und 7c EStG und folglich für Kapitaleinkünfte nach § 20 Abs. 1 Nr. 10 EStG – ergibt sich auf Ebene des Kapitalertragsteuereinbehalts eine wesentliche Vereinfachung dahingehend, dass die auszahlende Stelle nur noch einen Kapitalertragsteuertarif im Abzugsverfahren anzuwenden hat. In Bezug auf die Vereinfachung auf Ebene des Veranlagungsverfahrens durch einen Proportionaltarif ergibt sich eine solche daraus, dass der gleichlaufende proportionale Tarif im Abzugs- und Veranlagungsverfahren erst die Möglichkeit einer abgeltenden Wirkung schaffen kann. Und die abgeltende Wirkung schafft dann wiederum eine wesentliche Vereinfachung für die Finanzverwaltung. Denn die Anwendung eines aufwendigen Progressivtarifs oder des Proportionaltarifs auf private Kapitalerträge im Veranlagungsverfahren entfällt hauptsächlich, da die Veranlagung nur im Ausnahmefall durchgeführt wird. *Strohm* vertritt zwar die Auffassung, dass die Vereinfachung durch Ersetzung des Progressivtarifs durch einen proportionalen Tarif nur in einer Einkunftsart nicht für eine Rechtfertigung einer Abweichung vom progressiven System geeignet ist, da die Schwierigkeiten des Progressivtarifs

---

841 Auch z. B. *Kronberger Kreis*, Abgeltungsteuer bei Kapitaleinkommen, S. 34 f., die für einen Steuersatz um die 20 % plädierten und diese Notwendigkeit auch im Hinblick auf die ungerechte unterschiedliche Behandlung der Altersvorsorge begrüßen.

842 *Strohm*, S. 143.

843 *Hey*, in: Tipke/Lang, Rn. 8.803; *Suttmann*, S. 128–130.

844 In diese Richtung *Strohm*, S. 152.

für alle anderen Einkunftsarten weiter bestehen.[845] Jedoch müsste ansonsten der Kapitalertragsteuereinbehalt wieder nur als Vorauszahlung ausgestaltet sein und dürfte keine abgeltende Wirkung entfalten, so dass durch den grundsätzlichen Wegfall der Veranlagung durch die abgeltende Wirkung sich doch auf Ebene des Steuertarifs und dadurch im Steuerverfahren eine wesentliche Vereinfachung für den Fiskus sowie die Steuerpflichtigen ergibt und zur Rechtfertigung herangezogen werden kann. Fraglich ist eher, wie *Strohm* ausführt, ob durch Beibehalt der unterschiedlichen Tarife des § 43a Abs. 1 EStG a. F. von 10 % bis 53,84 % tatsächlich die Notwendigkeit aus Sicht der einbehaltenden Stellen bestand, einen einheitlichen Tarif zu schaffen,[846] da sich unter anderem die Berechnung automatisiert durch EDV-Programme ergibt. Aus diesem Grund wirkt eine Vereinfachung des Tarifs unverhältnismäßig zu den anderen Einkunftsarten und damit nicht gerechtfertigt.[847] Unabhängig davon ergibt sich unbestritten in jedem Fall durch den proportionalen Tarif ein Mehr an Transparenz und dadurch Klarheit für den Steuerpflichtigen,[848] so dass die Steuerschuld hinsichtlich der Kapitalerträge ohne Mühe vom Steuerpflichtigen selbst berechnet und nachverfolgt werden kann.[849]

cc) Vereinheitlichung

Aus dem Aspekt der Vereinheitlichung hinsichtlich eines beziehungsweise zwei Kapitalertragsteuertarifen anstatt der Vielzahl der einzelnen Tarife des § 43a Abs. 1 EStG a. F. ist der einheitliche Proportionaltarif von 25 % gerechtfertigt, um Transparenz zu schaffen und das System der Kapitalertragsbesteuerung zu vereinheitlichen.

dd) Schaffung tatsächlicher Belastungsgleichheit

Hinsichtlich der Ungleichbehandlung der Einkünfte aus Kapitalvermögen ist der Sondertarif des § 32d Abs. 1 S. 1 EStG nach dem Gesetzgeber dadurch gerechtfertigt, dass die Belastungsgleichheit im Rahmen der Besteuerung von privaten Kapitalvermögen sich verbessert.[850] Wie bereits ausgeführt, bestanden im System der Besteuerung des privaten Kapitalvermögens sowohl auf rechtlicher als auch auf tatsächlicher Ebene erhebliche Mängel.

---

845 *Strohm*, S. 153.

846 *Strohm*, S. 152 f.

847 Vgl. i. E. *Tipke*, StuW 2007, 201 (209), der den Vereinfachungseffekt sowie die Gesetzeslage in anderen Ländern als Rechtfertigung ablehnt.

848 Auch *Strohm*, S. 153.

849 *Hebel*, S. 53.

850 BR-Drs. 220/07, S. 52, spricht von „aus Gerechtigkeitserwägungen erstrebte Entwicklung"; BT-Drs. 16/5491, S. 15, führt „erheblich mehr Steuergerechtigkeit" an.

(1) Tatsächliches Vollzugsdefizit

Auf rechtlicher Ebene zeigte sich dies schon dadurch, dass die unterschiedlichen Kapitalanlageformen unterschiedlich besteuert wurden. So wurden einige Erträge von Anlageprodukten nicht der Besteuerung unterworfen. Dasselbe galt für Wertsteigerungen, so dass gerade Wertsteigerungen aus privaten Aktiengeschäften mit einer Haltedauerfrist von über einem Jahr steuerfrei waren; realisierte Wertsteigerungen innerhalb der Haltedauerfrist jedoch nicht. Auf Verluste übertragen, konnten Verluste innerhalb der Haltedauerfrist im Halbeinkünfte- und Halbabzugsverfahren steuerlich geltend gemacht werden; außerhalb der Haltedauerfrist wiederum nicht. Werden nun alle Kapitalanlageformen sowie auch alle laufenden Erträge und Wertsteigerungen einheitlich durch Ausweitung der Bemessungsgrundlage und einen einheitlichen Tarif erfasst, wird in jedem Fall Belastungsgleichheit auf rechtlicher Ebene geschaffen. Denn dadurch wird der bereichsspezifischen Konkretisierung des allgemeinen Gleichheitssatzes durch das Leistungsfähigkeitsprinzip Rechnung getragen, indem bei gleich hoher Leistungsfähigkeit eine gleich hohe Besteuerung erfolgt.

Ferner führte der Sondertarif nach § 32d Abs. 1 EStG vom Grundgedanken her auch auf tatsächlicher Ebene zu einer verbesserten Belastungsgleichheit und somit zu einem angemessen Rechtfertigungsgrund hinsichtlich der Einführung eines Sondertarifs. Es muss zur Rechtfertigung jedoch zwischen nachfolgenden Erwägungen unterschieden werden. Der BFH und das BVerfG gehen davon aus, dass nach der Installation weiterer Kontrollmechanismen des Gesetzgebers, wie vorstehend dargelegt, kein strukturelles Vollzugsdefizit mehr seit dem Veranlagungszeitraum 1999 bestand.[851] In der Literatur wird jedoch kritisiert, dass das BVerfG zwischen einem strukturellen und empirischen Vollzugsdefizit in diesem Punkt unterscheidet.[852] Denn nach dem BVerfG kann sich ein strukturelles Vollzugsdefizit nur ergeben, wenn der Steueranspruch aufgrund mangelnder Verifikationsmöglichkeiten nicht durchsetzbar ist, wie sich zum Beispiel im Spekulationsurteil zeigte.[853] Hat der Gesetzgeber jedoch ausreichende Kontrollmöglichkeiten geschaffen, setzt er diese indes aus anderen Gründen nicht ein und es kommt tatsächlich zu keiner Durchsetzung des Steueranspruchs und somit zu einer Wirkungslosigkeit der Kontrollmechanismen, führt das nach dem BVerfG nicht zur Verfassungswidrigkeit der materiellen Steuernorm an sich.[854] *Kühn* unter anderem vertritt die

---

851 Kap. 2, I. 2 b) und c).

852 *Kühn*, FR 2008, 506 (507, 509); *Strohm*, S. 157.

853 Vgl. BVerfGE 110, 94 (112–116).

854 Z. B. BVerfG BStBl. II 2008, 651 (655 f.), mit der Ablehnung der Vorlagefrage für den VZ 2000–2002, da die gesetzlichen Veränderungen seit dem Zinsurteil nicht berücksichtigt wurden und eine reine Feststellung, dass § 30a AO noch existiert, für die Annahme eines strukturellen Vollzugsdefizits nicht ausreicht; sowie insbesondere BVerfG DStR 2008, 197 (201), für den VZ 1999.

Auffassung, dass unter dem Blickwinkel des Leistungsfähigkeitsprinzips es nicht darauf ankommen kann, ob es zu einer Ungleichbehandlung aufgrund eines strukturellen, demnach dass der Steueranspruch nicht durchgesetzt werden kann, oder empirischen Vollzugsdefizits, dass der Steueranspruch faktisch nicht durchgesetzt wird, kommt, da beide Situationen zu einer unzureichend ausgeführten Steuernorm führen und somit zur Verfassungswidrigkeit derselben.[855] Das trotz Reformen des Gesetzgebers noch bestehende empirische Vollzugsdefizit zeigte auf tatsächlicher Ebene immer noch einen Missstand in der Belastungsgleichheit, wie die Schweizer und Liechtensteiner Steuerskandale aus den Jahren 2008 und 2010 unterstrichen, so dass die geschaffenen Kontrollmechanismen nicht uneingeschränkt ihr Ziel erreichten.[856] Es lag weiterhin ein Vollzugsdefizit vor,[857] so dass weitere Reformen des Gesetzgebers notwendig waren, um zumindest Belastungsgleichheit auch auf tatsächlicher Ebene zu schaffen beziehungsweise diese zu verbessern.

(2) Überwachungsmöglichkeit

Daher hatte der Gesetzgeber einerseits die Möglichkeit ein umfassendes und nicht zu umgehendes Kontrollsystem, also das bestehende System noch erheblich auszuweiten, zu installieren[858] oder die Akzeptanz in der Bevölkerung für eine lückenlose Besteuerung der Einkünfte aus Kapitalvermögen zu erhöhen, so dass in der breiten Masse der Steuerpflichtigen diese (mehr) von sich aus ihre Kapitaleinkünfte versteuern, jedoch sprach gegen die Installierung eines unumgänglichen Kontrollsystems einerseits die praktische Umsetzung.[859] Denn fraglich war, ob eine lückenlose Überwachung von allen Steuerpflichtigen überhaupt (veranlagungs-)technisch möglich war;[860] andererseits wurde vertreten, dass eine solche flächendeckende

855 Vgl. z. B. *Kühn*, FR 2008, 506 (508–511).

856 Auch *Strohm*, S. 157 f.

857 Z. B. i. E. *Bloehs*, BB 2003, 1042 (1044); *Buge*, in: Herrmann/Heuer/Raupach, EStG, § 20 Rn. 7, s. schon nur die Überschrift; *Englisch*, StuW 2007, 221 (221 f., 225 f.), mit dem Ergebnis, dass die Kontrollmaßnahmen im tatsächlichen Bereich nicht ausreichten; vgl. auch *Jachmann*, BB 2003, 2712 (2715 f.); *Kühn*, FR 2008, 506 (512 f.); **a. A.** z. B. *Eckhoff*, FR 2007, 989 (995); auch *Hey*, in: Tipke/Lang, Rn. 8.504, beide legen dar, dass seit 2005 mit dem eingeführten Kontoabrufverfahren (§ 93 VII AO) kein vom BVerfG gerügtes strukturelles Vollzugsdefizit mehr bestand; oder *Intemann*, NWB 2008, 1017 (1021 f.), der aufzeigt, dass das BVerfG das Kontoabrufverfahren rückwirkend auf den VZ 1999 anwandte.

858 *Bäuml/Gageur*, FR 2006, 213 (216); vgl. *Englisch*, StuW 2007, 221 (225 f.); *Hey*, FS Kruse, 269 (292 f.).

859 Vgl. *Strohm*, S. 158, 162.

860 *Hebel*, S. 49–53, zeigt die Schwierigkeiten der Umsetzung solcher Kontrollmaßnahmen auf; *Schenk/Brusch*, DStR 2005, 1254 (1255); *Schmitt/Krause*, DStR 2008, 82 (86), die zum VZ 2005 für Deutschland ca. 500 Mio. Konten anführen, für die

Überwachung mit einem enormen „Personal- und Kostenaufwand" für den Fiskus, aber auch für die Banken als ausführende und überwachende Stellen, verbunden wäre, der im Verhältnis zum Ertrag unverhältnismäßig sei.[861] Zu diesem Aspekt tritt noch das Problem der hohen Mobilität des Kapitals im heutigen Finanzwesen hinzu, so dass ein weltweites Kontrollsystem hätte installiert werden müssen, dessen Realisierung jedoch damals noch zweifelhafter erschien[862] als heute und die Gefahr mit sich brachte, dass ein solches Überwachungssystem der Akzeptanz in der Bevölkerung gerade wieder entgegenwirkte;[863] aber vom Ansatz her sind multilaterale Abkommen über automatische Auskünfte zu Finanzdaten durch internationalen Informationsaustausch, die der Gesetzgeber auch zunehmend weiterverfolgt, ebenfalls ein entscheidender Schlüssel um der Kapitalflucht und Steuerhinterziehung entgegenzutreten.[864] Das Hauptargument gegen eine lückenlose Überwachung ergab sich indes durch den Eingriff in das allgemeine Persönlichkeitsrecht in Zusammenhang mit dem Recht auf informationelle Selbstbestimmung nach Art. 2 Abs. 1 GG in Verbindung mit Art. 1 Abs. 1 GG, indem der Fiskus sich lückenlose Informationen über seine Steuerpflichtigen einholt.[865] Nachdem ein solcher Eingriff grundsätzlich nicht zum privaten Lebensbereich gehören würde,

---

Jahresbescheinigungen nach § 24c EStG a. F. auszustellen wären; vgl. auch *Watrin/Benhof*, DB 2007, 233 (233 f.), die u. a. das Vollzugsproblem für ausländische Depots anführen.

861 *Strohm*, S. 158, der auf Art. 114 II 1 GG hinweist; vgl. ebenso z. B. *Bäuml/Gageur*, FR 2006, 213 (216 f.); i. E. *Jacob/Vieten*, FR 2004, 482 (483); oder auch *Schenk/Brusch*, DStR 2005, 1254 (1255).

862 *Kronberger Kreis*, Abgeltungsteuer bei Kapitaleinkommen, S. 20.

863 Vgl. *Eckhoff*, FR 2007, 989 (995 f.), der sich auf massiven Widerstand durch die nur inländischen eingeführten Kontrollmaßnahmen bezieht; *Pezzer*, StuW 2007, 101 (101 f., 106), der schon bei einer grundlegenden fehlenden Akzeptanz für die Besteuerung allgemein anfängt.

864 Vgl. *Hey*, in: Tipke/Lang, Rn. 8.504 und *Seer*, in: Tipke/Lang, Rn. 21.275, mit den vollzogenen Maßnahmen der BRD im Einzelnen.

865 Allgemein zum APR und zum Recht auf informationelle Selbstbestimmung z. B. *Jarass*, in: Jarass/Pieroth, GG, Art. 2 Rn. 36, 42 ff.; aus steuerrechtlicher Sicht z. B. *Hey*, in: Tipke/Lang, Rn. 3.185 f., zu beachten ist, dass sich die Auffassung zum APR, zu der informationellen Selbstbestimmung und dem Steuergeheimnis, natürlich i. R. d. Wahrung der gesetzlichen Vorgaben zum Steuergeheimnis, auch durch Abschaffung von § 30a AO aufgrund „drastischer" Ausweitung des internationalen Informationsaustausches und dem verfassungsgemäßen automatisierten Kontoabruf gewandelt hat; der Staat ist überdies gerade zur exakten Steuerermittlung berechtigt bei Verdacht die grundrechtlich geschützte Privatsphäre „zu betreten", so dass Art. 2 I GG i. V. m. Art. 1 I GG ebenso der „Durchsetzung der Legalität" nicht im Wege stehen kann, s. *dies.*, in: Tipke/Lang, Rn. 3.114, 3.186.

wäre eine Einschränkung aufgrund eines allgemeinen Vorbehalts durch Gesetz möglich, jedoch nur soweit der Eingriff verhältnismäßig ist.[866] *Strohm* vertritt die Ansicht, dass ein solcher Eingriff, der jeden Steuerpflichtigen zum „gläsernen Steuerbürger" macht, kein angemessenes Instrumentarium darstellt, um einige wenige „schwarz[e] Schafe" der Steuerhinterziehung zu überführen, und wäre im Ergebnis damals unter dem Aspekt des allgemeinen Persönlichkeitsrechts im Zusammenhang mit dem Recht auf informationelle Selbstbestimmung schwer zu rechtfertigen gewesen.[867] Das Argument des „gläsernen Bürgers" und des Generalverdachts sowie einer schwerwiegenden Verletzung der informationellen Selbstbestimmung passt für die Offenlegung einfacher Konto- und Depotdaten indes so nicht mehr ganz, insbesondere auch unter der immer weiter voranschreitenden Schnelllebigkeit des computergestützten Bank- und Anlagegeschäfts mit der schwindenden Überblicksmöglichkeit im Allgemeinen für den Fiskus und ist daher abzulehnen.

(3) Quellenabzug

Ein anderes probates Mittel, um einer lückenlosen Überwachung zu entgehen, ist die Einführung beziehungsweise Weiterentwicklung eines umfangreichen Quellenabzugs durch die auszahlenden Stellen der Kapitaleinkünfte, weil dann für den Steuerpflichtigen gar keine beziehungsweise kaum noch die Möglichkeit besteht, Steuern zu hinterziehen.[868] Denn wird der Quellenabzug in der Höhe genauso ausgestaltet wie die geschuldete Einkommensteuer an sich, kann sich keine Differenz im Veranlagungs- und Abzugsverfahren mehr ergeben. Hat der Quellenabzug dann noch abgeltende Wirkung, wirkt dies der Steuerhinterziehungsmöglichkeit nochmals entgegen. Der Gesetzgeber hat durch Einführung der Abgeltungsteuer und Erweiterung der Bemessungsgrundlage für ausländische Kapitalerträge und Veräußerungsgewinne des Vermögensstamms an sich nach § 43a Abs. 1 S. 1 Nr. 6, 8 bis 12 EStG unter diesem Aspekt die tatsächliche Belastungsgleichheit verbessert,[869] wie im Bericht des Finanzausschusses ausgeführt.[870]

866 *Jarass*, in: Jarass/Pieroth, GG, Art. 2 Rn. 13, 58, 62.

867 *Strohm*, S. 160; **a. A.** vgl. *Englisch*, StuW 2007, 221 (230), der eben in der Offenlegung der Konto- und Depotdaten einen zu geringen Eingriff sieht; oder *Pezzer*, StuW 2007, 101 (106), der u. a. als Gegenargument einen Vergleich zum „gläsernen Lohnsteuerzahler" anführt.

868 Auch *Strohm*, S. 160 f.

869 Vgl. vom Gesamtergebnis her *Buge*, in: Herrmann/Heuer/Raupach, EStG, § 20 Rn. 8; *Intemann*, NWB 2008, 1017 (1022); *Jachmann*, BB 2003, 2712 (2716); *Musil*, FR 2010, 149 (153); auch *Weber-Grellet*, NJW 2008, 545 (548 f.).

870 BT-Drs. 16/5491, S. 15.

(4) Akzeptanz und Belastungsrealität

(a) Der weiterführende Ansatz im Zusammenhang mit dem Grundgedanken

Jedoch führten die Angleichung des Steuersatzes im Abzugs- und Veranlagungsverfahren sowie die Erweiterung der Bemessungsgrundlage noch zu keiner „umfassende[n] [tatsächlichen] Belastungsgleichheit“,[871] da wie dargelegt ein großes Defizit der Kapitalertragsbesteuerung in der mangelnden Akzeptanz der Bevölkerung lag.[872] Es war indes ein erster Schritt in die richtige Richtung, da die Gründe für die mangelnde Akzeptanz vielschichtig waren und sich konkret aufgrund der unterschiedlichen Besteuerung der Kapitalerträge, der Benachteiligung des Zukunftskonsums sowie der grundsätzlichen Komplexität des Besteuerungsverfahrens im Abzugs- und Veranlagungsverfahrens ergaben, mit dem Gesamtergebnis, dass die Besteuerung von Kapitalvermögen in der Bevölkerung nicht wahrlich als gerecht verstanden wurde.[873] Genau an diesem Punkt setzte nun der proportionale Sondertarif des § 32d Abs. 1 EStG mit 25 % im Vergleich zum progressiven Tarif des § 32a Abs. 1 EStG mit bis zu 45 % in der Spitze an. Denn auch hierdurch wurde zumindest ermöglicht, dass alle laufenden Kapitalerträge und Wertsteigerungen gleich erfasst werden können und es zu einer Verbesserung der intersektoralen Neutralität kommt, und zugleich nimmt die doppelte Besteuerungsbelastung hinsichtlich des Zukunftskonsums ab, so dass sich die intertemporale Neutralität verbesserte.[874]

(b) Tatsächliche Situation

Zu unterscheiden hiervon ist jedoch die Frage, ob eine tatsächliche erhebliche Entlastung für den Steuerpflichtigen durch die Tarifsenkung für Einkünfte aus Kapitalvermögen auf proportional 25 % eintritt, wie vom Gesetzgeber angekündigt[875]. Hinsichtlich der Erträge aus Aktienbeteiligungen ist dies zu verneinen, da zwar eine Entlastung auf Gesellschaftsebene eingetreten ist, aber nicht auf Gesellschafterebene, denn durch die Vorbelastung von Gewerbe- und Körperschaftsteuer, die vormals hälftig im Halbeinkünfte- und -abzugsverfahren angerechnet wurden, waren Dividenden zwar tatsächlich mit 52,24 % in der Spitze der Gesamtbelastung vorbelastet, jedoch war die einkommensteuerrechtliche Gesamtbelastung in Relation geringer als jetzt, egal ob die Beteiligung nun im Betriebs- oder Privatvermögen gehalten wird, da auf Gesellschafterebene weniger übrig blieb.[876] Es handelt

---

871 *Strohm*, S. 162.

872 Kap. 2, I. 2. a) aa).

873 Auch *Kronberger Kreis*, Abgeltungsteuer bei Kapitaleinkommen, S. 15, insbesondere die Lückenhaftigkeit.

874 Kap. 2, III. 1. b) bb) und 2. c) aa).

875 BT-Drs. 16/4841, S. 35.

876 *Bleschick*, in: Kirchhof/Seer, EStG, § 20 Rn. 47, mit vergleichender Tabelle.

sich somit um eine Mogelpackung in der Gesetzesbegründung[877]. Ferner ergibt sich im internen Vergleich nur ein Vorteil für das Halten der Kapitalanlage im Privatvermögen durch die Abgeltungsteuer, wenn der Spitzensteuersatz von 45 % erreicht wird, ansonsten ist das Halten der Kapitalanlage im Betriebsvermögen günstiger, was sich noch durch die Abzugsmöglichkeit der Aufwendungen in Höhe von 60 % im Vergleich zum Sparer-Pauschbetrag verstärkt.[878] Nachdem durch Einführung der Abgeltungsteuer nun sämtliche Veräußerungsgewinne steuerbar sind, führt dies ebenso zu einer tatsächlichen Mehrbelastung für den steuerpflichtigen Aktionär, da die Ausnahme des nichtsteuerbaren Veräußerungsgewinns außerhalb der Haltedauerfrist nicht mehr gilt. Es wird insgesamt als Ergebnis angeführt, dass für Zinserträge sich eine Verbesserung durch die Abgeltungsteuer einstellte; für eine Aktienbeteiligung jedoch nicht.[879] Trotzdem wirkt ein niedriger proportionaler Tarif psychologisch auf die Bevölkerung ein und schafft mehr Akzeptanz in der breiten Schicht der Steuerpflichtigen. Denn das Verfahren hat sich mit Einführung der Abgeltungsteuer erheblich vereinfacht und die abgeltende Wirkung führt einerseits zur Entbehrlichkeit und Überprüfung der Angaben in der Veranlagung und anderseits wird folglich ebenso die Anonymität des Steuerpflichtigen gestärkt.[880] Nachdem der automatisierte Kontenabruf nach § 93b Abs. 2 AO in Verbindung mit § 93 Abs. 7 bis 10 AO auf die Sachverhalte eingeschränkt wurde, in denen die Kapitalerträge im Wege des Veranlagungsverfahrens anzugeben sind, wurde das Ziel des Gesetzgebers zur Verbesserung der Anonymisierung schon erreicht;[881] in der Gesamtschau war die Einführung der Abgeltungsteuer unter diesen Blickwinkeln, trotz einzelner Bedenken, gerechtfertigt. Denn durch den Quellenabzug besteht zumindest für inländische oder ausländische Kapitalerträge mit inländischer Zahlstelle nicht mehr die Möglichkeit die Abgeltungsteuer zu umgehen. Ein noch fortbestehendes Missverhältnis hinsichtlich der tatsächlichen Belastungsgleichheit ergibt sich nur noch in den Fällen, in denen der Quellenabzug nicht greifen kann, wie zum Beispiel dass ausländische Kapitalerträge aufgrund des Mangels einer einbehaltenden Stelle nicht ohne selbstständige Angaben des Steuerpflichtigen erfasst werden können oder es sich um Kapitalerträge aus privaten Rechtsgeschäften handelt. Jedoch hat die Tarifsenkung auf proportional 25 % ebenfalls in diesem Bereich zu einer Verbesserung der tatsächlichen Belastungsgleichheit geführt. Denn aufgrund dessen, dass die Anrechnungsmethode des § 32d Abs. 5 EStG und § 34c Abs. 1 EStG für ausländische Kapitalerträge immer

---

877 BT-Drs. 16/4841, S. 33; vgl. ausführlich zur Benachteiligung der inländischen Aktionäre durch die Abgeltungsteuer auch *Rädler*, DB 2007, 988 (988–993).

878 *Bleschick*, in: Kirchhof/Seer, EStG, § 20 Rn. 48, wieder mit veranschaulichender Tabelle.

879 Z. B. *Eckhoff*, FR 2007, 989 (995–997).

880 Vgl. z. B. *Eckhoff*, FR 2007, 989 (995 f.); *Weber-Grellet*, NJW 2008, 545 (549 f.).

881 BR-Drs. 220/07, S. 57; BT-Drs. 16/4841, S. 33.

zu einer Belastung von mindestens 25 % führt und das Welteinkommensprinzip hierzulande gilt, ist ein niedrigerer Steuertarif als 25 % nur noch zu erreichen, soweit Kapitalerträge nicht deklariert und somit hinterzogen werden.[882] Wer sich also – gerade auch im Ausland – dem Sondertarif in Höhe von 25 % entziehen will, muss die Einkünfte aus Kapitalvermögen dann hinterziehen, so dass von der Tarifsenkung gleichzeitig eine Signalwirkung ausging, dass nun jegliche Einkünfte aus Kapitalvermögen erfasst und steuerbar sind – egal wo. Verstärkt wurde dieses Signal dadurch, dass der Gesetzgeber durch das JStG 2009 die Steuerhinterziehung zu dieser Zeit deutlich verschärft hatte, indem zum Beispiel nach § 376 Abs. 1 AO die Verjährung auf zehn Jahre erhöht wurde. Zudem wurden das SteuerHBekG[883] und die SteuerHBekV[884] als Instrument gegen die Steuerhinterziehung auf den Weg gebracht. Ferner wurde Druck von der Regierung auf Steuerfluchtländer, wie zum Beispiel Liechtenstein, Luxemburg, die Schweiz oder die Bermudainseln ausgeübt, dass diese Länder mit Deutschland entsprechende Informationsabkommen auf Niveau von OECD-Standards abschlossen.[885] Der potentielle Steuerhinterzieher musste sich nun ganz genau überlegen, ob er nicht lieber 25 % anstatt 45 % in der Spitze an Steuern zahlt, oder sich dem erhöhten Entdeckungsrisiko der Steuerhinterziehung aussetzt. Die Rechtsprechung hatte das Strafmaß ebenso angezogen, so dass der BGH zum Beispiel bestätigte, dass im Fall der Steuerhinterziehung ab einem Hinterziehungsbetrag von einer Million Euro grundsätzlich auf Freiheitsstrafe ohne Bewährung zu erkennen ist.[886] Daher scheint es nicht abwegig und plausibel, wie bereits ausgeführt, dass dies im Ergebnis alles in allem, aber gerade einhergehend mit dem proportionalen Tarif von 25 % zu mehr Akzeptanz für die Besteuerung privater Kapitalanlagen in der Bevölkerung führte.

(c) Problem des „geflüchteten" Kapitals

Zu beachten ist jedoch, dass von einem zeitlich mittel- bis längerfristigen Erfolg dieser Maßnahmen seitens des Gesetzgebers ausgegangen wird[887], so dass auch gerade falls die Steuern nicht direkt an der Quelle einbehalten werden können,

---

882 Auch *Strohm*, S. 164 f.; vgl. zu diesem Gesamtansatz ebenso in etwa *ders.*, S. 163–168.

883 Gesetz zur Bekämpfung der Steuerhinterziehung (Steuerhinterziehungsbekämpfungsgesetz – SteuerHBekG) v. 29.7.2009, BGBl. I 2009, 2302, das gerade die Mitwirkungs- und Nachweispflichten deutlich verschärft und die Prüfungsrechte des Fiskus erweitert, soweit kein Informationsaustausch nach OECD-Standards möglich ist, vgl. § 90 II 3 AO; § 51 I Nr. 1f EStG i. V. m. §§ 1 ff. SteuerHBekG und § 90 II 3 AO; § 193 I, II Nr. 3 AO.

884 Steuerhinterziehungsbekämpfungsverordnung (SteuerHBekV) v. 18.9.2009, BGBl. I 2009, 1146.

885 Vgl. *Strohm*, S. 167.

886 BGH BStBl. II 2009, 934 (939), verweisend auf BGH NStZ-RR 2007, 176 (178).

887 BT-Drs. 16/4841, S. 30, in Bezug auf die längerfristigen Erfolgsaussichten.

die Tarifsenkung zu einer Verbesserung der tatsächlichen Belastungsgleichheit führt und aufgrund dieser Erwägungen die Ungleichbehandlung zu den anderen Einkunftsarten rechtfertigt.[888] Die Tarifsenkung zur Schaffung einer größeren Akzeptanz einhergehend mit der Vereinfachung und der Kapitalflucht ist teilweise nachvollziehbar, jedoch nicht aus Sicht des schon „geflüchteten“ Kapitals und einer Verbesserung der tatsächlichen Belastungsgleichheit als eines angemessenen Rechtfertigungsgrunds. Denn fraglich ist, da sich mittelfristig kein entsprechender überragender Erfolg von der Offenlegung „geflüchteten“ Kapitals, geschweige denn zurückgekehrtes Kapital, einstellte und Kapital dennoch weiter flüchtet, ob nicht doch nur schärfere Kontrollmaßnahmen das Ziel der tatsächlichen Belastungsgleichheit unter diesem Blickwinkel herbeiführen können. Daher sind Kontrollmaßnahmen der Schlüssel und müssen vom Gesetzgeber weiterverfolgt werden, um durch entsprechende verschärfte Mitteilungsabkommen mit ausländischen Staaten, wie zum Beispiel auch auf EU-Ebene durch die EU-Richtlinie 2018/822[889] zum verpflichtenden automatischen Informationsaustausch bei grenzüberschreitenden Gestaltungen für den europäischen Raum, in diese Richtung zu gelangen.[890] Denn hinsichtlich der Steuerflucht und Steuerhinterziehung ist, wie sich nun auf globaler Ebene nach gewisser Zeit zeigte, nur effektiv tatsächliche Belastungsgleichheit zu erreichen und Abwanderung des Steuersubstrats zu verhindern, soweit die deutsche Regierung beziehungsweise die EU entsprechenden Druck auf Steuerschlupfloch-Länder ausübt, um diese dadurch an bilateralen Abkommen zu beteiligen, so dass im Ergebnis keine Umgehung der Steuerpflicht möglich ist. Andernfalls sucht sich das Kapital immer seinen Weg und wird schwerlich greifbar sein. Die damalige Prognose war indes nicht abwegig, erschien plausibel und musste auch versucht werden.

ee) Die Wirkung der Standortförderung in Zusammenhang mit der Tarifabsenkung

Eine weitere Rechtfertigung des Sondertarifs nach § 32d Abs. 1 S. 1 EStG für eine Ungleichbehandlung der Einkünfte aus Kapitalvermögen verglichen mit den anderen Einkunftsarten ergibt sich durch die Prognoseentscheidung des Gesetzgebers den Wirtschaftsstandort Deutschland, gerade mit einer Abgeltungsteuer, zu reformieren, zu stärken und gleichzeitig zu fördern.[891] Denn durch die Absenkung des Tarifs und die Einführung des Quellenabzugs insgesamt für Einkünfte

888 *Strohm*, S. 168.

889 Umsetzung der Richtlinie v. 25.5.2018 – RL 2018/822, ABl. L 139/1, zur Änderung RL 2011/16/EU bezüglich des verpflichtenden automatischen Informationsaustausches im Bereich der Besteuerung über meldepflichtige grenzüberschreitende Gestaltungen (im Folgenden „DAC 6“).

890 Vgl. *Seer*, in: Tipke/Lang, Rn. 21.275.

891 *Strohm*, S. 169.

aus Kapitalvermögen soll die Kapitalflucht ins Ausland verhindert und sogar eine Rückführung des „geflüchteten" Kapitals der Steuerpflichtigen angestrebt werden. Dieses Ziel soll sich durch die Erhöhung der Attraktivität des Finanzstandorts Deutschland ergeben, was wiederum erstens zu mehr Wirtschaftswachstum, zweitens dann folgender Beschäftigung und somit drittens letztlich zu mehr Wohlstand führen soll.[892]

Mit diesen allgemeinen Ausführungen zum UntStRefG 2008 verfolgt der Gesetzgeber einen legitimen Lenkungs- und Förderungszweck,[893] der jedoch von dem Fiskalzweck der Sicherung und Steigerung des Steueraufkommens begleitet wird.[894] Die Abgeltungsteuer alleine betrachtet verfolgt ebenfalls einen Fiskalzweck, indem der Quellenabzug zu einer Sicherung und Erhöhung des Steueraufkommens führen soll, da sich Kapital durch den Quellenabzug nicht mehr einfach durch Nichtangabe in der Steuererklärung am Fiskus vorbeischleusen lässt.[895] Jedoch kann der Aspekt der Erhöhung des Steueraufkommens nicht isoliert betrachtet werden, da die Förderung des Wirtschaftsstandorts Deutschland gleichzeitig zur Sicherung und Erhöhung des Steueraufkommens beitragen soll. Denn der Missstand der Besteuerung von Einkünften aus Kapitalvermögen lag – zumindest aus Sicht des Staates – nicht mehr an einem mangelnden System der Besteuerung an sich, sondern daran, dass Steuerpflichtige ausländische Kapitaleinkünfte aufgrund des (früher sehr stark ausgeprägten ausländischen) Bankgeheimnisses immer noch nicht in ihrer Steuererklärung angegeben hatten.[896] Dies zwang den Gesetzgeber Maßnahmen zu ergreifen, die das Steueraufkommen ebenfalls sichern und sogar erhöhen, jedoch gingen diese Maßnahmen aus den vorstehenden Gründen mit einer tatsächlichen Belastungsgleichheit einher. Denn die Verfolgung eines Fiskalzwecks ist alleine als Rechtfertigung der Durchbrechung einer Gleichbehandlung nicht geeignet,[897] da die Erhöhung des Steueraufkommens zur Deckung des Finanzbedarfs des Staates für die Durchbrechung einer Belastungsentscheidung eine Art Freibrief darstellen würde, weil ein Staat einen unerschöpflichen Finanzbedarf hat beziehungsweise haben kann, wie gerade die Coronakrise wieder zeigt. Daher führen die Erläuterungen zur Sicherung und Steigerung des Steueraufkommens in der Gesetzesbegründung zu dem vertretenen Ansatz, dass der Gesetzgeber durch die Erhöhung der Attraktivität des Standorts Deutschland

892 Vgl. BR-Drs. 220/07, S. 1 f., 49–61.

893 Kap. 2, II. 3. d) aa) und bb).

894 Vgl. BR-Drs. 220/07, S. 1 f., 49–61.

895 Vgl. BR-Drs. 220/07, S. 2, 49, 52; hinsichtlich des damaligen Grundgedankens, dass einmal hinterzogenes Kapital für eine Besteuerung im Inland meist verborgen bleibt, vgl. z. B. *Englisch*, StuW 2007, 221 (221 f.).

896 *Strohm*, S. 170.

897 Z. B. BVerfGE 122, 210 (233); auch *Hey*, FR 2008, 1033 (1036); vgl. *Lang*, StuW 2007, 3 (7 f.).

alleine den Fiskalzweck verfolge, dass dies die Sicherung und Steigerung des Steueraufkommens bewirke.[898] Diesem Ansatz kann jedoch nicht gefolgt werden und er wird dadurch entkräftet, dass sich in der Gesetzesbegründung kein expliziter Ansatz finden lässt, in dem der Gesetzgeber sich auf den Zweck der Sicherung und der Erhöhung des Steueraufkommens alleine berufe, vielmehr handelt es sich um einen weiteren Zweck der Abgeltungsteuer, der „gleichberechtigt nebeneinander" mit dem Sozialzweck der Standortförderung auf einer Stufe steht.[899] Eine isolierte Betrachtung in diesem Fall ist gar nicht möglich, da mittelfristig beziehungsweise langfristig eine Standortförderung aus dem sozialen Aspekt heraus zu einer verbesserten Steuersituation führen wird. Ferner kann nach § 3 Abs. 1 Hs. 2 AO der Gesetzgeber stets mit einem Steuergesetz mehrere Zwecke verfolgen[900] und die Einnahmeerzielung als Nebenzweck ausgestalten, so dass in diesem Punkt nichts Verwerfliches zu sehen ist.

Es ergibt sich jedoch das sich anschließende Problem, ob der Sozialzweck der Standortsicherung als besonders sachlicher Rechtfertigungsgrund an sich geeignet ist.[901] Wie bereits ausgeführt, lässt das BVerfG eine Durchbrechung der Belastungsgleichheit zu, soweit die Lenkungs- und Förderziele als Sozialzwecke des Gesetzgebers hinreichend in der „gesetzgeberischen Entscheidung" konkretisiert sind,[902] wobei bislang wirtschaftspolitische Lenkungs- und Förderziele als Prognoseentscheidungen zu den anderen Rechtfertigungsgründen „ergänzend" hinzutreten und so den „Typisierungsspielraum des Gesetzgebers erweitern können", indes hat das BVerfG in dieser Entscheidung offengelassen, ob der „Sozialzweck der Standortsicherung" alleine als Rechtfertigungsgrund ausreichen kann.[903] *Strohm* vertritt die Ansicht, dass wirtschaftspolitische Lenkungs- und Förderzwecke als Rechtfertigungsgrund für die „Durchbrechung des Grundsatzes nach der wirtschaftlichen Leistungsfähigkeit" angeführt werden können, da die Einordnung der Rechtfertigung in diesem Fall über eine Verhältnismäßigkeitsprüfung erfolgt, in der sich aus der Verfolgung des legitimen Zwecks im Zusammenhang mit Gründen des Gemeinwohls durch die Standortförderung an sich ebenfalls die Geeignetheit der Maßnahme ableiten lässt, da kein Verfassungsverstoß vorliegt, soweit wirtschaftspolitische Lenkungs- und Förderziele verfolgt werden und es keine verfassungsrechtliche Verpflichtung gibt – abgesehen vom gesamtwirtschaftlichen Gleichgewicht im Rahmen der Staats- und Länderhaushalte nach Art. 109 Abs. 2 GG – wirtschaftspolitische Lenkungs- und Förderzwecke nicht zu verfolgen,[904] die

898 Vgl. *Englisch*, StuW 2007, 221 (224 f.); *Jochum*, DStZ 2010, 309 (313).

899 Auch *Strohm*, S. 170 f.

900 Vgl. *Hey*, in: Tipke/Lang, Rn. 3.19 f.

901 Vgl. zum Begründungszwang *Hey*, in: Tipke/Lang, Rn. 3.21 f.; *Strohm*, S. 171.

902 Z. B. BVerfGE 122, 210 (231 f.).

903 BVerfGE 116, 164 (184, 189, 191).

904 *Strohm*, S. 171 f.

dann wiederum für eine Ungleichbehandlung dem Verhältnismäßigkeitsgrundsatz genügen müssen.[905] Ferner wurde dem Gesetzgeber die Möglichkeit durch das BVerfG im Zins- und Spekulationsurteil eingeräumt, eine Ungleichbehandlung der Einkünfte aus Kapitalvermögen aus „gesamtwirtschaftlichen Anforderungen an das Kapitalvermögen und die Kapitalerträge" zu rechtfertigen,[906] soweit dies verhältnismäßig ist. Folglich muss die Verbesserung des deutschen Wirtschaftsstandorts tatsächlich durch die Tarifabsenkung für Einkünfte aus Kapitalvermögen verhältnismäßig sein.[907] Im Ergebnis konnte damals teilweise davon ausgegangen werden, dass sich durch die Tarifsenkung die Attraktivität der Besteuerung von Kapitalanlagen in Deutschland allgemein erhöht[908]. Unter den weiteren Aspekten, dass eine Verbesserung der Neutralität in der Belastungsgleichheit erfolge, das Besteuerungsverfahren vereinfacht und die Anonymität wieder gestärkt und somit insgesamt dadurch mehr Akzeptanz in der Kapitalertragsbesteuerung geschaffen wird, konnte der gesetzgeberischen Prognose als Idealvorstellung damals gefolgt werden und es erschien nicht abwegig, dass wieder Kapital – auch unter dem Aspekt der Rechtsklarheit – zurück nach Deutschland gelangen würde[909] beziehungsweise nicht weiter ins Ausland transferiert wird.[910] Im Ergebnis kann daher die Standortsicherung im Rahmen der Tarifabsenkung als Rechtfertigungsgrund

---

905 Etwa *Müller-Franken*, GS Trzaskalik, 195 (217), zur Berücksichtigung der volkswirtschaftlichen Überlegung der Wettbewerbsfähigkeit; vgl. *Schön*, FS Solms, 263 (268 f.); ebenso *Wernsmann*, DFGT 2008, 107 (111 f.), der dem Gesetzgeber „weitgehende freie" Differenzierungsziele einräumt; **kritisch** z. B. *Tipke*, StuW 2007, 201 (209), der bei Attraktivität und Wettbewerbsfähigkeit von einem nicht ausreichenden, zu unbestimmten Gemeinplatz spricht.

906 Vgl. BVerfGE 110, 94 (112–114); BVerfGE 84, 239 (282 f.).

907 Vgl. *Eckhoff*, FR 2007, 989 (995).

908 Z. B. *Eckhoff*, FR 2007, 989 (995 f.), jedoch nicht in Bezug auf Dividenden; vgl. *Stiftung Marktwirtschaft*, Einkommensteuergesetz, 2009, S. 36; **kritisch** vgl. z. B. *Buge*, in: Herrmann/Heuer/Raupach, EStG, § 20 Rn. 5; *Jochum*, in: Kirchhof/Söhn/Mellinghoff, EStG, § 20 A 171; *Paukstadt/Luckner*, DStR 2007, 653 (657).

909 Vgl. für diesen Ansatz i. E. in etwa *Werth*, in: Brandis/Heuermann, EStG, § 32d Rn. 46, 48, die Bezug auf die Billigung der Privilegierung der Kapitaleinkünfte durch den BFH nimmt, jedoch auch die ablehnende Haltung des BFH bei Nichterreichen des wirtschaftspolitischen Lenkungsziel der Erhöhung der Standortattraktivität darstellt; **kritisch** *Bleschick*, in: Kirchhof/Seer, EStG, 19. Aufl., § 20 Rn. 25; *Jochum*, in: Kirchhof/Söhn/Mellinghoff, EStG, § 20 A 171, die dennoch darstellt, dass in einer Gesamtschau unter den damaligen Aspekten der Ansatz teils nachvollziehbar war; *Englisch*, StuW 2007, 221 (226); **a. A.** vgl. i. E. *Rädler*, DB 2007, 988 (990).

910 **A. A.** *Weber-Grellet*, NJW 2008, 545 (550), der die Abgeltungsteuer i. E. für eine Zukunftschance hält, jedoch ungeeignet zur Maßnahme gegen Kapitalflucht; *Watrin/Benhof*, DB 2007, 233 (236 f.).

für eine Ungleichbehandlung im Gesamtkontext zu den anderen Einkunftsarten auf den ersten Blick herangezogen werden.[911] Grundsätzlich ist indes Vorsicht geboten mit wirtschaftspolitischen Rechtfertigungsgründen, da die Missbrauchsmöglichkeit und die damit einhergehende Aushebelung der verfassungsgemäßen steuerrechtlichen Anforderungen zu groß beziehungsweise zu einfach ist, da sich ein „notwendiges Wirtschaftsziel" immer finden lässt. Vorliegend war dies jedoch – trotz des unbestrittenen fiskalischen Einschlags – aus dem Gesamtzusammenhang gerade noch plausibel. Der berechtigten Kritik des Nichterreichens des gesetzten Ziels aus langfristiger Sicht, kann zwar zumindest der Aspekt keiner Verschlechterung entgegengehalten werden, indes ist dieser Ansatz – auch aufgrund anderer umgesetzter Maßnahmen – hinsichtlich der Zinseinkünfte zu überdenken[912].

ff) Die Rechtfertigung des Tarifs über die Typisierung

Hinsichtlich der Schaffung eines Sondertarifs nach § 32d Abs. 1 S. 1 EStG für Einkünfte aus Kapitalvermögen nach § 20 EStG wäre die Abweichung vom Normaltarif als Durchbrechung der gleichmäßigen Besteuerung nach der wirtschaftlichen Leistungsfähigkeit gerechtfertigt, soweit es sich in diesem Sinne um eine anzuerkennende Typisierung oder Pauschalierung handeln würde. Denn nach den vorstehenden Ausführungen kann sich der Gesetzgeber durchaus der Typisierung als Rechtfertigungsgrund einer Ungleichbehandlung bedienen.[913] Die Typisierung des Progressionssatzes im Abgeltungsteuersatz[914] und die Typisierung der Geldentwertung durch die Inflation werden in der Literatur als Rechtfertigungsgrund für die Ungleichbehandlung der Einkünfte aus Kapitalvermögen angeführt,[915] obwohl zu diesen zwei Punkten sich nichts in der Gesetzesbegründung finden lässt.[916]

Dass sich der Proportionaltarif als Typisierung des Normaltarifs darstellt, scheitert nach *Strohm* schon daran, dass dieser nicht dem realitätsgerechten Abbildungsmaßstab der Typisierungsvoraussetzung gerecht wird, da der gesamte Durchschnitt der einzelnen Steuersätze aller Steuerpflichtigen nur 25 % beträgt, die auch wirklich nach dem Normaltarif die Grenze von 25 % überschreiten; alle

---

911 Z. B. *Buge*, in: Herrmann/Heuer/Raupach, EStG, § 20 Rn. 8, abstellend auf die Gesamtsumme der Gründe; vgl. auch *Jachmann*, DStR 2009, Beihefter zu Heft 34, 129 (131), in Bezug auf die Mobilität des Kapitals; *Wernsmann*, DFGT 2008, 107 (111 f.); **a. A.** *Englisch*, StuW 2007, 221 (224 f.).

912 Vgl. z. B. *Jochum*, in: Kirchhof/Söhn/Mellinghoff, EStG, § 20 A 171, die ebenso aufzeigt, dass der Sondertarif im internationalen Vergleich zu hoch und folglich nicht konkurrenzfähig ist.

913 Kap. 2, II. 3. b).

914 Z. B. *Jachmann*, BB 2003, 2712 (2716).

915 *Jachmann*, BB 2003, 2712 (2716); *Lang*, StuW 2006, 22 (30); *Rädler*, DB 2007, 988 (988); *Tipke*, StuW 2007, 201 (209); *Weber-Grellet*, NJW 2008, 545 (547 f.).

916 *Strohm*, S. 175.

anderen werden vom Wahlrecht der Günstigerprüfung nach § 32d Abs. 6 S. 1 EStG Gebrauch machen, so dass eine realitätsgerechte Abbildung zumindest schon an dem Erfordernis scheitert, dass die breite Masse zur Bildung des typischen Falls für die Durchschnittsbildung herangezogen wird.[917] Demnach kann der Sondertarif des § 32d Abs. 1 S. 1 EStG unter diesem Aspekt nicht als Typisierung des Normaltarifs nach § 32a Abs. 1 EStG reichen und die Ungleichbehandlung zu dem Normaltarif rechtfertigen.

Der Rechtfertigung, dass der Sondertarif des § 32d Abs. 1 S. 1 EStG als Maßnahme eines typisierenden Inflationsausgleich anzusehen ist, ist ebenso nicht zu folgen, da es wieder an dem realitätsgerechten Abbildungserfordernis des Durchschnitts mangelt, denn bei der Aufteilung nach Inflationsausgleich und Realertrag, der nur gerade nach der wirtschaftlichen Leistungsfähigkeit der Besteuerung unterliegen dürfte, folgt das Problem zur realitätsgerechten Durchschnittsbildung des Inflationsausgleichs eines einzelnen Steuerpflichtigen, dass dieser immer unterschiedlich ausfällt und der Sondertarif damit nicht als Durchschnittsabbildung dienen kann.[918] Der individuelle Inflationsausgleich ist abhängig von der tatsächlichen Inflation, der Höhe der Einkünfte aus Kapitalvermögen und des einzelnen Steuersatzes eines Steuerpflichtigen, die für eine realitätsgerechte Abbildung aufgrund fortwährender Entwicklung als Generalisierung nicht tauglich sind.[919] Im Ergebnis lässt sich auch bei einem weiten Typisierungsspielraum so nicht die Ungleichbehandlung des Sondertarifs als Inflationsausgleich im Rahmen des besonders sachlichen Rechtfertigungsgrunds infolge mangelnder Abbildungsfähigkeit als Typisierungsvoraussetzung anführen.

d) Fazit

Die Ungleichbehandlung der Einkünfte aus Kapitalvermögen nach § 20 EStG durch den Sondertarif des § 32d Abs. 1 S. 1 EStG stellt gegenüber den anderen Einkunftsarten, die weiterhin dem Normaltarif des 32a Abs. 1 EStG zugeordnet sind, einen Verstoß gegen den allgemeinen Gleichheitssatz des Art. 3 Abs. 1 GG über die bereichsspezifische Konkretisierung durch das Leistungsfähigkeitsprinzip dar, da eine erhebliche Begünstigung der Einkünfte aus Kapitalvermögen durch den proportionalen Tarif von nur 25 % vorliegt.[920] Nachdem der Einführung als Schedulensteuer zumindest auch ein Mindestmaß an konzeptioneller Neuorientierung fehlt, bedarf die Rechtfertigung der Ungleichbehandlung der besonderen sachlichen Gründe. Im Ergebnis ergibt sich die Rechtfertigung des Sondertarifs durch die Verbesserung der intersektoralen und intertemporalen Neutralität, die eine erhebliche

917 So ungefähr *Strohm*, S. 176.

918 *Strohm*, S. 178 f. mit einem sehr anschaulichen Beispielsfall.

919 Vgl. z. B. *Englisch*, StuW 2007, 221 (229); *Jochum*, in: Kirchhof/Söhn/Mellinghoff, EStG, § 20 Rn. A 159.

920 Vgl. z. B. *Buge*, in: Herrmann/Heuer/Raupach, EStG, § 20 Rn. 8.

Vereinfachung sowie Verbesserung der rechtlichen und der tatsächlichen Belastungsgleichheit hinsichtlich des Steuertatbestands und der Bemessungsgrundlage mit sich bringen.[921] Ebenso wird hierdurch die Standortattraktivität, die nebenbei einhergeht, erheblich gefördert; keine Rechtfertigung über die Vereinfachung liegt hingegen vor auf Ebene des Steuertarifs und des Steuerverfahrens, sowie kann ein proportionaler Tarif nicht als Typisierung des Progressivtarifs angesehen werden und stellt sich ebenso nicht als Maßnahme typisierender Inflationsbereinigung dar.[922] In einer Gesamtschau ist die Einführung des Sondertarifs jedoch gerechtfertigt, da die tatsächliche Belastungsgleichheit und die Vereinfachung als Argument überwiegen.[923]

Diese Ausführungen hinsichtlich des Sondertarifs waren notwendig um grundsätzlich die Abgeltungsteuer allgemein verfassungsrechtlich einordnen zu können, um jetzt in einem zweiten Schritt direkt diese Erkenntnisse auf die Verluste übertragen zu können.

3. Eingeschränkte Verlustverrechnung

Die Einführung der Abgeltungsteuer hat ebenfalls Neuerungen hinsichtlich einer eingeschränkten Verlustverrechnung für die Einkünfte aus Kapitalvermögen mit sich gebracht. Nachfolgend ist zu klären, ob die eingeschränkte Verlustverrechnung, insbesondere auch gerade für die Verluste aus der privaten Aktienbeteiligung, einer verfassungsrechtlichen Prüfung standhält. Wie bereits in der Einleitung ausgeführt, konnte der BFH[924] mittlerweile die offene Frage, ob die Verlustverrechnungsbeschränkung für Aktienveräußerungsverluste nach § 20 Abs. 6 S. 4 EStG verfassungsgemäß ist, dem BVerfG zur Entscheidung vorlegen.

a) Rechtfertigungsmaßstab

Eine weitere Ungleichbehandlung im Vergleich zu den anderen Einkunftsarten ergibt sich durch die Verlustverrechnungsbeschränkung nach § 20 Abs. 6 S. 1 EStG für Einkünfte aus Kapitalvermögen mit den anderen Einkunftsarten. Nach Hs. 1 ist ein Verlustausgleich im Sinne des § 2 Abs. 3 EStG mit den anderen Einkunftsarten sowie nach Hs. 2 ein Verlustabzug im Sinne des § 10d EStG nicht möglich. So sind auch die Kapitalerträge nach § 32d Abs. 1 EStG und § 43 Abs. 5 EStG nicht in die Summe der Einkünfte nach § 2 Abs. 3 EStG miteinzubeziehen. Es besteht somit

---

921 Auch *Strohm*, S. 181.

922 Mit dem gleichen Ergebnis *Strohm*, S. 181.

923 Ebenso hatte die Rspr. keine Bedenken gegen den Sondertarif BStBl. II 2014, 986 (989); BStBl. II 2014, 992 (995); **a. A.** vgl. nun FG Niedersachsen BeckRS 2022, 8273, Rn. 315, 333–379, Vorlagebeschluss zum Verfahren BVerfG – 2 BvL 6/22.

924 BStBl. II 2021, 562, Vorlagebeschluss zum anhängigen Verfahren BVerfG – 2 BvL 3/21.

ein erster allgemeiner[925] Verlustverrechnungskreis, zwar mit einer überperiodischen Verrechnungsmöglichkeit, die jedoch dahingehend eingeschränkt wird, dass Verluste nur noch mit künftigen Gewinnen von Einkünften aus Kapitalvermögen nach § 20 Abs. 6 S. 2, 3 EStG verrechenbar sind. Es ist daher kein Verlustrücktrag möglich. Der verbleibende Verlustvortrag am Ende des Veranlagungszeitraums ist aufgrund S. 3 und dessen Verweis auf § 10d Abs. 4 EStG gesondert festzustellen. Darüber hinaus hatte diesbezüglich der Gesetzgeber von der Einführung eines Sockelbetrags, vergleichbar wie im Rahmen des § 10d Abs. 2 S. 1 und 2 EStG, abgesehen, da eine praktische Umsetzung für die auszahlenden Stellen nicht möglich erschien.[926] Eine weitere Einschränkung auf vertikaler Ebene erfahren Verluste aus Kapitalvermögen, indem Verluste aus Veräußerungsgeschäften von Aktien von diesem Verrechnungskreis zusätzlich herausgenommen wurden. Es besteht folglich ein zweiter Verlustverrechnungskreis nach § 20 Abs. 6 S. 4 EStG. Im Zusammenhang mit dem Verlustverrechnungskreis für Einkünfte aus Kapitalvermögen hat der Gesetzgeber jüngst durch das PflichtMitteilungsG 2019 erstmals für den Veranlagungszeitraum 2020 (§ 52 Abs. 28 S. 26 EStG) unter anderem eine weitere Einschränkung durch § 20 Abs. 6 S. 6 EStG geschaffen, indem nur noch Verluste zum Beispiel aus einer Ausbuchung oder Übertragung wertloser Wirtschaftsgüter des § 20 Abs. 1 EStG, also vorliegend gerade auch die „wertlose Aktie“ bis zu einer Höhe von 10.000 Euro, das wiederum kurzfristig durch das JStG 2020 auf 20.000 Euro erhöht wurde, innerhalb eines Veranlagungszeitraums ausgeglichen (Hs. 1) und mit künftigen Einkünften aus Kapitalvermögen im Folgejahr und jedem weiteren Jahr in dieser Höhe verrechnet werden können (Hs. 2). Die eingeschränkte überperiodische Verlustverrechnungsmöglichkeit nur auf Einkünfte aus Kapitalvermögen wurde somit nochmal in der Höhe für solche Fälle weiter eingeschränkt. In allen drei Fällen handelt es sich jedoch um eine augenfällige und gravierende Benachteiligung gegenüber den anderen Einkunftsarten, die zum Beispiel in einem Vergleich zwischen Einkünften aus Vermietung und Verpachtung und Einkünften aus Kapitalvermögen deutlich hervortritt, da bei einer (unterstellten) gleich hohen Leistungsfähigkeit Verluste aus Vermietung und Verpachtung von den anderen Einkunftsarten abgezogen werden können, während diese Möglichkeit nicht für die Kapitaleinkünfte gilt.[927] Es findet im Rahmen der Einkunftsart Vermietung und Verpachtung ebenso keine Unterscheidung der Verluste nach Art des Mietobjekts oder noch weitergehend deren konkreten Vermietungsart statt. Daher handelt es sich einerseits um einen Verstoß gegen den allgemeinen Gleichheitssatz nach Art. 3 Abs. 1 GG über die bereichsspezifische Konkretisierung im Steuerrecht durch

---

925 Auch z. B. *Bleschick*, in: Kirchhof/Seer, EStG, § 20 Rn. 174.

926 BT-Drs. 16/4841, S. 58; auch z. B. *Jochum*, in: Kirchhof/Söhn/Mellinghoff, EStG, § 20 Rn. H 43.

927 Beispiel anlehnend an *Strohm*, S. 204.

das Leistungsfähigkeitsprinzip, insbesondere das objektive Nettoprinzip.[928] Denn ein Abzug der erlittenen Verluste von den anderen Einkunftsarten ist nicht möglich, so dass Erwerbsaufwendungen im Zusammenhang mit Erwerbseinnahmen teilweise keine Beachtung finden und einem synthetischen Einkommensteueransatz widersprechen. Nachdem ein Verlustausgleich sowie auch der Verlustabzug keine Steuervergünstigungen sind, sondern zur gerechten Leistungsfähigkeitserfassung nach dem objektiven Nettoprinzips führen[929], muss grundsätzlich eine zeitnahe Verrechnungsmöglichkeit von Verlusten mit positiven Einkünften möglich sein.[930] Dies gilt aus Sicht des objektiven Nettoprinzips umso mehr, soweit Gewinne vollumfänglich und unmittelbar besteuert werden, Verluste hingegen nur teilweise und zeitverzögert.[931] Das Gebot der Rechtssicherheit erfordert ebenso eine möglichst zeitnahe Verlustverrechnung.[932] Anderseits liegt ein weiterführender Verstoß gegen das Gebot der Folgerichtigkeit vor, da eine Beschränkung der Aktienveräußerungsverluste auf einen eigenen Verlustverrechnungskreis, also „die Schedule in der Schedule"[933], zumindest keine folgerichtige Umsetzung der möglichen getroffenen Belastungsentscheidung ist, private Kapitalerträge von den anderen Einkunftsarten zu isolieren. Für diesen Fall handelt es sich zumindest um eine offensichtliche Abweichung der „Binnenfolgerichtigkeit" im partiellen Schedulenbesteuerungskonzept[934], da Aktienveräußerungsverluste nicht mal mehr mit Gewinnen aus anderen Kapitaleinkünften verrechnet werden können. Das Gleiche gilt für den weiteren Verlustverrechnungskreis des § 20 Abs. 6 S. 6 EStG. Denn durch die höhenmäßige Einschränkung der Verlustverrechnung liegt zumindest auch hier eine offensichtliche Abweichung in der Binnenfolgerichtigkeit des partiellen Schedulenbesteuerungskonzepts vor, soweit Gewinne sofort vollumfänglich steuerbar sind, Verluste indes nur eingeschränkt.[935] Im Rahmen der fraglichen Verlustverrechnungsbeschränkung des ersten Verlustverrechnungskreises handelt es sich indes schon nicht um eine selbstständige eigene Belastungsentscheidung, da sich Verluste wie aufgezeigt nur als das saldierte negative Ergebnis der Einkünfte

---

928 Vgl. *Buge*, in: Herrmann/Heuer/Raupach, EStG, § 20 Rn. 8, 610; *Englisch*, StuW 2007, 221 (235 f.); *Jochum*, in: Kirchhof/Söhn/Mellinghoff, EStG, § 20 Rn. A 167, H 35; auch *Moritz/Strohm*, in: Frotscher/Geurts, EStG, § 20 (n. F.) Rn. 47–49; *Oho/Hagen/Lenz*, DB 2007, 1322 (1324); *Weber-Grellet*, NJW 2008, 545 (547).

929 *Hey*, in: Tipke/Lang, Rn. 8.61.

930 Vgl. *Jochum*, in: Kirchhof/Söhn/Mellinghoff, EStG, § 20 Rn. H 35.

931 Vgl. *Hey*, in: Tipke/Lang, Rn. 8.61; *Jochum*, in: Kirchhof/Söhn/Mellinghoff, EStG, § 20 Rn. H 35.

932 BVerfG NJW 1992, 168 (169); *Englisch*, StuW 2007, 221 (235).

933 *Weber-Grellet*, NJW 2008, 545 (550); auch in etwa *Dinkelbach*, DB 2009, 870 (873); *Schönfeld*, in: Schaumburg/Rödder, S. 640.

934 Z. B. *Jochum*, in: Kirchhof/Söhn/Mellinghoff, EStG, § 20 Rn. H 68.

935 Vgl. z. B. *Drüen*, FR 2020, 663 (669, 671 f.).

aus Kapitalvermögen nach § 20 EStG ergeben, die aus der Natur der Sache nicht einzeln und gesondert betrachtet werden können.[936] Der Gesetzgeber hat sich jedoch schon festgelegt, wie die Gewinnbesteuerung von Einkünften aus Kapitalvermögen nach Einführung der Abgeltungsteuer zu erfolgen hat; nämlich indem er keine neue Belastungsentscheidung durch eine absolut reine Schedulensteuer geschaffen hat, da es zumindest dem Mindestmaß an konzeptioneller Neuorientierung für einen vollständigen Systemwechsel in letzter Konsequenz fehlt. Es handelt sich nur um eine Durchbrechung der bisherigen Belastungsentscheidung und nicht um eine Ersetzung. Denn auch in diesem Zusammenhang ergibt sich der Maßstab der Rechtfertigungsprüfung grundsätzlich wieder nach Festlegung des Ergebnisses der beiden nachfolgenden Ansätze. Hätte der Gesetzgeber einerseits eine neue Belastungsentscheidung für eine absolut reine Schedulensteuer des Arbeitseinkommens und der Kapitaleinkünfte getroffen, die wiederum einerseits einer Netto- und anderseits einer Bruttobesteuerung folge, dann wäre es unter dem Gebot der Folgerichtigkeit nur konsequent, dass eine Verlustverrechnung zwischen den Schedulen nicht möglich sei.[937] Wird hingegen andererseits der Ansatz vertreten, dass durch die Einführung des Sondertarifs und des Werbungskostenabzugsverbots die getroffene Belastungsentscheidung nur inhaltlich ausgestaltet wurde, also der synthetische Ansatz des EStG zwar durchbrochen, jedoch nicht ersetzt wurde und im Ergebnis weiter vorliegt, muss folgerichtig erstmal eine Verrechnung mit Verlusten aus anderen Einkunftsarten möglich sein beziehungsweise ist die Durchbrechung des Gebots der Folgerichtigkeit durch besonders sachliche Gründe zu rechtfertigen.[938]

Im Ergebnis bedarf die Rechtfertigung der Ungleichbehandlung in allen drei Fällen der relevanten Verlustverrechnungsbeschränkung aus Sicht des Aktionärs somit der besonders sachlichen Gründe, da einerseits, wie bereits dargelegt, der Gesetzgeber keine neue Belastungsentscheidung getroffen hat, weil aufgrund der Vielzahl von Ausnahmen es einer absolut reinen Schedulensteuer zumindest an dem vom BVerfG geforderten Mindestmaß an konzeptioneller Neuorientierung für einen vollständigen Systemwechsel in letzter Konsequenz fehlt und eine isolierte Betrachtung nicht möglich ist. Andererseits fehlt es dem partiellen Schedulenbesteuerungskonzept zumindest an der Binnenfolgerichtigkeit. Vorab ist ferner festzuhalten, dass eine Rechtfertigung für die Ungleichbehandlung nicht wieder aus

936 Vgl. z. B. *Wernsmann*, S. 312, der anhand des Beispiels von § 23 Abs. 3 S. 8, 9 EStG a. F. darlegt, dass es sich bei der Abziehbarkeit von Verlusten nur um die Umsetzung einer Belastungsentscheidung handelt.

937 Z. B. *Birk*, MSIStR 2004, 134 (135), i. R. e. Diskussionsbeitrages, der in diesem Zusammenhang als Vergleich die Einführung des niederländische Boxensystems anführt; vgl. auch *Eckhoff*, FR 2007, 989 (990).

938 Vgl. z. B. *Jochum*, in: Kirchhof/Söhn/Mellinghoff, EStG, § 20 Rn. H 37; **a. A.** etwa *Seer*, in: Kirchhof/Seer, EStG, § 2 Rn. 112.

der systematischen Unterscheidung der Einkunftsarten an sich ergeben kann.[939] Eine offensichtliche Abweichung von dem Gebot der Folgerichtigkeit ergibt sich zudem daraus, dass die Belastungsentscheidung inhaltlich durch Erweiterung der Bemessungsgrundlage ausgeweitet wurde und sämtliche Wertsteigerungen des Vermögensstamms nun vollständig erfasst sowie der Steuer unterworfen werden; Wertverluste des Vermögensstamms indes nur eingeschränkt.

b) Rechtfertigung

aa) Rechtfertigungsgrund der Steuervermeidung durch die Haltedauerfrist weggefallen

Eine anerkannter Rechtfertigungsgrund einer Ungleichbehandlung ergibt sich aus dem Umstand, dass der Gesetzgeber Regelungen schaffen darf, die der Verhinderung missbräuchlicher Gestaltungen mittels Steuervermeidung durch Verlustgenerierung steuerrechtlich dienen, um eine tatsächliche Belastungsgleichheit zu schaffen.[940] So soll eine Belastungsgleichheit bei allen Steuerpflichtigen nach der wirtschaftlichen Leistungsfähigkeit erreicht werden.[941] Vor Einführung der Abgeltungsteuer bestand schon ein eigener Verlustverrechnungskreis für Verluste aus privaten Veräußerungsgeschäften von Wertpapieren nach § 23 Abs. 3 S. 8 und 9 EStG a. F. Darunter fielen gerade auch die Veräußerungsverluste aus Aktien. Dieser eigene Verlustverrechnungskreis erfuhr seine Rechtfertigung dadurch, dass Veräußerungsgewinne aus privaten Aktienbeteiligungen außerhalb der Haltedauerfrist steuerfrei vereinnahmt werden konnten. Denn ohne Beschränkung der Veräußerungsverluste aus privaten Aktienbeteiligungen auf einen eigenen Verlustverrechnungskreis wäre es möglich gewesen, gerade Verluste innerhalb der Haltedauerfrist zu realisieren und mit Gewinnen aus anderen Einkunftsarten im Wege des vertikalen Verlustausgleichs zu verrechnen. Um diese Missbrauchsmöglichkeit[942] durch

---

939 Kap. 2, II. 3. a).

940 Grdl. BVerfGE 99, 88 (99); BFH/NV 2016, 1691 (1694); BStBl. II 2007, 259 (260 f.); auch z. B. *Hey*, in: Tipke/Lang, Rn. 8.68; *Jachmann*, DFGT 2005, 59 (78 f.); *Lehner*, MSIStR, 2004, 1 (9), im Kontext zu Art. 14 GG.

941 In diese Richtung *Lang/Englisch*, StuW 2005, 3 (10), die jedoch die schwierige Abgrenzungsfrage schon hervorheben; vgl. auch allgemein zur Verfassungsmäßigkeit von Missbrauch durch „Steuervermeidung" in bestimmten Konstellationen *Drüen*, in: Tipke/Kruse, AO, Vor § 42 Rn. 21 und § 42 Rn. 15 f. und *Fischer*, in: Hübschmann/Hepp/Spitaler, AO, § 42 Rn. 41–45.

942 Genau genommen konnte es sich jedoch für diesen Fall gar nicht um einen Missbrauch i. d. S., also um eine missbräuchliche Gestaltung durch Verlustrealisation, handeln, da der Steuerpflichtige nur von einer ihm durch Gesetz eingeräumten Möglichkeit Gebrauch – auch wenn es nur um die Reduzierung der Steuerlast geht – machen würde, z. B. BStBl. II 2019, 221 (223).

Steuervermeidung noch weiter zu betreiben, bestand theoretisch in einem nächsten Schritt die Möglichkeit, sich sofort wieder mit den „gleichen" Aktien – also des gleichen Unternehmens, der gleichen Anzahl und des fast identischen Preises – einzudecken, folglich eine Art Verlustschaukel zu betreiben, um sie nach Ablauf der Haltedauerfrist – soweit das ursprüngliche Kursniveau überstiegen wäre – steuerfrei zu veräußern. Diese Gefahr bestand insbesondere für den Staat in einem Börsencrash-Szenario, wo es zu (relativ kurzfristigen) massiven Kursverwerfungen kommen kann, oder in einer Baisse-Phase der Börse. Für diese Fälle wäre es dann zu dem bereits geschilderten und aus Sicht des Fiskus verfolgten Phänomen in umgekehrter Weise gekommen, dass Verluste sozusagen vor dem Staat geltend gemacht werden und die Gewinne des Steuerpflichtigen jedoch steuerfrei bleiben. Zudem wären im Regelfall grundsätzlich die Gewinne aus anderen Aktienbeteiligungen, die ein Steuerpflichtiger gehalten hätte, außerhalb der Haltedauerfrist verwirklicht worden, so dass schon mit diesem einfachen Schritt eine Belastungsungleichheit herbeigerufen worden wäre, und daher sollte die Vorschrift des § 23 Abs. 3 S. 8 und 9 EStG a. F. diese Möglichkeit eines Missbrauchs mittels Steuervermeidung eindämmen und verhindern, dass alleine der Steuerpflichtige durch Wahl des Veräußerungszeitpunktes entscheiden kann, ob dieser den Steuertatbestand verwirklicht oder nicht; dies ist als Rechtfertigungsgrund anerkannt.[943] Für die früher anerkannte Rechtfertigung ist nicht mal auf den komplexeren vorsätzlichen Fall der Verlustgenerierung im System einer Verlustschaukel abzustellen, sondern es reichte schon die einfache Möglichkeit durch die Besonderheit der Haltedauerfrist in Zusammenhang mit der Dispositionsfreiheit Verluste geltend zu machen und Gewinne steuerfrei einzunehmen. Auf die weiterhin geltende und gerechtfertigte Verlustverrechnungsbeschränkung der privaten Veräußerungsgeschäfte nach § 23 Abs. 3 S. 7 und 8 EStG wird nachfolgend nochmal kurz für eine vergleichende Betrachtung eingegangen.[944]

Im Ergebnis kann ein Rechtfertigungsgrund durch Missbrauch mittels Steuervermeidung nicht mehr durch den Gesetzgeber nach Einführung der Abgeltungsteuer mit einem eigenen Verlustverrechnungskreis – zumindest auf der ersten Stufe – für Einkünfte aus Kapitalvermögen angeführt werden. Denn die Haltedauerfrist ist durch Einführung der Abgeltungsteuer für die Veräußerungstatbestände des Kapitalvermögens gerade weggefallen, so dass eine missbräuchliche Gestaltung über die Haltedauerfrist zur Steuervermeidung nicht mehr möglich ist.[945] Der Gesetzgeber hat daher die Verlustverrechnungsbeschränkung nach § 20 Abs. 6 S. 1 EStG nicht unter dem Aspekt einer „Missbrauchsvermeidungsvorschrift" erlassen,

943 BFH/NV 2016, 1691 (1694); BFH/NV 2007, 1473 (1474 f.); BStBl. II 2007, 259 (260 f.).

944 Kap. 2, III. 3. d) cc).

945 *Englisch*, StuW 2007, 221 (236); *Jochum*, in: Kirchhof/Söhn/Mellinghoff, EStG, § 20 Rn. H 34; vgl. auch *Loos*, DB 2007, 704 (705); *ders.*, DStZ 2010, 78 (78 f.); *Watrin/Benhof*, DB 2007, 233 (235).

so dass die Ungleichbehandlung nicht über die Steuervermeidungsmöglichkeit der Haltedauerfrist gerechtfertigt werden kann.[946] Denn mit dem Wegfall der Haltedauerfrist und der umfänglichen Steuerbarkeit sämtlicher Wertsteigerungen im Veräußerungsfall besteht unter diesen Gesichtspunkten keine Notwendigkeit mehr.

bb) Überperiodische Verlustabzugsmöglichkeit für alle Kapitaleinkünfte

Strohm unter anderem vertritt die Ansicht, dass die Verlustvortragsmöglichkeit nach § 20 Abs. 6 S. 2 und 3 EStG nicht für eine Rechtfertigung der Ungleichbehandlung des ersten Verlustverrechnungskreises nach § 20 Abs. 6 S. 1 EStG genügt, da das objektive Nettoprinzip „einer Ersetzung des vertikalen Verlustausgleichs durch einen gestreckten horizontalen Verlustausgleich entgegen[steht]".[947] Dem ist in diesem Fall im Ergebnis jedoch aus anderem Grund zuzustimmen. Es wird zwar die Ansicht vertreten, dass das finanzielle Leistungsfähigkeitsprinzip überperiodisch wirkt,[948] so dass keine Verletzung vorliegt, soweit die Möglichkeit besteht Verluste in der Zukunft geltend zu machen,[949] da der Gesetzgeber hinsichtlich einer allgemeinen Verlustverrechnungsbeschränkung einen weiten Gestaltungsspielraum hat, der auch nicht nach dem Gleichheitssatz zu beanstanden ist.[950] Jedoch könnte dies gerade bei Durchbrechung des synthetischen Ansatzes nicht gelten, soweit der künftig überperiodische horizontale Verlustabzug für die Einkünfte aus Kapitalvermögen als Kompensation für den nicht möglichen vertikalen Verlustausgleich gelten soll.[951] Denn es könnte zu einem überhöhten Steuerzugriff bezogen auf die Totalperiode kommen[952], da ungewiss bleibt, ob überhaupt wieder positive Einkünfte aus Kapitalvermögen für den Steuerpflichtigen in Zukunft anfallen werden. Dies stellt auch einen großen Unterschied zur allgemeinen Verlustverrechnungsbeschränkung des § 10d EStG dar, da im Falle einer Verlustverrechnungsbeschränkung für alle Einkunftsarten davon eher ausgegangen werden kann, dass Gewinne

946 Vgl. *Jochum*, in: Kirchhof/Söhn/Mellinghoff, EStG, § 20 Rn. H 34; auch *Strohm*, S. 210.

947 *Strohm*, S. 211; vgl. auch z. B. *Moritz/Strohm*, in: Frotscher/Geurts, EStG, § 20 (n. F.) Rn. 48.

948 Z. B. *Hey*, in: Herrmann/Heuer/Raupach, EStG, Einf. ESt Rn. 17; *dies.*, in: Tipke/Lang, Rn. 8.44; vgl. auch *Jachmann*, Nachhaltige Entwicklung und Steuern, S. 142–145; *Röder*, S. 240–244; *Tipke*, Steuerrechtsordnung, Bd. II, 1. Aufl. 1993, S. 668–671; **a. A.** etwa *Kirchhof*, in: Kirchhof/Söhn/Mellinghoff, EStG, § 2 Rn. A 137 f., A 357–A 362, der sich durch die periodische, sukzessive Besteuerung einerseits auf die staatliche Teilhabemöglichkeit und anderseits auf die Gegenwartsgerechtigkeit beruft; auch *Lehner*, MSIStR 2004, 1 (15).

949 BStBl. II 2007, 259 (261); BStBl. II 2001, 552 (554); *Wernsmann*, DStR 2009, Beihefter zu Heft 34, 101 (103).

950 Vgl. *Wernsmann*, DStR 2009, Beihefter zu Heft 34, 101 (103).

951 In diese Richtung *Englisch*, StuW 2007, 221 (235 f.).

952 *Strohm*, S. 211.

und Überschüsse zur Gegenrechnung grundsätzlich – beziehungsweise liegt eine größere Wahrscheinlichkeit nahe – in Zukunft anfallen werden. Dennoch hält der BFH die sogenannte Mindestbesteuerung im Grundsatz für verfassungskonform, soweit sich diese in den „Grenzen der gesetzgeberischen Gestaltungsfreiheit“ abspielt und nicht ein sogenannter Definitiveffekt eintritt.[953] Darüber hinaus ist ebenfalls anerkannt, dass eine Verlustverrechnungsbeschränkung zu Liquiditäts- und Zinsnachteilen führen kann[954], die aber aufgrund geringer Beeinträchtigung des Gestaltungsspielraums hinzunehmen wären.[955] Denn nach dem BVerfG ist im Ergebnis ein Verlustvortrag verfassungsrechtlich nicht bestimmt, so dass Einschränkungen zum periodenübergreifenden Verlustausgleich und der Verlustverrechnung gebilligt wurden, indem zum Beispiel der Verlustvortrag nur auf bestimmte Einkunftsarten wie diejenigen, die die Gewinnermittlung durch Vermögensvergleich durchführten,[956] oder die Beschränkung des Verlustabzugs auf einen einjährigen Verlustrücktrag und einen fünfjährigen Verlustvortrag[957] begrenzt wurde.[958] Jedoch ist hingegen der komplette Ausschluss der Verlustverrechnung verfassungswidrig.[959] Der BFH sieht ebenfalls keine Verletzung des allgemeinen Gleichheitssatzes nach Art. 3 Abs. 1 GG, soweit eine Verlustausgleichsbeschränkung nicht zum vollständigen Verlustausgleich führt, sondern dieser im Rahmen einer zeitlichen Streckung als eine Verluststreckung erfolgt, so dass eine Verlagerung auf andere Veranlagungszeiträume dem verfassungsrechtlichen Schutz genüge.[960] Daneben ist zu beachten, dass die Auffassung der bloßen Möglichkeit

---

953 Z. B. BStBl. II 2014, 1016 (1020), Vorlagebeschluss zum anhängigen Verfahren BVerfG – 2 BvL 19/14.

954 *Jachmann*, DFGT 2005, 59 (74 f.); oder s. ausführlicher *Lang/Englisch*, StuW 2005, 3 (8, 21).

955 Z. B. BStBl. II 2011, 826 (828); *Wernsmann*, DStR 2009, Beihefter zu Heft 34, 101 (103).

956 BVerfG DB 1978, 1764 (1764 f.), i. R. d. Nichtannahmebeschlusses zur Verfassungsbeschwerde zu BFH –VIII R 102/75, das den Ausschluss des Verlustabzugs nach § 10d EStG 1975 bei VuV-Einkünften für verfassungsgemäß ansah. Diesem Ansatz mit so einer lapidaren Begründung, dass das EStG bei allen Einkunftsarten, die keinen Verlustabzug zulassen, dem Abschnittsbesteuerungsprinzip folgt, ist schwerlich zu folgen, da z. B. der Vorprüfungsausschuss ebenso davon ausging, dass der Gesetzgeber den Verlustabzug für alle Einkunftsarten überhaupt nicht zulassen brauche. Diesem Ansatz widerspricht i. E. jedoch schon BVerfGE 99, 88, das einen überperiodischen Verlustabzug für notwendig erachtet. Zudem erfolgte nur eine Vorabprüfung zur Annahme der Verfassungsbeschwerde.

957 BVerfG NJW 1992, 168 (169).

958 Z. B. BStBl. II 2013, 512 (514); FG Schleswig-Holstein EFG 2018, 948 (950), Vorinstanz zu BStBl. II 2021, 562.

959 BVerfGE 99, 88 (95).

960 Z. B. BStBl. II 2014, 1016 (1020 f.); BStBl. II 2013, 512 (514); FG Schleswig-Holstein EFG 2018, 948 (950).

eines späteren Verlustausgleichs als Verlustabzug sich nicht zu einer verfassungsrechtlich geschützten Vermögensposition weiterentwickelt[961], teils vom BFH relativiert wurde, indem einem potentiellen Verlustverrechnungsanspruch als bedingtem Steuerminderungsanspruch irgendwie doch ein „wirtschaftlicher (Vermögens-)Wert“ zukommt[962]. Der BFH hat im Rahmen der Mindestbesteuerung jedoch seine Auffassung hervorgehoben, dass die Problematik der Ungewissheit, ob überhaupt wieder Gewinne in der Zukunft erlangt werden, nicht zu beanstanden sei und es noch in der gesetzgeberischen Typisierungsbefugnis liegt, dass sich durch die Verluststreckung das Risiko für einen Verlustausschluss erhöht.[963] Es ist sich nochmal vor Augen zu führen, dass die Mindestbesteuerung nach § 10d EStG indes alle Einkunftsarten übergreifend und nicht nur einen Teil, sozusagen nur eine einzelne Einkunftsart, betrifft. Das Schrifttum hingegen hält die Mindestbesteuerung grundsätzlich erstens für teilweise verfassungskonform, da der Verstoß gegen das objektive Nettoprinzip durch eine Verlustbeschränkung in diesen Fällen nicht in willkürlicher Weise erfolgte[964], zweitens für gänzlich verfassungswidrig aufgrund der „Deckelung“ durch die zeitliche Streckung an sich[965] und drittens

---

961 BVerfG NJW 1992, 168 (169).

962 BStBl. II 2008, 608 (612), i. R. d. Ausschlusses der Vererblichkeit des Verlustabzugs nach § 10d EStG.

963 Z. B. BStBl. II 2014, 1016 (1019 f.); BStBl. II 2013, 512 (514 f.).

964 *Gassen/Schwarz*, in: Littmann/Bitz/Pust, EStG, § 10d Rn. 6, die auf den verfassungsgemäßen Ausschluss des Verlustabzugs für einzelne Einkunftsarten oder für bestimmte Zeiträume verweisen; *Heuermann*, FR 2012, 435 (439 f.), der, wie andere auch, den Konflikt zwischen Periodizitätsprinzip und obj. NP i. R. e. Art praktischen Konkordanz lösen will und eben die Abwägungsentscheidung der Streckung des Verlustabzugs zur Verstetigung der Staatseinnahmen i. R. d. § 10d Abs. 2 EStG aufgrund des weiten Gestaltungsspielraums für gerechtfertigt hält; *ders.*, in: Kirchhof/Söhn/Mellinghoff, § 10d Rn. 85; *Pfirrmann*, in: Kirchhof/Seer, EStG, § 10d Rn. 3; *Müller-Gatermann*, WPg 2004, 467 (467).

965 Z. B. hinsichtlich der Einschränkung des Verlustvortrages an sich, wenn kein Verlustrücktrag gewährt wird *Bareis*, DB 2013, 144 (145 f.); *Eckhoff*, DStJG 2005, 11 (34); *Hey*, DStR 2020, 2041 (2049), die die Abschaffung der Mindestbesteuerung fordert; *dies.*, in: *Tipke/Lang*, Rn. 8.67 f., und die die rein fiskalische Motivation hervorhebt; *dies.*, StuW 2011, 131 (140–142); *Lang/Englisch*, StuW 2005, 3 (21, 24); *Lüdicke*, DStZ 2010, 434 (436); *Raupach*, MSIStR 2004, 53 (60 f.); ausführlich *Röder*, S. 263–276, 355–359; *ders.*, StuW 2012, 18 (22–28); hingegen kann der allgemeine Verlustrücktrag etwa aus Gründen der vorhersehbaren Haushaltsplanung oder Praktikabilität sowie die besonderen Verlustverrechnungsbeschränkungen aus Gründen des Missbrauchs oder der fehlenden Steuerbarkeit durchaus gerechtfertigt sein, z. B. *Hey*, in: *Tipke/Lang*, Rn. 8.68.

verfassungswidrig[966], soweit die zeitliche Streckung im Endeffekt einen tatsächlichen Ausschluss der Verluste mit sich bringt.[967]

(1) Leistungsfähigkeitsprinzip und Prinzip der Abschnittsbesteuerung

Die Verlustverrechnungsbeschränkung der Einkünfte aus Kapitalvermögen nach § 20 Abs. 6 S. 1 EStG führt augenscheinlich erstmal zu einem Verstoß gegen das Leistungsfähigkeitsprinzip, insbesondere das objektive Nettoprinzip, da ein Überschuss an Erwerbsaufwendungen als ein entsprechender Verlust, nicht vertikal zur Verrechnung von den gesamten Erwerbseinnahmen zur Verfügung steht. Das Leistungsfähigkeitsprinzip verlangt indes keine Verlustbeschränkung auf eine Einkunftsart, sondern eben deren uneingeschränkte Verrechnungsmöglichkeit zwischen den Einkunftsarten, um die bestehende Leistungsfähigkeit des Steuerpflichtigen im tatsächlichen Sinne darstellen zu können;[968] ansonsten liegt ein überhöhter Steuerzugriff bezogen auf die Gesamtleistung als den Totalgewinn des Steuerpflichtigen vor.[969] Es ergibt sich aus dem Grundsatz des Leistungsfähigkeitsprinzips ferner, dass Verluste aus vergangenen Veranlagungszeiträumen grundsätzlich mit Gewinnen aus vergangenen oder künftigen Veranlagungszeiträumen verrechenbar sein müssen, um, bezogen auf eine Gesamtleistung, das disponible Einkommen gleichheitsgerecht zu erfassen, da das Lebenseinkommen und nicht die steuernotwendige Aufteilung in Veranlagungszeiträume für das Leistungsfähigkeitsprinzip maßgeblich sein muss.[970] Jedoch ist aufgrund des Gebots der

---

966 Z. B. *Birk/Desens/Tappe*, Rn. 617; *Desens*, FR 2011, 745 (748–750); *Drüen*, FR 2013, 393 (402); *Hallerbach*, in: Herrmann/Heuer/Raupach, EStG, § 10d Rn. 11, 13; *Kube*, DStR 2011, 1781 (1789 f.); *Schmieszek*, in: Bordewin/Brandt, EStG, § 10d Rn. 147; vgl. auch *Thiemann*, S. 344–348, der als Beispiel eines unangemessenen Definitiveffekts die restriktiven Regelungen zum Verlustvortrag der Körperschaften des damaligen § 8c KStG anführt, also sich die Ursache des endgültigen Verlustverfalls aus einer anderen Steuernorm ergibt, jedoch nicht aus dem Prinzip der Verluststreckung an sich, da zwar eine betragsmäßige Begrenzung möglich ist, indes dann ein unbegrenzter Verlustvortrag folgen muss; *Wendt*, DStJG 2005, 41 (75–78); *Vogel*, in: Brandis/Heuermann, EStG, § 10d Rn. 23 f., der, wie auch andere, Definitiveffekte als verfassungskonform ansieht, soweit diese aufgrund der Ausgestaltung der Mindestbesteuerung typischerweise nicht eintreten, aber nicht bei regelmäßiger Verwehrung.

967 BStBl. II 2014, 1016 (1020).

968 Z. B. *Strohm*, S. 211.

969 Vgl. z. B. *Englisch*, StuW 2007, 221 (235 f.), der darlegt, dass ein mangelnder Verlustausgleich zu einer Form von Mindestbesteuerung führt; auch i. E. *Hey*, in: Tipke/Lang, Rn. 8.61; oder schon *Stapperfend*, DStJG 2001, 329 (364 f.), insbesondere in Bezug auf „echte" Verluste.

970 Vgl. z. B. *v. Groll*, MSIStR 2004, 23 (25–28, 33 f.); *Hey*, in: Tipke/Lang, Rn. 8.62; auch schon *Tipke*, Steuerrechtsordnung, Bd. II, 1. Aufl. 1993, S. 671.

Folgerichtigkeit das Leistungsfähigkeitsprinzip vorrangig auf den innerperiodischen horizontalen und vertikalen Verlustausgleich ausgerichtet, da sich bei einer nach Zeitabschnitten erhobenen Steuer, wie der Einkommensteuer nach § 25 Abs. 1 EStG, die Leistungsfähigkeit erstmal periodenbezogen darstellen muss.[971] Daher setzt durch diese Ebene nun das dem EStG ebenfalls zugrunde liegende Prinzip der Abschnittsbesteuerung als materielles Prinzip[972] an, das den Totalgewinn in Zeitabschnitte unterteilt und somit einerseits Rechtssicherheit durch Kontinuität[973] und Belastungsgleichheit durch zeitnahe Besteuerung schafft[974] und anderseits zur Verstetigung des Steueraufkommens[975] aus Sicht des Staates führt und diesen dadurch überhaupt handlungsfähig macht.[976] Die überperiodische Verluststreckung des § 20 Abs. 6 S. 2, 3 EStG ermöglicht im Ergebnis zumindest, dass das Leistungsfähigkeitsprinzip im Ergebnis noch seine Schutzwirkung auf die Gesamtleistung und demnach auch auf den Totalgewinn entfalten kann, soweit wieder künftig verrechenbare Gewinne anfallen.[977] Dieser Ansatz der Möglichkeit eines zeitlich gestreckten horizontalen überperiodischen Verlustabzugs im Rahmen der Einkünfte aus Kapitalvermögen für den Ausschluss des vertikalen innerperiodischen Verlustausgleichs genügt dem Leistungsfähigkeitsprinzip unter anderem nach *Strohm* aber eben gerade nicht, so dass dadurch ein Verstoß gegen den allgemeinen Gleichheitssatz des Art. 3 Abs. 1 GG vorliegt.[978] Nach den vorstehenden Ausführungen, auch zur Mindestbesteuerung, zeigt sich, dass Beschränkungen des

971 Vgl. z. B. *v. Groll*, MSIStR 2004, 23 (25–28, 34 f.).

972 Z. B. BStBl. II 2005, 262 (265); *Heuermann*, FR 2012, 435 (439); *Kirchhof*, in: Kirchhof/Söhn/Mellinghoff, EStG, § 2 Rn. A 136, die Abschnittsbesteuerung ist nicht nur eine Technik der Steuererhebung; **a. A.** vgl. i. E. *Hey*, DStR 2020, 2041 (2045), zwar im Kontext eines erweiterten Verlustrücktrags – nicht nur in der Höhe – infolge der Coronakrise, aber zunächst einkommensteuersystematisch genauso auf den Verlustvortrag übertragbar wie angedeutet; *dies.*, in: Tipke/Lang, Rn. 8.62, 8.68, das Periodizitätsprinzip des § 2 VII EStG ist als nur technisches Prinzip gegenüber dem NP einzuschränken; *Tipke*, Steuerrechtsordnung, Bd. II, S. 754–756, der eben das Gerechtigkeitsproblem der Abschnittsbesteuerung durch den progressiven Tarif und schwankende Einkommen, wie bei einem Spitzensportler, anführt.

973 Z. B. *Kube*, DStR 2011, 1781 (1784).

974 Vgl. BVerfGE 96, 1 (7 f.).

975 Z. B. *Kirchhof*, in: Kirchhof/Söhn/Mellinghoff, EStG, § 2 Rn. A 136.

976 Vgl. z. B. *Eckhoff*, DStJG 2005, 11 (32 f.), der aufzeigt, dass ein Totalitätsprinzip mit Schlussbesteuerung unmöglich ist; auch *Vogel*, in: Brandis/Heuermann, EStG, § 10d Rn. 21.

977 Dass ein solcher Ansatz jedoch nicht ausreicht, sondern eine sofortige Verrechnung gefordert wird s. schon *Lang/Englisch*, StuW 2005, 3 (6–12).

978 *Strohm*, S. 212 f.; vgl. auch z. B. *Moritz/Strohm*, in: Frotscher/Geurts, EStG, § 20 (n. F.) Rn. 48.

Verlustabzugs zum Streit zwischen Leistungsfähigkeitsprinzip, insbesondere des objektiven Nettoprinzips und dem Prinzip der Abschnittsbesteuerung führen, der in Situationen des Eintritts eines Definitiveffekts durch die Mindestbesteuerung noch weiter verschärft wird, so dass *Vogel* von einem „in Ausgleich zu bringende[n] Spannungsdreieck" spricht.[979]

(2) Fazit

Im Ergebnis kommt es jedoch für die Rechtfertigung der Durchbrechung des Leistungsfähigkeitsprinzips in Bezug auf den ersten Verlustverrechnungskreis noch nicht auf die Rechtfertigung durch einen zeitlich gestreckten Verlustabzug wie vorliegend § 20 Abs. 6 S. 2, 3 EStG an, da sich der Gesetzgeber der bekannten Floskel – wie etwa Verluste werden nicht generell versagt, sondern nur zeitlich gestreckt, um dem objektiven Nettoprinzip gerecht zu werden – in diesem Fall gar nicht bedient hatte[980]. Der Gesetzgeber führt nur aus, dass ein Verlustrücktrag durch diese „Regelungen nicht möglich und aus Gründen der Steuergerechtigkeit nicht geboten [sei], da der Steuerpflichtige die Möglichkeit hat, die Verluste in folgenden Veranlagungszeiträumen abzuziehen", sowie dass „nicht ausgeglichene Verluste aus Kapitalvermögen – entsprechend den bereits bestehenden Regelungen im Einkommensteuergesetz in vergleichbaren Fällen der beschränkten Verlustverrechnung – [...] die Einkünfte mindern, die der Steuerpflichtige in den folgenden Veranlagungszeiträumen aus Kapitalvermögen erzielt".[981] Und nicht im Gesetzgebungsverfahren angeführte Rechtfertigungsgründe, auch wenn sie im Nachhinein eintreten, genügen aufgrund fehlender gesetzgeberischer Entscheidung, dass diese „tatsächlich von dem besonderen sachlichen Grund erkennbar getragen wird", da der Gesetzgeber alle „regelungsrelevanten" Aspekte erkennen, gewichten und ordentlich abwägen müsste,[982] eben keiner Rechtfertigung – insbesondere in einem so weitgehenden Eingriff (des objektiven Nettoprinzips) wie der Versagung eines innerperiodischen Verlustausgleichs mittels einfacher überperiodischer Verluststreckung –, so dass der Verluststreckungsansatz gerade keinen Niederschlag in der Abwägungsentscheidung des Gesetzgebungsverfahrens finden konnte und die Verlustvortragsmöglichkeit des § 20 Abs. 6 S. 2, 3 EStG in diesem Fall nicht zur Durchbrechung des Leistungsfähigkeitsprinzips führen kann.[983] Auch andere diesem Ansatz entgegenstehende zu beachtende verfassungs- und steuerrechtlichen Prinzipien, die hineingelesen werden könnten, sind vorliegend nicht ersichtlich.

979 *Vogel*, in: Brandis/Heuermann, EStG, § 10d Rn. 7, 21, 24.

980 Ähnlich *Strohm*, S. 214.

981 BR-Drs. 220/07, S. 93.

982 *Breinersdorfer*, StuW 2009, 211 (213).

983 Vgl. auch *Klotz*, S. 153 f.; **a. A.** FG Baden-Württemberg EFG 2015, 413 (414), das in der Vortragsmöglichkeit auch schon eine Rechtfertigung sieht.

Der Gesetzgeber[984] beruft sich für die Verlustverrechnungsbeschränkung von § 20 Abs. 6 S. 1 EStG hingegen daher, die nur deklaratorischer Natur sei, im Ergebnis auf den Symmetriegedanken, dass sich eine Rechtfertigung der Beschränkung ergibt, indem den Verlusten durch die proportional niedrige Besteuerung auch nur ein gleich niedriges Steuerminderungspotential zukommen kann.[985] Diesem Ansatz wird nachfolgend nachgegangen.

cc) Folgerichtigkeit und Vereinfachung

Der Gesetzgeber führt als Rechtfertigungsgrund für die Verlustverrechnungsbeschränkung explizit an, dass dieser zur Einführung des ersten Verlustkreises als abweichende Regelung berechtigt ist, da eben der Sondertarif des § 32d Abs. 1 EStG von maximal 25 % für die Einkünfte aus Kapitalvermögen gilt.[986] Denn nach dem Ansatz aus dem Gebot der Folgerichtigkeit ergibt sich, dass unter der Annahme eines gerechtfertigten Sondertarifs für die Kapitaleinkünfte der Sondertarif sozusagen ebenfalls auf die Verluste angewendet werden muss.[987] Dies ist nur konsequent[988] und entspricht von der Grundidee her einem einer Abgeltungsteuer zugrunde liegenden Ansatz.[989]

(1) Grundgedanke zur Verlustentstehung

Daher ist sich zur Erfassung dieses Problems nochmal die Verlustentstehung vor Augen zu führen. Es muss zwischen Verlusten unterjährig und Verlusten am Ende des Veranlagungszeitraums unterschieden werden. Im Veranlagungszeitraum werden nach dem Quellenabzug 25 % der Einkünfte aus Kapitalvermögen aus laufenden Erträgen oder Veräußerungsgewinnen als Steuer sofort von der auszahlende Stelle erstmal im Regelfall – nach § 43 Abs. 1 S. 1 Nr. 1a und 9, Abs. 3 EStG in Verbindung mit den §§ 43a Abs. 1 S. 1, 44 Abs. 1 S. 3 EStG für eine private

984 BR-Drs. 220/07, S. 92; BT-Drs. 16/4841, S. 57 f.

985 Auch *Jochum*, in: Kirchhof/Söhn/Mellinghoff, EStG, § 20 Rn. A 168, H 30.

986 BR-Drs. 220/07, S. 92; BT-Drs. 16/4841, S. 58.

987 Z. B. *Englisch*, Duale ESt, S. 152; *Jachmann*, DStJG 2011, 251 (263 f.); bzw. allgemeiner gehalten *dies.*, Nachhaltige Entwicklung und Steuern, S. 135, 137; *Moritz/Strohm*, in: Frotscher/Geurts, EStG, § 20 (n. F.) Rn. 49; **a. A.** etwa *Klotz*, S. 154 f., der gegen die „Wenn-dann-Rechtfertigungsthese" einwendet, dass die vollständige Versagung des horizontalen Verlustausgleichs nicht über das erforderliche Ziel hinausschießen darf und ggf. durch mildere Mittel zu ersetzen ist.

988 Vgl. *Jachmann*, DJStG 2011, 251 (263 f.); *Moritz/Strohm*, in: Frotscher/Geurts, EStG, § 20 (n. F.) Rn. 49.

989 *Jochum*, in: Kirchhof/Söhn/Mellinghoff, EStG, § 20 Rn. H 38 f., die jedoch die Grenzen eines solchen Rechtfertigungsansatzes für Definitivsituationen und einer fehlenden vertikalen Verlustverrechnung in Veranlagungsfällen aufzeigt.

Aktienbeteiligung – einbehalten sowie später mit der Steueranmeldung abgeführt und mit der Gesamtsumme im Verrechnungstopf vermerkt. Die restlichen 75 % werden an den Steuerpflichtigen ausbezahlt. Nach dem tatsächlichen Werbungskostenabzugsverbot können sich Verluste aus laufenden Erträgen nur noch in Höhe des Sparer-Pauschbetrags ergeben. Demnach stammen in der Höhe beachtliche(re) Verluste grundsätzlich aus dem Veräußerungsgeschäft. *Jochum* führt zwar einen Beispielsfall mit negativen Stückzinsen an, um die Möglichkeit der Steuerarbitrage zwischen dem Abgeltungs- und dem Normaltarif zu verdeutlichen, jedoch wäre diesem System durch den Sparer-Pauschbetrag sowieso weitgehend ein Riegel vorgeschoben.[990] Wird jetzt tatsächlich vom Steuerpflichtigen ein Verlust erzielt, ist dieser ebenfalls in den Verrechnungstopf einzubeziehen und hinsichtlich zu viel einbehaltener Steuer erhält der Steuerpflichtige in der Praxis im Regelfall erstmal eine Aus- beziehungsweise Rückzahlung seiner auszahlenden Stelle, deklariert als Steuerausgleichsrechnung.[991] Verluste können indes nur steuerlich ausgeglichen werden, soweit Gewinne vorhanden sind, also schon Kapitalertragsteuer einbehalten wurde. Ansonsten wird der Verlust im Verrechnungstopf vermerkt. Mit diesem Grundsatz setzt somit schon ein unterjähriges Verrechnungssystem im Rahmen der Kapitalertragsteuer an. Es handelt sich um den innerperiodischen horizontalen Verlustausgleich, der erstmal grundsätzlich nach dem Gesetz möglich ist und auch sein muss. Denn falls Verlusten aus Kapitalvermögen grundsätzlich kein Steuerminderungspotential eingeräumt wird, wie sich im Gegenzug Gewinne beziehungsweise Überschüsse aus Kapitalvermögen auf ein Steuererhöhungspotential auswirken,[992] läge eine Ungleichbehandlung vor, deren Rechtfertigung mit dem allgemeinen Ansatz nicht ersichtlich ist,[993] da die allgemeine Abzugsfähigkeit von Verlusten als Kernbereich betroffen wäre, die aber gerade nicht gänzlich ausgeschlossen werden darf.[994] Zudem würde eine Berücksichtigung von Verlusten innerperiodisch nur nach vorne wie beim ehemaligen Stückzinstopf zur Verfälschung des steuerlichen Ergebnisses führen, was wiederum im Veranlagungsverfahren korrigiert werden müsste.[995] Es können sich zwar solche Fälle ergeben, wie

---

990 *Jochum*, in: Kirchhof/Söhn/Mellinghoff, EStG, § 20 Rn. H 38.

991 Genaugenommen können die auszahlenden Stellen unterjährig eine Angleichung durchführen und eine Steuererstattung vornehmen, die im Rahmen der nächsten Steueranmeldung verrechnet wird; ausführlich zur Verlustverrechnung im Kapitalertragsteuersystem Kap. 4, III. 1. b).

992 Vgl. i. E. etwa *Buge*, in: Herrmann/Heuer/Raupach, EStG, § 20 Rn. 8, der von einer systemimmanenten Verlustverrechnung spricht; *Englisch*, StuW 2007, 221 (236); auch i. E. *Jochum*, DStZ 2010, 309 (311 f.); ebenso voraussetzend *Loos*, DStZ 2010, 78 (79).

993 I. E. schon aus BVerfGE 99, 88 (96 f.), das einen vollständigen Ausschluss der Verlustverrechnung als zu weitgehend ansieht; auch z. B. *Strohm*, S. 214.

994 Z. B. BStBl. II 2014, 1016 (1020).

995 Kap. 4, III. 1. b).

zum Beispiel im Einführungsfall, in dem Abgrenzungsschwierigkeiten mit dem Tatbestandsmerkmal der Veräußerung des § 20 Abs. 2 EStG vorliegen, so dass der Gesetzgeber wie auch der Fiskus aus anderen Gründen für diese Fälle keinen Verlust anerkennen will und einer solchen Art von Problemstellung gesondert nachgegangen werden muss.[996] Dennoch stellt *Strohm* aus gutem Grund somit dar, dass es erstmal nur um die Frage gehen kann, wie eine Gleichbehandlung von Gewinnen und Verlusten in vertikaler Richtung – eben grundsätzlich nicht in horizontaler Richtung innerperiodisch, da dies sowieso möglich ist – trotz unterschiedlicher Tarife zu erreichen ist.[997]

(2) Unterschiedliche Möglichkeiten der Verlustberücksichtigung

Wie unter anderem schon *Englisch* ausführt, gibt es neben dem Ansatz aus dem Symmetrieprinzip des Gesetzgebers ebenso geeignete Ansätze, um dem Leistungsfähigkeitsprinzip gerecht(er) zu werden.[998] Daher hat sich auch aus dem Argument der Verhinderung des Missbrauchs durch die Steuerspreizung in Bezug auf die vertikale Richtung durch die unterschiedlichen Tarife in diesem Zusammenhang unter anderem der *Sachverständigenrat* in dem Entwurf Duale Einkommensteuer beschäftigt und diskutiert die Möglichkeit der Bindung von Verlusten an die Einkommenskategorie Erwerbs- und Kapitaleinkommen und zudem werden die Möglichkeiten einer Steuergutschrift, der reinen Vortragsmöglichkeit und Beschränkung auf eine Einkommenskategorie sowie ein sogenannter Verlustabgleich miteinander verglichen.[999] Obwohl der *Sachverständigenrat* die begrenzte, reine Vortragsmöglichkeit, somit den intraschedulären Ausgleich, aus ökonomischen sowie verfassungsrechtlichen Gründen ablehnte,[1000] hat sich der Gesetzgeber für diese Variante mit Einführung der Abgeltungsteuer entschieden. Dennoch wird einerseits die Ansicht vertreten, dass das Instrument der Steuergutschrift das angemessenere Mittel zur vertikalen Verlustberücksichtigung sei.[1001] Der *Sachverständigenrat* rückte andererseits von dieser vormals vertretenen Auffassung ab und bevorzugt nun hingegen eine vertikale Verlustverrechnung durch den

996 Kap. 3.

997 *Strohm*, S. 215.

998 *Englisch*, StuW 2007, 221 (236 f.), stellt zwar beide unterschiedlichen Methoden dar, bevorzugt aufgrund der Komplexität und des erhöhten Veranlagungsaufwands jedoch die uneingeschränkte Berücksichtigung von Verlusten i. R. d. § 2 III EStG mittels Optionsmöglichkeit.

999 Vgl. *Sachverständigenrat*, Duale Einkommensteuer, 2006, S. 143–146.

1000 *Sachverständigenrat*, Duale Einkommensteuer, 2006, S. 143.

1001 Für eine Umrechnung i. E. mittels Multiplikationsschritt z. B. *Geurts*, in: Bordewin/Brandt, EStG, § 20 Rn. 771; *Jochum*, DStZ 2010, 309 (311 f.); *dies.*, in: Kirchhof/Söhn/Mellinghoff, EStG, § 20 Rn. H 41; *Sachverständigenrat*, Staatsfinanzen konsolidieren, 2003, S. 338.

sogenannten überperiodischen Verlustabgleich.[1002] Im Ergebnis erfordern jedoch ein indirekter vertikaler Steuerausgleich durch Steuergutschrift oder der überperiodische Verlustausgleich die Veranlagung der Einkünfte aus Kapitalvermögen, da die auszahlenden Stellen diese Vorgänge im Abzugsverfahren nicht vollziehen können, so dass gerade der Vereinfachungseffekt der Abgeltungsteuer wegfällt, soweit wieder massenhaft Veranlagungsverfahren durchgeführt werden müssten.[1003] An dem Punkt der Vereinfachung setzt neben dem tatsächlichen Werbungskostenabzugsverbot folglich auch die Verlustverrechnungsbeschränkung des § 20 Abs. 6 S. 1 EStG an, so dass die hervorgerufene Ungleichbehandlung, die sich gerade ebenfalls als Ergebnis des unterschiedlichen Sondertarifs ergibt und daher folgerichtig auf Verluste angewandt wurde, hierdurch gerechtfertigt ist[1004]. Denn die Vereinfachung des linearen Sondertarifs von § 32d Abs. 1 EStG macht es notwendig, dass nur Verluste im gleichen linearen Verhältnis saldiert werden, um gerade den Zweck der Vereinfachung durch komplizierte Umrechnungsschritte, abgestimmt auf Verluste nach dem progressiven Tarif, zu vermeiden. *Klotz* unter anderem führt vereinfacht ausgedrückt an, dass die steuerliche Umrechnung der Verluste aus Kapitalvermögen unproblematisch möglich sei, indem die gesamten negativen Kapitaleinkünfte nur mit 0,25 zu multiplizieren sind, um eine absolute steuerliche Verlustgröße für ein anrechenbares Steuergutschriftverfahren zu erhalten, mit der weitergehend die auszahlenden Stellen die zutreffende Steuerschuldhöhe in der Gesamtveranlagung für den Fiskus aus Vereinfachungsgründen ermitteln könnte, um die Veranlagung zu vermeiden.[1005] Jedoch erfordert eine

---

1002 *Sachverständigenrat*, Duale Einkommensteuer, 2006, S. 143 ff.; vgl. auch *Jochum*, in: Kirchhof/Söhn/Mellinghoff, EStG, § 20 Rn. H 42, die anführt, dass der Verlustabgleich durch die verschiedenen Schritte wieder zu mehr Komplexität führen würde, jedoch u. a. einen schonenden Ausgleich zwischen Abschnittsbesteuerung und dem Leistungsfähigkeitsprinzip schaffen könnte.

1003 Z. B. *Englisch*, StuW 2007, 221 (237).

1004 Z. B. FG Baden-Württemberg EFG 2019, 1295 (1296), Vorinstanz zum ausgesetzten/ruhenden Verfahren BFH – VIII R 35/18; FG Baden-Württemberg EFG 2015, 413 (414 f.); *Behrens*, BB 2007, 1025 (1030); *Buge*, in: Herrmann/Heuer/Raupach, EStG, § 20 Rn. 8; *Eckhoff*, FR 2007, 989 (990); *Moritz/Strohm*, in: Frotscher/Geurts, EStG, § 20 (n. F.) Rn. 49; *Strohm*, S. 218 f.; **a. A.** *Englisch*, StuW 2007, 221 (237); **kritisch** *Geurts*, in: Bordewin/Brandt, EStG, §20 Rn. 771, der keine Rechtfertigung aus dem Symmetrieprinzip, jedoch aus der Reduzierung des Verwaltungsaufwands und der Vereinfachung sieht; *Hey*, in: Tipke/Lang, Rn. 8.506, zumindest nicht gerechtfertigt bei verpflichtender und optionaler Veranlagung; *Jochum*, in: Kirchhof/Söhn/Mellinghoff, § 20 Rn. A 168, H 39, die u. a. die Optionsmöglichkeit und volle Berücksichtigung der Kapitalverluste i. R. d. § 2 III EStG für niedrigere Einkommen als der Grenzsteuersatz von 25 % diskussionswürdig hält sowie die Definitiveffekte; vgl. *Loos*, DB 2007, 704 (705).

1005 Vgl. *Klotz*, S. 155–157.

Beachtung des absoluten Betrags im Zusammenhang mit dem progressiven individuellen Tarif doch einerseits wieder die Veranlagung, um die maßgeblichen Werte der verschiedenen auszahlenden Stellen in Zusammenhang mit dem progressiven Tarif zu bringen; und andererseits hinsichtlich eines Verlagerungsansatzes des Veranlagungsverfahrens auf die auszahlenden Stellen, muss entgegengehalten werden, dass dem Fiskus die Ermittlung der materiell-richtigen Steuer – eben im Veranlagungsverfahren – obliegt. Ferner ist aus Steuergerechtigkeitserwägungen und verwaltungstechnischer Sicht ebenfalls festzuhalten, dass im Endeffekt eine solche Art von Vorauszahlungskonstellation der abgeltenden Wirkung des Kapitalertragsteuerverfahrens wieder zuwiderlaufen würde und die damit einhergehende Vereinfachung aufhebt, da die individuelle Steuerlast der Kapitalerträge im Nachhinein aufwendig festgestellt werden müsste und den anonymen Ansatz der Abgeltungsteuer ebenso teils aufhebt. Zumal der Verzicht auf ein Steuergutschriftenverfahren von der gesetzgeberischen Gestaltungsfreiheit gedeckt ist.[1006]

(3) Fazit

Es ergibt sich somit eine Rechtfertigung für die Einschränkung der Verlustverrechnung für die Einkünfte aus Kapitalvermögen im Ergebnis aus dem Argument der Vereinfachung im Zusammenhang mit dem folgerichtigen Symmetriegedanken. Unter diesen Punkt fällt ebenfalls die nicht vorhandene Verlustrücktragsmöglichkeit im Zusammenhang mit der Abgeltungsteuer; obwohl das lapidare Argument der Steuergerechtigkeit durch die reine, jedoch unbegrenzte Vortragsmöglichkeit in Abweichung zu § 10d EStG des Gesetzgebers[1007] auf den ersten Blick zweifelhaft erscheint, führt eine Verlustrücktragsmöglichkeit zu technischen Durchführungsproblemen bei den auszahlenden Stellen, ähnlich der Nichtdurchführbarkeit eines Sockelbetrags, und erfordert im Ergebnis wieder eine Veranlagung, so dass aus den Gründen der vorstehenden Argumente der Vereinfachung und dem Ansatz des Symmetriegedankens eine Steuergerechtigkeit gerade noch im weitesten Sinn abgeleitet werden kann und nachvollziehbar ist.[1008] Eine fehlende Verlustrücktragsmöglichkeit kann zwar auch zu einem Definitiveffekt führen, jedoch ist dessen Einschränkungsmöglichkeit durchaus im Fall der Rechtfertigung anerkannt[1009]. Eine Rechtfertigung für die Ungleichbehandlung ergibt sich indes nicht unter dem Aspekt der Missbrauchsvermeidungsvorschrift oder durch die grundsätzlich gestreckte horizontale Verlustverrechnungsmöglichkeit,[1010] da sich der

---

1006 *Klotz*, S. 157.

1007 Vgl. BR-Drs. 220/07, S. 93; BT-Drs. 16/4841, S. 58.

1008 *Geurts*, in: Bordewin/Brandt, EStG, § 20 Rn. 771, spricht von der Praktikabilität für den Steuerabzug; **a. A.** *Klotz*, S. 154; *Oho/Hagen/Lenz*, DB 2007, 1322 (1324).

1009 Z. B. *Hey*, in: Tipke/Lang, Rn. 8.68.

1010 *Moritz/Strohm*, in: Frotscher/Geurts, EStG, § 20 (n. F.) Rn. 47–49; vgl. auch *Strohm*, S. 218 f.

Gesetzgeber nicht auf diese Rechtfertigungsgründe im Rahmen des ersten Verlustverrechnungskreises des § 20 Abs. 6 S. 1 EStG stützt.

dd) Verlustverrechnungsbeschränkung für Veräußerungsgeschäfte aus Aktien nach § 20 Abs. 6 S. 4 EStG

Nach dem Gesetzgeber ergibt sich eine Rechtfertigung des zweiten Verlustverrechnungskreises wörtlich durch „die Verhinderung von durch Spekulationsgeschäfte bedingten abstrakt drohenden qualifizierten Haushaltsrisiken", da sich in der Vergangenheit zeigte, dass „Kursstürze an den Aktienmärkten zu einem erheblichen Verlustpotential" führen können; hierzu rechnet der Gesetzgeber vor, dass während des Börsencrashs durch Platzen der Dotcom-Blase im März 2000 und dann in den Jahren 2000 bis 2002 alleine Verluste innerhalb der Haltedauerfrist von 11,2 Milliarden Euro geltend gemacht wurden.[1011] Daher würden dem Staat Mindereinnahmen in einem Börsencrash-Szenario binnen kürzester Zeit drohen, soweit dieser solche Verluste nicht separiere und eine Verrechnung von Veräußerungsverlusten aus Aktien zum Beispiel mit Zinsen und Dividenden zulassen würde.[1012] Durch eine solche Gefahr könnte der Gesetzgeber seiner Verantwortung für eine verfassungsgemäße Haushaltspolitik, besonders auch unter dem europäischen Blickwinkel, nicht nachkommen, so dass dieser sich auf sein Recht beruft, strukturelle Vorkehrungen im Vorfeld und für jedermann zu treffen, die eine solche Gefahr aufgrund der spekulationsbedingten Gegebenheiten bestimmter Märkte ausschließen soll; insbesondere sieht der Gesetzgeber zum Zeitpunkt der Einführung der Abgeltungsteuer nur eine solche Gefahr ausgehend von Aktien und nicht von anderen Kapitalanlagen, wie Investmentfonds, Zertifikate und Termingeschäften.[1013] Durch diese vorstehenden Ausführungen im Bericht des Finanzausschusses werden im Ergebnis Gründe dargelegt, die in jedem Fall einen fiskalischen Zweck (mit)verfolgen, nämlich die Verhinderung von Haushaltsrisiken. Daher wird im Schrifttum[1014] die weitergehende Ansicht vertreten, dass die angeführten Gründe sogar nur

---

1011 BT-Drs. 16/5491, S. 19.

1012 Auch *Recnik*, S. 144.

1013 BT-Drs. 16/5491, S. 19.

1014 Vgl. z. B. *Buge*, in: Herrmann/Heuer/Raupach, EStG, § 20 Rn. 8, 620; *Jochum*, DStZ 2010, 309 (313); *dies.*, in: Kirchhof/Söhn/Mellinghoff, EStG, § 20 Rn. H 55; *Loos*, DStZ 2010, 78 (82); *Moritz/Strohm*, in: Frotscher/Geurts, EStG, § 20 (n. F.) Rn. 51; *Wernsmann*, in: Hübschmann/Hepp/Spitaler, AO, § 4 Rn. 503; **kritisch** etwa *Bleschick*, in: Kirchhof/Seer, EStG, 19. Aufl., § 20 Rn. 11, 177; auch *Dinkelbach*, DB 2009, 870 (873), der zwar nicht auf die fiskalische Motivation eingeht, sondern an einem Beispiel eines Verlustes aus einer Siemens-Aktie und einem im Ausland gehandelten (fast gleichen bzw. vergleichbaren) Äquivalent eines Siemens-ADR die augenscheinliche damalige nicht gerechtfertigte Ungleichbehandlung darlegt; jedoch fallen nun nach Auslegung der Finanzverwaltung ADR schon unter diese

einen rein fiskalischen Zweck verfolgen und somit einer gerechtfertigten Durchbrechung des Leistungsfähigkeitsprinzips nicht genügen können[1015]. Denn unbestritten reicht ein reiner Fiskalzweck nicht für die Rechtfertigung durch besonders sachliche Gründe aus.[1016] Nachfolgend wird folglich eine mögliche Rechtfertigung des zweiten, besonderen Verlustverrechnungskreises für private Veräußerungsverluste aus Aktien, die nach dem Gesetzgeber typisierend besondere Risiken für die öffentlichen Haushalte darstellen, da mit dem Veräußerungsgeschäft aus Aktien entsprechende Verlustrisiken zusammenhängen[1017], steuerrechtlich untersucht, insbesondere auch aus dem Blickwinkel des kürzlich erlassenen Vorlagebeschlusses des BFH an das BVerfG in dieser Sache.

(1) Reine Gegenfinanzierungsmaßnahme zur Zinsschranke

Loos vertritt die Ansicht, dass die Ausführungen zu den Haushaltsrisiken als Begründung nicht die tatsächliche Motivation des Gesetzgebers, wie mehrfach anderweitig der Presse zu entnehmen, widerspiegelt, sondern der Sinn und Zweck der Verlustverrechnungsbeschränkung nur der Gegenfinanzierung als (Teil-) Entlastung durch die Zinsschranke dienen kann, die im Ergebnis zu ca. jährlich 425 Millionen Mehreinnahmen für den Fiskus führen wird und die Kosten der Zinsschranke von ca. 500 Millionen Euro abfedert.[1018] Eine reine Gegenfinanzierungsmaßnahme jedoch stellt sich wieder als reiner Fiskalzweck dar, der eine Ungleichbehandlung durch besonders sachliche Gründe nicht rechtfertigen kann. Durch einen Vergleich zu § 42 AO ist der Gesetzgeber ebenso angehalten wie der Steuerpflichtige, keine Steuergestaltungen zu vollziehen, die unter dem Deckmantel des Missbrauchs initiiert wurden, so dass die tatsächliche Motivation des Gesetzgebers als Rechtfertigungsmaßstab grundsätzlich zu verwenden ist.[1019] Jedoch wurde noch im Gesetzgebungsverfahren – und zwar im Rahmen des Berichts des Finanzausschusses nach § 62 GO-BT in Verbindung mit § 80

Regelungen, BMF-Schreiben v. 18.1.2016 – IV C 1 – S 2252/08/10004: 017, Rn. 68, 123, 228, BStBl. I 2016, 85 (95, 106, 118); *Geurts*, in: Bordewin/Brandt, EStG § 20 Rn. 773, zweifelt an der Beschränkung innerhalb der Einkunftsart und führt als weiteres Argument die Ungleichbehandlung zu vergleichbaren Anlageinstrumenten sowie den möglichen Definitiveffekt an.

1015 **A. A.** in Bezug auf die angeführten Gründe FG Schleswig-Holstein EFG 2018, 948 (951).

1016 Vgl. für diesen Ansatz z. B. BVerfGE 122, 210 (233, 236 f., 242–245).

1017 BStBl. II 2021, 562 (569 f.).

1018 *Loos*, DStZ 2010, 78 (79–81, 84), bezieht sich auf Ausführungen des Handelsblatts v. 16.5.2007, S. 4, v. 15.5.2007, S. 6 und v. 10.5.2007, S. 7; diesen Ansatz indes offengelassen BStBl. II 2021, 562 (572); hingegen *Loos* zustimmend etwa *Buge*, in: Herrmann/Heuer/Raupach, EStG, § 20 Rn. 620.

1019 *Klotz*, S. 159; *Recnik*, S. 145.

GO-BT – eine Begründung für die Notwendigkeit des zweiten Verlustverrechnungskreises geliefert, so dass diese Begründung als Rechtfertigungsmaßstab heranzuziehen ist.[1020] Denn Voraussetzung für die gerechtfertigte Beachtung von (außerfiskalischen) Sachzwecken ist, dass diese neben dem Zweck der Einnahmeerzielung klar von vornherein erkennbar und bestimmt sein müssen, um eine sachgerechte Abwägung im Gesetzgebungsverfahren vornehmen zu können, da das „Nachschieben von Gründen" außerhalb des Gesetzgebungsverfahrens nicht zulässig ist.[1021] Innerhalb des Gesetzgebungsverfahrens muss dies als Umkehrschluss jedoch möglich sein,[1022] so dass die möglicherweise anderweitig vermuteten Motive der nachgeschobenen Begründung weichen muss.[1023] Nachdem nun festgestellt wurde, dass die Ausführungen des Gesetzgebers im Finanzausschuss als Rechtfertigungsmaßstab heranzuziehen sind, stellt sich immer noch die Frage, ob die Verhinderung von abstrakt drohenden Haushaltsrisiken überhaupt als Rechtfertigung geeignet ist, da der Sinn und Zweck einer solchen Begründung sich faktisch erstmal nur als fiskalischer Grund darstellt.[1024] Das BVerfG hat in seiner Entscheidung zur Pendlerpauschale hervorgehoben, dass die Erhöhung staatlicher Einnahmen auch unter einem verfassungsrechtlichen und europarechtlichen Aspekt der Begrenzung der Staatsverschuldung allein nicht als Rechtfertigung für die Durchbrechung des Leistungsfähigkeitsprinzips und die Abkehr vom Veranlassungsprinzip bei der Ausgrenzung einzelner Aufwendungsarten genügen kann,[1025] so dass die Begründung im Finanzausschuss hinsichtlich der verfassungsgemäßen und den Maastricht-Kriterien entsprechenden Verantwortlichkeit für die öffentlichen Haushalte seitens des Gesetzgebers zur Rechtfertigung nicht genügt.[1026]

1020 *Recnik*, S. 145 f.; vgl. ausführlich zur verfassungsrechtlichen Problematik der Aktienschedule etwa schon *ders.*, S. 143–152.

1021 Etwa Breinersdorfer, StuW 2009, 211 (213).

1022 *Recnik*, S. 146, der anhand der Entscheidung zur Pendlerpauschale, BVerfGE 122, 210 (231 f., 238), darlegt, dass ein Nachschieben von Gründen außerhalb des Gesetzgebungsverfahrens nicht als Rechtfertigungsmaßstab herangezogen werden kann, da es an der verfassungsrechtlich gebotenen erkennbaren gesetzgeberischen Entscheidung hierfür fehlt.

1023 FG Schleswig-Holstein EFG 2018, 948 (951).

1024 Z. B. *Buge*, in: Herrmann/Heuer/Raupach, EStG, § 20 Rn. 620; *Englisch*, StuW 2007, 221 (237 f.); *Wernsmann*, DStR 2009, Beihefter zu Heft 34, 101 (104); *ders.*, in: Hübschmann/Hepp/Spitaler, AO, § 4 Rn. 503.

1025 BVerfGE 122, 210 (233, 236 f.).

1026 Vgl. etwa *Jochum*, in: Kirchhof/Söhn/Mellinghoff, EStG, § 20 Rn. H 53, H 55–H 57, da selbst bei Einsparmaßnahmen der Staat trotzdem auf eine gerechte Verteilung der Lasten verpflichtet ist, also nicht nur den Aktionär mit dem Haushaltsrisiko, also einer Sonderbelastung, die jedoch teils möglich wäre, belasten kann; zudem ergibt sich aus der dauerhaften Steuerverstrickung des Wirtschaftsguts Aktie eben

Denn das tatsächliche Haushaltsrisiko ergibt sich auch in einem solchen Fall aus einem schon lang bestehenden Haushaltsdefizit.[1027] Dem wird teilweise von Seiten der Rechtsprechung zwar entgegengehalten, dass es sich um einen „qualifizierten Fiskalzweck" handelt, der als Rechtfertigung genügt, da der Gesetzgeber sich auf das systemische Risiko der Finanzmärkte in Bezug auf den Gesamthaushalt beruft und so nicht nur einen rein fiskalischen Einnahmezweck verfolgt, sondern seiner verfassungsgemäßen Verantwortung des öffentlichen Haushalts nach den Maastricht-Kriterien nachkommen will.[1028] Jedoch ist hinsichtlich der Risikoeinschätzung zu beachten, dass durch den gerechtfertigten ersten Verlustverrechnungskreis im Rahmen der Einkünfte aus Kapitalvermögen ein Durchschlagen auf die anderen Einkunftsarten nicht möglich ist, so dass das in der Begründung angeführte Verlustpotential von 11,2 Milliarden Euro des Börsencrashs der Dotcom-Blase nicht unmittelbar auf den Gesamthaushalt einwirken kann.[1029] Wird jetzt dieses Verlustpotential noch auf drei Jahre verteilt und nur mit relevanten 25 % als steuerliche Größe beachtet, führt dies im Zusammenhang mit dem Gesamthaushalt zu keiner den Staatshaushalt gefährdeten Größe.[1030] Diesem Ansatz kann zwar entgegengehalten werden, dass es sich alleine um das Verlustpotential innerhalb der Haltedauerfrist vor Einführung der Abgeltungsteuer handelte, so dass die abstrakte Gefahr bei Erfassung des gesamten Vermögensstamms im Sinne aller Aktienbeteiligungen und der durchschnittlichen Haltedauer von fünf Jahren durchaus größer sein mag. Jedoch muss auch unter diesem Aspekt festgehalten werden, dass ein reiner Fiskalzweck schon als Rechtfertigung nicht genügt, soweit dieser für eine knappe Haushaltslage herangezogen werden soll; dann kann dies erst recht nicht gelten, soweit eine abstrakte Gefahr für eine knappe Haushaltslage nur droht.[1031] Darauf aufbauend führt dies dann zu dem Ergebnis, dass der weitergehende „qualifizierte Fiskalzweck" in einer solch allgemein vorliegenden Ausführung nicht als Rechtfertigung durch besonders sachliche Gründe für die Isolation der Aktien in einer eigenen Schedule genügt, da ansonsten der abstrakten Gefahr einer knappen Haushaltslage als angeführtem Rechtfertigungsgrund eines staatlichen Missbrauchs Tür und Tor geöffnet wird. Denn mit einer allgemeinen Begründung der Gefahr für eine Haushaltsgefährdung lässt sich einerseits im Endeffekt jeglicher fiskalische Zweck irgendwie doch noch rechtfertigen. Anderseits

---

auch ein Börsencrash-Risiko, wie auch anders das Börsenhausse-Szenario zu Mehreinnahmen für den Staat führt.

1027 Z. B. *Englisch*, StuW 2007, 221 (238).

1028 FG Schleswig-Holstein EFG 2018, 948 (951), bezugnehmend auf ein Urteil zur Mindestbesteuerung, BStBl. II 2013, 512 (515), mit Ausführungen zum sog. qualifizierten Fiskalzweck und auf dessen Berufung.

1029 Etwa *Loos*, DStZ 2010, 78 (82).

1030 *Klotz*, S. 160; vgl. auch *Jachmann*, DStJG 2011, 251 (265).

1031 Auch *Recnik*, S. 147.

kann der konkreten Begründung entgegengehalten werden, dass keine wirkliche Haushaltsgefährdung in dem Beispiel zum Dotcom-Börsencrash vorlag, sondern allenfalls abstrakt möglich war. Hinzu kommt, dass der Gesetzgeber gerade an den gesamten Wertsteigerungen der privaten Aktienbeteiligungen in einer Hausse-Phase partizipieren will; dann müsste er aus einem Gerechtigkeitsgedanken erstmal im Gegenzug genauso an den Verlusten in einer Baisse-Phase oder an einem Börsencrash teilnehmen, da dieser sich diesem systemischen Risiko bewusst aussetzt, zumal er als Regulierungsinstanz für die Börsen andere Einwirkungen auf diese als der Aktionär ausüben könnte[1032]. Die Kapitalmärkte erholen sich auch wieder, manchmal sogar sehr schnell wie infolge der Coronakrise. Eine Rechtfertigung ergibt sich auch nicht aus dem Symmetriegedanken oder dem Argument der Vereinfachung, da einerseits den anderen Einkünften aus Kapitalvermögen ein gleiches Verlustminderungspotential mit gleichem proportionalen Tarif von 25 % zukommt wie dem Veräußerungsverlust aus Aktien und andererseits eine Schedule in der Schedule zur Führung eines weiteren Verlustverrechnungstopfs folglich zu Mehraufwand führt.[1033] Inwieweit es im Ergebnis auf den aufgeworfenen Aspekt von *Loos* als Gegenfinanzierungsmaßnahme zur (Teil-) Entlastung der Zinsschranke tatsächlich ankommt, kann dahinstehen, da auch durch die nachgeschobenen Gründe des Finanzausschusses nur ein reiner Fiskalzweck vorliegt und diese Begründung nicht für eine Rechtfertigung ausreicht. Zu beachten ist jedoch, dass aufgrund zum Beispiel dem europäischen (und teils amerikanischen) jahrelangen Niedrigzinsumfelds dem Argument der Gegenfinanzierungsmaßnahme zur (Teil-) Entlastung der Zinsschranke auf tatsächlicher Ebene schwieriger zu folgen wäre, da allgemein im Verhältnis tatsächlich weniger Zinsaufwendungen zur Finanzierung, also auch Gegenfinanzierungsmaßnahmen zur Entlastung der Zinsschranke, notwendig waren. Zu beachten ist zudem dennoch, dass dem Fiskus einerseits im relativen Verhältnis durch das jahrelange Niedrigzinsumfeld weniger Mehreinnahmen an Zinsen durch die Steuerspreizung entgangen sind und andererseits kaum Zinseinnahmen zur Gegenrechnung mit Veräußerungsverlusten zur Verfügung gestanden hätten.

(2) Missbrauch der Verrechnung von Dividenden mit Veräußerungsgewinnen

Die Erwägungen des BFH[1034] zu § 23 Abs. 3 S. 8 und 9 EStG a. F. können, wie bereits ausgeführt, nicht als Rechtfertigung für die Schedule in der Schedule herangezogen werden, da gerade die Haltedauerfrist weggefallen ist und die Wahl des Zeitpunktes der Besteuerung nicht mehr nur auf Seiten des Steuerpflichtigen vorliegt und planmäßig ausgenutzt werden kann.[1035] Anzudenken ist indes,

1032 In diese Richtung ebenso *Jachmann-Michel*, StuW 2018, 9 (27).
1033 Vgl. auch *Jochum*, in: Kirchhof/Söhn/Mellinghoff, EStG, § 20 Rn. H 62 f.
1034 BStBl. II 2007, 259 (260 f.); s. auch *Klotz*, S. 148.
1035 Vgl. BStBl. II 2021, 562 (571).

dass die Einschränkung der Verrechnung von Verlusten nur auf die Schedule der Aktienveräußerungsgeschäfte sich unter einem anderen Aspekt als Missbrauchsvermeidungsvorschrift darstellt – nämlich aus Gründen der Steuerverlagerung auf die unabsehbare Zukunft. Denn soweit eine Verrechnung von Veräußerungsverlusten mit Dividendenzahlung möglich wäre, könnten die Verluste genutzt werden, um mit der Steuerlast der Dividendenzahlungen verrechnet zu werden. Dies würde (im möglichen Missbrauchszenario durch Steuervermeidung) dazu führen, dass noch nicht realisierte Wertminderungen des Vermögensstamms nur realisiert werden, um diesen Verrechnungsmechanismus zu ermöglichen. Nach der Verlustrealisation würde ein sofortiges Eindecken mit den „gleichen" Aktien wieder erfolgen, also eine Art Verlustschaukel wieder ausgeübt, so dass es erst dann zu einer tatsächlichen Besteuerung (der Dividendenzahlungen) käme, soweit der Vermögensstamm seine Wertminderung aufgeholt hat und die Werterhöhung ebenfalls realisiert wird. Ein solcher Mechanismus funktioniert ähnlich wie bei den Verlustzuweisungsgesellschaften. Durch ein geschicktes System an (vorerst) negativen Kapitalbeteiligungen aus Aktien könnte die Besteuerung der laufenden Erträge auf unabsehbare Zeit in die Zukunft verlagert werden. Ein neues Hase-und-Igel-Spiel würde beginnen. Daher könnte der Gesetzgeber einem solchen Ansatz einen gerechtfertigten Riegel vorschieben, um der Aushöhlung der Steuerbasis entgegenzutreten. Jedoch hat der Gesetzgeber gerade seinen Begründungsansatz als Missbrauchsvermeidungsvorschrift, wie zu § 23 Abs. 3 S. 8 und 9 EStG a. F. aufgegeben, so dass dies nicht als Rechtfertigung herangezogen werden kann. Zu beachten wäre zudem gewesen, dass der Gesetzgeber zur Vermeidung eines solchen Ansatzes dies genauer hätte regeln müssen, da aufgrund der umfänglichen Steuerverstrickung in der Schaffung von Verlustverrechnungspotential wie im Einführungsfall kein Gestaltungsmissbrauch zu sehen ist, wenn nur von einer eingeräumten Möglichkeit Gebrauch gemacht wird.[1036] Darüber hinaus zeigt sich durch einen Vergleich zur gehaltenen Aktienbeteiligung im Betriebsvermögen oder als wesentliche Beteiligung im Sinne des § 17 EStG, dass im Zeitpunkt der Veräußerung einer Aktie mit Verlust kein Missbrauch gesehen werden kann, da in diesen beiden Fällen der Verlust dem Ansatz nach komplett ausgleichsfähig ist, obwohl die Wahl des Zeitpunktes der Verlustrealisierung nur vom Steuerpflichtigen abhängt.[1037] Zudem ergibt sich unter dem Gebot der Folgerichtigkeit keine folgerichtige Weiterführung als Missbrauchsvermeidungsvorschrift, da die Haltedauerfrist weggefallen und der Vermögensstamm nun insgesamt steuerbar ist, so dass eine Rechtfertigung durch besonders sachliche Gründe unter diesem Aspekt nicht mehr vorliegt. Es lässt sich aus der Gesetzesbegründung zum UnStRefG 2008 ebenfalls nicht ein solcher Ansatz als Missbrauchsvermeidungsvorschrift herleiten,[1038] obwohl der Gesetzgeber gerade erkennt, dass eine Verrechnung von

---

1036 BStBl. II 2021, 385 (387); BStBl. II 2019, 221 (223).

1037 BStBl. II 2021, 562 (571); auch etwa *Englisch*, StuW 2007, 221 (238).

1038 BT-Drs. 16/4841, S. 33, 55–58; BT-Drs. 16/5491, S. 19.

Veräußerungsverlusten mit Dividenden und Zinserträgen zu unkalkulierbaren Mindereinnahmen in einem Börsencrash-Szenario führen kann.[1039] Der Gesetzgeber beruft sich indes nur noch auf die Gefahr für die öffentlichen Haushalte durch Spekulation und nicht auf die Missbrauchsmöglichkeit. Aufgrund der umfänglichen Steuerverstrickung ohne weitergehende Regelungen überzeugt daher die Trennung von laufenden Erträgen und Veräußerungsgewinnen nicht mehr, da der Kapitalertrag aus derselben Einkunftsquelle stammt[1040] und missbräuchliche Gestaltungen wie „Dividenden-Stripping" oder die Umwandlung von steuerbaren laufenden Erträgen in steuerfreie Veräußerungsgewinne nicht mehr möglich sind.[1041] Diese Trennung bleibt sogar für den noch direkter zusammenhängenden Fall bestehen und überzeugt umso weniger, dass ein Verlust auf einem Dividendenabschlag beruht, bei dem die Aktien unmittelbar vor der Hauptversammlung gekauft und sofort danach wieder verkauft wurden.[1042] Die Dividende als Gegenstück zum Verlustabschlag wird besteuert, der Verlust ist indes vorerst erstmal isoliert und benötigt entsprechende Veräußerungsgewinne aus Aktien zur Gegenrechnung. Eine verfassungskonforme Auslegung von § 20 Abs. 6 S. 4 EStG in diesem Fall als Beispiel dahingehend, dass Verluste aus dem Veräußerungsgeschäft aus Aktien doch mit Dividenden verrechnet werden könnten, scheidet aufgrund des eindeutigen Wortlauts ebenfalls aus.[1043] Im Ergebnis kann auch die Trennung von laufenden Erträgen und des Vermögensstamms nicht mehr überzeugen, so dass sich insgesamt keine Rechtfertigung durch missbräuchliche Gestaltung in Bezug auf die Verrechenbarkeit von Dividenden sowie die weggefallene Haltedauerfrist für die Schedule in der Schedule ergeben kann.

(3) Spekulationsauswirkungen auf die Allgemeinheit

Ein Rechtfertigungsgrund könnte sich jedoch aus dem Argument der Vermeidung der „Spekulation auf Kosten der Allgemeinheit" herleiten,[1044] welches der Gesetzgeber bis zum Veranlagungszeitraum 1999 zur Rechtfertigung des § 23 Abs. 3 S. 4 EStG a. F. heranzog.[1045] Werden Spekulationsverluste vollumfänglich berücksichtigt, ginge es zu Lasten der Allgemeinheit, da dies mit einer unabsehbaren Minderung des Gesamtsteueraufkommens zusammenhinge,[1046] so dass das Lenkungsziel der Vermeidung der Spekulationen auf die Allgemeinheit nach der damaligen Rechtsprechung als Rechtfertigungsgrund für eine Durchbrechung des

1039 BT-Drs. 16/5491, S. 19.

1040 Auch *Jachmann-Michel*, StuW 2018, 9 (27).

1041 Vgl. *Jochum*, in: Kirchhof/Söhn/Mellinghoff, EStG, § 20 Rn. H 60.

1042 *Dinkelbach*, DB 2009, 870 (873).

1043 BStBl. II 2021, 562 (572).

1044 *Wernsmann*, DStR 2009, Beihefter zu Heft 34, 101 (104).

1045 *Recnik*, S. 148.

1046 Vgl. *Wernsmann*, in: Kirchhof/Söhn/Mellinghoff, EStG, § 23 Rn. F 27.

Leistungsfähigkeitsprinzips genügte.[1047] Ein Lenkungszweck muss jedoch, wie bereits ausgeführt, hinreichend bestimmt, demnach tatbestandlich ausreichend vorgezeichnet sein, so dass – unter Anwendung des Maßstabs des BVerfG zu § 32c EStG a. F. für die tatbestandliche Vorzeichnung[1048] – diese nach den Begriffen „spekulationsbedingt" und „Spekulationsgeschäfte" der Ausführungen des Finanzausschusses als ausreichend vorgezeichneter Lenkungszweck angesehen werden können.[1049] Aber die einem Lenkungszweck folgende Belastungsentscheidung des Gesetzgebers muss trotzdem gleichheitsgerecht ausgestaltet sein.[1050] Dies ist jedoch nicht erfolgt.

(a) Ungleiche Beschränkung

Eine Ungleichbehandlung zu anderen Kapitalanlageformen des § 20 EStG ergibt sich schon durch die Beschränkung nur auf Veräußerungsgeschäfte aus Aktien. Denn soweit der Begriff „Spekulation", der im wirtschaftlichen Sinne lediglich auf die gewinnbringende Geschäftstätigkeit aus zukünftigen Preisveränderungen abzielt[1051], zur Abgrenzung zu den anderen Kapitalanlageformen wie zum Beispiel Anleihen, Investmentfonds, Zertifikate oder Termingeschäfte herangezogen werden soll, ist der Unterschied nicht erkennbar – gerade auch wenn es sich um Finanzmarktprodukte handelt, die sich auf Aktien beziehen –, da es sich einerseits nur um die Einnahmeerzielungsabsicht handelt. Ferner rechtfertigt der Gesetzgeber die Ungleichbehandlung der Nichteinbeziehung anderer Kapitalanlageprodukte des § 20 EStG wie Termingeschäfte und Zertifikate über deren geringere Verbreitung,[1052] so dass in der Literatur das Kriterium der Verbreitung als nicht belastbarer Rechtfertigungsgrund für eine Ungleichbehandlung angenommen wird.[1053] Der Gesetzgeber beruft sich für die Quantifizierung von der Verbreitung von Haushaltsrisiken durch die Aktienbeteiligung auf eine Umfrage aus dem Jahr 2006, wonach 4,24 Millionen Bürger Aktieninhaber sind, denen nur 480.000 Zertifikate-Inhaber gegenüberstehen; die Verbreitung der Termingeschäfte in der

---

1047 BVerfG HFR 1975, 581 (581); BStBl. II. 1991, 136 (138), im Rahmen der Verlustverrechnungsbeschränkung von Auslandsverlusten durch ausländische Verlustzuweisungsgesellschaften nach § 2a EStG.

1048 Vgl. BVerfGE 116, 169 (191–197).

1049 Auch *Recnik*, S. 149.

1050 Z. B. BVerfGE 110, 274 (293).

1051 *Duden*, Deutsches Universalwörterbuch, „Spekulation"

1052 BT-Drs. 16/5491, S. 19; zur Auflistung weiterer ausgenommener Finanzmarktprodukte im Einzelnen z. B. BStBl. II 2021, 562 (568).

1053 Etwa *Jachmann*, DStJG 2011, 251 (265); vgl. *Jochum*, DStZ 2010, 309 (315); *dies.*, in: Kirchhof/Söhn/Mellinghoff, EStG, § 20 Rn. H 59; *Moritz/Strohm*, in: Frotscher/Geurts, EStG, § 20 (n. F.) Rn. 52.

Bevölkerung liegt ebenfalls nicht in der gleichen Dimension.[1054] Diesem Ansatz ist entgegenzuhalten, dass eine Plausibilitätsprüfung anhand der Anzahl der direkten Aktionäre nicht als Einschätzung des Risikos für die öffentlichen Haushalte tauglich ist, da eine konkrete Gefährdung nicht von der Anzahl der Aktionäre, sondern vom Vermögensvolumen und vom Verlustrisiko der Kapitalanlageform abhängig ist.[1055] Hinsichtlich des Vermögensvolumens zeigt sich einerseits aus folgender Statistik, dass das Volumen des investierten Kapitals in Zertifikate ca. zwischen 136 Milliarden Euro im Juni 2007 und 139 Milliarden Euro im September 2007 lag und dort ihren Höhepunkt erreichte[1056] und zumindest andererseits in ähnlichen Größen wie das Vermögensvolumen in Aktien zu dieser Zeit ausgestattet war.[1057] Zudem ist in Bezug auf das Verlustrisiko festzuhalten, dass Derivate unterschiedlich, unter anderem aber gerade auch hochspekulativ ausgestaltet sind, so dass die Spannbreite zum Beispiel von Totalverlust bis zu der Möglichkeit, durch fallende Kursentwicklungen Gewinne in einem Börsencrash-Szenario zu erlangen, reicht.[1058] Es ist eine Aufteilung diesbezüglich nach Garantieprodukt, Teilrisikoprodukt und Vollrisikoprodukt vorzunehmen. Daher ist es wenig einleuchtend, soweit der Gesetzgeber nur in der Aktienveräußerung ein erhöhtes Risiko für die öffentlichen Haushalte in einem Börsencrash-Szenario sieht, ohne konkrete Aufschlüsselung des drohenden Risikos der unterschiedlichen Anlageformen an sich.[1059]

1054 BT-Drs. 16/5491, S. 19.

1055 Z. B. *Jochum*, in: Kirchhof/Söhn/Mellinghoff, EStG, § 20 Rn. H 59, die als Gegenbeispiel zur untauglichen Abstellung auf die Verbreitungsform einen Vergleich zum Volumen und zur Verbreitung von Lebensversicherungen anstellt; *Moritz/Strohm*, in: Frotscher/Geurts, EStG, § 20 (n. F.) Rn. 52.

1056 FG Schleswig-Holstein EFG 2018, 948 (952), bezugnehmend auf Daten des DDV, abrufbar unter: *https://www.derivateverband.de/DEU/Statistiken/Marktvolumen*, zuletzt abgerufen am 24.8.2022. Im Juni 2021 waren ca. 74 Mrd. Euro in Zertifikate investiert und indizienhaft zeigt sich aufgrund der beinahe Halbierung des Wertes, dass ein erheblicher Teil an Zertifikaten zur Steuervermeidung vor Einführung der Abgeltungsteuer eingesetzt wurde.

1057 *Deutsche Bundesbank*, Monatsbericht Juni 2008, Statistischer Teil, S. 53, danach lag der Gesamtanteil an Investmentzertifikaten mit 543,1 Mrd. Euro deutlich über denen der Aktien mit 411,5 Mrd. Euro. Leider fehlt eine konkrete Aufschlüsselung, ohne ausländische börsennotierte Aktien und nicht börsennotierte Aktien; wird jedoch ein ähnlicher Maßstab wie zum Monatsbericht Mai 2019 angelegt, lagen die inländischen börsennotierten Aktien wohl im Einzelnen auch unter ca. 136 Mrd. Euro.

1058 FG Schleswig-Holstein EFG 2018, 948 (952).

1059 Vgl. auch etwa *Jochum*, in: Kirchhof/Söhn/Mellinghoff, EStG, § 20 Rn. H 59; *Moritz/Strohm*, in: Frotscher/Geurts, EStG, § 20 (n. F.) Rn. 52.

(b) Einschätzungsprärogative

Es wird jedoch vertreten, dass der Gesetzgeber im Wege seiner Einschätzungsprärogative nicht dazu angehalten war, konkrete umfangreichere Nachforschungen hinsichtlich des Risikopotentials der verschiedenen Wertpapiere anzustellen, sondern sich auf das ihm bekannte, jedoch „sehr grobe Kriterium der Verbreitung der Anlageform" zu berufen und daraus ein entsprechendes Risiko für die Haushalte abzuleiten.[1060] Dem ist entgegenzuhalten, dass der Gesetzgeber sich gerade auf eine Infratest-Umfrage im Auftrag des *Deutschen Aktieninstituts* im Gesetzgebungsverfahren beruft[1061], so dass durchaus weitere klarstellende Studien ebenso als Grundlage verwandt hätten werden müssen, soweit sich teils auf eine Studie, die aus Umfragen resultiert, berufen wird und die Plausibilität schon leidet[1062] – zumal aufgrund der wichtigen Bedeutung für den Aktionär mit dem entsprechenden Investitionsvolumen sowie dem abstrakten Risiko für die öffentlichen Haushalte, wie gerade in der Gesetzesbegründung angeführt. In diesem Zusammenhang wird auf ein allgemein bekanntes Phänomen seitens des Gesetzgebers hingewiesen, dass dieser gerne keine wirklich belastbaren Daten vorlegt, sondern solche lieber für sich behält; obwohl diese ihm sicherlich vorliegen. Dies wiegt in diesem Fall indes umso schwerer – wenn nicht gar widersprüchlich –, wenn der Gesetzgeber selbst von abstrakten Gefahren für die öffentlichen Haushalte ausgeht, jedoch dann von der Notwendigkeit absieht, belastbare Daten – außer der lapidaren Aufstellung des *Statistischen Bundesamts* von 11,2 Milliarden Euro im Zuge der Dotcom-Blase und der Berufung auf die Infratest-Umfrage des *Deutschen Aktieninstituts* – vorzulegen und nachvollziehbar zu machen. Denn hinzu kommt auch noch, dass der Gesetzgeber mit dem Kriterium der Verbreiterung an einen Punkt anknüpft, der nicht in den Händen des Steuerpflichtigen liegt, so dass trotz „gesetzgeberischer Einschätzungs- und Prognosespielräume verschärfte Anforderungen an die Typisierung zu stellen sind".[1063] Selbst wenn der Ansicht gefolgt wird, dass der Gesetzgeber aufgrund des gewählten Lenkungszwecks der Spekulationen auf die Allgemeinheit nur einer Willkürprüfung als verfassungsrechtlichem Gleichheitsmaßstab unterliegt,[1064] erfolgte im Ergebnis eine Differenzierung dennoch aus sachfremden Erwägungen.[1065] Denn der Gesetzgeber verkennt, bezogen auf die anderen Kapitalanlageformen des § 20 EStG, dass sich zumindest ein ähnliches beziehungsweise gleiches oder sogar größeres Risiko aus der Verbreitung von Zertifikaten und Termingeschäften ergeben kann. Nämlich zu erwähnen ist schon,

---

1060 FG Schleswig-Holstein EFG 2018, 948 (952).

1061 BT-Drs. 16/5491, S. 19.

1062 **A. A.** FG Schleswig-Holstein EFG 2018, 948 (952).

1063 BStBl. II 2021, 562 (570).

1064 *Recnik*, S. 149 f.

1065 BStBl. II 2021, 562 (567); **a. A.** FG Schleswig-Holstein EFG 2018, 948 (953); *Recnik*, S. 149 f.

dass die Aktie meistens als Basiswert für solche Derivate dient, die gleichzeitig oft als Hebelprodukte ausgestaltet sind und dadurch das Risiko vergleichend vervielfachen. Eine Abkoppelung von der Aktie erscheint daher nicht plausibel.

(c) Risikomischung

Andererseits führt der Gesetzgeber für die Rechtfertigung der Ungleichbehandlung der Differenzierungen zwischen Aktien und den anderen Kapitalanlageprodukten jedoch die fehlende Risikomischung der Direktanlage Aktie verglichen mit Investmentfonds an, die damals in der Bevölkerung genauso oft verbreitet waren wie die direkte Aktienbeteiligung.[1066] Die Argumentation der Risikomischung ist indes nicht nachvollziehbar, da einerseits durchaus eine große Anzahl an reinen Aktieninvestmentfonds ebenso existiert. Andererseits machen in einem Börsencrash-Szenario aufgrund der Globalisierung, der vernetzten Finanzmärkte und des weltweiten risikoerhöhenden Niedrigzinsumfelds die Verluste keinen Halt (mehr) vor Investmentfonds und einer angeblichen Risikomischung; denn es ist einerseits die ganze Aktien-Asset-Klasse betroffen, wie der kurzzeitige Börsencrash infolge der Coronakrise jüngst zeigte. Anderseits leiden in einer Krise ebenfalls die anderen Finanzmarktprodukte wie zum Beispiel, dass sich das Risiko eines Anleiheausfalls erhöht oder die Rohstoffe-Assets ebenfalls an Wert verlieren, wie zum Beispiel ebenso der kurzfristige Preisverfall am Rohöl-Terminmarkt infolge der Coronakrise jüngst zeigte, die als Diversifikation einem Investmentfonds beigemischt werden. Zur Bestätigung dieses Ergebnisses kann ebenso aufgezeigt werden, dass bei Aktienfonds im Rahmen der Wirtschafts- und Finanzmarktkrise sowie bei früheren Börsencrash-Szenarien ebenfalls sehr hohe Verluste anfielen;[1067] zudem geht ein erhöhtes Verlustrisiko von Spezialaktienfonds aufgrund zum Beispiel der eingeschränkten Fungibilität der Aktien aus, verglichen zur herkömmlichen Aktienanlage in etwa einen oder mehrere DAX-Werte, so dass diesbezüglich das ohnehin unverständliche Kriterium der Verbreiterung der Anlageform, da die Anzahl der Fondsinhaber genauso hoch ist wie die der Aktionäre, nicht als Rechtfertigung dienen kann; es kann in diesem Fall nur auf das Vermögensvolumen beider Anlageformen ankommen.[1068] Ferner wird jedoch argumentiert, dass die Spekulation mit Einzelaktien „erheblich ausgeprägter" ist als mit Aktienfonds, da Ausgabeaufschläge erhoben werden und (Aktien-) Fondsinhaber ihre Anteile dadurch in einem Börsencrash-Szenario nicht so schnell verkaufen werden wie Aktienbesitzer, zumal oft Fondsparpläne existieren, so dass dadurch die Ansicht vertreten wird, dass es „nicht als evident unsachlich" zu bewerten ist, dass ein unterschiedliches

---

1066 BT-Drs. 16/5491, S. 19.

1067 Vgl. *Jochum*, in: Kirchhof/Söhn/Mellinghoff, EStG, § 20 Rn. H 59, das ist nämlich das gewöhnliche sog. Marktrisiko; *Loos*, DStZ 2010, 78 (83 f.); *Moritz/Strohm*, in: Frotscher/Geurts, EStG, § 20 (n. F.) Rn. 52.

1068 Auch FG Schleswig-Holstein EFG 2018, 948 (952).

Risikopotential für öffentliche Haushalte von Aktien und Aktienfonds ausgeht.[1069] Dieser Begründung kann indes nicht gefolgt werden. Es werden unterschiedliche Aspekte vermischt. Denn die Verlustpotentiale von Aktien und einem Aktienfonds sind in einem Börsencrash-Szenario gleich hoch, da gerade das Asset Aktie an Wert verliert und somit eine gleich große Spekulationsgefahr vorliegt. Der Unterschied besteht darin, dass in einem Fall der Privatanleger sein Vermögen selbst verwaltet und in dem anderen Fall das Vermögen von einem professionellen Verwalter, eben dem Fondsmanager, verwaltet wird. Der Aktienfonds bietet somit dem Privatanleger nur eine Alternative in der Wahl der Anlageform Aktie wie zum Beispiel, dass dieser seine Vermögensverwaltung nicht selbst erledigen will, oder kein entsprechendes Fachwissen hat. Der professionelle Fondsmanager wird jedoch meistens in größeren Umfang Aktien handeln in Erwartung positiver Spekulation, um Rendite zu erwirtschaften, als der Privatanleger, so dass eine größere Gefahr durch Spekulationen für die öffentlichen Haushalte möglicherweise durch die professionellen Fondsmanager ausgehen könnte. Hinsichtlich des Verlustpotentials ist nochmals hervorzuheben, dass kein Unterschied besteht, da der professionelle Fondsmanager seine Aktien aus dem Portfolio in einem Börsencrash-Szenario, wie auch der Baisse-Phase, ebenfalls verkaufen wird – gegebenenfalls sogar noch schneller. In Bezug auf die Verlustrealisation besteht möglicherweise ein Unterschied, da der Fondsinhaber seine Verluste aus verschiedensten Gründen nicht sofort realisiert, wie aufgrund der abgegebenen Vermögenverwaltung ein unmittelbares Verfolgen des Finanzmarktes nicht notwendig erscheint, oder darauf vertraut, dass der professionelle Verwalter die Verluste wieder aufholen wird, sowie dass der Aufgabeaufschlag der professionellen Verwaltung davon möglicherweise abschreckt. Hingegen gibt es auch einzelne Aktionäre, die ihr Investment einfach laufen lassen. Zudem muss der selbstverwaltende Aktionär seine Anschaffungsnebenkosten bei jeder Transaktion tragen und beachten. Dieser kurze Ansatz an Argumenten zeigt, wie unterschiedlich und einzelfallabhängig die persönliche Anlagestrategie ist und sie möglicherweise gar nicht mit dem Risikopotential der Anlageform zusammenhängt. Im Ergebnis kann sich der Gesetzgeber zwar zur Einschätzung des Risikopotentials der unterschiedlichen Anlageformen der Möglichkeit der Typisierung und Pauschalisierung bedienen, jedoch ist er angehalten gerade den typischen Fall als Leitbild zu wählen. Wie soeben aufgezeigt, bedient sich der Gesetzgeber indes nicht des typischen Leitbilds, dass nur von privaten Aktienbeteiligungen eine für die öffentlichen Haushalte einhergehende Gefahr durch Spekulation eintritt.[1070] Daher ist die Verlustverrechnungsbeschränkung nur auf das Aktienveräußerungsgeschäft willkürlich, erfolgt aus sachfremden Erwägungen und rechtfertigt die

1069 FG Schleswig-Holstein EFG 2018, 948 (952).

1070 Vgl. auch z. B. BStBl. II 2021, 562 (570); *Jachmann-Michel*, StuW 2018, 9 (27); *Jochum*, in Kirchhof/Söhn/Mellinghoff, EStG, § 20 Rn. H 59; *Moritz/Strohm*, in: Frotscher/Geurts, EStG, § 20 (n. F.) Rn. 51 f.

Ungleichbehandlung nicht. Dies gilt dann umso mehr, soweit der Rechtfertigungsmaßstab durch besonders sachliche Gründe angelegt wird.

(d) Zeitliches Argument

Ferner findet keine Unterscheidung mehr durch eine Haltedauerfrist statt, so dass das Argument des besonders kurzfristigen Ausnutzens von Preisveränderungen beziehungsweise innerhalb eines zeitlichen Abgrenzungszeitpunktes, wie das Wort „Spekulationen" in einem umgangssprachlichen Gebrauch wohl eher verstanden wird, nicht als Rechtfertigung herangezogen werden kann. Denn es fehlt eine Abgrenzung zu dem typischen Aktionär, dessen durchschnittliche Haltedauer gerade fünf Jahre beträgt, so dass eine Typisierung des Veräußerungsgeschäfts aus Aktien als Spekulationsgeschäft aufgrund einer falschen Auswahl als typisierten Fall ebenfalls unter dem Aspekt des kurzfristigen Handelns von vornherein ausscheidet. Nach der vormals geltenden Haltedauerfrist lagen gerade steuerbare Spekulationsgeschäfte für Wertpapiere zuletzt vor, soweit diese innerhalb eines Jahres wiederveräußert wurden. Die Haltedauerfrist für andere Wirtschaftsgüter des § 23 Abs. 1 S. 1 Nr. 2 EStG beträgt in einer vergleichenden Betrachtung immer noch ein Jahr, so dass nur ein kürzerer Zeitraum als ein Jahr den Eindruck einer Spekulation wieder erwecken könnte. Die Argumentation „Spekulation auf die Allgemeinheit" ist daher mit der durchschnittlichen Aktienanlage gar nicht vereinbar, da die Motivation langfristiger Kapitalbeteiligungen an Aktiengesellschaften nicht als spekulativ angesehen werden kann.[1071] Es ergeben sich zudem unterschiedlichste Gründe, warum ein durchschnittlicher Aktienanleger seine Aktien nach durchschnittlich fünf Jahren – durchaus auch – mit Verlust verkaufen könnte, wie zum Beispiel dass dieser nur Liquidität benötigt. Das Differenzierungsziel aus spekulativen Gründen kann so allgemein nicht überzeugen,[1072] so dass ohne zeitliche Einschränkung die Verlustverrechnungsbeschränkung aus spekulativen Gründen gegenüber der Allgemeinheit eine Ungleichbehandlung nicht rechtfertigt.[1073] Dies zeigt sich gerade in der falschen Auswahl als Leitbild für eine solche Typisierung. Ergänzend ist in diesem Zusammenhang vorsorglich anzuführen, dass eine Berufung des Gesetzgebers auf den proportionalen niedrigen Tarif als Rechtfertigung wie zum Beispiel im Zusammenhang mit dem tatsächlichen Werbungskostenabzugsverbot als „verbraucht" gilt und nicht mehr herangezogen werden könnte.[1074]

1071 *Schönfeld*, in: Schaumburg/Rödder, S. 640, der u. a. als Entkräftung des spekulativen Zwecks das aktienbasierte Depot als Altersvorsorge anführt; vgl. auch *Wernsmann*, DStR 2009, Beihefter zu Heft 34, 101 (104).

1072 *Recnik*, S. 151.

1073 Vgl. auch i. E. BStBl. II 2021, 562 (571).

1074 *Jochum*, in: Kirchhof/Söhn/Mellinghoff, EStG, § 20 Rn. H 66.

(4) Der sogenannte Definitiveffekt

Die Verlustverrechnungsbeschränkung des § 20 Abs. 6 S. 4 EStG kann nicht nur zu einer periodenübergreifenden Verschiebung der Verluste führen, sondern zu einer tatsächlichen beziehungsweise „definitiven Versagung des steuerlichen Ansatzes des Verlustes"[1075] aufgrund der „Kleinteiligkeit der Regelung", soweit der Steuerpflichtige keine Investitionen mehr in Aktien tätigen will oder sogar kann.[1076] Der faktisch vollständige Ausschluss in diesem Fall wird auf den ersten Anschein noch durch eine fehlende Möglichkeit des Verlustrücktrags verstärkt. Der BFH sieht gerade auch die Gefahr des Verlustuntergangs mit Versterben des Steuerpflichtigen, da der Verlustverrechnungstopf durch den fingiert gestellten Antrag auf Verlustbescheinigung bei Eintritt des Todes nach § 43a Abs. 3 S. 4 EStG geschlossen wird[1077], so dass entsprechende Verluste in der Erblasserveranlagung der Kapitaleinkünfte (§ 32d Abs. 4, Abs. 3 S. 2 EStG) untergehen, soweit keine gegenrechenbaren Aktienveräußerungsgewinne vorliegen, weil eine Verrechnung mit anderen Einkünften als sozusagen besondere Schlussbesteuerung weiterhin nicht möglich ist.[1078] Darüber hinaus ist zu beachten, dass Gewinne aus Veräußerungsgeschäften von Aktien jedoch zur Verlustverrechnung mit anderen Verlusten aus Einkünften aus Kapitalvermögen zur Verfügung stehen, also diese Gewinne verbraucht werden, soweit entsprechende anderweitige Verluste anfallen; jedoch fehlen dann gerade diese Gewinne zur späteren Verlustverrechnung für die Verluste aus Aktien, so dass erst wieder Gewinne aus Veräußerungsgeschäften von Aktien erwirtschaftet werden müssen und der Definitiveffekt möglicherweise auch auf diese Weise verstärkt wird.[1079] In Konstellationen, in denen der Definitiveffekt vorliegt, folglich „es zu einer vollständigen Beseitigung der Abzugsmöglichkeiten [von Verlusten] oder es zu einem Ausschluss des Verlustausgleichs kommt", ist der Kernbereich eines Verlustausgleichs durch eine Verlustbeschränkung derart betroffen, dass nicht mehr nur hinnehmbare Zins- und Liquidationsnachteile, die durch eine zeitliche Streckung des Verlustvortrags entstehen, vorliegen, sondern es liegt eine Verletzung des allgemeinen Gleichheitssatzes nach Art. 3 Abs. 1 GG vor.[1080] Denn nach den bereits erfolgten Ausführungen zur Mindestbesteuerung beschränkt der selbstständige Verlustverrechnungskreis der Aktienveräußerungsverluste das Leistungsfähigkeitsprinzip in Bezug auf Einkünfte aus Kapitalvermögen, insbesondere in der Form des objektiven Nettoprinzips, umso mehr, so dass der Gestaltungsspielraum des Gesetzgebers eingeschränkt ist,

---

1075 *Geurts*, in: Bordewin/Brandt, EStG, § 20 Rn. 773.

1076 *Jochum*, in: Kirchhof/Söhn/Mellinghoff, EStG, § 20 Rn. H64.

1077 BMF-Schreiben v. 18.1.2016 – IV C 1 – S 2252/08/10004: 017, Rn. 237, BStBl. I 2016, 85 (119).

1078 BStBl. II 2021, 562 (568).

1079 Vgl. BStBl. II 2021, 562 (568).

1080 BStBl. II 2014, 1016 (1018, 1020).

soweit ein Definitiveffekt mit der Verlustbeschränkung einhergeht. Aufgrund der Isolation von Veräußerungsverlusten in einer eigenen Schedule bleiben für diese Fälle steuerliche Verluste für die Zukunft bestehen, die im Endeffekt nicht anerkannt werden und zu einem überhöhten Steuerzugriff in der Totalperiode führen, soweit keine Gewinne im Gegenzug von dem Steuerpflichtigen in künftigen Veranlagungszeiträumen (oder überhaupt noch) zur Gegenrechnung mehr erlangt werden. Daher ist grundsätzlich zwischen einem temporären und einem endgültigen steuerlichen Effekt zu unterscheiden.[1081] Wie bereits ausgeführt, ist teils nach der Rechtsprechung nicht das „Wann", sondern das „Ob" entscheidend, soweit die gewinnmindernde Aufwendungsberücksichtigung die finanzielle Leistungsfähigkeit des Steuerpflichtigen im Sinne einer mehrjährigen Betrachtung wiedergibt, da die jährliche Abschnittsbesteuerung nur eine Konzeption ist, in der jedoch die Möglichkeit einer Begrenzung des jährlichen Verlustausgleichs möglich sein muss, soweit das Leistungsfähigkeitsprinzip, insbesondere in der Form des objektiven Nettoprinzips, nicht vorrangig unterjährig anzuwenden ist.[1082] Zwar steht dem Gesetzgeber grundsätzlich in Bezug auf eine Verluststreckung auch eine Typisierungsbefugnis[1083] zu, die „das Risiko für den einkommenswirksamen Abzug des Verlustes" nach der zeitlichen Streckung erhöht, da „naturgemäß keine Gewissheit besteht, die Verluste in Zukunft verrechnen zu können"[1084] und deren Rechtsfolgen in bestimmten Fällen dann sogar zu dem Ergebnis der vollständigen Verlustvernichtung führen können, wie zum Beispiel der Ausschluss der „Verlustvererbung"[1085] oder die Anteilsübertragung nach § 8c KStG 2002.[1086]

(a) Ansatz zur Einschränkung des Verlustrücktrags

Wie bereits vorstehend aufgezeigt, ist jedoch eine Einschränkung des Verlustrücktrags, der wiederum in der Gesamtbetrachtung zu einem Definitiveffekt führen kann, allgemein anerkannt[1087] und ergibt sich auch aus nachfolgender

---

1081 Vgl. in Bezug auf die zeitliche Wertung eines steuerlichen Effekts BVerfGE 123, 111 (128 f.); darauf aufbauend BStBl. II 2010, 784 (786); ebenso z. B. *Desens*, FR 2011, 745 (748), der von einem vorübergehenden oder endgültigen Nachteil spricht; *Heuermann*, FR 2012, 435 (440 f.); hingegen einen solchen Ansatz nach der Entscheidung des BVerfG zum Verbot der Bildung von Jubiläumsrückstellungen **ablehnend** z. B. *Röder*, StuW 2012, 18 (23–25); ebenso *Schaumburg/Schaumburg*, StuW 2013, 61 (62 f.), die u. a. das Problem der schwankenden Einkommen und auftretenden Progressionsunterschiede aufgreifen.

1082 Etwa BStBl. II 2014, 1016 (1020 f.); auch *Heuermann*, FR 2012, 435 (339–441).

1083 Z. B. aus der Wertung nach BVerfGE 125, 1 (37 f.).

1084 Vgl. etwa BStBl. II 2010, 1061 (1063–1065).

1085 BStBl. II 2008, 608 (618).

1086 BStBl. II 2014, 1016 (1021).

1087 Kap. 2, III. 3. b) cc) (3); auch z. B. *Hey*, in: Tipke/Lang, Rn. 8.68.

Argumentation. Denn hinsichtlich des gewerbesteuerrechtlichen Verlustrücktrags hat der BFH in seinem Urteil zur Einschränkung dieser Verlustverrechnung entschieden, dass ein Ausschluss des Verlustrücktrags, der wiederum zu einem Definitiveffekt führen kann, aufgrund der Besonderheit, dass der Gesetzgeber diesen im Rahmen der Gewerbesteuer nach § 10a GewStG 2002 nicht vorgesehen hat, mit Art. 3 Abs. 1 GG vereinbar sei.[1088] Der BFH rechtfertigt unter anderem in diesem Fall die Definitivbelastung durch eine beschränkte Verlustverrechnung soweit keine gegenrechenbaren Gewinne „jemals mehr“ erwirtschaftet werden, dadurch, dass im Veranlagungszeitraum der Mindestbesteuerung nicht erkennbar ist, „ob und aus welchen Gründen kein weiteres Poten[t]ial für die Verrechnung des gestreckten Verlust[e]s entstehen werde“, so dass die Beschränkung der Verlustverrechnung sich erst im Nachgang als Definitivbelastung herausstellt.[1089] Soweit nun feststeht, dass die beschränkte Verlustverrechnung „rückwirkend“ der Auslöser der Definitivsituation war, könnte die Belastung nur durch eine Änderung der damaligen Festsetzung des Gewerbesteuermessbetrags erfolgen, so dass dies einem Verlustrücktrag ähnlich wäre, der jedoch gerade nicht vorgesehen ist; zudem sind Billigkeitserwägungen „bei unverhältnismäßigen und unzumutbaren Benachteiligungen“ im Einzelfall zulässig.[1090] Dieser Argumentationsgedanke kann teilweise auf den eigenen Verlustverrechnungskreis der Aktienveräußerungsgeschäfte übertragen werden. Der Gesetzgeber hat gerade mit Einführung der Abgeltungsteuer keinen Verlustrücktrag mehr vorgesehen. Dieser Ansatz wird teilweise im Schrifttum mit der Unvereinbarkeit des Verlustrücktrags im Rahmen der Abgeltungsteuer begründet.[1091] Ein Unterschied zum Ansatz des BFH liegt jedoch darin, dass ein Gewerbebetrieb grundsätzlich auf eine selbstständige nachhaltige Betätigung angelegt ist; die private Vermögensverwaltung nach § 14 Abs. 3 AO ist unabhängig von den positiven Tatbestandsvoraussetzungen des § 15 Abs. 2 EStG; der Erwerb und die Verwaltung von Wertpapieren werden ebenfalls nicht als wirtschaftlicher Geschäftsbetrieb im Sinne des § 14 Abs. 1 AO mit dem Tatbestandsmerkmal der Nachhaltigkeit angesehen, gerade auch für die Fälle nicht, in denen sich der Bestand regelmäßig durch „Verkauf und Zukauf“ aus verschiedensten Motiven ändert.[1092] Zudem besteht nur eine Einschränkung auf Gewerbeeinnahmen, nicht auf eine bestimmte Art von Gewerbeeinnahmen. Anderseits besteht jedoch das Argument, dass der Effekt der Vereinfachung einer Abgeltungsteuer so wieder ausgehebelt werden würde, wenn die Verluste auf die Abgeltungsteuer der vorherigen Jahre zurückgerechnet und nachträglich wieder geändert werden

1088 Vgl. BStBl. II 2013, 498 (501–504).

1089 BStBl. II 2013, 498 (503).

1090 BStBl. II 2013, 498 (503 f.).

1091 Z. B. *Geurts*, in: Bordewin/Brandt, EStG, § 20 Rn. 771; *Strohm*, S. 86; **a. A.** etwa *Oho/Hagen/Lenz*, DB 2007, 1322 (1324).

1092 Zur Abgrenzung BStBl. II 1991, 631 (632); *Gersch*, in: Klein, AO, § 14 Rn. 17.

müssten. Durch eine solche nachträgliche Änderungsmöglichkeit in der Vergangenheit zur Vermeidung des Definitiveffekts würde es jedenfalls – vergleichbar zur vorstehenden Argumentation des BFH – zu einer Aushebelung des gesetzlich festgelegten nicht möglichen und vorgesehenen Verlustrücktrags kommen, so dass sich hieraus keine Argumente ableiten lassen. Etwas anderes könnte sich möglicherweise hinsichtlich eines einmaligen Verlustrücktrags im Rahmen des Versterbens des Steuerpflichtigen ergeben; bezogen aber auf den Grundgedanken zu den Einkünften aus Kapitalvermögen würde dies jedoch wieder zu einem nicht vorgesehenen Verlustrücktrag führen. Ähnlich wäre es bei einer Verrechnungsmöglichkeit mit den anderen Einkunftsarten, da nach § 10d Abs. 1 EStG eine begrenzte Verlustrücktragsmöglichkeit nur für den unmittelbar vorangegangenen Veranlagungszeitraum vorgesehen ist und nicht unbegrenzt. Dieser würde ansonsten wiederum umgangen werden.

(b) Weitere Abwägung

Zudem muss in Bezug auf einen Definitiveffekt beachtet werden, dass durch die Beschränkung der Aktienveräußerungsverluste auf eine eigene Schedule und deren zeitlich unbegrenzte Vortragsmöglichkeit grundsätzlich die Möglichkeit indes nicht ausgeschlossen wird, dass ein Steuerpflichtiger in Zukunft wieder Gewinne zur Gegenrechnung erwirtschaften wird, soweit sich auf das langfristige Renditeergebnis vergangener Jahre berufen wird,[1093] wobei aber zwischen Dividenden- und Veräußerungsrendite zu unterscheiden wäre. In diesem Zusammenhang ist noch zu beachten, dass gerade der „interessierte private Aktionär" aller Wahrscheinlichkeit nach wieder eher in Aktien investieren wird, als der Unerfahrene, der sich bei seinen ersten Investitionen in Aktien gleich die Finger verbrannt hat und künftig wahrscheinlich eine risikolosere Anlagevariante bevorzugen wird. In einem solchen Fall führt die Verlustverrechnungsbeschränkung für private Aktienveräußerungsgeschäfte zu dem merkwürdigen Fall, dass der Unerfahrene aus dem Grund der Verlustnutzung dazu angehalten wird, sich nochmal an der Aktienanlage zu versuchen, um einem erhöhten Steuerzugriff auf die Totalperiode zu entgehen.[1094] In diesem Fall erscheint eine Billigkeitslösung möglich oder vielleicht sogar notwendig – entsprechend der Auflösung des Konfliktes zwischen Leistungsfähigkeitsprinzip und Abschnittsbesteuerung nach Art einer praktischen Konkordanz –, wie zum Beispiel, dass ungenutzte Verluste nach einem entsprechenden langen Zeitraum wie etwa zehn Jahren, nicht weiterhin in der Schedule isoliert werden und zur Gegenrechnung mit anderen Einkünften zur Verfügung stehen, um eben keinen tatsächlichen Definitiveffekt zu schaffen. Jedoch

1093 FG Schleswig-Holstein EFG 2018, 948 (952).

1094 Ähnlich *Jochum*, in: Kirchhof/Söhn/Mellinghoff, EStG, § 20 H 65, die anführt, dass das Anlagesegment bei Verlust nicht verlassen werden kann, da der Verlust verloren wäre, obwohl ein Verlust eigentlich zum Ausstieg aus der Verlustsituation führt.

entsteht im Ergebnis durch die eigene Schedule für Aktienveräußerungsverluste grundsätzlich kein Definitiveffekt, da eine unbegrenzte Vortragsmöglichkeit mit gleichzeitig realistischer Möglichkeit besteht, beruhend auf empirischen Daten der Vergangenheit, Gewinne zum Ausgleich zu erlangen, so dass unter dem Aspekt des Definitiveffekts diese Verlustverrechnungsbeschränkung mit dem Gleichheitssatz nach Art. 3 Abs. 1 GG vereinbar ist. Für den Fall, dass der Steuerpflichtige nicht mehr aus persönlich motivierten Gründen die Möglichkeit der späteren Gewinngegenrechnung nutzen möchte, ist ihm entgegenzuhalten, dass indes die Möglichkeit bestehen würde. Es bleibt trotz möglicher Billigkeitserwägung dabei, dass der Eintritt der Definitivsituation hauptsächlich selbst zu vertreten und folglich nicht „schützenswert“ ist, wenn diese dann tatsächlich eintritt und vom „eigenen Willensentschluss veranlasst“ wird, da dadurch möglicherweise nur das Grenzrisiko der steuerlichen Verlustnutzung eintritt, das jedoch im „systemtragenden Subjektsteuerprinzip angelegt“ ist.[1095] Dies ergibt sich auch aus einem vergleichbaren Gedanken zum unternehmerischen Risiko, einerseits dass überhaupt in Aktien mit einem einhergehenden Verlustrisiko investiert wurde und anderseits dass keine Gewinne zur Gegenrechnung mehr in Zukunft anfallen können, soweit nicht versucht wird, die vorhandenen Verluste wieder auszugleichen. Zu Recht führt jedoch *Jachmann-Michel* hinsichtlich der Argumentation, dass für den Steuerpflichtigen kein Zwang bestehe in eine Aktienanlage zu investieren, an, dass sich dies eigentlich aufgrund des Negativzinsumfelds und des politischen Aufrufs zur ergänzenden Altersvorsorge als „Provokation“ darstellt, da der Steuerpflichtige gerade in risikoreichere Anlageformen getrieben wird[1096]. Dies wird durch die Weitergabe der Negativzinsen als neuere Verwahrentgelte für Sichteinlagen an die Privatkunden von den Banken noch verstärkt. Es bleibt somit eine gewisse Widersprüchlichkeit bestehen. Möglicherweise sind auch Billigkeitserwägungen zum Beispiel nach §§ 163, 227 AO unter anderem im Fall des Versterbens des Steuerpflichtigen und des Eintritts eines nicht gerechtfertigten Definitiveffekts im Einzelfall notwendig, jedoch kann etwa dieser Fall als eine grundsätzliche allgemeine Annahme durch die unbegrenzte Vortragsmöglichkeit im Vorfeld des Versterbens mit gleichzeitig realistischer Möglichkeit entkräftet werden. Es dürfte sich um Ausnahmefälle handeln, die von der Typisierungsbefugnis abgedeckt werden und ansonsten über die Milderung unbilliger Härten gelöst werden können. Als weiteres Argument kann die Umgehung des Verlustrücktrags oder zumindest die Umgehung des eingeschränkten Verlustrücktrags vorgebracht werden, wobei bei einer Verrechnung mit den anderen Einkunftsarten zumindest wieder der Symmetriegedanke anzuführen ist. Positiv zur Vermeidung eines Definitiveffekts zu erwähnen wäre

1095 BStBl. II 2014, 1016 (1023); vgl. auch etwa *Braun/Geist*, BB 2013, 351 (352–355), die darstellen, dass das Konzept der Mindestbesteuerung in seiner Grundform nicht verfassungswidrig sei.

1096 Anm. *Jachmann-Michel*, DStR 2021, 1339 (1349).

noch einerseits, dass keine Sockelbeträge wie bei § 10d EStG bestehen, so dass falls Gewinne zur Gegenrechnung zur Verfügung stünden, diese auch unbegrenzt verrechnet werden könnten, anderseits liegt hingegen eine weitere Schedule in der ersten Schedule vor.

(5) Vergleich mit Aktionären, deren Veräußerungsgeschäft unter § 17 EStG fällt

Eine weitere Ungleichbehandlung ergibt sich in Bezug auf die Verlustverrechnung soweit die privaten Veräußerungsverluste aus einer Aktienbeteiligung nach § 17 Abs. 2 EStG mit § 20 Abs. 2, 4 EStG verglichen werden. Im Falle des Verlustes eines wesentlich privaten Aktionärs nach § 17 Abs. 2 EStG ist das Teileinkünfte- und Teilabzugsverfahren anzuwenden, so dass 60 % der Verluste mit Gewinnen/Überschüssen aus anderen Einkunftsarten verrechnet werden können und somit ein vertikaler Verlustausgleich – außer mit Einkünften aus Kapitalvermögen – möglich ist. Daher erscheint die Bevorzugung des § 17 EStG, da keine Verlustverrechnungsbeschränkung wie durch § 20 Abs. 6 S. 4 EStG existiert, auf den ersten Blick wenig einleuchtend.[1097] Hinsichtlich des Arguments der spekulativen Gründe auf Kosten der Allgemeinheit könnte sich indes ein Unterschied zwischen den beiden Tatbeständen ergeben, da die Motivation und der Anlagezweck eines wesentlich Beteiligten möglicherweise andere sind, so dass, soweit diesem Ansatz gefolgt wird und der Gesetzgeber für die Wahl des betroffenen Personenkreises, die dem gewählten Lenkungszweck der Spekulationen auf die Allgemeinheit unterfallen, nur einer Willkürprüfung als verfassungsrechtlicher Gleichheitsmaßstab unterliegen, eine Differenzierung erstmal schon aus sachgerechten Erwägungen erfolgte,[1098] da einerseits der Kleinanleger typischerweise keine Aktienbeteiligungen von mehr als 1 % und anderseits der wesentlich Beteiligte grundsätzlich seine Anteile nicht zu spekulativen Zwecken an einer börsennotierten AG halten wird. Es handelt sich um den atypischen Fall, soweit eine Beteiligung von mehr als 1 % auf Seiten des Kleinanlegers vorliegt. Zudem ergeben sich oft hohe Fremdkapitalkosten für die Unternehmensbeteiligung, die im Rahmen des § 17 EStG berücksichtigt werden sollen; dies ist wiederum ein Indiz dafür, dass die Beteiligung nicht spekulativ ausgelegt ist, da ansonsten die größere Risikoübernahme durch hohe Fremdkapitalkosten dem entgegenstünde. Nach den vorstehenden Ausführungen kann einem solchen Ansatz jedoch nicht wirklich gefolgt werden, da die Einordnung der Aktienbeteiligung eines Kleinaktionärs als spekulativ aufgrund der falschen Auswahl des Leitbilds für die Typisierung durch keine zeitliche Einschränkung oder Außerachtlassen anderer Motivation an sich, schon gar nicht statthaft ist und willkürlich erfolgte. Dies gilt umso mehr, soweit besonders sachliche Gründe als Rechtfertigungsmaßstab angelegt werden. Zudem ist sich in einem

---

1097 Vgl. auch *Recnik*, S. 150.
1098 *Recnik*, S. 150.

weitergehenden Vergleich zur betrieblichen Aktienbeteiligung vor Augen zu führen, dass diese immer gewillkürtes Betriebsvermögen darstellt und hier ebenfalls keine Verlustverrechnungsbeschränkung wie § 20 Abs. 6 S. 4 EStG existiert.[1099] Im Ergebnis bleibt daher unklar, wieso grundsätzlich § 17 EStG nicht abgeschafft wird oder die Verlustverrechnung angeglichen wird, da, wenn sogar den Argumenten der Gesetzesbegründung gefolgt wird, nicht nur eine spekulationsbedingte Gefahr von Kleinaktionären auf die öffentlichen Haushalte ausgehen kann. Denn sogenannte Familienunternehmensbeteiligungen in Aktien, als Beispiel hierfür, haben ein ebenso großes Volumen insgesamt am gesamten Aktienvermögen[1100] und als Aktionäre grundsätzlich ein gleiches Verlustpotential im Börsencrash-Szenario wie die Kleinanleger, da sich die wirtschaftlichen Aussichten für alle Unternehmen als Auslöser eines Börsencrash-Szenarios wohl eher gleich eintrüben. Inwieweit Verluste von Großaktionären oder Familien-AGs tatsächlich realisiert werden oder solche Transaktionen nachvollziehbar sind, steht wieder auf einem anderen Blatt, ändert jedoch nichts am gleichen Verlustpotential und somit abstrakten Risiko für die öffentlichen Haushalte.

(6) Fazit

Folglich ist im Ergebnis die zweite Verlustverrechnungsbeschränkung des § 20 Abs. 6 S. 4 EStG nicht mit Art. 3 Abs. 1 GG vereinbar.[1101] Denn in jedem Fall liegt eine nicht gerechtfertigte Ungleichbehandlung von privaten Veräußerungsverlusten

---

1099 Vgl. *Bleschick*, in: Kirchhof/Seer, EStG, 19. Aufl., 20 Rn. 11; oder auch *Loos*, DStZ 2010, 78 (83).

1100 Kap. 1, I.

1101 Auch etwa BStBl. II 2021, 562 (567); *Buge*, in: Herrmann/Heuer/Raupach, EStG, § 20 Rn. 8; *Dinkelbach*, DB 2009, 870 (873); *Drüen*, FR 2020, 663 (669); *Englisch*, StuW 2007, 221 (237 f.), *v. Glasenapp*, BB 2008, 360 (366); *Geurts*, in: Bordewin/Brandt, EStG, § 20 Rn. 773; *Hey*, in: Tipke/Lang, Rn. 8.500, 8.506; vgl. i. E. *Jachmann-Michel*, BB 2020, 727 (728); *dies.*, DB 2018, 2777 (2779 f.); *dies.*, DStJG 2011, 251 (264); *dies*, StuW 2018, 9 (27); *Jochum*, DStZ 2010, 309 (313 f.); *dies.*, in: Kirchhof/Söhn/Mellinghoff, EStG, § 20 Rn. H 68, H 77; *Klotz*, S. 161; *Loos*, DStZ 2010, 78 (82 f.); *Mertz*, S. 184 f.; *Moritz/Strohm*, in: Frotscher/Geurts, EStG, § 20 (n. F.) Rn. 51 f.; *Oho/Hagen/Lenz*, DB 2007, 1322 (1324); *Recnik*, S. 152; *Schönfeld*, in: Schaumburg/Rödder, S. 640; *Wernsmann*, DStR 2009, Beihefter zu Heft 34, 101 (104); *Worgulla*, S. 266 f.; **kritisch** ebenso *Barth*, S. 202 f.; *Bleschick*, in: Kirchhof/Seer, EStG, 19. Aufl., § 20 Rn. 11, 177, der sich u. a. auf die Zweifelhaftigkeit von *Buge*, in: Herrmann/Heuer/Raupach, EStG, § 20 Rn. 620, beruft; **a. A.** i. E. FG Schleswig-Holstein EFG 2018, 948 (953); *Birk*, DStJG 2011, 11 (22 f.), zwar sehr allgemein gehalten, jedoch geht dieser nicht von Verwerfungen von Regelungen zur Abgeltungsteuer durch das BVerfG aus und hält die Abgeltungsteuer steuersystematisch zwar fragwürdig, jedoch nicht verfassungswidrig.

aus Aktien zu Veräußerungsverlusten aus anderen (risikobasierenden) Kapitalmarktprodukten des § 20 Abs. 2 S. 1 EStG, insbesondere auch gerade zu solchen Produkten, die wiederum auf Aktien beruhen, vor, da eine Verlustverrechnung mit Gewinnen anderer (risikobasierender) Anlageprodukte des § 20 EStG nicht möglich ist, aber eine vergleichbare Einschränkung, bis auf die neuere – möglicherweise verfassungsrechtlich ebenso fragliche – Einschränkung für Termingeschäfte des § 20 EStG, bei den anderen Anlageprodukten trotz grundsätzlich gleicher finanzieller Leistungsfähigkeit beider Gruppen indes nicht existiert.[1102] Die Rechtfertigungsprüfung der eingeschränkten Verlustverrechnung scheitert schon an einem sachlich einleuchtenden Grund, soweit nur ein Willkürmaßstab zugrunde gelegt wird, so dass dies erst für eine am Verhältnismäßigkeitsmaßstab ausgerichtete umfassende Rechtfertigungsprüfung gilt, da schon kein sachlich einleuchtender Grund für die vorgenommene Unterscheidung zwischen der Verlustverrechnung aus Veräußerungsverlusten von Aktien und anderer, insbesondere auch auf Aktien beruhender Anlageprodukte des § 20 EStG besteht.[1103] Nach diesen Ausführungen besteht in dem vorgebrachten qualifizierten Fiskalzweck der Verhinderung von Haushaltsrisiken in der allgemein vorliegenden Fassung nur ein Fiskalzweck, der aufgrund einer bloßen abstrakten Gefahr nicht der Rechtfertigung genügen kann.[1104] Zudem ergibt sich keine Rechtfertigung durch Verhinderung von Missbrauchsmöglichkeiten, da einerseits keine Haltedauerfrist im Rahmen des § 20 EStG existiert und somit die Wahl des Besteuerungszeitpunktes nicht mehr nur in den Händen des Steuerpflichtigen liegt; anderseits wird im Rahmen nun einer umfänglichen Steuerbarkeit durch das Herbeiführen von Verlustverrechnungspotential mittels Veräußerung nur von einer eingeräumten gesetzlichen Möglichkeit Gebrauch gemacht, was hinsichtlich der Verrechenbarkeit mit unter anderem Dividenden besonders ungerechtfertigt erscheint, da beides aus derselben Einkunftsquelle stammt und eine missbräuchliche Gestaltung aufgrund vollumfänglicher Steuerverstrickung nicht nachvollziehbar ist sowie die Gefahr der Aushöhlung der Steuerbasis dadurch nicht plausibel vorgebracht wurde.[1105] Ferner überzeugt im Hinblick auf das Argument der Steuermindereinnahmen ebenso der Ansatz der Spekulation auf Kosten der Allgemeinheit nicht, da dieser schon an der falschen Auswahl als Leitbild für die Typisierung scheitert, indem einerseits zur Risikoeinschätzung auf die Aktieninhaber anstatt auf das entscheidende Vermögensvolumen und Risikopotential abgestellt wird und andererseits die Annahme der privaten Aktienanlage als spekulativ aus zeitlichen Gründen grundsätzlich gar nicht auf diese zutrifft; Sonderlasten müssen eben auch gerade, wie vorliegend jedoch nicht geschehen, gleichheitsgerecht verteilt werden.[1106] Nach

1102 Auch BStBl. II 2021, 562 (567 f.).
1103 BStBl. II 2021, 562 (569).
1104 Kap. 2, III. 3. b) dd) (1).
1105 Kap. 2, III. 3. b) dd) (2).
1106 Kap. 2, III. 3. b) dd) (3).

der hier vertretenen Auffassung kommt es indes nicht zu einem verfassungswidrigen Definitiveffekt durch den weiteren Verlustverrechnungskreis, da aufgrund der unbegrenzten Vortragsmöglichkeit sowie empirischer Daten eine realistische Möglichkeit zur Erlangung von Gewinnen zur Gegenrechnung besteht; in Einzelfällen sind möglicherweise Billigkeitslösungen notwendig.[1107] Abschließend stellt sich die Besserstellung durch keine eingeschränkte Verlustverrechnung des wesentlich Beteiligten oder die der betrieblichen Aktienbeteiligung als eine ungerechtfertigte Ungleichbehandlung dar, da von diesen ein gleiches abstraktes Verlustpotential für die öffentlichen Haushalte ausgeht wie vom privaten Aktionär nach § 20 EStG.[1108]

ee) „Wertlose-Wirtschaftsgüter-Klausel" des § 20 Abs. 6 S. 6 EStG

Nachfolgend wird auf die weitere Verlustverrechnungsbeschränkung des § 20 Abs. 6 S. 6 EStG im Zusammenhang mit einer privaten Aktienbeteiligung eingegangen. Wie sich noch zeigen wird, unterscheidet der Gesetzgeber – genauso wie im Rahmen des tatsächlichen Werbungskostenabzugsverbot und der Typisierung über den Sparer-Pauschbetrag nach § 20 Abs. 9 S. 1 EStG[1109] – zwischen steuerpflichtigen Kapitalanlegern, die im Veranlagungszeitraum einerseits relativ geringe Einkünfte aufweisen, jedoch die breite Masse an Steuerfällen darstellen, und andererseits den Spitzeninvestoren[1110], die beachtliche Einkünfte aus Kapitalvermögen ausweisen.[1111] Als Orientierungsmaßstab zum Beispiel nach *Treml*[1112], der sich auf Daten von *TNS Infratest Sozialforschung, Sozio-oekonomisches Panel (SOEP) 2008*, beruft, bezogen – etwa im Zeitpunkt zur Einführung der Abgeltungsteuer – nur 3 % an Steuerpflichtigen höhere Einnahmen aus Zinsen, Dividenden und Veräußerungsgewinnen von 10.000 Euro je Veranlagungszeitraum, während 79,7 % an Steuerpflichtigen Einnahmen zwischen null und 2.500 Euro aufwiesen. Darauf folgten 8,7 % an Steuerpflichtigen mit Einnahmen zwischen 2.500 Euro und 5.000 Euro sowie 3,4 % an Steuerpflichtigen mit Einnahmen zwischen 5.000 Euro und 10.000 Euro.

1107 Kap. 2, III. 3. b) dd)(4).

1108 Kap. 2, III. 3. b) dd)(5).

1109 BR-Drs. 220/07, S. 92.

1110 In Zusammenhang mit dem Werbungskostenabzugsverbot taucht in der Literatur ebenfalls der Begriff „Spitzenverdiener" auf. Die Gesetzesbegründung spricht in diesem Fall von Anlegern mit höheren Vermögenswerten.

1111 BT-Drs. 19/15876, S. 61.

1112 *Treml*, S. 129 f., mit anschaulicher Tabelle, deren zugrundeliegende Daten im Oktober 2009 veröffentlicht wurden. Die dort verwandten Daten stützen die Rechtfertigung des Werbungskostenabzugsverbots nach § 20 IX EStG. 5,2 % der Befragten machten indes keine Angaben zu ihren Kapitaleinkünften.

(1) Allgemein

Der Gesetzgeber hat mit dem PflichtMitteilungsG 2019 eine weitere Verlustverrechnungsbeschränkung unter anderem für den Untergang wertloser Anlageinstrumente im Sinne des § 20 Abs. 1 EStG, somit den Vermögensverfall privater Kapitalanlagen, mit Wirkung zum 1.1.2020 nach § 52 Abs. 28 S. 26 EStG auf den Weg gebracht. Hierunter fällt auch gerade die wertlose[1113] Aktienbeteiligung, da mit der Neuregelung konkret Verluste erstmals erfasst werden, die aus der Ausbuchung wertloser Wirtschaftsgüter (Alt. 2) des § 20 Abs. 1 EStG oder aus der Übertragung derartiger Wirtschaftsgüter auf einen Dritten (Alt. 3) oder aus dem sonstigen Ausfall solcher Wirtschaftsgüter (Alt. 4) resultieren. In einem weiteren Schritt wurde die Verrechnungsmöglichkeit solcher Verluste konkret in der Höhe noch ursprünglich auf 10.000 Euro für den jeweiligen Veranlagungszeitraum begrenzt. Folglich ist ein weiterer „besonderer" Verlustverrechnungskreis zu bilden, mit einerseits der Besonderheit, dass dieser neu geschaffene Verlustverrechnungskreis – wie auch der für Termingeschäfte – aufgrund keiner gesetzlichen Grundlage in § 43a Abs. 3 S. 2 EStG sowie möglicherweise wegen Durchführungsproblemen der auszahlenden Stellen keine Anwendung im Kapitalertragsteuerabzugs-, sondern nur im Veranlagungsverfahren findet,[1114] und anderseits, dass entsprechende Verluste sogar aus einer privaten Aktienbeteiligung – entgegen dem besonderen Veräußerungsverlustverrechnungskreis nach § 20 Abs. 6 S. 4 EStG – bis zum ursprünglich geltenden Sockelbetrag von 10.000 Euro mit allen anderen Einkünften aus Kapitalvermögen verrechnet werden können. Für solche Verluste gilt sozusagen keine weitere Einsperrung in der Schedule der Schedule, daher wird die Ansicht vertreten, dass es sich eigentlich nicht um einen weiteren besonderen Verlustverrechnungskreis, wie in der Gesetzesbegründung angeführt, handelt.[1115] Augenscheinlich handelt es sich indes durch das Zusammenspiel des gewählten Sockelbetrags als höhenmäßige Begrenzung der allgemeinen Verlustverrechnungsmöglichkeit im Rahmen des § 20 Abs. 6 EStG für die bestimmten tatbestandlich vorliegenden Verluste des § 20 Abs. 6 S. 6 EStG erstmal um deren Einsperrung in einer „weiteren" Schedule, da diese Verluste zumindest separiert betrachtet werden müssen.[1116] Wie schon ausgeführt, hat der Gesetzgeber indes aktuell den Sockelbetrag durch das JStG 2020 auf 20.000 Euro erhöht. Der Rechtfertigungsmaßstab dieser Ungleichbehandlung ergibt sich wieder durch besonders sachliche Gründe, da einerseits der Gesetzgeber auch mit Einführung dieser

---

1113 Zum Begriff der Wertlosigkeit Kap. 3, I. 2. a) aa).

1114 Auch z. B. *Jachmann-Michel*, BB 2020, 727 (728 f.); ausführlich hierzu Kap. 4, III. 1. b).

1115 *Bleschick*, in: Kirchhof/Seer, EStG, § 20 Rn. 177c; *Ratschow*, in: Brandis/Heuermann, EStG, § 20 Rn. 469d; **a. A.** BT-Drs. 19/15876, S. 61.

1116 Z. B. *Bleschick*, in: Kirchhof/Seer, EStG, 19. Aufl., § 20 Rn. 177c, der hier noch explizit von einem weiteren besonderen Verlustverrechnungskreis spricht.

Regelung weiterhin keine neue Belastungsentscheidung einer absolut reinen Schedulensteuer hinsichtlich der Einkünfte aus Kapitalvermögen getroffen hat. Mit dieser Regelung handelt es sich nur um eine auf die Grundentscheidung aufbauende Verlustverrechnungsbeschränkung. Wie bereits dargelegt, hat der Gesetzgeber zwar die bisherige Belastungsentscheidung durchbrochen, jedoch nicht insgesamt ersetzt, da es zumindest aufgrund der vielen Ausnahmen an dem geforderten Mindestmaß an konzeptioneller Neuorientierung fehlt.[1117] Anderseits liegt gerade durch die Neuregelung ein Verstoß gegen das Gebot der Folgerichtigkeit vor, da die Gewinne aus vergleichbaren Situationen wie eben den Veräußerungsgeschäften sozusagen „wertvoller" Wirtschaftsgüter beziehungsweise Anlageinstrumente im Sinne des § 20 Abs. 1 EStG – im Gegensatz zu „wertlosen" Wirtschaftsgütern in diesem Sinne – durch Erweiterung der Bemessungsgrundlage vollumfänglich steuerbar sind.

(2) Gesetzesbegründung und ursprünglicher Gesetzesentwurf

Nach der Gesetzesbegründung trägt die Neuregelung insbesondere im Hinblick auf Kleinanleger darauf Rechnung, dass Verluste „wertloser" Anlageinstrumente nach § 20 Abs. 1 EStG nun steuerlich geltend gemacht werden können, also nicht mehr generell versagt werden.[1118] Der Gesetzgeber schließt die Gesetzeslücke für solche Fälle, in denen der Veräußerungstatbestand des § 20 Abs. 2 EStG oder dessen Äquivalent nicht eindeutig vorliegt. Die Intention des Gesetzgebers liegt auf der zeitlichen Verluststreckung mit höhenmäßiger Begrenzung für einen Veranlagungszeitraum. Durch die Sofortgewährung der Verlustberücksichtigung bis ursprünglich auf 10.000 Euro je Veranlagungszeitraum rechtfertigt der Gesetzgeber die Typisierung dieser Verlustverrechnungsbeschränkung gegenüber den Kleinanlegern; gegenüber den anderen Anlegern, den Spitzeninvestoren, beruft er sich hingegen auf die Typisierung des begünstigenden Steuersatzes von 25 % in Zusammenhang mit in größerem Umfang erlangten laufenden Erträgen.[1119] Es erfolgt ferner eine Berufung auf den Rechtfertigungsgrund der Sicherung des Steuersubstrats im Hinblick auf die gesamten Neuregelungen, insbesondere auch aus der notwendigen Umsetzung der EU-Amtshilferichtlinie des DAC 6, und es wird vorgerechnet, dass die Steuermindereinnahmen aufgrund der Anerkennung wertloser Anlageinstrumente bei privaten Kapitalvermögen durch die zeitliche Streckung nur noch jährlich im zweistelligen Millionen-Euro-Bereich liegen werden anstatt bei ungefähr jährlich 100 Millionen Euro.[1120] Hierdurch zeigt sich in jedem Fall auch eine fiskalische Motivation. Es ist hervorzuheben, dass sich die

1117 Kap. 2, III. 2. a) und b).
1118 BT-Drs. 19/15876, S. 61.
1119 BT-Drs. 19/15876, S. 61.
1120 BT-Drs. 19/15876, S. 2 f.

Steuerausfälle nach Ansicht des Gesetzgebers durch reine Gestaltungszwecke[1121] ergeben.

(a) Der ursprüngliche Entwurf im Kontext des Forderungsausfalls

An dieser Stelle wird kurz auf den ursprünglichen Entwurf des Gesetzgebers hinsichtlich der vorstehenden Regelung eingegangen. Diesen hatte der Gesetzgeber indes wieder verworfen. Der ursprüngliche Entwurf zum JStG 2019[1122] hatte unter anderem in § 20 Abs. 2 EStG einen S. 3 vorgesehen, der gerade die von der Rechtsprechung des BFH nach dem objektiven Nettoprinzip anerkannten wertlosen Wirtschaftsgüter beziehungsweise Anlageinstrumente im Sinne des § 20 Abs. 1 Nr. 1 und 7 EStG als Verluste im Sinne von steuerlich relevanten Realisationsvorgängen nach § 20 Abs. 2 S. 2 EStG einstuft, um deren Steuerbarkeit zu verhindern.[1123] Nach Artikel 2 Nr. 11 des Entwurfs[1124] sollte dem Wortlaut nach folgende Regelung an S. 2 angeschlossen werden:

„Keine Veräußerung ist
1. *die ganze oder teilweise Uneinbringlichkeit einer Kapitalforderung,*
2. *die Ausbuchung wertloser Wirtschaftsgüter im Sinne des Absatzes 1 durch die die Kapitalerträge auszahlende Stelle;*
3. *die Übertragung wertloser Wirtschaftsgüter im Sinne des Absatzes 1 auf einen Dritten oder*
4. *ein den Nummern 1 bis 3 dieses Satzes vergleichbarer Ausfall von Wirtschaftsgütern im Sinne des Absatzes 1.“*

Diese beabsichtigte Neuerung hätte zu einer Untergrabung der Verlustberücksichtigung der mittlerweile gefestigten Rechtsprechung des BFH, insbesondere im Zusammenhang mit der Veräußerung wertloser Aktien[1125], mit insolvenzbedingten Forderungsausfällen[1126] und der Verlustberücksichtigung von Knock-out-Zertifikaten[1127], auf die allesamt noch einzugehen sein wird, geführt.[1128] Der Gesetzgeber beruft sich in der Entwurfsbegründung auf das Urteil des BFH zum insolvenzbedingten Darlehensausfall[1129] und stellt nach seinem Verständnis klar, dass ein

1121 BT-Drs. 19/15876, S. 61.
1122 BT-Drs. 19/13436, als relevanter Entwurf zum JStG 2019 v. 23.9.2019.
1123 *Dahm/Hoffmann*, DStR 2020, 81 (81 f.).
1124 BT-Drs. 19/13436, S. 16 f.
1125 BStBl. II 2019, 221.
1126 BStBl. II 2020, 831.
1127 BStBl. II 2019, 507.
1128 Vgl. auch *Dahm/Hoffmann*, DStR 2019, 1239 (1241 f., 1246), sowie zum Verfall von Termingeschäften Kap. 3, II. 3.
1129 BStBl. II 2020, 831.

Darlehen gerade keine Wertsteigerung des Vermögensstamms mit sich bringen kann, sondern nur laufende Erträge im Sinne des § 20 Abs. 1 EStG erwirtschaftet, so dass im Ergebnis der Vermögensstamm unberücksichtigt bleiben soll und die bisherige Rechtsprechung hierzu korrigiert werden muss.[1130] Denn nach der Absicht des Gesetzgebers als weiterhin wesentliches Merkmal der Überschusseinkünfte bleibt die Steuerbarkeit der Erträge des Vermögensstamms – trotz Erfassung sämtlicher Wertsteigerungen – beschränkt, außer den abschließenden Ausnahmen der § 20 Abs. 2 S. 1 und 2 EStG, so dass das vorstehende Urteil des BFH einen solchen Ansatz verkennt und ein entsprechender Vermögensverfall der Darlehensvaluta gerade nicht unter die abschließenden Veräußerungssurrogate des § 20 Abs. 2 S. 2 EStG fallen kann, da der Rechtsträgerwechsel und die Entgeltlichkeit fehlen.[1131] Nach Ansicht unter anderem von *Dahm/Hoffmann* hat der BFH jedoch ausreichend dargelegt, dass eine solche Intention des Gesetzgebers sich nicht in der Gesetzesbegründung zum UntStRefG 2008 und JStG 2009 finden lässt, sondern gerade der „Paradigmenwechsel" zu einer kompletten steuerlichen Erfassung und somit zur vollständigen Steuerbarkeit von sämtlichen Verlusten und Gewinnen in diesem Zusammenhang vollzogen wurde.[1132]

(b) Übertragung, Kritik und Verwerfung

Darüber hinaus erscheint eine Zuordnung von Verlusten zum nichtsteuerbaren Vermögensstamm und Gewinnen als laufende Erträge, wie in der Entwurfsbegründung zum Forderungsausfall eines Darlehens angeführt, nicht so ohne weiteres übertragbar, da gerade die Aktienbeteiligung nicht mit der Darlehensvaluta vergleichbar ist. Die Aktie ist als Wertpapier so aufgebaut, dass sie sich seit jeher in Dividenden und Kurssteigerungen und -minderungen des Vermögensstamms aufgeteilt hatte und dieses Grundsystem nicht mit Finanzinnovationen dahingehend umgangen wurde, dass der Vermögensstamm nur noch einen starren Vermögensanteil, vergleichbar zur Darlehensvaluta, darstellt. Die Begründung des Gesetzesentwurfs ist nicht dem ersten Anschein nach auf die wertlose Aktienbeteiligung anwendbar und der Gesetzgeber hat nach Kritik des Schrifttums[1133] sowie von Teilen der Sachverständigen in der Anhörung des Finanzausschusses[1134] sowie des

---

1130 BT-Drs. 19/13436, S. 113 f.

1131 Vgl. BT-Drs. 19/13436, S. 112 f.

1132 Z. B. *Dahm/Hoffmann*, DStR 2019, 1239 (1246); *dies.*, DStR 2020, 81 (82); vgl. auch etwa BStBl. II 2020, 831 (831 f.); *Bachmann/Seifert*, DStR 2021, 1 (3); *Jachmann-Michel/Grunow*, jM 20219, 471 (471); *Krumm*, FR 2020, 197 (198).

1133 Etwa ausführlich z. B. *Jachmann-Michel/Grunow*, jM 2019, 471 (473–476); vgl. im Nachgang auch *Drüen*, Ubg 2020, 241 (247 f., 251–254).

1134 Etwa Protokoll-Nr. 19/52 des Finanzausschusses v. 14.10.2019, S. 6 f.; oder im Einzelnen *Bundessteuerberaterkammer*, S. 59, 71 f.; *Deutscher Steuerberater Verband*

Bundesrates[1135] die Vorschrift in der Entwurfsfassung der Bundesregierung wieder verworfen, da es hierdurch faktisch unter anderem zu einem Nichtanwendungsgesetz der bisherigen aktuellen BFH-Rechtsprechung gekommen wäre und dies insgesamt verfassungsrechtlich bedenklich erschien[1136]. Im Schrifttum wird die Auffassung vertreten, dass die Änderungen unter anderem rein fiskalisch[1137] motiviert sind und aus dem Blickwinkel der Besteuerungssymmetrie von Gewinnen und Verlusten dem Folgerichtigkeitsgebot sowie auch dem Leistungsfähigkeitsprinzip widersprechen[1138]. Hinzu kommt der sichere Eintritt eines Definitiveffekts durch keine Verlustanerkennung für solche Verluste, im Gegensatz zur nur auf den ersten Blick theoretisch bestehenden Gefahr im Rahmen der unter anderem umgesetzten Regelung des § 20 Abs. 6 S. 6 EStG[1139]. Durch einen möglichen Nichtanwendungssatz der Rechtsprechung des BFH über die Neuerungen entstanden verfassungsrechtliche Bedenken aus Sicht des Bundesrates, da der Intention des Gesetzgebers zur Abgeltungsteuer widersprochen wird, sämtliche Wertsteigerungen steuerlich zu berücksichtigen, falls Verluste, insbesondere Totalverluste, wieder der einkommensteuerrechtlichen irrelevanten Privatsphäre zugeordnet werden sollen.[1140] Hierbei störte den Bundesrat einerseits, dass das Teileinkünfte- und Teilabzugsverfahren keine Anwendung fand,[1141] und anderseits legte der Bundesrat dar, dass gerade nicht nur hoch spekulative Anlageinstrumente, wie vom Gesetzgeber angeführt, unter die Regelung fallen und dass dieser aufgrund des Vertrauensschutzes des Kapitalanlegers verfassungsrechtliche Bedenken gegen den beabsichtigten zeitlichen Anwendungsbereich hat; zudem zeigte dieser auf, dass gerade die Verluste aus Termingeschäften, die unter anderem das erklärte Ziel des Gesetzgebers laut Begründung sind, nicht unter den Anwendungsbereich der Neuerungen subsumierbar sind, da diese Verluste im Rahmen des § 20 Abs. 2 EStG anfallen.[1142] Als Lösungsmöglichkeit, um die fiskalischen Risiken des Fiskus

---

e. V., S. 170 f.; *Die Deutsche Kreditwirtschaft*, S. 197–200; **a. A.** *Deutscher Finanzgerichtstag e. V.*, S. 41; *Deutsche Steuer-Gewerkschaft*, S. 122.

1135 Stellungnahme des BR v. 9.10.2020 zu BR-Drs. 356/19, S. 30–32; vgl. auch BT-Drs. 19/13436, S. 227–229; insbesondere unterstütze die CDU/CSU-Fraktion die Regelung nicht, *Geberth/Bartelt*, DB 2019, 2603 (2604).

1136 Stellungnahme des BR v. 9.10.2020 zu BR-Drs. 356/19, S. 30; vgl. auch z. B. *Jachmann-Michel/Grunow*, jM 20219, 471 (472).

1137 Z. B. *Dahm/Hoffmann*, DStR 2019, 1239 (1242).

1138 Vgl. *Dahm/Hoffmann*, DStR 2019, 1239 (1242, 1245); *Jachmann-Michel/Grunow*, jM 2019, 471 (474); bezogen auf die umgesetzte Regelung auch *Bachmann/Seifert*, DStR 2021, 1 (3); *Dahm/Hoffmann*, DStR 2020, 81 (82); *Jachmann-Michel*, BB 2020, 727 (728–730).

1139 *Dahm/Hoffmann*, DStR 2020, 81 (83); *Jachmann-Michel*, BB 2020, 727 (729).

1140 Stellungnahme des BR v. 9.10.2020 zu BR-Drs. 356/19, S. 30 f.

1141 *Krumm*, FR 2020, 197 (204).

1142 Stellungnahme des BR v. 9.10.2020 zu BR-Drs. 356/19, S. 31 f.

durch hoch spekulative Anlageinstrumente, insbesondere von Termingeschäften einzuschränken, schlägt der Bundesrat einen weiteren besonderen Verlustverrechnungskreis für diese vor und verweist auf den besonderen Verlustverrechnungskreis aus Aktien oder die vergleichbare Regelung für Termingeschäfte im betrieblichen Bereich nach § 15 Abs. 4 S. 3 EStG.[1143] Im Ergebnis hat der Gesetzgeber die ursprünglich geplante Erweiterung durch § 20 Abs. 2 S. 3 EStG wieder verworfen und stattdessen, wie bereits geschildert, das geplante Vorhaben teils auf die Verlustverrechnungsebene in § 20 Abs. 6 S. 6 EStG übertragen.

(3) Rechtfertigung

Für den Fall der Verlustanerkennung aus wertlosen Anlageinstrumenten, trägt der Gesetzgeber – insbesondere im Hinblick auf Kleinanleger[1144]; er unterscheidet, wie bereits ausgeführt, also diesbezüglich zwischen Kleinanleger und Spitzeninvestor – der zu diesem Themenkomplex ergangenen Rechtsprechung Rechnung, indem nun solche Verluste nicht mehr generell versagt werden, sondern ursprünglich mit maximal 10.000 Euro je Veranlagungszeitraum steuerlich beachtlich sein sollen. Aus der Regelungstechnik des § 20 Abs. 6 S. 6 EStG lässt sich ferner erkennen, dass der Oberbegriff des Forderungsfalls für den Ausfall von Wirtschaftsgütern des § 20 Abs. 1 EStG fungiert, jedoch sollen ebenso Veräußerungstatbestände erfasst werden, die nur zu Gestaltungszwecken abgewickelt werden.[1145]

(a) Überperiodische Verlustabzugsmöglichkeit

(aa) Bezug zur privaten Aktienbeteiligung

Der Gesetzgeber beruft sich gerade auf die Möglichkeit der zeitlichen Streckung vorstehender Verluste mit dem Verweis von § 20 Abs. 6 S. 6 Hs. 2 EStG auf § 20 Abs. 6 S. 2 und 3 EStG. Daher ist wiederum grundsätzlich zwischen einem innerperiodischen Verlustausgleich und für die nicht ausgeglichenen und vorgetragenen Verluste einem überperiodischen Verlustabzug zu unterscheiden. Denn durch die Isolierung in einer weiteren separaten Schedule kommt es zu einer Einschränkung des unterjährigen Verlustausgleichs (Hs. 1) und somit des Leistungsfähigkeitsprinzips, insbesondere in Form des objektiven Nettoprinzips, da nur ursprünglich 10.000 Euro einer „wertlosen Aktienbeteiligung" mit anderen Einkünften aus Kapitalvermögen verrechnet werden können. Das Gleiche gilt für den überperiodischen Verlustabzug, da ursprünglich nur 10.000 Euro je Veranlagungszeitraum von den separierten vorgetragenen Verlusten abgezogen werden dürfen (Hs. 2). Nach dem Gesetzgeber sind mit der Regelung nur diese Fälle zu erfassen, die nicht

1143 Stellungnahme des BR v. 9.10.2020 zu BR-Drs. 356/19, S. 30 f.

1144 BT-Drs. 19/15876, S. 61.

1145 *Jochum*, in: Kirchhof/Söhn/Mellinghoff, EStG, § 20 H 68e, H 68g.

unter § 20 Abs. 6 S. 4 und S. 5 EStG fallen,[1146] und die spezielle Regelung geht dem allgemeinen Verlustverrechnungskreis vor[1147]. Aus dem Blickwinkel der privaten Aktienbeteiligung kommt die Konstellation des Forderungsausfalls indes nicht in Betracht. Für einen solchen Fall sollen mit der Regelung diejenigen steuerlich relevanten Realisationstatbestände erfasst werden, die nur aus Gründen von Gestaltungszwecken vollzogen werden, wobei als Abgrenzung zwischen „wertvollem" und „wertlosem"[1148] Anlageinstrument im Sinne des § 20 Abs. 1 EStG laut Gesetzesbegründung das Solvenzrisiko dienen soll, auf das nachfolgend noch genauer einzugehen sein wird[1149], das sich aber entweder teilweise oder bereits ganz verwirklicht haben muss.[1150] Hierdurch entsteht schon ein erstes Abgrenzungsproblem, da nicht erkennbar ist, wann sich das Solvenzrisiko bereits teilweise oder bereits ganz verwirklicht hat, so dass noch zu zeigen sein wird, dass für eine eindeutige Abgrenzung, um eine deutliche Aussage zu erhalten, der Veräußerungstatbestand sowie seine Äquivalente maßgeblich sein müssten[1151]. Daher kommen aus dem Blickwinkel einer privaten Aktienbeteiligung unter anderem folgende mögliche Fälle in Betracht, in denen nicht eindeutig die Tatbestandsvoraussetzungen des § 20 Abs. 2 EStG vorliegen wie die ersatzlose Ausbuchung von endgültig wertlos gewordenen Aktien[1152], Verluste aus der Übertragung beziehungsweise Veräußerung (fast) wertloser Aktien[1153] und die zwangsweise Übertragung wertloser Aktien ohne Gegenleistung zwischen fremden Dritten[1154].

1146 BT-Drs. 19/15876, S. 61.

1147 *Förster/v. Cölln/Lentz*, DB 2020, 353 (356).

1148 Zur Wertlosigkeit Kap. 3, I. 2. a) aa); die Finanzverwaltung hat zumindest in Bezug auf § 20 Abs. 6 S. 6 EStG mittlerweile für den Veräußerungsfall eine Eingrenzung als wertlose WG über die Grenze der Transaktionskosten unternommen, BMF-Schreiben v. 3.6.2021 – IV C 1 – S 2252/19/10003: 002, Rn. 59, BStBl. I 2021, 723 (725).

1149 Kap. 3, I. 2. a) aa).

1150 BT-Drs. 19/15876, S. 61.

1151 Kap. 3, I. 2. a) aa) und bb); vgl. auch *Dahm/Hoffmann*, DStR 2020, 81 (83), die u. a. noch eine fehlende konkrete Eingrenzung für den Begriff „wertlose Wirtschaftsgüter" bemängeln; genauso *Jachmann-Michel/Grunow*, jM 2019, 471 (473), die durch die Einführung weiterer unbestimmter Rechtsbegriffe wie eben „wertlos" eine schwindende Rechtssicherheit sehen.

1152 FG Rheinland-Pfalz EFG 2019, 365, zugleich erledigtes Verfahren, BFH – VIII R 5/19, durch Aussetzung/Ruhen bis zur Entscheidung des Verfahrens BVerfG – 2 BvL 3/21; FG Düsseldorf EFG 2017, 571.

1153 BStBl. II 2019, 221.

1154 Dieser Fall bezieht sich noch auf eine Beteiligung i. R. d. § 17 EStG, BFH/NV 2015, 198.

(bb) Verluststreckungsmöglichkeit im Zusammenhang mit dem konkreten Begründungsansatz

Im Ergebnis erfolgt mit der Neuregelung eine Einschränkung des innerperiodischen Verlustausgleichs mit der Rechtfertigung eines überperiodischen Verlustvortrags und der Möglichkeit des überperiodischen Verlustabzugs. Nach den Ausführungen zur Mindestbesteuerung des BFH ist die zeitliche Streckung von Verlusten grundsätzlich möglich, soweit der gesetzliche Gestaltungsspielraum eingehalten wurde und die Verlustausgleichsbeschränkung nicht zum vollständigen Verlustausgleich führt, sozusagen in ihrem Kernbereich so weit betroffen ist, dass eigentlich ein kompletter Ausschluss vorliegt.[1155] Jedoch verfolgt der Gesetzgeber hinsichtlich des Gestaltungsspielraums unter anderem in jedem Fall mit dieser Verlustverrechnungsbeschränkung einen Fiskalzweck, wie dieser selbst vorrechnet. Ein reiner Fiskalzweck kann, wie bereits mehrfach dargelegt, jedoch nicht alleine als Rechtfertigung dienen. Allerdings beruft sich der Gesetzgeber ebenfalls auf den Zweck der Missbrauchsvermeidungsmöglichkeit, indem er ausführt, dass gerade damit die Fälle erfasst werden sollen, mit denen eine Veräußerung nur aus Gestaltungszwecken erfolgt, obwohl das Anlageinstrument an sich wertlos ist. Der Zweck der Eindämmung beziehungsweise Vermeidung des steuerlichen Missbrauchs ist, wie bereits ebenfalls mehrfach ausgeführt, als allgemeiner Rechtfertigungsgrund anerkannt. In Bezug auf eine Aktienbeteiligung stellt sich indes schon die Frage, ob tatsächlich ein Missbrauch vorliegt, soweit der Steuerpflichtige – korrespondierend zur Gewinnbesteuerung im Fall einer Werthöhung – von seinem Recht Gebrauch macht und einen Verlust in Form eines (beinahe) Totalverlustes als relevante steuerliche Wertminderung realisiert. Daher passt in diesem Fall auch nicht das Argument der Sicherung des Steuersubstrats, da es so nur fiskalisch wirkt.

(cc) Fazit

Hinsichtlich der Rechtfertigung der innerperiodischen Verlustausgleichsbeschränkung durch die Verlustvortragsmöglichkeit und den Verlustabzug kann teilweise wieder auf die vorstehenden Ausführungen zum eigenen Verlustverrechnungskreis für Einkünfte aus Kapitalvermögen und die Ausführungen des BFH zur Mindestbesteuerung verwiesen werden.[1156] Denn Verluste aus dem Vermögensverfall einer privaten Aktienbeteiligung nach § 20 Abs. 6 S. 6 EStG sind nicht auf die Verrechnung mit der Aktienschedule begrenzt, sondern können insgesamt mit den Einkünften aus Kapitalvermögen verrechnet werden. Trotz gerechtfertigter Begrenzung der Verluste aus Kapitalvermögen auf eine eigene Schedule aus dem Argument der Vereinfachung und dem Symmetrieprinzip heraus durch die Abgeltungsteuer führt die weitere Verlustausgleichsbeschränkung in einem ersten

1155 BStBl. II 2014, 1016 (1020 f.).
1156 Kap. 2, III. 3. b) bb) und cc).

Schritt schon zu dem merkwürdigen Ergebnis, dass es im Endeffekt wieder auf den Zeitpunkt der Veräußerung beziehungsweise die Veräußerung an sich ankommt, da solche Verluste bis zum Sockelbetrag von 20.000 Euro mit den anderen Kapitaleinkünften ausgleichsfähig sind, soweit keine Veräußerung oder die Ersatztatbestände des § 20 Abs. 2 S. 2 EStG vorliegen oder (beinahe) wertlose Wirtschaftsgüter veräußert werden. Dies wirkt erstmal wie eine Begünstigung für vergleichbare wirtschaftliche Fälle, in denen aber seitens des Aktionärs eine Veräußerung seiner Aktien oder deren Ersatztatbestände – möglicherweise in der letzten juristischen Sekunde der Veräußerungsmöglichkeit – vollzogen wurde[1157]. In einem zweiten Schritt besteht jedoch der Sockelbetrag, der die Verlustausgleichsmöglichkeit weiter in der Höhe beschränkt. Vorliegend ist indes die höhenmäßige Begrenzung mit einem Sockelbetrag schon so gering gewählt, dass bereits auf der ersten Stufe der Verluststreckung fraglich ist, ob durch diese Grenze nicht schon ein Definitiveffekt eintritt beziehungsweise hierdurch angelegt ist, da eine zeitnahe Berücksichtigung von Verlusten nach dem Leistungsfähigkeitsprinzip nicht möglich ist[1158] und so die Regelung nicht gerechtfertigt werden kann. Denn es handelt sich im Endeffekt um einen (beinahe) Totalverlust im Eintritt des Falls von § 20 Abs. 6 S. 6 EStG, der eine „Vielzahl von Geschäften" notwendig machen wird, um diesen Totalverlust auszugleichen.[1159] Zwar kann ein durch ein „wertloses" Anlageinstrument herbeigeführter Totalverlust durch die kompletten laufenden Erträge nach § 20 Abs. 1 EStG oder durch alle Arten an Veräußerungsgewinnen des Abs. 2 ausgeglichen werden. Jedoch muss im Verhältnis der komplette Kapitaleinsatz, somit eben auch ein größerer Umfang an Kapital, zurückgewonnen werden. Daher ist fraglich, ob hinsichtlich eines Totalverlustes im Entstehungsjahr nicht die Möglichkeit bestehen sollte, Verluste bis zur Höhe der erzielten Gewinne des gleichen Kalenderjahres auszugleichen wie in § 23 Abs. 3 S. 7 EStG, um einem Definitiveffekt vorzubeugen. Unklar bleibt ebenso, wieso der Sockelbetrag in der Höhe nicht wie im Rahmen der Mindestbesteuerung zu § 10d EStG aus Folgerichtigkeitsaspekten ausgestaltet wurde,[1160] da gerade mit einem zu geringen Betrag im Entstehungsjahr ein späterer Eintritt eines Definitiveffekts möglicherweise schon angelegt ist, so dass auf dieser Stufe von einem Definitiveffekt auszugehen ist. Natürlich unter der Prämisse, dass der spätere Verlustabzug nicht überproportional, sondern gleich

---

1157 Vgl. *Geberth/Bartelt*, DB 2019, 2603 (2605); oder auch *Levedag*, in: Schmidt, EStG, 39. Aufl., § 20 Rn. 247, hinsichtlich eines widersprüchlichen Ergebnisses in wirtschaftlichen identischen Fällen.

1158 Vgl. *Schaumburg/Schaumburg* StuW 2013, 61 (65); oder konkret diesbezüglich auch z. B. *Drüen*, FR 2020, 663 (670), der aufgrund der tatsächlichen Auswirkungen des § 20 Abs. 6 S. 6 EStG von einem „Verlustberücksichtigungsverbot" mit einer betragsmäßigen Ausnahme für Kleinanleger spricht.

1159 *Dahm/Hoffmann*, DStR 2020, 81 (83).

1160 *Jochum*, in: Kirchhof/Söhn/Mellinghoff, EStG, § 20 H 68j.

ausgestaltet ist wie vorliegend. Diesen Ansatz unterstreicht folgender Grundgedanke schon mit, der aussagt, dass bei einer unterstellten empirischen jährlichen Rendite aus einer Aktienbeteiligung von 8,5 % nach wirtschaftlicher Betrachtung – als einen schon hohen durchschnittlichen Wert für ein Beispiel an jährlichen Kapitaleinkünften – erstmal fast zwölf Jahre notwendig sind – in einem absoluten Werte-Szenario –, um seinen Kapitaleinsatz wieder zu erlangen. Ist die gewählte Höhe eines Sockelbetrags im Entstehungsjahr zu gering, verlängert sich die an sich schon lange Zeit nach dem Durchschnittswert von zwölf Jahren weiter, da im Entstehungsjahr nicht mal die vollständigen 8,5 % zum Ausgleich gewährt werden. Als weiterer Punkt muss sich vor Augen geführt werden, dass 8,5 % ein Durchschnittswert ist, so dass bei einer durchschnittlichen Haltedauer von fünf Jahren, möglicherweise die gesamte Rendite von 42,5 % im Entstehungsjahr zum Ausgleich zur Verfügung steht und in den darauffolgenden Jahren nicht mehr. Überdies entscheidend ist dann zudem in einem letzten Schritt die genaue Höhe der Typisierung und ob dieser ein realitätsgerechtes Leitbild zugrunde gelegt wurde. Auf die konkrete Höhe im Zusammenhang des Sockelbetrags und der Begründung für die Kleinanleger oder die der Spitzeninvestoren in Bezug auf eine tatsächliche Einschätzung wird unter dem nachfolgenden Punkt eingegangen. Die dort aufgezeigte Fehleinschätzung ist auf diesen Ansatz zwar übertragbar, jedoch können vorstehende Erwägungen im Ergebnis erstmal dahinstehen, da durch das Zusammenspiel des Sockelbetrags des Verlustausgleichs und des Sockelbetrags des linear gewählten Verlustabzugs ist die Verlustverrechnungsbeschränkung des § 20 Abs. 6 S. 6 EStG in jedem Fall nicht gerechtfertigt. Denn ein Definitiveffekt ergibt sich insbesondere erst tatsächlich dann, soweit kein ausreichender Verlustabzug eingeräumt wird. Daher überschneidet sich die vorstehende Argumentation auch mit dem nachfolgenden Ansatz. Ferner ist vom Grundgedanken her zu beachten, falls der Gesetzgeber einen großzügigen Verlustabzug regelt, der noch relativ ausgestaltet ist, wird einem die Annahme eines Definitiveffekts auf dieser Stufe mit dieser Argumentation nur schwerlich gelingen.

(b) Typisierung, Sockelbetrag und Missbrauchsgedanke

(aa) Grundgedanke

Hinsichtlich der Höhe des gleichen Sockelbetrags von § 20 Abs. 6 S. 6 Hs. 1 und Hs. 2 EStG beruft sich der Gesetzgeber auf eine Typisierung. Grundsätzlich besteht bezüglich einer Verlustverrechnungsbeschränkung Gestaltungsfreiheit, wie bereits mehrfach ausgeführt, so dass der Gesetzgeber auch für diesen Fall sich einer Typisierung bedienen kann. Jedoch können die Voraussetzungen einer Typisierung keine Rechtfertigung schaffen, soweit der Gesetzgeber auf der Rechtsfolgenseite unterlassen hat, die „Verlustursachen“ oder „Zusammenhänge der Gewinnentstehung vollständig“ in der Abwägung außer Acht zu lassen.[1161] Dies ist vorliegend

1161 BStBl. II 2014, 1016 (1021).

zwar teilweise nicht geschehen, da der Gesetzgeber den Begriff der „wertlosen Anlageinstrumente" eingeführt hat und schon versucht als Verlustursache sozusagen mangelnde Gesellschaftsführung oder defizitäre Gesellschaften einzugrenzen. Der Gesetzgeber hat gerade auch erkannt, dass als Differenz zwischen Kapitaleinsatz und Kapitalerlös[1162] ein (fast vollständiger) Totalverlust als wirtschaftliches Ergebnis eintreten kann. Es liegt indes auf der Hand, dass mit der Einführung des Begriffs des wertlosen Anlageinstruments das objektive Nettoprinzip in Bezug auf das eingesetzte Kapital ausgehöhlt wird, da für diese betroffenen Konstellationen – trotz ergangener Rechtsprechung – Verluste nur separiert und gestreckt steuerlich anerkannt werden. Nachdem der Gesetzgeber einer Einschränkung des objektiven Nettoprinzips durch einen vollständigen Ausschluss entgegenwirken will, um einen Definitiveffekt zu verhindern, wird eine Verrechnung zwischen allen Einkünften aus Kapitalvermögen zugelassen und sind Verluste aus wertlosen Anlageinstrumenten einer Aktienbeteiligung nicht nur auf die Schedule der Aktienveräußerungsgeschäfte beschränkt.[1163] Andererseits ist indes fraglich, ob die Typisierung des Sockelbetrags nach § 20 Abs. 6 S. 6 Hs. 2 EStG mit dem geringen Betrag in der Höhe von 20.000 Euro[1164] wiederum nicht einen Definitiveffekt hervorruft. Denn der BFH hat in seiner Entscheidung zur Mindestbesteuerung angedeutet, dass ein „Sockelbetrag nur als unzulängliche typisierte Abwehr von Definitiveffekten"[1165] dienen kann und die dortige Argumentation des BFH ist auf diesen Fall übertragbar. Zwar hat der Gesetzgeber nach den Gesetzesmaterialien unter diesem Aspekt erkannt, dass die Beschränkung vorstehender Verluste nur auf einen (eigenen) Verlustverrechnungskreis wahrscheinlich zu einem Definitiveffekt führen wird. Daher ist die grundsätzliche Verrechnungsmöglichkeit mit sämtlichen Einkünften aus Kapitalvermögen erstmal positiv zu bewerten.

(bb) Kleinanlegerszenario

Jedoch beruft sich der Gesetzgeber in der Höhe auf eine Typisierung von 20.000 Euro (ursprünglich 10.000 Euro), die für den Kleinanleger gerade die Möglichkeit schaffen soll, seine erlittenen Verluste in diesem Zusammenhang durch seine kompletten jährlichen Einkünfte aus Kapitalvermögen im Entstehungsjahr durch Gegenrechnung auszugleichen beziehungsweise dann später abzuziehen. Die zeitliche Streckung erscheint auf den ersten Blick gerechtfertigt, da der Betrag in der Höhe plausibel sein könnte. Denn soweit sich auch auf die von *Treml* angeführte Umfrage von *TNS Infratest Sozialforschung, Sozio-oekonomisches Panel (SOEP) 2008*, berufen wird, die etwa im Zeitpunkt zur Einführung der Abgeltungsteuer erhoben

1162 *Dahm/Hoffmann*, DStR 2020, 81 (83).

1163 Vgl. BT-Drs. 19/15876, S. 61.

1164 Vgl. *Weiss*, EStB 2020, 64 (69), der i. R. d. ursprünglichen Begrenzung von 10.000 Euro von einer Art „Extremform" einer Mindestbesteuerung spricht.

1165 BStBl. II 2014, 1016 (1021 f.).

wurde, hatten nur 3 % jährlich höhere Einkünfte aus Kapitalvermögen als 10.000 Euro;[1166] fraglich ist jedoch, ab welcher Höhe konkret die Grenze zwischen Kleinanlegern und Spitzeninvestoren zu ziehen wäre. Denn soweit der gleiche Maßstab wie im Rahmen der Überprüfung des Werbungskostenabzugsverbots durch *Treml*[1167] angelegt wird, könnten nach vorstehender Statistik sogar die Anleger von 5.000 Euro bis 10.000 Euro schon als Spitzeninvestoren gelten, ohne dass der Schwellenwert von 7 % für die Annahme des vernachlässigbaren Falls als gewähltes Leitbild für die Typisierung überschritten wäre[1168], da die Summe an Anlegern – unbereinigt – mit höheren Einkünften als 5.000 Euro nur 6,4 % ausmacht. Werden nun 5.000 Euro jährlich sowie ca. zwölf Jahre bei einer unterstellten jährlichen Rendite von 8,5 % als Grundlage zur Berechnung des anfänglichen Kapitaleinsatzes eines Totalverlustes eingesetzt, beträgt der anfängliche Kapitaleinsatz 60.000 Euro. Das bedeutet, dass die breite Masse an Kleinanlegern zumindest bis zu 60.000 Euro an Kapital einsetzt bevor ein (fast beinahe) Totalverlust eintritt. Können jetzt 20.000 Euro ausgeglichen beziehungsweise jährlich abgezogen werden, wären nur drei Jahre notwendig, um den Totalverlust auszugleichen. Dies erweckt auf den ersten Blick den Anschein, dass die Verluste eines Kleinanlegers aus einem wertlosen Anlageinstrument im Verhältnis zu den jährlichen Einkünften aus Kapitalvermögen nach dieser Rechnung vollständig – auch noch innerhalb der durchschnittlichen Haltedauerfrist – genutzt werden könnten. Jedoch verkennen die Regelungen des gewählten Sockelbetrags, dass es sich im Rahmen der hier exemplarisch gewählten jährlichen 8,5 % Rendite aus Kapitel 1 um einen Durchschnittswert handelt, so dass durchaus größere Gewinne als 20.000 Euro im Kleinanlegerszenario in

---

1166 *Treml*, S. 129 f.

1167 In Bezug auf das Werbungskostenabzugsverbot werden im Ergebnis Steuerpflichtige mit geringen Einkünften aus Kapitalvermögen die Grenze von 801 Euro des Sparer-Pauschbetrags mit Darlehenszinsen, Verwalterhonoraren und Depotgebühren, die WK darstellen können, kaum überschreiten. Denn eine solche Annahme erscheint plausibel, da einerseits nach den angeführten unbereinigten Zahlen nur 6,4 % der Steuerpflichtigen Einnahmen von über 5.000 Euro im VZ generieren, so dass andererseits bei einer Unterstellung einer zehnprozentigen Werbungskostenquote – ansonsten ist bei einer höheren Quote die Renditefähigkeit schon fraglich – die breite Masse an Steuerpflichtigen unproblematisch mit ihren WK für diese Fälle unter 801 Euro liegt, so dass die anderen 6,4 % den nicht beachtlichen atypischen Fall darstellen, vgl. *Treml*, S. 127–130.

1168 Das BVerfG legte schon früh fest, dass durch das Sieb der Typisierung nur ein mäßiger Prozentsatz an betroffenen Personen gleiten darf, BVerfGE 17, 1 (24 f.). Es erkennt daher als Richtwert eine Grenze von bis zu 7 % als atypischen Fall an, z. B. BVerfGE 78, 249 (288). Während das BVerwG sogar eine Grenze von bis zu 10 % anerkannte, BVerwGE 68, 36 (41). Vgl. für diesen Ansatz auch z. B. *Treml*, S. 127 f.

einem Veranlagungszeitraum anfallen können beziehungsweise anfallen werden und in anderen Veranlagungszeiträumen – alleine schon wegen der Veräußerungstatbestände – eben keine Gewinne.[1169] Die gewählte Höhe von 20.000 Euro führt daher auch schon für die Kleinanleger zu einer Substanzbesteuerung,[1170] denn falls sozusagen Gewinne größer als 20.000 Euro zur Gegenrechnung vorhanden wären, können diese nicht genutzt werden. Im Ergebnis erfolgt die Typisierung in diesem Zusammenhang schon aus sachfremden Erwägungen, da zumindest 60.000 Euro – nach der vorstehenden empirischen Betrachtung heraus – für das Kleinanlegerszenario in der Höhe als Sockelbetrag vom Gesetzgeber hätten gewählt werden müssen. Zudem handelt es sich vorliegend im Rahmen der Annahme des Wertes einer unterstellten jährlichen Rendite von 8,5 % um einen sportlichen Wert, der trotzdem noch ca. zwölf Jahre notwendig macht, um einen Totalverlust wieder auszugleichen.

(cc) Der Blickwinkel des Spitzeninvestors

Kritisch ist ebenso, dass der Gesetzgeber als Leitbild keine konkreten Daten von der Höhe des Steueraufkommens und vor allem des Verlustvolumens von Kleinanlegern und Spitzeninvestoren im Verhältnis – gerade auch unter dem (widersprüchlichem) Blickwinkel der vollständigen Erfassung sämtlicher Wertsteigerung für diese Fälle – vorlegt, so dass dies verifiziert werden kann und nicht fraglich bleibt, ob aus diesem Aspekt schon ein falsches Leitbild gewählt wurde. Denn besteht ein Verlust von einer Million Euro durch den Verfall der Vermögenssubstanz einer privaten Kapitalanlage eines Spitzeninvestors, – also gerade auch aus einer Aktienbeteiligung wie im Wirecard-Fall als Beispiel durchaus möglich – wären mindestens fünfzig Jahre notwendig, um den Verlust nach der Verlustverrechnungsbeschränkung wieder auszugleichen.[1171] Wertsteigerungen sind indes sofort im Realisierungszeitpunkt steuerbar.[1172] Dieses irrwitzige Missverhältnis zeigt auf, dass vorliegend etwas nicht stimmen kann und fraglich ist, ob hinsichtlich der Spitzenverdiener noch von einem vernachlässigenden Härtefall im Rahmen der gewählten Typisierung ausgegangen werden kann. Der Gesetzgeber beruft sich im Rahmen der Rechtfertigung für den vernachlässigbaren Härtefall

---

1169 Ähnlich auch *Geberth/Bartelt*, DB 2019, 2603 (2605).

1170 Vgl. auch z. B. *Drüen*, FR 2020, 663 (670), der die „Kleinanlegergrenze" insgesamt schon für fragwürdig hält, jedoch zumindest in der Verrechnungsmöglichkeit von 10.000 Euro einen zu geringen Betrag sieht.

1171 Beispiel anlehnend an *Jachmann-Michel*, BB 2020, 727 (729); vgl. auch *Geberth/Bartelt*, DB 2019, 2603 (2605).

1172 Vgl. hierzu auch *Drüen*, FR 2020, 663 (671 f.), der gerade darlegt, dass mit der zu gering gewählten Verrechnungsbegrenzung ein Verstoß gegen das Gebot der folgerichtigen Ausgestaltung vorliegt, soweit keine tatsächliche Möglichkeit besteht, Verluste wie vorliegend tatsächlich steuermindernd geltend zu machen.

in Bezug auf die Spitzeninvestoren auf die Begünstigung durch den Sondertarif des § 32d Abs. 1 EStG im Zusammenhang mit den Einkünften aus laufenden Erträgen. Einerseits ist indes eine Rechtfertigung über den Ansatz des Sondertarifs bereits durch das Werbungskostenabzugsverbot des § 20 Abs. 9 EStG sowie die Verlustverrechnungsbeschränkung nach § 20 Abs. 6 S. 1 EStG „verbraucht",[1173] ansonsten könnten mit diesem Rechtfertigungsgrund immer weitere Einschnitte gerechtfertigt werden. Anderseits kann nach den vorstehenden Ausführungen nur schwerlich davon ausgegangen werden, dass der Gesetzgeber die Verlustursachen und die Zusammenhänge der Gewinnentstehung tatsächlich ordentlich gewürdigt und abgewogen hat, wenn wie in dem vorstehenden Beispiel ein krasses Missverhältnis besteht. Die Beschränkung der Verlustverrechnung auf 20.000 Euro je Veranlagungszeitraum ist auch im Hinblick auf die Spitzeninvestoren in jedem Fall zu gering, soweit auf die Höhe des Sockelbetrags abgestellt wird, da die Summe des eingesetzten Kapitals ab 60.000 Euro erst anfängt. Es fehlen zumindest wieder belastbare Daten im Rahmen einer Abwägung, insbesondere wie hoch die Verlustversagung für die Spitzeninvestoren im Härtefall tatsächlich ist. Denn auch wenn nur ein kleinerer Personenkreis betroffen ist, ist das Verhältnis des Vermögensvolumens ausschlaggebend mit dem Ansatz, wie hoch das Steueraufkommen und das Verlustvolumen der Spitzeninvestoren an der Einkommensteuer hinsichtlich der Einkünfte aus Kapitalvermögen verglichen mit den Kleinanlegern sind. Dies wiegt umso schwerer, als dass der Verlustabzug absolut, eben nur mit dem Sockelbetrag, und nicht relativ ausgestaltet ist, wie in § 10d Abs. 2 S. 1 EStG, so dass noch 60 % an Verlusten, die den Sockelbetrag übertreffen, abgezogen werden können und ein Abschmelzen des Verlustvortrags im Tatsächlichen auch möglich ist. Ferner ist aufgrund des Niedrigzinsumfelds die in der Gesetzesbegründung ausgeführte Erklärung[1174], dass der Spitzeninvestor regelmäßig in größerem Umfang laufende Erträge hat, aktuell in Bezug auf Zinseinnahmen nicht plausibel, da der durchschnittliche Kapitalmarktzins 2020 tatsächlich bei minus 0,51 % lag[1175] und noch die neueren Verwahrentgelte möglicherweise hinzukommen. Zudem hat der Spitzeninvestor bei größeren Einnahmen auch größere Verluste, zumal es sich um einen Totalverlust handelt. Darüber hinaus steht ein Totalverlust des Vermögensstamms im falschen Verhältnis zu vermehrten laufenden Erträgen.

(dd) Fazit

Die vorliegende Begrenzung der Verlustverrechnung mit dem gewählten Sockelbetrag in der Höhe führt im Ergebnis, wie vom BFH anderweitig dargestellt, zu

1173 Z. B. *Jochum*, in: Kirchhof/Söhn/Mellinghoff, EStG, § 20 H 68i.

1174 BT-Drs. 19/15876, S. 61.

1175 Abrufbar unter: *https://de.statista.com/statistik/daten/studie/201419/umfrage/entwicklung-des-kapitalmarktzinssatzes-in-deutschland/*, zuletzt abgerufen am 24.8.2022.

einer unzulänglich typisierten Abwehr des Definitiveffekts[1176], da schon die Einschränkung gegenüber den Spitzeninvestoren nicht mit der angeführten Begründung gerechtfertigt werden kann. Selbst wenn dem Gesetzgeber zugutegehalten wird, dass nicht jegliche Einzelheiten im sachlichen Anwendungsbereich beachtet werden müssen, so ist der Konsens zwischen der „zulässigen überperiodischen Verluststreckung und dem Kernbereich der Verlustverrechnung als Grundprinzip einer Ertragsbesteuerung“[1177] unausgewogen, da der Sockelbetrag für Spitzeninvestoren nur ein Tropfen auf dem heißen Stein ist. Überdies scheint das Argument der Begünstigung, wie unter anderem *Jachmann-Michel* ausführt, einerseits schon dahingehend verfehlt, dass im Vergleich zum individuellen Steuersatz die Einkünfte aus Kapitalvermögen eine gerechtfertigte eigene Schedule bilden, und anderseits ist nicht nachvollziehbar, inwiefern derselbe proportionale Steuersatz für den Kleinanleger ohne Verlustverrechnungsbeschränkung und für den Spitzeninvestor mit Verlustverrechnungsbeschränkung gerechtfertigt sein soll.[1178] *Dahm/Hoffmann* führen dazu aus, dass dem vertretenen Ansatz, der die grundsätzliche Gewährung des Verlustausgleichs von der Vermögenssituation eines Steuerpflichtigen abhängig macht, nur schwerlich zu folgen ist und er verfassungsrechtlich nicht gerechtfertigt werden kann.[1179] Sogar für den Fall, dass der Gesetzgeber möglicherweise terminologisch von einem Vergleich zu Spitzeninvestoren, die ihre Beteiligung im Betriebsvermögen halten, ausgeht, besteht in einer Gesamtschau zu der privaten Beteiligung unter anderem aufgrund keiner Abzugsmöglichkeit von Betriebsausgaben oder der Anrechnung der Vorbelastung von Körperschaftsteuer durch das Teileinkünfte- und Teilabzugsverfahren in jedem Fall keine Begünstigung.[1180] Überdies ist der Gestaltungszweck fraglich, da sich aus dem Blickwinkel einer Aktienbeteiligung keine Rechtfertigung durch das Argument der Missbrauchsvermeidung ergeben kann. Denn der Gesetzgeber führt aus, dass solche steuerlichen Realisationstatbestände nur aus Gestaltungszwecken vollzogen werden. Jedoch ist dieser Ansatz zumindest auf die private Aktienbeteiligung nicht übertragbar, da vergleichend keine angemessene Handlungsalternative existiert. Es wird der innere Zusammenhang einer Aktienbeteiligung auseinandergerissen und zudem bleibt unklar, inwiefern sich aus der „wertlosen“ Aktienbeteiligung nach Einführung der Abgeltungsteuer ein Missbrauch ableiten lässt, nur weil die Aktienbeteiligung „wertlos“ geworden ist, da als Gegenbeispiel einerseits die kurz vor der „Wertlosigkeit“ veräußerte Aktie – mit dem gleichen wirtschaftlichen Wert von

---

1176 Vgl. BStBl. II 2014, 1016 (1021 f.).

1177 BStBl. II 2014, 1016 (1022); vgl. auch *Hallerbach*, in: Herrmann/Heuer/Raupach, EStG, § 10d Rn. 13, hinsichtlich übertragbarer Argumente.

1178 *Jachmann-Michel*, BB 2020, 727 (729 f.); vgl. ebenso *Bleschick*, in: Kirchhof/Seer, EStG, § 20 Rn. 177c f.

1179 *Dahm/Hoffmann*, DStR 2020, 81 (84).

1180 *Jachmann-Michel*, BB 2020, 727 (730).

(fast) null – hingegen noch steuerbar ist und andererseits auch der Gewinn sofort versteuert wird. Die bis dato von der Rechtsprechung entschiedenen Fälle bieten ebenfalls keinen Anlass für die Annahme eines Missbrauchs seit Einführung der Abgeltungsteuer durch eine private Aktienbeteiligung. Als weitere Argumente sind einerseits anzuführen, dass der private Verlust aus einem Veräußerungsgeschäft von Aktien gerade nicht unter die typisierte Regelung des Werbungskostenabzugsverbot des § 20 Abs. 9 EStG fällt.[1181] Der Verlust nach der Ermittlungsmethode des § 20 Abs. 4 S. 1 EStG an sich wird eben dadurch nicht begrenzt. Wird dieser Ansatz auf die Verlustverrechnungsbeschränkung für die wertlose private Aktienbeteiligung übertragen, ist der vom Gesetzgeber neueingeführte Verlustverrechnungskreis des § 20 Abs. 6 S. 6 EStG durch den Sockelbetrag auf der ersten Stufe sozusagen als eine Art[1182] weiteres tatsächliches Werbungskostenabzugsverbot zu verstehen, dass doch schon indirekt und zudem periodisch durch den Sockelbetrag auf der zweiten Stufe auf den eigentlich unbegrenzt zugestandenen Verlust in der Ermittlungsmethode einwirkt. Andererseits stützt ebenfalls das Vereinfachungsargument[1183] das tatsächliche Werbungskostenabzugsverbot in § 20 Abs. 9 EStG im Zusammenhang mit der Abgeltungsteuer. Dieser Ansatz trifft offensichtlich indes auf die komplizierte Regelung des § 20 Abs. 6 S. 6 EStG keinesfalls zu, sondern führt genau zu dem Gegenteil, da unter anderem schon nur nach der Finanzverwaltung[1184] entsprechende Verluste im Veranlagungsverfahren – anstatt im Steuerabzugsverfahren – geltend gemacht werden können.

1181 Kap. 2, I. 4. b) bb) (1) (b); auch z. B. *Strohm*, S. 195.

1182 Die Ausgestaltung ist freilich anders als bei § 20 IX EStG. Der Verlustüberhang kann vorgetragen werden. Jedoch sind die tatsächlichen Aufwendungen für die Aktie als relevante Verlustgröße auf den Sockelbetrag in einem VZ gedeckelt. Die Wirkungsweise ist auf eine Art daher im Grundgedanken zu § 20 IX EStG ähnlich.

1183 Dem allgemein bekannten Grundsatz, dass einer Bruttobesteuerung eine Vereinfachungswirkung zukommt, da sich erst durch die Typisierung des Abzugsverbots für Werbungskosten die Vorteile der Vereinfachung einer Quellensteuer mit abgeltender Wirkung einstellen können, können zwar als Gegenargument z. B. in der konkreten Ausgestaltung die Vielzahl an Verwaltungsanweisungen, s. *Haisch/Krampe*, FR 2010, 311 (311), sowie die Schwierigkeiten am Rande der Abgeltungsteuer entgegengehalten werden, vgl. etwa *Hey*, in: Tipke/Lang, Rn. 8.505, jedoch ermöglicht erst das typisierte Werbungsabzugsverbot die Abgeltungswirkung des Kapitalertragsteuereinbehalts nach § 43 Abs. 5 S. 1 EStG und führt zur erheblichen Vereinfachung für die Finanzverwaltung und den Steuerpflichtigen, z. B. *Moritz/Strohm*, in: Frotscher/Geurts, EStG, § 20 (n. F.) Rn. 45.

1184 BMF-Schreiben v. 3.6.2021 – IV C 1 – S 2252/19/10003: 002, Rn. 118, 324, BStBl. I 2021, 723 (727–730).

(4) Fazit

Im Ergebnis lässt sich die Verlustverrechnungsbeschränkung des § 20 Abs. 6 S. 6 EStG nicht verfassungsrechtlich rechtfertigen.[1185] Denn der Gesetzgeber hat zwar die nachfolgend aufgezeigte Rechtsprechung des BFH[1186] durch eine grundsätzliche Verlustanerkennung legalisiert, jedoch wird durch die Einführung einer Mindestbesteuerung für solche Fälle die Rechtsfolgenseite beschränkt[1187] und im Ergebnis ist die vom Gesetzgeber hierfür vorgenommene Mindestbesteuerung in jedem Fall einerseits unausgewogen und anderseits reicht die angeführte Begründung für keine Rechtfertigung. Denn hinsichtlich der Spitzeninvestoren wird durch die zu gering gewählten Sockelbeträge des § 20 Abs. 6 S. 6 Hs. 1 und Hs. 2 EStG und die damit einhergehende unverhältnismäßige Verluststreckung, insbesondere durch die notwendig werdende zeitliche Komponente, ein Definitiveffekt hervorgerufen beziehungsweise kann ein solcher angenommen werden.[1188] Trotz Besteuerung sämtlicher Wertsteigerungen bleibt dem Spitzeninvestor im Verhältnis nur ein minimaler Betrag als Verlustausgleich oder -abzug. Auch wenn der Gesetzgeber im Rahmen der Typisierung nicht jedem Härtefall gerecht werden muss, zeigt sich durch das aufdrängende grobe Missverhältnis, ob dieser nicht sogar ein falsches Leitbild gewählt hat und auf das Verhältnis von Steueraufkommen und Verlustvolumen der Spitzeninvestoren und Kleinanlegern abstellen hätte müssen. Allgemein zeigt sich hier das Problem, umso kleiner eine Schedularisierung gewählt wird, desto größer ist der wahrscheinliche Eintritt eines Definitiveffekts.[1189] Denn sogar schon bei Kleinanlegern führen die viel zu gering gewählten

---

1185 Verfassungsrechtliche Bedenken haben auch z. B. *Bachmann/Seifert*, DStR 2021, 1 (3); *Bleschick*, in: Kirchhof/Seer, EStG; § 20 Rn. 177c f.; *Dahm/Hoffmann*, DStR 2020, 81 (85); *Dinkelbach/Briesemeister*, DB 2020, 579 (584); *Drüen*, FR 2020, 663 (672); *ders.*, Ubg 2020, 241 (254 f.); *Förster/v. Cölln/Lentz*, DB 2020, 353 (356 f.); *Fuhrmann*, NWB 2020, 150 (159); *Geberth/Bartelt*, DB 2019, 2603 (2605); *Hey*, in: Tipke/Lang, Rn. 8.506; *Jachmann-Michel*, BB 2020, 727 (729 f.); *dies.*, jM 2020, 120 (122 f.); *Jochum*, in: Kirchhof/Söhn/Mellinghoff, EStG, § 20 H 68i f.; *Levedag*, in: Schmidt, EStG, § 20 Rn. 240, der u. a. die Verstärkung der Ungleichbehandlung von Aktienverlusten durch die unterschiedliche Behandlung von Veräußerungs- und Ausbuchungsverlust seit dem VZ 2020 hervorhebt; *Weiss*, EStB 2020, 64 (69); **kritisch** *Bron*, BB 2020, 535 (540); *Krumm*, FR 2020, 197 (204), der von Durchsetzung der restriktiven Grundhaltung spricht und davon, dass Betragsgrenzen immer politische Übereinkünfte darstellen; **a. A.** etwa *Ratschow*, in: Brandis/Heuermann, EStG, § 20 Rn. 469b, mit einem Ansatz über die Typisierung und Wertlosigkeit sowie die Dogmatik der Überschusseinkünfte.

1186 Kap. 3.

1187 *Ratschow*, in: Brandis/Heuermann, EStG, § 20 Rn. 469b.

1188 Vgl. auch z. B. *Drüen*, FR 2020, 663 (672).

1189 *Jochum*, in: Kirchhof/Söhn/Mellinghoff, EStG, § 20 H 68c und H 68i.

Sockelbeträge zu einem Definitiveffekt, da zumindest aus empirischer Betrachtung zumindest 60.000 Euro notwendig wären, um den Eintritt eines solchen konsequent zu verhindern. Daher brachte die Erhöhung der Sockelbeträge von 10.000 Euro auf 20.000 Euro keine Entspannung, zumal diese Mindestbesteuerung ebenso nicht relativ[1190] ausgestaltet ist. Unklar bleibt, wieso nicht an die Sockelbeträge zur Mindestbesteuerung nach § 10d EStG angeknüpft wurde. Ferner kann die Gesetzesbegründung keine Rechtfertigung erreichen, da hinsichtlich der Spitzeninvestoren das vorgebrachte Argument der Vorteile durch den niedrigeren Sondertarif schon „verbraucht" ist. Das Argument der Missbrauchsvermeidung nur durch Gestaltungszwecke einen Steuervorteil zu erlangen, passt ebenso nicht auf die private Aktienbeteiligung, auch wenn diese wertlos ist. Darüber hinaus ist das Abstellen auf die Vermögenshöhe für die Rechtfertigung der Verlustverrechnungsbeschränkung trotz gleichen Sondertarifs zweifelhaft, also entgegen der Gesetzesbegründung erscheint es gerade nicht sachgerecht für die Rechtfertigung zwischen Kleinanleger und Spitzeninvestor zu unterscheiden[1191]. Ferner widerspricht diese Verlustverrechnungsbeschränkung indirekt der unbegrenzten zugestandenen Verlustmöglichkeit in Bezug auf die Ermittlungsmethode des § 20 Abs. 4 EStG und keiner unmittelbaren Anwendung des tatsächlichen Werbungskostenabzugsverbot nach § 20 Abs. 9 EStG auf den Verlust in diesem Rahmen. Zudem wird mit dieser Regelung der Vereinfachungsansatz im Zusammenhang mit der Abgeltungsteuer wiederum eingeschränkt. Ein sich aufdrängender Gedanke ist zumindest noch zu erwähnen: Nachdem der Gesetzgeber die wertlose private Aktienbeteiligung unter § 20 Abs. 6 S. 6 EStG fasst, bleibt fraglich, ob der Gesetzgeber seine Versäumnisse solche Fälle im Vorfeld der Einführung der Abgeltungsteuer durch die umfassende Steuerbarkeit sämtlicher Wertsteigerungen und korrespondierend der Verluste mit zu bedenken, möglicherweise so über die Hintertür wieder beseitigen will. Es besteht der Eindruck, er möchte die für ihn die damals entgegenkommende Gesetzeslage, dass solche Verluste eigentlich nur außerhalb der Haltedauerfrist angefallen sind, in ähnlicher Art wiederherstellen. Im Endeffekt hat die Verlustverrechnungsbeschränkung des § 20 Abs. 6 S. 6 EStG „de facto eine vergleichbare Wirkung", wie der wieder verworfene ursprüngliche Gesetzesentwurf des JStG 2019 zu § 20 Abs. 2 EStG, insbesondere auch mit den schon damals vorgebrachten Zweifeln an der Verfassungsmäßigkeit dieser Regelung,[1192] und daher ist der eingeschlagene Weg des Gesetzgebers auch insbesondere aus diesem Aspekt zu hinterfragen. Es ist somit nicht von der Hand zu weisen, dass die für den Steuerpflichtigen positive Rechtsprechung zur Verlustanerkennung in diesem Zusammenhang im tatsächlichen Bereich so möglicherweise wieder ausgehebelt werden soll.

1190 Vgl. auch *Weiss*, EStB 2020, 64 (69).
1191 Vgl. auch *Jachmann-Michel*, BB 2020, 727 (729 f.).
1192 *Drüen*, FR 2020, 663 (672).

ff) Altverluste

(1) Altverluste vor Einführung der Abgeltungsteuer

In Bezug auf die sogenannten Altverluste stellt sich die Frage, ob die Übergangsvorschriften zur Einführung der Abgeltungsteuer in verfassungskonformer Weise ausgestaltet sind, so dass vorher angefallene Verluste aus einer privaten Aktienbeteiligung verfassungskonform verrechnet werden können. Bis zum KroatienAnpG waren die relevanten Übergangsvorschriften für die zeitliche Anwendung des § 20 EStG ausführlich und separat in § 52a EStG geregelt, die danach mit der Neufassung zum 31.7.2014 in § 52 Abs. 28 S. 11 EStG übernommen wurden. Jedoch gab es eine gravierende Änderung in Bezug auf Verluste aus Veräußerungsgeschäften mit Wertpapieren vor Einführung der Abgeltungsteuer im Sinne des § 23 Abs. 1 S. 1 Nr. 2 EStG a. F., die bis zum Stichtag des 31.12.2008 realisiert wurden. Denn diese konnten, wie bereits ausgeführt, mit Gewinnen aus § 20 Abs. 2 EStG (n. F.) bis einschließlich zum Veranlagungszeitraum 2013 nach § 20 Abs. 6 S. 1 EStG 2009 in Verbindung mit § 23 Abs. 3 S. 9 und 10 EStG 2009 verrechnet werden (§ 52a Abs. 11 S. 11 EStG 2009); aber danach nicht mehr, da durch das KroatienAnpG § 20 Abs. 6 S. 1 EStG 2009 und § 52a Abs. 11 S. 11 EStG 2009 weggefallen sind. Seitdem können diese Altverluste nur noch weiterhin mit Gewinnen aus privaten Veräußerungsgeschäften des § 23 EStG verrechnet werden. Als maßgeblicher Stichtag für diesbezügliche Altverluste aus privaten Veräußerungsgeschäften des § 23 Abs. 1 S. 1 Nr. 2 EStG galt nach § 52a Abs. 10 S. 1 und Abs. 11 S. 4 EStG 2009 der 1.1.2009. Die Einordnung des Veräußerungsgeschäfts richtet sich ferner nach dem Anschaffungszeitpunkt der Aktienbeteiligung, so dass eine Aktienbeteiligung, die vor dem 1.1.2009 angeschafft wurde, trotz eingeführten Systemwechsels hin zur Abgeltungsteuer unabhängig von der Besteuerung nach § 23 Abs. 1 S. 1 Nr. 2 EStG a. F. zugeordnet wird, auch wenn die Veräußerung nach dem 1.1.2009 stattfindet, so dass das Halbeinkünfte- und Halbabzugsverfahren nach § 3 Nr. 40j und § 3c Abs. 2 EStG a. F. anzuwenden ist. Dies bedeutet, dass Verluste nur zur Hälfte steuerlich geltend gemacht werden können und grundsätzlich in dem ursprünglichen Verlustverrechnungskreis für private Veräußerungsgeschäfte aus Aktien des § 23 EStG verbleiben. Eine Verrechnung mit Veräußerungsgeschäften aus Aktienbeteiligungen, die nach dem 1.1.2009 angeschafft wurden, ist nicht möglich, außer der nachfolgenden Begünstigung dieser Verluste für die Übergangszeit.

Der Gesetzgeber hatte einen Übergangszeitraum von fünf Jahren geschaffen, in dem Altverluste aus Wertpapierveräußerungen des § 23 EStG mit Gewinnen aus Einkünften aus Kapitalvermögen der § 20 Abs. 2 EStG verrechnet werden konnten. Es handelte sich bei § 20 Abs. 6 S. 1 EStG 2009 um eine eigenständige Übergangsregel für die Verlustverrechnung. Dies folgte aus der Motivation heraus einem Verstoß gegen das objektive Nettoprinzip entgegenzuwirken, da Verluste aus privaten Veräußerungsvorgängen ansonsten möglicherweise verloren gingen[1193]. Denn aufgrund

1193 Vgl. BR-Drs. 220/07, S. 93; BT-Drs. 16/4841, S. 58; *Jochum*, in: Kirchhof/Söhn/Mellinghoff, EStG, § 20 H 17; *Ratschow*, in: Brandis/Heuermann, EStG, 129. Erg.-Lfg., § 20 Rn. 465a; *Strauch*, DStR 2010, 254 (254).

verschiedener getrennter Tatbestände können Veräußerungsgewinne aus Aktienbeteiligungen seit dem 1.1.2009 nicht mehr mit Verlusten aus privaten Veräußerungsgeschäften der sonstigen Einkünfte nach §§ 22 Nr. 2, 23 EStG verrechnet werden. Hinsichtlich der Begünstigung der erweiterten Verlustverrechnungsmöglichkeit für den Steuerpflichtigen könnte indes eine verfassungswidrige Ungleichbehandlung vorliegen, soweit dieser keine positiven Veräußerungsgewinne aus Aktiengeschäften innerhalb von fünf Jahren des Übergangszeitraums erwirtschaftet, um die Altverluste ausgleichen zu können. Es handelt sich für diesen Fall der Einschränkung der erweiterten und begünstigenden Verlustverrechnungsmöglichkeit um einen Verstoß gegen den allgemeinen Gleichheitssatz des Art. 3 Abs. 1 GG, da über die bereichsspezifische Konkretisierung des Leistungsfähigkeitsprinzips im Steuerrecht bei gleich hoher Leistungsfähigkeit – bezogen auf die Gesamtleistung des Steuerpflichtigen – möglicherweise nicht gerechtfertigte Einschränkungen durch einen denkbaren Definitiveffekt vorliegen, soweit vorhandene private Veräußerungsverluste aus Aktien vor Einführung der Abgeltungsteuer im Rahmen des § 23 EStG nicht mit künftigen Gewinnen aus privaten Veräußerungsgeschäften aus Aktien des § 20 Abs. 2 EStG verrechnet werden können. Ein stichhaltiger Grund indes für keine Verrechnungsmöglichkeit mehr ist der Wegfall der Haltedauerfrist. Jedoch erfolgt keine vollständige Einschränkung der Verlustverrechnung, da ein Verlustausgleich mit den privaten Veräußerungsgeschäften der sonstigen Einkünfte nach § 23 EStG noch möglich ist. Eine ungerechtfertigte Einschränkung aus Sicht des Steuerpflichtigen liegt dennoch möglicherweise in einem Verstoß gegen seinen Vertrauensschutz, indem der Steuerpflichtige darauf vertrauen darf, dass seine damaligen Verluste vor Einführung der Abgeltungsteuer in der neuen Konstellation durch die Abgeltungsteuer ebenfalls künftig zum Ausgleich mit privaten Veräußerungsgewinnen aus Aktien zur Verfügung stehen.

Ein weiteres Problem ergibt sich mit „alten“ Werbungskosten und der Übergangsvorschrift des § 52 EStG.

(a) Rückwirkung und allgemeiner Gleichheitssatz

Der Sinn und Zweck von Übergangsvorschriften liegt darin, dass es im Rahmen der Anwendung einer (neuen) Rechtsvorschrift nicht zu einer unzulässigen Rückwirkung kommt.[1194] Es gibt im GG keine ausdrückliche Nichtanwendungsformel für Steuergesetze, da Art. 103 Abs. 2 GG nur auf das Strafrecht zugeschnitten ist, jedoch folgert das BVerfG aus dem „rechtsstaatlichen Rechtssicherheitsprinzip in Verbindung mit betroffenen Grundrechten“ ein allgemeines Rückwirkungsverbot auch für Steuergesetze.[1195] Denn das EStG regelt ein Dauerschuldverhältnis, in dem Steuerpflichtigen eine „Gleichheit in der Zeit“ und ebenso eine verlässliche Planbarkeit für die Zukunft zugesprochen wird,[1196] so dass sich aus dem

1194 *Weber-Grellet*, in: Schmidt, EStG, § 52 Rn. 1.

1195 *Hey*, in: Tipke/Lang, Rn. 3.260.

1196 *Seiler*, in: Kirchhof/Seer, EStG, § 52 Rn. 11.

Rechtsstaatsprinzip des Art. 20 Abs. 3 GG unter anderem ergibt, dass ein belastendes Steuergesetz nicht auf schon abgeschlossene Tatbestände wirkt oder schutzwürdiges Vertrauen ungerechtfertigt verletzen darf.[1197] Grundsätzlich ist zwar das Rückwirkungsverbot auf belastende Gesetze anzuwenden, allerdings fällt darunter ebenfalls die rückwirkende Aufhebung oder Einschränkung eines begünstigenden Gesetzes.[1198] Das BVerfG unterscheidet ferner nach echter und unechter Rückwirkung.[1199] Eine echte Rückwirkung liegt vor, soweit die Rechtsfolgen eine Rückwirkung entfalten, also die Rechtsfolgen für den Zeitraum vor Wirksamkeit der Rechtsvorschrift gelten sollen (Rückbewirkung von Rechtsfolgen).[1200] Im Gegensatz dazu entfaltet eine Rechtsvorschrift unechte Rückwirkung, soweit es nur um eine tatbestandliche Rückanknüpfung geht, also der Eintritt der Rechtsfolge von Umständen aus der Vergangenheit abhängig gemacht wird (tatbestandliche Rückanknüpfung).[1201] Im Rahmen des EStG knüpft das BVerfG für die Unterscheidung generell an die Entstehung des Steueranspruchs nach § 38 AO an,[1202] so dass die sogenannte Veranlagungszeitraumrechtsprechung anzuwenden ist, somit das Ende des Jahres den Anknüpfungspunkt für die Entstehung des Steueranspruchs im EStG bildet.[1203] Die echte Rückwirkung ist – bis auf wenige Ausnahmen – verfassungswidrig.[1204] Aufgrund des nicht zu weit reichenden Vertrauensschutzes, vor jeglichen Enttäuschungen des Bürgers bewahrt zu sein, ist die unechte Rückwirkung grundsätzlich zulässig,[1205] jedoch unter Abwägung des Vertrauensschutzes im Verhältnis zu den öffentlichen Belangen.[1206] Die Abwägung führte jedoch

---

1197 *Recnik*, S. 237; vgl. auch *Seiler*, in: Kirchhof/Seer, EStG, § 52 Rn. 12–15.

1198 Z. B. BVerfGE 105, 17 (37); *Hey*, in: Tipke/Lang, Rn. 3.260.

1199 Grundlegend schon BVerfGE 11, 139 (145 f.).

1200 BVerfGE 72, 200 (241–243).

1201 Etwa BVerfGE 105, 17 (36 f.).

1202 Z. B. BVerfGE 72, 200 (252 f.).

1203 *Hey*, in: Tipke/Lang, Rn. 3.262, 3.264, nach dem BVerfG kommt es lediglich zu einer unechten Rückwirkung, wenn das Gesetz noch vor Jahresende verkündet wird; hierdurch besteht Kritik im Schrifttum, da u. a. die Anknüpfung an den Veranlagungszeitraum als technischen Entstehungszeitpunkt nicht mit dem Zeitpunkt zugrundeliegender Lebenssachverhalte übereinstimmt; **kritisch** daher zur Rückwirkungsrechtsprechung z. B. *dies.*, NJW 2007, 408 (409); *Schaumburg*, DB 2000, 1884 (1886).

1204 Etwa *Hey*, in: Tipke/Lang, Rn. 3.263; *Recnik*, S. 238; die vier Ausnahmen ergeben sich dadurch, dass der Steuerpflichtige damit rechnen muss, oder es besteht Unklarheit, oder es gibt keinen Vertrauensschutz auf eine ungültige Norm oder es liegen zwingende Gründe des Gemeinwohls vor, s. Einzelnachweise z. B. bei *Hey*, in: Tipke/Lang, Rn. 3.269; *Recnik*, S. 238.

1205 BVerfGE 63, 312 (330 f.); BVerfGE 50, 386 (395 f.); BVerfGE 48, 403 (416).

1206 Z. B. BVerfGE 105, 17 (43 f.).

zu dem Ergebnis, dass die Rechtsprechung bis zu den Beschlüssen vom 7.7.2010[1207] in der Vergangenheit immer von der Zulässigkeit einer unechten Rückwirkung ausging.[1208] Hinsichtlich entstandener Wertzuwächse des Vermögens räumt das BVerfG dem Steuerpflichtigen einen erhöhten Vertrauensschutz ein,[1209] so dass die rückwirkende Absenkung auf die 10 %-Schwelle im Rahmen des § 17 Abs. 1 S. 4 EStG, die Kürzung der Entlastung von Entschädigungen für entgangene Einnahmen als Abfindungen, und die rückwirkende Verlängerung der Spekulationsfrist für Grundstücke von zwei auf zehn Jahre teilweise nicht verfassungskonform waren.[1210] Dies muss im Umkehrschluss ebenso für Wertminderungen gelten. Denn die Übergangsregelungen müssen dem allgemeinen Gleichheitssatz des Art. 3 Abs. 1 GG genügen, soweit eine Ungleichbehandlung vorliegt. Denn eine Wertminderung ist nur das negative Ergebnis eines saldierten Rechenvorgangs, wie im Gegensatz die Werterhöhung nur das positive Ergebnis des saldierten Rechenvorgangs abbildet. Der Gleichheitssatz gilt genauso für ungleich begünstigende Entscheidungen wie ungleich belastende Entscheidungen und folglich ergibt sich der Rechtfertigungsmaßstab eigentlich wieder durch besonders sachliche Gründe, da auch auf begünstigender Ebene Ausnahmen an gleicher Besteuerung bei gleicher Leistungsfähigkeit diese erfordern.[1211] Es ist jedoch zu beachten, dass das BVerfG dem Gesetzgeber einen ausgesprochen weiten Gestaltungsspielraum hinsichtlich der Übergangsvorschrift komplexer Reformvorhaben und der zugehörigen Maßnahmen einräumt und einen „vernünftige[n], sich aus der Natur der Sache ergebende[n] oder sonst wie einleuchtende[n] Grund“ ausreichen lässt.[1212] Ansonsten könnte ein größeres und vielschichtiges Umstrukturierungsvorhaben aufgrund eines zu engen Rechtfertigungsmaßstabs leerlaufen. Daher begnügt sich die verfassungsrechtliche Überprüfung von Stichtags- und Übergangsvorschriften darauf, ob eine ausreichende Würdigung der Umstände für die zeitliche Einordnung

---

1207 BVerfGE 127, 1 (16–18), zur Verlängerung der Spekulationsfrist des § 23 I 1 Nr. 1 EStG a. F. von 2 auf 10 Jahre; BVerfGE 127, 31 (47–49), zur Kürzung der Entlastung von Entschädigungen für entgangene Einnahmen; BVerfGE 127, 61 (75–78), zur rückwirkenden Absenkung der Wesentlichkeitsgrenze in § 17 I 4 EStG a. F.

1208 *Hey*, in: Tipke/Lang, Rn. 3.263.

1209 Z. B. ausführlich zur konkret verfestigten Vermögensposition *Birk*, FR 2011, 1 (5–7); in diese Richtung auch *Gelsheimer/Meyen*, DStR 2011, 193 (198); **einschränkend** etwa *Desens*, StuW 2011, 113 (123), der bei allgemeinen Tariferhöhungen keinen Schutz für solche Positionen sieht, nur bei punktuellen Steuererhöhungen.

1210 BVerfGE 127, 1 (16); BVerfGE 127, 31 (49); BVerfGE 127, 61 (75); auch *Recnik*, S. 240.

1211 Z. B. BStBl. II 2017, 313 (314), zu Altverlusten aus § 23 EStG a. F.

1212 StRspr.; z. B. BVerfGE 125, 1 (18), zum Übergang vom Anrechnungs- zum Halbeinkünfte- und Halbabzugsverfahren; BStBl. II 2018, 66 (68), zu Altverlusten aus § 20 EStG a. F., die der tariflichen ESt des § 32a EStG unterlagen; BStBl. II 2017, 313 (314).

und deren Lösung in Zusammenhang mit dem System erfolgte und auch tragbar erscheint.[1213] Wie bereits ausgeführt, darf sich der Gesetzgeber eigentlich nur im Rahmen einer Neuregelung vom Prinzip der Folgerichtigkeit und von früheren Grundentscheidungen lösen, soweit es sich um eine Neukonzeption handelt, nicht jedoch bei jeglicher Ausnahmeregelung.[1214] Zudem muss eine erhebliche Ungleichbehandlung, die jedem sachlichen Grund entbehrt, so nicht hingenommen werden.[1215] Dennoch, wie angedeutet, wird dem Gesetzgeber für die Übergangsphase im Rahmen eines einschneidenden Systemwechsels das Recht eingeräumt, eine „einfach[e], praktikabl[e] und gesamtwirtschaftlic[h] tragfähige Lösun[g]" unter Nebeneinanderstellung der Anforderungen des Gebots der Folgerichtigkeit und des Leistungsfähigkeitsprinzip zu schaffen.[1216] Und grundsätzlich stellt ein einfacher und schneller Wechsel durch eine Übergangsvorschrift ein legitimes Ziel des Gesetzgebers dar.[1217]

(b) Rechtfertigung

Im Ergebnis verstößt die Übergangsvorschrift des § 23 Abs. 3 S. 9 und 10 EStG in Verbindung mit § 52a Abs. 11 S. 11 EStG 2008 nicht gegen den allgemeinen Gleichheitssatz nach Art. 3 Abs. 1 GG, da der Ausschluss der Verlustverrechnung einerseits auf dem vorstehend ausgeführten zulässigen Wechsel der Kapitalertragsbesteuerung hin zur Abgeltungsteuer beruht und andererseits der Gesetzgeber auch das Recht hat diesen Systemwechsel in überschaubarer Zeit zu beenden, obwohl die zeitliche Einschränkung der Altverlustverrechnung zu einer Ungleichbehandlung für Altverluste führt,[1218] wirkt dieser so einem Definitiveffekt für Altverluste entgegen[1219]. Denn der Gesetzgeber konnte die privaten Kapitalerträge unter eine Quellensteuer mit abgeltender Wirkung fassen, wie bereits aufgezeigt, so dass der Wechsel an sich zur Abgeltungsteuer nicht zu beanstanden ist. Daraus folgt allgemein, dass dem Gesetzgeber eine entsprechende Übergangsregel eingeräumt werden muss, um diesen Systemwechsel auch vollziehen zu können. Dass die Übergangsregelung im Konkreten rechtskonform ausgestaltet wurde, ergibt sich aus nachfolgender Betrachtung.

1213 BStBl. II 2017, 313 (314).

1214 BStBl. II 2016, 273 (276), zur Verrechnung von Altverlusten nach dem Halbeinkünfte- und Halbabzugsverfahren mit der Abgeltungsteuer.

1215 BVerfGE 125, 1 (23).

1216 BVerfG BStBl. II 2016, 310 (315).

1217 BVerfGE 125, 1 (19 f.).

1218 Z. B. BStBl. II 2018, 66 (68); BStBl. II 2017, 313 (314).

1219 Vgl. BStBl. II 2016, 273 (276).

(aa) Maßgebender Begründungsansatz

Mit Einführung der Abgeltungsteuer hat sich der Gesetzgeber auf den Übergang der Neuregelung zum Stichtag des 1.1.2009 festgelegt, so dass seit diesem Zeitpunkt eine Trennung der unterschiedlichen Systeme der Verlustverrechnung, einerseits von Halbeinkünfte- und Halbabzugsverfahren und andererseits der Abgeltungsteuer für Veräußerungsgeschäfte aus Aktien, gilt und eine grundsätzliche Verrechnung von Altverlusten mit Neugewinnen ausgeschlossen ist; denn entscheidend für die Rechtfertigung unter Beachtung des Gestaltungsspielraums des Gesetzgebers für Übergangsregelungen ist, dass nach diesem Grundsatz der Ausschluss des vertikalen Verlustausgleichs für diesen Fall als Grundregel gilt und sich die vorübergehende Verrechnungsmöglichkeit nur als eine privilegierte Ausnahme darstellt[1220], so dass sich eine belastende Wirkung der Übergangsvorschrift allenfalls durch die zeitliche Begrenzung ergeben kann.[1221] Die Rechtsprechung des BFH beruft sich auf das Argument, dass kein vollständiger Ausschluss der Verlustverrechnung mit Abschaffung der Privilegierung einhergeht, da die Altverluste ohne Einschränkung auf Zeitebene sowie in der Höhe weiterhin mit steuerbaren Gewinnen aus privaten Veräußerungsgeschäften nach § 23 EStG verrechenbar sind, so dass zwar eine mögliche wirtschaftliche Entwertung zurückbleibt, die jedoch der tatsächlichen Möglichkeit künftig Gewinne aus privaten Veräußerungsgeschäften zur Verrechnung vorzutragen weichen muss.[1222]

(bb) Fazit

Diesem Ansatz ist zuzustimmen, denn unter die privaten Veräußerungsgeschäfte fällt weiterhin eine große Anzahl an Veräußerungstatbeständen von unter anderem auch werthaltigen Wirtschaftsgütern wie Grundstücken, Rohstoffen oder Devisen, so dass ein Definitiveffekt nicht zu befürchten ist. Zu beachten ist indes noch, dass der Steuerpflichtige im Rahmen der privaten Veräußerungsgeschäfte nur durch Wahl des Veräußerungszeitpunktes selbst entscheiden kann, ob seine Gewinne versteuert werden, so dass sich hierüber die Rechtfertigung für die Beschränkung der vertikalen Verlustverrechnung ergibt.[1223] Dieser Ansatz gilt weiterhin für solche privaten Veräußerungsgeschäfte aus § 23 EStG, die im Zusammenhang mit Altverlusten zur Gegenrechnung zur Verfügung stehen, so dass unter diesem Aspekt eine Einschränkung der Verlustverrechnung nicht zu beanstanden ist.[1224] Zudem ergibt sich kein ungerechtfertigter Verstoß gegen den allgemeinen Gleichheitssatz durch die zeitliche Einschränkung der Übergangsregelung auf fünf Jahre.

1220 Vgl. BStBl. II 2016, 273 (276).

1221 BStBl. II 2017, 313 (314).

1222 So in etwa BStBl. II 2017, 313 (314 f.).

1223 BFH/NV 2016, 1691 (1694); BStBl. II 2007, 259 (260 f.).

1224 BStBl. II 2017, 313 (315).

Denn der Gesetzgeber war befugt einen Zeitraum von nur fünf Jahren als Übergang zu wählen, da das BVerfG eine zeitliche Beschränkung des allgemeinen Verlustvortrags im Rahmen des § 10d EStG 1976 auf fünf Jahre akzeptiert hatte.[1225] Zudem vertritt der BFH die Auffassung, dass im Rahmen des vorliegenden Systemwechsels keine sachlichen Gründe für eine Übergangsvorschrift vorliegen müssen, da dieser aufgrund der Trennung der Systeme Halbeinkünfte- und Halbabzugsverfahren und Abgeltungsteuer hierzu berechtigt war, so dass ein Ungleichgewicht der Belastungsgleichheit dem Systemwechsel geschuldet ist, jedoch mit der Möglichkeit einer „sachfremden Verrechnung“ durch die zeitlich befristete Übergangsvorschrift eine „ausreichende und angemessene“ Kompensation schafft.[1226] Dies kann indes dahinstehen, da des Weiteren durch die teilweise mögliche wirtschaftliche Entwertung kein ungerechtfertigter Vertrauensschaden erfolgt, soweit eine rechtfertigungsbedürftige unechte Rückwirkung angenommen wird. Nachdem sich die Rechtslage für Aktien, die vor dem Stichtag des 1.1.2009 angeschafft wurden, nicht geändert hat, sondern weiterhin nach § 23 Abs. 3 S. 9 und 10 in Verbindung mit § 52a Abs. 11 S. 11 EStG 2008 galt, konnte es erstmal schon zu keiner echten Rückwirkung kommen.[1227] Denn zum Verständnis ist sich nochmal vor Augen zu führen, dass steuerbare Veräußerungsverluste vor Einführung der Abgeltungsteuer nur entstehen konnten, soweit diese innerhalb der zuletzt geltenden Haltedauerfrist von einem Jahr realisiert wurden, so dass steuerbare Entstehungsverluste in diesem Zusammenhang nach dem Veranlagungszeitraum 2009 nicht mehr vorliegen konnten. Jedoch liegt eine unechte Rückwirkung vor, da die „nachträgliche, belastende Änderung der Rechtsfolge eines in der Vergangenheit liegenden Verhaltens“, folglich dass die bis zur Einführung der Abgeltungsteuer beziehungsweise im ersten Veranlagungszeitraum danach entstandenen und festgestellten Veräußerungsverluste nach dem Veranlagungszeitraum 2013 nicht mehr zum Ausgleich mit „Neugewinnen aus Aktienveräußerungen“ zur Verfügung stehen, gegeben ist.[1228] Eine Rechtfertigung dieser unechten Rückwirkung ergibt sich allerdings daraus, dass die Übergangsregelung einerseits geeignet und erforderlich ist den Systemwechsel zur Abgeltungsteuer zu vollziehen und anderseits auch angemessen ausgestaltet wurde. Denn die teilweise wirtschaftliche Entwertung der Altverluste nach einer Nebeneinanderstellung von schützenswertem Vertrauen zu dem zeitlichen Argument der Dringlichkeit der Vollziehung des Systemwechsels hält sich im Rahmen des Zumutbaren, da zwar hinsichtlich einer weggefallenen Verlustverrechnungsmöglichkeit eine Minderung des wirtschaftlichen Vermögenswertes in Bezug auf den Verlustverrechnungsanspruch besteht.[1229] Jedoch

1225 BVerfG DStR 1991, 1278 (1279), mit dem einjährigen Verlustrücktrag und dem -ausgleich betrug der Zeitraum insgesamt jedoch 7 Jahre.

1226 BStBl. II 2017, 313 (315); **a. A.** ausführlich *Hey*, FR 2014, 349 (350–353).

1227 BStBl. II 2016, 583 (585).

1228 BStBl. II 2017, 313 (315).

1229 BStBl. II 2017, 313 (315 f.).

als Grundvoraussetzung ist die aufschiebende Bedingung, dass künftig überhaupt wieder Gewinne zur Gegenrechnung anfallen würden,[1230] schon in die Abwägung einer vollen Verlustverrechnung miteinzubeziehen, da nach dem BVerfG keine vertrauensrechtliche Position vorliegt, soweit nur eine theoretische bloße Möglichkeit besteht, „Gewinne später steuerfrei vereinnahmen zu können",[1231] und es kann somit nicht anfänglich mit einer kompletten künftigen Verlustverrechnung gerechnet werden.[1232] Daher ist die Übergangsdauer von fünf Jahren in einer Gesamtschau im Zusammenhang mit dem komplexen Systemwechsel der Kapitalertragsbesteuerung hin zur Abgeltungsteuer angemessen und im Rahmen des allgemeinen Gleichheitssatzes nach Art. 3 Abs. 1 GG gerechtfertigt. Zudem ergibt sich eine Rechtfertigung wieder aus dem Argument der Vereinfachung, da die Altverluste ansonsten auch nach Ablauf der Übergangsfrist wieder eine Veranlagung erfordern. Hinzu kommt, dass diese Verluste weiterhin unbegrenzt im Rahmen des § 23 Abs. 1 EStG geltend gemacht werden können. Darüber hinaus hat der Gesetzgeber mit der Verrechnungsmöglichkeit von fünf Jahren die durchschnittliche Haltedauer von Aktien im Privatvermögen – möglicherweise zufällig – realitätsgerecht abgebildet, so dass die Wahrscheinlichkeit sehr hoch ist, dass in diesem Zeitraum verrechenbare Gewinne tatsächlich anfallen.

(cc) Besonderheit der „alten" Werbungskosten

Im Zusammenhang mit dem weiter angeführten Problem der Werbungskosten vor Einführung der Abgeltungsteuer stellt der BFH[1233] bei Anwendung der Übergangsvorschriften strikt auf das Zu- und Abflussprinzip ab und missachtet den wirtschaftlichen Zusammenhang von zeitlich auseinanderfallenden Werbungskosten und Einnahmen.[1234] Es wird nach Einführung der Abgeltungsteuer nur auf den Abfluss der Werbungskosten abgestellt, so dass der frühere Anschaffungszeitpunkt keine „Abschirmwirkung" entfaltet und vormals grundsätzlich geleistete Werbungskosten entfallen.[1235] Diese durch die Rechtsprechung gewonnene Klarheit geht zu Lasten des „Veranlassungszusammenhang[s] von Einnahmen und Ausgaben" und drängt das objektive Nettoprinzip in diesem Punkt „vorübergehend vollständig"

1230 Vgl. BStBl. II 2008, 608 (612).

1231 Vgl. BVerfGE 127, 1 (20 f.).

1232 BStBl. II 2017, 313 (316 f.).

1233 Vgl. BStBl. II 2015, 255 (257), zu Schuldzinsen als WK.

1234 *Ratschow*, in: Brandis/Heuermann, EStG, § 20 Rn. 14b.

1235 *Jochum*, in: Kirchhof/Söhn/Mellinghoff, EStG, § 20 K 38, hinsichtlich der regelmäßig wiederkehrenden Ausgaben wie Depotgebühren, jedoch ohne Schuldzinsen, wurde die 10-Tage-Regel einmalig aus Billigkeitsgründen bis zum 31.1.2009 verlängert, BMF-Schreiben v. 18.1.2016 – IV C 1 – S 2252/08/10004: 017, Rn. 323, BStBl. I 2016, 85 (131).

zurück.[1236] Für die Rechtfertigung kann jedoch auf die Rechtfertigung des tatsächlichen Werbungskostenabzugsverbots nach Einführung der Abgeltungsteuer dem Grunde nach[1237] sowie die vorstehenden Argumente verwiesen werden.

(2) Altverluste im Zusammenhang mit der „Wertlosen-Wirtschaftsgüter-Klausel" des § 20 Abs. 6 S. 6 EStG

Hinsichtlich der Übergangsregelung im Zusammenhang mit der „Wertlosen-Wirtschaftsgüter-Klausel" des § 20 Abs. 6 S. 6 EStG ist § 52 Abs. 28 S. 26 EStG anzuwenden. Danach ist die „Wertlose-Wirtschaftsgüter-Klausel" des § 20 Abs. 6 S. 6 EStG erstmals auf Verluste anzuwenden, die nach dem 31.12.2019 entstehen, so dass als Stichtag der 1.1.2020 für den Veranlagungszeitraum ab 2020 gilt. Die Regelung wurde am 21.12.2019 auf den Weg gebracht. Folglich ist eine echte Rückwirkung ausgeschlossen, da das Gesetz an Rechtsfolgen anknüpft, die nach Wirksamkeit der Übergangsregelung eintreten. Der Verlust an sich entsteht zwar erst im Realisationszeitpunkt, ein Problem ergibt sich indes dadurch, dass in der Übergangsregelung eine rechtfertigungsbedürftige unechte Rückwirkung vorliegt. Denn im Ergebnis besteht eine tatbestandliche Rückanknüpfung, da die Rechtsfolge abhängig gemacht wird aus Umständen der Vergangenheit. Für die Annahme der Wertlosigkeit eines Anlageinstruments des § 20 Abs. 1 EStG gilt laut Gesetzesbegründung erstmal das Solvenzrisiko, dass sich teilweise oder ganz verwirklicht haben muss[1238]. Neben den begrifflichen Abgrenzungsschwierigkeiten führt dies zu einem weiteren Problem für eine Aktienbeteiligung, wie folgendes Beispiel verdeutlichen soll:

Ein Steuerpflichtiger hält eine (fast) wertlose Aktie in seinem Depot. Das Solvenzrisiko hat sich vor dem 1.1.2020 verwirklicht, indem die AG zum Beispiel einen Insolvenzantrag stellte. Unter der Annahme, dass keine Sanierungsversuche fruchten, geht die AG in Liquidation. Dann wird auf die Aktien eine Veräußerungssperre verhängt und der Steuerpflichtige kann über diese nicht mehr frei verfügen, bis die Aktien als Beispiel einfach aus dem Depot des Steuerpflichtigen ausgebucht werden. Hierbei handelt es sich um einen Totalausfall, da der Liquidationserlös grundsätzlich geringer als die Verbindlichkeiten ist. Und erst in dem Zeitpunkt der Ausbuchung wird der Vermögensverfall realisiert und der Steuerpflichtige erhält einen tatsächlichen (und steuerbaren) Verlust, der jedoch aufgrund der Legalisierung der neueren Rechtsprechung für solche Fälle durch den Gesetzgeber dann

---

1236 *Ratschow,* in: Brandis/Heuermann, EStG, § 20 Rn. 14b; **kritisch** Anm. *Szrubarski/Lück,* DStR 2015, 635 (636 f.).

1237 S. schon Kap. 2, I. 4. b) bb) (1)(a).

1238 BT-Drs. 19/15876, S. 61.

wieder in der Höhe über die Verlustverrechnungsbeschränkung des § 20 Abs. 6 S. 6 EStG beschnitten wird.

Nachdem mit der Wertlosigkeit an eine Rechtsfolge angeknüpft wird, die schon Jahre vor dem 1.1.2020 eingetreten sein kann, ist das Abstellen auf den Verlusteintritt fraglich. Denn nach der nachfolgenden neueren Rechtsprechung des BFH[1239] konnte ein Steuerpflichtiger (kurzfristig) darauf vertrauen, dass Verluste aus dem Vermögensverfall einer wertlosen privaten Aktienbeteiligung seit Einführung der Abgeltungsteuer durch den Paradigmenwechsel vollumfänglich steuerbar sind, sobald der Verlust dann tatsächlich – im Beispielsfall durch die schlichte Ausbuchung – später realisiert wird. Eine Rechtfertigung, wieso der Gesetzgeber rückwirkend an die Wertlosigkeit anknüpft, also sich das Solvenzrisiko teilweise oder ganz realisiert hat und für den Verlusteintritt nach § 20 Abs. 6 S. 6 EStG den maßgeblichen Zeitpunkt darstellen soll, bleibt dieser indes schuldig. Unbestritten kann ein Verlust nur steuerliche Wirkung entfalten, soweit dieser realisiert wird.[1240] Daher ist im Ergebnis die Ungleichbehandlung nach den vorstehenden Ausführungen und Argumenten zu einer Übergangsregelung nicht angemessen und gerechtfertigt, da gerade ein plausibler Übergangszeitraum fehlt, oder soweit nicht der Gesetzgeber klarstellt, dass darunter nur solche Verluste fallen sollen, bei denen das Solvenzrisiko eben erst nach dem Stichtag des 1.1.2020 teilweise oder ganz verwirklicht hat. Die Finanzverwaltung[1241] hat mittlerweile die Wertlosigkeit eingegrenzt und hält am Realisationszeitpunkt fest, missachtet aber, dass das Solvenzrisiko grundsätzlich erstmal auf Gesellschaftsebene und nicht Gesellschafterebene eintritt und es offensichtlich sein kann, dass die Aktien, aufgrund dem Abwicklungsprozess, schon länger wertlos sind[1242]. Anderseits reicht hingegen grundsätzlich die Eröffnung des Insolvenzverfahrens für die Annahme der Wertlosigkeit gerade nicht aus.[1243]

(3) Fazit

Während der Gesetzgeber im Rahmen der Begünstigung für Altverluste aus Wertpapieren des § 23 EStG vor dem Übergang zur Abgeltungsteuer eine angemessene und gerechtfertigte[1244] Übergangsregelung mit dem Zeitrahmen von fünf Jahren schaffte, wirkt die Übergangsregelung für Altverluste nach der „Wertlosen-Wirtschaftsgüter-Klausel“ des § 20 Abs. 6 S. 6 EStG unklar wie auch

1239 Kap. 3, III.

1240 BStBl. II 2021, 378 (379).

1241 BMF-Schreiben v. 3.6.2021 – IV C 1 – S 2252/19/10003: 002, Rn. 59, 63, BStBl. I 2021, 723 (725, 727).

1242 BStBl. II 2021, 385 (386); FG München EFG 2017, 1792 (1793).

1243 Kap. 3, I. 2. a) aa); FG München EFG 2018, 1705 (1706), rkr.

1244 Auch etwa BStBl. II 2018, 66 (68); BStBl. II 2017, 313 (314); oder vgl. exemplarisch *Klotz*, S. 224, 231 f.; *Recnik*, S. 241; **a. A.** etwa *Hey*, FR 2014, 349 (353).

unangemessen. Nachdem der Gesetzgeber berechtigt ist große Reformvorhaben zeitnah abzuschließen und sich unter anderem auf den Grund der Trennung der verschiedenen Systeme berufen kann, besteht schon ein erstes Problem hinsichtlich der Übergangsregel des § 52 Abs. 28 S. 26 EStG dahingehend, dass die „Wertlose-Wirtschaftsgüter-Klausel“ an sich schon nicht gerechtfertigt werden kann. Dann kann dies ebenso einerseits für eine zugehörige Übergangsregelung nicht möglich sein, da schon der legitime Reformzweck an sich fehlt. Andererseits ist die Übergangsregelung nicht eindeutig ausgestaltet, so dass in jedem Fall der Vertrauensschutz des Steuerpflichtigen überwiegt, soweit sich das teilweise oder ganze Solvenzrisiko schon vor dem 1.1.2020 verwirklicht hat. Folglich eine offensichtliche Wertlosigkeit der Aktien schon vor dem 1.1.2020 bestand.

c) Fazit

Eine Rechtfertigung der Verlustverrechnungsbeschränkung für die Schedule der Einkünfte aus Kapitalvermögen nach § 20 Abs. 1 EStG ergibt sich aus dem Argument der Vereinfachung im Zusammenhang mit dem folgerichtigen Symmetriegedanken, jedoch nicht unter dem Aspekt einer Missbrauchsvermeidungsvorschrift oder durch die grundsätzlich gestreckte horizontale Verlustverrechnungsmöglichkeit, da sich hierauf der Gesetzgeber gar nicht beruft. Die Schedule in der Schedule für Aktienveräußerungsverluste nach § 20 Abs. 6 S. 4 EStG hingegen kann nicht gerechtfertigt werden, da es schon an einem sachlich einleuchtenden Grund für die Differenzierung zu anderen privaten risikobasierenden Kapitalanlageprodukten bei gleicher finanzieller Leistungsfähigkeit fehlt. Zumal andere Anlageprodukte ebenfalls auf Aktien beruhen, jedoch hiervon nicht erfasst werden. Das Argument der Verhinderung von Haushaltsrisiken ist zu abstrakt gehalten und stellt nur einen Fiskalzweck dar; ebenso trifft das Missbrauchsvermeidungsargument durch die umfängliche Steuerbarkeit jeglicher Wertsteigerungen aus privatem Kapitalvermögen nicht mehr zu, insbesondere erscheint die fehlende Verrechnungsmöglichkeit von Dividenden mit Wertminderungen des Vermögensstamms trotz gleicher Einkunftsquelle ungerechtfertigt. Zudem scheitert das Spekulationsargument auf Kosten der Allgemeinheit für gerechtfertigte Sonderlasten schon an der falschen Auswahl des Leitbilds für die Typisierung, da auf die Inhaber anstatt auf das Vermögensvolumen und Risikopotential abgestellt wird sowie die zeitliche Einschätzung gar nicht zutrifft. Des Weiteren ist die Besserstellung des wesentlich Beteiligten oder die der betrieblichen Aktienbeteiligung trotz gleichen abstrakten Verlustpotentials nicht nachvollziehbar. Das Argument des Eintritts eines Definitiveffekts ist aufgrund der unbegrenzten Vortragsmöglichkeit zu verneinen. Genauso verhält es sich mit der Verlustverrechnungsbeschränkung des § 20 Abs. 6 S. 6 EStG. Diese ist nicht zu rechtfertigen, da die vorgenommene Mindestbesteuerung einerseits unausgewogen ist und anderseits die angeführte Begründung keiner Rechtfertigung genügt. Denn hinsichtlich der

Spitzeninvestoren besteht ein krasses Missverhältnis durch die Sockelbeträge, was die Annahme eines Definitiveffekts stützt. Es handelt sich auch um keinen Härtefall mehr, sondern der Gesetzgeber hat hier ebenso ein falsches Leitbild gewählt, indem er nicht auf das Verhältnis von Vermögensvolumen zu Steueraufkommen abstellte. Zumindest kann die Annahme des Eintritts eines Definitiveffekts sogar schon bei den Kleinanlegern angenommen werden. Die angeführte Begründung des Gesetzgebers, dass Verluste von der Vermögenshöhe an sich abhängig gemacht werden, bei einem immer gleichen Sondertarif, ist nur schwerlich zu folgen und die Unterscheidung zwischen Kleinanlegern und Spitzeninvestoren diesbezüglich nicht nachvollziehbar. Zumal das Argument des niedrigen linearen Tarifs schon „verbraucht" ist und das Argument der Missbrauchsvermeidungsvorschrift nicht zutrifft. Zudem wirkt die Regelung dem Vereinfachungsargument der Abgeltungsteuer entgegen und widerspricht indirekt dem Ansatz, dass ein Verlust nicht im Rahmen der Ermittlungsmethode des § 20 Abs. 4 EStG durch das tatsächliche Werbungskostenabzugsverbot des § 20 Abs. 9 EStG beschränkt wird. Die wieder weggefallene Übergangsregelung für Altverluste vor Einführung der Abgeltungsteuer wurde rechtskonform ausgestaltet. Eine Begünstigung von fünf Jahren erschien angemessen. Die Übergangsregelung des § 52 Abs. 28 S. 26 EStG ist aufgrund dessen Unklarheit und möglichen Vertrauensschutzes sowie keiner Rechtfertigungsmöglichkeit der „Wertlose-Wirtschaftsgüter-Klausel" an sich nicht gerechtfertigt.

d) Vergleichende Betrachtung zu Verlustverrechnungsbeschränkungen aus anderen ertragsteuerlichen Tatbeständen

Das vorstehende Ergebnis wird zudem durch eine vergleichende Betrachtung zu weiteren Verlustverrechnungsbeschränkungen des EStG aus anderen ertragsteuerlichen Tatbeständen gestützt. Die Rechtsprechung und zum großen Teil das Schrifttum erkennen grundsätzlich entsprechende andere Verlustverrechnungsbeschränkungen an; hierunter fallen insbesondere die Verlustverrechnungsbeschränkungen erstens im Zusammenhang mit negativen Einkünften aus Drittstaaten nach § 2a EStG[1245], zweitens in Bezug mit Verlusten des Kommanditisten nach § 15a

1245 Für eine Vereinbarkeit mit dem GG aufgrund keines Verstoßes gegen Art. 3 I GG im Zusammenhang mit dem Leistungsfähigkeitsprinzip z. B. BFH/NV 2002, 14 (15); BFH/NV 1994, 100 (101); BStBl. II 1993, 399 (403); *Wagner*, in: Brandis/Heuermann, EStG, § 2a Rn. 55; auch etwa *Herkenroth/Striegel*, in: Herrmann/Heuer/Raupach, EStG, § 2a Rn. 9; **kritisch** *Frotscher*, in: Frotscher/Geurts, EStG, § 2a Rn. 13–13b, der von „bedenklich" spricht; *Vogel*, in: Kirchhof/Söhn/Mellinghoff, EStG, § 2a Rn. A 16, der ein „noch" in Klammern vor die Vereinbarkeit setzt; **a. A.** vgl. z. B. *Friauf*, StuW 1985, 308 (313–318); *Jehner*, DStR 1986, 279 (279, 282), im Zusammenhang mit der Frage der Verfassungswidrigkeit aufgrund der fehlenden

EStG[1246] und drittens weiterhin Verluste aus privaten Veräußerungsgeschäften nach § 23 Abs. 3 S. 7 und 8 EStG[1247]. In allen drei Fällen können Verluste entstehen, die augenscheinlich die Leistungsfähigkeit des Steuerpflichtigen mindern. Diese sind jedoch in der Verrechnungsmöglichkeit beschränkt, so dass eine Einschränkung des objektiven Nettoprinzips erfolgt. Ein konkreter Zusammenhang mit Verlusten

---

Übergangsregelung für Altinvestoren; *Loritz/Wagner*, BB 1991, 2266 (2270), die ebenso das Übermaßverbot aufzeigen. Selbst wenn ein DBA der Regelung des § 2a I EStG widerspricht, ist § 2a I EStG nicht unwirksam, s. z. B. *Frotscher*, in: Frotscher/Geurts, EStG, § 2a Rn. 11; auch schon *Manke*, DStZ 1984, 235 (238–240, 242); **a. A.** etwa *Pflugfelder*, FR 1983, 319 (321 f.), soweit ein Progressionsvorbehalt im DBA vereinbart ist, da eine einseitige Änderung durch nationales Recht erfolgt, wenn ein negativer Progressionsvorbehalt nicht anerkannt wird. Ferner hat der Gesetzgeber die vormalige Unvereinbarkeit des § 2a I und II EStG mit den europäischen Grundfreiheiten, vgl. z. B. EuGH (Busley/Cibrian) BFH/NV 2009, 2091 (2093 f.), zur Kapitalverkehrsfreiheit; EuGH (Rewe Zentralfinanz) BStBl. II 2007, 492 (497–499), zur Niederlassungsfreiheit; EuGH (Ritter-Coulais) DStR 2006, 362 (363–365), für beide Fälle; s. auch BStBl. II 2008, 671 (672 f.), im Anschluss an EuGH (Rewe Zentralfinanz) BStBl. II 2007, 492; oder BFH/NV 2007, 410 (412), im Anschluss an EuGH (Ritter-Coulais) DStR 2006, 362, beseitigt, indem er die Beschränkung der Abziehbarkeit von ausländischen Verlusten durch das JStG 2009 nur noch auf Drittstaaten begrenzt, vgl. etwa *Frotscher*, in: Frotscher/Geurts, EStG, § 2a Rn. 14–14b. Es erfolgte grundsätzlich eine Angleichung an europäische Maßgaben, BFH/NV 2013, 246 (247). Die Fortgeltungsregelungen und finale Verluste sind nochmal gesondert zu betrachten.

1246 Für eine Verfassungsmäßigkeit z. B. BStBl. II 2000, 265 (266); vgl. auch BStBl. II 1996, 226 (228), zur Patronatsverpflichtung; BFH/NV 1998, 1078 (1079 f.), i. R. e. atypischen stillen Gesellschafters; BStBl. II 1994, 492 (494 f.), i. R. e. GbR; ebenfalls etwa *Baldi*, in: Frotscher/Geurts, EStG, 151. Erg.-Lfg., § 15a Rn. 100 f.; **kritisch** z. B. *v. Beckerath*, in: Kirchhof/Söhn/Mellinghoff, EStG, § 15a Rn. A 271–A 303. Die Verlustverrechnungsbeschränkung der nachträglichen Einlagen des § 15 Ia 1 EStG nach dem 24.12.2008 (§ 52 XXXIII 6 EStG 2009) sind gesondert zu betrachten. Es wird vertreten, dass eine diesbezügliche Vereinbarkeit mit Art. 3 I GG nicht ersichtlich ist, z. B. *Heuermann*, NZG 2009, 321 (324); vgl. auch *Wacker*, DStR 2009, 403 (405 f.); *ders.*, in: Schmidt, EStG, § 15a Rn. 117.

1247 Für eine Vereinbarkeit mit dem GG z. B. BFH/NV 2016, 1691 (1694), i. R. v. Stillhaltergeschäften; vgl. auch BStBl. II 2008, 26 (27 f.), zu Devisenoptionsgeschäften im Zusammenhang mit Einkünften aus VuV (EStG 2000); BStBl. II 2007, 259 (260), zu § 23 III 8 und 9 EStG 2000; BStBl. II 2005, 26 (30), der BFH ging ab dem VZ 1999 zuerst von einer Verfassungsmäßigkeit ohne explizite Begründung aus; ebenfalls etwa *Ratschow*, in: Brandis/Heuermann, EStG, § 23 Rn. 234, zu § 20 III 7 EStG.

aus einer privaten Aktienbeteiligung für diese Arbeit liegt zwar nicht (mehr teilweise) vor, so dass deren Ansatz direkt übertragbar wäre.[1248] Dennoch lassen sich mit einer vergleichenden Betrachtung dieser Verlustverrechnungsbeschränkungen zu § 20 Abs. 6 EStG und insbesondere in Bezug auf die private Aktienbeteiligung Rückschlüsse auf die Verlustverrechnungsbeschränkungen des § 20 EStG ziehen. Denn durch die anderen Regelungen soll die Missbrauchsmöglichkeiten der Steuervermeidung, die sich in den vorliegenden Situationen berechtigt ergeben können, eingegrenzt werden, um eine tatsächliche Belastungsgleichheit zu erreichen. In allen drei Fällen hat der Gesetzgeber in der Gesetzesbegründung[1249] ausgeführt, dass die Beschränkungen im Ergebnis dem Ziel einer nachvollziehbaren Steuergerechtigkeit dienen sollen. Diese beinhalten jeweils einen Ausschluss des vertikalen Verlustausgleichs nach § 2 Abs. 3 EStG – bis auf die zeitlich beschränkte, aber gerechtfertigte[1250] Ausnahme des § 23 Abs. 3 S. 9 und 10 EStG 2009 hinsichtlich der Altverluste mit der Verrechnungsmöglichkeit von Veräußerungsgewinnen nach § 20 Abs. 2 EStG aus den angeführten Beweggründen. In diesem Zusammenhang sind die drei relevanten Verlustverrechnungsbeschränkungen für die private Aktienbeteiligung des § 20 Abs. 6 S. 1 EStG, des S. 4 und des S. 6 auf der Rechtsfolgenseite vergleichbar, da der vertikale Verlustausgleich ebenfalls nicht möglich ist.

1248 Ausländische negative Kapitaleinkünfte im Zusammenhang mit § 20 EStG fallen gerade nicht unter eine Nummer des § 2a I 1 EStG; nur negative ausländische Einkünfte aus einer wesentlichen Beteiligung nach § 17 EStG werden von § 2a I 1 Nr. 4 EStG erfasst. Eine direkte Anwendung des § 15a EStG auf eine Aktienbeteiligung im Rahmen des § 20 EStG liegt nicht vor; ein Bezug zu den Einkünften aus Kapitalvermögen kann sich zumindest aus § 20 I Nr. 4 EStG ergeben, der nach S. 2 auf Anteile des stillen Gesellschafters am Verlust eines Betriebes § 15a EStG sinngemäß anwendet. In Bezug auf die Verlustverrechnungsbeschränkung des § 23 EStG kann diese zwar noch im Rahmen von Altverlusten eine direkte Anwendung finden. Jedoch ist eine Verrechenbarkeit dieser Verluste nach Ablauf der erweiterten Verlustausgleichsmöglichkeit des § 23 III 9 und 10 EStG 2009 seit Einführung der Abgeltungsteuer und bis einschließlich des VZ 2013 (§ 52a XI 11 EStG 2008) ab dem VZ 2014 mit § 20 II EStG nicht mehr möglich; weiterhin vorliegende und relevante Altverluste unterliegen nun wieder der normalen Verlustverrechnungsbeschränkung des § 23 III 7 und 8 EStG und sind auf den Verlustverrechnungskreis des § 23 EStG beschränkt.

1249 BT-Drs. 9/2074, S. 62, zu § 2a EStG, der auf ausländische Verlustzuweisungsmodelle abzielt; BT-Drs. 8/4157, S. 3, zu § 15a EStG, der sich gegen den Missbrauch von Gestaltungsmöglichkeiten wendet; BT-Drs. 14/265, S. 180 f., zu § 23 EStG, in Bezug u. a. auf die Verlängerung der Haltedauerfrist.

1250 Kap. 2, III. 3. b) ff) (1) (b) (aa); z. B. BStBl. II 2018, 66 (68 f.); BStBl. II 2017, 313 (313); *Ratschow*, in: Brandis/Heuermann, EStG, § 23 Rn. 244; **a. A.** etwa *Hey*, FR 2014, 349 (353).

aa) Negative Einkünfte mit Bezug zu Drittstaaten nach § 2a EStG

Die negativen ausländischen Einkünfte nach § 2a EStG erfahren auf vertikaler Ebene indes eine weitere Einschränkung in der Verrechnungsmöglichkeit, da sie innerhalb der Einkunftsarten des § 2a Abs. 1 S. 1 Nr. 1 bis 7 EStG aufgrund des Wortlauts „der jeweils selben Art“ nicht untereinander verrechnet werden dürfen, also jede Nummer sozusagen eine eigene Schedule darstellt. Innerhalb einer Nummer ist der Verlustausgleich jedoch möglich, auch in Bezug auf verschiedene Unterpunkte wie zum Beispiel Nr. 6a und c.[1251] Durch den Wortlaut „und aus demselben Staat“ wird die horizontale Verrechnungsmöglichkeit einer Nummer – bis auf die Ausnahme der Nr. 6b – noch weiter eingeschränkt, so dass negative ausländische Einkünfte mit positiven ausländischen Einkünften nur aus demselben Staat verrechnet werden können und weitere Schedulen entstehen; Nr. 7 stellt noch eine Ausnahme dar, da solche Verluste mit Gewinnen der Nr. 1 bis 6 der jeweils selben Art desselben Staates ausgeglichen werden können. Nach § 2a Abs. 1 Hs. 2 EStG ist der Verlustabzug nach § 10d EStG ausgeschlossen. Nach dem eigenen Verlustabzug des S. 3 ist kein Verlustrücktrag möglich, jedoch besteht die Möglichkeit des Verlustvortrags mit den gleich zu beachtenden Modalitäten der jeweils selben Art und demselben Staat, so dass eine überperiodische Verlustverrechnungsmöglichkeit mit positiven Einkünften unter den vorstehenden Voraussetzungen besteht, die ebenfalls nicht in der Höhe begrenzt sind. Mit der Begrenzung der negativen ausländischen Einkünfte auf jeweils eine eigene Schedule ist dies mit den Verlustverrechnungsbeschränkungen des § 20 Abs. 6 EStG dem Grunde nach vergleichbar, wobei die weitere horizontale Einschränkung aus demselben Staat der horizontalen Einschränkung des § 20 Abs. 6 S. 4 EStG ähnelt, da eine Verrechnung innerhalb der Einkunftsart beziehungsweise derselben Art nicht möglich ist. Die Verlustrücktragsmöglichkeit ist ebenso wie bei § 20 Abs. 6 EStG ausgeschlossen. Eine Rechtfertigung ergibt sich indes vor allem erstens auch aus der unbegrenzten Möglichkeit des überperiodischen Verlustvortrags sowie, daraus dass freilich kein vollständiger Verlustausschluss vorliegt[1252]; zweitens aus den eingeschränkten Verifikationsmöglichkeiten ausländischer Verluste durch den deutschen Fiskus[1253] und drittens daraus, dass es sich bei ausländischen Investitionen um freiwillige

---

1251 Z. B. *Frotscher*, in: Frotscher/Geurts, EStG, § 2a Rn. 26.

1252 Denn trotz ergangener Entscheidung des BVerfG, BVerfGE 99, 88, zum Verlustabzugsverbot des § 22 Nr. 3 S. 3 EStG 1984 und dem Nettoprinzip befinden sich die vorgenommenen Differenzierungen im Rahmen des gesetzgeberischen Ermessens, da der Lenkungszweck der Verhinderung der Verlustverlagerung dem Grunde nach doch zu einer tatsächlichen Belastungsgleichheit führt, vgl. BFH/NV 2002, 14 (16); *Wagner*, in: Brandis/Heuermann, EStG, § 2a Rn. 55; auch in etwa *Herkenroth/Striegel*, in: Herrmann/Heuer/Raupach, EStG, § 2a Rn. 9.

1253 Vgl. BStBl. II 1991, 704 (708 f.).

Aufwendungen handelt, die grundsätzlich keine Berücksichtigung im Leistungsfähigkeitsprinzip finden[1254].[1255]

bb) Verlustverrechnungsbeschränkung des Kommanditisten nach § 15a EStG

Die Verlustverrechnungsbeschränkung des § 15a Abs. 1 S. 1 EStG füfhrt zu einem Ausschluss des vertikalen Verlustausgleichs, der nach § 10d EStG ebenso nicht abgezogen werden darf, soweit vereinfacht ausgedrückt der Verlust nicht von der Hafteinlage gedeckt ist. Durch den Wortlaut des zuzurechnenden Anteils am Verlust der KG werden die Verluste einer KG-Beteiligung von denen einer anderen KG-Beteiligung getrennt. Es existiert für Verluste aus einer KG-Beteiligung folglich eine eigene Schedule, so dass horizontal eine weitere Einschränkung in der Verrechnungsmöglichkeit besteht. Die Verlustverrechnungsbeschränkung der nachträglichen Einlagen nach § 15 Abs. 1a EStG seit dem JStG 2009 bildet wiederum sozusagen für diese nachträglichen Einlagen eine eigene Schedule beziehungsweise diese bleiben vorerst außen vor, da sie in der horizontalen Verrechnungsmöglichkeit bis zum Ende der Beteiligung beschränkt sind und bis dahin eingesperrt bleiben. Nach der eigenen Verlustabzugsregelung des § 15 Abs. 2 S. 1 EStG ist ein Verlustrücktrag wieder nicht möglich, sondern nur der unbegrenzte Verlustvortrag, folglich die überperiodische Verlustverrechnungsmöglichkeit ohne höhenmäßige Begrenzung. Eine Vergleichbarkeit zu § 20 Abs. 6 EStG ergibt sich durch die Bildung einer eigenen Schedule für Verluste aus jeder einzelnen KG-Beteiligung wie im Fall der Betrachtung eines einzelnen – jedoch nur in diesem Fall – wertlosen Anlageinstruments nach § 20 Abs. 6 S. 6 EStG, oder gesellschaftsformübergreifend durch Schedulen der gleichgestellten Mitunternehmerschaften nach § 15a Abs. 5 EStG ähnlich der Schedule aus Veräußerungsgeschäften von Aktien nach § 20 Abs. 6 S. 4 EStG. Ein Unterschied besteht in den nachträglichen Einlagen nach dem JStG 2009, und zwar insofern, dass diese während der Beteiligung noch eingesperrt bleiben, jedoch ist dies bei einer Aktienbeteiligung nicht anders. Erst im Zeitpunkt der Realisation greifen die Verlustverrechnungsbeschränkungen des § 20 Abs. 6 EStG. Nachträgliche Einlagen können indes dann wieder horizontal verrechnet werden. Zu beachten ist noch, dass es keine Einschränkungen der allgemeinen Verlustverrechnung – außer bezüglich der nachträglichen Einlagen – gibt, falls der Verlust sozusagen auch gedeckt ist. Eine Rechtfertigung ergibt sich schon durch den Ansatz aus dem Leistungsfähigkeitsprinzip, dass Verluste nur bei entsprechendem Kapitaleinsatz geltend gemacht werden können, soweit diese auch tatsächlich und nicht nur

---

1254 Vgl. BStBl. II 1991, 704 (709–711).

1255 Das BVerfG hat ebenfalls mehrfach Verfassungsbeschwerden im Zusammenhang mit § 2a EStG nicht zur Entscheidung angenommen, z. B. BVerfG BeckRS 1998, 154676; BVerfG BeckRS 1998, 154682; BVerfG BeckRS 1998, 154683.

auf dem Papier vorliegen[1256].[1257] Darüber hinaus kann auf den Missbrauchsgedanken und die Vereinfachung für effizientes Verwaltungshandeln abgestellt werden.[1258] Ein großer Unterschied zu § 20 Abs. 6 EStG besteht zudem gerade darin, dass die Grundlagen für die Verlustverrechnungsbeschränkungen des § 15a EStG zivilrechtlich[1259]

1256 Vgl. zu Sinn und Zweck auch BStBl. II 2018, 527 (529) und *Prinz*, FR 2019, 789 (785 f.); **a. A.** etwa *v. Beckerath*, in: Kirchhof/Seer, EStG, 20. Aufl., § 15a Rn. 3, der es nicht für plausibel hält, warum Verluste „normaler" Kommanditisten unberücksichtigt bleiben, nur weil andere missbräuchlich handeln, so dass nur Sinn und Zweck der Vorschrift die allgemeine steuerliche Regelung des negativen Kapitalkontos mit der Ausgleichmöglichkeit der gegenwärtigen wirtschaftlichen Belastung sein kann. Der Gesetzgeber bewegt sich indes im Rahmen seiner Gestaltungsfreiheit, indem er aus sachlichen Erwägungen eine Ungleichbehandlung für die steuerliche Behandlung des Kommanditisten aufgrund dessen besonderer Haftungsregel vornimmt, z. B. BStBl. II 2000, 265 (267); vgl. auch schon z. B. BStBl. II 1994, 492 (494), hinsichtlich keines Verstoßes gegen das Übermaßverbot nach Art. 20 III GG und keines Verstoßes gegen Art. 3 I GG aufgrund einer gerechtfertigten Differenzierung zwischen haftungsbeschränktem Mitunternehmer und persönlich haftendem Einzelunternehmer.

1257 Das BVerfG bestätigte den Ansatz zu § 15a EStG, indem es eine Verfassungsbeschwerde aufgrund keines ersichtlichen verfassungsrechtlichen Verstoßes durch § 15a EStG nicht annahm, BVerfG BeckRS 2006, 25677, und rechtfertigt somit indirekt diese Verlustverrechnungsbeschränkung, vgl. auch z. B. BStBl. II 2000, 265 (266 f.); *Heuermann*, in: Brandis/Heuermann, EStG, § 15a Rn. 18.

1258 Etwa BStBl. II 2000, 265 (267).

1259 Hinsichtlich des zivilrechtlichen Ansatzes wird nach den §§ 161 II, 120 II HGB handelsrechtlich der anteilige Verlust eines Kommanditisten, falls die KG Verluste im Geschäftsjahr erwirtschaftete, von seinem „Kapitalkonto" – soweit keine abweichenden gesellschaftlichen Vereinbarungen gelten – sozusagen abgeschrieben, so dass im Falle des Übersteigens der geleisteten und festgelegten Einlage ein „negatives Kapitalkonto" entsteht, und die handelsrechtliche Zulässigkeit des negativen Kapitalkontos wird auch nicht dadurch beeinträchtigt, dass für den Kommanditisten keine Nachschusspflicht zur Auffüllung seiner geleisteten Einlage regelmäßig besteht, so dass es sich dem Grunde nach nur um einen buchungstechnischen Vorgang oder „Merkposten" handelt, ab welchem Schwellenwert wieder eine Gewinnberechtigung eintritt, soweit das negative Kapitalkonto wieder aufgefüllt wurde, *Heuermann*, in: Brandis/Heuermann, EStG, § 15a Rn. 75. Es handelt sich also nur um einen buchungstechnischen Vorgang als Rechengröße und nicht gerade um ein eigenständiges und unabhängiges Recht, s. z. B. BStBl. II 2018, 527 (531), so dass daraus zuerst eine Verpflichtung zur Auffüllung des negativen Kapitalkontos mit künftigen Gewinnen entsteht, die danach erst bei tatsächlicher Auffüllung des negativen Kapitalkontos zu einer Vermögenseinbuße, somit zu Verlusten des Kommanditisten, führt, vgl. *Heuermann*, in: Brandis/Heuermann, EStG, § 15a Rn. 75.

gerechtfertigt sind. Dadurch kann der entsprechende Ansatz ebenfalls steuerlich[1260] gerechtfertigt werden. Dies gilt indes nicht für § 20 Abs. 6 EStG. Eine annehmbare vergleichbare zivilrechtliche Einschränkung fehlt.

cc) Verlustverrechnungsbeschränkungen der privaten Veräußerungsgeschäfte nach § 23 Abs. 3 S. 7 und 8 EStG

Nach § 23 Abs. 3 S. 7 Hs. 1 EStG ist der Verlustausgleich nur bis zur Höhe des Gewinns aus Einkünften der privaten Veräußerungsgeschäfte im selben Kalenderjahr und nach Hs. 2 wiederum kein allgemeiner Verlustabzug nach § 10d EStG möglich. Es besteht folglich eine eigene Schedule für Verluste aus privaten Veräußerungsgeschäften. Eine Einschränkung des horizontalen Verlustausgleichs zwischen den einzelnen Nummern existiert nicht. Die höhenmäßige Begrenzung nur auf den Gewinn desselben Kalenderjahres stellt nicht wirklich eine horizontale Beschränkung dar, da sich eigentlich von selbst ergibt, dass Verluste nur in der Höhe gegengerechnet werden können, wie auch Gewinne vorhanden sind. Jedoch können die Verluste in vollständiger Höhe unterjährig mit Gewinnen verrechnet werden, sind also diesbezüglich nicht in der Höhe beschränkt. Im überperiodischen Vergleich zu den Verlustverrechnungsbeschränkungen des § 20 Abs. 6 EStG ist nach der eigenen Verlustabzugsmöglichkeit des § 23 Abs. 3 S. 8 EStG der Verlustrücktrag, zumindest in den vorherigen Veranlagungszeitraum, möglich. Der Verlustvortrag ist ebenso möglich, nur sind im Rahmen dieser Rücktrags- und Vortragsmöglichkeiten die Maßgaben des § 10d EStG zu beachten. Dies bedeutet, dass in der Einzelveranlagung der Verlustrücktrag im Sinne des § 10d Abs. 1 S. 1 EStG auf 10.000.000 Euro für den Veranlagungszeitraum 2022 und 2023 und im Fall des Verlustvortrags im Sinne des § 10d Abs. 2 S. 1 EStG auf 1.000.000 Euro unbeschränkt und darüber hinaus auf 60 % begrenzt wird. Es existiert somit auch eine höhenmäßige Beschränkung, wie in § 20 Abs. 6 S. 6 EStG, jedoch in einer ganz anderen Dimension, so dass ein faktischer Verlustausschluss nicht so einfach folgen kann, da in der Verlustvortragsmöglichkeit nach Ausschöpfung des absoluten Wertes in Höhe von einer Million Euro ein relativer Wert von 60 % greift. Dieses System führt im Endeffekt zu einer möglichen Verlustneutralisierung, falls Gewinne zur Gegenrechnung zur Verfügung stehen und demnach ebenso zur Verhinderung der Anbahnung eines Definitiveffekts. Ob dies tatsächlich auch eintritt,

---

1260 Der handelsrechtliche Ansatz hinsichtlich der Kapitalkonten kann auf das Steuerrecht nach der Grundsatzentscheidung des BFH, BStBl. II 1981, 164, grundsätzlich übertragen werden – jedoch mit der entscheidenden Abweichung, dass die Verlustzurechnung stark eingeschränkt ist, da aus der direkten Zurechnung des gesellschaftlichen Ergebnisses der KG beziehungsweise der Mitunternehmerschaft die sofortige Verlustzurechnung wiederum zu einer sofortigen Minderung der Einkommensteuer führt, *Baldi*, in: Frotscher/Geurts, EStG, 151. Erg.-Lfg., § 15a Rn. 33–36.

steht wieder auf einem anderen Blatt. Eine Rechtfertigung in diesem Fall ergibt sich insbesondere unter der Besonderheit der Haltedauerfrist[1261], der Dispositionsfreiheit und dem Missbrauchsgedanken[1262] sowie der umfassenderen Verlustverrechnungsmöglichkeit[1263]. Auf den ersten Blick ist die höhenmäßige Begrenzung der überperiodischen Verlustverrechnungsmöglichkeit mit der Maßgabe von § 10d EStG und durch die ergangene Rechtsprechung zur Mindestbesteuerung momentan plausibel, entgegen § 20 Abs. 6 S. 6 EStG.

1261 Eine Steuerbarkeit tritt nur ein, soweit das private Veräußerungsgeschäfte des § 23 EStG innerhalb der Haltedauerfrist vollzogen wird. Dies bedeutet, wie bereits dargelegt, dass diese Gewinne und Verluste – eben gerade anders zu den anderen Einkunftsarten – nicht vollumfänglich der Besteuerung unterliegen.

1262 Der Steuerpflichtige kann – entgegen den anderen Einkunftsarten – nur durch die Wahl des Zeitpunktes der Veräußerung, das ihm nach seinem Grundrecht auf wirtschaftliche Betätigungsfreiheit aus Art. 2 Abs. 1 GG auch zusteht, vgl. z. B. BVerfGE 105, 17 (32 f.); BStBl. II 2004, 284 (289), alleine entscheiden, ob sein privates Veräußerungsgeschäft der Besteuerung unterliegt oder auch nicht, so dass es nur in seiner „Disposition" steht, und diese Besonderheit der Entscheidungsfreiheit rechtfertigt unter Gesichtspunkten des Leistungsfähigkeitsprinzips den Ausschluss des vertikalen Verlustausgleichs und die Bildung eines eigenen Verlustverrechnungskreises mit Rück- und Vortragsmöglichkeit, da ansonsten der Steuerpflichtige ohne besonders sachlichen Grund begünstigt wäre, indem es dieser „in der Hand" hat, Gewinne außerhalb der Haltedauerfrist steuerfrei zu realisieren, Verluste jedoch innerhalb der Haltedauerfrist steuerlich geltend zu machen, BStBl. II 2007, 259 (260 f.).

1263 Ein Verstoß gegen das objektive Nettoprinzip und der damit verbundene gebotene Abzug von Aufwendungen, die mit der Einkünfteerzielung zur Erwerbssicherung in Zusammenhang stehen als Ausdruck des Leistungsfähigkeitsprinzips, liegt in dem gerechtfertigten Ausschluss des vertikalen Verlustausgleichs nach dem BFH nicht vor, da die Möglichkeit des überperiodischen Verlustabzugs besteht, z. B. BStBl. II 2007, 259 (261); vgl. auch *Ratschow*, in: Brandis/Heuermann, EStG, § 23 Rn. 234; **a. A.** vgl. *Strahl/Fuhrmann*, FR 2003, 387 (391), und folglich kein allgemeiner Verlustausschluss greift; entscheidend in diesem Punkt ist unter Beachtung des Leistungsfähigkeitsprinzips, dass entstandene tatsächliche Verluste grundsätzlich, demnach auch in einem anderen Veranlagungszeitraum, berücksichtigt und nicht insgesamt ausgeschlossen werden, vgl. BVerfGE 99, 88 (95–99), zur Verfassungswidrigkeit von § 22 III 3 EStG 1984; BStBl. II 2001, 411 (412); auch BStBl. II 2001, 552 (553 f.). Aufgrund der fehlenden Rückwirkung des § 23 Abs. 3 S. 8 EStG besteht für Altfälle vor 1999 jedoch eine unbeschränkte Verlustverrechnungsmöglichkeit, *Ratschow*, in: Brandis/Heuermann, EStG, § 23 Rn. 234.

dd) Fazit

Der entscheidende Unterschied zu den Verlustverrechnungsbeschränkungen des § 20 Abs. 6 EStG liegt in allen drei Fällen darin, dass diese Verlustverrechnungsbeschränkungen unter dem Missbrauchsgedanken der Steuervermeidung ergangen sind. Dies gilt nicht mehr für § 20 Abs. 6 EStG und kann auch nicht für eine private Aktienbeteiligung hineininterpretiert werden. Ebenfalls nach dem Ergebnis der vorstehenden Ausführungen in Bezug auf die verfassungsrechtliche Überprüfung des § 20 Abs. 6 EStG überzeugt auf den ersten Blick nur die Rechtfertigung zu § 20 Abs. 6 S. 1 EStG im Unterschied grundsätzlich zu den anderen ertragsteuerlichen Verlustverrechnungsbeschränkungen. Der Rechtfertigungsgrund der Vereinfachung ist ebenso im Rahmen des § 20 Abs. 6 S. 1 EStG statthaft, sowie hinsichtlich des Ausschlusses der Verlustrücktragsmöglichkeit durch die Abgeltungsteuer im Zusammenhang mit dem Argument der Steuergerechtigkeit. Soweit § 2a EStG und § 15a EStG nur einen überperiodischen Verlustvortrag zulassen, wie auch § 20 Abs. 6 EStG, ist dieser jedoch in der Höhe für diese Fälle unbegrenzt wie ebenfalls in § 20 Abs. 6 S. 1 und S. 4 EStG. Besteht im Rahmen des § 23 Abs. 3 S. 8 EStG eine höhenmäßige Beschränkung der überperiodischen Verlustverrechnungsmöglichkeit wie in § 20 Abs. 6 S. 6 EStG, können Verluste jedoch in den vorangegangenen Veranlagungszeitraum zurückgetragen werden und die höhenmäßige Beschränkung des Wertes an sich findet in einer ganz anderen Dimension statt sowie, dass das System des Verlustvortrags, mit einem absoluten und darüber hinaus einen relativen Wert, die Möglichkeit der Verlustneutralisierung (zeitlich) plausibel erscheinen lässt. Im Ergebnis zeigt sich in einer vergleichenden Betrachtung, dass die Ausgestaltung der Verlustverrechnungsbeschränkung des § 20 Abs. 6 S. 6 EStG schon in Bezug auf die Sockelbeträge in Höhe von 20.000 Euro nicht mit der Ausgestaltung der beiden anderen Verlustverrechnungsbeschränkungen des § 2a EStG und § 15a EStG vergleichbar ist, da diesbezüglich gerade keine betragsmäßige Beschränkung in der Höhe für diese Fälle existiert. Zudem fehlt eine annehmbare zivilrechtliche Einschränkung wie zu § 15a EStG, die eine steuerliche Rechtfertigung stützen könnte. Zu der Ausgestaltung der Verlustverrechnungsbeschränkung des § 23 Abs. 3 S. 7 und 8 EStG ist § 20 Abs. 6 S. 6 EStG aufgrund der Beschränkung nach Maßgabe des § 10d EStG im Rahmen des § 23 Abs. 3 S. 8 EStG zwar teilweise[1264] vergleichbar, indes besteht eine andere Intention durch die Verlustverrechnungsbeschränkung des § 23 EStG, und diese findet höhenmäßig in einem ganz anderen Umfang statt, so dass die Ausgestaltung der Verlustverrechnungsbeschränkungen des § 20 Abs. 6 S. 6 EStG unter diesem Aspekt einerseits nicht

1264 Eine Vergleichbarkeit ergibt sich nur hinsichtlich des überperiodischen Verlustabzugs und nicht hinsichtlich des innerperiodischen Verlustausgleichs im Entstehungsjahr, da in § 23 EStG diesbezüglich ebenfalls gerade kein zu beachtender innerperiodischer Sockelbetrag existiert, § 23 Abs. 3 S. 7 EStG.

nachvollziehbar und anderseits folgerichtig[1265] ist. Nachdem Verluste aus § 20 Abs. 6 S. 6 EStG nicht im Steuerabzugsverfahren stattfinden, wie noch zu zeigen sein wird[1266], sondern im Veranlagungsverfahren geltend gemacht werden müssen, könnte eine Verlustrücktragsmöglichkeit für diese Fälle entgegen der Auffassung zu § 20 Abs. 6 EStG[1267] und § 20 Abs. 6 S. 4 EStG[1268] angedacht werden, da zumindest die Rechtfertigung des Ausschlusses der Verlustrücktragsmöglichkeit durch die Vereinfachung weggefallen ist.

IV. Zusammenfassung

Die Erweiterung der Bemessungsgrundlage mit unter anderem auch der vollumfänglichen Steuerbarkeit der privaten Aktienbeteiligung durch § 20 Abs. 2 EStG, insbesondere dem privaten Aktienveräußerungsgeschäft, ist verfassungsrechtlich nicht zu beanstanden. Der Gesetzgeber war berechtigt einen solchen Paradigmenwechsel zu vollziehen. Darüber hinaus ist die Einführung eines Sondertarifs für die Einkünfte aus Kapitalvermögen in einer Gesamtschau ebenfalls verfassungsrechtlich gerechtfertigt. Während sich die Schedule für Einkünfte aus Kapitalvermögen noch über das Symmetrieprinzip im Zusammenhang mit dem Sondertarif verfassungsrechtlich rechtfertigen lässt, kann die Schedule in der Schedule für Aktienveräußerungsverluste nicht mehr verfassungsrechtlich gerechtfertigt werden. Das Gleiche gilt für die weitere Verlustverrechnungsbeschränkung des § 20 Abs. 6 S. 6 EStG, die verfassungsrechtlich zu beanstanden ist. Während hingegen die wieder weggefallene Übergangsregelung für Altverluste verfassungskonform ausgestaltet war, lässt sich die neuere Übergangsregelung des § 52 Abs. 26 S. 28 EStG ebenso nicht rechtfertigen. Das vorstehende Ergebnis wird durch eine vergleichende Betrachtung zu anderen ertragsteuerlichen Verlustverrechnungsbeschränkungen gestützt

---

1265 Vgl. auch *Jochum*, in: Kirchhof/Söhn/Mellinghoff, EStG, § 20 H 68j.

1266 Kap. 4, III. 1. b).

1267 Kap. 2, III. 3. b) cc).

1268 Kap. 2, III. 3. b) dd) (4).

Kapitel 3: Verlustberücksichtigung in strittigen Veräußerungsfällen, deren Ersatztatbestände oder Untergangskonstellationen, insbesondere nach den Entscheidungen des BFH vom 12.6.2018 und 3.12.2019

In Bezug auf eine private Aktienbeteiligung ergeben sich auch nach Einführung der Abgeltungsteuer anschließende Rechtsprobleme im Zusammenhang mit der Veräußerung. Wie die nachfolgende Rechtsprechung des BFH aufzeigt, sind diese eben aus dem Blickwinkel der Verlustberücksichtigung relevant. Denn Verluste aus dem Aktienhandel für den Privatanleger entstehen aufgrund des hier vertretenen gerechtfertigten tatsächlichen Werbungskostenabzugsverbots nun hauptsächlich nur noch nach der Gewinnermittlungsmethode des § 20 Abs. 4 EStG in Verbindung mit dem Veräußerungsgeschäft nach § 20 Abs. 2 S. 1 Nr. 1 EStG, wenn vereinfacht ausgedrückt der Wiederverkaufswert der Aktien geringer ist als der Einkaufspreis, so dass das Veräußerungsgeschäft für die Verlustentstehung im Mittelpunkt steht. Jedoch führte (und führt) immer noch die Auslegung des Begriffs der Veräußerung nach § 20 Abs. 2 S. 1 EStG zu Streitigkeiten, soweit dieser nicht eindeutig vorliegt und trotzdem ein Austausch an Wirtschaftsgütern erfolgt,[1269] der teilweise sogar einseitig vonstattengeht. So ist einerseits im Einführungsfall für die Finanzverwaltung die Höhe der Gegenleistung das ausschlaggebende Kriterium für die Abgrenzung einer steuerlich anerkannten Veräußerung zu dem aus Sicht des Fiskus nicht anzuerkennenden Austausch an Aktien.[1270] Andererseits hat der BFH jedoch entschieden, dass ein steuerbarer Veräußerungsverlust aus Aktien vorliegt, soweit dieser auf dem entschädigungslosen Entzug von Aktien durch eine Kapitalherabsetzung auf null und einem Bezugsrechtsausschluss für die darauffolgende Kapitalerhöhung im Wege eines Insolvenzplans beruht.[1271] Darüber hinaus hat der BFH einen steuerbaren Veräußerungsverlust schon angenommen, soweit Aktien

---

1269 Vgl. *Dahm/Hoffman*, DStR 2019, 1239 (1241).

1270 BStBl. II 2019, 221 (222); FG Niedersachsen EFG 2017, 132 (133).

1271 BStBl. II 2020, 836 (839 f.); **a. A.** noch FG Düsseldorf EFG 2017, 571 (572). Der BFH bestätigte sein Ergebnis in einer Parallelentscheidung vom gleichen Tag, BFH/NV 2020, 687 (689 f.); **zustimmend** auch schon FG Hessen EFG 2019, 1597 (1597). Aus Vereinfachungsgründen wird nachfolgend jedoch nur die erste Entscheidung dargestellt, da die Ausführungen zur Verlustberücksichtigung im Wesentlichen gleich sind.

im Wege eines Insolvenzplanverfahrens nach amerikanischem Recht eingezogen und auf die Gläubiger übertragen werden.[1272] Weiterhin hat der BFH schon vor geraumer Zeit auch im Fall einer zwangsweisen Übertragung des Eigentums auf einen Dritten diese wie eine Veräußerung angenommen;[1273] und hinsichtlich des Entgeltlichkeitserfordernisses geurteilt, dass dieses auch im Fall einer wertlosen Anteilsübertragung ohne Gegenleistung zwischen fremden Dritten vorliegt.[1274] Ferner ergibt sich nach der Rechtsprechung ein steuerbarer Verlust durch eine ersatzlose Ausbuchung endgültig wertlos gewordener Aktien durch die das Depot führende Bank.[1275] Letztlich hat der BFH in diesem Zusammenhang nochmals Stellung zur Steuerbarkeit des insolvenzbedingten Untergangs von Aktien genommen und nimmt einen steuerbaren Verlust an, der aufgrund der Auflösung und Abwicklung einer inländischen AG durch ein Insolvenzverfahren mit anschließender Löschung im Register erfolgte.[1276]

Diese vorstehenden Ausführungen der Rechtsprechung zur Anerkennung eines Veräußerungsverlustes aus Aktien beziehungsweise der Verlustanerkennung in Untergangskonstellation von Aktien zeigen auf, dass durch die steuerliche Begriffseinordnung der Veräußerung diese zu Problemen führt beziehungsweise führte, da der Gesetzgeber, die Finanzverwaltung, das Schrifttum und die Rechtsprechung ein unterschiedliches Verständnis zur Veräußerung beziehungsweise deren Ersatztatbestände sowie Untergangskonstellationen in diesem Zusammenhang aufweisen. Daher ist auf das konkrete Veräußerungsgeschäft nach § 20 Abs. 2 S. 1 Nr. 1 EStG beziehungsweise seine Äquivalente oder den einfachen Austausch an Aktien mit den daraus folgenden Einzelproblemen aus den Tatbestandsmerkmalen einzugehen. Denn der Gesetzgeber bedient sich auch in diesen Fällen nach Einführung der Abgeltungsteuer teilweise unbestimmter Rechtsbegriffe, wie gerade des Veräußerungsbegriffs in § 20 Abs. 2 S. 1 EStG sowie des Begriffs des wertlosen Anlageinstruments. Diese sind durch Auslegung für das Steuerrecht zu bestimmen, da sie in einem konkreten Bezug mit dem Veräußerungsgeschäft aus einer privaten Aktienbeteiligung stehen (können). Insbesondere ergeben sich durch die Einführung der Abgeltungsteuer mit der zugehörigen Erweiterung der Bemessungsgrundlage in § 20 Abs. 2 EStG sowie der aufgegebenen Trennung des Vermögensstamms von den laufenden Erträgen neue Auslegungsprobleme, die sich teilweise gerade nicht mehr nach der vorherig herrschenden Auffassung, die jedoch schon strittig war, lösen lassen.[1277] Daher wird zuerst auf die Anforderungen der Veräußerung

1272 BFH/NV 2015, 1364 (1364 f.).

1273 BStBl. II 1970, 310 (311), i. R. e. Zwangsversteigerung zu § 17 I 1 EStG 1962.

1274 Etwa BFH/NV 2015, 198 (199), zu § 17 I, II 1 EStG 2006; auch BStBl. II 2012, 8 (9 f.), i. R. d. § 17 I 1 EStG 2002.

1275 FG Rheinland-Pfalz EFG 2019, 365 (366).

1276 BStBl. II 2021, 378 (380).

1277 Vgl. *Strohm*, S. 219.

im steuerlichen Zusammenhang eingegangen, bevor Einzelprobleme des Veräußerungsbegriffs für eine Aktienbeteiligung anhand der Rechtsprechung des BFH erläutert, eingeordnet und geklärt werden. In diesem Zusammenhang werden zudem weitere Entscheidungen des BFH oder der Rechtsprechung hinsichtlich der Verlustanerkennung im Zusammenhang mit dem Veräußerungsbegriff und dessen Ersatztatbestände aus vergleichbaren Fallkonstellationen der Einkünfte aus Kapitalvermögen, wie erstens dem Forderungsausfall und -verzicht eines Gesellschafters im Rahmen eines Gesellschafterdarlehens, zweitens dem Verfall von Knock-out-Zertifikaten oder drittens dem Verfall von Optionen, dargestellt, in denen der BFH grundsätzlich solche Verluste anerkennt, um eine vergleichbare steuerliche Einordnung im Gesamtkomplex zu ermöglichen. Neben den Untergangskonstellationen aus Aktien wird abschließend unter diesem Aspekt noch auf den Fall des Auflösungsverlustes eines wesentlichen Beteiligten im Zusammenhang mit Finanzierungshilfen eingegangen.

I. Wirtschaftsgüteraustausch durch Veräußerung

Nach § 20 Abs. 2 S. 1 Nr. 1 EStG gehört auch der Gewinn aus der Veräußerung von Anteilen an einer Körperschaft des § 20 Abs. 1 S. 1 Nr. 1 EStG zu den Einkünften aus Kapitalvermögen. Hierunter fällt hauptsächlich die Veräußerung von im Privatvermögen gehaltenen Aktien, da GmbH-Anteile meist unter §§ 17, 20 Abs. 8 EStG fallen.[1278] Wie *Strohm* unter anderem schon ausführt, stellt die Veräußerung den Schlüsselbegriff für das Veräußerungsgeschäft einer Aktienbeteiligung im Rahmen des § 20 Abs. 2 S. 1 Nr. 1 EStG dar, jedoch ist dieser nicht legaldefiniert, so dass eine Einordnung, welche Konstellationen konkret unter den Schlüsselbegriff, fallen durch Auslegung zu ermitteln ist.[1279] Diesbezüglich ergibt sich schon eine erste Auslegungsschwierigkeit alleine durch die Zusammenführung des § 20 Abs. 2 S. 1 Nr. 2 bis 4 EStG a. F. mit § 23 Abs. 1 S. 1 Nr. 2 bis 4 EStG a. F. in § 20 Abs. 2 S. 1 EStG durch Einführung der Abgeltungsteuer, da unter dem bisherigen Veräußerungsbegriff der beiden Vorschriften ein anderes Verständnis vorherrschte, das zu einem nicht eindeutigen Auslegungsergebnis schon nach alter Rechtslage führte,[1280] wie sich nachfolgend zeigt. Nachdem das Zivilrecht ebenso wie das Steuerrecht den Veräußerungsbegriff kennt, stellt sich grundsätzlich die Frage, ob nicht einfach der zivilrechtliche Ansatz für die Einordnung im Steuerrecht so übernommen werden kann. Vorab ist sich indes nochmals zur Einordnung eines Begriffs im Steuerrecht vor Augen zu führen, dass dieser sich vom zivilrechtlichen Ansatz unterscheiden

1278 Vgl. *Levedag*, in: Schmidt, EStG, § 20 Rn. 156.

1279 Etwa *Strohm*, S. 220; ausführlich zum Veräußerungsbegriff in diesem Sinne und zu zugehörigen Problemen mit anschaulichen Beispielsfällen s. schon *ders.*, S. 220–245.

1280 *Strohm*, S. 219 f.

kann und eine andere Bedeutung nach der steuerlichen Auslegung, die insbesondere eine wirtschaftliche Betrachtungsweise miterfassen will, hat beziehungsweise haben kann, wobei Zivilrecht und Steuerrecht gleichwertig nebeneinanderstehen.

1. Die unterschiedlichen Ansatzpunkte des Rechtsträgerwechsels

Im Zivilrecht wird grundsätzlich für Rechtsgeschäfte zwischen dem Verpflichtungs- und dem Erfüllungsgeschäft unter Beachtung des Grundsatzes des Trennungs- und Abstraktionsprinzips unterschieden;[1281] unter einer Veräußerung wird zivilrechtlich als Ergebnis der Übereignungs- oder Übertragungsvorgang verstanden, so dass diese als Unterfall der Verfügung gilt[1282] und es sich somit nur um den Erfüllungsvorgang handeln kann. Dies führt zu einer ersten Abgrenzungsschwierigkeit, da zivilrechtlich dem Erfüllungsgeschäft ein entgeltliches sowie auch ein unentgeltliches Verpflichtungsgeschäft zugrunde liegen kann; so wird die zivilrechtliche Veräußerung – erstmal entgegen dem umgangssprachlichen Begriffsverständnis[1283] – zum Beispiel im Rahmen eines Schenkungsvertrags ebenso unentgeltlich verstanden.[1284] Im Steuerrecht lag zwar bis zur Einführung der Abgeltungsteuer kein einheitliches Verständnis des Veräußerungsbegriffs vor,[1285] jedoch wird allgemein ebenso von der Übertragung des angeschafften Wirtschaftsguts oder eines Rechts auf einen Dritten, insbesondere durch einen Kauf, Tausch oder gesellschaftsrechtliche Prozesse, ausgegangen.[1286] Daher ist in jedem Fall in der Übertragung – zumindest des wirtschaftlichen Eigentums – des Wirtschaftsguts von dem Veräußerer auf den Erwerber das erste Tatbestandsmerkmal für die Veräußerung des § 20 EStG im steuerlichen Sinn zu sehen.[1287]

1281 Vgl. *Dörner*, in: Schulze, BGB, Vorb. zu §§ 104–184 Rn. 4, 10; *Ellenberger*, in: Grüneberg, BGB, Überbl. v. § 104 Rn. 15–22.

1282 Etwa *Ellenberger*, in: Grüneberg, BGB, Überbl. v. § 104 Rn. 16.

1283 *Strohm*, S. 220, der aufzeigt, dass im alltäglichen Sprachgebrauch die Veräußerung mit dem Verkauf gleichzusetzen ist und daher eine Entgeltlichkeit voraussetzt.

1284 Etwa *Gosch*, in: Kirchhof/Seer, EStG, § 17 Rn. 40; *Schmidt*, in: Herrmann/Heuer/Raupach, EStG, § 17 Rn. 70; *Levedag*, in: Schmidt, EStG, § 17 Rn. 21 f.

1285 Vgl. z. B. BStBl. II 2007, 162 (163); *Musil*, in: Herrmann/Heuer/Raupach, EStG, § 23 Rn. 51, beruhend u. a. auf dem Grund der Steuerfreiheit nach Ablauf der Haltedauerfrist des § 23 EStG.

1286 Z. B. *Ratschow*, in: Brandis/Heuermann, EStG, § 23 Rn. 120, 123.

1287 Vgl. z. B. BStBl. II 2020, 831 (832); BStBl. II 2019, 221 (222); BFH/NV 2015, 1364 (1365); *Bleschick*, in: Kirchhof/Seer, EStG, § 20 Rn. 122; *Buge*, in: Herrmann/Heuer/Raupach, EStG, § 20 Rn. 422; *Jochum*, in: Kirchhof/Söhn/Mellinghoff, EStG, § 20 Rn. D/9 1; *Levedag*, in: Schmidt, EStG, § 20 Rn. 146; *Moritz/Strohm*, in: Frotscher/Geurts, EStG, § 20 (n. F.) Rn. 261; *Ratschow*, in: Brandis/Heuermann, EStG, § 20 Rn. 351.

Als zweites Tatbestandsmerkmal der Veräußerung ist steuerrechtlich im Rahmen des § 20 EStG ebenso auf die Entgeltlichkeit einzugehen,[1288] da im Ergebnis von einem entgeltlichen Rechtsträgerwechsel als traditionellem Veräußerungsbegriff des § 20 Abs. 2 S. 1 Nr. 1 EStG ausgegangen wird,[1289] der schon vor Einführung der Abgeltungsteuer in § 20 Abs. 2 EStG a. F. gleich ausgelegt wurde und die Übertragung des zumindest wirtschaftlichen Eigentums ausreichen ließ. Problematisch ist jedoch, dass nach einem steuerlichen Veräußerungsverständnis zum Beispiel des § 17 Abs. 1 EStG (a. F.) unter anderem ein zweigliedriges Tatbestandverständnis bezüglich der Übertragung vorliegt beziehungsweise -lag, so dass sich Abgrenzungsschwierigkeiten nach dem zweigliedrigen Tatbestandsverständnis schon dadurch ergeben, dass die Veräußerung als Übertragung eines Wirtschaftsguts – entgegen dem zivilrechtlichen Verständnis – sich aus dem Verpflichtungsgeschäft und dem Erfüllungsgeschäft zusammensetzt.[1290] Daraus folgt einerseits die strittige Frage, ob das Erfüllungsgeschäft mit Übertragung des wirtschaftlichen Eigentums schon vollzogen wird oder doch das rechtliche Eigentum übertragen werden muss, und andererseits bestehen Differenzen hinsichtlich des Zeitpunktes der Übertragung, also ob die Veräußerung schon mit Abschluss des Verpflichtungsgeschäfts erfüllt ist oder es auf die Durchführung des Erfüllungsgeschäfts ankommt.[1291] Es stellt sich daher auch nach Einführung der Abgeltungsteuer und Erweiterung der Bemessungsgrundlage in § 20 Abs. 2 EStG mit dem zugehörigen Veräußerungsgeschäft aus der Aktienbeteiligung die Frage, ob der Veräußerungsbegriff des § 20 Abs. 2 EStG ebenso ein Verpflichtungs- und Erfüllungsgeschäft voraussetzt, so dass nachfolgend auf beide Geschäfte einzugehen ist. Nachdem folglich nur das Erfüllungsgeschäft durch Übertragung des zumindest wirtschaftlichen Eigentums mit zugehörigem Rechtsträgerwechsel einen notwendigen Bestandteil der Veräußerung des § 20 Abs. 2 EStG darstellen kann,[1292] sind in diesem Zusammenhang indes solche Fälle fraglich, in denen sich ein möglicher Zurechnungswechsel durch die Übertragung des wirtschaftlichen, des rechtlichen oder des wirtschaftlichen zusammen mit dem rechtlichen Eigentum ergibt, aber das wirtschaftliche und rechtliche Eigentum nicht zusammen einhergehen, demnach auseinanderfallen.[1293] Während, wie schon angedeutet und von *Strohm* bereits dargestellt, vor Einführung der Abgeltungsteuer die Übertragung des wirtschaftlichen Eigentums

---

1288 Vgl. *Moritz/Strohm*, in: Frotscher/Geurts, EStG, § 20 (n. F.) Rn. 261.

1289 Vgl. *Jachmann-Michel*, BB 2018, 2777 (2777).

1290 Z. B. BStBl. II 1998, 152 (155); BStBl. II 1994, 648 (649); vgl. auch etwa zu einem zweigliedrigen Verständnis i. R. d. § 17 EStG *Schmidt*, in: Herrmann/Heuer/Raupach, EStG, § 17 Rn. 70.

1291 *Strohm*, S. 222.

1292 Vgl. i. E. etwa *Moritz/Strohm*, in: Frotscher/Geurts, EStG, § 20 (n. F.) Rn. 261.

1293 *Strohm*, S. 223.

im Rahmen des § 17 Abs. 1 S. 1 EStG[1294] und des § 20 Abs. 2 bis 4 EStG ausreichen sollte[1295], herrschte in Bezug auf die Anforderungen für § 23 Abs. 1 S. 1 Nr. 2 EStG a. F. Uneinigkeit; die Rechtsprechung stellte teilweise nur auf die Übertragung des wirtschaftlichen Eigentums ab[1296], während die Literatur[1297] im Hinblick auf den „dinglichen Vollzug des Verpflichtungsgeschäfts" auf die Übertragung des rechtlichen Eigentums abstellte.[1298] Im Ergebnis soll für den Veräußerungsbegriff in § 20 Abs. 2 S. 1 EStG nach Einführung der Abgeltungsteuer als vorausgesetztes Tatbestandsmerkmal nur noch der Übergang des wirtschaftlichen Eigentums ausreichen,[1299] wie sich aus der Wertung zu § 17 Abs. 1 EStG und § 23 Abs. 1 S. 1 Nr. 2 EStG andeutet und nachfolgend aufgezeigt wird. Teilweise wird indes weiterhin ein Verpflichtungsgeschäft vorausgesetzt.[1300] Die Entgeltlichkeit für die Übertragung nimmt eine eigene Rolle ein.

a) Wertung aus § 17 Abs. 1 EStG und § 23 Abs. 1 S. 1 Nr. 2 EStG

Vogt unter anderem führt unter Bezugnahme auf die allgemeine Ansicht und Rechtsprechung[1301] zu § 17 Abs. 1 EStG aus, dass unter einer Veräußerung in diesem Sinne weiterhin jedes „vermögensrechtliche [...] Geschäft", mit dem das rechtliche oder zumindest wirtschaftliche Eigentum des Kapitalgesellschafteranteils „gegen Entgelt" übertragen wird, verstanden werde.[1302] Es handelt sich um einen „Begriff eigener Art", weil er sich nicht nur auf das Verpflichtungsgeschäft bezieht,[1303] sondern es ausreicht, wenn die angeschafften oder anders erworbenen Anteile zumindest aus dem

1294 StRspr.; z. B. BFH/NV 2002, 640 (642); *Weber-Grellet*, in: Schmidt, EStG, 28. Aufl., § 17 Rn. 96.

1295 Etwa *v. Beckerath*, in: Kirchhof/Seer, EStG, 8. Aufl., § 20 Rn. 135.

1296 Vgl. z. B. BStBl. II 2007, 162 (162 f.).

1297 Etwa *Lüdemann/Zugmaier*, DStR 1996, 1636 (1637); *Weber-Grellet*, in: Schmidt, EStG, 28. Aufl., § 23 Rn. 37.

1298 *Strohm*, S. 224.

1299 Vgl. z. B. BStBl. II 2020, 831 (832); BStBl. II 2019, 221 (222); BFH/NV 2015, 1364 (1365); *Bleschick*, in: Kirchhof/Seer, EStG, § 20 Rn. 122; *Buge*, in: Herrmann/Heuer/Raupach, EStG, § 20 Rn. 422; *Jochum*, in: Kirchhof/Söhn/Mellinghoff, EStG, § 20 Rn. D/9 1; *Levedag*, in: Schmidt, EStG, § 20 Rn. 146; *Moritz/Strohm*, in: Frotscher/Geurts, EStG, § 20 (n. F.) Rn. 261; *Ratschow*, in: Brandis/Heuermann, EStG, § 20 Rn. 351.

1300 *Buge*, in: Herrmann/Heuer/Raupach, EStG, § 20 Rn. 422; *Ratschow*, in: Brandis/Heuermann, EStG, § 20 Rn. 351; **a. A.** etwa *Moritz/Strohm*, in: Frotscher/Geurts, EStG, § 20 (n. F.) Rn. 261.

1301 Vgl. etwa BStBl. II 2000, 424 (427); BStBl. II 1998, 152 (155).

1302 *Vogt*, in: Brandis/Heuermann, EStG, § 17 Rn. 340; auch etwa *Levedag*, in: Schmidt, EStG, § 17 Rn. 21.

1303 *Vogt*, in: Brandis/Heuermann, EStG, § 17 Rn. 340a.

wirtschaftlichen Eigentum des Veräußerer herrühren.[1304] Der Veräußerungsbegriff in diesem Sinne ist nicht mit dem gleichlautenden Begriff an anderer Stelle des EStG[1305] oder auch mit dem zivilrechtlichen Verständnis identisch.[1306] Nach der Stichtagsbewertung des § 17 EStG gilt als entscheidender Zeitpunkt der Übertragung der Zeitpunkt, in dem der Veräußerer sein wirtschaftliches Eigentum an der Kapitalbeteiligung verliert und der Erwerber dieses erlangt.[1307] Denn dass nicht schon der Abschluss des entgeltlichen schuldrechtlichen Verpflichtungsgeschäfts, sondern der Zeitpunkt der Erfüllung maßgeblich sein soll, ergibt sich aus einem „systemgerecht[en]" Vergleich zur Gewinnrealisierung im Rahmen der Gewinnermittlung durch Betriebsvermögensvergleich.[1308] Nach den GoB bestehen gerade das Realisationsprinzip und der Grundsatz der Periodenabgrenzung. Nach diesen allgemeinen Ausführungen fällt auf, dass dieses Verständnis zu § 17 Abs. 1 EStG möglicherweise auf den Veräußerungsbegriff zu § 20 Abs. 2 S. 1 Nr. 1 EStG übertragen werden kann.

Ratschow als Beispiel führt unter Bezugnahme auf die Rechtsprechung[1309] aus, dass auch im Rahmen des § 23 Abs. 1 S. 1 Nr. 2 EStG die Veräußerung als „spiegelbildlicher Vorgang zur Anschaffung" weiterhin die entgeltliche Übertragung auf einen fremden Dritten darstellt, mit der Besonderheit, dass aufgrund des engeren Begriffsverständnisses für die Veräußerung die Tatbestandsvoraussetzung des entgeltlichen Rechtsträgerwechsels sich nicht „ohne Zutun des Berechtigten" erfüllen kann, folglich ein vom „Willen [...] getragenes Verhalten" vorliegen muss.[1310] Für die Fristberechnung des Veräußerungszeitpunktes ist ebenso bereits auf das obligatorische Geschäft abzustellen, soweit das Ergebnis nach wirtschaftlicher Betrachtung schon eintritt und dieses im Nachhinein dinglich ebenfalls vollzogen wird.[1311] Grundsätzlich wird daher schon auf das Verpflichtungsgeschäft beziehungsweise auf das noch früher stattfindende obligatorische Rechtsgeschäft als maßgeblichen Zeitpunkt abgestellt und der Veräußerungsbegriff ist wirtschaftlich zu verstehen.[1312] Nach diesen kurzen Ausführungen sticht ins Auge, dass dieser Ansatzpunkt zwar Ähnlichkeiten aufweist, jedoch aufgrund des Zeitpunktes durch die Haltedauerfrist und das Erfordernis der willentlichen Handlung möglicherweise nicht mit dem Veräußerungsbegriff des § 20 Abs. 2 S. 1 Nr. 1 EStG vergleichbar und übertragbar ist. Daher wird der Veräußerungsbegriff des § 20 EStG nachfolgend in seine notwendigen Bestandteile aufgeteilt.

1304 *Levedag*, in: Schmidt, EStG, § 17 Rn. 21.
1305 Etwa *Levedag*, in: Schmidt, EStG, § 17 Rn. 22.
1306 Z. B. schon BStBl. II 1981, 11 (12).
1307 Z. B. *Vogt*, in: Brandis/Heuermann, EStG, § 17 Rn. 340b.
1308 BStBl. II 1983, 640 (641 f.).
1309 Z. B. BStBl. II 2007, 258 (258).
1310 *Ratschow*, in: Brandis/Heuermann, EStG, § 23 Rn. 120, 146.
1311 StRspr.; z. B. schon BStBl. II 1984, 311 (312).
1312 Vgl. *Ratschow*, in: Brandis/Heuermann, EStG, § 23 Rn. 120, 122.

b) Verpflichtungsgeschäft

Einordnungsschwierigkeiten entstanden somit in diesem Zusammenhang regelmäßig durch das zeitliche Auseinanderfallen von Verpflichtungs- und Erfüllungsgeschäft, da es auf den Zeitpunkt der Veräußerung vor Einführung der Abgeltungsteuer ankam, und das weitere Problem, dass im Rahmen des § 23 Abs. 1 S. 1 Nr. 2 EStG (a. F.) das Verpflichtungsgeschäft, anstatt des Erfüllungsgeschäfts wie bei § 17 Abs. 1 S. 1 EStG a. F. und § 20 Abs. 2 bis 4 EStG a. F., als maßgeblicher Zeitpunkt für die Steuerpflicht der Veräußerung verstanden wurde. Das Erfüllungsgeschäft wirkte in diesem Fall zum Zeitpunkt des Verpflichtungsgeschäfts – beziehungsweise unter Umständen schon auf das vorausgehende obligatorische Rechtsgeschäft – zurück, um nur durch Wahl eines späteren Zeitpunktes außerhalb der Haltedauerfrist einer Steuervermeidungsmöglichkeit entgegenzutreten. Dies führte zu dem angedeuteten Folgeproblem aufgrund einer fehlenden einheitlichen Auffassung: Auf welchen Zeitpunkt muss nun im Rahmen der Veräußerung des § 20 Abs. 2 S. 1 Nr. 1 EStG abgestellt werden? Eine Ansicht spricht sich für die Maßgeblichkeit des Erfüllungsgeschäfts aus;[1313] ein anderer Teil der Literatur stellt sich auf den Standpunkt der Maßgeblichkeit des Verpflichtungsgeschäfts[1314] und legt die Rechtsprechung[1315] zu § 23 Abs. 1 S. 1 Nr. 2 EStG (a. F.) mit dem Verständnis der Veräußerung als Verpflichtungsgeschäft für die „entgeltliche Übertragung des rechtlichen oder wirtschaftlichen Eigentums“ eines Beteiligungsanteils an der Kapitalgesellschaft zugrunde[1316].

Grundsätzlich ist auch steuerrechtlich ein Tatbestand verwirklicht, soweit alle tatbestandlichen Voraussetzungen erfüllt sind, so dass im Rahmen einer Veräußerung das Verpflichtungs- sowie das Erfüllungsgeschäft vorliegen müssten, soweit die Veräußerung des § 20 Abs. 2 S. 1 Nr. 1 EStG beide Geschäfte als Tatbestandsmerkmale voraussetzt.[1317] Dem ist jedoch nicht so, da die Auslegung des Wortlauts der Veräußerung eine Rückwirkung des Erfüllungsgeschäfts auf das Verpflichtungsgeschäft im Rahmen des § 20 Abs. 2 S. 1 EStG nicht kennt, denn die Grundsätze von § 23 Abs. 1 S. 1 Nr. 2 EStG (a. F.)[1318] sind nicht auf § 20 Abs. 2 S. 1 EStG anwendbar, da die Gefahr der Umgehung des Steuertatbestands durch Verlagerung des Erfüllungsgeschäfts außerhalb der Haltedauerfrist nicht mehr eintreten kann.[1319] Einerseits werden nun sämtliche Wertsteigerungen im Rahmen einer

---

1313 Vgl. z. B. *Haisch*, DStZ 2007, 762 (765); *Moritz/Strohm*, in: Frotscher/Geurts, EStG, § 20 (n. F.) Rn. 261.

1314 Vgl. *Buge*, in: Herrmann/Heuer/Raupach, EStG, § 20 Rn. 422; *Ratschow*, in: Brandis/Heuermann, EStG, § 20 Rn. 351.

1315 Z.B. BStBl. II 1984, 311 (312).

1316 Etwa *Ratschow*, in: Brandis/Heuermann, EStG, § 20 Rn. 351.

1317 *Strohm*, S. 232.

1318 Etwa BStBl. II 1994, 687 (689 f.).

1319 Vgl. *Strohm*, S. 233.

Veräußerung – unabhängig von den Haltedauerfristen – von § 20 Abs. 2 S. 1 Nr. 1 EStG erfasst. Andererseits wird zutreffend von *Strohm* die Ansicht vertreten, dass entscheidend für die „Zuführung" von Wertsteigerungen des veräußerten Wirtschaftsguts die Vereinnahmung, also das Haben, ist, und nicht die Vereinbarung, die zwar die Höhe des Veräußerungspreise festlegt, aber aufgrund der Zug-um-Zug-Einrede des § 320 Abs. 1 EStG nicht zu einem (steuerlich relevanten) Ergebnis nach dem Verpflichtungsgeschäft führen wird.[1320] Das Argument, dass sich ein Wille zur Übertragung des Wirtschaftsguts erst durch das Verpflichtungsgeschäft begründet und dann durch das Erfüllungsgeschäft lediglich vollzogen wird,[1321] kann so im Rahmen der Veräußerung nach § 20 Abs. 2 S. 1 Nr. 1 EStG nicht überzeugen, da ein Übertragungswille von der erweiternden Bemessungsgrundlage nach Einführung der Abgeltungsteuer gerade nicht mehr gefordert wird, weil nun sämtliche Wertsteigerungen (und Wertminderungen) und somit die konkrete Leistungsfähigkeit nach der Gesetzesbegründung[1322] erfasst werden sollen, und ferner ist der Übertragungswille gerade im Erfüllungsgeschäft und nicht im Verpflichtungsgeschäft zu sehen.[1323] *Strohm* vertritt darüber hinaus die Ansicht, dass ein Abstellen auf das Erfüllungsgeschäft aus Gründen der Vereinfachung erfolgen muss, um den schwierigen Abgrenzungsfragen der Maßgeblichkeit des Verpflichtungsgeschäfts zu entgehen.[1324] Diesem Ansatz ist – gerade unter dem Vereinfachungsaspekt der Abgeltungsteuer – ebenso zuzustimmen. Aus der Systematik der Abgeltungsteuer ergibt sich zudem noch, dass das Erfüllungsgeschäft im Sinne des Habens entscheidend sein muss, da erst nach dem Erlangen des Verkaufserlöses die einbehaltende Stelle tatsächlich die Kapitalertragsteuer einbehält und dies wiederum erst dann zur abgeltenden Wirkung führen kann. Im Ergebnis ist somit die Argumentation des BFH zu § 23 Abs. 1 S. 1 Nr. 2 EStG (a. F.)[1325] nicht auf § 20 Abs. 2 S. 1 Nr. 1 EStG anwendbar.[1326]

Dass ein Verpflichtungsgeschäft nicht zwingend notwendiger Bestandteil für die Übertragung des § 20 EStG sein kann,[1327] ergibt sich darüber hinaus auch durch den Aktienzwangsverkauf nach den §§ 327 ff. AktG. Ein abgeleiteter maßgeblicher Zeitpunkt aus dem Verpflichtungsgeschäft kann in diesen Fällen nicht daraus folgen. Denn die Eigentumsübertragung vom Minderheitsaktionär auf den Großaktionär läuft ebenfalls ohne Verpflichtungsgeschäft und zwar durch Eintragung

1320 *Strohm*, S. 234.

1321 Vgl. BStBl. II 1968, 142 (143).

1322 Vgl. BR-Drs. 220/07, S. 87, 90.

1323 Vgl. *Strohm*, S. 234 f.

1324 *Strohm*, S. 236; so soll folglich schon regelmäßig das obligatorische Geschäft für § 23 EStG maßgeblich sein, z. B. BStBl. II 1977, 384 (385).

1325 BStBl. II 1984, 311 (312).

1326 **A. A.** *Ratschow*, in: Brandis/Heuermann, EStG, § 20 Rn. 351.

1327 *Moritz/Strohm*, in: Frotscher/Geurts, EStG, § 20 (n. F.) Rn. 261.

des Übertragungsbeschlusses der Hauptversammlung nach § 327a Abs. 1 AktG in das Handelsregister gemäß § 327e Abs. 3 S. 1 AktG durch staatlichen Hoheitsakt ab, oder wie zum Beispiel auch im Falle eines Squeeze-outs;[1328] ebenso wie die Übertragung im Rahmen einer Zwangsversteigerung, die ebenfalls ohne Verpflichtungsgeschäft durch staatlichen Hoheitsakt durch Ablieferung des Gerichtsvollziehers nach § 817 Abs. 2 ZPO abläuft. Auch dieser Fall ist für eine Aktienbeteiligung denkbar. Demnach kennt das Gesetz selbst relevante Veräußerungstatbestände, die sich nur auf einen eingliedrigen nicht zweigliedrigen Tatbestand berufen, so dass es nicht auf die Zweigliedrigkeit ankommen kann.[1329] Dies ändert jedoch nichts an dem Grundgedanken, dass im Rahmen einer Aktienbeteiligung ein Verpflichtungsgeschäft im Regelfall diesem zugrunde liegt. Denn es ist sich vor Augen zu führen, dass der Auftrag des Steuerpflichtigen zum Wertpapierkauf oder -verkauf an die Bank als Geschäftsbesorgungsvertrag nach § 675 BGB (in Verbindung mit § 675b BGB)[1330] schon als Einheit bildendes[1331] maßgebendes obligatorisches Rechtsgeschäft das Verpflichtungsgeschäft darstellt. Folglich ist das Vorliegen eines Verpflichtungsgeschäfts im Rahmen der privaten Aktienbeteiligung der Regelfall, jedoch sind im Einzelfall, wie dargestellt, hiervon Ausnahmen möglich. Unbestritten hingegen soll aber das dingliche Rechtsgeschäft maßgeblich sein, falls es vor dem schuldrechtlichen Kausalgeschäft vollzogen wird, wie zum Beispiel, dass Aktien übereignet werden und im Nachhinein erst der Kaufpreis vereinbart wird.[1332]

c) *Erfüllungsgeschäft*

aa) *Übertragung des rechtlichen Eigentums*

Zur Einordnung des rechtlichen Eigentums einer Aktie ist sich nochmals vor Augen zu führen, dass eine Übertragung des Wertpapiers auf verschiedene Weisen erfolgen kann und abhängig von der Art des Wertpapiers ist. Im Regelfall handelt es sich bei Aktien jedoch um hinterlegte Wertpapiere in Girosammelverwahrung. Die Übertragung in diesen Fällen erfolgt durch Abtretung des Herausgabeanspruchs

1328 Vgl. auch *Strohm*, S. 327; **a. A.** *Buge*, in: Herrmann/Heuer/Raupach, EStG, § 20 Rn. 431; *Ratschow*, in: Brandis/Heuermann, EStG, § 20 Rn. 351; auch die Finanzverwaltung ordnet solche Vorgänge als Veräußerung ein, s. etwa BMF-Schreiben v. 18.1.2016 – IV C 1 – S 2252/08/10004: 017, Rn. 69 (Aktienzwangsverkauf), 70 (Squeeze-out), BStBl. I 2016, 85 (95).

1329 Vgl. etwa *Strohm*, S. 237 f.; **a. A.** *Ratschow*, in: Brandis/Heuermann, EStG, § 20 Rn. 351.

1330 Vgl. *Sprau*, in: Grüneberg, BGB, § 675 Rn. 9, 16.

1331 Etwa *Fuhrmann/Rosner*, DStZ 2006, 152 (154), i. R. d. § 23 Abs. 1 S. Nr. 1 EStG a. F.

1332 Vgl. z. B. schon BStBl. II 1968, 142 (143); *Musil*, in: Herrmann/Heuer/Raupach, EStG, § 23 Rn. 61.

nach § 931 BGB. Rechtlicher Eigentümer hingegen ist, wer nach zivilrechtlicher Betrachtung entweder Eigentümer einer Sache oder Inhaber eines Rechts ist.[1333] Danach ergibt sich wieder, dass die Übertragung des rechtlichen Eigentums als notwendiger Bestandteil jedoch nur erforderlich wäre, soweit der zivilrechtliche Ansatz für das Steuerrecht übernommen werden müsste. Dann würden unter der Veräußerung des § 20 Abs. 2 S. 1 EStG die zivilrechtlichen Grundsätze Anwendung finden, so dass die Übertragung als Verfügung über das Eigentum nach den Grundsätzen der §§ 135 ff. BGB und §§ 929 ff. BGB verstanden wird.[1334] Jedoch gilt, wie bereits dargelegt, im Steuerrecht eine gleichrangige und zum Zivilrecht unabhängige Begriffsbildung, wobei bei gleicher Begriffsverwendung eine Begründung für die gleichartige Anwendung im Steuerrecht erforderlich wird, die wiederum fehlt, so dass sich nach dem Wortlaut des § 20 Abs. 2 S. 1 EStG keine Notwendigkeit der Übertragung des rechtlichen Eigentums im Rahmen der Veräußerung herleiten lässt.[1335] Ferner ergeben sich aus dem Gesetz selbst weitere Argumente gegen die Notwendigkeit der Übertragung des rechtlichen Eigentums, wie einerseits, dass § 39 Abs. 2 Nr. 1 S. 1 AO für einen Zurechnungswechsel im Steuerrecht lediglich die Stellung des wirtschaftlichen Eigentümers bei Auseinanderfallen von rechtlichem und wirtschaftlichem Eigentümer fordert.[1336] Andererseits folgt zudem aus § 41 Abs. 1 S. 1 AO, dass die (zivilrechtliche) Unwirksamkeit für ein Rechtsgeschäft im Steuerrecht außen vor bleibt, soweit und solange die Beteiligten das wirtschaftliche Ergebnis des Rechtsgeschäfts gleichwohl eintreten und bestehen lassen (beziehungsweise dieses wollen), so dass es erstmal nur auf die Übertragung des wirtschaftlichen Eigentums ankommen kann[1337]. Das Problem des Abstellens auf den rechtlichen Eigentümer stellt sich in der Praxis vordergründig mit einer GmbH-Beteiligung und einer Anteilsübertragung, der Ausübung von Stimmrechten und der verzögerten notariellen Beurkundung und Eintragung, tritt jedoch im Rahmen der Übereignung von girosammelverwahrten Aktien und der Umstellung des mehrstufigen Besitzmittlungsverhältnisses bei einer Wertpapierhandelsbank ebenfalls auf.[1338] Denn die Umschreibung der Aktien erfolgt regelmäßig erst ein bis zwei Tage nach Abschluss des Börsengeschäfts, so dass ein Abstellen auf den

1333 Vgl. z. B. zuletzt aus den Grundsätzen der Gesamtbildbetrachtung für das wirtschaftliche Eigentum BFH/NV 2021, 970 (973); *Strohm*, S. 226.

1334 Vgl. FG Rheinland-Pfalz DStRE 2005, 156 (156 f.), im Zusammenhang mit der Rückabwicklung eines fehlgeschlagenen Veräußerungsgeschäfts des § 23 EStG; auch *Fuhrmann/Rosner*, DStZ 2006, 152 (154 f.); **a. A.** jedoch im Revisionsverfahren BStBl. II 2007, 162 (162 f.).

1335 *Strohm*, S. 227.

1336 Vgl. auch z. B. schon BStBl. II 1998, 152 (155 f.), in Bezug auf eine Vereinbarungstreuhand und § 17 EStG.

1337 Ebenso *Strohm*, S. 228.

1338 *Strohm*, S. 229.

rechtlichen Eigentümer im Steuerrecht Missbrauchsmöglichkeiten schaffen würde, wie sich schon durch die Cum-/Ex-Skandale angedeutet hat, falls Aktien, um den Hauptversammlungstag beziehungsweise Dividendenausschüttungstag erworben und hin- und hergeschoben werden,[1339] so dass in diesen Konstellationen durch missbräuchliche Gestaltungen für den Fiskus unklar blieb, wem überhaupt der Steuererstattungsanspruch zusteht.

Im Ergebnis besteht zur Auslösung des Steuertatbestands vordergründig keine zwingende Notwendigkeit der Übertragung des rechtlichen Eigentums für die Veräußerung nach Erweiterung der Bemessungsgrundlage durch § 20 Abs. 2 S. 1 EStG mehr, so dass die Übertragung des wirtschaftlichen Eigentums ausreicht,[1340] oder anders ausgedrückt, die Möglichkeit des Abstellens auf den rechtlichen Eigentümer kann Missbrauchsmöglichkeiten im Steuerrecht schaffen, da der Börsenhandel so kurzlebig und komplex ausgestaltet sein kann, dass Aktien sofort nach dem Kauf wieder abgestoßen werden und ein Abstellen auf den (zeitlich verzögerten) rechtlichen Eigentümer zu Schwierigkeiten führt.

bb) Wirtschaftliches Eigentum

Das Steuerrecht kennt im Unterschied zum Zivilrecht den sogenannten „wirtschaftlichen Eigentümer". Dabei handelt es sich um denjenigen, der eine eigentumsähnliche wirtschaftliche Sachherrschaft über ein Wirtschaftsgut ausübt beziehungsweise diese besitzt, um diesen wie einen Eigentümer der Besteuerung unterwerfen zu können. Denn wirtschaftlicher Eigentümer nach § 39 Abs. 2 Nr. 1 S. 1 AO ist, wie bereits dargestellt, derjenige, der nicht Eigentümer ist, aber die tatsächliche Herrschaft über das Wirtschaftsgut ausübt und grundsätzlich den Eigentümer für die Nutzungszeit von der Einwirkung auf das Wirtschaftsgut wirtschaftlich ausschließen kann, so dass dieses ihm zugerechnet werden muss.[1341] Die Ausschlussmöglichkeit setzt entweder keinen Herausgabeanspruch des rechtlichen Eigentümers oder einen wirtschaftlichen irrelevanten Herausgabeanspruch voraus,[1342] so dass für die Übertragung des wirtschaftlichen Eigentums eines Kapitalgesellschaftsanteils unter anderem auch auf die Möglichkeit der Erlangung einer Wertsteigerung oder das Risiko einer Wertminderung des innehabenden

---

1339 Zur Problematik und Wirkungsweise der Cum-/Ex- und Cum/Cum-Geschäfte, insbesondere auch mit dem Auslandsbezug, etwa *Rau*, DStR 2021, 6 (6–8).

1340 Vgl. z. B. BStBl. II 2020, 831 (832); BStBl. II 2019, 221 (222); BFH/NV 2015, 1364 (1365); *Bleschick*, in: Kirchhof/Seer, EStG, § 20 Rn. 122; *Buge*, in: Herrmann/Heuer/Raupach, EStG, § 20 Rn. 422; *Jochum*, in: Kirchhof/Söhn/Mellinghoff, EStG, § 20 Rn. D/9 1; *Levedag*, in: Schmidt, EStG, § 20 Rn. 146; *Moritz/Strohm*, in: Frotscher/Geurts, EStG, § 20 (n. F.) Rn. 261; *Ratschow*, in: Brandis/Heuermann, EStG, § 20 Rn. 351.

1341 Vgl. etwa zuletzt BFH/NV 2021, 970 (973).

1342 Z. B. BStBl. II 2005, 80 (81); BFH/NV 2001, 9 (9).

Wirtschaftsguts – das gerade grundsätzlich einer börsengehandelten Aktie innewohnt – abgestellt wird,[1343] die sich aus dem Gesamtbild der Verhältnisse im konkreten Einzelfall ergibt.[1344] Als Musterbeispiel fallen hierunter geliehene Aktien in Zusammenhang mit dem Leerverkauf, die für eine vereinbarte Zeit und zu einem bestimmten Kurs vom Eigentümer überlassen werden.

cc) Übertragung des wirtschaftlichen Eigentums als notwendiger Bestandteil

Nachdem die Zurechnung von Wirtschaftsgütern im Steuerrecht nach § 39 AO erfolgt, werden diese entweder direkt dem Eigentümer nach Abs. 1 oder dem wirtschaftlichen Eigentümer nach Abs. 2 Nr. 1 S. 1 zugerechnet, so dass das Abstellen nur auf die Übertragung des rechtlichen Eigentums bei Auseinanderfallen von rechtlichem und wirtschaftlichem Eigentum nicht als Zurechnungswechsel ausreichen kann[1345], da gerade eine Übertragung des wirtschaftlichen Eigentums dem Steuerpflichtigen ebenfalls zugerechnet wird. Laufende Kapitalerträge sind daher ebenfalls primär dem wirtschaftlichen und nicht rechtlichen Eigentümer zuzurechnen.[1346] Als Ergebnis ist somit zur Erfüllung des Veräußerungstatbestands nach § 20 Abs. 2 S. 1 EStG die Verschaffung des wirtschaftlichen Eigentums Voraussetzung[1347] und folglich notwendiger Bestandteil, wie sich aus der Zurechnungsregel des § 39 AO ergibt.

d) Fazit

Die Veräußerung in § 20 Abs. 2 S. 1 Nr. 1 EStG setzt sich zumindest aus der Übertragung des wirtschaftlichen Eigentums im Zusammenhang mit dem Erfüllungsgeschäft zusammen. Die Übertragung des rechtlichen Eigentums ist vorliegend nicht zwingend notwendig, ebenso wie das Verpflichtungsgeschäft, dessen Abschluss alleine noch keine Veräußerung in diesem Sinne darstellt,[1348] so dass sich als maßgeblicher Zeitpunkt ebenfalls das Erfüllungsgeschäft anbietet, da die Möglichkeit der Steuervermeidung durch Verlagerung des Zeitpunktes wie bei

---

1343 Z. B. BFH/NV 2021, 970 (973); BStBl. II 2012, 318 (320 f.); BStBl. II 2007, 296 (298).

1344 StRspr.; z. B. BStBl. II 2012, 318 (321); BStBl. II 2009, 140 (141).

1345 Vgl. *Strohm*, S. 225.

1346 *Levedag*, in: Schmidt, EStG, § 20 Rn. 16.

1347 Vgl. z. B. BStBl. II 2020, 831 (832); BStBl. II 2019, 221 (222); BFH/NV 2015, 1364 (1365); *Bleschick*, in: Kirchhof/Seer, EStG, § 20 Rn. 122; *Buge*, in: Herrmann/Heuer/Raupach, EStG, § 20 Rn. 422; *Jochum*, in: Kirchhof/Söhn/Mellinghoff, EStG, § 20 Rn. D/9 1; *Levedag*, in: Schmidt, EStG, § 20 Rn. 146; *Moritz/Strohm*, in: Frotscher/Geurts, EStG, § 20 (n. F.) Rn. 261; *Ratschow*, in: Brandis/Heuermann, EStG, § 20 Rn. 351.

1348 *Moritz/Strohm*, in: Frotscher/Geurts, EStG, § 20 (n. F.) Rn. 261.

§ 23 Abs. 1 S. 1 Nr. 2 EStG (a. F.) nicht mehr möglich ist. Im Rahmen des Veräußerungsgeschäfts einer privaten Aktienbeteiligung über die Börse fällt über die elektronische Abwicklungsweise das Verpflichtungsgeschäft mit dem wirtschaftlichen Erfüllungsgeschäft zwar einerseits auseinander. Denn der obligatorische Auftrag an die Bank stellt schon maßgebend eigentlich das Verpflichtungsgeschäft dar. Jedoch fallen in der Praxis in Bezug auf eine private Aktienbeteiligung die Geschäfte regelmäßig zusammen beziehungsweise werden zeitnah, also intraday, ausgeführt, da – insbesondere durch die elektronische Abwicklung – die Aufträge an die Bank unmittelbar an der Börse von diesen ausgeführt werden, so dass steuerrechtlich im Regelfall keine Unterschiede auftreten, wenn als maßgeblicher Zeitpunkt für die Steuerpflicht des Wertpapiergeschäfts schon auf das obligatorische Geschäft des Auftrags abgestellt wird; zumal das Orderbuch nach Börsenschluss geschlossen wird und der Auftrag an die Bank aufgrund des erhöhten Risikos über Nacht meistens nur für den gleichen Tag gilt. Daher wird hinsichtlich eines zweigliedrigen Verständnisses angeführt, dass sich für eine solche Konstellation eine Steuerpflicht nur bei dinglichem Vollzug ergeben kann.[1349] Es gibt jedoch Fälle als Beispiel zur Verdeutlichung der vorstehenden Ansicht in Bezug auf die Maßgeblichkeit, in denen eine Wertpapierverkaufsorder mit Limit über einen längeren Zeitraum an die Bank als Auftrag abgegeben wird. Die Durchführung des Geschäfts erfolgt dann zum Beispiel erst einen Monat später. Hierdurch zeigt sich, dass sich als Zeitpunkt der Maßgeblichkeit nur das Erfüllungsgeschäft anbietet, da erst mit Erlangung des wirtschaftlichen Eigentums an dem Verkaufserlös, folglich dem Zeitpunkt des Habens, ein steuerrelevanter Vorgang im Kapitalertragsteuersystem ausgelöst wird. Denn vereinfacht ausgedrückt kann davor nichts einbehalten werden, was wiederum keine abgeltende Wirkung auslösen kann. Das Gleiche gilt für den maßgeblichen Zeitpunkt des Verlusteintritts. Darüber hinaus zeigt sich insbesondere durch den schnelllebigen Börsenhandel, dass sich ebenso nur ein Abstellen auf den Zeitpunkt der zumindest wirtschaftlichen Eigentumsübertragung anbietet, da zum Beispiel ein Verkäufer von Aktien unmittelbar im Anschluss an das erste Börsengeschäft ein neues Geschäft mit dem wirtschaftlich erlangten Verkaufserlös tätigen kann, ohne auf die rechtliche Erfüllung, somit die rechtliche Abwicklung im Rahmen der Girosammelverwahrung sowie die rechtliche Abwicklung in Bezug auf die Kontogutschrift, warten zu müssen. Das Gleiche gilt bei der Erlangung eines Verlustes, die wirtschaftliche Kaufkraft ist schon seit dem Zeitpunkt der wirtschaftlichen Erfüllung gemindert. Nachdem sämtliche Wertsteigerungen und -minderungen aus der Aktienbeteiligung grundsätzlich nun von dem Veräußerungsbegriff des § 20 Abs. 2 S. 1 Nr. 1 EStG steuerlich erfasst werden, spielt die Unterscheidung zwischen Verpflichtungs- und Erfüllungsgeschäft im Ergebnis

---

1349 Vgl. z. B. *Musil*, in: Herrmann/Heuer/Raupach, EStG, § 23 Rn. 54, der für das Auslösen einer Steuerpflicht im Zusammenhang mit der Veräußerung aus dem Verpflichtungsgeschäft gerade die nachträgliche dingliche Erfüllung verlangt.

nur noch eine untergeordnete Rolle hinsichtlich des Zeitpunktes der Besteuerung und gerade nicht mehr in dem Ausmaß wie früher. Eine steuerliche Enthaftung des Wirtschaftsguts Aktie ist nicht mehr möglich. Aufgrund der Umschreibung und rechtlichen Abwicklung im Rahmen der Girosammelverwahrung kommt es folglich zu einer Verzögerung und das rechtliche und das wirtschaftliche Erfüllungsgeschäft fallen auseinander. Wirtschaftlich kann der Steuerpflichtige indes schon über seine erlangten Aktien oder seinen Verkaufserlös verfügen, so dass für einen steuertatbestandauslösenden Zeitpunkt schon zumindest auf das wirtschaftliche Erfüllungsgeschäft abzustellen ist. Ein zivilrechtlich wirksamer Vertrag ist nicht unbedingt notwendig, wie auch dass Maßnahmen gegen den Willen oder Zwangsmaßnahmen unter den Veräußerungsbegriff fallen können,[1350] liegen jedoch in Bezug auf eine private Aktienbeteiligung im Gesamtverhältnis des Aktienhandels in Deutschland regelmäßig nicht vor, können aber durchaus vorkommen wie gerade aus den Unternehmensübernahmen.

Unabhängig von der Einordnung des Veräußerungsbegriffs muss nach dem Grundsatz der Nämlichkeit die Identität zwischen angeschaffter und veräußerter Kapitalanlage, wobei die wirtschaftliche Identität ausreicht, vorliegen.[1351]

2. Entgeltlichkeit

Im Rahmen des Veräußerungsvorgangs können auf Seiten des Veräußerers „sowohl Vermögensmehrungen als auch -minderungen" entstehen, die vom Gewinnbegriff des § 20 Abs. 2 EStG erfasst werden, also auch Verluste aus der Kapitalbeteiligung,[1352] und nachdem die steuerliche Grundvoraussetzung für eine Übertragung in diesem Sinne geklärt wurde, folgt die für Veräußerungsverluste von Einkünften aus Kapitalvermögen entscheidendere Frage: Erfordert die Veräußerung im Rahmen des § 20 Abs. 2 S. 1 EStG eine Entgeltlichkeit der Übertragung? Denn unter der grundsätzlichen Annahme, dass bei einer unentgeltlichen Übertragung keine Einnahmen erzielt werden und daher eine Steuerverstrickung ausscheidet, können unentgeltliche Verluste nicht zu einem steuerbaren Verlust in diesem Zusammenhang führen, so dass sich daran die Frage anschließt, ob der unentgeltliche Verlust möglicherweise schon an der mangelnden Einkünfteerzielungsabsicht oder doch an der fehlenden Verwirklichung des Tatbestands scheitert.[1353]

1350 Vgl. *Ratschow*, in: Brandis/Heuermann, EStG, § 20 Rn. 351; hinsichtlich der Enteignung einer Anleihe als Veräußerung i. S. d. § 20 II 1 Nr. 7 EStG s. FG Düsseldorf DStRE 2019, 153 (154 f.).

1351 Vgl. z. B. BStBl. II 2003, 712 (713), i. R. d. Annahme von Teilidentität zwischen Aktie und Bezugsrecht.

1352 *Ratschow*, in: Brandis/Heuermann, EStG, § 20 Rn. 350.

1353 Vgl. *Strohm*, S. 238.

a) Einkünfteerzielungsabsicht trotz Verlustes im Rahmen des § 20 Abs. 2 EStG

Nach den grundsätzlichen Ausführungen zur Einkünfteerzielungsabsicht bei Vorliegen eines Verlustes in Kapitel 1 muss diese nun konkret im Rahmen des § 20 Abs. 1 S. 1 Nr. 1 EStG betrachtet werden. Die Einkünfteerzielungsabsicht ist als die subjektive Absicht dauerhaft Einkünfte zu erwirtschaften auch nach Einführung der Abgeltungsteuer weiterhin Grundvoraussetzung für die Steuerbarkeit von Einkünften aus Kapitalvermögen des § 20 EStG[1354], da der Gesetzgeber die Kapitaleinkünfte lediglich „im Umfang von § 2 Abs. 5b [EStG] von der Ermittlung des Einkommens" getrennt hat;[1355] dem EStG liegt weiter insgesamt dennoch eine Einheitssteuer trotz Einführung einer Schedulensteuer für die Kapitaleinkünfte, wie ausgeführt, zugrunde. Aufgrund des Werbungskostenabzugsverbots des § 20 Abs. 9 EStG und der Steuerbarkeit des Vermögensstamms wird es in der Praxis jedoch nur noch selten Fälle geben, in denen die Voraussetzung der Einkünfteerzielungsabsicht fehlt.[1356] Denn der BFH – wie auch das Schrifttum[1357] und die Finanzverwaltung[1358] – haben sich für eine „tatsächliche Vermutung", dass diese bei Einkünften aus Kapitalvermögen nach § 20 EStG vorliegt, entschieden, die wiederum nur widerlegt ist, soweit positive laufende Erträge oder Gewinne dauerhaft von Anfang an ausgeschlossen sind.[1359] Die Liebhabereiprobleme sind daher grundsätzlich entfallen.[1360] Trotzdem ist die Einkünfteerzielungsabsicht für jede Kapitalanlage gesondert festzustellen;[1361] der Steuerpflichtige ist sozusagen erstmal von seiner Beweislast entbunden,[1362] da für das Treffen der objektiven

---

1354 *Haisch/Krampe*, DStR 2011, 2178 (2178 f.); zur Rspr. des § 20 EStG a. F. im Rahmen der Gesamtbetrachtung einer Kapitalanlage vor Einführung der Abgeltungsteuer z. B. BStBl. II 2003, 937 (938).

1355 *Ratschow*, in: Brandis/Heuermann, EStG, § 20 Rn. 45.

1356 Vgl. z. B. *Jochum*, in: Kirchhof/Söhn/Mellinghoff, § 20 Rn. K 46 f.

1357 Vgl. z. B. *Bleschick*, in: Kirchhof/Seer, EStG, § 20 Rn. 8; *Geurts*, in: Bordewin/Brandt, EStG, § 20 Rn. 60–62; *Haisch/Krampe*, DStR 2011, 2178 (2183); *Jachmann-Michel*, BB 2018, 2329 (2329); *dies.*, BB 2017, 854 (856); *dies.*, DStR 2017, 1849 (1850, 1852); *Levedag*, in: Schmidt, EStG, § 20 Rn. 20; *Moritz/Strohm*, in: Frotscher/Geurts, EStG, § 20 (n. F.) Rn. 62; *Ratschow*, in: Brandis/Heuermann, EStG, § 20 Rn. 45; *Möllenbeck*, in: Littmann/Bitz/Pust, EStG, § 20 Rn. 41.

1358 BMF-Schreiben v. 18.1.2016 – IV C 1 – S 2252/08/10004: 017, Rn. 125, BStBl. I 2016, 85 (106).

1359 BStBl. II 2017, 1038 (1040); BStBl. II 2017, 1040 (1042).

1360 *Schlotter*, in: Littmann/Bitz/Pust, EStG, 91. Erg.-Lfg., § 20 Rn. 21.

1361 Z. B. BFH/NV 2014, 1883 (1884); auch etwa *Bleschick*, in: Kirchhof/Seer, EStG, § 20 Rn. 8.

1362 Etwa *Jochum*, in: Kirchhof/Söhn/Mellinghoff, § 20 Rn. K 46 f.

Feststellungslast folglich das Finanzamt zuständig ist.[1363] Nachdem die Veräußerungstatbestände des § 20 Abs. 2 EStG „zeitpunktbezogen konzipiert" sind, ist der Ansatz, dass für das Vorliegen der Einkünfteerzielungsabsicht der Zeitpunkt der Veräußerung ausschlaggebend sein soll, durchaus denkbar.[1364] Im Ergebnis liegt indes die Einkünfteerzielungsabsicht uneingeschränkt weiterhin vor, auch wenn durch Veräußerung der Kapitalanlage nach § 20 Abs. 2 EStG ein Verlust eintritt.[1365] Denn durch die vorgegriffene Vermutung wird „der besonderen Typik der Einkünfte aus Kapitalvermögen Rechnung getragen", da hinsichtlich Kapitalanlagen bei „realitätsgerechter, wirtschaftlicher Auslegung" die künftige theoretische Möglichkeit, positive Erträge zu erwirtschaften, ausreichen soll, die regelmäßig vorliegt – außer „Anhaltspunkte für dauerhaft negative" Erträge zeichnen sich eindeutig ab –, so dass die „Unmöglichkeit, Marktentwicklungen zuverlässig vorherzusagen" nicht zum Nachteil des privaten Kapitalanlegers führen darf.[1366] Als Beispiel für die Widerlegung der Einkünfteerzielungsabsicht kommen negative Zinsen[1367] in Betracht, soweit positive Erträge ausgeschlossen sind, oder möglicherweise doch das Investment in ein wertloses Anlageinstrument. Daraus folgt, dass die Einkünfteerzielungsabsicht zwar vermutet wird,[1368] jedoch im Einzelfall fehlen kann.[1369]

aa) Wertlose Wirtschaftsgüter zur Verlustgenerierung

Nach den vorstehenden Ausführungen ist die Vermutung der Einkünfteerzielungsabsicht bei Kapitaleinkünften widerlegt, soweit von vornherein das Erwirtschaften positiver Erträge ausgeschlossen ist. Nachdem der Gesetzgeber in § 20 Abs. 6 S. 6 EStG den Begriff wertloser Wirtschaftsgüter verwendet, ist auch im Zusammenhang mit der Einkünfteerzielungsabsicht auf diesen Begriff einzugehen. Eine Legaldefinition diesbezüglich fehlt. Daher ist durch Auslegung zu ermitteln, was alles unter den Begriff wertlos in diesem Zusammenhang fällt. Nach dem allgemeinen Sprachgebrauch wird unter wertlos eine Sache ohne Wert verstanden.[1370] Dies

---

1363 *Jachmann-Michel*, BB 2018, 2329 (2329).

1364 *Krumm*, FR 2020, 197 (206), der als Gliederungsüberschrift den „Stolperstein" Einkünfteerzielungsabsicht anführt.

1365 Z. B. *Jachmann-Michel*, BB 2018, 2329 (2329).

1366 *Jachmann-Michel*, BB 2018, 854 (855 f.); vgl. auch *Krumm*, FR 2020, 197 (206), der im Hinblick auf den Vermögensstamm eines Darlehens diese hinterfragt.

1367 Z. B. *Langner/Müller*, WM 2015, 1979 (1979 f.) und *Tröger*, NJW 2015, 657 (657 f.), zur zivilrechtlichen Ausgestaltung.

1368 Z. B. BStBl. II 2017, 1040 (1042); *Jachmann-Michel*, DStR 2017, 1849 (1850, 1852).

1369 Vorliegend etwa FG Berlin-Brandenburg EFG 2018, 1366 (1370), hinsichtlich eines zinslosen Gesellschafterdarlehens i. R. d. § 17 EStG; **a. A.** z. B. BStBl. II 2020, 89 (90 f.), aufgrund der Rechtswirkung des festgestellten Jahresabschlusses.

1370 *Duden*, Deutsches Universalwörterbuch, „wertlos".

führt dazu, dass von einem wertlosen Anlageinstrument beziehungsweise Wirtschaftsgut keine positiven Erträge oder Gewinne regelmäßig in Zukunft zu erwarten sind, da der Vermögensgegenstand keinen wirtschaftlichen Wert mehr aufweist beziehungsweise aufweisen kann. Der Gesetzgeber hat jedoch keine starre Grenze festgelegt, ab deren Unterschreiten ein Wirtschaftsgut wertlos ist. Vielmehr soll nach der Gesetzesbegründung ein Wirtschaftsgut wertlos sein, soweit sich das Solvenzrisiko teilweise oder ganz realisiert hat.[1371] Denn, wie bereits ausgeführt, soll die neu geschaffene Verlustverrechnungsbeschränkung des § 20 Abs. 6 S. 6 EStG diejenigen Fälle erfassen, bei denen sich das Solvenzrisiko schon teilweise oder ganz realisiert hat und die dann nur zu Gestaltungszwecken vorgenommen werden, um einen steuerlichen Verlust zu erhalten. Unter Solvenzrisiko, dass sich vom Englischen „solvency risk" ableitet, wird im wirtschaftlichen Sprachgenbrauch das Verlustrisiko verstanden, welches durch die Zahlungsunfähigkeit des Schuldners oder die Insolvenz der Gesellschaft eintritt.[1372] Fraglich ist daher, ab welchem Zeitpunkt das Solvenzrisiko in diesem Sinne für eine private Aktienbeteiligung schon als ganz oder teilweise realisiert gilt, so dass diese als wertlos gilt und die Vermutung der Einkünfteerzielungsabsicht möglicherweise widerlegt sein könnte. Eine Kapitalforderung ist „uneinbringlich", sobald sich aus den Umständen des Schuldverhältnisses ableiten lässt, dass der Schuldner ganz oder teilweise nicht mehr zahlen kann.[1373] Ab diesem Zeitpunkt ist die Vermutung der Einkünfteerzielungsabsicht widerlegt. Wird dieser Ansatz auf die Kapitaleinkünfte übertragen, ist ab dem Zeitpunkt der (teilweisen) Realisierung des Solvenzrisikos anzunehmen, dass keine positiven Erträge oder Gewinne von der Kapitalanlage mehr zu erwarten sind, da es lediglich im Grundfall der Insolvenz um die Abwicklung der Masseverbindlichkeiten geht. Ein weiteres Indiz dafür, dass die Insolvenz als Zeitpunkt der Wertlosigkeit verstanden wird, ist aus der Gesetzesbegründung des ursprünglichen Gesetzesvorhabens – das jedoch so nicht übernommen wurde – herzuleiten, das zur Verhinderung eines steuerbaren Totalverlustes einer Kapitalanlage regelmäßig auf die Insolvenz abstellen wollte, demnach genau auf das Solvenzrisiko, nur ausformuliert.[1374] Fraglich ist dennoch, auf welchen Zeitpunkt nun konkret abgestellt werden müsste. Denn als mögliche Zeitpunkte aus dem Solvenzrisiko kommen drei unterschiedliche Ansätze in Betracht, in denen sich die (teilweise) Zahlungsunfähigkeit der Gesellschaft zeigt und ab denen eine Kapitalgesellschaftsbeteiligung als wertlos gelten könnte, wie erstens durch Stellung eines Antrags auf Eröffnung des Insolvenzverfahrens bei Gericht nach § 13 InsO, oder zweitens

---

1371 BT-Drs. 19/15876, S. 61.

1372 Vgl. z. B. *http://www.wirtschaftslexikon24.com/e/solvenzrisiko/solvenzrisiko.htm*, zuletzt abgerufen am 24.8.2022; *https://www.bezahlen.de/lexikon/solvenzrisiko_1767.html*, zuletzt abgerufen am 24.8.2022.

1373 *Ott*, DStR 2020, 313 (315).

1374 BT-Drs. 19/13436, S. 228.

wie sich durch den gerichtlichen Eröffnungsbeschluss nach § 27 InsO zeigt oder drittens durch Bestellung eines Insolvenzverwalters nach § 56 InsO.

(1) Rolle der unterschiedlichen Zeitpunkte aus der Insolvenz

In Bezug auf das Solvenzrisiko als Abgrenzung für die Wertlosigkeit einer Aktienbeteiligung und somit zur Abgrenzung der Einkünfteerzielungsabsicht ist aus vorstehenden Ausführungen zu differenzieren und teilweise im Ergebnis untauglich. Denn nach der Rechtsprechung ist es zwar offensichtlich, dass eine Aktienbeteiligung stark an Wert verliert, soweit der Antrag auf Eröffnung des Insolvenzverfahrens gestellt wird, dennoch tritt noch kein endgültiger Wertverlust aufgrund des fehlenden Rechtsträgerwechsels beim Steuerpflichtigen ein.[1375] Nach dem Gesellschaftsrecht für die AG führt die Eintragung der Auflösung ins Handelsregister nach § 262 AktG zur Liquidation der Gesellschaft, aber grundsätzlich wird die AG erst mit Abschluss der Liquidation nach § 273 Abs. 1 AktG gelöscht und gehen die Aktien automatisch mit unter.[1376] Nach der InsO gilt jedoch ein spezielleres Liquidationsverfahren, das zwar zur Liquidation der Insolvenzmasse führt, jedoch nicht zur Auflösung der Gesellschaft nach § 274 Abs. 2 Nr. 1 AktG, soweit eine Verfahrenseinstellung seitens des Schuldners beantragt wird oder ein Insolvenzplan den Fortbestand der Gesellschaft vorsieht, so dass die Auflösung aufgehoben wird.[1377] In einem solchen Fall treten keine endgültige Wertlosigkeit und kein endgültiger Wertverlust ein, da die Aktie immer noch den Liquidationserlös anteilig darstellt. Entscheidend zum Beispiel für einen steuerbaren Verlust im Rahmen eines Forderungsausfalls ist, dass die Rückzahlung – wie die Veräußerung – ein Tatbestand der Endbesteuerung ist, so dass ein zu beachtender Verlust erst vorliegt, soweit endgültig feststeht, dass keine Gelder mehr zurückgezahlt werden; die Eröffnung des Insolvenzverfahrens soll indes regelmäßig für die Endgültigkeit nicht ausreichen[1378], außer die Eröffnung scheitert aufgrund fehlender Masse[1379] oder eine Nichtrückzahlung steht aus anderen Gründen[1380] sicher

1375 Vgl. BStBl. II 2021, 378 (381); BStBl. II 2020, 831 (832), zwar fehlt beim Forderungsausfall der Rechtsträgerwechsel, jedoch folgt durch die Gleichstellung der Rückzahlung mit der Veräußerung durch § 20 II 2 EStG das gleiche Ergebnis bei einer endgültig ausbleibenden Rückzahlung; FG München EFG 2018, 1705 (1706).

1376 Vgl. schon *Kraft*, in: KK AktG, 2. Aufl., Vorb. § 262 Rn. 1; auch *Winnen*, in: KK AktG, § 262 Rn. 10–14.

1377 Vgl. FG München EFG 2018, 1705 (1706).

1378 BStBl. II 2000, 343 (344), i. R. e. Auflösungsverlustes aus einem GmbH-Konkurs.

1379 Z. B. BStBl. II 2001, 385 (387).

1380 BFH/NV 2016, 385 (386), wenn etwa zum Zeitpunkt des Auflösungsbeschlusses feststeht, dass die Gesellschaft vermögenslos ist und u. a. keine Rückzahlung mehr zu erwarten ist.

fest.[1381] Wird dieser Ansatz auf eine Kapitalbeteiligung übertragen, können gerade der Antrag auf Eröffnung sowie die Eröffnung des Insolvenzverfahrens an sich sowie die Bestellung des Insolvenzverwalters noch nicht endgültig zur Abgrenzung der Wertlosigkeit ausreichen, da unter Umständen noch kein endgültiger Wertverlust eingetreten ist.[1382] Dieser liegt folglich einerseits erst bei Endgültigkeit und andererseits im Zeitpunkt der tatsächlichen Verlustrealisierung vor. Demnach ist eine Abgrenzung hinsichtlich der Vermutung des Vorliegens einer Einkünfteerzielungsabsicht für ein wertloses Anlageinstrument schwierig und einzelfallabhängig. Dennoch unter der Annahme, dass schon bei Stellung des Antrags auf Eröffnung des Insolvenzverfahrens teilweise Wertlosigkeit vorliegt, bedeutet dies, dass eine Investition in Aktien einer insolventen AG[1383] regelmäßig nicht automatisch zu einem steuerbaren Verlust nach § 20 Abs. 2 EStG – falls realisiert – führen wird, soweit die private Aktienbeteiligung eine weitere Wertminderung erfährt. Denn die Einkünfteerzielungsabsicht ist aufgrund des Ausschlusses der Erwartung positiver Erträge und Gewinne erstmal widerlegt. Folglich greift die Vermutung der Einkünfteerzielungsabsicht für einen solchen Fall nicht mehr. Diese müsste im Einzelfall geltend gemacht werden. Zu beachten wäre jedoch, liegt wieder ein positives Sanierungsgutachten vor, was aus haftungsrechtlichen Gründen regelmäßig der Fall sein wird, da sich der Insolvenzverwalter schadlos halten will, besteht wieder eine Vermutung für das Vorliegen der Einkünfteerzielungsabsicht, da von positiven Erträgen aufgrund der Sanierung in Zukunft ausgegangen werden kann.

1381 BStBl. II 2020, 831 (832); vgl. hinsichtlich der unterschiedlichen Zeitpunkte i. R. d. § 17 EStG auch schon *Völlmeke*, DStR 2005, 2024 (2024–2026); es wird jedoch kritisiert, dass der BFH den Zeitpunkt des endgültigen Forderungsausfalls nicht konkret festgelegt hat und sich der Prüftermin nach §§ 174 ff. InsO – nicht der Berichtstermin nach § 156 InsO aufgrund noch fehlender Aussagefähigkeit hinsichtlich der Quote – anbieten würde, Anm. *Joachimsthaler*, NZI 2018, 167 (169).

1382 Der BFH sieht auch keine analoge Tatbestandsverwirklichung des § 20 II 1 Nr. 1 EStG mit u. a. Beginn des Insolvenzverfahrens, wenn mit keiner Auskehrung an die Aktionäre mehr zu rechnen sei, soweit ein Auflösungsverlust nach § 17 IV, II EStG zu diesem Zeitpunkt schon realisiert sein kann; denn eine sinngemäße Anwendung ist nicht möglich, da der Rückzahlungstatbestand andere zeitliche Anknüpfungspunkte hat wie das endgültige Ausbleiben der Tilgung und nicht das zivilrechtliche Erlöschen, was aber beim Veräußerungstatbestand anders ist, BStBl. II 2021, 378 (381).

1383 Dies ist überhaupt möglich, da teilweise Aktien einer insolventen AG (und nicht nur ein Abfindungsanspruch, also Aktien des gleichen Unternehmens mit einer anderen Wertpapierkennung) aufgrund der zeitlichen Verzögerung des Delistings durch die Abwicklung sowie die Kosten, die für ein sofortiges Delisting von Seiten der insolventen AG aufgewendet werden müssten, weiterhin über die Börse gehandelt werden.

(2) Regelfall

Hiervon zu unterscheiden ist indes der Fall, in dem der Steuerpflichtige Aktien im Depot hat, deren AG erst nach der Übertragung der Aktien auf den Steuerpflichtigen insolvent geht. Demnach der Steuerpflichtige schon länger an der Gesellschaft beteiligt ist, er aber nun eine Wertminderung in seinem Depot verbuchen muss, weil die Beteiligung (teilweise) wertlos geworden ist. Die Abgrenzung über die (teilweise) Wertlosigkeit ist für einen solchen Fall untauglich. Denn die geforderte Einkünfteerzielungsabsicht liegt grundsätzlich vor, da im Zeitpunkt der Investitionstätigkeit die Möglichkeit positive Erträge durch die Aktien zu erwirtschaften bestand. Auch wenn die Aktie nun (teilweise) wertlos ist, besteht die Vermutung der Einkünfteerzielungsabsicht als subjektives Tatbestandsmerkmal fort. Dies ergibt sich ebenfalls durch einen Vergleich zu anderen Einkunftsarten, wie zum Beispiel aus selbständiger Arbeit, bei der im Zeitpunkt einer Insolvenz und danach noch immer die anfängliche Einkünfteerzielungsabsicht dem Grunde nach vorliegt. Selbst der Gesetzgeber geht (mittlerweile) von einer fortbestehenden Einkünfteerzielungsabsicht aus. Ansonsten hätte er keine weitere Verlustverrechnungsbeschränkung für diese Fälle mit § 20 Abs. 6 S. 6 EStG eingeführt. Daher liegt die Einkünfteerzielungsabsicht im Ergebnis trotz bereits länger andauernder (teilweiser) Wertlosigkeit vor, soweit es dann später zur Verlustrealisierung durch § 20 Abs. 2 EStG (analog)[1384] kommt.[1385] In diesem Zusammenhang ist schon festzuhalten, dass sich ein Veräußerungsgeschäft nicht durch den wirtschaftlichen Ertrag auszeichnet, sondern nur durch das Trennen von der (teilweise) wertlosen Aktie durch Übertragung auf einen Dritten, so dass eine Veräußerung angenommen werden kann, soweit eine (beinahe) wertlose Aktie übertragen wird, also sich Leistung und Gegenleistung noch gleichwertig gegenüberstehen und keine Schenkung gegeben ist, sowie dass sich dadurch kein Gestaltungsmissbrauch nach § 42 AO ergeben kann,[1386] wie nachfolgend zu zeigen sein wird. Entscheidend für die Verlustanerkennung ist daher hauptsächlich das Vorliegen der objektiven Tatbestandsmerkmale der Veräußerung und nicht das subjektive Element der Einkünfteerzielungsabsicht, das grundsätzlich vermutet wird.

(3) Kritik in Bezug auf die neuere Verwaltungsansicht

Die Finanzverwaltung hat durch BMF-Schreiben mittlerweile unter anderem festgelegt, dass zumindest von einer Veräußerung eines wertlosen Wirtschaftsguts im Rahmen des § 20 Abs. 6 S. 6 EStG regelmäßig auszugehen ist, wenn einerseits der Veräußerungspreis die tatsächlichen Transaktionskosten nicht übersteigt oder andererseits die Höhe der in Rechnung gestellten Transaktionskosten nach

1384 Z. B. BStBl. II 2021, 378 (380 f.).
1385 Vgl. BStBl. II 2021, 385 (386).
1386 Anm. *Jachmann-Michel*, DStR 2021, 525 (527).

Vereinbarung mit dem depotführenden Institut dergestalt begrenzt wird, dass sich die Transaktionskosten aus dem Veräußerungserlös unter Berücksichtigung eines Abzugsbetrages errechnen.[1387] Die Finanzverwaltung hat demnach die frühere Auffassung der Nichtanerkennung eines solchen Verlustes als Veräußerungstatbestand des § 20 Abs. 2 S. 1 Nr. 1 EStG, wie sich nachfolgend zeigt, nun auf die Verlustverrechnungsbeschränkung des § 20 Abs. 6 S. 6 Alt. 3 EStG übertragen, jedoch nicht gelöst. Denn aus den vorstehenden Ausführungen zeigt sich, dass die weitergehende Ansicht der Finanzverwaltung, dass bei der Veräußerung von wertlosen Wirtschaftsgütern im Sinne des § 20 Abs. 1 EStG die Verlustverrechnungsbeschränkung nach § 20 Abs. 6 S. 6 EStG anzuwenden ist[1388], sich dieser Ansatz im Endeffekt gegen die Gesetzessystematik und die Beschlussempfehlung und den Bericht des Finanzausschusses[1389] richtet, da Veräußerungsfälle aus Aktien aufgrund der Entgeltlichkeit und des engen Begriffsverständnisses[1390] nicht unter die Verlustverrechnungsbeschränkung des § 20 Abs. 6 S. 6 Alt. 3 EStG, somit die Übertragung wertloser Wirtschaftsgüter auf einen Dritten, sondern gerade unter die speziellere Verlustbeschränkung des § 20 Abs. 6 S. 4 EStG fallen[1391] müssten; denn einerseits in Bezug auf eine private Aktienbeteiligung erfolgt keine Abwicklung nur zu Gestaltungszwecken bei einer wertlosen Übertragung im Veräußerungsfall, wie teilweise schon dargelegt wurde[1392] und nachfolgend sich ebenso noch zeigt[1393]. Zudem kommt es anderseits im tatsächlichen Bereich durch die weitere Begrenzung der Verlustverrechnung indirekt zu einer Aushebelung der Rechtsprechung des BFH für Untergangskonstellationen aus Aktien, die gerade bestehende Lücken durch eine entsprechende Anwendung des § 20 Abs. 2 S. 1 Nr. 1 EStG schließen sollte,[1394] wenn nun diesbezüglich anerkannte Verluste – aufgrund der

---

1387 BMF-Schreiben v. 3.6.2021 – IV C 1 – S 2252/19/10003: 002, Rn. 59, 118, BStBl. I 2021, 723 (725, 727 f.); ferner ist hinsichtlich des Liquidationsfalls oder des Bezugsrechtsausschlusses im Rahmen einer Kapitalherabsetzung auf null einer insolventen AG nun Rn. 63 des BMF-Schreibens zu beachten, das die Ausbuchung wertloser Wertpapiere (Verfall) regelt. Für diese Fälle ist ein Wertpapier nach der Finanzverwaltung zumindest wertlos, wenn es aufgrund der Insolvenz des Emittenten eingezogen wurde oder infolge der Herabsetzung des Kapitals ausgebucht wurde, folglich eine Verlustrealisierung stattgefunden hat.

1388 BMF-Schreiben v. 3.6.2021 – IV C 1 – S 2252/19/10003: 002, Rn. 59, 118, BStBl. I 2021, 723 (725, 727 f.).

1389 BT-Drs. 19/15876, S. 61.

1390 *Levedag*, in: Schmidt, EStG, 39. Aufl., § 20 Rn. 247.

1391 *Levedag*, in: Schmidt, EStG, § 20 Rn. 248.

1392 Kap. 2, III. 3. b) ee) (1) (a) und (b).

1393 Kap. 3, I. 2. b) bb) (2).

1394 Kap. 3, III. 1. b) und 2.

neuen Verwaltungsanweisung[1395] – nicht gleich wie andere Aktienveräußerungsverluste behandelt werden. Darüber hinaus deckt sich der Ansatz in Bezug auf die Wertlosigkeit durch Übersteigen der Transaktionskosten mit der Gesetzesbegründung hinsichtlich des Solvenzrisikos[1396] nicht mit der Veräußerung aus einer privaten Aktienbeteiligung. Denn es sind durchaus Veräußerungsfälle denkbar, in denen sich regelmäßig kein Solvenzrisiko teilweise oder ganz realisiert hat, aber die Transaktionskosten den Veräußerungserlös übersteigen wie beim Verkauf einer geringen Aktienposition im Zusammenhang mit den Mindesttransaktionsgebühren einer Bank[1397]. Als Beispiel hierfür verkauft ein Steuerpflichtiger fünf Aktien der Deutschen Bank AG im August 2021 für ca. 10 Euro. Diese hatte er zu ca. 40 Euro je Stück im August 2010 gekauft. Die Mindestgebühren für Wertpapiergeschäfte betragen bei seiner Bank 60 Euro. Dies bedeutet, dass der Veräußerungsverlust in Höhe von 150 Euro unter den Verlustverrechnungskreis des § 20 Abs. 6 S. 6 EStG nach der Finanzverwaltung fallen würde, da die Transaktionskosten den Veräußerungserlös übersteigen. Gleichzeitig besteht aber aktuell bei der Deutschen Bank AG kein Solvenzrisiko und daher fällt es schwer von einem wertlosen Wirtschaftsgut zu sprechen. Hierdurch zeigt sich, dass der Ansatz der Finanzverwaltung im Zusammenhang mit den Transaktionskosten für die Wertlosigkeit wieder nicht so ganz passt und untauglich ist[1398]. Denn darüber hinaus in einem solchen Szenario von einem unangemessenen Gestaltungszweck auszugehen ist kaum möglich. Nach diesem Ansatz kann vereinfacht und übergreifend ausgedrückt werden, dass über die Festlegung einer Grenze durch die Höhe der Transaktionskosten im Zusammenhang mit der Veräußerung einer privaten Aktienbeteiligung kein unangemessener beziehungsweise verwerflicher Gestaltungszweck gerechtfertigt werden kann – auch nicht für (beinahe) wertlose Aktien, wie sich nachfolgend nochmal deutlich zeigt, wenn der Steuerpflichtige, korrespondierend zur sofortigen und umfassenden Gewinnbesteuerung, nur von einer ihm eingeräumten Möglichkeit Gebrauch macht und einen Verlust realisiert[1399]. Überdies kann nach den vorstehenden Ausführungen § 20 Abs. 6 S. 6 EStG an sich nicht verfassungsrechtlich gerechtfertigt werden.[1400]

1395 BMF-Schreiben v. 3.6.2021 – IV C 1 – S 2252/19/10003: 002, Rn. 59, 118, BStBl. I 2021, 723 (725, 727 f.).

1396 BT-Drs. 19/15876, S. 61.

1397 Vgl. zu diesem Ansatz auch *Knoblauch*, DStR 2013, 798 (800), der u. a. die Abhängigkeit von der Gebührenpolitik der Bank bemängelt.

1398 Vgl. Kap. 3, I. 2. b) bb) (2) (b) und cc).

1399 Vgl. BStBl. II 2019, 221 (223).

1400 Kap. 2, III. 3. b) ee) (4).

bb) Fazit

Aufgrund dessen, dass die Einkünfteerzielungsabsicht für Kapitaleinkünfte erstmal tatsächlich widerlegbar vermutet wird[1401], auch bei Verlusteintritt weiter besteht[1402] und sogar für wertlos gewordene Anlageinstrumente angenommen werden muss[1403], kann es für die Einordnung einer unentgeltlichen Übertragung nicht nur darauf ankommen, ob Einnahmen fließen oder nicht.[1404] Denn hier zeigt sich schon, dass die Übertragung eines wertlosen Anlageinstruments ohne Gegenleistung erfolgt, da kein Wert mehr vorhanden ist. Nachdem die Einkünfteerzielungsabsicht als subjektives Element vermutet wird und sie ansonsten nur zu Abgrenzungsproblemen führt, ist vielmehr auf die Tatbestandsverwirklichung der Veräußerung als objektives Element abzustellen. Eine eindeutige Abgrenzung über das Solvenzrisiko mit damit einhergehender (teilweiser) Wertlosigkeit der privaten Aktienbeteiligung ist jedoch ebenfalls nicht ohne Weiteres möglich. Denn zum Beispiel die Stellung eines Antrags auf Eröffnung des Insolvenzverfahrens als Einordnung für die Wertlosigkeit führt zu Problemen, soweit kein sofortiges Delisting der Aktien erfolgt, sondern die Aktien mit ihrem möglichen anteiligen Liquidationserlös weiter an der Börse gehandelt werden. Die Veräußerung als Endtatbestand erfordert eine Realisation. Der gewählte Ansatz der Finanzverwaltung für die Festlegung eines wertlosen Wirtschaftsguts im Veräußerungsfall über die Höhe der Transaktionskosten ist wiederum für eine private Aktienbeteiligung untauglich, da in der Verlustrealisierung schon kein unangemessener beziehungsweise verwerflicher Gestaltungszweck zu sehen ist. Dass weiterhin die Einkünfteererzielungsabsicht vorliegt, soweit die AG erst nach dem Kauf insolvent geht, zeigt tendenziell ebenso im Ergebnis die Untauglichkeit für die Abgrenzung der Einkünfteerzielungsabsicht mittels der Wertlosigkeit.

Nachdem es folglich auf die objektiven Tatbestandsmerkmale ankommt, sollte im Rahmen der Tatbestandsverwirklichung der Veräußerung nach Rechtslage vor Einführung der Abgeltungsteuer diese jedoch in allen drei Fällen, wie erstens des

---

1401 BStBl. II 2017, 1038 (1040); BStBl. II 2017, 1040 (1042); BMF-Schreiben v. 18.1.2016 – IV C 1 – S 2252/08/10004: 017, Rn. 125, BStBl. I 2016, 85 (106); vgl. auch z. B. *Bleschick*, in: Kirchhof/Seer, EStG, § 20 Rn. 8; *Geurts*, in: Bordewin/Brandt, EStG, § 20 Rn. 60–62; *Haisch/Krampe*, DStR 2011, 2178 (2183); *Jachmann-Michel*, BB 2018, 2329 (2329); *dies.*, BB 2017, 854 (856); *dies.*, DStR 2017, 1849 (1850, 1852); *Levedag*, in: Schmidt, EStG, § 20 Rn. 20; *Moritz/Strohm*, in: Frotscher/Geurts, EStG, § 20 (n. F.) Rn. 62; *Ratschow*, in: Brandis/Heuermann, EStG, § 20 Rn. 45; *Möllenbeck*, in: Littmann/Bitz/Pust, EStG, § 20 Rn. 41.

1402 Z. B. *Jachmann-Michel*, BB 2018, 2329 (2329).

1403 Vgl. BStBl. II 2021, 385 (386).

1404 Auch gerade *Strohm*, S. 238 f., mit den anschaulichen Beispielen des Schenkungs- und Insolvenzfalls.

§ 17 Abs. 1 S. 1 EStG (a. F.)[1405], zweitens des § 20 Abs. 2 bis 4 EStG a. F.[1406] und drittens des § 23 Abs. 1 S. 1 Nr. 2 EStG (a. F.)[1407], nur vorliegen, soweit eine entgeltliche Übertragung vorlag, so dass gerade die unentgeltliche Übertragung nicht steuerverstrickt war.[1408] Nach Erweiterung der Bemessungsgrundlage in § 20 Abs. 2 EStG und ihrer Neukonzeption durch Einführung der Abgeltungsteuer wird weiterhin die Ansicht vertreten, dass teilweise vereinfacht ausgedrückt aus einem gegensätzlichen Ansatz eine unentgeltliche Übertragung nicht den Besteuerungstatbestand des § 20 Abs. 2 S. 1 EStG auslösen kann.[1409] Daher ist auf die Voraussetzungen der Entgeltlichkeit einzugehen und darauf, was darunter zu verstehen ist, vor allem aus der Wertung des § 17 Abs. 1 EStG (a. F.).

b) Einordnung der entgeltlichen Übertragung

Eine entgeltliche Übertragung wird als eine Leistung des Übertragenden und als eine gleichwertige Gegenleistung des Erwerbers unter Abwägung des wirtschaftlichen beziehungsweise kaufmännischen Zusammenhangs festgelegt.[1410] Eine unentgeltliche Übertragung im Gegensatz dazu liegt vor, soweit keine entsprechende Gegenleistung der übertragenen Leistung des Übertragenden besteht, es also zu einer Bereicherung kommt.[1411] Folglich ist das Kennzeichen einer unentgeltlichen Übertragung gerade in der „freigiebigen Zuwendung" zu sehen, im Unterschied zur entgeltlichen Übertragung, der gerade eine gleichwertige Gegenleistung[1412] gegenübersteht.[1413] In Bezug auf die Gleichwertigkeit von Leistung und Gegenleistung stellt sich wiederum die Frage, ob ein subjektiver oder ein objektiver Maßstab

---

1405 Z. B. BStBl. II 1989, 271 (273); *Gosch*, in: Kirchhof/Seer, EStG, 8. Aufl., § 17 Rn. 100; *Weber-Grellet*, in: Schmidt, EStG, 28. Aufl., § 17 Rn. 96.

1406 Vgl. z. B. *Storg*, in: Frotscher/Geurts, EStG, 144. Erg.-Lfg., § 20 Rn. 197.

1407 Z. B. BStBl. II 2007, 258 (258); *Kube*, in: Kirchhof/Seer, EStG, 8. Aufl., § 23 Rn. 16; *Weber-Grellet*, in: Schmidt, EStG, 28. Aufl., § 23 Rn. 50.

1408 *Strohm*, S. 240.

1409 Vgl. z. B. *Bleschick*, in: Kirchhof/Seer, EStG, § 20 Rn. 122; *Brusch*, FR 2007, 999 (1000); *Buge*, in: Herrmann/Heuer/Raupach, EStG, § 20 Rn. 422; *Geurts*, in: Bordewin/Brandt, EStG, § 20 Rn. 740; *Jochum*, in: Kirchhof/Söhn/Mellinghoff, EStG, § 20 Rn. D/9 1; *Levedag*; in: Schmidt, EStG, 20 Rn. 146; *Ratschow*, in: Brandis/Heuermann, EStG, § 20 Rn. 353a, 354.

1410 Vgl. z. B. BFH/NV 2017, 289 (290); BFH/NV 2002, 10 (11 f.); BStBl. II 2000, 424 (427); *Schmidt*, in: Herrmann/Heuer/Raupach, EStG, § 17 Rn. 80; *Vogt*, in: Brandis/Heuermann, EStG, § 17 Rn. 340.

1411 Vgl. z. B. BStBl. II 1981, 11 (12); *Schmidt*, in: Herrmann/Heuer/Raupach, EStG, § 17 Rn. 80.

1412 Etwa BStBl. II 1991, 630 (630 f.).

1413 BStBl. II 2018, 94 (95); BStBl. II 2000, 424 (427); auch FG Düsseldorf DStR 2019, 153 (154), rkr.

anzulegen ist, da gerade die objektiv nicht gleichwertige Gegenleistung nach subjektiven Gesichtspunkten noch Sinn macht und gleichwertig erscheint.[1414] Aufgrund dessen, dass die subjektive Vorstellung der Beteiligten teils schwer greifbar ist, dessen Nachvollziehbarkeit der Wertvorstellung jedoch grundsätzlich durch objektive Aspekte gelingt und somit für die Einordnung der Gleichwertigkeit von Leistung und Gegenleistung ausschlaggebend ist,[1415] führt dies zu dem Ergebnis einer „tatsächliche[n] Vermutung für die Gleichwertigkeit von Leistung und Gegenleistung", soweit das Wirtschaftsgut zwischen fremden Dritten – entgegen der Übertragung zwischen Angehörigen[1416] – übertragen wird.[1417] Daher zeigt *Strohm* auf, dass unter anderem Rechtsprechung und Teile der Literatur für die Abgrenzung von Entgeltlichkeit zu Unentgeltlichkeit im Rahmen des § 17 Abs. 1 EStG auf das Zivilrecht abstellen[1418], insbesondere auf den Grundfall der unentgeltlichen Übertragung der Schenkung nach den §§ 516 ff. BGB, die objektiv eine Bereicherung und subjektiv die Einigung über die Unentgeltlichkeit verlangt; im Rahmen des § 20 Abs. 2 S. 1 Nr. 1 EStG kann es aber nicht auf das „Bewusstsein der Ausgewogenheit" von Leistung und Gegenleistung ankommen.[1419] Denn nach § 20 Abs. 2 S. 1 Nr. 1 EStG bestehen – außer dem subjektiven Element der Einkünfteerzielungsabsicht – nur objektive Tatbestandselemente im Rahmen der Veräußerung; zudem lässt sich aus Wortlaut, Gesetzessystematik und historischem Aspekt nicht erkennen, dass eine Gleichwertigkeit von Leistung und Gegenleistung vorausgesetzt wird, da nach Erweiterung der Bemessungsgrundlage und dem teleologischen Ansatz der Erfassung nun jeglicher Wertsteigerungen es nur auf die rein objektive Betrachtungsweise für die Bestimmung des Wertes des Übertragungsvorgangs ankommen kann; denn der objektive Wert spiegelt als Ergebnis die Leistungsfähigkeit wider und ergibt sich aus der Saldierung des Übertragungsvorgangs mit dem zugehörigen vorherigen Übertragungsvorgang und daraus folgt entweder eine Wertsteigerung oder -minderung.[1420]

Im Ergebnis gilt somit für § 20 Abs. 2 S. 1 Nr. 1 EStG ein Übertragungsvorgang als entgeltliche Übertragung, soweit der Leistung eine objektiv – nicht subjektiv – gleichwertige Gegenleistung gegenübersteht, die gerade bei einer objektiv unentgeltlichen Leistung nicht vorliegt.[1421] Dies folgt aus einer vergleichenden Wertung

1414 Vgl. in etwa *Strohm*, S. 240 f.

1415 Vgl. *Schmidt*, in: Herrmann/Heuer/Raupach, EStG, § 17 Rn. 80.

1416 BFH/NV 2017, 289 (290).

1417 Z. B. BStBl. II 2000, 424 (427); BStBl. II 1995, 693 (695 f.); *Schmidt*, in: Herrmann/Heuer/Raupach, EStG, § 17 Rn. 80; *Vogt*, in: Brandis/Heuermann, EStG, § 17 Rn. 341.

1418 Z. B. BStBl. II 1986, 161 (162); *Schneider*, in: Kirchhof/Söhn/Mellinghoff, EStG, § 17 Rn. B 72.

1419 *Strohm*, S. 241.

1420 Vgl. *Strohm*, S. 241 f.

1421 Auch FG Düsseldorf DStR 2019, 153 (154), rkr.; *Strohm*, S. 242.

zu § 17 EStG. Denn wird ein Vertrag zwischen fremden Dritten abgeschlossen, gilt, wie aufgezeigt, im Rahmen des § 17 EStG die widerlegbare Vermutung für ein entgeltliches Geschäft; jedoch soll keine Entgeltlichkeit vorliegen, soweit Gesellschaftsanteile mit einem Verkehrswert größer als null Euro zu null Euro übertragen werden[1422], da es an einer objektiv gleichwertigen Gegenleistung fehlt und das Geschäft als unentgeltlich angesehen wird.[1423]

aa) Notwendigkeit der Entgeltlichkeit

Daran schließt sich die Frage an, ob der Tatbestand der Veräußerung des § 20 Abs. 2 S. 1 Nr. 1 EStG vorliegt, falls es sich nicht um eine entgeltliche, sondern unentgeltliche Übertragung handelt. Nachdem der Wortlaut hier zu keinem eindeutigen Ergebnis führt, da gerade im Zivilrecht unter einer Veräußerung ebenfalls die unentgeltliche Übertragung verstanden wird, führt die Gesetzessystematik jedoch zu dem Ergebnis, dass nur die entgeltliche Übertragung unter einer Veräußerung im steuerlichen Sinn des § 20 Abs. 2 S. 1 Nr. 1 EStG verstanden werden kann, wie unter anderem *Strohm* zu Recht ausführt.[1424] Einerseits definiert der Gesetzgeber nach § 20 Abs. 4 S. 1 EStG in Verbindung mit § 20 Abs. 2 S. 1 EStG den Gewinn aus der Veräußerung als Differenz zwischen den Anschaffungskosten und den Einnahmen sowie den Aufwendungen des unmittelbaren sachlichen Zusammenhangs, so dass aus der Gewinnermittlungsmethode für Kapitaleinkünfte durch die Feststellung eines Wertes, dies für die Einordnung als entgeltlicher Übertragungsvorgang folgen muss.[1425] Denn bei einer unentgeltlichen Leistung steht gerade keine Gegenleistung gegenüber, die ebenso auch nicht als Rechengröße für die Ermittlung einer Differenz tauglich ist. Hiervon ist jedoch der Fall zu unterscheiden, in dem eine entgeltliche Übertragung zu einem Veräußerungspreis von null vorliegt, da ein unentgeltlicher Erwerb im Rahmen des § 20 Abs. 2 S. 1 EStG gerade von keiner Gegenleistung ausgehen würde.[1426] Ferner vertritt *Strohm* zutreffend die Ansicht, dass eine Gleichsetzung von unentgeltlichen Übertragungsvorgängen wie der Auflösung einer stillen Gesellschaft oder der verdeckten Einlage nach § 20 Abs. 2 S. 2 EStG mit der Veräußerung nach Abs. 2 S. 1 Nr. 1 nicht notwendig wäre, soweit die Veräußerung, die unentgeltliche Übertragung miterfassen würde.[1427] Denn mit Erfassung des unentgeltlichen Realisationstatbestands der Auflösung

1422 Etwa *Vogt*, in: Brandis/Heuermann, EStG, § 17 Rn. 355.

1423 Vgl. z. B. BFH/NV 1997, 215 (216); auch etwa *Deutschländer*, NWB 2015, 1788 (1788 f.).

1424 Z. B. *Strohm*, S. 242.

1425 Vgl. z. B. BStBl. II 1989, 271 (273), zu § 17 EStG; *Musil*, in: Herrmann/Heuer/Raupach, EStG, § 23 Rn. 80, zu § 23 EStG.

1426 Vgl. z. B. schon aus der Wertung zu § 17 EStG, BStBl. II 1981, 11 (12), oder auch *Levedag*, in: Schmidt, EStG, § 17 Rn. 27 f.

1427 *Strohm*, S. 243.

und der fiktiven Veräußerung durch eine verdeckte Einlage will der Gesetzgeber solche unentgeltlichen Übertragungsvorgänge der Veräußerung nach § 20 Abs. 2 S. 1 EStG gleichsetzen,[1428] so dass im Umkehrschluss nur von einer entgeltlichen Übertragung im Sinne der Veräußerung ausgegangen werden kann. Ansonsten wäre eine Einbeziehung dieser unentgeltlichen Übertragungsvorgänge in den Tatbestand sinnlos. Andererseits ergibt sich ein weiteres Argument für nur eine entgeltliche Übertragung im Rahmen der Veräußerung nach Abs. 2 S. 1 EStG aus § 20 Abs. 4 S. 6 EStG selbst,[1429] da gerade bei einem unentgeltlichen Erwerb dem Einzelrechtsnachfolger zum Zwecke der Gewinnermittlung die Anschaffungskosten des Rechtsvorgängers zuzurechnen sind, so dass das Gesetz auch von einem unentgeltlichen Erwerb ausgeht, also gerade keine Gegenleistung besteht und daher sozusagen auf den Vordermann zurückgegriffen werden muss.

Im Ergebnis setzt die Übertragung als Tatbestandvoraussetzung der Veräußerung im Rahmen des § 20 Abs. 2 S. 1 Nr. 1 EStG Entgeltlichkeit voraus.[1430] Daher kann hier als Ergebnis für den Einzelfall schon Folgendes festgehalten werden: Werden künftige Gewinne, somit zum Beispiel laufende Erträge aus den Ausschüttungen einer Kapitalgesellschaft, „schenkweise abgetreten", ist der Besteuertatbestand beim Schenker und nicht beim Beschenkten erfüllt, da es aufgrund einer unentgeltlichen Leistung an einer Veräußerung in diesem Rahmen fehlt.[1431]

bb) Urteil zur Höhe der Entgeltlichkeit

Nachdem feststeht, dass eine Veräußerung nach § 20 Abs. 2 S. 1 Nr. 1 EStG nur im Rahmen einer entgeltlichen Übertragung vorliegen kann, stellt sich die weitere Frage bezogen auf die Höhe des Wertes der Übertragung, ob ab einem gewissen Wert eine entgeltliche Übertragung in eine unentgeltliche umschlägt, wie im Ergebnis etwa im Einführungsfall seitens der Finanzverwaltung angenommen wird.

Nach dem Sachverhalt des Einführungsfalls[1432] stritten das Finanzamt und der Kläger über die Verlustberücksichtigung aus Aktiengeschäften. Der Kläger verkauft seine Aktienpakete mit Verlust zu einem Gesamtpreis von einmal acht Euro und das andere Mal zu sechs Euro, die jedoch die Bank als Transaktionskosten einbehielt. Die Finanzbehörde erkannte den Verlust nicht an und stellte sich durch

---

1428 *Ratschow*, in: Brandis/Heuermann, EStG, § 20 Rn. 390, 394.

1429 Auch *Strohm*, S. 243.

1430 Vgl. z. B. BStBl. II 2020, 831 (832); BStBl. II 2019, 221 (222); BFH/NV 2015, 1364 (1365); FG Düsseldorf DStR 2019, 153 (154), rkr.; *Bleschick*, in: Kirchhof/Seer, EStG, § 20 Rn. 122; *Buge*, in: Herrmann/Heuer/Raupach, EStG, § 20 Rn. 422; *Jochum*, in: Kirchhof/Söhn/Mellinghoff, EStG, § 20 Rn. D/9 1; *Levedag*, in: Schmidt, EStG, § 20 Rn. 146; *Moritz/Strohm*, in: Frotscher/Geurts, EStG, § 20 (n. F.) Rn. 261; *Ratschow*, in: Brandis/Heuermann, EStG, § 20 Rn. 351.

1431 *Ratschow*, in: Brandis/Heuermann, EStG, § 20 Rn. 354.

1432 BStBl. II 2019, 221 (221 f.).

das BMF-Schreiben als Anwendungserlass für die Verwaltung auf den Standpunkt, dass eine entgeltliche Veräußerung nach § 20 Abs. 2 Nr. 1 EStG nicht vorliege, soweit der Veräußerungspreis die tatsächlichen Transaktionskosten nicht übersteigt.[1433] In diesem Fall liege ein Missbrauch von steuerlichen Gestaltungsmöglichkeiten nach § 42 AO vor, da eine Übertragung von wertlosen Aktien auf einen Dritten unsinnig ist und nur so der Vorteil einer Steuerminderung erlangt werden soll.[1434]

Strittig war vorliegend sozusagen, ob die Entgeltlichkeit der Übertragung als zwingendes Tatbestandsmerkmal der Veräußerung im Rahmen des § 20 Abs. 2 S. 1 EStG von der Höhe des Entgelts abhängig gemacht werden kann. Vorab bestätigte der BFH auch im Einführungsfall das vorstehende Ergebnis, dass unabhängige Voraussetzung von dem Tatbestandsmerkmal der Veräußerung für die Verlustberücksichtigung das Handeln mit Einkünfteerzielungsabsicht trotz Verlustes[1435] ist, die grundsätzlich im Rahmen der Veräußerungen von Kapitalanlagen vermutet wird,[1436] und stellte wiederum klar, dass Veräußerungsverluste vom Anwendungsbereich des § 20 Abs. 2, 4 EStG ebenso – trotz keiner expliziten Nennung – erfasst werden, da Verluste die Kehrseite zu Gewinnen darstellen und lediglich als sozusagen negative Gewinne ausgestaltet sind.[1437] Dies ergebe sich aus dem Ansatz über das Gebot der Folgerichtigkeit im Sinne von Art. 3 Abs. 1 GG für das Steuerrecht[1438] und daher müssen Veräußerungsverluste grundsätzlich im Rahmen des § 20 Abs. 2 Nr. 1 EStG als negative Gewinne aus § 20 Abs. 4 EStG oder deren Verrechnung nach Abs. 6 wie Gewinne von der Vorschrift berücksichtigt werden.[1439]

1433 BMF-Schreiben v. 9.10.2012 – IV C 1 – S 2252/10/10013, Rn. 59, BStBl. I 2012, 953 (961); ersetzt durch BMF-Schreiben v. 18.1.2016 – IV C 1 – S 2252/08/10004: 017, Rn. 59, BStBl. I 2016, 85 (94); diese Einschätzung der Verwaltung resultiert daraus, dass sozusagen wertlose Übertragungen nur noch zu Gestaltungszwecken vorgenommen wurden, um Verluste geltend machen zu können. Die Auffassung mittlerweile geändert durch BMF-Schreiben v. 10.5.2019 – IV C 1 - S 2252/08/10004: 026, Rn. 59, BStBl. I 2019, 464 (464) und durch BMF-Schreiben v. 3.6.2021 – IV C 1 – S 2252/19/10003: 002, Rn. 59, BStBl. I 2021, 723 (725), das diesen Fall nun als ein wertloses Anlageinstrument einstuft und die Verlustverrechnungsbeschränkung des § 20 VI 6 EStG gilt.

1434 BStBl. II 2019, 221 (222).

1435 Kap. 3, I. 2. a) und bb); vgl. auch z. B. *Jachmann-Michel*, BB 2018, 2329 (2329).

1436 Kap. 3, I. 2. a) bb); auch z. B. BStBl. II 2017, 1040 (1042).

1437 Vgl. Kap. 3, II. 3. a) und b); BStBl. II 2019, 221 (222).

1438 Vgl. etwa BStBl. II 2016, 462 (464).

1439 BStBl. II 2019, 221 (223).

(1) Die Höhe der Gegenleistung

Hinsichtlich der notwendigen Entgeltlichkeit einer Übertragung im Rahmen des Veräußerungsbegriffs bestätigte der BFH diesbezüglich das vorstehende Ergebnis, dass grundsätzlich unter einer Veräußerung die „entgeltliche Übertragung des – zumindest wirtschaftlichen – Eigentums auf einen Dritten" zu verstehen ist,[1440] und in Bezug auf die Entgeltlichkeit bestätigte dieser das schon angedeutete Ergebnis und stellte klar, dass „eine entgeltliche Anteilsübertragung" auch vorliegt, soweit „wertlose Anteile zwischen fremden Dritten ohne Gegenleistung"[1441] oder „gegen einen lediglich symbolischen Kaufpreis"[1442] übertragen werden.[1443] Weitergehende Tatbestandsmerkmale als der „entgeltlich[e] Rechtsträgerwechsel" im Rahmen des Veräußerungsbegriffs sind dem Gesetz nicht zu entnehmen[1444], so dass ein Vorliegen des Tatbestands der Veräußerung nach § 20 Abs. 2 S. 1 EStG „weder von der Höhe der Gegenleistung noch von der Höhe der anfallenden Veräußerungskosten abhängig" sein kann[1445], wie der BFH gerade im Einführungsfall aufzeigt.[1446] Im Streitfall handelte es sich somit um eine Veräußerung, also eine entgeltliche Übertragung auf einen Dritten gegen einen Veräußerungspreis von acht beziehungsweise sechs Euro, wie sich nachfolgend zeigt.

(a) Unterfall des symbolischen Veräußerungspreises

Der BFH hatte im Rahmen des § 17 EStG schon in Bezug zum symbolischen Kaufpreis festgestellt, dass der „bloß symbolisch angesetzt[e] Kaufpreis" von dem Fall zu unterscheiden ist, in dem noch ein Entgelt fließt, sei es auch sehr gering; fraglich ist vielmehr, ob einem Veräußerungspreis zu null Euro für die „Übernahme wertloser Anteile [...] aus buchungstechnischen Gründen lediglich symbolische Bedeutung zukommt" und er zu keinem steuerbaren Verlust führen kann.[1447] Dem

---

1440 Kap. 3, I. 1. und 3.; z. B. BFH/NV 2015, 1364 (1365).

1441 Kap. 3, I. 2. b) bb) (1) (b); z. B. BFH/NV 2015, 198 (199).

1442 Kap. 3, I. 2. b) bb) (1) (a); BStBl. II 2012, 8 (9 f.).

1443 BStBl. II 2019, 221 (222).

1444 Vgl. Kap. 3, 2. b) bb) (2); z. B. BStBl. II 2021, 385 (386); FG Niedersachsen EFG 2014, 1584 (1585).

1445 Vgl. auch z. B. BStBl. II 2021, 385 (386); *Bleschick*, in: Kirchhof/Seer, EStG, § 20 Rn. 122; *Buge*, in: Herrmann/Heuer/Raupach, EStG, § 20 Rn. 422; *Geurts*, in: Bordewin/Brandt, EStG, § 20 Rn. 740; *Jachmann-Michel*, DB 2018, 2777 (2777); *Jansen*, DStR 2016, 2729 (2732); *Knoblauch*, DStR 2013, 798 (800); *Levedag*, in: Schmidt, EStG, 39. Aufl., § 20 Rn. 146; *Ratschow*, in: Brandis/Heuermann, EStG, § 20 Rn. 353a, einschränkend jedoch in Bezug auf die Gestaltungszweckproblematik des Forderungsausfalls.

1446 BStBl. II 2019, 221 (222).

1447 BStBl. II 2012, 8 (9).

ist jedoch nicht so, da auch die Veräußerung zu einem Preis mit lediglich symbolischer Funktion eine Veräußerung darstellt und „objektiv wertlose Anteile ohne Gegenleistung zwischen fremden Dritten übertragen werden“[1448] können.[1449] Denn für die Feststellung, ob eine Entgeltlichkeit bei nur einem „geringfügigen Entgelt“ vorliegt, wird auf den Einzelfall abgestellt,[1450] und sie kann gerade bei einem Kaufpreis von nur einem Euro auch vorliegen, soweit die Anteile objektiv wertlos sind.[1451] Häufig wird daher aus buchungstechnischen Gründen in der Praxis noch ein symbolischer Kaufpreis von einem Euro für objektiv wertlose Anteile angesetzt. Dies ist aber auch für den Fall mit null Euro möglich. Denn davon abzugrenzen ist indes der Fall, in dem die Entgeltlichkeit gerade abgelehnt wird, soweit das „Entgelt“ nur von „symbolischer Bedeutung“ ist,[1452] wie der typische Fall, dass sozusagen (geschenkte) Anteile (zwischen Angehörigen)[1453] einer notleidenden Gesellschaft gegen einen symbolischen Euro übertragen werden. Hierbei handelt es sich noch um eine Gegenleistung, da noch objektiv als Beispiel ein werthaltiger Liquidationswert vorhanden ist. Nachdem wiederum der Bereicherungsaspekt entscheidend ist, ist der vorstehende Ansatz auf § 20 EStG übertragbar.

(b) Unterfall „Ohne Gegenleistung“

Der BFH hatte bereits durch die Einziehung von Aktien und die Übertragung auf die Gläubiger auf Grundlage eines amerikanischen Insolvenzplanverfahrens eine Veräußerung nach § 20 Abs. 2 S. 1 Nr. 1 EStG angenommen, da eine entgeltliche Anteilsübertragung gegeben ist, soweit wertlose Anteile ohne Gegenleistung zwischen fremden Dritten[1454] übertragen werden, denn die Übertragung des Eigentums an den Aktien liegt in der Einziehung und der anschließenden Übertragung der eingezogenen Aktien durch das Insolvenzplanverfahren, so dass hierin der Rechtsträgerwechsel zu sehen ist, der weder gegen „Denkgesetze“ noch „allgemeine Erfahrungssätze“ verstößt, auch wenn aufgrund der Wertlosigkeit der Anteile keine Gegenleistung geflossen ist.[1455] Diesem Ansatz ist zuzustimmen, da im Rahmen des § 17 Abs. 1 und 2 EStG der BFH bereits mit der gleichen

---

1448 Kap. 3, I. 2. b) bb) (1) (b); vgl. auch z. B. *Gosch*, in: Kirchhof/Seer, EStG, § 17 Rn. 40; *Vogt*, in: Brandis/Heuermann, EStG, § 17 Rn. 355; *Levedag*, in: Schmidt, EStG, § 17 Rn. 27 f.

1449 BStBl. II 2012, 8 (9 f.).

1450 Vgl. i. E. FG Münster EFG 1997, 406 (406).

1451 Z. B. FG Hamburg DStRK 2018, 208 (208), rkr., i. R. d. § 17 I 1 EStG bei Eintritt einer sog. Bad-Leaver-Klausel.

1452 Vgl. *Vogt*, in: Brandis/Heuermann, EStG, § 17 Rn. 355, 457.

1453 *Levedag*, in: Schmidt, EStG, § 17 Rn. 28; für diese Fälle wird eine objektive und subjektive Wertlosigkeit vorausgesetzt, z. B. BFH/NV 2017, 289 (290).

1454 Z. B. BFH/NV 2015, 198 (199); BStBl. II 2012, 8 (9 f.).

1455 BFH/NV 2015, 1364 (1365).

Begründung entschieden hatte, dass sogar wenn der Veräußerungspreis null Euro ist, eine entgeltliche Anteilsübertragung vorliegt und es zu einem steuerbaren Veräußerungsverlust kommt, da objektiv wertlose Anteile ohne Gegenleistung zwischen fremden Dritten[1456] übertragen werden können.[1457] Denn gerade für objektiv wertlose Anteile unter wirtschaftlichen Aspekten ist die Gegenleistung in einem für die Steuer maßgebenden gleichwertigen Austauschverhältnis ohne Wert. Dieser Ansatz aus § 17 EStG ist wiederum übertragbar, nachdem keine Bereicherung für einen solchen Fall vorliegt. Ein Veräußerungsverlust im Rahmen des § 17 EStG wird jedoch aufgrund mangelnder Einkünfteerzielungsabsicht oder infolge eines Scheingeschäfts (§ 42 Abs. 2 EStG, § 117 BGB) steuerlich verweigert.[1458] Im Gegensatz hierzu liegt aber, wie festgestellt, eine Übertragung gegen Entgelt vor, wenn eine Veräußerung zu null Euro tatsächlich auch nur null Euro wert ist, also ohne Gegenleistung auf einen Dritten übertragen wird.[1459] Der BFH geht im Rahmen des Ausfalls einer Darlehensforderung sogar noch einen Schritt weiter und setzt das Behalten bis zur Wertlosigkeit der Forderung mit der Veräußerung zu null Euro gleich, da es aus wirtschaftlicher Sicht für die Annahme eines Veräußerungsverlustes nicht entscheidend sein kann, ob der Steuerpflichtige die Forderung nur kurz vor dem Forderungsausfall zu null veräußert oder aufgrund des Mangels eines Käufers oder der Hoffnung auf einen quotalen Anteil im Insolvenzverfahren diese doch noch behält, so dass beide Konstellationen zur Beeinträchtigung der wirtschaftlichen Leistungsfähigkeit führen, die im Ergebnis zu beachten[1460] ist.[1461]

1456 Etwa BStBl. II 2012, 8 (9 f.); BFH/NV 1997, 215 (216); BStBl. II 1993, 34 (35).

1457 BFH/NV 2015, 198 (199).

1458 *Vogt*, in: Brandis/Heuermann, EStG, § 17 Rn. 356.

1459 Z. B. BStBl. II 2021, 378 (379); BStBl. II 2021, 385 (386); BStBl. II 2020, 836 (837 f.); auch etwa schon BStBl. II 1997, 727 (728 f.), zu § 17 EStG; *Bleschick*, in: Kirchhof/Seer, EStG, § 20 Rn. 122; *Buge*, in: Herrmann/Heuer/Raupach, EStG, § 20 Rn. 422; *Geurts*, in: Bordewin/Brandt, EStG, § 20 Rn. 740; *Jachmann-Michel*, DB 2018, 2777 (2777); *Levedag*, in: Schmidt, EStG, § 20 Rn. 146; *Ratschow*, in: Brandis/Heuermann, EStG, § 20 Rn. 353a.

1460 Vgl. z. B. FG Rheinland-Pfalz EFG 2016, 2073 (2074 f.), rkr.; FG Niedersachsen EFG 2014, 1584 (1585 f.), rkr.; *Aigner*, DStR 2016, 345 (347, 350); *Doege*, Stbg 2008, 440 (442); *Kellersmann*, FR 2012, 57, (65 f.); *Jachmann-Michel*, BB 2018, 2329 (2329 f.); *dies.*, BB 2018, 854 (858 f.); *Jansen*, DStR 2016, 2729 (2730); *Moritz/Strohm*, BB 2018, 542 (543 f.); *Schmitt-Homann*, BB 2010, 351 (353 f.), schon genauso im Ansatz zum Forderungsausfall; *Spieker*, DB 2016, 197 (198); **a. A.** noch nach alter Rechtslage vor Einführung der Abgeltungsteuer mit dem Paradigmenwechsel BStBl. II 2010, 48 (50); BFH/NV 1998, 450 (450); auch noch FG Düsseldorf EFG, 2017, 571 (572); FG Berlin-Brandenburg BB 2016, 2405 (2405 f.); FG Düsseldorf DStRE 2016, 523 (523); BMF-Schreiben v. 18.1.2016 – IV C 1 – S 2252/08/10004: 017, Rn. 60, BStBl. I 2016, 85 (94).

1461 BStBl. II 2020, 831 (832).

Nach diesen Ausführungen kommt es für eine entgeltliche Übertragung sogar nicht mehr auf den (hypothetischen) Zufluss einer Gegenleistung mit Rechtsträgerwechsel an, sondern auf die Endgültigkeit hinsichtlich der Annahme der Wertlosigkeit. Die Voraussetzung der Entgeltlichkeit liegt trotzdem vor.

(2) Gestaltungsmissbrauch nach § 42 Abs. 1 S. 1, Abs. 2 S. 1 AO

Nach dem Grundsatz, dass Veräußerungen nach § 42 Abs. 2 AO keine steuerliche Berücksichtigung finden sollen, soweit diese nur den Zweck eines Steuervorteils verfolgen,[1462] stellt sich die Frage, ob in der Übertragung ohne Gegenleistung oder wie vorliegend nur zu einem symbolischen Preis für ein objektiv wertloses Anlageinstrument nicht ein Gestaltungsmissbrauch liegt, wenn alternativ zur Veräußerung die wertlosen Aktien einfach bis zur Ausbuchung im Depot behalten werden. Nach damaliger Auffassung der Finanzverwaltung, die indes so auch nicht mehr überzeugt, sollte es wegen keiner Verwirklichung des Tatbestands von § 20 Abs. 2 EStG zu keinem steuerbaren Verlust kommen.[1463] Daher vertraten im Einführungsfall das FA und das BMF, wie bereits ausgeführt, die Ansicht, wenn im Rahmen einer Veräußerung eine wertlose Kapitalanlage auf einen Dritten übertragen wird, ein Missbrauch von Gestaltungsmöglichkeiten nach § 42 Abs. 2 S. 1 EStG vorliegt.[1464]

(a) Konkrete Anforderungen an den Gestaltungsmissbrauch

Nach § 42 Abs. 1 S. 1 AO kann durch Missbrauch von Gestaltungsmöglichkeiten des Rechts das Steuergesetz nicht umgangen werden. Nach Abs. 2 S. 1 liegt ein Missbrauch vor, wenn eine unangemessene rechtliche Gestaltung gewählt wird, die beim Steuerpflichtigen oder einem Dritten im Vergleich zu einer angemessenen Gestaltung zu einem gesetzlich nicht vorgesehenen Steuervorteil führt. Nach dem neueren Eingrenzungsversuch des Gesetzgebers durch die Definition des Missbrauchs in Abs. 2 liegt daher ein solcher vor, soweit eine rechtliche Gestaltung einen gesetzlich nicht vorgesehenen Vorteil ohne beachtliche Gründe schafft, mit der Prüfungsreihenfolge, dass zuerst die zwei Gestaltungsarten vergleichend gegenübergestellt werden; danach wird gegebenenfalls ein Steuervorteil festgestellt und dessen gesetzliche Berechtigung überprüft, so dass dann schließlich festgestellt wird, ob die gewählte Gestaltung angemessen war, folglich ob ein Außenstehender

---

1462 Vgl. *Ratschow*, in: Brandis/Heuermann, EStG, § 20 Rn. 353a; **a. A.** z. B. *Knoblauch*, DStR 2013, 798 (800 f.), eine quasi typisierend steuerliche Missbrauchssituation unterhalb der Transaktionskosten ablehnend; unter den Begriff des Steuervorteils fallen auch geringere Steueransprüche, also indirekt eine Verlustanerkennung, die aus einer vergleichenden Betrachtung von zwei Gestaltungsarten resultieren.

1463 Vgl. Kap. 3, III.

1464 BStBl. II 2019, 221 (222).

(wirtschaftlich) ebenfalls diesen Weg gewählt hätte.[1465] Allgemein angemessen ist eine Gestaltung, wenn sie etwa einfach, wirtschaftlich, zweckmäßig und übersichtlich gewählt ist, hingegen ist eine Gestaltung allgemein unangemessen, wenn sie etwa kompliziert, unwirtschaftlich, unsinnig, ineffektiv oder gekünstelt ist.[1466] Dass eine Gestaltung noch nicht unangemessen ist, wenn sie aus der Motivation erfolgt Steuern zu sparen,[1467] also gerade auch durch Geltendmachung von Verlusten nichts Verwerfliches gesehen werden kann, wenn nur durch die Wahl einer durch Gesetz eingeräumten Möglichkeit – somit der zivilrechtlichen Gestaltungsmöglichkeit – Gebrauch gemacht wird,[1468] um keine beziehungsweise geringe Steuern zu zahlen[1469], stellte der BFH konkret im Einführungsfall indes klar.[1470] Unangemessen wäre hingegen eine rechtlich gewählte Gestaltung gewesen, die einen ungewöhnlichen Weg darstellt, um ein bestimmtes wirtschaftliches Ziel zu erreichen, das aber nach den Wertungen des Gesetzgebers gar nicht erreicht werden kann,[1471] insbesondere fallen hierunter Gestaltungen ohne jeglichen erkennbaren wirtschaftlichen Zweck, wie zum Beispiel entweder im Fall der gegenseitigen wirtschaftlichen Neutralisierung mehrere Geschäfte zur Erlangung eines Steuervorteils oder der Fall der gegenläufigen Kompensierung[1472] der Geschäfte.[1473] Folglich liegt hier gerade kein Gestaltungsmissbrauch vor, da die „Trennung von wertlosen Wertpapieren durch Übertragung an Dritte" nur im Wege einer Veräußerung sinnvoll vollzogen werden kann, sogar wenn der Veräußerungspreis bei null Euro liegt, denn auch wenn ein Verlustgeschäft vorliegt, wurde in diesem Fall nur von der durch Gesetz eingeräumten Möglichkeit der Veräußerung Gebrauch

---

1465 Vgl. *Ratschow*, in: Klein, AO, § 42 Rn. 45 f., der jedoch diese Prüfungsreihenfolge aufgrund eines Zirkelschlusses ablehnt.

1466 Z. B. BStBl. II 2001, 520 (522 f.); *Ratschow*, in: Klein, AO, § 42 Rn. 48.

1467 BStBl. II 2008, 789 (789); auch schon BStBl. II 1983, 272 (277), in Bezug auf die Steuerfreiheit und Wertpapiererträge.

1468 BFH/NV 2018, 265 (271), hinsichtlich einer Mitunternehmerschaft bei kurzfristiger Kommanditistenstellung; BStBl. II 2017, 466 (471 f.).

1469 BFH/NV 2018, 265 (271); auch BStBl. II 2017, 466 (471 f.), mit dem Mechanismus, dass i. R. durch Wahl einer gewerblich geprägten Personengesellschaft die Anwendung des § 23 EStG vermieden wird und gleichzeitig mit Anschaffung von Umlaufvermögen i. R. d. § 4 III EStG kurz vor Jahresende ein hoher Verlust erlangt wird.

1470 BStBl. II 2019, 221 (223); vgl. auch BStBl. II 2021, 385 (386 f.); *Jachmann-Michel*, DB 2018, 2777 (2777); *Knoblauch*, DStR 2013, 798 (801).

1471 Z. B. BStBl. II 2017, 930 (932); BStBl. II 2011, 427 (428); BStBl. II 2008, 789 (789); BStBl. II 2004, 646 (646 f.).

1472 Z. B. BStBl. II 2017, 930 (932), hinsichtlich des taggleichen An- und Verkaufs von Bezugsrechten.

1473 Z. B. BStBl. II 2021, 385 (386 f.); BStBl. II 2019, 221 (223); vgl. auch etwa *Ratschow*, in: Klein, AO, § 42 Rn. 52.

gemacht und gegen keine gesetzliche Wertung verstoßen.[1474] Nachdem durch die Abgeltungsteuer sämtliche Wertsteigerungen und -minderungen unabhängig von der Haltedauerfrist erfasst werden, kann sich durch die Verlustrealisierung über die Veräußerung – aufgrund der tatbestandlich eingeräumten Möglichkeit – keine unangemessene Gestaltung ergeben. Als Handlungsalternative bliebe ansonsten nur das Abwarten bis zur Ausbuchung.

(b) Vereinbarkeit mit den ursprünglichen Verwaltungszielen

Hinzu kommt, dass die Eingrenzung über die Transaktionskosten von der Finanzverwaltung ursprünglich einerseits vom Gedanken her aus dem Forderungsausfall und der Übertragung zu einem symbolischen Wert resultiert.[1475] Dieser frühere Ansatz beruhend auf dem quellentheoretischen Prinzip mit keiner Steuerbarkeit des Vermögensstamms und somit keiner steuerlichen Relevanz der Darlehensvaluta war vertretbar. Dieser Ansatz passte indes übertragen auf die private Aktienbeteiligung schon damals nicht, da der Vermögensstamm von Aktien grundsätzlich Wertsteigerungen oder -minderungen unterlag, die innerhalb der Haltedauerfrist besteuert wurden. Nach Einführung der Abgeltungsteuer passt eine Unterscheidung auf Ertragsebene zwischen wertloser und wertvoller Aktie aufgrund der umfänglichen Steuerbarkeit des Vermögensstamms keineswegs mehr.

Anderseits resultiert die Grenze der Nichtsteuerbarkeit über den Transaktionskosten aus dem Ansatz, dass (beinahe) wertlose Hebelprodukte wie Optionen und Vollrisikozertifikate, daher auch für Knock-out-Produkte teilweise annehmbar, nach der Rechtsprechung vor Einführung der Abgeltungsteuer nicht steuerbar waren, da über § 23 Abs. 1 Nr. 4 EStG a. F. nur der Vorteil aus dem Basisgeschäft innerhalb der Haltedauerfrist, aber nicht der Nachteil aus dem Verfall des wertlosen Termingeschäfts erfasst werden sollte, soweit zum Beispiel der Inhaber eines Optionsgeschäfts durch Beendigung des erworbenen Rechts auf Differenzausgleich tatsächlich einen Differenzausgleich erhält, also das Basisgeschäft durchführt;[1476] in der Praxis reagierten die Steuerpflichtigen auf diesen Ansatz und versuchten den nichtsteuerbaren Verfall zu vermeiden, indem sie die (beinahe) wertlosen Hebelprodukte noch kurz vor dem Verfallstermin an den Marketmaker veräußerten[1477], so dass ein steuerbarer Verlust entstand, dem die Finanzverwaltung mit

---

1474 BStBl. II 2021, 385 (387); BStBl. II 2019, 221 (223).

1475 Kap. 3, II. 1. a) und c); vgl. *Ratschow*, in: Brandis/Heuermann, EStG, § 20 Rn. 353a.

1476 Kap. 3, II. 2. und 3.; vgl. z. B. BFH/NV 2010, 869 (869), der den vorstehenden Ansatz auf Knock-out-Produkte überträgt; BFH/NV 2009, 152 (153 f.), hinsichtlich Optionen; *Knoblauch*, DStR 2013, 798 (799).

1477 Einerseits ergibt sich die „beinahe" Wertlosigkeit aus dem Umstand – soweit das trotzdem noch vorherrschende zumindest theoretisch innewohnende Risiko ausgeblendet wird –, dass die Hebelprodukte sich weit aus dem Geld befinden. Anderseits muss der Market-Maker auch diese weit aus dem Geld befindlichen Produkte

dem Abgrenzungskriterium über die Höhe der Transaktionskosten einen Riegel vorschieben wollte, da für solche Fälle diese regelmäßig höher ausfallen als der Ertrag.[1478] Diesen Ansatz zur steuerbaren Verlustentstehung versuchte die Finanzverwaltung auch nach Einführung der Abgeltungsteuer einzugrenzen, erfasste nun jedoch sämtliche Veräußerungstatbestände des § 20 EStG wie gerade auch den aus der privaten Aktienbeteiligung,[1479] der indes gar nicht zu dem vorstehenden Ansatz passt, da es schon an einer früheren vergleichbaren Aufteilung nach Eröffnungs- und Basisgeschäft mit steuerbarem Vorteil in der Haltedauerfrist sowie einer Entscheidungserheblichkeit fehlt – auch wenn es sich um die Veräußerung einer (beinahe) wertlosen Aktienbeteiligung handelt. Dies ergibt sich ebenfalls allgemein schon aus den vorstehenden Ausführungen. Denn der BFH hebt auch hervor, dass eine Veräußerung im Sinne des § 20 Abs. 2 S. 1 EStG sogar vorliegen kann, soweit als Gestaltung die „Übertragung wertloser Anteile ohne Gegenleistung" gewählt wird, da der wirtschaftliche Zweck einer Veräußerung in der Veräußerung selbst liegt und nicht im Erlangen eines Ertrags, und genauso verhält es sich mit dem Zeitpunkt der Veräußerung, da es in der freien Dispositionsentscheidung des Aktionärs liegt, diesen zu bestimmen, und nicht gegen die Gesetzeswertung verstößt, zu welchem Zeitpunkt er sich „von lästig gewordenen Aktien" trennen will.[1480] Denn grundsätzlich steht es im Ermessen des Steuerpflichtigen, „ob, wann und mit welchem Ertrag er Wertpapiere erwirbt und wieder veräußert".[1481] In diesen Fällen macht der Steuerpflichtige von seiner „gesetzlich vorgesehenen Gestaltungsmöglichkeit Gebrauch, missbraucht diese aber nicht".[1482]

(c) Fazit

Daher ist für die Verlustrealisation einer privaten Aktienbeteiligung – insbesondere aufgrund der umfänglichen Steuerverstrickung und sofortigen Besteuerung durch die Abgeltungsteuer im Falle der Gewinnrealisierung sowie keiner sinnvollen Handlungsalternative zur Veräußerung als Trennungsmöglichkeit von dem

---

aufgrund der Börsenordnung grundsätzlich abkaufen, indem dieser Kurse zur Verfügung stellt.

1478 *Knoblauch*, DStR 2013, 798 (798 f.); vgl. auch OFD Münster v. 13.7.2009, DStR 2009, 1757 (1757), zu Optionsscheingeschäften nach § 23 EStG a. F.

1479 BMF-Schreiben v. 9.10.2012 – IV C 1 – S 2252/10/10013, Rn. 59, BStBl. I 2012, 953 (961); auch *Knoblauch*, DStR 2013, 798 (800).

1480 BStBl. II 2019, 221 (223).

1481 BStBl. II 2019, 221 (223); vgl. auch BFH/NV 2010, 387 (388), hinsichtlich der Verlustrealisierung innerhalb der Haltedauerfrist mit fast sofortiger Wiedereindeckung i. R. d. § 23 EStG a. F.

1482 BStBl. II 2019, 221 (223); vgl. auch BFH/NV 2010, 387 (388); BStBl. II 2001, 22 (24), hinsichtlich ordnungsgemäß abgewickelter endgültiger Dispositionen vor einem steuerrelevanten Stichtag.

Wertpapier – kein unangemessener und somit verwerflicher Gestaltungszweck zu sehen, auch nicht wenn eine AG das Solvenzrisiko bereits teilweise oder ganz verwirklicht. Denn für eine anderweitige Auslegung als der Veräußerung – auch für wertlose Anteile – ergibt sich nach dem Wortlaut des § 20 Abs. 2 EStG sowie teleologisch kein Platz, da es im Belieben des Steuerpflichtigen liegt, wann er seine Aktien wieder verkaufen möchte. Dies ist nach dem Gesetz grundsätzlich möglich sowie im Verlustfall einfach, wirtschaftlich, sinnvoll, unkompliziert und erscheint daher angemessen, um sich aus der wirtschaftlichen Misere lösen zu können. Deshalb stellte ferner der BFH im Einführungsfall entgegen der Auffassung des FA fest, dass das weitere Behaltenmüssen der Aktien bis diese schlicht ausgebucht werden, keine alternative Handlungsmöglichkeit als „angemessene Gestaltung" im Rahmen des § 42 Abs. 1 AO darstellen kann, da das wirtschaftliche Ziel der sofortigen Trennung von den Wertpapieren missachtet wird, so dass „die Dispositionsfreiheit des Klägers nicht durch steuerliche Sanktionen derart eingeschränkt werden [darf], dass er sich auf unbestimmte Zeit nicht von (lästig gewordenen) Aktien trennen kann".[1483] Im Ergebnis bietet die Auslegung nach dem Wortlaut und Sinn und Zweck keinen Raum für eine Einschränkung des Veräußerungsbegriffs des § 20 Abs. 2 EStG für sozusagen (beinahe) wertlose Aktien[1484], so dass dem vorstehenden Ansatz des BFH insgesamt zuzustimmen ist[1485] und sich kein Gestaltungsmissbrauch nach § 42 Abs. 2 EStG durch die Veräußerung von (beinahe) wertlosen Aktien ergeben kann. *Jachmann-Michel* zeigt auf, dass § 42 AO für die Finanzverwaltung eben nur ein „stumpfes Schwert" ist, wenn diese hierüber einen Veräußerungsvorgang einer wertlosen Aktie als missbräuchlich über den wirtschaftlichen Ertrag einstufen will, da gerade nur der Veräußerungsvorgang und folglich der entgeltliche Rechtsträgerwechsel tatbestandlich in diesem Sinn vorausgesetzt wird und nicht ein wirtschaftlicher Ertrag; zumal es dem Steuerpflichtigen freisteht, wann er von seiner zivilrechtlich eingeräumten, sinnvollen und angemessenen Veräußerungsmöglichkeit für diese Fälle Gebrauch macht und sich von seinen wertlosen Aktien trennt.[1486] Nachdem die Finanzverwaltung über diesen Weg ihr Ziel nicht erreichen konnte (beinahe) wertlose private Aktienbeteiligungen nach Einführung der Abgeltungsteuer auszusondern, hat sie diese

1483 BStBl. II 2019, 221 (223); vgl. auch *Jachmann-Michel*, DB 2018, 2777 (2777).

1484 Auch FG München EFG 2017, 1792 (1793), zum Überkreuzkauf; vgl. etwa *Buge*, in: Herrmann/Heuer/Raupach, EStG, § 20 Rn. 422.

1485 Vgl. auch z. B. BStBl. II 2021, 385 (386); BStBl. II 2019, 221 (223); FG München EFG 2017, 1792 (1793); *Buge*, in: Herrmann/Heuer/Raupach, EStG, § 20 Rn. 422; *Geurts*, in: Bordewin/Brandt, EStG, § 20 Rn. 740; *Helios/Phillip*, BB 2010, 95 (98 f.), schon genauso vom Ansatz her zum Gestaltungsmissbrauch bei Veräußerungen von Optionsrechten kurz vor Laufzeitende; *Jachmann-Michel*, DB 2018, 2777 (2777); *Knoblauch*, DStR 2013, 798 (800 f.); *Levedag*, in: Schmidt, EStG, § 20 Rn. 146.

1486 Vgl. Anm. *Jachmann-Michel*, DStR 2021, 525 (527).

Problematik, wie bereits aufgezeigt, mittlerweile auf die Verlustverrechnungsebene geschoben. Der dort vollzogene Ansatz über den Schwellenwert der Transaktionskosten wird wiederum nicht zum Ziel der Finanzverwaltung führen. Auch der fiskalische Ansatz im Rahmen des § 20 Abs. 6 S. 6 EStG über die Haushaltsbelastungen durch Verluste aus Gestaltungszwecken erscheint schon zweifelhaft, da die Einbußen insgesamt bei ca. jährlich 100 Millionen Euro[1487] liegen, aber die Mehreinnahmen durch die Verlustverrechnungsbeschränkung aus den Schedulen schon damals nach Ausführungen von *Loos* ca. 425 Millionen Euro[1488] betrugen.

cc) Fazit

Die Übertragung im Rahmen des § 20 Abs. 2 S. 1 Nr. 1 EStG setzt eine Entgeltlichkeit voraus. Unentgeltlichkeit liegt vor, soweit der Leistung keine Gegenleistung gegenübersteht, also insbesondere in den Fällen der freigiebigen Zuwendung. Ob eine Gegenleistung gleichwertig ist, bestimmt sich für diesen Rahmen nach objektiven Kriterien. Es gilt eine tatsächliche Vermutung der wirtschaftlichen Gleichwertigkeit von Leistung und Gegenleistung, wenn Anteile zwischen fremden Dritten übertragen werden – außer es handelt sich um sogenannte Angehörigenfälle. Dies führt zu dem Ergebnis, dass auch bei einer Übertragung von wertlosen Anteilen ohne Gegenleistung auf einen Dritten die wirtschaftliche Gleichwertigkeit von Leistung und Gegenleistung angenommen wird und Entgeltlichkeit vorliegt. Die Übertragung zu einem symbolischen Preis für wertlose Anteile hingegen stellt unproblematisch eine entgeltliche Übertragung dar, da ein Veräußerungspreis existiert. Wird aus buchungstechnischen Gründen ein Veräußerungspreis von null Euro für die Übertragung einer wertlosen Kapitalanlage angenommen, liegt wiederum eine entgeltliche Übertragung ohne Gegenleistung vor. Daher gibt es sozusagen eine entgeltliche Übertragung zu null Euro oder ohne Gegenleistung. Es handelt sich im Ergebnis indes nicht um eine unentgeltliche Übertragung, die die Steuerbarkeit ausschließt. Dieser steht folglich gar keine Gegenleistung gegenüber und führt im Endeffekt daher zu einer Bereicherung. Ferner kann kein Gestaltungsmissbrauch nach § 42 Abs. 1 S. 1, Abs. 2 S. 1 AO im Rahmen der privaten Aktienbeteiligung vorliegen, soweit wertlose Anteile auf einen Dritten übertragen werden. Denn das Gesetz räumt dem Aktionär die Möglichkeit ein, sich jederzeit von seiner Aktienbeteiligung wieder zu trennen. Eine andere sinnvolle Handlungsalternative ist nicht ersichtlich. Eine Abgrenzung über die Höhe der Transaktionskosten für die Tatbestandsverwirklichung der Veräußerung in diesem Sinne ist daher untauglich. Ein wirtschaftlicher Ertrag ist nicht ausschlaggebend. Es kommt nur auf den entgeltlichen Rechtsträgerwechsel an. In Bezug auf eine private Aktienbeteiligung erscheint die Ausrichtung an einem wirtschaftlichen Ertrag nach Einführung der Abgeltungsteuer aufgrund der umfänglichen Steuerverstrickung

1487 BT-Drs. 19/15876, S. 2 f.
1488 Kap. 2, III. 3. b) dd)(1).

zudem zweifelhaft, da dies auch für eine (beinahe) wertlose Aktienbeteiligung gilt. Der Problematik, dass beinahe (wertlose) Aktienbeteiligungen aus insolventen AGs hauptsächlich früher außerhalb der Haltedauerfrist anfielen und daher unbeachtlich waren, müssen sich der Gesetzgeber und die Finanzverwaltung stellen. Der vormalige Ansatz zu den Termingeschäften und des Forderungsausfalls war und ist auf die private Aktienbeteiligung nicht übertragbar. Genauso verhält es sich mit der Abgrenzung über die Höhe der Transaktionskosten für ein wertloses Wirtschaftsgut im Rahmen des § 20 Abs. 6 S. 6 EStG, da dies einerseits aufgrund der Gebührenpolitik von Banken nicht sinnvoll erscheint und es anderseits bei der Veräußerung einer privaten Aktienbeteiligung nicht wirklich zutrifft. Denn es fehlt (eigentlich) an dem notwendigen unangemessen und daher verwerflichen Gestaltungszweck für die Voraussetzung der weiteren Verlustverrechnungsbeschränkung, auch wenn notleidende Aktien veräußert werden.

3. Fazit

Als Ergebnis ist unter einer Veräußerung im Rahmen des § 20 Abs. 2 S. 1 Nr. 1 EStG die entgeltliche Übertragung des – zumindest wirtschaftlichen – Eigentums (an den Aktien) auf einen Dritten zu verstehen,[1489] so dass sich die Veräußerung zumindest aus der Übertragung des wirtschaftlichen Eigentums im Zusammenhang mit dem Erfüllungsgeschäft zusammensetzt. Voraussetzung ist folglich der entgeltliche Rechtsträgerwechsel. Aufgrund der Zurechnungsregel des Wirtschaftsguts zu dem wirtschaftlichen Eigentümer nach § 39 Abs. 2 Nr. 1 S. 1 AO besteht keine zwingende Notwendigkeit der Übertragung des rechtlichen Eigentums. Dasselbe gilt für das Verpflichtungsgeschäft. Dieses ist jedoch regelmäßig schon durch den Auftrag an die Bank gegeben. Der Veräußerungsbegriff nach § 20 Abs. 2 S. 1 EStG liegt hingegen zum Beispiel im Rahmen von Zwangsmaßnahmen dennoch vor, obwohl diesem gerade kein Verpflichtungsgeschäft zugrunde liegt. Aus diesem Grund sowie da für die Steuererhebung „das Haben" den maßgeblichen Zeitpunkt der Besteuerung auslösen soll und nachdem die Möglichkeit der Steuervermeidung durch Verlagerung des Zeitpunktes wie bei § 23 Abs. 1 S. 1 Nr. 2 EStG (a. F.) aufgrund der Erfassung sämtlicher Wertveränderungen durch Einführung der Abgeltungsteuer auch zu jedem Zeitpunkt ausscheidet, bietet sich als maßgeblicher Zeitpunkt der Übertragung einer privaten Aktienbeteiligung – die über die

---

1489 StRspr.; z. B. BStBl. II 2021, 378 (379); BStBl. II 2021, 385 (386); BStBl. II 2020, 836 (837 f.); BMF-Schreiben v. 18.1.2016 – IV C 1 – S 2252/08/10004: 017, Rn. 59, BStBl. I 2016, 85 (94); vgl. auch etwa *Bleschick*, in: Kirchhof/Seer, EStG, § 20 Rn. 122; *Buge*, in: Herrmann/Heuer/Raupach, EStG, § 20 Rn. 422; *Geurts*, in: Bordewin/Brandt, EStG, § 20 Rn. 740; *Jachmann-Michel*, DB 2018, 2777 (2777); *Levedag*, in: Schmidt, EStG, § 20 Rn. 146; *Moritz/Strohm*, in: Frotscher/Geurts, EStG, § 20 (n. F.) Rn. 261; *Ratschow*, in: Brandis/Heuermann, EStG, § 20 Rn. 351.

Börse abgewickelt wird – das wirtschaftliche Erfüllungsgeschäft an, um ebenso Missbrauchsmöglichkeiten im schnelllebigen Börsenhandel entgegenzutreten.

In Bezug auf die Voraussetzung einer Entgeltlichkeit ist festzuhalten, dass diese bei einer gleichwertigen Leistung und Gegenleistung anzunehmen ist. Die Gleichwertigkeit ist objektiv zu bestimmen, so dass aus der wirtschaftlichen Betrachtungsweise eine tatsächliche Vermutung für eine gleichwertige Leistung und Gegenleistung vorliegt, soweit ein Wirtschaftsgut zwischen fremden Dritten – außer zwischen Angehörigen – übertragen wird. Daher liegt eine Entgeltlichkeit auch vor, wenn wertlose Anteile auf einen Dritten ohne Gegenleistung übertragen werden, obwohl dies auf den ersten Blick wie eine steuerlich irrelevante unentgeltliche Übertragung aussieht, da diese dem ersten Anschein nach durch keine Gegenleistung gekennzeichnet wäre. Die Übertragung zu einem symbolischen Preis stellt eine entgeltliche Übertragung dar, da ein Veräußerungspreis existiert. Wird aus buchungstechnischen Gründen ein Veräußerungspreis von null Euro für die Übertragung einer wertlosen Kapitalanlage angenommen, liegt wiederum eine entgeltliche Übertragung ohne Gegenleistung vor. Es besteht folglich eine Veräußerung im Sinne des § 20 Abs. 2 S. 1 Nr. 1 EStG zu null Euro aufgrund des entgeltlichen Rechtsträgerwechsels, soweit es sich um objektiv wertlose Anteile handelt. Durch die Dispositionsfreiheit eines Aktionärs kann die Übertragung von wertlosen Anteilen ebenfalls zu keinem Gestaltungsmissbrauch nach § 42 Abs. 1 AO führen. Denn einerseits ist der Veräußerungsbegriff nicht auf einen wirtschaftlichen Ertrag ausgerichtet und daher eine Abgrenzung über die Transaktionskosten untauglich. Es kann im Veräußerungsfall ebenso kein unangemessener und daher verwerflicher Gestaltungszweck gesehen werden, soweit durch eine gesetzlich eingeräumte Möglichkeit ein Verlust in diesem Sinne realisiert wird. Ferner besteht grundsätzlich eine tatsächliche Vermutung der Einkünfteerzielungsabsicht für Einkünfte aus Kapitalvermögen, die auch für (beinahe) wertlose Anlageinstrumente weiter gilt, soweit die Beteiligung schon zuvor gehalten wurde, so dass auch diesbezüglich regelmäßig eine Übertragung ohne Gegenleistung mit Einkünfteerzielungsabsicht erfolgt – im Gegensatz zur unentgeltlichen Übertragung. Nach der Rechtsprechung, wie ausgeführt, liegt eine Veräußerung vor, soweit Aktien nach dem Verfahren eines amerikanischen Insolvenzplans gegen Forderungsverzicht eingezogen werden.[1490] Werden Aktien jedoch nicht eingezogen und daher auf andere Gläubiger übertragen, kann eine steuerliche Berücksichtigung möglicherweise am Tatbestandsmerkmal der Veräußerung scheitern,[1491] wie nachfolgend zu klären ist.

1490 BFH/NV 2015, 1364 (1365).

1491 *Ratschow*, in: Brandis/Heuermann, EStG, § 20 Rn. 351, bezugnehmend auf den Sachverhalt FG Hessen EFG 2019, 1597 (1597); der BFH hat jedoch anders entschieden, BFH/NV 2020, 687 (687).

II. Ersatztatbestände des § 20 Abs. 2 S. 2 EStG und der Verfall von wertlosen Optionen

Ratschow unter anderem führt aus, nachdem die Rechtsprechung nicht den Tatbestand der Veräußerung durch die verdeckte Einlage im Rahmen des § 17 Abs. 1 und 2 EStG 1965 verwirklicht ansah[1492], ebenso wie die Kündigung oder Auflösung und Vereinnahmung eines Auseinandersetzungsguthabens des stillen Gesellschafters im Rahmen der §§ 22 Nr. 2, 23 Abs. 1 S. 1 Nr. 1b EStG 1990[1493] und die bloße Einziehung oder Sicherungsabtretung einer Forderung sowie dem Rückfluss angelegter Festgelder[1494], stellte der Gesetzgeber fiktive Veräußerungen als Ersatztatbestände der Veräußerung durch Einführung der Abgeltungsteuer gleich, um auch diese Vorgänge steuerlich erfassen zu können.[1495] Nach § 20 Abs. 2 S. 2 Hs. 1 EStG gelten die Einlösung, Rückzahlung, Abtretung und verdeckte Einlage in eine Kapitalgesellschaft sowie nach Hs. 2 die Vereinnahmung des Auseinandersetzungsguthabens für die Fälle des Abs. 2 S. 1 Nr. 4, daher auch unter anderem bei der Auseinandersetzung einer stillen Gesellschaft, als Veräußerung. Darüber hinaus ist die Aufzählung abschließend, jedoch sind die Begriffe „unscharf" und sollen gerade die Fälle erfassen, die nach dem „herkömmlichen Verständnis" keine Veräußerung im Sinne des § 20 Abs. 2 S. 1 EStG darstellen.[1496] Es soll somit eine vollständige Erfassung aller Wertzuwächse von Kapitalanlagen im Privatvermögen erreicht werden,[1497] so dass diese Intention des Gesetzgebers bei Einführung der Abgeltungsteuer bei Auslegung der unbestimmten Rechtsbegriffe beachtet werden muss.[1498] Nach der Finanzverwaltung soll zum Beispiel die vorzeitige oder vertragsmäßige Rückzahlung einer Kapitalforderung oder die Endeinlösung einer Forderung oder eines Wertpapiers darunter verstanden werden, also gerade auch vor Fälligkeit,[1499] um unter anderem das Emissionsdisagio[1500] bei Rückgabe steuerlich erfassen zu können.[1501] Einem „traditionelle[n] Begriffsverständnis" mit der

1492 BStBl. II 1989, 271 (273 f.), durch Verzicht der Ausübung von Bezugsrechten durch die einlegende Gesellschafterin.

1493 BStBl. II 2007, 258 (258).

1494 Etwa BStBl. II 2011, 491 (493), i. R. e. Fremdwährungsdarlehens.

1495 *Ratschow*, in: Brandis/Heuermann, EStG, § 20 Rn. 352, 390.

1496 *Ratschow*, in: Brandis/Heuermann, EStG, § 20 Rn. 390; vgl. auch *Jochum*, in: Kirchhof/Söhn/Mellinghoff, EStG, § 20 Rn. D/9 1.

1497 BT-Drs. 16/4841, S. 56; auch z. B. *Buge*, in: Herrmann/Heuer/Raupach, EStG, § 20 Rn. 530.

1498 *Moritz/Strohm*, in: Frotscher/Geurts, EStG, § 20 (n. F.) Rn. 260.

1499 BMF-Schreiben v. 18.1.2016 – IV C 1 – S 2252/08/10004: 017, Rn. 59, BStBl. I 2016, 85 (94)

1500 BMF-Schreiben v. 24.11.1986 – IV B 4 – S 2252 – 180/86, BStBl. I 1986, 539 (539 f.).

1501 Z. B. *Bleschick*, in: Kirchhof/Seer, EStG, § 20 Rn. 141.

enumerativen Ausgestaltung sowie keinem grundsätzlichen Verständnis einer Generalklausel tritt die neuere Rechtsprechung des BFH indes entgegen, indem dieser die Veräußerungsfiktionen „explizit weit auslegt", um dem gesetzgeberischen Willen des „Paradigmenwechsel[s]" mit Einführung der Abgeltungsteuer jegliche Wertveränderungen steuerlich zu erfassen Rechnung zu tragen, und versteht etwa unter einer Rückzahlung auch die Nichtrückzahlung und somit den endgültigen Ausfall jeglicher Rückzahlung, so dass der insolvenzbedingte Ausfall einer privaten Darlehensforderung dadurch als Verlust steuerlich erfasst wird.[1502] Des Weiteren fällt die (frühere) strittige Frage der Forderungseinziehung für eine Kapitalforderung aufgrund der Gleichstellung von Rückzahlung und Veräußerung nun unter diesen Ersatztatbestand oder den der Einlösung.[1503] Nachdem es wirtschaftlich für den BFH keinen Unterschied macht, ob der „Gläubiger auf seine Forderung verzichte[t] oder diese an den Schuldner abtr[itt]", wird unter einer Abtretung auch der Verzicht beziehungsweise Teilverzicht verstanden.[1504] Des Weiteren erfasst der Einlösungsbegriff nunmehr nicht nur die Fälle, in denen die Forderung durch Zahlung des „geschuldeten Geldbetrags unter gleichzeitiger Rückgabe der Urkunde" erlischt, sondern auch die „automatische Einlösung" in Fällen eines Knock-out-Zertifikats, das wiederum durch Über- oder Unterschreiten der Knock-out-Schwelle wertlos wird, so dass eine Verlustanerkennung aufgrund der Gleichstellung einer Einlösung mit der Veräußerung entgegen der früheren Rechtsprechung erfolgt, und ferner ist die verdeckte Einlage im Rahmen des § 20 Abs. 2 EStG als „(fiktive) Veräußerung zu behandeln", deren Bewertung sich zudem über den gemeinen Wert nach § 20 Abs. 4 S. 2 EStG ergibt,[1505] so dass sich wiederum das Problem eines nachfolgenden Forderungsverzichts (hinsichtlich des nicht werthaltigen Teils der Forderung soweit hierfür Aufwendungen anfielen) anschließt.[1506] Die Bewertung der offenen Einlage richtet sich auch weiterhin nach dem Ansatz eines tauschähnlichen Vorgangs, ist also als entgeltliche Veräußerung[1507] beziehungsweise Anschaffung[1508] einzuordnen.[1509] Alle diese Ersatztatbestände haben gemeinsam, dass nach der Gewinnermittlungsvorschrift des § 20 Abs. 4 EStG Verluste im Zusammenhang mit der Kapitalanlage nun grundsätzlich aufgrund ganzheitlicher Erfassung eintreten können, die dann von dem Steuerpflichtigen im

---

1502 *Ratschow*, in: Brandis/Heuermann, EStG, § 20 Rn. 391 f.

1503 *Moritz/Strohm*, in: Frotscher/Geurts, EStG, § 20 (n. F.) Rn. 263 f.; s. auch zur Einziehung von Forderungen *Musil*, in: Herrmann/Heuer/Raupach, EStG, § 23 Rn. 142.

1504 *Ratschow*, in: Brandis/Heuermann, EStG, § 20 Rn. 392; vgl. BStBl. II 2020, 833 (834 f.).

1505 *Ratschow*, in: Brandis/Heuermann, EStG, § 20 Rn. 393, 394.

1506 BStBl. II 2020, 833 (834 f.).

1507 Vgl. z. B. BStBl. II 2011, 815 (817).

1508 StRspr.; vgl. z. B. BFH/NV 2020, 420 (427 f.).

1509 *Ehmcke*, in: Brandis/Heuermann, EStG, § 6 Rn. 1030, 1386.

Gegenzug zur Gewinnbesteuerung ebenso geltend gemacht werden. Wie bereits angedeutet, führten Verluste aus solchen Konstellationen vor Einführung der Abgeltungsteuer nicht unbedingt zu einem steuerbaren Verlust (des Vermögensstamms), sondern die Finanzverwaltung versuchte die Verlustanerkennung einzugrenzen – unter anderem auch gerade über den wirtschaftlichen Ertrag wie die Höhe der Transaktionskosten –, um symbolische Veräußerung ausschließen zu können. Dieser Ansatz ist nach Einführung der Abgeltungsteuer schwerlich vertretbar. Daher ist auf die von der Rechtsprechung anerkannten möglichen Verluste für diese Konstellationen sowie den Verfall von wertlosen Optionen im Einzelnen kurz einzugehen, um eine Einordnung im Gesamtzusammenhang zu ermöglichen und aufzuzeigen, dass der vormals vertretene Ansatz hier schon nicht mehr passt, so dass dies erst recht für die private Aktienbeteiligung gilt – nachdem hieraus der Ansatz über die Transaktionskosten folgte. Darüber hinaus wird nachfolgend der Auflösungsverlust einer wesentlichen Beteiligung aus Finanzierungshilfen im Rahmen des § 17 EStG mit der Möglichkeit der vorübergehenden Geltendmachung bei den Einkünften aus Kapitalvermögen bis zur Einführung des § 17 Abs. 2a EStG aufgezeigt, um auch hierdurch einen Rückschluss auf die Haltung des Gesetzgebers zu bekommen und diese einordnen zu können.

1. Forderungsausfall und Forderungsverzicht

Nachdem wirtschaftlich kein Unterschied besteht, ob ein wertloses Darlehen gegen einen symbolischen Preis noch veräußert oder bis zu seinem Ausfall behalten wird, führen solche Verluste zur Minderung der wirtschaftlichen Leistungsfähigkeit durch Wegfall des Vermögensstamms und sind nach Teilen der Literatur irgendwie vom Grundgedanken her mit der Veräußerung nach § 20 Abs. 2 S. 1 EStG – jedoch erfolgt der konkrete Weg unterschiedlich – gleichzusetzen.[1510] Es fehlt beim Forderungsausfall unter anderem indes gerade an dem Rechtsträgerwechsel, wie die Veräußerung voraussetzt. Anderseits wird vertreten, dass solche Untergangtatbestände nicht unter den Veräußerungsbegriff fallen und eine „rechtsschöpferische Erweiterung des Besteuerungstatbestands gegen den Willen des Gesetzgebers mangels einer Regelungslücke grundsätzlich ausscheidet".[1511] Diese gegenteiligen Auffassungen lassen erkennen, dass der Forderungsausfall

1510 Vgl. z. B. *Schwenker/Fischer*, FR 2010, 643 (645 f.), die § 20 II 1 Nr. 7 EStG analog – zur bisherigen Behandlung unter § 17 EStG wie ein Darlehensverkauf zu null – anwenden wollen; auch etwa *Heuermann*, NZG 2009, 841 (847), der dies über eine AfaA regeln will; ausführlich zum Ganzen etwa schon *Aigner*, S. 178–194, der § 20 IX EStG teleologisch reduziert und den Quellenwegfall als WK qualifiziert, oder *Kellersmann*, FR 2012, 57 (62–67), der ebenfalls die Lücke im Wege einer verfassungskonformen Analogie zu § 20 Abs. 2 S. 2 EStG schließt.

1511 *Ratschow*, in: Brandis/Heuermann, EStG § 20 Rn. 353b; auch noch FG Düsseldorf, DStRE 2016, 523 (524), aufgehoben durch BStBl. II 2020, 831.

oder noch weitergehend der Forderungsverzicht nicht ohne Weiteres zur Verlustanerkennung führen sollte. Der BFH[1512] wie auch mittlerweile die Finanzverwaltung[1513] erkennt indes solche Verluste an.

a) Ausfall einer privaten Darlehensforderung

Im Ergebnis führt der endgültige Ausfall einer privaten Darlehensforderung im Sinne des § 20 Abs. 1 Nr. 7 EStG zu einem steuerbaren Verlust nach § 20 Abs. 2 S. 1 Nr. 7, S. 2, Abs. 4 EStG, da mit Einführung der Abgeltungsteuer sämtliche Wertveränderungen einer Kapitalanlage, aufgrund der Aufgabe der quellentheoretischen Trennung von Vermögensstamm und laufenden Erträgen[1514], steuerlich erfasst werden,[1515] zeigt der BFH in seiner Grundsatzentscheidung hierzu auf, denn dies ergibt sich daraus, dass aus dem Paradigmenwechsel durch die Abgeltungsteuer der endgültige Ausfall der Kapitalforderung genauso zu behandeln ist wie die Rückzahlung eines Darlehens unter Nennwert, die zu einem steuerbaren Verlust führt.[1516] Dem engen Veräußerungsbegriff wird Rechnung getragen, indem diesem verschiedene Ersatztatbestände gleichgestellt werden, um sämtliche Wertveränderungen im Zusammenhang mit Kapitalanlagen erfassen zu können,[1517] so dass dadurch eben eine „Gleichstellung" der Veräußerungsfälle zu den Rückzahlungsfällen in Bezug auf die Gewinnermittlung nach § 20 Abs. 4 EStG möglich ist.[1518]

1512 Z. B. BStBl. II 2021, 911 (912), zum endgültigen Forderungsausfall; BStBl. II 2020, 833 (834), zum Forderungsverzicht.

1513 BMF-Schreiben v. 3.6.2021 – IV C 1 – S 2252/19/10003: 002, Rn. 60, BStBl. I 2021, 723 (725 f.); **a. A.** z. B. noch BMF-Schreiben v. 9.10.2012 – IV C 1 – S 2252/10/10013, Rn. 60, BStBl. I 2012, 953 (961).

1514 Vgl. z. B. *Aigner*, DStR 2016, 345 (346); *ders.*, S. 68; *Jachmann-Michel/Lindenberg*, in: Lademann, EStG, 236. Erg.-Lfg., § 20 Rn. 1.

1515 Vgl. z. B. BT-Drs. 16/4841, S. 33, 56; *Bayer*, DStR 2009, 2397 (2397, 2400 f.); *Bleschick*, in: Kirchhof/Seer, EStG, § 20 Rn. 144; *Dinkelbach*, DStR 2011, 941 (944); *Geurts*, in: Bordewin/Brandt, EStG, § 20 Rn. 743; *Jachmann-Michel*, BB 2018, 854 (860); *dies.*, BB 2018, 2329 (2329–2331); *Jansen*, DStR 2016, 2729 (2730); *Jochum*, DStZ, 2018, 63 (64 f.); *dies.*, in: Kirchhof/Söhn/Mellinghoff, EStG, § 20 Rn. A 5, A 22, D/9 1, D/9 6; *Spieker*, DB 2016, 197 (198); **a. A.** auch etwa z. B. noch BMF-Schreiben v. 18.1.2016 – IV C 1 – S 2252/08/10004: 017, Rn. 59, BStBl. I 2016, 85 (94); *Bode*, DStR 2009, 1781 (1783), der diese vordergründig erstmal als nachträgliche Anschaffungskosten dem § 17 EStG zuordnen will, außer es ist keine Gesellschafterstellung ersichtlich.

1516 BStBl. II 2020, 831 (831 f.); vgl. auch BStBl. II 2021, 600 (603); BStBl. II 2021, 911 (912 f.).

1517 BT-Drs. 16/4841, S. 56.

1518 BStBl. II 2020, 831 (832).

Aus dem Gebot der Folgerichtigkeit[1519] folgt nach Einführung der Abgeltungsteuer, dass ein Verlust – korrespondierend zur Gewinnbesteuerung aus § 20 Abs. 2 S. 1 Nr. 7, Abs. 4 EStG –, der aus einer Rückzahlung der Kapitalforderung unter dem Nennwert resultiert, steuerlich beachtlich sein muss, so dass es in einem zweiten Schritt keinen Unterschied machen kann, ob die Rückzahlung nur unter Nennwert erfolgt oder gar komplett ausfällt.[1520] Bekanntlich liegt eine Verlustanerkennung aus Veräußerungsgeschäften auch im Rahmen von Übertragungen wertloser Wirtschaftsgüter ohne Gegenleistung, wie bereits ausgeführt, vor, so dass bei Übertragung dieses Ansatzes auf die unentgeltliche Übertragung wertloser Forderungen aufgrund der „Einbuße" der wirtschaftlichen Leistungsfähigkeit dies zu dem selbigen Ergebnis führen muss, wobei der BFH einer Gefahr durch grenzenlose Verlustnutzung mittels Forderungsausfällen mit der Begründung entgegentritt, dass eine solche Möglichkeit schon durch die Verlustverrechnungsbeschränkung des § 20 Abs. 6 S. 1 EStG auf lediglich Einkünfte aus Kapitalvermögen diese begrenzt; zudem bestehe eine gleiche Gefahr im Rahmen eines Verkaufs der Darlehensforderung.[1521] Zusammenfassend hat der BFH aufgrund der Einführung der Abgeltungsteuer und des Paradigmenwechsels zur Steuerbarkeit jeglicher Wertveränderung von Kapitalanlagen konsequent den engen Veräußerungsbegriff des § 20 Abs. 2 S. 1 EStG durch die Ersatztatbestände erweitert, so dass aufgrund des Folgerichtigkeitsgebots auch der endgültige Forderungsausfall unter § 20 Abs. 2 S. 2 EStG zu subsumieren ist.[1522] Nachdem die Eröffnung des Insolvenzverfahrens regelmäßig nicht zur Feststellung ausreicht, ob eine Forderung endgültig ausgefallen ist,[1523] hat der BFH diese mittlerweile weiter eingegrenzt und geht von einem endgültigen Forderungsausfall zumindest dann aus, wenn einerseits das Insolvenzverfahren eröffnet wurde und andererseits vor Abschluss des Insolvenzverfahrens zumindest „der Insolvenzverwalter gemäß § 208 Abs. 1 S. 1 InsO die Masseunzulänglichkeit [...] angezeigt hat".[1524] In diesem Zusammenhang ist sich nochmal vor Augen zu führen, nachdem die endgültige Uneinbringlichkeit einer wertlosen Forderung aus Sicht des Fiskus keine Veräußerung darstellte und ebenso nicht unter § 20 Abs. 2 S. 2 EStG zu subsumieren war[1525], wurden in der Praxis „Veräußerungen zu symbolischen Preisen" vorgenommen, um den Veräußerungstatbestand auszulösen und Verluste geltend machen zu können.[1526] Aufgrund dessen setzte die

---

1519 Vgl. z. B. BVerfGE 145, 106 (144).

1520 BStBl. II 2020, 831 (832).

1521 BStBl. II 2020, 831 (832).

1522 Vgl. *Ratschow*, in: Brandis/Heuermann, EStG, § 20 Rn. 353c.

1523 Etwa FG München EFG 2018, 1705 (1706); s. auch BStBl. II 2021, 911 (912).

1524 BStBl. II 2021, 911 (912).

1525 Z. B. BMF-Schreiben v. 18.1.2016 – IV C 1 – S 2252/08/10004: 017, Rn. 60, BStBl. I 2016, 85 (94).

1526 *Ratschow*, in: Brandis/Heuermann, EStG, § 20 Rn. 353a.

Verwaltung solche Konstellationen dem Forderungsausfall gleich, in denen der Veräußerungserlös unter anderem nicht die Transaktionskosten übersteigt,[1527] so dass aus diesem Ansatz teilweise die ursprüngliche Ansicht der Finanzverwaltung der Nichtsteuerbarkeit von Verlusten im Zusammenhang mit den Transaktionskosten resultierte. In diesen Fällen liegt aus den vorstehenden Ausführungen indes schon der Veräußerungsbegriff vor, da es sich bei dem Forderungsverkauf auch zu einem symbolischen Preis für eine (beinahe) objektive wertlose Kapitalforderung um einen entgeltlichen Rechtsträgerwechsel handelt, so dass die Voraussetzung des Vorliegens einer Veräußerung in diesem Sinne erfüllt ist.

b) Forderungsverzicht eines Gesellschafters

Während die Rechtsprechung[1528] unterschiedliche Auffassungen zum Forderungsverzicht eines Gesellschafters im Zusammenhang mit einem Gesellschafterdarlehen vertritt, behandelte die Verwaltung[1529] den Forderungsverzicht wie den Forderungsausfall, der einkommensteuerrechtlich – außer im Rahmen des § 17 EStG – unbeachtlich sein soll.[1530] Nachdem der BFH jedoch den „nicht werthaltigen" Forderungsverzicht eines Gesellschafters gegen die Kapitalgesellschaft nach § 20 Abs. 2 S. 1 Nr. 7, S. 2 EStG mit dem Ersatztatbestand des § 20 Abs. 2 S. 2 EStG im Rahmen der Abtretung gleichsetzt, führt dies zu einem steuerbaren Verlust, aber nur insoweit auch ursprünglich für den im Zeitpunkt des Verzichts auf den nicht werthaltigen Anteil der Forderung Anschaffungskosten gezahlt wurden.[1531] Hinsichtlich des Verzichts eines Gesellschafters auf den werthaltigen Teil einer Darlehensforderung führt dies immer zum Ersatztatbestand der verdeckten Einlage nach § 20 Abs. 2 S. 2 EStG[1532] und zur Steuerbarkeit dieser Einlage, jedoch nur soweit der Zufluss die Anschaffungskosten übersteigt.[1533] Die relevante Unterscheidung zwischen dem sogenannten nicht werthaltigen und werthaltigen Teil

1527 Vgl. z. B. *Spieker*, DB 2012, 2836 (2386 f.).

1528 Vgl. z. B. FG Münster DStRE 2019, 138 (141); FG Münster DStRE 2019, 1117 (1119), rkr.; FG Rheinland-Pfalz EFG 2019, 610 (611), rkr., hinsichtlich des nicht werthaltigen Teils der Forderung; **a. A.** hingegen z. B. FG München EFG 2018, 1126 (1126 f.), rkr., hinsichtlich einer verdeckten Einlage durch Forderungsverzicht des GmbH-Gesellschafters; FG Rheinland-Pfalz DStRE 2017, 1496 (1497), hinsichtlich des freiwilligen Verzichts; FG Berlin-Brandenburg BB 2016, 2405 (2406).

1529 Noch etwa BMF-Schreiben v. 18.1.2016 – IV C 1 – S 2252/08/10004: 017, Rn. 61, BStBl. I 2016, 85 (94); geändert durch BMF-Schreiben v. 3.6.2021 – IV C 1 – S 2252/19/10003: 002, Rn. 61, BStBl. I 2021, 723 (726).

1530 *Ratschow*, in: Brandis/Heuermann, EStG, § 20 Rn. 353e.

1531 BStBl. II 2020, 833 (834 f.); vgl. auch BStBl. II 2020, 490 (492), dieser Ansatz ist natürlich erst nach Einführung der Abgeltungsteuer vertretbar.

1532 Vgl. z. B. BStBl. II 1998, 307 (309–312).

1533 Vgl. BStBl. II 1998, 307 (309–312).

einer Darlehensforderung entsteht, wenn ein Darlehen zum Beispiel unter Nennwert erworben wird, so dass die Differenz zwischen dem Preis des Erwerbs und Darlehensvaluta aus steuerlicher Sicht den nicht werthaltigen Anteil darstellt. Im vorliegenden Streitfall des BFH hatte der Kläger nicht auf den werthaltigen Teil seiner Darlehensforderung verzichtet, so dass es nicht zu einer verdeckten Einlage nach § 20 Abs. 2 S. 2, Hs. 2 EStG kommen konnte.[1534] Denn ist eine erlassene Forderung nicht mehr „vollwertig", ist nur der werthaltige Teil als Einlage zu werten[1535] und es entsteht ein steuerbarer Gewinn nach § 20 Abs. 4 S. 2 EStG, soweit die Einlage die Anschaffungskosten übersteigt.[1536] Hinsichtlich des Verzichts auf den nicht werthaltigen Teil einer Forderung kann es indes nach Einführung der Abgeltungsteuer zu einem steuerbaren Verlust kommen, da sich dieser Forderungsverzicht nicht mehr nur auf Seiten der früher unbeachtlichen privaten Vermögenssphäre abspielt, sondern aufgrund der Erfassung aller Wertveränderungen von privaten Kapitalanlagen durch die Abgeltungsteuer[1537] unter den gleichgestellten Ersatztatbestand der Abtretung wie die Veräußerung fällt.[1538] Denn ein Forderungsverzicht auf den nicht werthaltigen Teil eines Gesellschafterdarlehens gilt als Forderungsausfall und fällt unter den Realisationstatbestand der Abtretung,[1539] da es wirtschaftlich keinen Unterschied macht, ob der Gesellschafter seine Forderung abtritt oder auf diese verzichtet[1540], so dass folglich auch die Freiwilligkeit einer Verlustanerkennung aufgrund keiner gesetzlichen Normierung in § 20 Abs. 2 EStG ebenfalls diesem nicht im Wege steht[1541], wie der BFH aufzeigt.[1542] Eine Einschränkung des nicht werthaltigen Forderungsverzichts eines Gesellschafters hingegen folgt aus der Gewinnermittlung des § 20 Abs. 4 EStG selbst, da aufgewandte Anschaffungskosten Voraussetzung für die Gewinnermittlung sind.[1543] Zusammenfassend

---

1534 BStBl. II 2020, 833 (834).

1535 BStBl. II 1998, 307 (312).

1536 Vgl. *Ratschow*, in: Brandis/Heuermann, EStG, § 20 Rn. 353e, 392.

1537 BT-Drs. 16/4841, S. 56.

1538 BStBl. II 2020, 833 (835).

1539 Vgl. etwa Anm. *Stenert/Selle*, Ubg 2018, 172 (181 f.), die aus Beratersicht sogar einen Verzicht auf die Forderung bevorzugen, um eine Endgültigkeit i. R. d. Forderungsausfalls hinsichtlich des Zeitpunktes zu erhalten.

1540 Vgl. BStBl. II 1998, 307 (310 f.); auch *Jachmann-Michel*, BB 2018, 854 (861), und *dies.*, BB 2018, 2329 (2332).

1541 **A. A.** FG Rheinland-Pfalz DStRE 2017, 1496 (1497).

1542 BStBl. II 2020, 833 (835); hinsichtlich der Dispositionsfreiheit ist der vorherige Ansatz zum Einführungsfall dem Grunde nach übertragbar; jedoch dürften für eine Verlustanerkennung grundsätzlich aber keine Wertverluste realisiert werden, soweit die Kapitalanlage noch zum Teil werthaltig ist, *Jachmann-Michel*, BB 2018, 2329 (2332).

1543 BStBl. II 2020, 833 (835).

ist festzuhalten, dass der Forderungsverzicht des Gesellschafters entweder zu einer verdeckten Einlage hinsichtlich des werthaltigen Teils oder zu einem steuerbaren Verlust hinsichtlich des nicht werthaltigen Teils führt, soweit die Anschaffungskosten den werthaltigen Teil übersteigen, da ein Forderungsverzicht beziehungsweise ein Teilverzicht wie ein Forderungsausfall zu behandeln sind, die aufgrund der wirtschaftlichen Betrachtungsweise wiederum unter den Ersatztatbestand der Abtretung fallen, und zudem ist noch hervorzuheben, dass die Anschaffungskosten immer erst dem werthaltigen Teil der Forderung zugerechnet werden und die einheitliche Forderung sich erst bei „Realisierung des Solvenzrisikos (vorübergehend)" aufteilt.[1544]

c) Fazit

Der BFH legt die Ersatztatbestände der Rückzahlung und Abtretung weit aus und erfasst somit auch den Forderungsausfall und -verzicht, so dass grundsätzlich nunmehr Verluste für solche Konstellationen im Fall der Endgültigkeit geltend gemacht werden können – auch wenn gerade der Rechtsträgerwechsel fehlt. Denn das Fehlen des Rechtsträgerwechsels ist dem Konstrukt des Forderungsausfalls oder -verzichts geschuldet. Wirtschaftlich macht es keinen Unterschied, ob die endgültig wertlose Forderung noch kurz vor Ausfall veräußert oder einfach behalten wird. Weitergehend übertragen gilt dies ebenfalls für den nichtwerthaltigen Teil einer Forderung, soweit hierfür Anschaffungskosten anfielen. Denn dies ergibt sich insbesondere aus einer weiten Auslegung der Ersatztatbestände, da aufgrund des Paradigmenwechsels mit der steuerlichen Erfassung aller Wertveränderungen durch Einführung der Abgeltungsteuer gerade eine Verlustberücksichtigung aus dem Prinzip der Leistungsfähigkeit und dem Gebot der Folgerichtigkeit korrespondierend zur Gewinnbesteuerung resultiert. Der Ansatz der Unbeachtlichkeit des Vermögensstamms über das Nichtvorliegen des Tatbestands von § 20 Abs. 2 EStG für den Forderungsausfall oder -verzicht ist nach Einführung der Abgeltungsteuer nicht mehr zutreffend.

2. Verfall von Knock-out-Zertifikaten

a) Rechtsprechung

Weitere Probleme in der Einordnung von Verlusten im Rahmen des § 20 Abs. 2 EStG nach Einführung der Abgeltungsteuer entstehen im Zusammenhang mit dem wertlosen Verfall von Knock-out-Zertifikaten, da die frühere Rechtsprechung des BFH den Ansatz zu Optionsgeschäften – dass im einfachen Verfallenlassen von Optionen der Vorteil (beziehungsweise natürlich der Nachteil) des Basisgeschäfts fehlt, wenn der Optionsinhaber für die Beendigung des Rechts von dem

---

1544 *Ratschow*, in: Brandis/Heuermann, EStG, § 20 Rn. 353e.

notwendigen Differenzausgleich durch Verfallenlassen keinen Gebrauch macht – auf Knock-out-Produkte übertragen hat, indem durch die Erreichung des Knock-out-Schwellenwerts das Produkt wertlos wird und der Inhaber infolgedessen folglich auch keinen Vorteil mehr im Sinne des § 23 Abs. 1 S. 1 Nr. 4 EStG erlangen kann, so dass ein steuerbarer Verlust ausscheidet.[1545] Diese Auffassung hat der BFH mittlerweile geändert und die Anschaffungskosten eines Knock-out-Zertifikats können zu einem steuerbaren Verlust im Rahmen der Einkünfte aus Kapitalvermögen führen, soweit die Knock-out-Schwelle erreicht und das Zertifikat wertlos wird, sogar noch weitergehend „ohne dass es auf die Einordnung als Termingeschäft" ankomme, denn unabhängig davon, ob Knock-out-Zertifikate als Termingeschäfte im Rahmen des § 20 Abs. 2 S. 1 Nr. 3 EStG zu qualifizieren sind, fallen sie jedenfalls bei Eintritt der Knock-out-Schwelle unter die (automatische) Einlösung nach § 20 Abs. 2 S. 2 EStG.[1546] Die zwei unterschiedlichen Ansätze des BFH für die Steuerbarkeit eines Verlustes aus einem Knock-out-Zertifikat durch Verfallenlassen entweder über die Einordnung als Termingeschäft oder als sonstige Kapitalforderung werden nachfolgend aufgezeigt, um auch hier durch einen Rückschluss auf die Argumentation eine Einordnung im Gesamtkomplex zu ermöglichen.

aa) Einordnung als Termingeschäft

Hinsichtlich der Einordnung als Termingeschäft zeigt der BFH auf, dass nach § 20 Abs. 2 S. 1 Nr. 3a EStG Gewinne von Termingeschäften, durch die der Steuerpflichtige einen Differenzausgleich oder einen durch den Wert einer veränderlichen Bezugsgröße bestimmten Geldbetrag oder Vorteil erlangt, steuerlich erfasst werden, so dass unter der Annahme, dass Knock-out-Zertifikate ein Termingeschäft darstellen, der automatische Verfall bei Erreichen des Schwellenwerts von der Vorschrift erfasst ist, denn § 20 Abs. 2 S. 1 Nr. 3a EStG erfasst diejenigen Termingeschäfte, „die auf die Erzielung eines Differenzausgleichs und nicht auf die tatsächliche (physische) Lieferung des Basiswertes am Ende der Laufzeit gerichtet sind"[1547]; es liegt diesem streitgegenständlichen Sachverhalt ebenfalls kein auf tatsächliche Erbringung im Vorfeld angelegtes Gegengeschäft[1548] vor, so dass aus der Funktionsweise der vorliegenden Knock-out-Zertifikate eine Qualifizierung unter diese Vorschrift möglich ist.[1549] Dies ergibt sich daraus, dass – entgegen der früheren Rechtsprechung zu § 23 Abs. 1 S. 1 Nr. 4 EStG a. F.[1550] – schon § 20 Abs. 2

1545 BFH/NV 2010, 869 (869).

1546 BStBl. II 2019, 507 (507 f.).

1547 Z. B. BStBl. II 2018, 189 (190); vgl. auch etwa *Jochum*, in: Kirchhof/Söhn/Mellinghoff, EStG, § 20 Rn. D/3 3; *Moritz/Strohm*, in: Frotscher/Geurts, EStG, § 20 (n. F.) Rn. 239.

1548 Z. B. BStBl. II 2018, 124 (129).

1549 BStBl. II 2019, 507 (508).

1550 BStBl. II 2016, 159 (161 f.); BStBl. II 2012, 454 (456); BFH/NV 2010, 869 (869).

S. 1 Nr. 3a EStG seit Einführung der Abgeltungsteuer den (automatischen) Verfall eines Termingeschäfts bei Erreichen der Knock-out-Schwelle erfasst, was wiederum zum Wertloswerden des Zertifikats und zur Ausbuchung führt, da die frühere Auffassung der Rechtsprechung noch auf den gestreckten Steuertatbestand, somit die Unterscheidung zwischen Erwerb und Beendigung des Rechts durch Differenzausgleich im Rahmen des Termingeschäfts, unterschied.[1551] Wie bereits aufgezeigt, wurde aufgrund dessen, dass vor Einführung der Abgeltungsteuer das Erreichen einer im Vorfeld festgelten Knock-out-Schwelle nicht als „Beendigung des Rechts" nach § 20 Abs. 1 Nr. 4 EStG a. F. – wie insgesamt auch der Verfall eines Termingeschäfts – angesehen wurde, da es unter anderem an einer Entscheidungsfreiheit fehlte, die Steuerbarkeit abgelehnt.[1552] Die durch die Einführung der Abgeltungsteuer neugefasste Regelung in Bezug auf Termingeschäfte nach § 20 Abs. 2 S. 1 Nr. 3a EStG stellt nicht mehr auf die „Beendigung eines Rechts", sondern nur noch auf den Abschluss des Termingeschäfts und das daraus resultierende wirtschaftliche Ergebnis ab, so dass sämtliche „Vor- und Nachteile [...] bei Termingeschäften" erfasst werden[1553] und folglich nun auch der wertlose Verfall von Optionen hierunter fällt.[1554] Das steuerbare Ergebnis nach dem wertlosen Verfall von Optionen – aufgrund keiner Unterscheidung mehr zwischen Eröffnungs- und Basisgeschäft bilden die Anschaffung und der Ausgang des Optionsgeschäfts wirtschaftlich eine Einheit[1555] – ist auf Knock-out-Zertifikate übertragbar, so dass es nicht mehr auf das Vorliegen eines Entscheidungsspielraums ankommen kann, und nachdem die Leistungsfähigkeit um die Anschaffungskosten des Knock-out-Zertifikats gemindert ist, sofern die Knock-out-Schwelle erreicht wird und diese automatisch verfallen und ausgebucht werden, gebietet die Auslegung nach dem „verfassungsrechtlichen Gebot der Ausrichtung der Steuerlast am Prinzip der Leistungsfähigkeit und dem Gebot der Folgerichtigkeit" durch Art. 3 Abs. 1 GG, dass diese sozusagen als negative Gewinne und somit als Verlust berücksichtigt werden.[1556]

bb) Einordnung unter die automatische Einlösung

Der BFH schafft darüber hinaus, falls Knock-out-Zertifikate die Anforderungen an ein Termingeschäft nicht erfüllen sollten, eine Steuerbarkeit dieser Verluste über die Einordnung des Zertifikats nach Einführung der Abgeltungsteuer als sonstige Kapitalforderung des § 20 Abs. 1 Nr. 7 EStG und deren (automatische) Einlösung nach Abs. 2 S. 2, Abs. 4 bei Erreichen der Knock-out-Schwelle, da § 20 Abs. 2 S. 1

1551 BStBl. II 2019, 507 (509).
1552 BStBl. II 2016, 159 (162).
1553 BStBl. II 2016, 456 (458).
1554 BStBl. II 2019, 507 (508).
1555 BStBl. II 2017, 264 (266 f.), § 20 Abs. 2 S. 1 Nr. 3a EStG gilt nach dem BFH auch für den Verlust des Stillhalters aus einem Glattstellungsgeschäft in bar.
1556 BStBl. II 2019, 507 (508 f.).

Nr. 7, Abs. 1 Nr. 7, Abs. 4 EStG die Gewinne aus der Veräußerung der sonstigen Kapitalforderungen, die gerade sämtliche Kapitalforderungen beinhaltet, erfasst, soweit „die Rückzahlung des Kapitalvermögens oder ein Entgelt für die Überlassung des Kapitalvermögens zur Nutzung zugesagt oder geleistet worden ist, auch wenn die Höhe der Rückzahlung oder des Entgelts von einem ungewissen Ereignis abhängt".[1557] Aus dem Grundsatz, dass die Abgeltungsteuer gerade die Erträge von „reinen Spekulationsanlagen", folglich Vollrisikozertifikate, umfänglich besteuern will, kann die tatbestandliche Besteuerung auch von einem ungewissen Ereignis auf einerseits die Höhe des Entgelts und andererseits auch auf die Höhe der Rückzahlung abhängen.[1558] Die Intention des Gesetzgebers der umfänglichen Steuerverstrickung zeigt sich ebenfalls durch die Änderung des Gesetzeswortlauts von „gewährt" in „geleistet" für laufende Erträge.[1559] Insgesamt wird § 20 Abs. 1 Nr. 7 EStG teilweise als Auffangtatbestand zu Abs. 1 Nr. 1 bis 6 und 8 angesehen[1560] und erfasst demnach auch Knock-out-Zertifikate als Vollrisikozertifikate.[1561] Den automatischen Verfall dieser Zertifikate subsumiert der BFH unter den Ersatztatbestand der Einlösung nach § 20 Abs. 2 S. 2 EStG – soweit kein Termingeschäft vorliegt –, da einerseits sich die Einlösung auf die Erfüllung durch Rückzahlung der Forderung zu verschiedenen Zeitpunkten unter gleichzeitiger Rückübertragung der Schuldurkunde Zug um Zug bezieht[1562] und anderseits die Ersatztatbestände aufgrund des Paradigmenwechsels zur Erfassung jeglicher Wertveränderungen durch die Abgeltungsteuer weit auszulegen seien, so dass die Einlösung nicht nur die vertragsmäßige im Zeitpunkt der Fälligkeit, sondern auch die vorzeitige oder verspätete Einlösung erfasst[1563] sowie gerade auch die automatische Einlösung zu null im Fall des Verfallenlassens und der Ausbuchung eines wertlosen Knock-out-Zertifikats[1564], denn der Wortlaut steht einer „solchen [weiten] Auslegung" unter

---

1557 BStBl. II 2019, 507 (509).

1558 BT-Drs. 16/4841, S. 54; vgl. z. B. *Levedag*, in: Schmidt, EStG, 39. Aufl., § 20 Rn. 114–117.

1559 Z. B. *Bleschick*, in: Kirchhof/Seer, EStG, 19. Aufl., § 20 Rn. 112.

1560 Z. B. *Bleschick*, in: Kirchhof/Seer, EStG, § 20 Rn. 110; *Levedag*, in: Schmidt, EStG, § 20 Rn. 114.

1561 BStBl. II 2019, 507 (509); vgl. zur Einordnung von Zertifikaten auch *Jochum*, in: Kirchhof/Söhn/Mellinghoff, EStG, § 20 Rn. D/3 42; **a. A.** *Buge*, in: Herrmann/Heuer/Raupach, EStG, § 20 Rn. 472, der § 20 II 1 Nr. 3a EStG auf Knock-out-Zertifikate anwenden will.

1562 Z. B. *Jochum*, in: Kirchhof/Söhn/Mellinghoff, EStG, § 20 Rn. D/9 5.

1563 Z. B. *Jachmann-Michel/Lindenberg*, in: Lademann, EStG, 227. Erg.-Lfg., § 20 Rn. 707c.

1564 *Hagen/Remmel*, BB 2011, 2718 (2723), die auch den Ansatz als vergebliche WK i. R. d. § 20 IV 5 EStG ebenso aufzeigen und diese als vergebliche Aufwendungen auch hierunter subsumieren wollen; vgl. auch *Bleschick*, in: Kirchhof/Seer, EStG, § 20 Rn. 130.

§ 20 Abs. 2 S. 2 EStG – aufgrund keines sachlich gerechtfertigten Grunds und der Ausrichtung am Prinzip der Leistungsfähigkeit sowie des Gebots der Folgerichtigkeit – nicht entgegen.[1565] Die Auffassung der Steuerbarkeit von Verlusten aus wertlos verfallenen Knock-out-Zertifikaten nach Einführung der Abgeltungsteuer bestätigte der BFH in weiteren Entscheidungen[1566] – auch wenn die Zertifikate anders ausgestaltet sind, wie zum Beispiel als „Open-End-Knock-out" mit der Bezeichnung „Wave XXL"-Papiere, deren Laufzeit durch eine Stopp-Loss-Schwelle bei Erreichen oder Durchbrechung begrenzt wird – mit derselben Argumentation, dass die Ausbuchung dieser Zertifikate entweder durch Einordnung als Termingeschäft zu einem steuerbaren Verlust führt oder zumindest über die weite Auslegung des Einlösungsbegriffs nach § 20 Abs. 2 Nr. 7, S. 2 EStG, wobei vorliegend noch ein Restwert (mindestens 0,01 Euro) ausbezahlt wurde.[1567]

b) Fazit

Um einer Verlustanerkennung nach dem Leistungsfähigkeitsprinzip gerecht zu werden, nahm der BFH vor Einführung der Abgeltungsteuer zur Steuerbarkeit mit der Zeit unter dem methodischen Ansatz, dass unter einem Begriff auch die gegenteilige Bedeutung zu verstehen ist, die Position ein, dass im Rahmen eines Termingeschäfts unter dem Vorteil nach § 23 Abs. 1 S. 1 Nr. 4 EStG a. F. auch der Nachteil – aus einem Vergleich zu einem positiven sowie folgerichtigen negativen Differenzausgleich – angesehen wurde;[1568] einerseits wurde zwar durch diesen Ansatz die Steuerbarkeit von Verlusten durch einfaches Verfallenlassen einer wertlosen Option geschaffen[1569], jedoch übertrug der BFH diesen Begründungsansatz noch nicht auf Knock-out-Zertifikate.[1570] Denn nach der früheren Rechtsprechung vor Einführung der Abgeltungsteuer galt, wie bereits aufgezeigt, wenn eine Option automatisch mit dem Überschreiten einer bestimmten Kursschwelle durch den zugrunde liegenden Basiswert verfällt, ist der Tatbestand des § 23 Abs. 1 S. 1 Nr. 4 EStG a. F. nicht erfüllt, da es zumindest immer noch an einer eigenen willentlichen Entscheidung fehlt.[1571] Auf eine Einordnung des Knock-out-Produkts

1565 BStBl. II 2019, 507 (509).

1566 BFH/NV 2021, 6 (9); BStBl. II 2021, 144 (146).

1567 BStBl. II 2021, 144 (145 f.).

1568 BStBl. II 2013, 231 (232 f.), mit anschaulichem Beispiel.

1569 Vgl. z. B. *Heuermann*, DB 2013, 718 (718 f.).

1570 *Ratschow*, in: Brandis/Heuermann, EStG, § 20 Rn. 393a.; **a. A.** vgl. etwa *Moritz/Strohm*, DB 2016, 1658 (1659–1662), zur damaligen Einschätzung des BFH, da durchaus im Rahmen der Entscheidungsfreiheit eine Vergleichbarkeit mit dem Verfall von Optionen durch Erreichen der Knock-out-Schwelle und der geänderten Rspr. des BFH gesehen werden kann. Auch eine Einordnung als Termingeschäft nach § 23 I 1 Nr. 4 S. 1 EStG lag danach vor.

1571 BStBl. II 2016, 159 (161 f.).

in Form eines Vollrisikoprodukts als Option kam es nicht an, denn falls eine solche Einordnung zwar vorgelegen hätte, schied die Steuerbarkeit nach § 23 Abs. 1 S. 1 Nr. 4 EStG aus.[1572] Der BFH zweifelte jedoch auch, dass Knock-out-Zertifikate unter § 23 Abs. 1 S. 1 Nr. 4 EStG zu qualifizieren wären, da es sich bei Zertifikaten nicht um typische Termingeschäfte, sondern um sogenannte Kassageschäfte – dass somit die Erfüllung innerhalb von zwei Bankarbeitstagen erfolgt – handelt mit denen unter anderem sofort Barvermögen eingesetzt wird, so dass damals zumindest regelmäßig Index-Zertifikate nicht die Anforderungen für die Einordnung als Termingeschäft erfüllten.[1573] Selbst führte die Annahme eines Knock-out-Zertifikats als Finanztermingeschäft in vergleichender Betrachtung, wie teilweise im Schrifttum vertreten[1574], nicht zu einem steuerbaren Verlust.[1575] Mittlerweile qualifizierte der BFH Knock-out-Zertifikate zwar als Optionsscheine im Sinne des § 23 Abs. 1 S. 1 Nr. 4 S. 2 EStG 2008, so dass es auf die Einordnung als Produkte aus einem Termingeschäft nach Nr. 4 S. 1 nicht mehr ankam, da Optionsscheine Inhaberschuldverschreibungen sind[1576], die das Optionsrecht verbriefen[1577]; denn dem Optionsinhaber wird gegen eine Optionsprämie das Recht eingeräumt, zu verschiedenen Zeitpunkten – je nach Ausgestaltung zum Beispiel am Ende der Laufzeit oder jederzeit – vom sogenannten Stillhalter den Basiswert zu einem im Vorfeld festgelegten Preis zu beziehen oder den Differenzausgleich in bar zu verlangen, so dass Knock-out-Zertifikate Optionsscheine darstellen, die wiederum nach § 20 Abs. 1 Nr. 4 S. 2 EStG 2008 als Termingeschäfte im Sinne von Nr. 4 S. 1 gelten, und ein steuerbarer Verlust die negative Differenz zwischen Differenzausgleich und Anschaffungskosten innerhalb der Jahresfrist darstellt.[1578] Jedoch auch hier scheiterte die Verlustanerkennung damals am Tatbestandsmerkmal der „Beendigung des erworbenen Rechts", demnach dem Entscheidungsspielraum des Steuerpflichtigen, soweit die Option und folglich annehmend das Knock-out-Zertifikat automatisch verfällt.[1579] Dem früher vertretenen Ansatz begegnete die Praxis wieder mit Veräußerungen zu symbolischen Preisen, so dass der Ansatz über die Transaktionskosten seitens der Finanzverwaltung folgte. Indes ist der BFH den Weg der Verlustanerkennung weitergegangen, indem Verluste aus wertlosen Knock-out-Zertifikaten als Vollrisikozertifikate durch eine weite Auslegung

---

1572 BStBl. II 2016, 159 (161).

1573 BStBl. II 2012, 454 (456).

1574 Vgl. z. B. *Hagen/Remmel*, BB 2011, 2718 (2722); *Roth*, in: KK WpHG, 1. Aufl., § 2 Rn. 86, der schon einen Vergleich zu den Bandbreiten-Optionsscheinen zieht.

1575 BStBl. II 2012, 454 (456).

1576 Vgl. BGH DStR, 1995, 304 (305); auch *Roth*, in: KK WpHG, § 37e Rn. 2, 11–17.

1577 Z. B. BMF-Schreiben v. 18.1.2016 – IV C 1 – S 2252/08/10004: 017, Rn. 17, BStBl. I 2016, 85 (89).

1578 BStBl. II 2021, 144 (145 f.).

1579 BStBl. II 2016, 159 (161 f.).

zumindest unter die (automatische) Einlösung fallen, da unter anderem auf die Rückgabe der Urkunde verzichtet wird. *Ratschow* sieht es kritisch, dass der BFH auf das „konstituierende Handlungselement" der „Rückgabe der Schuldurkunde" einer Einlösung absieht und die weite Auslegung nicht so systematisch gerechtfertigt werden kann, sowie dass die Begründung durch den Paradigmenwechsel und die Erfassung aller Wertsteigerungen nur behauptet wird und nicht als Argumentation dienen kann, genauso wie der bloße Hinweis auf das Gebot der Folgerichtigkeit.[1580] Dem ist jedoch entgegenzuhalten, dass der Gesetzgeber in der Begründung zur Abgeltungsteuer anführte, auch alle Wertsteigerungen durch Veräußerung oder vergleichende Vorgänge von Kapitalanlagen des Katalogs von § 20 Abs. 1 EStG, also auch neuer Finanzmarktprodukte, wie auch Vollrisikoprodukte erfassen zu wollen, um dem „Hase-und-Igel-Spiel" hinsichtlich der Steuervermeidung ein Ende zu bereiten.[1581] Zumal der BFH eine notwendige Berücksichtigung solcher Verluste aus dem Prinzip der Leistungsfähigkeit und dem Gebot der Folgerichtigkeit aus dem geänderten Ansatz zu wertlosen Optionsprämien[1582] für vergleichbare Konstellationen schafft. Zu beachten ist, dass der Gesetzgeber die Rechtsprechung des BFH mittlerweile („allerdings wohl") legalisiert hat.[1583] Denn dieser erkennt solche Verluste nun an, beschränkt sie aber indes in der Verlustverrechnung wieder. Der frühere Ansatz der Nichtsteuerbarkeit von Verlusten aus wertlosen Knock-out-Zertifikaten durch Verfall ist nicht mehr vertretbar. Denn im Ergebnis führt der Verfall von Knock-out-Zertifikaten entweder durch die Einordnung als Termingeschäft im Sinne des § 20 Abs. 2 S. 1 Nr. 3a EStG oder zumindest über eine weite Auslegung des Einlösungsbegriffs nach § 20 Abs. 2 S. 2 EStG zur Steuerbarkeit solcher Verluste. Als Begründung wird zu Recht wieder auf den Paradigmenwechsel der Trennung von Vermögensstamm und Ertragsebene hin zur Erfassung aller Wertveränderungen durch Einführung der Abgeltungsteuer verwiesen und das Gebot der Folgerichtigkeit angeführt. Dies zeigt sich schon aus einem einfachen Gerechtigkeitsgedanken zur sofortigen Gewinnbesteuerung nach Einführung der Abgeltungsteuer, da unklar bleibt, wieso die Aufwendungen für ein wertloses Knock-out-Zertifikat bei Verfall nicht steuerlich anerkannt werden sollten, ein Gewinn aus dem gleichen Papier bei einem anderem Börsenverlauf jedoch schon. Zudem findet der Ansatz über die willentliche Entscheidungserheblichkeit keine Stütze mehr im Gesetz und es handelt sich nach Einführung der Abgeltungsteuer bei den Aufwendungen für wertlose Knock-out-Zertifikate um eine Leistungsminderung für den Steuerpflichtigen nach dem Leistungsfähigkeitsprinzip.

1580 *Ratschow*, in: Brandis/Heuermann, EStG, § 20 Rn. 393a, der von einem kreativen Umgang spricht.

1581 Vgl. BT-Drs. 16/4841, S. 1, 54–56.

1582 BStBl. II 2013, 254 (232–234).

1583 *Ratschow*, in: Brandis/Heuermann, EStG, § 20 Rn. 393a.

3. Verfall von Optionen

a) Entscheidung zum Termingeschäft nach § 20 Abs. 2 S. 1 Nr. 3a EStG

Entgegen unter anderem der früheren Verwaltungsauffassung[1584] liegen ebenfalls steuerbare Verluste aus Termingeschäften nach § 20 Abs. 2 S. 1 Nr. 3a, Abs. 4 EStG vor, wenn eine wertlose Option bei Fälligkeit einfach verfallen gelassen wird, da die für den Erwerb aufgewandten Anschaffungskosten Aufwendungen sind, die in unmittelbarem Zusammenhang mit dem Termingeschäft stehen und im Rahmen der Gewinnermittlung nach Abs. 4 S. 5 abzuziehen sind.[1585] Denn § 20 Abs. 2 S. 2 Nr. 3a, Abs. 4 S. 5 EStG erfasst den Gewinn bei Termingeschäften, durch die der Steuerpflichtige einen Differenzausgleich oder einen durch den Wert einer veränderlichen Bezugsgröße bestimmten Geldbetrag oder Vorteil erlangt, abzüglich der Aufwendungen, die im unmittelbaren sachlichen Zusammenhang mit dem Termingeschäft stehen. Unter den Begriff des Termingeschäfts nach § 20 Abs. 2 S. 1 Nr. 3a EStG fallen, wie bereits ausgeführt und nach früherer Rechtsprechung[1586] vor Einführung der Abgeltungsteuer als bedingtes Termingeschäft angedeutet, grundsätzlich auch Optionsgeschäfte.[1587] Die frühere Auffassung zur Besteuerung des Gewinns mit Unterscheidung durch den gestreckten Tatbestand zwischen Eröffnungs- und Basisgeschäft, aufgrund des Wortlauts „Beendigung eines Rechts"[1588] in § 23 Abs. 1 S. Nr. 4 S. 1 EStG a. F., ist mit Einführung der Abgeltungsteuer weggefallen, da einerseits die Durchführung eines Basisgeschäft oder des Differenzausgleichs nicht mehr erforderlich ist; vielmehr umschreibt der Gesetzeswortlaut mit Differenzausgleich oder einen durch den Wert einer veränderlichen Bezugsgröße bestimmten Geldbetrag oder Vorteil die Art der erfassten Termingeschäfte, setzt zur Tatbestandverwirklichung indes kein Basisgeschäft mehr voraus, da zum Beispiel einem Optionsgeschäft regelmäßig kein Basisgeschäft zugrunde liegt, soweit nur ein Barausgleich als Differenzausgleich ausgezahlt wird und andererseits soll das wirtschaftliche Ergebnis eines Termingeschäfts vollumfänglich von der

---

1584 Z. B. noch BMF-Schreiben v. 18.1.2016 – IV C 1 – S 2252/08/10004: 017, Rn. 27, BStBl. I 2016, 85 (90); geändert durch BMF-Schreiben v. 3.6.2021 – IV C 1 – S 2252/19/10003: 002, Rn. 27, BStBl. I 2021, 723 (725).

1585 Vgl. BStBl. II 2017, 264 (268); BStBl. II 2016, 456 (458); BStBl. II 2016, 459 (460 f.); BStBl. II 2016, 462 (463).

1586 BStBl. II 2013, 231 (232).

1587 Z. B. BStBl. II 2016, 462 (463); vgl. auch *Bleschick*, in: Kirchhof/Seer, EStG, § 20 Rn. 130 und *Levedag*, in: Schmidt, EStG, § 20 Rn. 166, 169 f., zur steuerlichen Begriffsbestimmung des Termingeschäfts.

1588 Etwa BStBl. II 2008, 519 (520), die Beendigung des Rechts lag nicht vor, soweit von dem Differenzausgleich kein Gebrauch gemacht und die Option einfach verfallen gelassen wird.

Vorschrift steuerlich erfasst werden, so dass gerade nach einheitlicher Betrachtung der „Zeitbezug" mit Unterscheidung zwischen Eröffnungs- und Basisgeschäft, also mit einerseits der Anschaffung der Option als selbstständiges Geschäft sowie andererseits dem Ausgang des Optionsgeschäfts als eigenständiges ertragsteuerrechtliches Geschäft, weggefallen ist.[1589] Darüber hinaus folgt die Verlustanerkennung aus dem vergleichenden Ansatz zur früheren geänderten Rechtsprechung[1590], dass unter dem Vorteil eines Differenzausgleichs im Fall eines Barausgleichs auch der Nachteil und somit der Verlust zu verstehen ist, so dass von § 20 Abs. 2 S. 1 Nr. 3a EStG jegliche „Vor- und Nachteile" eines Termingeschäfts erfasst werden, und der BFH bedient sich hierzu einer erweiternden Auslegung des Vorteilsbegriffs, dass teleologisch den „Vorteil aus einem Termingeschäft (Option) derjenige erlangt, der mit dem Erwerb der Option das (bedingte) Recht auf einen Barausgleich erwirbt, egal ob er den Barausgleich im Fall einer für ihn günstigen Wertentwicklung durchführt oder ob er im Fall einer für ihn ungünstigen Wertentwicklung das Recht verfallen lässt", also gerade die Erlangung eines Nachteils ebenfalls darunter versteht, so dass im Rahmen des Gebots der Folgerichtigkeit eine negative Differenz steuerlich ebenso beachtlich sein muss.[1591] Entgegen der Auffassung des BMF lässt sich aus der Gesetzesbegründung zum UntStRefG 2008 kein entgegenstehender Wille des Gesetzgebers ableiten, sondern durch das „Schweigen" zum Verfall von wertlosen Kaufoptionen und das Nichtkennen der später ergangenen und geänderten Rechtsprechung zu diesem Punkt[1592] besteht Raum für eine Auslegung der Vorschrift, und nachdem der Gesetzgeber alle Wertzuwächse aus Termingeschäften besteuern will[1593], folgt mit der gleichen Argumentation wie zuvor, dass es „auch dem verfassungsrechtlichen Gebot der Ausrichtung der Steuerlast am Prinzip der finanziellen Leistungsfähigkeit und dem Gebot der Folgerichtigkeit in Art. 3 Abs. 1 GG" entspricht, den Verfall von wertlosen Optionen nach § 20 Abs. 2 S. 1 Nr. 3a EStG zu erfassen, da die Leistungsfähigkeit des Steuerpflichtigen, um die aufgewandten Optionsprämien, unabhängig von der Ausübung oder dem Verfallenlassen der Optionen, gemindert ist.[1594] Eine ausufernde Gefahr der Verlustnutzung liegt aufgrund der Verlustverrechnungsbeschränkung des § 20 Abs. 6

1589 Z. B. BStBl. II 2016, 462 (463); vgl. auch BStBl. II 2017, 264 (267 f.).

1590 Etwa BStBl. II 2013, 231 (232–234); auch *Knoblauch*, DStR 2013, 798 (801).

1591 Z. B. BStBl. II 2016, 462 (463 f.); vgl. auch etwa *Bleschick*, in: Kirchhof/Seer, EStG, 20. Aufl., § 20 Rn. 130; *Helios/Philipp*, BB 2010, 95 (97 f.); *Heuermann*, DB 2013, 718 (720 f., 724); *Meinert/Helios*, DStR 2013, 508 (510 f.); *Moritz/Strohm*, DB 2013, 603 (607 f.); *Reislhuber/Bacmeister*, DStR 2010, 684 (685).

1592 BStBl. II 2013, 231 (232–234); **a. A.** noch BFH/NV 2009, 152 (152) und BStBl. II 2008, 519 (520).

1593 BT-Drs. 16/4841, S. 55.

1594 Z. B. BStBl. II 2016, 462 (464); vgl. auch etwa *Helios/Philipp*, BB 2010, 95 (97 f.); *Knoblauch*, DStR 2013, 798 (801 f.); *Meinert/Helios*, DStR 2013, 508 (510).

EStG nur auf Einkünfte aus Kapitalvermögen für den BFH nicht vor.[1595] Darüber hinaus hat der Gesetzgeber im Rahmen des PflichtMitteilungsG 2019 eine weitere Schedule für Termingeschäfte nach § 20 Abs. 6 S. 5 EStG geschaffen.

b) Fazit

Im Ergebnis wird mit der Begründung zum Verfallenlassen einer wertlosen Option und deren Steuerbarkeit als Verlust von der Rechtsprechung hervorgehoben, dass aufgrund des Schweigens des Gesetzgebers zu solchen Verlustkonstellationen in der Gesetzesbegründung Raum für eine weite Auslegung mit Erfassung jeglicher Wertminderungen korrespondierend zur Erfassung jeglicher Wertsteigerungen unter diesen Wertungen gelassen wurde. Die Voraussetzungen hierfür ergeben sich gerade nach der Gesetzesbegründung, dass der Gesetzgeber durch Aufgabe der traditionellen Trennung von Vermögensstamm und laufenden Erträgen und der steuerlichen Erfassung sämtlicher Wertveränderungen im Rahmen der Einkünfte aus Kapitalvermögen durch die Einführung der Abgeltungsteuer und der grundsätzlichen Ausrichtung der Steuerlast am Prinzip der finanziellen Leitungsfähigkeit und dem Gebot der Folgerichtigkeit nach Art. 3 Abs. 1 GG diese Möglichkeit geschaffen hat. Eine Unterscheidung zwischen Eröffnungs- und Basisgeschäft wie nach altem Recht ist aufgrund keiner gesetzlichen Stütze mehr möglich. Dass ein einfaches Verfallenlassen einer wertlosen Option als steuerrelevanter Nachteil – korrespondierend zu einem Vorteil erlangt – in diesem Sinne aufgefasst werden kann, ergibt sich darüber hinaus auch schon durch die geänderte Rechtsauffassung des BFH für Entscheidungen schon vor Einführung der Abgeltungsteuer. Diese Ansicht ebnete den Weg für die jetzige Rechtsauffassung des BFH. Nach Einführung der Abgeltungsteuer ist im Ergebnis nach vorstehender Argumentation kein Raum mehr für die fehlende steuerliche Anerkennung von Verlusten aus dem Verfall von wertlosen Optionen.

4. Fazit

Nachdem der Gesetzgeber neue Verlustverrechnungsbeschränkungen bei „Wertloswerden von Kapitalanlagen“ oder bei „Verlusten aus Termingeschäften“ nach § 20 Abs. 6 S. 5 und 6 EStG eingeführt hat, hat dieser die Rechtsprechung des BFH sozusagen „legalisiert“ und der Änderungsvorschlag des BMF durch Artikel 2 Nr. 11[1596] hinsichtlich des Gesamtkomplexes, der die gesamte neuere Rechtsprechung des BFH ausgehebelt hätte, wurde vom Gesetzgeber, wie aufgezeigt, dann doch nicht verwirklicht.[1597] Voraussetzung für die Anwendung der neu

1595 BStBl. II 2016, 462 (464).

1596 BT-Drs. 19/13436, S. 16 f., 112–114.

1597 Kap. 2, III. 3. b) ee) (2) (b) und (c); *Ratschow*, in: Brandis/Heuermann, EStG, § 20 Rn. 353d.

eingeführten Verlustverrechnungsbeschränkungen ist jedoch einerseits die „Tatbestandsmäßigkeit der im Gesetz nicht erwähnten Sachverhalte“; es sich sozusagen um eine vom Gesetz nicht erfasste und vom BFH nicht unter die Ersatztatbestände subsumierbare Untergangskonstellation handelt, die für eine private Aktienbeteiligung nachfolgend aufgezeigt wird, und andererseits sieht die Verwaltung von einer Anwendung über den Einzelfall hinaus ab,[1598] so dass es einer gerichtlichen Durchsetzung im Einzelfall bedarf. Die vorstehenden Untergangskonstellationen für wertlose Kapitalanlagen wurden im Wege der weiten Auslegung seitens des BFH einerseits unter die Ersatztatbestände des § 20 Abs. 2 S. 2 EStG gefasst oder für Termingeschäfte anderseits unter den Vorteilsbegriff des § 20 Abs. 2 S. 1 Nr. 3a EStG. Teilweise wird zwar das Fehlen einer methodisch überzeugenden Begründung für die weite Auslegung angeführt.[1599] Es ist indes die gesamtheitliche Intention des Gesetzgebers durch die Abgeltungsteuer zu beachten. Auffällig ist daher die vergleichbare Begründung des BFH in den angeführten Konstellationen, die im Ergebnis in allen Situationen auf den Paradigmenwechsel der Trennung von Vermögens- und Ertragsebene hin zur steuerlichen Erfassung jeglicher Wertveränderungen durch die Einführung der Abgeltungsteuer und unter Wertung des Prinzips der finanziellen Leistungsfähigkeit und dem Gebot der Folgerichtigkeit grundsätzlich zu einer Verlustanerkennung führen. Eine weite Auslegung im Zusammenhang mit dem engen Veräußerungsbegriff ist nicht möglich. Jedoch ist eine weite Auslegung im Rahmen der Ersatztatbestände oder des Vorteilsbegriffs von § 20 Abs. 2 S. 1 Nr. 3a EStG in Verbindung mit Abs. 4 S. 5, der über den Vorteil auch den Nachteil aus vorstehender Wertung erfassen will, aufgrund des Schweigens des Gesetzgebers zum UntStRefG 2008 für vorstehende Verlustkonstellationen möglich, so dass über das Vorliegen der Tatbestandsverwirklichung des § 20 Abs. 2 EStG für diese wertlosen Kapitalanlagen im Realisierungszeitpunkt eine Verlustanerkennung geschaffen wird.

III. Weitere Untergangskonstellationen

Wie soeben aufgezeigt, hatte der BFH sich seit Einführung der Abgeltungsteuer mehrfach mit dem Untergang von Kapitalanlagen im Privatvermögen beschäftigt, die vom Grundgedanken her allesamt zu steuerlich berücksichtigungsfähigen Verlusten führten, da der BFH diese Konstellationen wie den Forderungsausfall und -verzicht[1600] und den Verfall von Knock-out-Zertifikaten[1601] zumindest einerseits unter die Ersatztatbestände des § 20 Abs. 2 EStG subsumiert oder andererseits

1598 *Ratschow*, in: Brandis/Heuermann, EStG, § 20 Rn. 353d.

1599 In Bezug auf den Forderungsausfall z. B. *Jochum*, DStZ 2018, 63 (67), die jedoch das Ergebnis insgesamt begrüßt; vgl. auch *Stein*, StBp 2019, 15 (17–21).

1600 Kap. 3, II. 1.

1601 Kap. 3, II. 2.

über die weite Auslegung des Vorteilsbegriffs im Zusammenhang mit § 20 Abs. 4 S. 5 EStG grundsätzlich den Verfall von wertlosen Optionen als Verlust[1602] anerkennt.[1603] Neben der Einordnung dieser Untergangskonstellationen unter die Ersatztatbestände des § 20 Abs. 2 S. 2 EStG oder des § 20 Abs. 2 S. 1 Nr. 3a, Abs. 4 S. 5 EStG gibt es in Bezug auf eine private Aktienbeteiligung konkret Fälle, in denen Aktien einfach untergehen wie zum Beispiel in der nachfolgenden Entscheidung des BFH vom 3.12.2019[1604], die im Ergebnis den Fall einer insolventen AG aufzeigt, deren im hierfür typischen Grundfall mit Veräußerungssperre belegte Aktien nach Beendigung des Insolvenzverfahrens schlichtweg aus dem Depot des Steuerpflichtigen einfach nur ausgebucht werden und folglich untergehen. Vorliegend geschieht dieses Prozedere indes über eine Kapitalherabsetzung auf null mit Bezugsrechtsausschluss bei der sich anschließenden Kapitalerhöhung im Rahmen des Insolvenzplans. Der vorstehende Veräußerungsbegriff mit seinem bisher aufgezeigten Verständnis trifft für diesen Fall erstmal nicht zu, da es zumindest an einem Rechtsträgerwechsel fehlt. Daher soll unter anderem anhand der nachstehenden Entscheidung eine mögliche Lösung für eine Verlustanerkennung in diesen Konstellationen unter Beachtung der Auffassung des BFH erläutert, eingeordnet und gewürdigt werden.

1. Urteil des BFH zum Untergang von Aktien

Nach dem Sachverhalt[1605] hatte die Klägerin, eine als GbR ausgestaltete Depotgemeinschaft, in den Jahren 2011 und 2012 insgesamt 39.000 Namensaktien ohne Nennwert der A-AG zu einem Gesamtpreis von 36.262,77 Euro gekauft. Kurz danach wurde jedoch über das Vermögen der A-AG das Insolvenzverfahren gemäß § 27 InsO eröffnet und durch einen gerichtlich bestätigten Insolvenzplan nach § 225a Abs. 2 InsO das Grundkapital der AG zur Verlustdeckung auf null herabgesetzt mit anschließender Kapitalerhöhung unter Ausschluss des Bezugsrechts der Altaktionäre. Alleiniger Gesellschafter wurde durch diese Kapitalerhöhung ein Gläubiger, so dass auch der Börsenhandel eingestellt wurde. Die Aktien wurden schlichtweg aus dem Depot ausgebucht. Eine Abfindung oder ein Herabsetzungsbetrag wurde aber nicht an die Altaktionäre ausgekehrt. Den (wirtschaftlichen) Verlust machte die Klägerin zur Gegenrechnung mit Gewinnen aus Aktienveräußerungen für das Streitjahr geltend, dessen steuerliche Beachtung jedoch vom FA abgelehnt wurde. Die Klägerin bestritt den weiteren Rechtsweg mit dem Argument, es handele sich bei dem entschädigungslosen Untergang ihrer Aktien um

1602 Kap. 3, II. 3.

1603 Vgl. auch *Faber*, DStR 2020, 1825 (1825); *Moritz/Strohm*, in: Frotscher/Geurts, EStG, 20 (n. F.) Rn. 267–270.

1604 BStBl. II 2020, 836; vgl. zum insolventen Untergang von Aktien auch BStBl. II 2021, 378; BFH/NV 2020, 687.

1605 BStBl. II 2020, 836 (836 f.).

einen steuerbareren veräußerungsgleichen Vorgang nach § 20 Abs. 2 EStG, der im Rahmen der Gewinnermittlung des Abs. 4 als Verlust anzuerkennen ist.

Im Ergebnis ist nach dem BFH der Verlust durch den entschädigungslosen Entzug von Aktien mittels einer Kapitalherabsetzung auf null sowie eines Bezugsrechtsausschlusses für die sich anschließende Kapitalerhöhung auf der Grundlage eines Insolvenzplans in entsprechender Anwendung des § 20 Abs. 2 S. 1 Nr. 1 EStG in Verbindung mit § 20 Abs. 4 EStG als Veräußerungsverlust steuerbar, indem im Ergebnis die Steuerbarkeit von Verlusten aus der Untergangskonstellation von Aktien aus einer Analogie zum Veräußerungsbegriff des § 20 Abs. 1 S. 1 Nr. 1 EStG hergeleitet wird.[1606] Hinsichtlich der Besonderheit der Kapitalherabsetzung auf null mit anschließendem Bezugsrechtsausschluss ist sich erstmal der gesellschaftsrechtliche Vorgang vor Augen zu führen, um den Vorgang als Untergang einer privaten Aktienbeteiligung einordnen zu können, bevor anschließend auf die Möglichkeit der Anwendung einer Analogie eingegangen wird.

a) Bezugsrechtsausschluss im Rahmen eines Insolvenzplans

Durch eine Kapitalherabsetzung wird zivilrechtlich das Grundkapital einer AG nach einem Insolvenzplan gemäß § 225a Abs. 2 S. 3 InsO in Verbindung mit §§ 228 ff. AktG auf null herabgesetzt und dies führt zum Untergang der ursprünglichen Aktien, denn Stückaktien, deren anteiliger Betrag am Grundkapital niedriger als ein Euro ist, sind nach § 8 Abs. 3 S. 2, 3, Abs. 4 und Abs. 2 S. 2 AktG nichtig, so dass aus einer juristischen Betrachtungsweise heraus kurzfristig eine AG ohne Aktionäre vorliegt[1607], wie etwa *Faber* aufzeigt.[1608] Nachdem eine AG ohne Gesellschafterstellung mit Vermögensanteil nicht existieren kann, erfolgt im Gegenzug nach § 228 Abs. 1 AktG durch eine Kapitalerhöhung wieder die Einbindung der Aktionäre in die AG nach § 225a Abs. 2 S. 4 InsO in Verbindung mit §§ 186 ff. AktG; jedoch erfolgte vorliegend die Einbindung der Aktionäre unter Bezugsrechtsausschluss nach § 186 Abs. 3 AktG für die Altaktionäre, da nur eine Gläubigerin – die ihre Schulden gegen Sacheinlage gewandelt hatte – Aktionärin der neu ausgegebenen Aktien geworden ist, und somit verloren durch den Bezugsrechtausschluss im Rahmen der Kapitalerhöhung die Altaktionäre definitiv ihre Gesellschafterstellung, ohne dass die bisherigen Aktien zivilrechtlich auf die AG

1606 BFH/NV 2020, 687 (687–689); BStBl. II 2020, 836 (837, 839); vgl. auch BStBl. II 2021, 378 (379 f.).

1607 Vgl. z. B. *Oechsler*, in: MüKO AktG, § 237 Rn. 81; auch etwa schon *Veil*, in: Schmidt/Lutter, AktG, § 237 Rn. 28, für eine juristische Sekunde ist das Unterschreiten des Mindestnennbetrags zulässig, so dass kurzfristig eine „Keinmann-AG“ im Rahmen der Herabsetzung des Grundkapitals durch Einziehung nach §§ 237 ff. AktG entstehen kann.

1608 *Faber*, DStR 2020, 1825 (1825); ausführlich zu dem Untergang von Kapitalgesellschaftsanteilen *ders.*, DStR 2020, 1825 (1825–1830).

oder die Neugesellschafterin übertragen wurden.[1609] Folglich führt eine Kapitalherabsetzung auf null zum Erlöschen der Börsenzulassung der ursprünglich ausgegebenen Aktien.[1610] Wirtschaftlich handelt es sich durch den Bezugsrechtsausschluss um einen „totalen Squeeze Out“, da die Altaktionäre, aus Sicht aller Aktionäre, im Rahmen des Insolvenzverfahrens ohne Entschädigung von den „Fortführungswerten“, der sanierungsfähigen AG, endgültig ausgeschlossen wurden.[1611] Diese sanierende Kapitalherabsetzung auf null unter Ausschluss des Bezugsrechts ist nach § 225a InsO durch einen gerichtlich bestätigten Insolvenzplan durchaus möglich[1612] und geht weiter als die sanierende Kapitalherabsetzung nach §§ 228, 229 Abs. 1, 3, 230 AktG auf null ohne Ausschluss des Bezugsrechts[1613], wie der BFH wiederum aufzeigt.[1614] Ein Abfindungsanspruch ist nach § 225a Abs. 2 S. 3 InsO in Verbindung mit dem Minderheitenschutz nach § 251 Abs. 3 InsO für diesen Fall zwar zu zahlen, da die Altaktionäre für Sanierungsmaßnahmen zu entschädigen sind;[1615] diese wird jedoch aufgrund der Wertlosigkeit der Gesellschaftsanteile regelmäßig bei null Euro liegen,[1616] so dass genau der Fall wie vorliegend eintritt, indem einem Aktionär wirtschaftlich wertlose Aktien mit keiner Gegenleistung sowie keiner Übertragung auf einen anderen, somit ohne entgeltlichen Rechtsträgerwechsel, entzogen werden. Gesellschaftsrechtlich unkomplizierter ist der Fall, indem die insolvente AG wegen Vermögenslosigkeit im Register nach § 394 Abs. 1 S. 2 FamFG einfach gelöscht wird, und dadurch aufhört zu existieren; in diesen Fällen sind die Aktien durch die Löschung im Register mit untergegangen, so dass ebenfalls das einzelne Mitgliedschaftsrecht des Aktionärs erloschen ist.[1617] Als weiterer Zeitpunkt für die Realisierung der Untergangskonstellation kommt nach dem BFH die schlichte Ausbuchung im Zusammenhang mit dem Untergang in Betracht, also der Fall, dass die wertlosen Aktien aus dem Depot des

---

1609 BFH/NV 2020, 687 (687); BStBl. II 2020, 836 (837); anders bei Einzug und Übertragung der Aktien gegen Schuldenreduzierung auf Grundlage eines amerikanischen Insolvenzplans BFH/NV 2015, 1364 (1365).

1610 Z. B. *Koch*, in: Hüffer/Koch, AktG, § 228 Rn. 2c; *Oechsler*, in: MüKo AktG, § 228 Rn. 5a, auch bekannt als „kaltes Delisting“.

1611 BFH/NV 2020, 687 (687 f.); BStBl. II 2020, 836 (837); *Schmidt*, ZIP 2012, 2085 (2086); vgl. auch etwa *Jachmann-Michel*, Die Besteuerung der Kapitaleinkünfte – Neues ab 2020, S. 24.

1612 Vgl. z. B. *Decher/Voland*, ZIP 2013, 103 (104–107); *Koch*, in: Hüffer/Koch, AktG, § 228 Rn. 2a–2c; *Oechsler*, in: MüKo AktG, § 228 Rn. 3, 5, 5b–5e.

1613 BGHZ 119, 305 (319 f.); *Schmidt*, ZIP 2012, 2085 (2086).

1614 BFH/NV 2020, 687 (687); BStBl. II 2020, 836 (837).

1615 Z. B. *Hirte*, in: Uhlenbruck, InsO, § 225a Rn. 30, 48 f.

1616 *Faber*, DStR 2020, 1825 (1825); *Hirte*, in: Uhlenbruck, InsO, § 225a Rn. 49; auch etwa *Simon/Merkelbach*, NZG 2012, 121 (124 f.).

1617 BStBl. II 2021, 378 (380).

Steuerpflichtigen vor Löschung im Register seitens der Bank einfach ausgebucht werden.[1618] In beiden Fällen liegt ebenfalls gerade kein entgeltlicher Rechtsträgerwechsel vor, da es zumindest schon an dem Rechtsträgerwechsel durch den einfachen Untergang der Aktien fehlt.

b) Entsprechende Anwendung von § 20 Abs. 2 S. 1 Nr. 1 EStG

aa) Regelungslücke

Der BFH schafft eine Steuerbarkeit dieser Verluste über eine Analogie zum Realisationstatbestand der Veräußerung nach § 20 Abs. 2 S. 1 Nr. 1 EStG,[1619] nachdem er im Ergebnis erstmal feststellt, dass keine „normierten Realisationstatbestände" der Veräußerung nach § 20 Abs. 2 S. 1 Nr. 1 EStG oder diesen gleichgestellte Ersatztatbestände nach Abs. 2 S. 2 auf diesen Sachverhalt direkt anwendbar sind.[1620] Denn wie soeben aufgezeigt, scheitert einerseits das Vorliegen einer Veräußerung im Sinne des § 20 Abs. 2 S. 1 Nr. 1 EStG an der Gewährung einer Gegenleistung und dem Rechtsträgerwechsel, somit einer fehlenden entgeltlichen Übertragung der ursprünglichen Aktien auf die AG oder die Neugesellschafterin, da diese mit dem Bezugsrechtausschluss gegen sozusagen keine Gegenleistung einfach untergehen.[1621] Anders verhält es sich in dem vom BFH bereits entschiedenen Fall im Zusammenhang mit der zwangsweisen Einziehung von ursprünglichen Aktien infolge eines amerikanischen Insolvenzplans und deren Übertragung zur Schuldenreduzierung auf eine neue Gläubigerin[1622]. In diesem Fall liegt zwar gefühlt auch ein insolvenzbedingter Untergang der Aktien vor, da im Endeffekt das gleiche wirtschaftliche Ergebnis besteht, indem die Altaktionäre alles verlieren[1623]; jedoch stellt dieser Entzug der Aktien eine für die Verlustanerkennung maßgebliche Veräußerung nach § 20 Abs. 2 S. 1 Nr. 1 EStG dar – oder zumindest eine Teilliquidation in Form der Einziehung der Gesellschaftsanteile als veräußerungsgleicher Vorgang[1624] –, da in der zweistufigen Einziehung einerseits durch die AG mit andererseits anschließender Übertragung von der Gesellschaft auf die neuen Gläubiger

---

1618 BStBl. II 2021, 378 (380); hinsichtlich der schlichten Ausbuchung vgl. FG Rheinland-Pfalz EFG 2019, 365. Vorliegend hatte die Bank die Aktien einfach ausgebucht, nachdem sie deren Wertlosigkeit festgestellt hatte, da die ursprünglichen Aktien nur noch zu Liquidationszwecken gehalten wurden. Denn nach amerikanischem Insolvenzrecht entstand bereits eine neue Gesellschaft mit den werthaltigen Teilen, die parallel zur Liquidationsgesellschaft existierte.

1619 BStBl. II 2021, 378 (379 f.); BFH/NV 2020, 687 (689); BStBl. II 2020, 836 (839 f.).

1620 *Faber*, DStR 2020, 1825 (1826).

1621 Auch etwa BStBl. II 2020, 836 (837).

1622 BFH/NV 2015, 1364.

1623 FG Rheinland-Pfalz EFG 2014, 136 (137).

1624 BFH/NV 2015, 1364 (1364).

gerade die zwangsweise Übertragung von wertlosen Anteilen ohne Gegenleistung auf einen fremden Dritten zu sehen ist und im Ergebnis ein entgeltlicher Rechtsträgerwechsel stattgefunden hat.[1625] Einerseits ist der vorstehende Ansatz auf tatsächliche Untergangskonstellationen nicht übertragbar, da es gerade an dem entgeltlichen Rechtsträgerwechsel fehlt, und anderseits ist eine weite Auslegung des Veräußerungsbegriffs dahingehend, dass dieser sämtliche Ereignisse erfasst, mit denen der Privatanleger seine Kapitalanlage „verliert", aufgrund des engen Verständnisses des Veräußerungsbegriffs nicht möglich.[1626] Zudem kann nach dem BFH in dem Untergang der Aktien keine Einlösung nach § 20 Abs. 2 S. 2 EStG gesehen werden, da sich der Begriff der Einlösung grundsätzlich auf die Erfüllung der sonstigen Kapitalforderungen nach § 20 Abs. 1 Nr. 7 EStG bezieht[1627]; es fallen zwar nicht nur Forderungen, sondern auch alle Wertpapiere[1628], „die bei Fälligkeit gegen Rückgabe der Urkunde zu erfüllen sind", nach den §§ 803, 804, 1083 Abs. 2 BGB unter § 20 Abs. 1 Nr. 7 EStG, jedoch ist die „Einlösung keine Kategorie des Gesellschaftsrechts", da „der Entzug von Aktien und die Erfüllung darin verbriefter Forderungen [...] im Rahmen der besonderen aktienrechtlichen Verfahren zur Einziehung, Kapitalherabsetzung und Liquidation" erfolgen, so dass für den insolvenzbedingten Untergang ein eigenständiges gesellschaftsrechtliches System existiert, nach dem vorzugehen ist.[1629] Ferner kann in dem Untergang der Aktien keine steuerbare verdeckte Einlage nach § 20 Abs. 2 Hs. 2 EStG gesehen werden, denn die verdeckte Einlage setzt „die Zuwendung eines einlagefähigen Vermögensvorteils seitens eines Anteilseigners [...] an seine Kapitalgesellschaft ohne eine wertadäquate Gegenleistung"[1630] voraus, die aber gerade aufgrund des Fehlens einer Übertragung der Aktien auf die AG als möglicher einlagefähiger Vermögensvorteil fehlt[1631], da diese zuvor mit der Kapitalherabsetzung auf null erloschen sind.[1632] Folglich kann durch den Untergang der Aktien kein einlagefähiger Vermögensvorteil für die AG geschaffen werden. Auf den ersten Blick könnte indes für solche Untergangskonstellationen der Ersatztatbestand der Rückzahlung nach § 20 Abs. 2

1625 Vgl. auch BFH/NV 2015, 1364 (1365).

1626 Vgl. BStBl. II 2020, 836 (837 f.); **a. A.** etwa *Geurts*, in: Bordewin/Brandt, EStG, § 20 Rn. 743, im Hinblick auf ein umfassendes Verständnis des Veräußerungsbegriffs bei Wertrealisierung des WG aus dem Gedanken zum Forderungsausfall heraus.

1627 **A. A.** *Faber*, DStR 2020, 1825 (1826).

1628 Vgl. *Buge*, in: Herrmann/Heuer/Raupach, EStG, § 20 EStG Rn. 531; *Jochum*, in: Kirchhof/Söhn/Mellinghoff, EStG, § 20 Rn. D/9 5.

1629 BFH/NV 2020, 687 (688); BStBl. II 2020, 836 (838); vgl. auch BStBl. II 2021, 378 (379), für den Fall der Abwicklung einer insolventen AG; ebenso *Jachmann-Michel*, Die Besteuerung der Kapitaleinkünfte – Neues ab 2020, S. 25.

1630 Z. B. BFH/NV 2017, 724 (725 f.), zu § 17 EStG; vgl. auch BStBl. II 2006, 22 (25).

1631 Vgl. BStBl. II 2006, 22 (25).

1632 BFH/NV 2020, 687 (688); BStBl. II 2020, 836 (838).

S. 2 EStG einschlägig sein, da wertlose Aktien im Zuge der Liquidation einfach ausgebucht werden, was vergleichbar erscheint mit der Rückzahlung seines Nennkapitals zu null im Rahmen der Abwicklung.[1633] Dies ist jedoch nach dem gleichen Ansatz wie zur Einlösung abzulehnen, da der Rückzahlungstatbestand mit dem Forderungsausfall anderen Grundsätzen folgt als der insolvenzbedingte Entzug von Aktien,[1634] da ein eigenes gesellschaftliches System hierfür existiert.

bb) Planwidrigkeit und vergleichbare Interessenlage

Im Ergebnis schafft der BFH für einen solchen Fall – oder im Fall der Auflösung und Abwicklung einer inländischen AG samt Registerlöschung – eine steuerliche Verlustberücksichtigung über eine Analogie zum Veräußerungstatbestand des § 20 Abs. 2 S. 1 Nr. 1 EStG, da die Voraussetzung einer planwidrigen Regelungslücke[1635] zu § 20 Abs. 2 S. 1 Nr. 1 EStG[1636] und Abs. 2 S. 2 EStG erfüllt ist; es handelt sich also nicht nur um einen rechtspolitischen Fehler, sondern der Gesetzgeber hätte aufgrund seiner Absicht, jegliche Wertzuwächse von privaten Kapitalanlagen durch die Einführung der Abgeltungsteuer im Rahmen des § 20 Abs. 2 EStG zu erfassen, einen solchen veräußerungsähnlichen Tatbestand geregelt, soweit er diesen gesehen hätte.[1637] Zur Abgrenzung, ob nur ein sogenannter unbeachtlicher rechtpolitischer Fehler vorliegt, somit das Gesetz zwar grundsätzlich einer Nachbesserung bedarf, aber nicht planwidrig unvollständig und ergänzungsbedürftig ist, ist auf einen Vergleich der Wertungen des Gesetzes unter Beachtung des allgemeinen Gleichheitssatzes nach Art. 3 Abs. 1 GG abzustellen, insbesondere auf die Entstehungsgeschichte des Gesetzes[1638], also dessen teleologische Intention beziehungsweise immanente Teleologie.[1639] Die notwendige vergleichbare

---

1633 FG Rheinland-Pfalz EFG 2019, 365 (365 f.), die „ausbleibende Rückzahlung"; *Jachmann-Michel*, Die Besteuerung der Kapitaleinkünfte, S. 45.

1634 Anm. *Jachmann-Michel*, DStR 2021, 599 (604).

1635 Z. B. BStBl. II 2014, 806 (808), der ausführt, dass eine planwidrige Regelungslücke nur vorliegt, soweit das Gesetz, gemessen an seiner eigenen Absicht und der ihm immanenten Teleologie, unvollständig und somit ergänzungsbedürftig ist und seine Ergänzung nicht einer gesetzlich gewollten Beschränkung auf bestimmte Tatbestände widerspricht; vgl. auch BStBl. II 2013, 104 (106); BStBl. II 2012, 678 (679); die Anwendung einer Analogie aufgrund einer planwidrigen Regelungslücke kommt indes nur in Betracht, wenn eine vergleichbare Interessenlage vorliegt, also ein wesentlich gleichgearteter Sachverhalt vom Tatbestand nicht erfasst wird, vgl. *Larenz/Canaris*, S. 202.

1636 Die planwidrige Regelungslücke existiert auch in § 20 Abs. 2 S. 1 Nr. 2 EStG für den Fall der Abwicklung der AG, BStBl. II 2021, 378 (379).

1637 BStBl. II 2021, 378 (379 f.); BFH/NV 2020, 687 (688 f.); BStBl. II 2020, 836 (838).

1638 Z. B. BStBl. II 2012, 14 (17).

1639 Z. B. BStBl. II 2021, 378 (379 f.).

Interessenlage als Voraussetzung für eine entsprechende Anwendung des § 20 Abs. 2 S. 1 Nr. 1 EStG liegt ebenso vor, wie sich nachfolgend zeigt. Als immanente Teleologie ist festzuhalten, dass der Gesetzgeber nach der Gesetzesbegründung mit Einführung der Abgeltungsteuer sämtliche Wertzuwächse von Kapitalanlagen seit dem Veranlagungszeitraum 2009 steuerlich erfassen wollte, auch gerade durch Einführung der Ersatztatbestände.[1640] Wie bereits geklärt und zum Beispiel durch § 20 Abs. 6 S. 4 EStG für die private Aktienbeteiligung vorausgesetzt, werden in diesem Zusammenhang von den Regelungen auch Verluste aus Aktienveräußerungen oder deren Ersatztatbestände erfasst.[1641] Folglich sind die Untergangskonstellationen aus Aktien als steuerbarer Vorgang von der teleologischen Intention des Gesetzgebers gedeckt, wie der Gesetzgeber sogar durch die neuere Verlustbeschränkung des § 20 Abs. 6 S. 6 EStG bestätigte[1642]. Hinsichtlich der Besonderheit der Wertveränderungen einer Aktie durch Entzug, aufgrund einer Kapitalherabsetzung auf null samt Bezugsrechtsausschluss, zeigt der BFH auf, dass dieser Fall gesetzlich von dem Veräußerungstatbestand oder den veräußerungsgleichen Ersatztatbeständen nicht erfasst wird, jedoch liegt einerseits diesbezüglich eine Intention des Gesetzgebers zur Erfassung vor und konnte er anderseits diesen Fall noch nicht kennen, da eine solche Ausschlussmöglichkeit mittels Insolvenzplanverfahren nach § 225a InsO durch Gesetzesänderung[1643] erst seit dem 1.3.2012 möglich ist.[1644] Die Auffassung des BMF, dass § 20 Abs. 2 EStG nicht planwidrig, sondern „bewusst" unvollständig sei, aufgrund des Umstandes, dass der Gesetzgeber nicht sämtliche Realisationsvorgänge, sondern nur die des engen Veräußerungsbegriffs sowie deren Ersatztatbestände erfassen wollte[1645], ist aus Gründen

1640 BT-Drs. 16/4841, S. 56.

1641 BStBl. II 2021, 378 (380).

1642 BStBl. II 2021, 378 (380 f.).

1643 Gesetz zur weiteren Erleichterung der Sanierung von Unternehmen (ESUG) v. 7.12.2011, BGBl. I 2011, 2582.

1644 BFH/NV 2020, 687 (689); BStBl. II 2020, 836 (839), die zudem aufzeigen, dass sich keine Erwägungen in der Gesetzesbegründung des ESUG für diesen Fall finden lassen, vgl. BT-Drs. 17/5712, S. 31.

1645 BFH/NV 2020, 687 (689); BStBl. II 2020, 836 (839); vgl. auch BStBl. II 2021, 378 (380), mit der noch entgegenstehenden Auffassung der Finanzverwaltung für den Liquidationsfall der insolventen AG, BMF-Schreiben v. 18.1.2016 – IV C 1 – S 2252/08/10004: 017, Rn. 63, BStBl. I 2016, 85 (95); geändert durch BMF-Schreiben v. 3.6.2021 – IV C 1 – S 2252/19/10003: 002, Rn. 63, BStBl. I 2021, 723 (727), das jetzt unter Rn. 63 die Ausbuchung wertloser Wertpapiere (Verfall) regelt. Nach § 20 II 1 Nr. 1 (und Nr. 7), S. 2 EStG wird ein Veräußerungsverlust anerkannt, jedoch wird festgelegt, dass ein Wertpapier wertlos ist, wenn es erstens aufgrund der Insolvenz des Emittenten eingezogen wurde oder zweitens infolge der Herabsetzung des Kapitals ausgebucht wurde (und drittens infolge des Erreichens der Knock-out-Schwelle ausgebucht wurde); vgl. z. B. für eine weite Auslegung

der bereichsspezifischen Konkretisierung des Leistungsfähigkeitsprinzips und des Gebots der Folgerichtigkeit für das Steuerrecht nach Art. 3 Abs. 1 GG abzulehnen, da bei gleich hoher Leistungsfähigkeit gleich hoch zu besteuern ist[1646] und somit eine Verlustanerkennung, korrespondierend zur sofortigen Gewinnbesteuerung, auch notwendig erscheint. Denn in vergleichbaren Situationen, wie erstens, dass der Minderheitsgesellschafter gezwungen wird seine Anteile zu übertragen[1647], zweitens für die Fälle der Übernahme oder Einziehung durch Squeeze-out[1648] oder drittens der Übertragung von Anteilen bei Abzeichnung der Liquidation oder Insolvenz auf einen Dritten gegen ein geringes Entgelt oder sogar bei objektiver Wertlosigkeit auch ohne Entgelt[1649], entstehen steuerlich beachtliche Verluste, so dass diese Fälle als Vergleich für die Beachtung der Leistungsminderung herangezogen werden können.[1650] Es kann gerade nicht nur auf den zivilrechtlichen Rechtsträgerwechsel ankommen; die analoge Anwendung zu § 20 Abs. 2 S. 1 Nr. 1 EStG kommt aufgrund der nur unwesentlich abweichenden Sachverhalte der vergleichbaren Interessenlage als weitere Voraussetzung für eine Analogie in Betracht, da die Veräußerung „objektiv wertloser Aktien [...] ohne Entgelt durch zivilrechtliche Übereignung, Einziehung und Squeeze Out" mit dem Fall des Bezugsrechtsausschlusses im Wege einer Kapitalherabsetzung auf null und anschließender Kapitalerhöhung im Wesentlichen verglichen werden kann sowie mit der vergleichbaren Verlustanerkennung der zweistufigen entschädigungslosen Einziehung nach amerikanischem Insolvenzrecht, ohne direkte Übertragung der Altaktien auf die neuen Gläubiger.[1651]

2. Fazit

Verluste aus Untergangskonstellationen aus privaten Aktienbeteiligungen sind im Wege einer Analogie am Realisationstatbestand der Veräußerung nach § 20 Abs. 2 S. 1 Nr. 1 EStG aufgrund der vergleichbaren Interessenlage zu unwesentlich gleichgearteten Sachverhalten anzuerkennen, da die vorliegende planwidrige

des Veräußerungsbegriffs *Moritz/Strohm*, in: Frotscher/Geurts, EStG, § 20 (n. F.) Rn. 268.

1646 BStBl. II 2021, 378 (379); BFH/NV 2020, 687 (689); BStBl. II 2020, 836 (839); vgl. vom Ansatz her auch *Bleschick*, in: Kirchhof/Seer, EStG, § 20 Rn. 144.

1647 BFH/NV 2015, 1364 (1365); BMF-Schreiben v. 18.1.2016 – IV C 1 – S 2252/08/10004: 017, Rn. 69, BStBl. I 2016, 85 (95).

1648 BMF-Schreiben v. 18.1.2016 – IV C 1 – S 2252/08/10004: 017, Rn. 70, BStBl. I 2016, 85 (95).

1649 Vgl. BStBl. II 2021, 385 (386); BStBl. II 2019, 221 (222).

1650 BFH/NV 2020, 687 (689); BStBl. II 2020, 836 (839).

1651 BFH/NV 2020, 687 (689 f.); BStBl. II 2020, 836 (839 f.).

Regelungslücke für diese Konstellationen zu schließen ist.[1652] Die teleologische Intention des Gesetzgebers, sämtliche Wertzuwächse von Kapitalanlagen steuerlich zu erfassen, führt einerseits wegen der grundsätzlichen Verlustanerkennung im Gegenzug zur sofortigen Gewinnbesteuerung nach dem Gebot der Folgerichtigkeit und andererseits infolge der Leistungsfähigkeitsminderung durch die Verlustrealisierung nach dem Leistungsfähigkeitsprinzip sowie keiner konkreten entgegenstehenden gesetzlichen Wertung zu dem Ergebnis, dass an sich kein Raum mehr für die steuerliche Nichtanerkennung solcher Verluste nach Einführung der Abgeltungsteuer ist.[1653] Im Ergebnis kann somit auch nicht der früher vertretenen Ansicht der Finanzverwaltung gefolgt werden, dass nur der zivilrechtliche Rechtsträgerwechsel für die Steuerbarkeit ausschlaggebend sein soll, da in vergleichbaren Sachverhalten eine Verlustanerkennung angenommen wird wie zum Beispiel für die Konstellation der zwanghaften Übertragung von wertlosen Anteilen, der Einziehung durch Squeeze-out oder der Übertragung von objektiv wertlosen Anteilen ohne Gegenleistung beziehungsweise gegen ein geringfügiges Entgelt auf einen Dritten bei Anbahnung der Insolvenz.[1654] Vereinfacht ausgedrückt, ist die unverständliche Auffassung, dass Verluste aus Untergangskonstellationen von Aktien nach Einführung der Abgeltungsteuer nicht steuerbar sein sollten – also wenn zum Beispiel ein Steuerpflichtiger das Pech hatte, dass sein Investment mit der Zeit insolvent ging und er seine Aktien aufgrund einer Veräußerungssperre nicht mehr veräußern konnte, vergleichend zu demjenigen Steuerpflichtigen, der noch kurz vor der Veräußerungssperre das Glück hatte seine Aktien, trotz im Endeffekt gleichen wirtschaftlichen Ergebnisses, zu veräußern – zu revidieren, mit dem Ergebnis, dass über eine entsprechende Anwendung des § 20 Abs. 2 S. 1 Nr. 1 EStG ein Realisationstatbestand für eine Verlustanerkennung geschaffen wird. Es kann gerade für diese Fälle nicht auf den Rechtsträgerwechsel ankommen. Die Voraussetzungen für die Anwendung einer Analogie liegen vor, so dass einer drohenden Verletzung von Art. 3 Abs. 1 GG mit Schließung dieser Lücke entgegengetreten wird[1655].

1652 Auch BStBl. II 2021, 378 (379 f.); BFH/NV 2020, 687 (689); BStBl. II 2020, 836 (838 f.); vgl. z. B. *Jachmann-Michel*, DB, 2018, 2777 (2779); *dies.*, Die Besteuerung der Kapitaleinkünfte, S. 44–46, vorliegend wird, falls keine Einlösung oder Rückzahlung zutreffe, eine Analogie zu § 20 Abs. 2 S. 2 im Wege der Vergleichbarkeit des Auflösungsverlustes aus § 17 IV EStG noch angenommen; *dies.*, Die Besteuerung der Kapitaleinkünfte – Neues ab 2020, S. 24–26; *Jochum*, in: Kirchhof/Söhn/Mellinghoff, EStG, § 20 Rn. D/9 29a; **a. A.** etwa *Faber*, DStR 2020, 1825 (1826–1830), der den Weg über die Einlösung gehen will.

1653 Auch z. B. BStBl. II 2021, 378 (380); vgl. ebenso *Jachmann-Michel*, DB, 2018, 2777 (2778 f.).

1654 Auch z. B. BStBl. II 2020, 836 (839).

1655 Z. B. BStBl. II 2021, 378 (380).

a) Weitere Ansätze zur Verlustanerkennung

Dem vorstehenden Ansatz des BFH ist im Ergebnis zuzustimmen. *Faber* vertritt zwar die Ansicht, dass der Weg des BFH bei Untergang eines Kapitalgesellschaftsanteils in diesen Fallkonstellationen über eine Analogie zu weitergehenden Problemen führt, soweit ein positiver Ertrag in einem solchen Fall als Abfindungsergebnis resultiert, insbesondere in Fällen der Einziehung von GmbH-Anteilen, da aufgrund der Amortisation eine Herabsetzung des Stammkapitals nach §§ 34 Abs. 3, 33 GmbHG nicht möglich ist, so dass eine Möglichkeit der Subsumtion begrifflich unter § 20 Abs. 1 Nr. 2 S. 2 EStG, wie bei der Aktienbeteiligung, ausscheidet.[1656] Denn während die Rechtsfortbildung durch Analogie zugunsten des Steuerpflichtigen grundsätzlich uneingeschränkt möglich ist[1657], ist diese zulasten des Steuerpflichtigen im „Interesse der Rechtssicherheit [...] nur unter größter Zurückhaltung“[1658] möglich, darf aber keine neuen Steuerpflichten[1659] schaffen.[1660] Daher bevorzugt *Faber* eine Auslegung des vorstehenden Sachverhalts im Zusammenhang mit dem Bezugsrechtsausschluss unter den Ersatztatbestand der Einlösung nach § 20 Abs. 2 S. 2 EStG, so dass die neu geschaffene Verlustverrechnungsbeschränkung des Gesetzgebers – die dieses Ergebnis für die Ausbuchung wertloser Anlageinstrumente legalisiert und einen neuen Realisationstatbestand geschaffen hat –, obsolet wäre, und führt als Begründung an, dass das zivilrechtliche Verständnis der Einlösung, wie der BFH die Einlösung in § 20 Abs. 2 S. 2 EStG versteht, durchaus doch über eine erweiternde Auslegung des Einlösungsbegriffs im steuerlichen Sinne hin zu einer wirtschaftlichen Betrachtung zugänglich ist und dann einen solchen Fall erfassen könnte.[1661] Im Hinblick auf eine Aktienbeteiligung spielt diese Problematik keine weiterführende Rolle, da, falls eine Abfindung gezahlt wird, die zu einem steuerbaren Gewinn führt, nach § 20 Abs. 2 S. 2 EStG eine Einziehung oder Kapitalherabsetzung auf null im Gegenzug mit einem Abfindungsanspruch, wie in den zum Beispiel vergleichbar gesellschaftsrechtlich geregelten Fällen des Squeeze-out nach § 327e AktG oder der Eingliederung nach § 320a S. 2 AktG, durch eine Einordnung als Einlösung möglich wäre, da sich das Mitgliedschaftspapier Aktie – Zug um Zug gegen Aushändigung der Aktienurkunde nach § 797 BGB – von den gesellschaftsrechtlichen Rechten und Pflichten löst und zu einer Inhaberschuldverschreibung nach § 793 BGB, somit zu einem schuldrechtlichen Wertpapier im Rahmen des Abfindungsanspruchs wird, so dass das zivilrechtliche Verständnis des BFH in Zusammenhang mit der Einlösung im Rahmen des § 20

1656 *Faber*, DStR 2020, 1825 (1826).

1657 Vgl. z. B. schon BStBl. II 1974, 295 (298).

1658 Vgl. z. B. schon BStBl. II 1986, 272 (273 f.); BStBl. II 1984, 221 (224 f.).

1659 BFHE 91, 511 (513 f.).

1660 *Gersch*, in: Klein, AO, § 4 Rn. 37.

1661 *Faber*, DStR 2020, 1825 (1826–1830).

Abs. 2 S. 2 EStG Anwendung finden kann.[1662] Jedoch ist aufgrund des eigenen gesellschaftsrechtlichen Systems eine Subsumtion des insolvenzbedingten Untergangs von Aktien unter den Einlöse- oder den Rückzahlungsbegriff, wie vorstehend aufgezeigt, abzulehnen. Aus der analogen Anwendung des BFH resultiert zwar das Problem der neu eingeführten, aber eingeschränkten Verlustverrechnung durch § 20 Abs. 6 S. 6 EStG in Höhe von 20.000 Euro je Veranlagungszeitraum, so dass eine Subsumtion für solche Fälle aus Sicht des Steuerpflichtigen unter den Einlösungsbegriff möglicherweise besser wäre und er so der Verlusteinschränkung über die Hintertür durch die neu eingeführten Verlustverrechnungsbeschränkungen entgehen könnte. Nachdem die Finanzverwaltung den Verfall als Einziehung von Wertpapieren im Rahmen des § 20 Abs. 2 S. 1 Nr. 7 EStG mit Erreichen der Knock-out-Schwelle als wertlos qualifiziert und die Verlustverrechnungsbeschränkung des § 20 Abs. 6 S. 6 EStG anwenden will[1663] und zudem die Rechtsprechung, wie vorstehend aufgezeigt,[1664] den Knock-out-Verfall zumindest im Rahmen des § 20 Abs. 2 S. 1 Nr. 7 EStG unter die (automatische) Einlösung subsumiert, wird ein solcher Ansatz zu dem gleichen Ergebnis führen, so dass kein Weg im Fall der Wertlosigkeit an der Verlustverrechnungsbeschränkung vorbeiführen wird. *Stahl* wählt noch einen anderen Weg für die Verlustanerkennung, indem er den Auflösungsverlust als negativen Saldo im Rahmen des § 20 Abs. 1 Nr. 2 EStG verorten will, da dort im positiven Fall der Auflösungs- und Abwicklungsgewinn erfasst wird.[1665] Dem ist unter anderem jedoch entgegenzuhalten, dass es sich bei einem Auflösungsverlust nicht um negative kumulierte laufende Erträge handelt, sondern um die Wertminderung des Vermögensstamms, die systematisch bei den Veräußerungstatbeständen des § 20 Abs. 2 EStG anzusiedeln ist.[1666]

b) Kein Raum für ein anderweitiges Verständnis

Im Ergebnis ist die Nichtanerkennung von Verlusten aus Untergangskonstellationen nach Einführung der Abgeltungsteuer mit der gesetzlichen Intention schwerlich vertretbar. Daher versuchen der Gesetzgeber und die Finanzverwaltung einen derartigen Verlust auf andere Weise zu begrenzen. Hinsichtlich der ungerechtfertigten Verlustverrechnungsbeschränkung in diesem Zusammenhang wird auf das bereits Aufgezeigte verwiesen, insbesondere tritt hier sogar – falls überhaupt grundsätzlich für eine Aktienbeteiligung annehmbar – der Gestaltungszweck ohne Zutun des Steuerpflichtigen ein.[1667] *Jachmann-Michel* zeigt ebenfalls

1662 *Faber*, DStR 2020, 1825 (1827).

1663 BMF-Schreiben v. 3.6.2021 – IV C 1 – S 2252/19/10003: 002, Rn. 63, BStBl. I 2021, 723 (727).

1664 Kap. 2, II. 2.

1665 *Stahl*, S. 43, 46.

1666 Auch *Jachmann-Michel*, Die Besteuerung der Kapitaleinkünfte, S. 44.

1667 Kap. 2, III. 3. b) ee) und Kap. 3, I. 2. b) bb) (2).

auf, dass in der Untergangskonstellation von Aktien keine Vergleichbarkeit zu § 17 Abs. 4 EStG mit dem normierten Auflösungsfall und einer Übertragung von dessen Grundsätzen auf § 20 EStG möglich ist, da § 20 EStG diesen Ansatz nicht kennt, so dass im Verlustfall des rechtlichen oder wirtschaftlichen Eigentums aufgrund des Anspruchs vollständiger Erfassung durch § 20 Abs. 2 EStG eine analoge Anwendung des Veräußerungsbegriffs zu folgen hat, um einen Realisationstatbestand zu schaffen, da durch die Einführung der Abgeltungsteuer die vollständige steuerliche Erfassung des Vermögensstamms folgte und kein Raum für eine andere Sichtweise besteht.[1668] Nachfolgend wird zum Verständnis daher kurz auf das Verhältnis zwischen der Auflösung einer Gesellschaft des wesentlich Beteiligten im Rahmen des § 17 EStG und des § 20 Abs. 2 EStG im Zusammenhang mit Finanzierungshilfen nach Einführung der Abgeltungsteuer und des MoMiG[1669] eingegangen – auch unter dem Aspekt des neu eingeführten § 17 Abs. 2a EStG.

IV. Auflösungsverluste des wesentlich Beteiligten aus Finanzierungshilfen

Eine weitere Besonderheit für die grundsätzliche Verlustanerkennung, die noch aufzuzeigen ist, ist der Auflösungsverlust des wesentlich Beteiligten im Zusammenhang mit Finanzierungshilfen nach Einführung der Abgeltungsteuer und des MoMiG, also hingegebenen Darlehen oder Bürgschaften seitens Gesellschafter an die notleidende Gesellschaft in Krisenzeiten, die im Privatvermögen gehalten werden. Erstmal ist festzuhalten, dass im Rahmen der Verlustanerkennung aus der wesentlichen Beteiligung des § 17 Abs. 1 S. 1, Abs. 2 EStG nach Abs. 4 S. 1 EStG gerade der Realisationstatbestand der Auflösung normiert ist, der als Veräußerung in diesem Sinne gilt und unter anderem die Fälle des § 262 AktG regelt wie etwa die insolvenzbedingte Löschung wegen Vermögenslosigkeit in Bezug auf eine AG[1670]. Für die Qualifizierung als Beteiligung im Sinne des § 17 EStG müssen die weiteren Voraussetzungen wie etwa die Mindestbeteiligungshöhe und Beteiligungsdauer sowie das Halten im Privatvermögen natürlich vorliegen.[1671] Nach der bestätigenden Grundsatzentscheidung des BFH[1672] konnten ausgefallene Finanzierungshilfen – die aufgrund der Reformierung der Gesellschafterdarlehen mit der Streichung des langbestehenden, aber überholten[1673] Konzeptes zum Eigenkapitalersatzrecht[1674] durch das MoMiG gerade, entgegen der früheren

1668 Anm. *Jachmann-Michel*, DStR 2021, 599 (604).

1669 Gesetz zur Modernisierung des GmbH-Rechts und zur Bekämpfung von Missbräuchen (MoMiG) v. 23.10.2008, BGBl. I 2008, 2026.

1670 Vgl. *Levedag*, in: Schmidt, EStG, § 17 Rn. 211–213, mit Beispielsfällen.

1671 Kap. 1, I. 2. a).

1672 BStBl. II 2019, 208.

1673 *Jachman-Michel/Grunow*, jM 2019, 471 (473).

1674 *Bode*, DStR 2009, 1781 (1781).

Auffassung[1675], keine nachträglichen Anschaffungskosten mehr darstellen – bis zur Einführung des § 17 Abs. 2a EStG im Rahmen des § 20 Abs. 2 S. 2 EStG aufgrund § 32d Abs. 2 S. 1 Nr. 1b EStG bei einer Beteiligungshöhe von mindestens 10 % vollumfänglich als Verluste im Rahmen der Einkünfte aus Kapitalvermögen geltend gemacht werden.[1676] Dieser Ansatz betrifft hauptsächlich GmbH-Beteiligungen, ist indes auch für eine AG-Beteiligung denkbar. Der BFH nahm indes schon nach der früheren Rechtsprechung vor Einführung der Abgeltungsteuer keine gesellschaftliche Veranlassung bei Ausfall eines Gesellschafterdarlehens an, soweit der Aktionär nicht unternehmerisch tätig war.[1677]

1. Ursprüngliche Auffassung

Hinsichtlich der gesellschaftlichen Veranlassung orientierte sich der BFH an den Wertungen aus dem Eigenkapitalersatzrecht, dass diese nach § 32a Abs. 1 S. 1 GmbHG a. F. gegeben war, soweit das Gesellschafterdarlehen eigenkapitalersetzend ist wie zum Beispiel im Fall des Sanierungsdarlehens, des krisenbestimmten Darlehens oder des Finanzplandarlehens.[1678] Des Weiteren durfte der Darlehensverlust nicht anderweitig geltend gemacht werden wie etwa über Werbungskosten nach § 20 EStG a. F., was jedoch aufgrund der Unbeachtlichkeit des Vermögensstamms von Privatvermögen wie im Fall der grundsätzlichen Nichtanerkennung von Finanzierungskosten als nachträgliche Werbungskosten[1679] kaum Relevanz hatte.[1680] Trotz der grundsätzlichen Unbeachtlichkeit des Vermögensstamms vor Einführung der Abgeltungsteuer konnte der Verlust aus einem Gesellschafterdarlehen ausnahmsweise dennoch nach dem vorstehenden Ansatz zu einem steuerbaren Verlust im Zusammenhang mit der Auflösung der Gesellschaft nach § 17 Abs. 1 S. 1, Abs. 2, Abs. 4 S. 1 EStG a. F. führen, da diese als steuerbare nachträgliche

---

1675 Z. B. BStBl. II 2002, 436 (437); BStBl. II 2002, 733 (736); vgl. auch BStBl. II 1999, 724 (725 f.), zu den Tatbestandsvoraussetzungen des eigenkapitalersetzenden Darlehens.

1676 Z. B. *Jachmann-Michel*, BB 2020, 727 (732), die durch die Änderung von einem freien Weg für § 20 II 1 Nr. 7, 2, IV EStG spricht.

1677 BStBl. II 2008, 706 (706 f.); auch etwa *Bayer*, DStR 2009, 2397 (2398).

1678 *Bode*, DStR 2009, 1781 (1782). Der BFH hatte unter anderem vier Fallgruppen entwickelt, die vierte Gruppe ist das vor der Krise gewährte, aber stehengelassene Darlehen; s. auch BMF-Schreiben v. 21.10.2010 – IV C 6 – S 2244/17/10001, BStBl. I 2010, 832 (832–834). Die genaue Abgrenzung sowie die Bestimmung des konkreten Wertes konnten sich teilweise schwierig gestalten, vgl. z. B. *Jachmann-Michel/Grunow*, jM 2019, 471 (473); *Zapf*, FR 2019, 804 (811), insbesondere auch mit dem Zeitpunkt des Eintritts der Krise.

1679 *Krumm*, FR 2020, 197 (198), erst durch BStBl. II 2010, 787 (790) folgte bis zum tatsächlichen WK-Abzugsverbot des § 20 IX EStG eine Anerkennung.

1680 *Bayer*, DStR 2009, 2397 (2398).

Anschaffungskosten qualifiziert wurden. Durch die Streichung des § 32a GmbHG a. F. durch das MoMiG wurden nun aber Gesellschafterdarlehen (wie auch entsprechende Regressforderungen aus Bürgschaften) nicht mehr über die Annahme des Eigenkapitalersatzrechts nach §§ 30, 31 GmbHG analog als Eigenkapital, sondern als Fremdkapital eingeordnet. § 39 Abs. 1 Nr. 5 InsO legt zudem fest, dass Gesellschafterdarlehen im Insolvenzverfahren nur als nachrangige Insolvenzforderungen geltend gemacht werden können sowie nach § 135 InsO anfechtbar sind. Fast zeitgleich wurde indes die Abgeltungsteuer eingeführt mit der grundsätzlichen steuerlichen Erfassung des Vermögensstamms.

2. Grundsatzentscheidungen des BFH

Nachdem es sich bei den relevanten Gesellschafterdarlehen auf einmal um Fremdkapital handelt und der Vermögensstamm für private Kapitaleinkünfte aufgrund des Paradigmenwechsels durch die Abgeltungsteuer steuerrelevant wurde, führte dies zu dem Ergebnis, dass ein steuerlicher Verlust durch einen Forderungsausfall des Gesellschafterdarlehens im Auflösungsfall der Gesellschaft im Rahmen der Kapitaleinkünfte auftreten konnte. Denn im Rahmen einer privaten Beteiligung mit einer Beteiligungshöhe von mindestens 10 % gilt das tatsächliche Werbungskostenabzugsverbot des § 20 Abs. 9 S. 1, Hs. 2 EStG nach § 32 Abs. 2 Nr. 1b, S. 2 EStG nicht. Fällt die Rückzahlung der Darlehensvaluta des gegebenen Gesellschafterdarlehens aus, das normalerweise Zinserträge nach § 20 Abs. 1 S. 1 Nr. 7 EStG generiert hätte, handelt es sich bei dem Ausfall um steuerbare Werbungskosten. Diese Werbungskosten werden zu 100 % aufgrund keiner Anwendung von § 3c Abs. 2 S. 1 EStG anerkannt und ebenfalls nicht in der Verrechnung beschränkt, da § 20 Abs. 6 EStG nicht gilt, soweit die notwendige Beteiligungshöhe vorliegt,[1681] ansonsten bleiben die Verluste in der Schedule der Kapitaleinkünfte gefangen, da nach der Entscheidung des BFH eine grundsätzliche Steuerbarkeit auch von (insolvenzbedingten) Forderungsausfällen nach § 20 EStG unabhängig von der Beteiligungshöhe vorliegt[1682]. Mit § 20 Abs. 8 EStG existiert eigentlich eine Subsidiaritätsklausel, so dass ein Verweis zu § 17 EStG folgen müsste; diese greift jedoch aufgrund des Wegfalls der Einordnung als nachträgliche Anschaffungskosten, also Eigenkapital aus Gesellschaftersicht, nicht mehr. Vor Streichung des Eigenkapitalersatzrecht konnten nach § 17 Abs. 2, 4 EStG a. F. 50 % der Verluste nach dem Ansatz aus dem Halbeinkünfte- und Halbabzugsverfahren (§§ 3 Nr. 40c, 3c Abs. 2 S. 1 EStG a. F.) geltend gemacht werden. Nachdem §§ 32a, 32b GmbHG nicht mehr existieren, gilt nur noch maßgeblich – ohne Abweichungsmöglichkeit – der steuerbilanz- und handelsrechtliche Begriff (§ 255 Abs. 1 HGB) für die

---

1681 *Desens*, DStR 2019, 1071 (1072); vgl. zu diesem Ansatz auch BFH/NV 2020, 52 (53).
1682 Kap. 3, II. 1. a); vgl. auch BStBl. II 2021, 911 (912); BStBl. II 2020, 831 (837).

Veranlassung der Anschaffungskosten[1683], wie der BFH aufzeigt; es kann sich daher bei Fremdkapital aus Finanzierungshilfen im Rahmen des § 17 Abs. 2, 4 EStG indes nicht mehr um nachträgliche Anschaffungskosten handeln.[1684] Hierzu zählten vormals im traditionellen Sinne nachträgliche durch das Gesellschaftsverhältnis veranlasste Aufwendungen auf die Beteiligung, die weder Werbungskosten im Sinne des § 20 EStG noch Auflösungs- oder Veräußerungskosten gewesen sind.[1685] Nachdem es sich durch die geänderte Auffassung um einen scharfen Einschnitt handelte, entwickelte der BFH unter dem Aspekt des Vertrauensschutzes – mangels der Bildung von schutzwürdigem Vertrauen handelt es sich eigentlich um eine Billigkeitslösung[1686] – die Regelung, dass bis zum 11.7.2017 geleistete Finanzierungshilfen – vorliegend ging es um die Inanspruchnahme aus Bürgschaften und der ausgefallenen Rückgriffforderung bei der Berechnung des Auflösungsverlustes – als nachträgliche Anschaffungskosten in Höhe von 60 % nach dem Teileinkünfte- und Teilabzugsverfahren im Rahmen des § 17 EStG anzusehen sind.[1687] Auffällig nach den vorstehenden Ansätzen ist, dass auf einmal ein Unterschied in der Höhe der Verlustanerkennung besteht, einmal mit 60 % als Eigenkapital und einmal mit 100 % als Fremdkapital, so dass es zu einer weiteren Unterscheidung im Privatvermögen kommt[1688]. Es resultiert bei Vorliegen der notwendigen Beteiligungshöhe von 10 % somit ein Wahlrecht für den Steuerpflichtigen[1689], ob er weiterhin § 17 EStG bis zum Stichtag oder § 20 EStG anwenden will.[1690] Nach dem Stichtag des 11.7.2017 bis zur Einführung des § 17 Abs. 2a EStG durch das JStG 2019 zum 1.8.2019 (§ 52 Abs. 25a S. 1 EStG) entfiel die Möglichkeit der Qualifizierung als nachträgliche Anschaffungskosten vollständig. Solche Verluste im Privatvermögen konnten erstmal nur nach § 20 EStG geltend gemacht werden.

1683 Vgl. z. B. *Bode*, DStR 2009, 1781 (1782 f.); *Schneider*, in: Kirchhof/Söhn/Mellinghoff, EStG, § 17 Rn. C 308; **a. A.** etwa für die weitere Anwendung der ursprünglichen Auffassung als nachträgliche Anschaffungskosten z. B. FG Köln EFG 2016, 193 (194 f.), rkr., und FG Köln EFG 2014, 2136 (2137), rkr, beide für den VZ 2009; BMF-Schreiben v. 21.10.2010 – IV C 6 – S 2244/08/10001, BStBl. I 2010, 832 (832–834); *Gosch*, in: Kirchhof/Seer, EStG, § 17 Rn. 95.

1684 BStBl. II 2019, 208 (212).

1685 *Jachmann-Michel*, BB 2020, 727 (731).

1686 Vgl. *Krumm*, FR 2020, 197 (200).

1687 BStBl. II 2019, 208 (212 f.).

1688 Vgl. *Krumm*, FR 2020, 197 (199).

1689 Vgl. z. B. *Desens*, DStR 2019, 1071 (1072, 1074), der von der Türöffnung des Anwendungsbereichs von § 20 EStG durch die Grundsatzentscheidung des IX. Senats spricht; *Jachmann-Michel*, BB 2018, 2329 (2331), mit in etwa dem gleichen Ansatz, dass durch die sog. Vertrauensschutzregelung keine Schlechterstellung eintreten darf; **a. A.** Krumm, FR 2020, 197 (204); auch etwa *Ratschow*, in: Brandis/Heuermann, EStG, § 20 Rn. 479a.

1690 Vgl. z. B. *Ott*, DStR 2020, 313 (318).

3. § 17 Abs. 2a EStG

Daraufhin führte der Gesetzgeber die Legaldefinition in § 17 Abs. 2a EStG ein. Nach S. 1 sind Anschaffungskosten Aufwendungen, die geleistet werden, um Anteile nach § 17 Abs. 1 EStG zu erwerben; nach S. 2 zählen hierzu auch die Nebenkosten sowie die nachträglichen Anschaffungskosten. Nach der Legaldefinition für nachträgliche Anschaffungskosten nach § 17 Abs. 2a S. 3 EStG fallen unter Nr. 2 Darlehensverluste, soweit die Gewährung des Darlehens oder das Stehenlassen des Darlehens in der Krise der Gesellschaft gesellschaftsrechtlich veranlasst war, und unter Nr. 3 Ausfälle von Bürgschaftsregressforderungen und vergleichbaren Forderungen, soweit die Hingabe oder das Stehenlassen der betreffenden Sicherheit gesellschaftsrechtlich veranlasst war. Dies bedeutet, dass im Fall des Vorliegens der weiteren Voraussetzung des § 17 EStG aufgrund der Subsidiaritätsklausel des § 20 Abs. 8 EStG der Ausfall eines Gesellschafterdarlehens (sowie ausgefallene Regressforderungen aus Gesellschafterbürgschaften) wieder unter § 17 Abs. 2, Abs. 4 EStG fällt. Entscheidend ist die gesellschaftliche Veranlassung, so dass nun auch – entgegen der vorherigen Auffassung des Eigenkapitalersatzrechts[1691] – gesellschaftlich veranlasste Beteiligungen schon mit einer Beteiligungshöhe ab 1 % und nicht mehr 10 % in den Anwendungsbereich von § 17 Abs. 2a EStG fallen und dementsprechend Verluste, zwar nur 60 %, jedoch ohne Verrechnungsbeschränkung zwischen den Einkunftsarten geltend machen können.[1692] Im Rahmen des Konkurrenzverhältnisses zwischen § 17 Abs. 2a EStG und § 20 Abs. 2 EStG bestehen neben der Wahlrechtsproblematik bis zur Stichtagsregelung ebenso nach Einführung des § 17 Abs. 2a EStG aufgrund der Abweichungsmöglichkeiten der Realisationszeitpunkte Schwierigkeiten, da § 20 Abs. 2 S. 1 Nr. 7, S. 2 EStG früher eintreten kann.[1693] Im Rahmen der zu befürchtenden Sogwirkung aus § 20 Abs. 8 EStG ist es möglich, dass die Finanzverwaltung im Rahmen einer weiten Auslegung von vornherein Darlehensverluste mit einer Beteiligungshöhe ab mindestens 1 % über § 17 EStG als nachträgliche Anschaffungskosten qualifizieren wird, so dass entsprechende Darlehensverluste nach dem 31.7.2019 auf einmal unter § 17 EStG fallen, jedoch zuvor von § 20 Abs. 2 EStG erfasst wurden, mit der weiteren Besonderheit, dass falls sogar Darlehensverluste hierunter zu qualifizieren wären, die vor dem 1.1.2019 eingetreten sind, es sich dann bei § 17 Abs. 2a EStG in Verbindung mit § 52 Abs. 25a EStG um eine echte Rückwirkung handeln würde.[1694]

1691 BStBl. II 2008, 706 (707), noch mit der 25 %-Schwelle zu § 17 EStG; vgl. auch BT-Drs. 16/6140, S. 57 und die Auffassung der Finanzverwaltung zum Kleinanlegerprivileg nach MoMiG für eine Aktienbeteiligung, BMF-Schreiben v. 21.10.2010 – IV C 6 – S 2244/17/10001, BStBl. I 2010, 832 (834).

1692 Z. B. *Jachmann-Michel*, BB 2020, 727 (733); *Ott*, DStR 2020, 313 (318), möglich aufgrund der Sogwirkung des § 20 Abs. 8 EStG.

1693 *Ott*, DStR 2020, 313 (318, 322).

1694 *Ott*, DStR 2020, 313 (318); vgl. auch *Jachmann-Michel/Grunow*, jM 2019, 471 (474).

4. Fazit

Jachmann-Michel zeigt treffend auf, dass die Einführung des § 17 Abs. 2a EStG der Weg in die falsche Richtung ist, da dieser im Endeffekt der geforderten Abschaffung des § 17 EStG[1695] zuwiderläuft und sogar sein Bestehen weiter festigt, anstatt eine Abgrenzung zur Abgeltungsteuer nur über § 32d Abs. 2 Nr. 3 EStG für die gesellschaftlich veranlasste Hilfe als Fremdkapital zu vollziehen; zudem widerspricht es dem MoMiG und wirft neue Abgrenzungsfragen auf.[1696] Diese Neuerung führt, wie auch die neuen Verlustverrechnungsbeschränkungen, zu einer abnehmenden Rechtssicherheit, da der Steuerpflichtige wie auch die einbehaltenen Stellen gar nicht mehr wissen können, woran sie jetzt genau sind, wenn der Gesetzgeber und die Finanzverwaltung sozusagen einen Schritt vorwärts- und dann aber gleich wieder fast einen ganzen Schritt rückwärtsgehen.[1697] Im Ergebnis behandelt der Gesetzgeber Eigen- und Fremdkapital wieder gleich und ist zur vorherigen Auffassung zurückgekehrt, mit der Besonderheit der Sogwirkung durch § 20 Abs. 8 EStG ab einer Beteiligungshöhe von mindestens 1 %.[1698] Zu beachten ist, dass gerade hierdurch der Anwendungsbereich von § 20 EStG wieder verkleinert wird; die rechtstechnische Verteilung auf zwei Normen ist ebenfalls nach *Krumm* „unglücklich und unnötig".[1699] Auch in diesem Fall zeigt sich, vergleichbar zur Abgeltungsteuer, dass der Gesetzgeber die Folgen durch das MoMiG im Nachhinein wieder einschränkt und irgendwie zur früheren – teilweise gerade für ihn vorteilhaften – Rechtslage zurückkehren will. Eine grundsätzliche Unterscheidung zwischen Eigenkapital, kapitalersetzendem Darlehen und einem Darlehen ohne Gesellschaftsbezug erscheint dennoch nachvollziehbar.[1700]

V. Zusammenfassung

Unter dem Veräußerungsbegriff des § 20 Abs. 2 S. 1 Nr. 1 EStG ist der entgeltliche Rechtsträgerwechsel zu verstehen, der zumindest in der Übertragung des wirtschaftlichen Eigentums auf einen Dritten zu sehen ist. Hinsichtlich der Maßgeblichkeit des Verlusteintritts ist auf das Erfüllungsgeschäft abzustellen. Ein Verpflichtungsgeschäft ist nicht zwingend erforderlich, wie etwa Zwangsmaßnahmen oder Maßnahmen gegen den Willen zeigen, jedoch stellt der Auftrag an die Bank schon das Verpflichtungsgeschäft dar. Die Einkünfteerzielungsabsicht für Einkünfte aus Kapitalvermögen wird widerlegbar vermutet und besteht bei Verlusteintritt fort. Die Veräußerung als Endtatbestand erfordert erstmal eine Realisation. Eine entgeltliche Übertragung im Rahmen des § 20 Abs. 2 S. 1 Nr. 1 EStG liegt auch vor, wenn wertlose Anteile

1695 Kap. 2, III. 3. b) dd)(5).
1696 *Jachmann-Michel*, BB 2020, 727 (735).
1697 Etwa *Jachmann-Michel/Grunow*, jM 2019, 471 (473).
1698 Auch *Ott*, DStR 2020, 313 (321 f.).
1699 *Krumm*, FR 2020, 197 (204, 207).
1700 Auch *Krumm*, FR 2020, 197 (207).

ohne Gegenleistung auf einen Dritten übertragen werden. Unentgeltlichkeit liegt hingegen vor, soweit der Leistung keine Gegenleistung gegenübersteht, es somit zu einer Bereicherung kommt, die sich nach objektiven Kriterien bestimmt, so dass bei einer Übertragung auf Dritte von einer tatsächlichen Vermutung der wirtschaftlichen Gleichwertigkeit von Leistung und Gegenleistung ausgegangen wird. Ein Gestaltungsmissbrauch nach § 42 Abs. 1 S. 1, Abs. 2 S. 1 AO liegt aufgrund der gesetzlich eingeräumten Möglichkeit nicht vor, soweit wertlose Anteile auf einen Dritten übertragen werden, so dass eine Abgrenzung über den wirtschaftlichen Ertrag für das Vorliegen des Veräußerungsbegriffs in diesem Sinne wie vorliegend über die Höhe der Transaktionskosten untauglich ist. Ein aus den Termingeschäften und dem Forderungsausfall resultierender Ansatz ist nicht auf die private Aktienbeteiligung übertragbar, da kein unangemessener Gestaltungszweck im Verkauf von (beinahe) wertlosen Aktien gesehen werden kann. Der Gesetzgeber hat mittlerweile die Rechtsprechung durch Einführung des neuen „besonderen" Verlustverrechnungskreises zum Einführungsfall legalisiert. Jedoch wurde die Abgrenzungsproblematik über die Transaktionskosten nun auf diese Ebene verschoben, indem dieser wertlose private Anlageinstrumente separieren will. Dieser Ansatz wird wieder in Bezug auf einen Verlust aus einer privaten Aktienbeteiligung nicht zum erhofften Ziel der Finanzverwaltung führen, da die Abgrenzung über die Wertlosigkeit mehr Fragen aufwirft als diese zu lösen, und die vorgenommene Verluststreckung in diesem Maße nicht gerechtfertigt werden kann. Aufgrund des Paradigmenwechsels durch die Abgeltungsteuer und unter Beachtung des Leistungsfähigkeitsprinzips und des Gebots der Folgerichtigkeit ist eine weite Auslegung der Ersatztatbestände oder des § 20 Abs. 2 S. 2 Nr. 3a, Abs. 4 S. 5 EStG geboten, um Verluste aus Untergangskonstellationen anderer privater Anlageinstrumente wie dem Forderungsausfall und -verzicht, dem Verfall von Knock-out-Zertifikaten oder Optionen im Sinne des § 20 EStG erfassen zu können. Verluste aus Untergangskonstellationen aus privaten Aktienbeteiligungen sind im Wege einer Analogie am Realisationstatbestand der Veräußerung nach § 20 Abs. 2 S. 1 Nr. 1 EStG aus der Wertung nach dem Leistungsfähigkeitsprinzip und dem Gebot der Folgerichtigkeit zu schließen. Auf einen Rechtsträgerwechsel kann es für diese Konstellationen zur Verlustrealisierung gerade nicht ankommen. Nachdem ein eigenes gesellschaftsrechtliches System für den Untergang von privaten Aktienbeteiligungen im Rahmen des § 20 EStG vorliegt, kann keine erweiternde Auslegung erfolgen, sondern es ist eine Analogie, deren Voraussetzungen vorliegen, zu bilden. Die Einführung des § 17 Abs. 2a EStG führt wieder zur Einschränkung des § 20 EStG, soweit unter anderem ein Darlehen gesellschaftlich veranlasst ist und die Beteiligungsschwelle von 1 % gegeben ist. Dieser Schritt wie auch die weitere Verlustverrechnungsbeschränkung des § 20 Abs. 6 S. 6 EStG senden das falsche Signal aus, da hierdurch versucht wird die Neuerungen durch die Abgeltungsteuer (und das MoMiG), die unter anderem eine deutliche Vereinfachung hervorrufen sollten, teilweise wieder rückgängig zu machen.

Kapitel 4: Die verfahrensrechtliche Verlustberücksichtigung

Darüber hinaus stellt sich die Frage, wie sich der Verlust aus einer privaten Aktienbeteiligung im Rahmen des § 20 EStG auf das Steuerabzugsverfahren auswirkt, also wie ist dieser im Abzugsverfahren einzuordnen und welche Folgen ergeben sich daraus. So wird nachfolgend erst allgemein auf die konkrete Ausgestaltung des Steuerabzugsverfahrens nach den §§ 43 ff. EStG eingegangen, um die Bedeutung der Kapitalertragsteuer für Verluste im Gesamtkomplex des EStG aufzuzeigen. In diesem Zusammenhang wird kurz das Verhältnis zwischen Veranlagungs- und Steuerabzugsverfahren mit den gemeinsamen Schnittstellen erörtert, bevor dann die Verlusteinordnung aus einer privaten Aktienbeteiligung bei der Kapitalertragsteuer direkt folgt. Es wird in diesem Rahmen insbesondere auf die Einzelheiten der Verlust- und Korrekturbescheinigung, der Delta-Korrektur und eines Erstattungsanspruchs eingegangen, denen möglicherweise eine besondere Rolle zukommt, soweit sich im Einzelfall nachträgliche Änderungen einer Verlustanerkennung von Veräußerungsverlusten aus Aktien für den Steuerpflichtigen ergeben. Vorab ist jedoch klarzustellen, dass im Rahmen des Steuerabzugsverfahrens hauptsächlich – entgegen unter anderem den Auslegungsschwierigkeiten, ob überhaupt Einkünfte aus Kapitalvermögen im Sinne des § 20 EStG vorliegen – ungeklärte „Systemfragen" in den Vordergrund treten, die den aufeinander bezogenen Gleichlauf zwischen Veranlagungs- und Steuerabzugsverfahren steuern sollen, mit den Besonderheiten für solche systematischen Probleme, dass einerseits das Steuerabzugsverfahren auf einer „schwach ausgeprägte[n] Systematik" wurzelt[1701] und andererseits, dass wenig Rechtsprechung auch nach Einführung der Abgeltungsteuer zu einzelnen Streitfragen des Abzugsverfahrens existiert, da vorliegende Probleme hauptsächlich im Veranlagungsverfahren überprüft werden, so dass das Hauptaugenmerk im Schrifttum immer noch in dem „Versuch einer Systembildung" für das Kapitalertragsteuerabzugsverfahren liegt, anstatt der Diskussionsmöglichkeit vieler einzelner Probleme.[1702]

I. Allgemein

Nachdem der Steuerabzug des Kapitalertrags, geläufig als Kapitalertragsteuer – deren allgemeine Bekanntheit ebenso unter dem untechnischen Begriff der Abgeltungsteuer für im Privatvermögen erwirtschaftete Kapitalerträge bestimmter Kapitalanlagen[1703] seit dem UntStRefG 2008 vorherrscht –, durch die kleine

1701 *Moritz/Strohm*, in: Moritz/Strohm, Handbuch, S. 363.

1702 *Stahl*, S. 79.

1703 *Knaupp*, in: Kirchhof/Seer, EStG, 20. Aufl., § 43 Rn. 2.

Kapitalertragsteuer hauptsächlich für Zinserträge in Höhe von 10 % kurzfristig im Jahr 1988, bis zu deren Wiederabschaffung aufgrund der vermehrten Steuerflucht im Jahr 1989, erstmals ins EStG integriert wurde, erfolgt seit dem ZinsabschlagG für den Veranlagungszeitraum 1993 eine durchgehende Erhebung der Kapitalertragsteuer im EStG. Wie anfangs bereits ausgeführt[1704], wurde eine Kapitalertragsteuer separat schon zum REStG auf Dividendenerträge erhoben, um damit Kriegsschulden begleichen zu können.[1705] Die bisher größte Reform des Steuerabzugs vom Kapitalertrag wurde durch das UntStRefG 2008 vorgenommen, die unter anderem gerade die abgeltende Wirkung des Steuereinbehalts – entgegen der sonstigen Vorauszahlungswirkung – normierte und einen einheitlichen Steuersatz von 25 % beziehungsweise 15 % für grundsätzlich alle normierten Kapitalerträge einführte sowie die Unterscheidung zwischen der allgemeinen Kapitalertragsteuer und der besonderen Zinsbesteuerung aufhob[1706].

1. Die Kapitalerträge nach dem Katalog des § 43 Abs. 1 S. 1 EStG

Im System der Kapitalertragsbesteuerung nach den §§ 43 ff. EStG legen die verschiedenen Nummern des § 43 Abs. 1 S. 1 EStG und S. 2 abschließend fest, bei welchen Tatbeständen die besondere Erhebungsform der Einkommensteuer durch den Steuerabzug an der Quelle im Einzelfall zu erfolgen hat, so dass sich in den meisten Fällen durch die Nichtberücksichtigung der persönlichen Eigenschaften, gerade wie auch im Fall einer Aktienbeteiligung, diese in Teilen charakterlich als Objektsteuer darstellt[1707] und in der Aufzählung „weitgehend deckungsgleich“ mit § 20 Abs. 1 bis 3 EStG ist[1708]. Die private Aktienbeteiligung ist im Regelfall seit dem Veranlagungszeitraum 2012 unter § 43 Abs. 1 S. 1 Nr. 1a EStG zu subsumieren. Denn § 43 Abs. 1 S. 1 Nr. 1 EStG, der grundsätzlich bis dahin für alle Beteiligungen im Sinne des § 20 Abs. 1 Nr. 1 EStG galt, ist nicht mehr aufgrund des dortigen Verweises auf Nr. 1a für solche Fälle der Kapitalertragsbesteuerung von Aktienbeteiligung in Girosammelverwahrung (§ 5 DepotG) oder Sonderverwahrung (§ 2 DepotG) anwendbar, da der Gesetzgeber durch das OGAW-IV-UmsG[1709] die Missbrauchsmöglichkeit[1710], insbesondere in den Cum-/Ex-Fällen, durch die Umstellung des

---

1704 Kap. 1. II. 2. b).

1705 *Hoffmann*, in: Frotscher/Geurts, EStG, § 43 Rn. 1 f.

1706 *Hoffmann*, in: Frotscher/Geurts, EStG, § 43 Rn. 3a.

1707 *Levedag*, in: Schmidt, EStG, 39. Aufl., § 43 Rn. 1, 8 f.

1708 *Jachmann-Michel*, in: Brandis/Heuermann, EStG, § 43 Rn. 12.

1709 Gesetz zur Umsetzung der Richtlinie 2009/65/EG zur Koordinierung der Rechts- und Verwaltungsvorschriften betreffend bestimmte Organismen für gemeinsame Anlagen in Wertpapieren (OGAW-IV-UmsG) v. 22.6.2011, BGBl. I 2011, 1126.

1710 Vgl. BT-Drs. 17/4510, S. 89–91.

Erhebungsverfahrens vom Schuldner der Kapitalerträge auf die auszahlende Stelle nach § 44 Abs. 1 S. 3 EStG, also das „depotführende Institut" beziehungsweise für Dividenden, die auf ein ausländisches Depot gezahlt werden, auf die letzte inländische Stelle (§ 44 Abs. 1 S. 4 Nr. 3 EStG) einschränkte[1711] und hierfür Nr. 1a einführte[1712] und dessen Anwendung für zugeflossene Kapitalerträge folglich seit dem Veranlagungszeitraum 2012 gilt (§ 52a Abs. 16b EStG 2011)[1713].

Grundsätzlich erfasst der Katalog des § 43 Abs. 1 S. 1 Nr. 1 bis 12 EStG – bis auf die Ausnahmen der Nr. 6, 7a, 8 bis 12 und S. 2 – zwar nur „inländische" Kapitalerträge, die nach Abs. 3 S. 1 unter anderem insoweit definiert sind, dass darunter im Fall der gehaltenen Aktienbeteiligung diejenigen zu verstehen sind, bei denen der Schuldner der Kapitalerträge, demnach die AG, seine Geschäftsleitung oder seinen Sitz im Inland (Alt. 2), folglich dem Geltungsbereich des GG und somit der Bundesrepublik Deutschland hat.[1714] Jedoch werden im Rahmen einer Folgeregelung des § 43 Abs. 3 S. 2 EStG für bestimmte Fälle inländische Kapitalerträge angenommen, wenn sogar der Veräußerer des Anspruchs die Anforderungen des Abs. 3 S. 1 erfüllt, um auch eine Umgehung der Kapitalertragsteuer durch eine Veräußerung des Dividendenscheins an Ausländer seitens des inländischen Stammrechtsinhabers zu verhindern.[1715] Hinsichtlich der anderen Möglichkeit des Vorliegens ausländischer Kapitalerträge aus der Veräußerung von Aktien, soweit eine inländische Zahlstelle existiert und die Aktien für einen inländischen Steuerpflichtigen zuvor von dieser nach § 44 Abs. 1 S. 4 Nr. 1a unter aa) EStG verwahrt wurden, werden diese aufgrund der „negativen Abgrenzung" in § 43 Abs. 3 S. 4 EStG in Verbindung mit Abs. 1 S. 1 Nr. 6 und § 43 Abs. 1 S. 1 Nr. 9 EStG ebenfalls vom Katalog der Kapitalertragsteuer erfasst[1716], da der Veräußerer und sozusagen Schuldner der Kapitalertragsteuer die Voraussetzungen des Abs. 3 S. 1 mit der Wohnsitzalternative (Alt. 1) erfüllt, obwohl die Kapitalerträge aus dem Ausland – aufgrund der dortigen Abwicklung des Börsengeschäfts – zufließen. Denn für den Veräußerungsfall von Aktienbeteiligungen ergibt sich durch die Definition des Begriffs der inländischen Kapitalerträge über § 43 Abs. 3 EStG[1717] und das Zusammenspiel der allgemeinen Zurechnungsregelung des § 44 Abs. 1 S. 1 EStG, wer Schuldner der Kapitalertragsteuer ist, eindeutig, dass es sich um den Gläubiger der Kapitalerträge handelt – somit den Verkäufer der Aktien. Dieser hat im Regelfall seinen Wohnsitz

1711 *Bleschick*, in: Kirchhof/Seer, EStG, § 43 Rn. 7.

1712 *Hoffmann*, in: Frotscher/Geurts, EStG, § 43 Rn. 40a–40c.

1713 Die explizite Anwendungsvorschrift ist mit Aufhebung des § 52a EStG durch das KroatienAnpG weggefallen und wurde so nicht in § 52 EStG übernommen, da aus der Natur der Sache kein Bedarf mehr zur Klarstellung besteht.

1714 *Hoffmann*, in: Frotscher/Geurts, EStG, § 43 Rn. 25, 192 f.

1715 *Bleschick*, in: Kirchhof/Seer, EStG, § 43 Rn. 23.

1716 In diese Richtung *Jachmann-Michel*, in: Brandis/Heuermann, EStG, § 43 Rn. 47.

1717 *Hoffmann*, in: Frotscher/Geurts, EStG, § 43 Rn. 192a.

im Inland. Das inländische Veräußerungsgeschäft aus Aktien fällt unproblematisch unter die Nr. 9 des Katalogs von § 43 Abs. 1 S. 1 EStG.

Zu beachten ist ferner, dass nach § 43 Abs. 1 S. 3 EStG der volle Steuerabzug trotz möglichen Vorliegens des Teileinkünfte- und Teilabzugsverfahren nach § 3 Nr. 40 EStG unter anderem im Rahmen des § 32d Abs. 2 Nr. 3 EStG für eine Aktienbeteiligung erstmal vorzunehmen ist. § 43 Abs. 1 S. 4 EStG stellt zur Sicherung des Steueraufkommens wiederum klar, dass zum Zweck des Kapitalertragsteuereinbehalts die Übertragung eines von einer auszahlenden Stelle verwahrten oder verwalteten Wirtschaftsguts im Sinne des § 20 Abs. 2 EStG auf einen anderen Gläubiger als Veräußerung gilt, soweit der Steuerpflichtige nach § 43 Abs. 1 S. 5 EStG nicht gegenüber der auszahlenden Stelle darlegt, dass es sich um keinen steuerpflichtigen Vorgang handelt wie zum Beispiel die Schenkung oder den sonstigen unentgeltlichen Depotübertrag im Erbfall oder die Übertragung zwischen Treugeber und Treuhänder[1718].[1719] In § 43 Abs. 5 S. 1 EStG wird die abgeltende Wirkung des Steuereinbehalts für Kapitalerträge als „zentrale Vorschrift“[1720] der Abgeltungsteuer seit dem Veranlagungszeitraum 2009 geregelt. Es handelt sich bei dem Kapitalertragsteuerabzug nicht mehr nur um eine Vorauszahlung auf die Einkommensteuer, sondern die Einkommensteuerschuld für diese Kapitalerträge ist grundsätzlich mit dem Einbehalt abgegolten und es wird diesbezüglich kein Veranlagungsverfahren mehr durchgeführt. Nach § 43 Abs. 5 S. 2 EStG tritt die abgeltende Wirkung indes nicht im Fall des § 32d Abs. 2 EStG ein. Das Gleiche gilt nach § 43 Abs. 5 S. 3 EStG unter anderem für den Fall der Günstigerprüfung nach § 32d Abs. 6 EStG, da mit einem solchen Antrag eine Veranlagung gewählt werden kann, auch wenn die Kapitalerträge grundsätzlich der Kapitalertragsbesteuerung unterlegen haben[1721]. Ferner ergeben sich im Zusammenhang mit der Kapitalertragsteuer Besonderheiten nach § 43 Abs. 5 S. 3 EStG durch einen Antrag auf Pflicht- oder Wahlveranlagung nach § 32d Abs. 3 oder 4 EStG.

2. Die Bemessungsgrundlage

Während die Bemessungsgrundlage der Kapitalertragsteuer in § 43a Abs. 2 bis 4 EStG geregelt ist, mit dem Maßstab nach Abs. 2 S. 1, dass grundsätzlich die vollen Kapitalerträge ohne Abzug der Kapitalertragsteuer unterliegen, befasst sich Abs. 1 mit der Höhe des Steuerabzugs, der sich grundsätzlich an dem Sondertarif des § 32d Abs. 1 S. 1 EStG orientiert[1722] und im Fall der Aktienbeteiligung auch 25 %

1718 Vgl. BMF-Schreiben v. 12.4.2018 – IV C 1 – S 2252/08/10004: 021, Rn. 166, BStBl. I 2018, 624 (626); BMF-Schreiben v. 18.1.2016 – IV C 1 – S 2252/08/10004: 017, Rn. 165–169, BStBl. I 2016, 85 (111).

1719 *Knaupp*, in: Kirchhof/Seer, EStG, 20. Aufl., § 43 Rn. 21.

1720 Etwa *Hoffmann*, in: Frotscher/Geurts, EStG, § 43 Rn. 199; *Knaupp*, in: Kirchhof/Seer, EStG, 20. Aufl., § 43 Rn. 25.

1721 *Bleschick*, in: Kirchhof/Seer, EStG, § 43 Rn. 25.

1722 *Bleschick*, in: Kirchhof/Seer, EStG, § 43a Rn. 1, 5.

beträgt (§ 43a Abs. 1 S. 1 Nr. 1 EStG). Dies gilt sowohl für Erträge aus der Beteiligung (§ 43 Abs. 1 S. 1 Nr. 1a EStG beziehungsweise § 43 Abs. 1 S. 1 Nr. 1 EStG für den Veranlagungszeitraum vor 2012) als auch für Kapitalerträge von Gewinnen aus dem Veräußerungsgeschäft (§ 43 Abs. 1 S. 1 Nr. 9 EStG). Der Gewinn aus dem Veräußerungsgeschäft als Bemessungsgrundlage für den Steuerabzug ergibt sich in diesem Fall aus § 20 Abs. 4 EStG nach § 43a Abs. 2 S. 2 EStG, um einen Gleichlauf auch hier zwischen Veranlagungsverfahren und Steuerabzugsverfahren zu erreichen. Des Weiteren regeln speziell die S. 3 bis 10 des § 43a Abs. 2 EStG im Rahmen der Bemessungsgrundlage, wie mit einem Depotwechsel mit und ohne Gläubigerwechsel für diese Fälle zu verfahren ist. § 43a Abs. 3 S. 1 EStG stellt den Umgang mit der Anrechnung ausländischer Quellensteuer im Rahmen der Kapitalertragsteuer klar. Ferner befassen sich die S. 2 bis 6 des § 43a Abs. 3 EStG konkret mit der Verlustberücksichtigung im Rahmen des Steuerabzugsverfahrens, auf die nachfolgend noch einzugehen sein wird. Darüber hinaus ergibt sich eine Ermäßigung des Tarifs der Kapitalertragsteuer im Fall einer Kirchensteuerpflicht nach § 43a Abs. 1 S. 2 EStG um 25 % der auf die Kapitalerträge entfallenden Kirchensteuer, um einerseits wieder einen Gleichlauf zum Sondertarif zu ermöglichen und anderseits die Vereinfachung der Abgeltungsteuer diesbezüglich auch vollziehen zu können.

Hinsichtlich der umfangreichen Einzelheiten eines Depotwechsels ist hervorzuheben, dass die Übertragung von einem Depot auf ein weiteres Depot desselben Steuerpflichtigen keine Kapitalertragsteuer auslöst und dieser Vorgang sozusagen „neutral“ zu behandeln ist, jedoch müssen die Anschaffungsdaten der „neuen“ inländischen auszahlenden Stelle von der „alten“ Stelle mitgeteilt werden, mit der Besonderheit, dass die „Fifo-Methode analog § 20 Abs. 4 S. 7 EStG“ hinsichtlich der Reihenfolge angewandt wird, um die „richtigen“ Anschaffungsdaten zu erhalten.[1723] In Bezug auf sozusagen ausländische Anschaffungsdaten aus EU-Mitgliedsstaaten und dem EWR-Raum erfolgt dies über eine Bescheinigung des übertragenden ausländischen Kreditinstituts nach § 43 Abs. 2 S. 5 EStG, da keine automatische Mitteilung erfolgt.[1724] § 43a Abs. 2 S. 4 EStG regelt die Übermittlung der Anschaffungskosten im Rahmen einer unentgeltlichen Übertragung als Ausgangspunkt für die spätere Bemessungsgrundlage im Veräußerungsfall.[1725] Liegen keine Anschaffungsdaten vor beziehungsweise werden diese nicht nachgewiesen, gelten nach § 43a Abs. 2 S. 7 EStG 30 % der Einnahmen der Veräußerung als

1723 *Hoffmann*, in: Frotscher/Geurts, EStG, § 43a Rn. 72 f., 73 und 75, der den Begriff neutral im Zusammenhang mit der Depotübertragung von Ehegatten benutzt, die als unentgeltliche Übertragung mit Gläubigerwechsel gilt, s. BMF-Schreiben v. 18.1.2016 – IV C 1 – S 22252/08/1004: 017, Rn. 168, BStBl. I 2016, 85 (111).

1724 *Hoffmann*, in: Frotscher/Geurts, EStG, § 43a Rn. 73b, eine elektronische Übermittlung lässt der Fiskus entgegen dem Wortlaut jedoch auch zu, BMF-Schreiben v. 18.1.2016 – IV C 1 – S 22252/08/1004: 017, Rn. 193, BStBl. I 2016, 85 (114).

1725 *Bleschick*, in: Kirchhof/Seer, EStG, § 43a Rn. 8.

Ersatzbemessungsgrundlage für die Kapitalertragsteuer. Die S. 8 bis 13 des § 43a Abs. 2 EStG legen die Bemessungsgrundlage bei der sogenannten fingierten Veräußerung nach § 43 Abs. 1 S. 4 EStG fest, die jegliche Übertragung im Sinne des § 20 Abs. 2 EStG auf einen anderen Gläubiger als Veräußerung zum Zweck des Steuerabzugs normiert, so dass S. 9 redaktionell nur nochmal für den Grundfall in Hs. 1 klarstellt, dass für den Börsenpreis im Sinne des S. 8 auf den Zeitpunkt zur Ermittlung des niedrigsten Börsenkurses am Vortag im regulierten Markt – um eine zeitnahe kapitalertragsteuerliche Abwicklung zu ermöglichen, da der niedrigste Börsenkurs am Übertragungstag erst nach Börsenschluss festgestellt werden kann – abzustellen ist[1726].[1727] Nach § 43a Abs. 2 S. 10 EStG sind wieder 30 % der Anschaffungskosten als Ersatzbemessungsgrundlage anzusetzen, soweit kein Börsenpreis vorliegt. Vereinfacht ausgedrückt wird für die Durchführung des Steuerabzugs vom Kapitalertrag in Situationen des Depotwechsels, in denen (anfänglich) kein Veräußerungspreis als Maßstab für die (spätere) Bemessungsgrundlage vorliegt, zuerst der ursprüngliche Maßstab aus den vorangegangenen Anschaffungsdaten übernommen, soweit kein Steuerabzug sofort ausgelöst wird. Ist ein Steuerabzug später zu vollziehen, liegen jedoch keine Daten für die Bemessungsgrundlage vor, weil diese zum Beispiel nicht übermittelt wurden oder kein Börsenpreis existiert, wird folglich eine neue Grundlage für die Kapitalertragsteuer aus der Ersatzbemessungsmöglichkeit geschaffen.

Darüber hinaus regelt § 43a Abs. 3 S. 1 EStG, dass die auszahlende Stelle ausländische Quellensteuer nach den Maßgaben des § 32d Abs. 5 EStG im Rahmen der Bemessungsgrundlage zu berücksichtigen hat und maximal 25 % der festgesetzten und gezahlten ausländischen Steuer auf die deutsche Steuer angerechnet wird, soweit kein DBA oder ein DBA mit Anrechnungsmethode existiert.[1728] Die Berechnung der Kapitalertragsteuer mit dem zu berücksichtigenden Anteil an ausländischer Quellensteuer ergibt sich aus § 32d Abs. 1 S. 4 und 5 EStG durch den Verweis in § 43a Abs. 1 S. 3 EStG, so dass aus Vereinfachungsgründen die Anrechnung ausländischer Steuern schon im Abzugsverfahren von den auszahlenden Stellen durchgeführt werden und auch diesbezüglich eine Veranlagung entfallen kann.[1729] Die Begrenzung der „länderbezogenen Ermittlung des Anrechnungshöchstbetrags" von ausländischer Quellensteuer ist im Rahmen der Abgeltungsteuer nicht statthaft und hat besondere Relevanz in Fällen, in denen ausländische positive Kapitalerträge aufgrund des Vorrangs der Verlustverrechnung mit Verlusten verrechnet werden.[1730] Dann existieren noch die Sonderfälle, in denen keine Anrechnung der

---

1726 *Hoffmann*, in: Frotscher/Geurts, EStG, § 43a Rn. 82.

1727 *Bleschick*, in: Kirchhof/Seer, EStG, § 43a Rn. 10.

1728 Hinsichtlich der konkreten Anrechnung ausländischer Quellensteuer mit Beispielen BMF v. 18.1.2016 – IV C 1 – S 22252/08/1004: 017, Rn. 201–211, BStBl. I 2016, 85 (115–117).

1729 *Hoffmann*, in: Frotscher/Geurts, EStG, § 43a Rn. 91.

1730 *Hoffmann*, in: Frotscher/Geurts, EStG, § 43a Rn. 92.

ausländischen Quellensteuer erfolgen soll, soweit ein Erstattungsanspruch bezüglich der ausländischen Steuer existiert, beziehungsweise existiert nur ein teilweiser Erstattungsanspruch ist der Weg über die Wahlveranlagung nach § 32d Abs. 4 EStG zu gehen,[1731] wie zum Beispiel im Rahmen der (Nicht-)Anrechnung norwegischer Quellensteuer aufgrund der norwegischen Erstattungsmöglichkeit für Dividenden beziehungsweise der Steuerbefreiung nach der „shielding deduction".[1732]

Korrespondierend zur Mitteilung hinsichtlich positiver Kapitalerträge hat eine Verlustmitteilung auf Verlangen des Gläubigers bei vollständiger Übertragung der Kapitalerträge auf ein anderes Depot nach § 43a Abs. 3 S. 6 EStG zu erfolgen, so dass sozusagen die Verluste auch mitübertragen werden und eine Veranlagung unterbleiben kann.[1733] Eine Verlustbescheinigung darf von der alten Stelle nicht erteilt werden.

3. Weitere relevante verfahrensrechtliche Punkte

Aus Sicht der privaten Aktienbeteiligung, die für Verluste relevant sein könnte, ist in § 44 EStG die Entrichtung der Kapitalertragsteuer festgelegt mit den zwei Ansatzpunkten, wer die Kapitalertragsteuer wann an das zuständige Finanzamt (§ 19 AO) abzuführen hat.[1734] Nach § 44 Abs. 1 S. 1 EStG ist der Gläubiger der Kapitalerträge grundsätzlich zugleich Schuldner der Kapitalertragsteuer und nicht die auszahlende Stelle. Der Entstehungszeitpunkt der Kapitalertragsteuer richtet sich wiederum nach § 44 Abs. 1 S. 2 EStG und ist der Zeitpunkt des Zufließens der Kapitalerträge – außer im Fall der Dividendenausschüttung – an den Gläubiger, so dass die allgemeine Zuflussregelung des § 11 Abs. 1 EStG Anwendung findet.[1735] Nach der früheren Ansicht der Verwaltung[1736] im Rahmen der Veräußerung von Wertpapieren sollte es als maßgeblichen Zeitpunkt des Zuflusses auf den zivilrechtlichen Vertragsschluss ankommen, wie zudem auch für die Verlustverrechnung oder die Freistellungauftragsverwaltung.[1737] § 44 Abs. 2 EStG regelt den Fall der

1731 BMF-Schreiben v. 18.1.2016 – IV C 1 – S 22252/08/1004: 017, Rn. 207a, BStBl. I 2016, 85 (116).

1732 BMF-Schreiben v. 18.3.2015 – IV C 1 – S 2406/10/10001: 002, BStBl. I 2011, 1113 (1113).

1733 Vgl. *Hoffmann*, in: Frotscher/Geurts, EStG, § 43a Rn. 85.

1734 Auch *Levedag*, in: Schmidt, EStG, § 44 Rn. 1.

1735 BMF-Schreiben v. 18.1.2016 – IV C 1 – S 22252/08/1004: 017, Rn. 242, BStBl. I 2016, 85 (121), hinsichtlich des Zuflusses von Zinsen; *Bleschick*, in: Kirchhof/Seer, EStG, § 44 Rn. 6.

1736 BMF-Schreiben v. 13.6.2008 – IV C 1 – S 2000/07/0009, BMF DStR 2008, 1236 (1237).

1737 Auch *Hoffmann*, in: Frotscher/Geurts, EStG, § 44 Rn. 61, 65; wie unter Kap. 3, I. 1. ausgeführt, ist aufgrund der schwierigen Abgrenzungsfragen der Maßgeblichkeit das Abstellen auf das Erfüllungsgeschäft für eine private Aktienbeteiligung besser; nun ebenfalls mit der Ansicht, dass der Zeitpunkt des Vertragsschlusses keine

Dividendenausschüttung und legt den Zeitpunkt des Zuflusses im Regelfall nach S. 1 für solche Kapitalerträge auf den Zeitpunkt fest, der im Gewinnverwendungsbeschluss der Hauptversammlung als Auszahlungstag bestimmt worden ist. Die Abführung der Kapitalertragsteuer erfolgt nach § 44 Abs. 1 S. 5 EStG monatsweise zum Zehnten des Folgemonats. Die Abführung zu diesem Zeitpunkt geschieht im Normalfall für die Aktienbeteiligung oder den Veräußerungsfall durch den Entrichtungsschuldner als auszahlende Stelle (beziehungsweise die ausführende Stelle für die Fälle des § 43 Abs. 1 S. 1 Nr. 1 S. 2 EStG oder den Schuldner der Kapitalerträge für die Fälle des § 43 Abs. 1 S. 1 Nr. 1 EStG) unter Beachtung der im Bundessteuerblatt veröffentlichten Auslegungsvorschriften der Finanzverwaltung für Rechnung des Gläubigers nach § 44 Abs. 1 S. 3 EStG. Wer alles als auszahlende Stelle fungiert, ist in § 44 Abs. 1 S. 4 EStG festgelegt und diese sind für das Veräußerungsgeschäft, die inländischen Kreditinstitute, die inländischen Wertpapierhandelsunternehmen oder die inländischen Wertpapierhandelsbanken nach Nr. 1a unter aa) beziehungsweise für die gehaltene Aktienbeteiligungen nach Nr. 3a ebenfalls diese, oder wie auch die Wertpapiersammelbank (Nr. 3b) oder der Schuldner der Kapitalerträge selbst (Nr. 3c), die regelmäßig einerseits im Veräußerungsfall die Kapitalerträge gutschreiben oder auszahlen oder anderseits im Rahmen der gehaltenen Aktienbeteiligung die Anteile verwahren oder verwalten. Nachdem durch die Girosammelverwahrung ein mehrstufiges Verwahrungsverhältnis vorliegt, da zum Beispiel neben dem depotführenden Kreditinstitut auch die Wertpapiersammelbank als zentraler Verwahrer und unmittelbarer Besitzer der Globalurkunden für inländische Aktien und somit als Sammelstelle Rechte verwahrt und verwaltet[1738], ist auf die letzte auszahlende Stelle, im Regelfall das inländische Kreditinstitut oder Wertpapierhandelsunternehmen nach § 44 Abs. 1 S. 4 Nr. 3a EStG als sogenannter Endverwahrer abzustellen.[1739] Darüber hinaus kann es ebenfalls zu einer mehrstufigen Verwahrkette unter den zwischengeschalteten Verwahrern kommen; es besteht zwar die Möglichkeit eine ausländische Wertpapiersammelbank als zentralen Verwahrer unter bestimmten Voraussetzungen nach § 5 Abs. 4 DepotG festzulegen, jedoch wäre dann § 43 Abs. 1 S. 1 Nr. 1a EStG nicht mehr anwendbar.[1740] Denn entscheidend ist, dass wiederum nur die inländische Zahlstelle – entgegen einer ausländischen Zahlstelle aufgrund der entgegenstehenden ausländischen Hoheitsrechte – zu einem solchen Steuereinbehalt überhaupt verpflichtet werden kann, der im Fall einer Dividendenzahlung zum Beispiel vereinfacht so aussieht, dass

---

Bedeutung hat, vgl. BMF-Schreiben v. 18.1.2016 – IV C 1 – S 22252/08/1004: 017, Rn. 180, BStBl. I 2016, 85 (112).

1738 *Rau*, DStR 2011, 2325 (2326 f.).

1739 BMF-Schreiben v. 18.1.2016 – IV C 1 – S 22252/08/1004: 017, Rn 248, BStBl. I 2016, 85 (122); vgl. *Hoffmann*, in: Frotscher/Geurts, EStG, § 44 Rn. 38 f.

1740 *Rau*, DStR 2011, 2325 (2326 f.), mit einem anschaulichen Beispiel zu einer mehrstufigen Verwahrkette.

die Bruttodividende von der AG an den Zentralverwahrer des Sammelbestands, also grundsätzlich die Clearstream Banking AG, Frankfurt, insgesamt ausgeschüttet wird. Anteilig wird diese dann an die depotführende Bank weitergeleitet, die einerseits die Kapitalertragsteuer einbehält sowie für Rechnung des Steuerpflichtigen diese abführt und anderseits die Nettodividende auf dem Konto des Steuerpflichtigen gutschreibt. Der Steuerpflichtige muss diese Kapitalerträge nicht mehr in der Einkommensteuererklärung angeben; die Einkommensteuerschuld hierfür ist somit schon abgegolten. Freilich kann nur von Gewinnen die Kapitalertragsteuer abgezogen werden. Verluste schmälern aber gerade die Steuerschuld. Zwar können im Rahmen der laufenden Erträge aus der privaten Aktienbeteiligung sozusagen keine höheren Verluste als der Sparer-Pauschbetrag entstehen, jedoch ist dieser wie auch im Veräußerungsfall zu berücksichtigen. Daher ergibt sich eine weitere relevante Norm aus dem Steuerabzugsverfahren für die Aktienbeteiligung durch die Abstandnahme vom Steuerabzug nach § 44a EStG, da unter anderem nach Abs. 1 S. 1 Nr. 3 für Veräußerungsgeschäfte, die unter § 43 Abs. 1 S. 1 Nr. 9 EStG fallen, wie auch für überlassene „Arbeitgeberaktien" nach § 44a Abs. 1 S. 1 Nr. 2 sowie S. 2 und 3 EStG, von unbeschränkt Steuerpflichtigen kein Steuerabzug vorzunehmen ist, soweit die Kapitalerträge den Sparer-Pauschbetrag nach § 20 Abs. 9 EStG nicht übersteigen. Darüber hinaus ist nach § 44a Abs. 1 S. 4 EStG kein Steuerabzug vorzunehmen, wenn für Fälle der Günstigerprüfung nach § 32d Abs. 6 EStG anzunehmen sein wird, dass keine Steuer aus den Veräußerungsgeschäften entstehen und eine Nichtveranlagungsbescheinigung nach § 44a Abs. 2 S. 1 Nr. 2 EStG vorgelegt wird. Grundsätzlich ist in Bezug auf Kapitalerträge aus dem Veräußerungsgeschäft, die den Sparer-Pauschbetrag nicht übersteigen, nach § 44a Abs. 2 S. 1 Nr. 1 EStG ein Freistellungsauftrag des Gläubigers nach amtlich vorgeschriebenem Muster notwendig, um vom Steuerabzug Abstand nehmen zu können. Hinsichtlich der Dividendenausschüttungen von Aktien in Sammelverwahrung kann nach § 44a Abs. 10 S. 1 Nr. 1 EStG ebenfalls vom Steuerabzug von der auszahlenden Stelle Abstand genommen werden, soweit eine Nichtveranlagungsbescheinigung für den Gläubiger vorgelegt wird. Diese wird auch hier grundsätzlich vom Wohnsitzfinanzamt erstellt, soweit eine Veranlagung wahrscheinlich nicht zutrifft und kann nach § 44a Abs. 2 S. 3 EStG bis zu höchstens drei Jahren gelten.[1741] In Fällen, in denen ein Freistellungsauftrag der auszahlenden Stelle erteilt wurde oder ein Verlustausgleich nach § 43a Abs. 3 S. 2 EStG von dieser durchgeführt wird, ist nach § 44a Abs. 10 S. 2 EStG ebenfalls für Dividendenzahlungen kein Steuerabzug vorzunehmen, soweit der Freistellungsbetrag insgesamt nicht überstiegen wird. Zudem regeln die S. 4 bis 7 des § 44a Abs. 10 EStG die Besonderheiten hinsichtlich von Verwahrketten mit Auslandsbezug.

In § 45a EStG sind die Anmeldung der Kapitalertragsteuer, die nach Abs. 1 S. 1 Hs. 1 in der Frist bis zum Zehnten des Folgemonats für solche Fälle nach amtlich

---

1741 *Levedag*, in: Schmidt, EStG, § 44a Rn. 4.

vorgeschriebenem Vordruck auf elektronischem Weg zu übermitteln (§§ 150 Abs. 1 S. 3, 168 S. 1 AO) ist, sowie die Bescheinigung in diesem Zusammenhang geregelt mit dem anschließenden § 45d EStG, der noch die Mitteilung an das Bundeszentralamt für Steuern normiert. Ein Verlust kann unterjährig nach einer monatlichen Anmeldung der Kapitalertragsteuer im Rahmen einer anderen Anmeldung anfallen, so dass auf diesen Punkt sowie auf den weiteren Punkt der relevanten Erstattungsmöglichkeiten von zu viel einbehaltener Kapitalertragsteuer nachfolgend im Zusammenhang mit der Korrekturmöglichkeit noch einzugehen sein wird.

II. Das Verhältnis zum Veranlagungsverfahren

Nachfolgend ist auf das Verhältnis[1742] zwischen Kapitalertragsteuer- und Veranlagungsverfahren für Kapitalerträge einzugehen und darauf, wie der Gesetzgeber die Brücke zwischen beiden parallellaufenden Verfahren schlägt, da sich Verluste aus einer Aktienbeteiligung auf beide Verfahren auswirken können. Grundsätzlich ist gerade nach dem Sinn und Zweck des UntStRefG 2008 das Verhältnis beider Verfahren gleichlaufend ausgestaltet. Das Steuerabzugsverfahren spielt daher nur eine besondere Rolle, wenn Verluste im Veranlagungsverfahren nicht mehr überprüft werden können. Ansonsten steht aus dem Verlustblickwinkel der Weg über das Veranlagungsverfahren immer offen. Bezugspunkte für das Verhältnis zwischen der Abgeltungsteuer und dem Veranlagungsverfahren ergeben sich nach dem Gesetz, insbesondere aus § 2 Abs. 5b, § 25 Abs. 1, § 32d und § 43 Abs. 5 S. 1 Hs. 1 EStG, wo einerseits § 43 Abs. 5 S. 1 Hs. 1 EStG das Verhältnis zwischen Kapitalertragsteuer- und Veranlagungsverfahren klarstellt, andererseits nimmt § 2 Abs. 5b EStG solche Einkünfte aus dem vorherrschenden System der synthetischen Einkommensteuer heraus und darüber hinaus schafft noch § 25 Abs. 1 EStG durch das Unterbleiben der personenbezogenen Veranlagung im Fall der Abgeltungsteuer die Anonymisierung;[1743] zudem ergibt sich die Möglichkeit des grundsätzlichen Gleichlaufs beider Verfahren aus dem Sondertarif des § 32d Abs. 1 EStG und dem Kapitalertragsteuertarif des § 43a Abs. 1 EStG.

1. Das Verhältnis von § 32d Abs. 1 EStG und § 43 Abs. 5 EStG im Zusammenhang mit der Schnittstelle aus § 2 Abs. 5b EStG

Durch die Nichtmiteinbeziehung der Einkünfte aus Kapitalvermögen über § 2 Abs. 5b EStG im Ergebnis in das zu versteuernde Einkommen – was indes

1742 Ausführlich zum Ganzen s. etwa *Schmidt*, DStR 2018, 1201, der auf den Begriff des „Scharnier[s]" abstellt, um die Verbindung zwischen den einzelnen relevanten Normen aufzuzeigen und eine Konturierung vornimmt.

1743 *Schmidt*, DStR 2018, 1201 (1201).

wiederum die Bemessungsgrundlage für die tarifliche Einkommensteuer nach § 32a Abs. 1 S. 1 EStG darstellt – durch Ausklammerung des § 32d Abs. 1 EStG und § 43 Abs. 5 EStG werden im Regelfall die privaten Kapitaleinkünfte gesondert betrachtet.[1744] Jedoch gilt dies nicht für Kapitalerträge unter anderem im Rahmen der Günstigerprüfung nach § 32d Abs. 6 S. 1 EStG oder zum Beispiel der Fälle des § 32d Abs. 2 Nr. 3 EStG oder wenn die Kapitalerträge einer anderen Einkunftsart nach § 20 Abs. 8 EStG zugeordnet werden. Denn diese werden im Veranlagungsverfahren sozusagen über ihre Anwendungsregelungen wieder in den progressiven Tarif miteinbezogen. Darüber hinaus besteht für den Fall der Pflichtveranlagung von Einkünften aus Kapitalvermögen nach § 32d Abs. 3 EStG oder im Fall der Wahlveranlagung nach Abs. 4 in umgekehrter Weise die Möglichkeit der Anwendung des gesonderten Tarifs nach § 32d Abs. 1 EStG, dessen Ergebnis dann im Rahmen der festzusetzenden Steuer nach § 2 Abs. 6 S. 1 EStG der tariflichen Steuer hinzugerechnet wird.[1745] Zur Verdeutlichung ist sich nochmal vor Augen zu führen, dass aufgrund der abgeltenden Wirkung des § 43 Abs. 5 S. 1 EStG das ursprüngliche System des Abzugsverfahrens, dass die Kapitalertragsteuer nur als Vorauszahlung auf die Einkommensteuer gilt[1746], entscheidend durch Einführung der Abgeltungsteuer umgestaltet wurde, indem, wie bereits dargelegt, die Miteinbeziehung in die Veranlagung grundsätzlich entfallen soll[1747]. Nach § 43 Abs. 5 S. 1 EStG tritt die abgeltende Wirkung automatisch für Kapitalerträge nach § 20 EStG, die der Kapitalertragsteuer unterliegen, ein – im Gegensatz zu § 32d Abs. 3 S. 1 EStG, da diese nicht der Kapitalertragsteuer unterliegen, die wieder im Veranlagungsverfahren erklärt werden müssen und dessen Ergebnis nach S. 2 der tariflichen Einkommensteuer hinzugerechnet wird.[1748] Dieses parallellaufende System zwischen Vorauszahlungswirkung im Veranlagungsverfahren und dem Kapitalertragsteuerverfahren vom Grundgedanken her erlaubt überhaupt die Möglichkeit der abgeltenden Wirkung des Steuerabzugs nach § 43 Abs. 5 S. 1 EStG, so dass hierdurch erst die schedulenhafte Besteuerung der Kapitalerträge außerhalb des synthetischen Systems ermöglicht wird[1749], also sich erst die andere Art und Weise

---

1744 *Schmidt*, DStR 2018, 1201 (1201 f.).

1745 Vgl. auch *Schmidt*, DStR 2018, 1201 (1201 f.).

1746 BFH/NV 2013, 1581 (1583); BFH/NV 1995, 1058 (1059); Anm. *-sch*, DStR 1996, 460 (461); vgl. auch BT-Drs. 12/2501, S. 2, 11, das gerade den Vorauszahlungscharakter im Wege des Entwurfs zum ZinsabschlagG hervorhebt und als bessere Lösung für eine Zinsbesteuerung ansieht wie z. B. verschiedene Varianten eines Kontrollverfahrens oder die Alternative eines Steuerabzugsverfahrens.

1747 Kap. 2, I. 4. a); vgl. auch BT-Drs. 16/4841, S. 33.

1748 Kap. 2. I. 4. a); vgl. zur Pflichtveranlagung auch BT-Drs. 16/4841, S. 61; BMF-Schreiben v. 18.1.2016 – IV C 1 – S 2252/08/10004: 017, Rn. 144, BStBl. I 2016, 85 (108).

1749 Vgl. z. B. *Kühner*, in: Herrmann/Heuer/Raupach, EStG, § 32d Rn. 21; *Moritz/Strohm*, in: Frotscher/Geurts, EStG, § 32d Rn. 19.

der Besteuerung als nach dem synthetischen Ansatz durch den Ansatz einer Schedulensteuer zeigen kann.[1750] Wie bereits dargelegt, wird als Ergebnis der synthetische Ansatz der Einkommensteuer zwar durchbrochen, jedoch insgesamt nicht ersetzt.[1751] Durch den Ausschluss der Veranlagungs- und Steuererklärungspflicht für bereits abgegoltene Kapitalerträge im Sinne des § 43 Abs. 5 S. 1 EStG nach § 25 Abs. 1 EStG wird einer Doppelberücksichtigung sowie der Anonymisierung wieder Rechnung getragen.[1752] Folglich stellt § 43 Abs. 5 S. 1 EStG den Zusammenhang zwischen Veranlagungs- und Steuerabzugsverfahren für private Kapitaleinkünfte her, da nur wenn die abgeltende Wirkung eintritt, diese im Veranlagungsverfahren nach § 25 Abs. 1 EStG außen vor gelassen und nicht mit ins zu versteuernde Einkommen nach § 2 Abs. 5b EStG einbezogen werden.[1753] Der Gleichlauf zum Veranlagungsverfahren erfolgt ebenfalls im Rahmen der abgeltenden Wirkung, die unter anderem nach § 43 Abs. 5 S. 2 EStG gerade nicht eintritt, wenn ein Fall des § 32d Abs. 2 EStG vorliegt, oder nach § 43 Abs. 5 S. 3 EStG die Wahlveranlagung des § 32d Abs. 4 EStG[1754] oder die Günstigerprüfung[1755] auf Antrag verlangt wird.[1756] Unterliegt der Kapitalertragsteuereinbehalt nicht der abgeltenden Wirkung, wird dieser wiederum als Steuervorauszahlung für die Veranlagung nach § 36 Abs. 2 Nr. 2 EStG im Rahmen der festzusetzenden Steuer nach § 2 Abs. 6 S. 1 EStG hinzugerechnet.[1757]

Kurz nach Einführung der abgeltenden Wirkung für die Kapitalertragsteuer wurde die ursprüngliche Fassung des § 43 Abs. 5 S. 1 EStG durch das JStG 2010 aufgrund des unklaren Wortlauts dahingehend angepasst, dass durch die Einfügung des Wortes „soweit" klargestellt wurde, dass die Abgeltungswirkung der Höhe nach nur für diejenigen Kapitalerträge eintritt – entgegen einem möglichen umfänglichen Eintritts durch das ursprüngliche Wort „die" –, die auch nur tatsächlich darunterfallen, um missbräuchliche Gestaltungen, insbesondere der Verlustgenerierung durch gegenläufige Wertpapiergeschäfte – deren wirtschaftliches

1750 Vgl. *Schmidt*, DStR 2018, 1201 (1202).
1751 Kap. 2, III. 2. a) und b).
1752 Vgl. z. B. BT-Drs. 16/4841, S. 33, 59.
1753 Etwa *Schmidt*, DStR 2018, 1201 (1203); vgl. auch z. B. BStBl. II 2021, 468 (470 f.); FG Nürnberg EFG 2018, 117 (119); *Haug*, in: Herrmann/Heuer/Raupach, EStG § 43 Rn. 90; *Knaupp*, in: Kirchhof/Seer, EStG, 20. Aufl., § 43 Rn. 25; *Levedag*, in: Schmidt, EStG, § 43 Rn. 3, 29 f.; *Pfirrmann*, in: Kirchhof/Seer, EStG, § 32d Rn. 1; *Weber-Grellet*, DStR 2013, 1357 (1358, 1360).
1754 Z. B. BStBl. II 2019, 54 (55).
1755 Z. B. BStBl. II 2020, 626 (628).
1756 Z. B. *Haug*, in: Herrmann/Heuer/Raupach, EStG § 43 Rn. 93.
1757 Z. B. *Haug*, in: Herrmann/Heuer/Raupach, EStG § 43 Rn. 90; *Lammers*, in: Herrmann/Heuer/Raupach, EStG, § 36 Rn. 42 f.

Ergebnis null ist – eindeutig ausschließen zu können.[1758] Die Finanzverwaltung wandte die abgeltende Wirkung indes schon anfänglich in diesem Sinn an.[1759] Denn ist die Bemessungsgrundlage des Veranlagungsverfahrens höher als die des Kapitalertragsteuerabzugsverfahrens, besteht wieder die Veranlagungspflicht für diesen Teil nach § 25 Abs. 1 EStG.[1760] Die Kapitalertragsteuer muss zudem nach § 43 Abs. 5 S. 1 EStG auch tatsächlich einbehalten worden sein, was im Regelfall durch die auszahlenden Stellen erfolgt, da diese wie ein „verlängerte[r] Arm" für den Fiskus fungieren und dieser somit die Steuererhebung auf diese verlagert hat, mit der weiteren Besonderheit, dass, falls die auszahlende Stelle ihren Abführungspflichten nicht nachkommt, dies grundsätzlich nicht zu Lasten des Steuerpflichtigen geht, und der Fiskus hat aufgrund der Bemächtigung der auszahlenden Stellen als „Verwaltungshelfer" das Ausfallrisiko bei ordnungsgemäßen Einbehalt zu tragen.[1761]

Während § 2 Abs. 5b EStG, der die Brücke durch das Herauslösen der Kapitalerträge im Ergebnis aus dem zu versteuerndem Einkommen schlägt und so die Schedulenbesteuerung für Kapitaleinkünfte wiederum überhaupt ermöglicht, in der ursprünglichen Fassung zur Einführung der Abgeltungsteuer noch einen S. 2 beinhaltete, der explizit klarstellte, dass § 2 Abs. 5b S. 1 EStG nicht galt, soweit unter anderem ein Fall des § 32d Abs. 2 oder 6 EStG vorlag, wurde S. 2 für den Veranlagungszeitraum 2012 durch das Steuervereinfachungsgesetz 2011 wieder gestrichen, da der Vorteil der Vereinfachung durch die Abgeltungsteuer, aufgrund der notwendigen, jedoch aufwendigen Datenerhebung mit zugehöriger Personalbindung durch die Finanzämter[1762], wieder verloren ginge.[1763] Neben der Herauslösungsfunktion aus dem synthetischen System der Einkommensteuer und folglich

1758 BT-Drs. 17/2249, S. 58, mit anschaulichem Beispielsfall; vgl. auch z. B. BStBl. II 2021, 468 (471); *Schmidt*, DStR 2018, 1201 (1203).

1759 Etwa BMF-Schreiben v. 18.1.2016 – IV C 1 – S 2252/08/10004: 017, Rn. 183, BStBl. I 2016, 85 (113), mit sogar einer Möglichkeit von der Veranlagungspflicht nach § 32d III EStG im Wege einer Billigkeitslösung abzusehen, soweit der Differenzbetrag nicht größer als 500 Euro ist.

1760 BT-Drs. 17/2249, S. 58; vgl. auch z. B. *Levedag*, in: Schmidt, EStG, § 43 Rn. 29.

1761 BStBl. II 2021, 468 (471); vgl. auch Anm. *Jachmann-Michel*, DStR 2021, 1163 (1167); *Schmidt*, DStR 2018, 1201 (1203–1205). Grundsätzlich wäre jedoch noch weiter zwischen Beliehenen, Verwaltungshelfer und Indienstnahme Privater zu unterscheiden, wobei für die auszahlenden Stellen am ehesten der Ansatz Indienstnahme Privater zutreffe, vgl. *Tappe*, in: Schön/Sternberg, Zukunftsfragen III, 77 (87–91).

1762 BT-Drs. 17/5125, S. 34.

1763 *Schmidt*, DStR 2018, 1201 (1206).

deren Durchbrechung,[1764] dient § 2 Abs. 5b EStG jedoch auch zur „Verhinderung einer Doppelerfassung" von einerseits Kapitalerträgen im Abgeltungsteuersystem und anderseits wieder eine Einbeziehung in die Ermittlung im Ergebnis des zu versteuerndem Einkommens.[1765] Die Besonderheit der Herausnahme von Einkünften aus Kapitalvermögen durch § 2 Abs. 5b EStG mit der Nichteinbeziehung in § 2 Abs. 3 bis 5 EStG kann nur eintreten, soweit Kapitalerträge nach § 32d Abs. 1 EStG und § 43 Abs. 5 EStG vorliegen, so dass unter anderem *Ratschow* den Verweis auf den Sondertarif und die Steuererhebung aufgrund der verkomplizierenden „Gesetzgebungstechnik" kritisch sieht.[1766]

2. Die Schnittstelle des § 25 Abs. 1 EStG

Zudem schlägt dann noch § 25 Abs. 1 EStG die Brücke zwischen „personalisierter Veranlagung" und „anonymer Abgeltungsteuer", da nur eine persönliche Veranlagung in Verbindung mit der Steuererklärungspflicht nach § 25 Abs. 3 S. 1 EStG des Einkommens für die Einkommensteuer gefordert wird, soweit diese nicht unter anderem nach § 43 Abs. 5 EStG unterbleibt.[1767] Nur in den Ausnahmefällen des § 43 Abs. 5 S. 2 EStG für zum Beispiel die unternehmerische Beteiligung (§ 32d Abs. 2 Nr. 3 EStG) oder für die Günstigerprüfung nach S. 3 ist § 2 Abs. 5b EStG im ersten Fall direkt nicht anwendbar und im Rahmen der Günstigerprüfung scheidet eine Anwendung des § 32d Abs. 1, 3 und 4 EStG durch Abs. 6 S. 1 auf Antrag aus, da diese Kapitaleinkünfte im Sinne des § 2 EStG hinzugerechnet und der tariflichen Einkommensteuer unterworfen werden. Es besteht daher für die Fälle, in denen keine abgeltende Wirkung der Kapitalerträge eingetreten ist, eine Erklärungs- und Veranlagungspflicht.[1768]

1764 Vgl. z. B. *Bleschick*, in: Kirchhof/Seer, EStG, 19. Aufl., § 20 Rn. 19; *Jochum*, in Kirchhof/Söhn/Mellinghoff, EStG, § 20 Rn. A 1; *Seer*, in: Kirchhof/Seer, EStG, § 2 Rn. 112; *Musil*, in: Herrmann/Heuer/Raupach, EStG, § 2 Rn. 872.

1765 Z. B. *Weber-Grellet*, in: Schmidt, EStG, 40. Aufl., § 2 Rn. 64; vgl. auch BT-Drs. 16/4841, S. 46; FG Münster EFG 2017, 294 (295), rkr.; **a. A.** hinsichtlich einer Klarstellungsfunktion etwa *Kanzler*, in: Kanzler/Kraft/Bäuml, EStG, § 2 Rn. 361; *Naujok*, in: Bordewin/Brandt, EStG, § 2 Rn. 191.

1766 Z. B. *Ratschow*, in: Brandis/Heuermann, EStG, § 2 Rn. 175, die Verkomplizierung entsteht durch die speziellen Anwendungsvorbehalte, die jedoch an ganz anderer Stelle im Gesetz auftauchen und so für ein kaum durschaubares Nebeneinander von sachlichen Regeln und Anwendungsregeln sorgen; im Ergebnis kann es sich indes nur um einen Rechtsgrundverweis handeln s. *Schmidt*, DStR 2018, 1201 (1207).

1767 *Schmidt*, DStR 2018, 1201 (1209).

1768 Z. B. *Werth*, in: Brandis/Heuermann, EStG, § 32d Rn. 52, 120; hinsichtlich der unterschiedlichen Möglichkeit des Vorgehens zur Erreichung dieses Ergebnis s. *Schmidt*, DStR 2018, 1201 (1209 f.).

3. Fazit

Schmidt unter anderem vertritt die Ansicht, dass der gewählte Verweis in § 2 Abs. 5b EStG durch die Ausgestaltung als pauschale Entscheidung auf nachfolgende Regelungen, teils mit unterschiedlichem Regelungsgehalt, zu Schwierigkeiten in der Anwendung der Abgeltungsteuer führt und so dem Grund der Vereinfachung durch die Abgeltungsteuer zuwiderläuft und der Gesetzgeber aus einer Klarstellungsfunktion heraus die Anwendung des Verhältnisses zwischen Veranlagungs- und Abzugsverfahrens „nachschärfen" könnte.[1769] Aus den unterschiedlichen Ansätzen der Steuererhebung ergibt sich fast zwangsläufig, dass umso weiter die Probleme an den Randbereich der Abgeltungsteuer stoßen, desto komplexer werden diesbezügliche Einzelfragen, die nicht mehr mit dem Grundgedanken der Einfachheit einer Quellensteuer mit abgeltender Wirkung zu lösen wären, so dass hierunter gerade auch die Schnittstelle zwischen Veranlagungs- und Steuerabzugsverfahren fällt, die wiederum teilweise zur Verkomplizierung beiträgt.[1770] Grundsätzlich versucht der Gesetzgeber indes sich seinem gesetzten Ziel treu zu bleiben[1771], die Kapitalerträge an der Quelle mit abgeltender Wirkung zu erfassen, um aus Gründen der Vereinfachung und der tatsächlichen Belastungsgleichheit Kapitalerträge schon im Abzugsverfahren abschließend zu besteuern. Hierfür hat dieser dementsprechend in das synthetische System der Einkommensteuer eingegriffen und dieses durchbrochen, was aus einem Gesamtblickwinkel noch verständlich erscheint. Im Ergebnis versucht der Gesetzgeber durch den grundsätzlichen Gleichlauf von Steuerabzugs- und Veranlagungsverfahren seinen beschrittenen Weg der Vermeidung des Veranlagungsverfahrens weiterzugehen. Aufgrund der großen Komplexität der Kapitalerträge an sich und der umfangreichen Auswirkungen der Abgeltungsteuer liegt es dennoch auf der Hand, dass Einzelfragen am Rande der Abgeltungsteuer Schwierigkeiten bereiten. Trotzdem hat der Gesetzgeber den Systemwechsel in der Art und Weise der Besteuerung mit dem Gleichlauf beider Verfahren nachvollziehbar hinbekommen. Gleichzeitig hat er aber trotz Durchbrechung das dem ESt zugrundeliegende System der synthetischen Einkommensteuer nicht vollständig aufgegeben und somit insgesamt ersetzt.[1772] Aufgrund der vielen Ausnahmen fehlt es in einer Gesamtbetrachtung zumindest an dem geforderten Mindestmaß konzeptioneller Neuorientierung für die Einführung einer absolut reinen Schedulensteuer für die Einkünfte aus Kapitalvermögen.[1773]

1769 Z. B. *Schmidt*, DStR 2018, 1201 (1210).

1770 Vgl. z. B. *Jachmann-Michel*, BB 2018, 854 (861); *dies.*, BB 2018, 2329 (2332); *Schmidt*, DStR 2018, 1201 (1210); allgemein gehalten auch etwa *Hey*, in: Tipke/Lang, Rn. 8.505.

1771 Dies gilt u. a. freilich nicht für § 20 VI 6 EStG.

1772 Kap. 2, III. 2. a).

1773 Kap. 2, III. 2. b).

III. Die Verluste im Steuerabzugsverfahren

1. Das verfahrensrechtliche System der Verlustverrechnung über Verlustverrechnungstöpfe

a) Der Grundsatz aus dem Verlustblickwinkel

Nachdem die Abgeltungsteuer die vollständige und abschließende Besteuerung von Kapitalerträgen im Steuerabzugsverfahren erreichen will und für die Veranlagung nicht mehr grundsätzlich als Vorauszahlungswirkung gilt, sondern diese entfallen lassen soll, stellt sich die Frage, wie mit negativen Kapitalerträgen im Steuerabzugsverfahren, also gerade auch den Verlusten aus der Aktienbeteiligung, zu verfahren ist, um einen Gleichlauf zwischen Veranlagungs- und Steuerabzugsverfahren auch hinsichtlich eintretender Verluste durch die Berücksichtigung der auszahlenden Stelle erreichen zu können.[1774] So hat der Gesetzgeber die Verlustverrechnung für das Steuerabzugsverfahren in den S. 2 bis 6 des § 43a Abs. 3 EStG geregelt, um durch einen Ausgleich der negativen Kapitalerträge mit den positiven Kapitalerträgen – die dem Steuerabzug unterliegen – die Veranlagung wiederum zu verhindern.[1775] Während S. 2 den innerperiodischen Verlustausgleich und S. 3 den überperiodischen Verlustabzug auf Depotebene für nicht ausgeglichene Verluste regelt, räumt S. 4 die Möglichkeit der Beantragung einer Bescheinigung für nicht ausgeglichene Verluste auf Antrag nach amtlich vorgeschriebenem Muster ein, um diese zum Beispiel mit Gewinnen aus einem weiteren Depot verrechnen zu können. Nach S. 4 Hs. 2 erfolgt dann gerade kein überperiodischer Verlustübertrag auf Depotebene, also dieser Verlustverrechnungstopf wird wieder auf null gestellt, und S. 5 legt fest, dass der unwiderrufliche Antrag auf Ausstellung einer Verlustbescheinigung bis spätestens zum 15. Dezember eines Kalenderjahres der auszahlenden Stelle zugegangen sein muss. S. 6 regelt den vollständigen Depotwechsel mit Übernahme der „alten" Verlustverrechnungstöpfe. Darüber hinaus ist in § 43a Abs. 3 S. 7 EStG festgelegt, dass, wenn die auszahlende Stelle nach Ablauf des Kalenderjahres von der Veränderung einer Bemessungsgrundlage oder einer zu erhebenden Kapitalertragsteuer erfährt, die Korrektur erst zum Zeitpunkt ihrer Kenntnisnahme von dieser – somit zukünftig – vorzunehmen ist.

Nachdem negative Kapitalerträge höher als der Sparer-Pauschbetrag grundsätzlich nur noch im Rahmen des § 20 Abs. 2 EStG entstehen, soweit aus der Gewinnermittlungsmethode des Abs. 4 ein Verlust resultiert, schließt sich die Frage an, ob diese überhaupt nach § 43 Abs. 5 S. 1 EStG der „Kapitalertragsteuer unterl[i]egen" können, weil der Steuerabzug vom vollen Kapitalertrag ohne Abzug nach § 43a Abs. 2 S. 1 EStG denklogisch nur von positiven Einnahmen des § 43 Abs. 1 EStG einbehalten werden kann; jedoch bezieht sich der Wortlaut des § 20 Abs. 6

1774 *Hoffmann*, in: Frotscher/Geurts, EStG, § 43a Rn. 90.
1775 *Levedag*, in: Schmidt, EStG, § 43a Rn. 6.

S. 7 EStG explizit auf Verluste aus Kapitalvermögen, die der Kapitalertragsteuer unterliegen.[1776] Solche Verluste können aber gerade nicht direkt dem Kapitalertragsteuerabzug nach den §§ 43 ff. EStG unterliegen.[1777] Dies führt zu der Ansicht, dass der Wortlaut in § 20 Abs. 6 S. 7 EStG des Gesetzgebers teils verfehlt sei, wenn von Verlusten, die der Kapitalertragsteuer unterliegen, gesprochen wird.[1778] Denn es handelt sich um saldierte negative Rechengrößen des § 43a Abs. 3 S. 2 EStG, die zur Ermittlung der tatsächlichen Bemessungsgrundlage für die Kapitalertragsteuer von den Entrichtungsschuldnern einbezogen werden müssen[1779], soweit positive Kapitalerträge des § 43 Abs. 1 EStG als passgenaues Gegenstück zu den Verlusten in das Abzugsverfahren miteinbezogen werden würden[1780]. Nach § 43a Abs. 3 S. 2 EStG sind daher Verluste mit positiven Kapitalerträgen unterjährig unter Beachtung des § 20 Abs. 6 S. 4 EStG auszugleichen, so dass bei einer tatsächlichen Berücksichtigung der negativen Kapitalerträge – wenn somit eine Verrechnung mit positiven Kapitalerträgen erfolgte und vom positiven Ergebnis dann der Steuerabzug vorgenommen wurde – ebenfalls die abgeltende Wirkung des § 43 Abs. 5 S. 1 EStG sozusagen greifen würde, da diese nicht mehr in das zu versteuernde Einkommen miteinbezogen und auch nicht veranlagt (§ 25 Abs. 1 EStG) oder erklärt (§ 32d Abs. 3 EStG) werden.[1781] Die Wahlveranlagung nach § 32d Abs. 4 EStG und die Günstigerprüfung sind jedoch auf Antrag möglich, so dass die grundsätzliche Nichtveranlagungs- oder Erklärungspflicht und Nichtmiteinbeziehung in das zu versteuernde Einkommen aber nichts an der Tatsache ändert, dass grundsätzlich für negative Kapitalerträge im Ergebnis nicht die abgeltende Wirkung gelten kann[1782], da diese nur einen „Verrechnungsposten" darstellen, so dass diese prinzipiell auch immer im Veranlagungsverfahren beansprucht werden könnten.[1783] Problematisch ist es indes, wenn Verluste im Steuerabzugsverfahren nicht berücksichtigt werden und keine Überprüfungsmöglichkeit im Veranlagungsverfahren existiert. Inwiefern die Geltendmachung von Verlusten im Veranlagungsverfahren

1776 Vgl. *Levedag*, in: Schmidt, EStG, § 43 Rn. 32.

1777 *Stahl*, S. 103.

1778 Vgl. z. B. *Buge*, in: Herrmann/Heuer/Raupach, EStG, § 20 Rn. 621, der von „missverständlich" spricht; *Jachmann-Michel/Lindenberg*, in: Lademann, EStG, 236. Erg.-Lfg., § 20 Rn. 905; *Moritz/Strohm*, in: Frotscher/Geurts, EStG, § 20 (n. F.) Rn. 375, spricht von „keiner gesetzgeberischen Glanzleistung"; *Schönfeld*, in: Schaumburg/Rödder, S. 640, der die Formulierung als „wenig glücklich" bezeichnet.

1779 *Stahl*, S. 103.

1780 Vgl. z. B. *Buge*, in: Herrmann/Heuer/Raupach, EStG, § 20 Rn. 621; *Moritz/Strohm*, in: Frotscher/Geurts, EStG, § 20 (n. F.) Rn. 375.

1781 *Levedag*, in: Schmidt, EStG, § 43 Rn. 32, der von „Quasi-Abgeltungswirkung" spricht.

1782 *Jachmann-Michel*, BB 2018, 2029 (2032).

1783 *Stahl*, S. 103.

von einer Bescheinigung nach § 43a Abs. 3 S. 4 EStG oder von einem Veranlagungswahlrecht abhängig ist, wird noch zu zeigen sein. Werden im Ergebnis Verluste im Abzugsverfahren jedoch unterjährig ausgeglichen und verrechnet, sind diese dennoch erstmal auch verbraucht.

b) Die Verlustverrechnungstöpfe

Wie bereits dargestellt[1784], wurde der sogenannte Stückzinstopf durch Einführung der Abgeltungsteuer als weitergehendes System in einen Verlustverrechnungstopf überführt, der wiederum unter anderem auf Veräußerungsverluste aus Aktien oder den Erhalt ausländischer Dividenden – von denen schon die ausländische Quellensteuer abgezogen wurde, um die Kapitalertragsteuer passgenau zum Veranlagungsverfahren in der Höhe ebenfalls zu ermitteln – ausgedehnt wurde.[1785] Ferner ermöglicht die gleichlaufende Differenzierung des Abzugsverfahrens zwischen innerperiodischem Verlustausgleich und überperiodischem Verlustabzug nach § 43a Abs. 3 S. 2 und 3 EStG zum Veranlagungsverfahren die Eintrittsmöglichkeit der abgeltenden Wirkung, da auch für solche Fälle eine Veranlagung entfallen kann, so dass hinsichtlich des innerperiodischen Verlustausgleichs die auszahlende Stelle unter Beachtung der Besonderheit eines eigenen Verlustverrechnungskreises im Veranlagungsverfahren für Verluste von Veräußerungsgeschäften aus Aktien nach § 20 Abs. 6 S. 4 EStG einen allgemeinen Verlustverrechnungstopf zu bilden hat und positive mit negativen Kapitalerträgen des Kalenderjahres untereinander verrechnet, demnach ausgleicht.[1786] Hinsichtlich des innerperiodischen Verlustausgleichs von Veräußerungsgeschäften aus Aktien ist daher für „jeden Kunden" von der auszahlenden Stelle darüber hinaus ein besonderer Verlustverrechnungstopf nur für diese Gewinne und Verluste aus den Aktienveräußerungsgeschäften zu bilden,[1787] wobei für Ehegatten, wie beim allgemeinen Verlustverrechnungstopf, die Möglichkeit besteht, jeweils zwischen den getrennt geführten Verlustverrechnungstöpfen sowie dem gemeinsam geführten Verlustverrechnungstopf für das gemeinsam geführte Konto beziehungsweise Depot im Rahmen der Zusammenveranlagung nach § 26b EStG und eines gemeinsamen Freistellungsauftrags nach § 44a Abs. 2 S. 1 Nr. 1 EStG einen Verlustausgleich durchzuführen, mit der Reihenfolge, dass zuerst innerperiodisch jeweils der getrennte Verlustausgleich erfolgt, um dann am Ende des Kalenderjahres einmalig ein Verrechnen zwischen den verschiedenen Konten und Depots der Ehegatten vorzunehmen.[1788] Im System des Kapitalertragsteuereinbehalts hat folglich nach § 43a Abs. 3 S. 2 EStG die auszahlende Stelle

---

1784 Kap. 2, I. 4. b) bb)(3).

1785 *Bleschick*, in: Kirchhof/Seer, EStG, § 43a Rn. 14.

1786 Vgl. *Jachmann-Michel*, in: Brandis/Heuermann, EStG, § 43a Rn. 84–86.

1787 *Jachmann-Michel*, in: Brandis/Heuermann, EStG, § 43a Rn. 89.

1788 BMF-Schreiben v. 18.1.2016 – IV C 1 – S 2252/08/10004: 017, Rn. 217–219, 269, 273, BStBl. I 2016, 85 (117 f., 124 f.).

negative Kapitalerträge des allgemeinen und besonderen Verlustverrechnungstopfs im Kalenderjahr mit positiven Kapitalerträgen des jeweiligen Verlustverrechnungstopfs auszugleichen. Eine Besonderheit gilt noch für Kapitalerträge, die einer anderen Einkunftsart im Rahmen der Einkünfte aus Kapitalvermögen nach § 20 Abs. 8 EStG zugerechnet werden, für die zwar nach § 43 Abs. 4 EStG die Kapitalertragsteuer ebenso einbehalten wird, jedoch werden erlittene Verluste nicht in die Verlustverrechnungstöpfe miteinbezogen.[1789]

aa) Besonderheit des § 20 Abs. 6 S. 6 EStG

Hinsichtlich des neueren „besonderen" Verlustverrechnungskreises nach § 20 Abs. 6 S. 6 EStG für die wertlose Aktienbeteiligung gilt die Besonderheit, wie auch für den neueren besonderen Verlustverrechnungskreis für Termingeschäfte nach § 20 Abs. 6 S. 5 EStG, dass diese Verlustverrechnungskreise nicht im Kapitalertragsteuerabzugsverfahren anzuwenden sind, denn es fehlt in § 43a Abs. 3 S. 2 EStG ein Verweis wie gerade auf die Veräußerungsverluste aus Aktien nach § 20 Abs. 6 S. 4 EStG, da schon zu beachten ist, dass die auszahlende Stelle im Steuerabzugsverfahren aus der Natur der Sache heraus nur höhenmäßige Begrenzungen in der Verlustverrechnung für die Depots und Konten ihrer Kunden durchführen kann und folglich eine gesamte Überwachungsfunktion der auszahlenden Stellen diesbezüglich stark eingeschränkt ist, so dass die materiell-rechtliche Besteuerung nur im Veranlagungsverfahren zutreffend ermittelt werden kann.[1790] Es wird zwar die Ansicht vertreten, dass Steuerbescheinigungen nach § 45a Abs. 2 und 3 EStG möglicherweise hierzu Abhilfe schaffen könnten.[1791] Indes in Bezug auf die höhenmäßige Begrenzung der Verlustverrechnung von wertlosen Aktienbeteiligungen im Sinne des § 20 Abs. 6 S. 6 EStG ist sich nochmal vor Augen zu führen, dass diese Verlustverrechnungsbeschränkung nur eingreifen kann, soweit es sich neben dem Realisationsvorgang noch um ein wertloses Wirtschaftsgut in diesem Sinne handelt. Dies würde dazu führen, dass der auszahlenden Stelle zur Verbuchung des Verlustes in einem weiteren „besonderen" Verlustverrechnungstopf – neben dieser erweiternden administrativen Aufgabe – noch eine weitere Prüfungspflicht aufgebürdet würde und zwar müsste diese im Steuerabzugsverfahren schon feststellen, ob ein wertloses Wirtschaftsgut vorliegt. Das muss sie jetzt zwar ohnehin indirekt machen, indes müsste sie aber insgesamt sozusagen dann einen innerperiodischen Verlustausgleich für alle wertlosen Wirtschaftsgüter stellenübergreifend durchführen. Das geht zu weit. Zudem ist die Abgrenzung über die Wertlosigkeit

---

1789 *Jachmann-Michel*, in: Brandis/Heuermann, EStG, § 43a Rn. 85.

1790 *Jachmann-Michel*, in: Brandis/Heuermann, EStG, § 43a Rn. 90.

1791 *Dahm/Hoffmann* DStR 2020, 81 (84); *Jachmann-Michel*, in: Brandis/Heuermann, EStG, § 43a Rn. 90.

bisweilen nur unzureichend geklärt.[1792] Überdies obliegt dem Veranlagungsverfahren die Klärung der materiell-richtigen Steuer und nicht einem verlängerten Arm[1793] des Fiskus im Abzugsverfahren. Darüber hinaus dürfte die Verlustverrechnungsbeschränkung des § 20 Abs. 6 S. 6 EStG laut Gesetzessystematik nur eingreifen, soweit nicht der Veräußerungstatbestand aus § 20 Abs. 2 S. 1 EStG direkt oder indirekt über die Ersatztatbestände nach S. 2 vorliegt. Denn dieser Veräußerungsansatz kommt ebenfalls in § 43 Abs. 1 S. 4 EStG vor, da danach jede Übertragung eines von einer auszahlenden Stelle verwahrten oder verwalteten Wirtschaftsguts im Sinne des § 20 Abs. 2 EStG auf einen anderen Gläubiger als Veräußerung für den Kapitalertragsteuerabzug zu werten ist. Demnach führt eigentlich auch die Übertragung wertloser Aktien auf einen Dritten im Steuerabzugsverfahren unter diesem Aspekt zu einem verrechenbaren Verlust im Rahmen des besonderen Verlustverrechnungstopfs aus Aktien. Ein einfacher Verweis in § 43a Abs. 3 S. 2 EStG auf § 20 Abs. 6 S. 6 EStG wäre aufgrund von § 43 Abs. 1 S. 4 EStG daher erstmal widersprüchlich.

bb) Neue Anwendungsregelungen des BMF

Das BMF hat indes eine Anwendungsregelung für die neueren Verlustverrechnungsbeschränkungen erlassen. Danach wird unter anderem für den Kapitalertragsteuerabzug es nicht beanstandet, wenn die Vorgaben zur Umsetzung des § 20 Abs. 6 S. 5 und 6 EStG unter anderem mit folgender Maßgabe erst zum 1. Januar 2022 angewendet werden, dass für das Kalenderjahr 2021 Verluste einerseits aus ausgeknockten Zertifikaten, Verluste aus verfallenen Optionen und der Verlust aus einem vom Stillhalter gezahlten Barausgleich und Verluste aus ausgeknockten oder verfallenen Optionsscheinen nicht mehr in den Verlusttopf für sonstige Verluste eingestellt werden dürfen; andererseits sind Verluste aus dem wertlosen Verfall von anderen Wirtschaftsgütern im Sinne des § 20 Abs. 1 EStG ebenfalls entsprechend der bisherigen Verfahrensweise beim Kapitalertragsteuerabzug nicht im Verlusttopf für sonstige Verluste zu berücksichtigen.[1794] Zudem ist § 20 Abs. 6 S. 4 EStG für diese Fälle nicht anzuwenden und der Verlustausgleich nach § 20

1792 BMF-Schreiben v. 3.6.2021 – IV C 1 – S 2252/19/10003: 002, Rn. 59, BStBl. I 2021, 723 (725), mit der zweifelhaften Regelung, dass die Verwaltung unter anderem von einer Veräußerung eines wertlosen Wirtschaftsguts des Katalogs des § 20 Abs. 1 EStG regelmäßig ausgeht, wenn der Veräußerungspreis die tatsächlichen Transaktionskosten nicht übersteigt und dann die Verlustverrechnungsbeschränkung des § 20 Abs. 6 S. 6 EStG anwenden will.

1793 BStBl. II 2021, 468 (471).

1794 BMF-Schreiben v. 3.6.2021 – IV C 1 – S 2252/19/10003: 002, Rn. 324, BStBl. I 2021, 723 (729 f.).

Abs. 6 S. 6 EStG findet nur im Rahmen der Veranlagung statt.[1795] Dies bedeutet, dass die Veräußerung beziehungsweise Ausbuchung einer wertlosen Aktienbeteiligung gerade aus dem Steuerabzugsverfahren ausgenommen wurde, so dass die auszahlenden Stellen den Verlust nicht im Abzugsverfahren beachten. Folglich ist eine Pflichtveranlagung nach § 32d Abs. 3 EStG zur Einbeziehung des Verlustes im Bedarfsfall erforderlich.

Genauso verhält es sich nach der neueren Anwendungsregelung der Verwaltung für Fälle aus Untergangskonstellationen von Aktien[1796], bei denen sozusagen ein Verfall[1797] von Aktien in Betracht kommt, mit dem Ergebnis, dass das Abzugsverfahren nach der Verwaltung ab dem Veranlagungszeitraum 2022 nicht mehr direkt angewendet werden kann.[1798] Nachdem der vormals vertretene Ansatz der Verwaltung, dass es sich bei diesen Fällen gerade um keine Veräußerung nach § 20 Abs. 2 S. 1 EStG sowie keinen Fall der Ersatztatbestände des S. 2 handelte und folglich das Steuerabzugsverfahren keine Anwendung finden konnte, da unter anderem auch § 43 Abs. 1 S. 4 EStG keine Anwendung fand, konnte es auch nicht auf einen Verweis auf den Verlustverrechnungskreis nach § 20 Abs. 6 S. 6 EStG im Steuerabzugsverfahren ankommen. Jedoch hat der BFH mittlerweile entschieden, dass die verschiedenen Untergangskonstellationen aus Aktien zumindest unter die analoge Anwendung des § 20 Abs. 2 S. 1 Nr. 1 EStG fallen.[1799] Grundsätzlich müsste hierdurch nun auch eine Berücksichtigung im Steuerabzugsverfahren folgen. Diesem Ansatz schiebt die neuere Anwendungsregelung des BMF einen Riegel vor. Dies bedeutet, dass entsprechende Verluste aus Untergangskonstellationen aus Aktien bei Bedarf ebenso nur im Veranlagungsverfahren über den Weg der Pflichtveranlagung geltend gemacht werden können. Neben den vorstehend ausgeführten Zweifeln insgesamt schon an der Verlustverrechnungsbeschränkung des § 20 Abs. 6 S. 6 EStG[1800] tritt ein weiteres Problem hinzu. Denn der Steuerpflichtige mit einem solchen Verlust muss so lange den Weg über die Veranlagung zur Berücksichtigung seines Verlustes gehen, bis seine Verluste aus der Untergangskonstellation von Aktien über die notwendigen Veranlagungszeiträume neutralisiert wurden. Hier zeigt sich doch eine größere Unstimmigkeit im System durch die über die Hintertür der Verlustverrechnungsbeschränkung wieder eingeführte starre Haltung des Gesetzgebers und Fiskus. Im Ergebnis ist die höhenmäßige Beschränkung

---

1795 BMF-Schreiben v. 3.6.2021 – IV C 1 – S 2252/19/10003: 002, Rn. 118, BStBl. I 2021, 723 (727 f.).

1796 Kap. 3, III.

1797 BMF-Schreiben v. 3.6.2021 – IV C 1 – S 2252/19/10003: 002, Rn. 63, BStBl. I 2021, 723 (727).

1798 BMF-Schreiben v. 3.6.2021 – IV C 1 – S 2252/19/10003: 002, Rn. 324, BStBl. I 2021, 723 (729 f.).

1799 BStBl. II 2021, 378 (379 f.); BFH/NV 2020, 687 (689); BStBl. II 2020, 836 (839).

1800 Kap. 2, III. 3. b) ee) (4).

der Verlustverrechnung nach § 20 Abs. 6 S. 6 EStG für bestimmte Fälle momentan nicht umfänglich von einer auszahlenden Stelle im Steuerabzugsverfahren zu erreichen, so dass der Gesetzgeber schon aus diesem Hauptargument hierauf keinen Bezug im Kapitalertragsteuerverfahren aktuell nimmt, da ansonsten der Aspekt der Vereinfachung in Bezug auf die Abgeltungsteuer wieder leidet. Der Aspekt der Vereinfachung leidet wie zuvor ausgeführt auch so schon genug und wirft mit den Neuregelungen mehr Fragen auf, anstatt diese zu lösen.

cc) Das Problem nach der Reihenfolge

Hinsichtlich der Reihenfolge der auszugleichenden Kapitalerträge hat die auszahlende Stelle innerperiodisch diese zwar nach deren Zufluss zu vollziehen, um das System des Kapitalertragsteuereinbehalts zu gewährleisten, jedoch ist ein „steuerlicher Ausgleichsmechanismus" mittels Steuergutschrift notwendig, falls sich durch die spätere Verrechnung von Verlusten eine Berichtigung der schon einbehaltenen Kapitalertragsteuer ergibt.[1801] Denn durch das Abarbeiten in der Reihenfolge des Zuflusses kann ein unterschiedlicher Kapitalertragsteuerabzug entstehen, der sich nur aus der zufälligen Reihenfolge von positiven und negativen Kapitalerträgen ergibt,[1802] da zum Beispiel, falls zuerst positive Erträge zufließen, Kapitalertragsteuer sofort einbehalten wird und spätere Verluste nur in den Verrechnungstopf eingebucht werden, sowie bei dem gegenläufigen Beispiel, wenn erst Verluste realisiert und in den Verrechnungstopf eingebucht und danach positive Erträge erlangt werden, folgt eine sofortige Verrechnung, so dass keine Kapitalertragsteuer einbehalten würde, und dieses Ergebnis wäre aus dem Blickwinkel der Vereinfachung der Abgeltungsteuer unbefriedigend, da die innerperiodische Verlustverrechnungsmöglichkeit nur nach vorne, wie zuvor im Rahmen des Stückzinstopfs nach § 43a Abs. 3 S. 1 EStG a. F., wieder eine Veranlagung zur Verlustberücksichtigung nach § 32d Abs. 4 EStG erfordern würde, soweit die Verlustberücksichtigung im Steuerabzugsverfahren unterjährig von der zufälligen Reihenfolge abhängt.[1803] Um dem unterjährigen Verlustausgleich daher gerecht zu werden, kann die auszahlende Stelle ein Steuerverrechnungskonto für jeden Steuerpflichtigen führen, bei dem diese entweder an bestimmten Stichtagen oder täglich oder nach jedem Geschäftsvorfall – und nicht erst am Ende des Kalenderjahres – eine Angleichung durchführt und gegebenenfalls eine Steuererstattung vornimmt, die im Rahmen der nächsten Steueranmeldung verrechnet wird.[1804] Aufgrund des

---

1801 *Hoffmann*, in: Frotscher/Geurts, EStG, § 43a Rn. 95; vgl. auch BMF-Schreiben v. 18.1.2016 – IV C 1 – S 22252/08/10004: 017, Rn. 212, BStBl. I 2016, 85 (117).

1802 BMF-Schreiben v. 18.1.2016 – IV C 1 – S 22252/08/10004: 017, Rn. 212, BStBl. I 2016, 85 (117).

1803 *Hoffmann*, in: Frotscher/Geurts, EStG, § 43a Rn. 95.

1804 BMF-Schreiben v. 18.1.2016 – IV C 1 – S 22252/08/10004: 017, Rn. 212, BStBl. I 2016, 85 (117).

fälligen Steuererstattungsanspruchs werden jedoch hiergegen rechtsstaatliche Bedenken im Sinne des Art. 20 Abs. 3 GG geäußert,[1805] wie sich nachfolgend noch zeigen wird.

2. Die Verlustbescheinigung

a) Allgemein

Nach § 43a Abs. 3 S. 3 EStG wird im Regelfall ein Verlustüberhang zum Jahresende, der nicht innerperiodisch ausgeglichen wurde, überperiodisch auf das Folgejahr vorgetragen, so dass eine Verrechnung mit positiven Kapitalerträgen des nächsten Kalenderjahres ermöglicht wird, jedoch ist eine Trennung zwischen dem allgemeinen und dem besonderen Verlustverrechnungstopf für die Verluste aus Aktienveräußerungen weiter aufrechtzuerhalten und fortzuführen.[1806] Gleichlaufend zur Verlustverrechnung im Veranlagungsverfahren ist ein überperiodischer Verlustrücktrag indes nicht möglich und es erfolgt wieder ein getrennter Verlustvortrag zwischen zusammenveranlagten Ehegatten mit einem gemeinsamen Freistellungsauftrag für nicht gemeinsam ausgeglichene Verluste.[1807] Anstelle des Verlustvortrags kann der Steuerpflichtige indes eine Verlustbescheinigung von seiner auszahlenden Stelle nach § 43a Abs. 3 S. 4 EStG beantragen, die dann im Gegenzug den Verlustverrechnungstopf schließt, diesen sozusagen für das nächste Kalenderjahr wieder auf null stellt und den beinhaltenden Verlust bescheinigt.[1808] Eine solche Bescheinigung nach amtlich vorgeschriebenem Muster kann auf Antrag insgesamt oder auch nur für einen Verlustverrechnungstopf getrennt, also zum Beispiel nur für die Verluste aus Aktienveräußerungen, gestellt werden.[1809] Diese muss jedoch alle Verluste eines Verlustverrechnungstopfs ausweisen, so dass eine Teilbescheinigung von Verlusten eines Verrechnungstopfs nicht möglich ist und falls Verluste mit einer Bescheinigung aus dem Kapitalertragsteuersystem herausgenommen und ebenfalls nicht im Veranlagungsverfahren ausgeglichen wurden, nicht von der auszahlenden Stelle sozusagen zurückgebucht werden können[1810]. Nach § 43a Abs. 3 S. 5 EStG muss der unwiderrufliche Antrag des Steuerpflichtigen auf Erteilung einer Bescheinigung bis spätestens zum 15. Dezember des laufenden Jahres der auszahlenden Stelle zugehen. Die normierte Frist zur Antragstellung im Vorfeld am Ende des Jahres – sowie auch die Unwiderruflichkeit – dient im

1805 *Jachmann-Michel*, in: Brandis/Heuermann, EStG, § 43a Rn. 91.
1806 BMF-Schreiben v. 18.1.2016 – IV C 1 – S 22252/08/10004: 017, Rn. 233, BStBl. I 2016, 85 (119).
1807 In diese Richtung *Jachmann-Michel*, in: Brandis/Heuermann, EStG, § 43a Rn. 92.
1808 *Hoffmann*, in: Frotscher/Geurts, EStG, § 43a Rn. 102.
1809 BMF-Schreiben v. 18.1.2016 – IV C 1 – S 22252/08/10004: 017, Rn. 233, BStBl. I 2016, 85 (119).
1810 *Hoffmann*, in: Frotscher/Geurts, EStG, § 43a Rn. 106.

Endeffekt als Schutz für die Kreditinstitute, um „organisatorisch nur schwer zu bewältigende Probleme“ durch Rückabwicklung von schon neu verrechneten Verlusten im folgenden Jahr zu verhindern.[1811] Die Finanzverwaltung geht davon aus, dass ein zu spät eingegangener Antrag nicht berücksichtigt werden kann und eine Verlustberücksichtigung im Veranlagungsverfahren nicht möglich ist.[1812]

b) Erforderlichkeit

Im System der Verlustberücksichtigung spielt die Bescheinigung nach § 43a Abs. 3 S. 4 EStG eine besondere Rolle, da nach dem Wortlaut des § 20 Abs. 6 S. 7 EStG bereits verrechnete Verluste im Steuerabzugsverfahren nicht mehr im Veranlagungsverfahren geltend gemacht werden können, soweit keine Verlustbescheinigung im Veranlagungsverfahren vorgelegt wird, so dass auch gerade die Verbindungen zwischen Steuerabzugs- und Veranlagungsverfahren in Bezug auf die Verlustberücksichtigung nicht mehr nur einfach seit Einführung der Abgeltungsteuer sind.[1813] Denn eigentlich soll die Ausstellung der Verlustbescheinigung eine Doppelberücksichtigung im Veranlagungsverfahren vorbeugen, jedoch können Fälle eintreten, in denen von der auszahlenden Stelle keine Verlustbescheinigung im Steuerabzugsverfahren ausgestellt wird, da diese an die Verwaltungsauffassung gebunden ist und die Finanzverwaltung zum Beispiel etwaige Verluste nicht anerkennen will.[1814] Hieraus folgt dann die vorliegende Konstellation wie im Einführungsfall, dass Verluste im Kapitalertragsteuerabzugsverfahren nicht von der auszahlenden Stelle aufgrund der gegenteiligen Auffassung der Verwaltung im unterjährigen Verlustausgleich berücksichtigt werden und dass gerade auch keine Verlustbescheinigung – die jedoch nach dem Wortlaut des Gesetzes Voraussetzung für die Geltendmachung im Veranlagungsverfahren ist – hierüber ausgestellt wird. Dies führt zu dem sich anschließenden Problem, inwieweit die Verlustbescheinigung nach § 43a Abs. 3 S. 4 EStG für die Verlustberücksichtigung im Veranlagungsverfahren notwendig ist oder ob auf diese unter Umständen im Einzelfall entgegen dem Wortlaut von § 20 Abs. 6 S. 7 EStG verzichtet werden kann[1815]. Es handelt sich hierbei eigentlich wieder um ein Problem der Verlustberücksichtigung im

---

1811 *Hoffmann*, in: Frotscher/Geurts, EStG, § 43a Rn. 103.

1812 BMF-Schreiben v. 18.1.2016 – IV C 1 – S 22252/08/10004: 017, Rn. 234, BStBl. I 2016, 85 (119); **a. A.** *Hoffmann*, in: Frotscher/Geurts, EStG, § 43a Rn. 103a, der keine Pflicht der Bank auf Erteilung einer Bescheinigung nach verspätetem Antrag sieht, jedoch freiwillig deren Ausstellung für möglich und beachtlich hält.

1813 *Jachmann-Michel*, BB 2018, 2329 (2332).

1814 Vgl. *Jachmann-Michel*, BB 2018, 2329 (2333 f.).

1815 **A. A.** FG Rheinland-Pfalz BeckRS 2016, 95226, rkr., das schon im Tenor erkennen lässt, dass es sich um insgesamt ein „zwingendes Recht“ durch Vorlage der Verlustbescheinigung in diesem Sinne handelt und daher nicht auf die Gründe ankommen kann, warum keine Bescheinigung vorgelegt wird.

Veranlagungsverfahren. Indes resultiert dieses aus dem Steuerabzugsverfahren, da durch die Nichtanerkennung des Verlustes und die gleichzeitige Nichtausstellung einer Bescheinigung das Problem seinen Ursprung im Abzugsverfahren hat, so dass unter den Ausführungen zum Steuerabzugsverfahren nachfolgend auf dieses Problem eingegangen wird. Das Gleiche gilt für das Problem der nachfolgenden Korrekturbescheinigung.

In Bezug auf Verluste aus Aktien ist sich nochmals vor Augen zu führen, dass verfahrensrechtlich die auszahlende Stelle Verluste des besonderen Verlustverrechnungstopfs für Aktien erst unterjährig oder dann gegebenenfalls überperiodisch auf Vortragsebene mit Veräußerungsgewinnen aus Aktien des gleichen Depots und Kontos verrechnet. Wird bis zum 15. Dezember eines Kalenderjahres ein unwiderruflicher Antrag auf Erteilung einer Verlustbescheinigung über die bereits im besonderen Verlustverrechnungstopf verbuchten Verluste vom Steuerpflichtigen gestellt, so kann dieser das „Verlustverrechnungspoten[t]ial“ der Verluste im Rahmen der Veranlagung – zum Beispiel zur Verrechnung mit Gewinnen eines anderen Depots und Kontos – verwenden, mit dem Ergebnis, dass die Berücksichtigung von Verlusten aus Aktien erstmal im Veranlagungsverfahren grundsätzlich nur über die Wahlveranlagung zum Sondertarif nach § 32d Abs. 4 EStG führen kann.[1816] Ein solcher Antrag auf Veranlagung hebt das System der Abgeltungsteuer auch insgesamt nicht auf, sondern schafft die Möglichkeit der Umsetzung einer Abgeltungsteuer im Rahmen der Veranlagung[1817], da dann ebenfalls die Abgeltungswirkung der positiven Kapitalerträge „suspendiert“ ist, um eine Berücksichtigung der Verluste zu ermöglichen.[1818] Eine Verlustberücksichtigung ohne Antragstellung nach § 32d Abs. 4 EStG im Veranlagungsverfahren kommt jedoch für die Fälle in Betracht, in denen das Finanzamt einen Verlust aus Aktien nach § 20 Abs. 6 S. 4 Hs. 2, S. 3 EStG in Verbindung mit § 10d Abs. 4 EStG schon gesondert festgestellt hat und dieser vorzutragen ist.[1819] Die Verlustbescheinigung des § 43a Abs. 3 S. 4 EStG ist nach § 20 Abs. 6 S. 7 EStG materiell-rechtliche Voraussetzung, um im Veranlagungsverfahren eigentlich berücksichtigungsfähige Verluste des Abzugsverfahrens geltend zu machen, so dass eine starre Forderung der Vorlage einer Bescheinigung im Veranlagungsverfahren dazu führen würde, dass sich die Finanzverwaltung über die „Bindungswirkung des § 44 Abs. 1 S. 3 EStG zum Gesetzgeber aufschwingen“ könnte, da die auszahlende Stelle an die Verwaltungsauffassung gebunden ist und zum Beispiel einen Veräußerungsverlust

1816 *Jachmann-Michel*, DB 2018, 2777 (2780); anders hinsichtlich den Verlusten aus Aktien des § 20 Abs. 6 S. 6 EStG, da das Steuerabzugsverfahren aufgrund keines Verweises gar nicht zur Anwendung kommt, z. B. *Levedag*, in: Schmidt, EStG, 40. Aufl., § 20 Rn. 247.

1817 *Moritz/Strohm*, in: Handbuch, S. 455 f.; *Stahl*, S. 102.

1818 *Jachmann-Michel*, DB 2018, 2777 (2780); *Stahl*, S. 103 f.

1819 BStBl. II 2018, 262 (266).

eben wie die Verwaltung nicht anerkennt, aber zeitgleich keine Bescheinigung hierüber ausstellt.[1820] Eine Korrektur im Veranlagungsverfahren wäre aufgrund der fehlenden Bescheinigung nicht mehr möglich, so dass der Steuerpflichtige ohne Rechtsschutz an die den Verlust versagende Verwaltungsauffassung gebunden wäre.[1821] In Konstellationen, in denen nicht die Gefahr einer Doppelberücksichtigung besteht – deren Zweck gerade das Erfordernis der Bescheinigung dient –, hat sich die Rechtsprechung richtigerweise eindeutig dahingehend positioniert, dass es „reiner Formalismus" – wie auch im Einführungsfall zutreffend[1822] – wäre, die Verlustberücksichtigung im Veranlagungsverfahren von der Vorlage der Verlustbescheinigung abhängig zu machen.[1823] Dies ergibt sich schon aus dem Grundsatz des Leistungsfähigkeitsprinzips, um einen endgültigen Verlustausschluss ohne Überprüfungsmöglichkeit durch das vorstehende Prozedere vermeiden zu können. Darüber hinaus bedient sich ein Teil der Literatur zwar, wie vorstehend aufgezeigt, aufgrund des missverständlichen Wortlauts „die der Kapitalertragsteuer unterliegen" in § 20 Abs. 6 S. 7 EStG einer Hypothese, dass darunter auch nur negative Einkünfte aus Kapitalvermögen zu verstehen sind, die dazu korrespondierend im Falle positiver Einkünfte dem Steuerabzug unterliegen würden.[1824] Jedoch stellt einerseits eine solche Hypothese auf eine rechtliche Wertung und nicht auf den tatsächlichen Steuerabzug – worauf an anderer Stelle wie § 32d Abs. 3 und 4 EStG sowie § 43 Abs. 5 S. 1 EStG als Grundkonzept der Abgeltungsteuer aber gerade abgestellt wird[1825] – ab und anderseits führt die Hypothese zu keinem Ergebnis, wenn Verluste ungleich zu Gewinnen gehandhabt werden, wie auch im Einführungsfall,[1826] so dass es im Ergebnis nicht auf eine Hypothese ankommen kann, sondern unter die Vorlagepflicht der Bescheinigung für Verluste fallen nur diejenigen, die tatsächlich auch der Kapitalertragsteuer unterlegen haben, also die tatsächlich verrechnet wurden – ansonsten besteht im Ergebnis keine Gefahr der Doppelberücksichtigung.[1827] Hält die auszahlende Stelle einen Verlust für

---

1820 *Stahl*, S. 104.

1821 *Jachmann-Michel*, DB 2018, 2777 (2781).

1822 BStBl. II 2019, 221 (223).

1823 Etwa BStBl. II 2021, 385 (387); BStBl. II 2019, 221 (223); BStBl. II 2018, 262 (266); BStBl. II 2017, 264 (268); vgl. auch BStBl. II 2019, 54 (56).

1824 Vgl. z. B. *Buge*, in: Herrmann/Heuer/Raupach, EStG, § 20 Rn. 621; *Moritz/Strohm*, in: Frotscher/Geurts, EStG, § 20 (n. F.) Rn. 375; *Schönfeld*, in: Schaumburg/Rödder, S. 640.

1825 Vgl. z. B. BMF-Schreiben v. 18.1.2016 – VI C 1 – S 2252/08/1004, Rn. 182 f., BStBl. I 2016, 85 (113); *Jachmann-Michel*, in: Brandis/Heuermann, EStG, § 43 Rn. 191–193; *Kühner*, in: Herrmann/Heuer/Raupach, EStG, § 32d Rn. 66; *Oellerich*, in: Bordewin/Brandt, EStG, § 32d Rn. 106; *Moritz/Strohm*, in: Frotscher/Geurts, EStG, § 32d Rn. 68; *Weiss*, BB 2017, 2071 (2071).

1826 *Stahl*, S. 104 f.

1827 Vgl. *Jachmann-Michel*, DB 2018, 2777 (2781); *Stahl*, S. 104–106.

nichtberücksichtigungsfähig[1828] oder setzt diese anstatt des Verlustes einen Veräußerungsgewinn von null Euro im Abzugsverfahren an[1829], so wurde der Verlust auch tatsächlich im Steuerabzugsverfahren nicht berücksichtigt und es besteht keine Gefahr einer Doppelberücksichtigung. Dies kann daher wiederum zu keiner zwingenden Vorlage einer Verlustbescheinigung im Veranlagungsverfahren nach § 20 Abs. 6 S. 7 EStG führen. Im Einführungsfall hielt die auszahlende Stelle den Veräußerungsverlust aufgrund der Verwaltungsauffassung für nicht beachtlich und dieser wurde nicht im Kapitalertragsteuerabzugsverfahren tatsächlich verrechnet, so dass es nicht auf die Vorlage der Bescheinigung im Veranlagungsverfahren zur Geltendmachung der Verluste ankommen kann.[1830]

c) Fazit

Nachdem es durchaus Fälle gibt, in denen die auszahlende Stelle einen Verlust aufgrund der zwingenden Verwaltungsauffassung nicht anerkennt und ebenfalls hierüber keine Bescheinigung auf Antrag am Jahresende ausstellt, kann ein zwingendes Erfordernis der Vorlage einer Verlustbescheinigung im Veranlagungsverfahren nicht Bestand haben, soweit keine Überprüfungsmöglichkeit mehr im Veranlagungsverfahren besteht. Denn grundsätzlich besteht erstmal nur ein vorläufiger Verlustausschluss, wenn Verluste durch das Abzugsverfahren nicht anerkannt werden. Fehlt es indes an einer Überprüfungsmöglichkeit im Veranlagungsverfahren, weil keine Bescheinigung über den nichtanerkannten Verlust ausgestellt wird, tritt aus Sicht des Steuerpflichtigen ein nicht mehr zu durchbrechender Kreislauf ein. Aus Sicht des Leistungsfähigkeitsprinzips, insbesondere des objektiven Nettoprinzips, folgt dann schon im Abzugsverfahren ein unbefriedigendes Ergebnis, soweit Aufwendungen als Verlust, endgültig nicht anerkannt werden, obwohl die Finanzauffassung und die Auffassung der auszahlenden Stelle möglicherweise rechtsfehlerhaft sind. Im Endeffekt wäre der Steuerpflichtige bei einer strengen Bindung an das Erfordernis der Verlustbescheinigung im Veranlagungsverfahren für diesen Fall der rechtsfehlerhaften Auffassung der Verwaltung ohne Rechtsschutzmöglichkeit ausgeliefert. Eine Rechtfertigung für diesen verkürzten Rechtsweg ist nicht ersichtlich, so dass es sich bei dem Vorlageerfordernis alleine um einen formellen Aspekt handeln kann, so dass es auf die Vorlage einer Verlustbescheinigung im Veranlagungsverfahren nur unter dem Zweck der Doppelberücksichtigung ankommen kann. Wurden Verluste tatsächlich im Abzugsverfahren nicht berücksichtigt und wurde keine Bescheinigung hierüber ausgestellt, besteht trotzdem keine Gefahr einer Doppelberücksichtigung, so dass eine Berücksichtigung im Veranlagungsverfahren, insbesondere unter dem Gedanken des Leistungsfähigkeitsprinzips, dem nicht entgegensteht. Denn umgekehrt

---

1828 Vgl. z. B. BStBl. II 2017, 264 (268).

1829 BStBl. II 2018, 262 (266).

1830 Auch BStBl. II 2019, 221 (223).

hat im Normalfall die auszahlende Stelle die Verluste auch tatsächlich im Steuerabzugsverfahren verrechnet und es wurde keine Verlustbescheinigung hierüber ausgestellt, so sind die Verluste im Veranlagungsverfahren grundsätzlich auch nicht mehr heranzuziehen. Der tatsächliche Steuerabzug ist entscheidend.

3. Die Korrektur nach § 43a Abs. 3 S. 7 EStG

Ein weiteres Problem im Abzugsverfahren ergibt sich im Zusammenhang mit Verlusten aus Aktien, soweit Verluste von der auszahlenden Stelle aufgrund der zwingenden Auffassung der Finanzverwaltung nicht anerkannt werden und zur Verrechnung im besonderen Verlustverrechnungstopf nicht zur Verfügung stehen, so dass Kapitalertragsteuer dadurch einbehalten oder schon im Rahmen der Steueranmeldung abgeführt wurde, obwohl sich im Nachhinein herausstellt, dass die Verwaltungsauffassung fehlerhaft war und die Verwaltung zwischenzeitlich diesbezüglich ihre Einschätzung geändert hat. Die auszahlende Stelle hätte dann einen solchen Verlust eigentlich schon ursprünglich im Kapitalertragsteuerabzugsverfahren verrechnen müssen. Dies betrifft zum Beispiel den Einführungsfall und ähnlich gelagerte Fälle, in denen zuvor sozusagen ein fehlerhaftes BMF-Schreiben vorlag, wie dass eine Veräußerung von den Transaktionskosten abhängig gemacht und dadurch ungerechtfertigt die Verlustanerkennung eingeschränkt wurde. Dies war wiederum aufgrund erfolgter Rechtsprechung zu korrigieren. Es stellt sich somit die Frage, wie mit einem zuerst nicht und dann anerkannten Verlust im Abzugsverfahren umzugehen ist.

a) Allgemein

Grundsätzlich ist sich durchaus der Gesetzgeber[1831] wie auch die Finanzverwaltung[1832] der Fälle bewusst, in denen die auszahlenden Stellen einem Fehler bei der Ermittlung der Kapitalertragsteuer unterliegen, so dass der Gesetzgeber zur Aufrechterhaltung der vereinfachten Anwendbarkeit der Abgeltungsteuer eine Korrekturmöglichkeit in § 43a Abs. 3 S. 7 EStG durch das JStG 2010 geschaffen hat.[1833] Zeitgleich hat dieser § 20 Abs. 3a EStG eingeführt, der in S. 1 einerseits für den Zeitpunkt der Korrektur im Veranlagungsverfahren auch auf § 43a Abs. 3 S. 7 EStG verweist und in S. 2 andererseits die Möglichkeit der Geltendmachung einer nicht im Abzugsverfahren berücksichtigten Korrektur im Veranlagungsverfahren beinhaltet, soweit eine Korrekturbescheinigung vorgelegt wird. Während die Korrekturmöglichkeiten in § 20 Abs. 3a EStG und § 43a Abs. 3 S. 7 EStG sich beide auf die Möglichkeit eines zu geringen oder eines zu hohen Kapitalertragsteuereinbehalts

---

1831 Vgl. BT-Drs. 17/2249, S. 52 f., 58 f.

1832 BMF-Schreiben v. 18.1.2016 – IV C 1 – S 22252/08/10004: 017, Rn. 241, BStBl. I 2016, 85 (120 f.), mit entsprechenden Beispielen.

1833 *Hoffmann*, in: Fotscher/Geurts, EStG, § 43a Rn. 106a.

beziehen, ist aus dem Verlustblickwinkel dieser Arbeit nur die Korrekturmöglichkeit eines zu hoch einbehaltenen Kapitalertragsteuerabzugs nach § 43a Abs. 3 S. 7 Alt. 1 EStG durch Veränderung der Bemessungsgrundlage relevant, indem zuvor nicht anerkannte Verluste nun anerkannt werden und eine Korrektur der Bemessungsgrundlage durchzuführen ist. Nach § 44b Abs. 5 S. 1 Hs. 1 EStG ist die zu viel einbehaltene oder abgeführte Kapitalertragsteuer auf Antrag der auszahlenden Stelle, für die keine Verpflichtung zum Einbehalt bestand, die Steueranmeldung von der Finanzbehörde nach § 45a Abs. 1 EStG insoweit zu ändern und zu erstatten; zudem wird nach Hs. 2 des § 44b Abs. 5 S. 1 EStG der auszahlenden Stelle im Rahmen der nächsten Steueranmeldung die Möglichkeit eingeräumt, die Kapitalertragsteuer selbst entsprechend zu kürzen. Neben dem besonderen Erstattungsanspruch aus § 44b Abs. 5 EStG – und der Erstattungsmöglichkeit nach Abs. 6 für Ansprüche aus § 43 Abs. 1 S. 1 Nr. 1 und 2 EStG – besteht ferner noch grundsätzlich nach § 37 Abs. 2 AO für solche Fälle, in denen Steuer ohne Rechtsgrund zu viel abgeführt wurde, ein allgemeiner Erstattungsanspruch für den Steuerpflichtigen. Jedoch stellt sich eine wirksame Steueranmeldung zumindest einerseits als „formaler" Rechtsgrund dar, da nach § 168 S. 1 AO die Steueranmeldung einer Steuerfestsetzung unter Vorbehalt der Nachprüfung nach § 164 Abs. 1 AO gleichsteht, so dass im Übrigen auch eine Aufhebung oder Änderung der Steueranmeldung für die Statthaftigkeit des allgemeinen Erstattungsanspruchs verfolgt werden müsste;[1834] anderseits existieren die besonderen Erstattungsregeln des § 44b Abs. 5 und 6 EStG, die vorrangig anzuwenden sind[1835], und in der Veranlagung wird die einbehaltene Kapitalertragsteuer erst nach § 36 Abs. 2 Nr. 2 S. 2 EStG angerechnet und nur der Überschuss ist nach § 36 Abs. 4 S. 2 EStG zu erstatten[1836], so dass erst mit der Abrechnung der Rechtsgrund der Anmeldung wegfällt und durch den Steuerbescheid ersetzt wird[1837]. Es liegt folglich erst in diesem Zeitpunkt kein Rechtsgrund mehr für zu viel einbehaltene Kapitalertragsteuer vor und im Normalfall wird der Überschuss nach Bekanntgabe des Steuerbescheids auch ausgezahlt. Der allgemeine Erstattungsanspruch führt daher im Ergebnis nicht vorrangig zum Ziel zu viel gezahlte Kapitalertragsteuer – aufgrund anfänglich verwehrter Verlustanerkennung – zurückzuerlangen.

Für den relevanten Fall, dass Kapitalertragsteuer von der auszahlenden Stelle einbehalten wurde, hierfür aber keine Verpflichtung (mehr) besteht, da ein Verlust von der Finanzverwaltung nun anerkannt wird, geht die besondere Erstattungsregel des § 44b Abs. 5 EStG dem allgemeinen Erstattungsanspruch nach § 37 Abs. 2 EStG vor,[1838] indes nur, soweit die auszahlende Stelle eine Änderung

1834 Vgl. BFH/NV 2009, 1543 (1544 f.).

1835 *Ratschow*, in: Klein, AO, § 37 Rn. 8.

1836 *Stahl*, S. 88.

1837 Vgl. BStBl. II 1996, 87 (87 f.).

1838 BMF-Schreiben v. 18.1.2016 – IV C 1 – S 22252/08/10004: 017, Rn. 307, BStBl. I 2016, 85 (129).

der Steueranmeldung beantragt[1839]. Aus § 44b Abs. 5 EStG folgen die bereits dargestellten zwei unterschiedlichen Möglichkeiten der Korrektur des Kapitalertragsteuereinbehalts, allerdings ist nur die auszahlende Stelle, somit der Entrichtungsschuldner und nicht der Steuerpflichtige antrags- und erstattungsberechtigt, um Irrtümer und doppelte Erstattungen im Dreipersonenverhältnis zu verhindern.[1840] Der Entrichtungsschuldner hat nach § 44b Abs. 5 S. 3 EStG das Erstattungsverfahren zu betreiben, solange noch keine Steuerbescheinigung nach § 45a EStG erteilt wurde. Denn im Rahmen der Steueranmeldung der Kapitalerträge entsteht ein Dreipersonenverhältnis zwischen dem Entrichtungsschuldner, dem Steuerpflichtigen und dem Fiskus, in dessen Verhältnis der Steuerpflichtige den Eingriff des Entrichtungsschuldners zu dulden hat[1841], so dass sich die Frage stellt, ob der Steuerpflichtige überhaupt ebenfalls die Steueranmeldung gegenüber dem Fiskus anfechten kann, da dieser nur mittelbar und nicht direkt am Verfahren beteiligt ist.[1842] Aufgrund des Umstandes, dass der Steuerpflichtige Schuldner der Kapitalertragsteuer ist, ist dieser in seinen geschützten Interessen betroffen und eine Drittanfechtung soll zwar möglich sein[1843], jedoch ist diese in der gerichtlichen Überprüfungsmöglichkeit dahingehend eingeschränkt, ob die auszahlende Stelle überhaupt einen solchen Eingriff an sich vornehmen durfte.[1844] Mit dem Ergebnis, dass falls ein BMF-Schreiben vorliegt beziehungsweise vorlag, sich der Entrichtungsschuldner hierauf stützen kann und zum Abzug berechtigt ist beziehungsweise erstmal war[1845], so dass die Drittanfechtung in diesem Fall nicht weiter hilft, außer es tritt eindeutig hervor, dass die Steueranmeldung rechtswidrig erfolgte[1846]. Der BFH legt zudem dar, dass auch kein Verstoß gegen einen zeitnahen und effektiven Rechtsschutz nach Art. 19 Abs. 4 S. 1 GG vorliegt, denn es kommt zu gar keiner Einschränkung des Rechtsschutzes, wenn „komplexe" und zweifelhafte Fragen der Kapitaleinkünftebesteuerung erst „endgültig" im Veranlagungsverfahren zu klären sind, falls die Möglichkeit der Überprüfung in der Wahlveranlagung nach § 32d Abs. 4 EStG für den Steuerpflichtigen grundsätzlich besteht.[1847] Dieser Ansatz

1839 Vgl. *Elser/Bindl*, FR 2010, 360 (365), im Zusammenhang mit § 44b V EStG und einer fehlenden NV-Bescheinigung der steuerbefreiten Körperschaft.

1840 *Stahl*, S. 89 f.

1841 Z. B. *Drüen*, S. 370; vgl. auch *Heuermann*, in: Hübschmann/Hepp/Spitaler, AO, § 168 Rn. 7 f.; *Seer*, in: Tipke/Kruse, AO, § 168 Rn. 2.

1842 *Stahl*, S. 95.

1843 Vgl. z. B. BStBl. II 2019, 306 (307); BStBl. II 2013, 682 (682); BStBl. II 2008, 228 (229 f.); BStBl. II 2006, 94 (95); *Heuermann*, in: Hübschmann/Hepp/Spitaler, AO, § 168 Rn. 8; *Rüsken*, in: Klein, AO, § 168 Rn. 16; *Seer*, in: Tipke/Kruse, AO, § 168 Rn. 2.

1844 BStBl. II 2013, 682 (682 f.).

1845 BStBl. II 2013, 682 (682 f.).

1846 Z. B. *Moritz/Strohm*, in: Handbuch, S. 423.

1847 BStBl. II 2019, 306 (310).

unterstreicht auch unter dem Gedanken des Leistungsfähigkeitsprinzips, dass das Abzugsverfahren nur eine entscheidende Rolle in der Nichtanerkennung von Verlusten einnimmt, soweit schon dort eine Endgültigkeit feststeht. Denn die materielle Rechtmäßigkeit des Kapitalertragsteuereinbehalts ist auch bei unterschiedlichen Auffassungen des Entrichtungsschuldners und des Steuerpflichtigen aufgrund der gesetzlichen Konzeption dem Veranlagungsverfahren nach § 43 Abs. 5 S. 3 EStG in Verbindung mit § 32d Abs. 4 und 6 EStG vorbehalten.[1848] Dieser Ansatz ergibt sich ebenfalls aus dem Haftungsrisiko des Entrichtungsschuldners für nicht abgeführte Kapitalertragsteuer und der Bindung an die Verwaltungsauffassung, so dass diesem ein weiter Einschätzungsspielraum zum Einbehalt eingeräumt wird;[1849] der Weg für die materielle Richtigkeit des Kapitalertragsteuereinbehalts geht primär über das Veranlagungsverfahren[1850] und die Überprüfungsmöglichkeit im Rahmen einer Drittanfechtung ist folglich eingeschränkt.[1851] Im Ergebnis hat somit (nur) die auszahlende Stelle grundsätzlich das besondere Erstattungsverfahren zu betreiben. Dem Steuerpflichtigen bleibt hingegen im Abzugsverfahren wenig Spielraum.

b) Die Delta-Korrektur

In Bezug auf den Zeitpunkt einer Korrektur ist ferner zu unterscheiden, ob die auszahlende Stelle unterjährig oder erst nach Ablauf des Kalenderjahres von der Veränderung der Bemessungsgrundlage oder der zu erhebenden Kapitalertragsteuer erfährt. Denn nach § 43a Abs. 3 S. 7 EStG hat die auszahlende Stelle die Korrektur nur für die Zukunft vorzunehmen, soweit sich deren Kenntnis vom Fehler erst nach Ablauf des Kalenderjahres zeigt. Die Festlegung der Änderungsmöglichkeit nur auf das Folgejahr – es besteht also keine rückwirkende Korrekturmöglichkeit in diesem Fall – ist dem Umstand geschuldet, dass zum Jahresende bei den auszahlenden Stellen ein Einschnitt in der Kapitalertragsbesteuerung und den verwalteten Verlustverrechnungstöpfen beziehungsweise -salden besteht, die bei rückwirkenden Korrekturen über diesen Zeitpunkt hinaus zu schwer handhabbaren beziehungsweise „administrierbar[en]“ Verwaltungsaufgaben der auszahlenden Stellen führen würde, wie zum Beispiel die Änderung der Verlustverrechnungstöpfe oder der ausgestellten Jahressteuer- und Verlustbescheinigungen.[1852] Aufgrund der weitreichenden Folgeänderungen ist daher nach § 43a Abs. 3 S. 7 EStG eine Korrektur erst für den Zeitpunkt der Kenntniserlangung vorzunehmen, so dass von einer sogenannten Delta-Korrektur in diesem Fall gesprochen wird, da sich die Korrektur nur auf die „aktuelle verbleibende Differenz“ bezieht.[1853] Ein rückwirkender

1848 Z. B. FG Köln EFG 2016, 93 (96).
1849 *Stahl*, S. 96.
1850 Vgl. z. B. *Delp*, DB 2015, 1919 (1923).
1851 Vgl. etwa BStBl. II 2013, 682 (682).
1852 BT-Drs. 17/2249, S. 52 f.; *Hoffmann*, in: Frotscher/Geurts, EStG, § 43a Rn. 106b.
1853 *Jachmann-Michel*, in: Brandis/Heuermann, EStG, § 43a Rn. 120.

Fehlerstorno abweichend von § 44b Abs. 5 S. 1 EStG unterjährig ist indes möglich, soweit dieser offensichtlich von der auszahlenden Stelle selbst zu vertreten ist[1854], und es besteht die Ausnahmemöglichkeit für die auszahlenden Stellen eine rückwirkende Korrektur einheitlich für alle Anleger bis zum 31. Januar des folgenden Kalenderjahres für das abgelaufene Kalenderjahr vorzunehmen,[1855] da die Jahressteuerbescheinigungen erst nach diesem Zeitraum in der Praxis erstellt werden[1856]. Im Ergebnis kann die auszahlende Stelle unterjährig einen Fehler auch für die Vergangenheit korrigieren, da § 43a Abs. 3 S. 7 EStG vom Wortlaut her dem nicht entgegensteht und das System der Abgeltungsteuer trotz monatlicher Steueranmeldung sich auf das Kalenderjahr insgesamt bezieht, um das System an sich nicht wieder selbst auszuhebeln und eine Veranlagung durchführen zu müssen. Dass die unterjährige Korrektur sich dann wieder im tatsächlichen Bereich des Abzugsverfahrens durch Erstattung mittels Steuergutschrift zeigt, soweit schon Kapitalertragsteuer einbehalten wurde, ist zwar zu hinterfragen, insbesondere wenn keine weiteren Kapitaleinkünfte künftig zur Verrechnung zur Verfügung stehen, da grundsätzlich ein Erstattungsanspruch und nicht nur ein Anspruch auf Verrechnung besteht. Dies spielt für das Abzugsverfahren indes wieder nur eine Rolle, soweit keine Überprüfungsmöglichkeit im Veranlagungsverfahren besteht. Denn durch § 20 Abs. 3a EStG wird festgelegt, dass vollzogene Korrekturen im Abzugsverfahren für die Zukunft, die sich daher auf die Fälle nach Ablauf des Kalenderjahres beziehen, ebenfalls keine „materiell-rechtliche Rückwirkung entfalten“ können, so dass es zu einer Abweichung des Zu- und Abflussprinzips nach § 11 Abs. 2, § 20 Abs. 4 EStG für Verluste kommt, da diese erst im Folgejahr bei Kenntnis beachtet werden, mit der weiteren Besonderheit, dass eine vorgenommene Korrektur im Abzugsverfahren nach § 43a Abs. 3 S. 7 EStG nicht mehr im Rahmen der Wahlveranlagung nach § 32d Abs. 4 EStG überprüft werden kann.[1857] Im Ergebnis dient die Möglichkeit der Fehlerkorrektur wieder der Verwaltungsentlastung durch Vereinfachung und Vermeidung der Veranlagung, so dass auch bei Bekanntwerden von Fehlern im Abzugsverfahren die Kontinuität der Abgeltungsteuer auf das Veranlagungsverfahren übertragen wird[1858]. Denn führt die auszahlende Stelle nach „späterer Kenntniserlangung der Veränderung der Bemessungsgrundlage“ keine Korrektur durch, ist der Steuerpflichtige zu unterrichten und es ist eine Bescheinigung – die sogenannte Korrekturbescheinigung nach § 20 Abs. 3a S. 2 EStG – hierüber von der auszahlenden Stelle auszustellen, die wiederum als Voraussetzung für das Veranlagungsverfahren dient.[1859]

1854 BT-Drs. 17/2249, S. 58 f.

1855 BMF-Schreiben v. 18.1.2016 – IV C 1 – S 22252/08/10004: 017, Rn. 241, BStBl. I 2016, 85 (120 f.).

1856 *Hoffmann*, in: Frotscher/Geurts, EStG, § 43a Rn. 106g.

1857 *Jachmann-Michel*, in: Brandis/Heuermann, EStG, § 43a Rn. 120.

1858 BT-Drs. 17/2249, S. 52 f.

1859 *Jachmann-Michel*, in: Brandis/Heuermann, EStG, § 43a Rn. 124.

c) *Künftige Korrekturmöglichkeit oder doch ein Erstattungsanspruch im Einzelfall*

Hinsichtlich des Grunds der nachträglichen Veränderung der Bemessungsgrundlage ist ferner noch zu unterscheiden, ob sich diese aus tatsächlichen Veränderungen oder der Neubeurteilung der rechtlichen Lage des Sachverhalts ergibt. Nach der Finanzverwaltung werden jedoch beide Möglichkeiten von der Delta-Korrektur nach § 43a Abs. 3 S. 7 EStG erfasst,[1860] um auch dem Vereinfachungsgedanken der Abgeltungsteuer nach der Gesetzesbegründung[1861] bei materiellen Fehlern gerecht zu werden. Nach Ansicht der Literatur ist jedoch nur die Anwendungsmöglichkeit der Delta-Korrektur auf die tatsächliche Veränderung des Sachverhalts und nicht auch die spätere rechtliche Neubewertung der Rechtslage von der Delta-Korrektur gedeckt;[1862] da mit der zukünftigen Berichtigungsmöglichkeit ein rechtswidriger Zustand nicht beseitigt werden kann, wenn keine neuen Kapitalerträge in der Zukunft zur Kürzung des Steuereinbehalts anfallen und die dann gebotene Einbuchung nur als Verlust in den Verlustverrechnungstopf für die Zukunft ungenutzt bleibt, und nachdem keine direkte Erstattung, sondern nur eine Verrechnung seitens der Finanzbehörde gewährt wird, führt dies dazu, dass der Steuerpflichtige den rechtsgrundlosen Eingriff der zu hoch einbehaltenen Steuer zu dulden hat, soweit dieser nicht den Weg über das Veranlagungsverfahren wählt, da ansonsten die abgeltende Wirkung eingreift.[1863] Diese Anwendung führt zu rechtsstaatlichen Bedenken nach Art. 20 Abs. 3 GG, insbesondere für Verluste aus Aktienveräußerungen, da diese Verluste noch weitergehend als im allgemeinen Verlustverrechnungstopf in der weiteren Schedule der Aktienveräußerungsverluste gefangen sind und ein faktischer Ausschluss der Verrechnung der Verluste nicht unwahrscheinlich ist.[1864] Es stellt sich daher die Frage, ob eine zukünftige Korrektur über die Delta-Korrektur überhaupt das richtige Mittel der Wahl für

---

1860 BMF-Schreiben v. 18.1.2016 – IV C 1 – S 22252/08/10004: 017, Rn. 241, BStBl. I 2016, 85 (120 f.).

1861 BT-Drs. 17/2249, S. 52.

1862 Vgl. z. B. *Buge*, in: Herrmann/Heuer/Raupach, EStG, § 20 Rn. 555; *Fölsing*, DStR 2015, 2363 (2363 f.), im Zusammenhang mit dem steuerneutralen Google-Aktiensplit 2014. Die meisten Depotbanken gingen von einem steuerbaren Spin-off mit der Ausgabe von Gratisaktien aus und behielten Kapitalertragsteuer ein. 2015 bestätigte das BMF die Steuerfreiheit und ordnete die Delta-Korrektur an, vgl. BMF-Schreiben v. 8.7.2015 – IV 1 – S 2252/09/10004: 003, BStBl. I 2015, 543 (543); auch *Jachmann-Michel*, in: Brandis/Heuermann, EStG, § 43a Rn. 124; *Stahl*, S. 86; **a. A.** vgl. z. B. neben der Einordnung im Zusammenhang mit dem Spin-off allgemein schon BMF-Schreiben v. 18.1.2016 – IV C 1 – S 22252/08/10004: 017, Rn. 241, BStBl. I 2016, 85 (120); auch z. B. *Bleschick*, in: Kirchhof/Seer, EStG, § 20 Rn. 148c.

1863 Vgl. *Jachmann-Michel*, in: Brandis/Heuermann, EStG, § 43a Rn. 124.

1864 *Jachmann-Michel*, DB 2018, 2777 (2781).

solche Konstellationen ist, mit dem sich anschließenden Problem, welche Rolle die Korrekturbescheinigung hierbei spielt. Als Beispiel ist vorliegend wieder auf den Einführungsfall zu verweisen. Der Kläger erhielt keine Verlust- und auch keine Korrekturbescheinigung von der auszahlenden Stelle über seinen Verlust beziehungsweise über eine nicht durchgeführte Korrektur seitens der auszahlenden Stelle im Abzugsverfahren. In dem geführten Verfahren erkannte die Rechtsprechung jedoch seine Verluste an, indem es feststellte, dass das BMF-Schreiben fehlerhaft und die Veräußerung nicht von den Transaktionskosten abhängig sei. Das BMF-Schreiben wurde von der Verwaltung mittlerweile geändert beziehungsweise in diesem Punkt aufgehoben und das Problem auf die Verlustverrechnungsebene geschoben, so dass die auszahlende Stelle nun nicht mehr an die frühere grundsätzlich ablehnende Verwaltungsauffassung eines Veräußerungsverlustes gebunden war. Es handelt sich somit um eine rechtliche Neubewertung des Verlustes durch die Bank, da der Verlust an sich gleichgeblieben ist.[1865] Dies könnte indes zu dem Problem führen, dass nun eine Doppelberücksichtigung des Verlustes erfolgt, wenn einerseits die auszahlende Stelle, die kein Beteiligter im Veranlagungsverfahren war, nun eine Delta-Korrektur durchführt und andererseits der Verlust schon im Veranlagungsverfahren beachtet wurde.[1866] Demnach das Erfordernis der Korrekturbescheinigung eine entscheidende Rolle einnimmt. Im Ergebnis kommt jedoch für einen solchen Fall keine Korrektur in Betracht, so dass es ebenfalls nicht auf die Korrekturbescheinigung ankommen kann.[1867] Denn wird im Rahmen der Delta-Korrektur auf die materiellen Fehler insgesamt abgestellt, wie in der Gesetzesbegründung angeführt,[1868] vertritt *Delp* etwa die Ansicht, dass es zwar in einem solchen Fall der geänderten Rechtsauffassung ein wenig kompliziert wird, aber die Delta-Korrektur auch hier abhelfen kann, soweit die Kommunikation der Beteiligten gelingt.[1869] Diesem Ansatz ist aus rechtlicher Sicht nicht zuzustimmen, da dann der Steuerpflichtige den Steuereingriff aus einem ursprünglich zu hohen Kapitalertragsteuereinbehalt dulden müsste, dem jedoch ein rechtswidriges BMF-Schreiben zugrunde liegt, anstatt eine Erstattung des rechtswidrigen Einbehalts zu erhalten.[1870] Aufgrund der Fehlerkorrekturmöglichkeit der auszahlenden Stelle für eigene falsche Rechtsanwendung bei offensichtlichen Fehlern für die Vergangenheit[1871] und deren

---

1865 Vgl. auch Anm. *Stahl*, HFR 2018, 886 (890); *ders.*, S. 86 f.

1866 Z. B. *Jachmann-Michel*, DB 2018, 2777 (2781).

1867 Auch *Jachmann-Michel*, in: Brandis/Heuermann, EStG, § 43a Rn. 125; Anm. *Stahl*, HFR 2018, 886 (890).

1868 BT-Drs. 17/2249, S. 52; *Bleschick*, in: Kirchhof/Seer, EStG, § 20 Rn.148c.

1869 *Delp*, DB 2015, 1919 (1923); vom wirtschaftlichen Ergebnis her macht es auf den ersten Blick keinen Unterschied, ob eine Delta-Korrektur durchgeführt wird, soweit neue Gewinne zur Verrechnung existieren oder ein Erstattungsanspruch besteht.

1870 Vgl. auch *Jachmann-Michel*, in: Brandis/Heuermann, EStG, § 43a Rn. 125.

1871 BMF-Schreiben v. 18.1.2016 – IV C 1 – S 22252/08/10004: 017, Rn. 241, BStBl. I 2016, 85 (121).

Funktion als verlängerter Arm der Finanzverwaltung, folglich als Organ der Steuererhebungsfunktion[1872] mit Bindung an die Verwaltungsauffassung, kann nach Auslegung des § 43a Abs. 3 S. 7 EStG in Verbindung mit § 44b Abs. 5 S. 1 Alt. 1 EStG ein „bestehender Erstattungsanspruch", wie gerade in der nachträglichen Änderung der Verlustanerkennung, nicht durch die Delta-Korrektur beseitigt werden.[1873] In solchen Fällen ist eine Verlustberücksichtigung über die Delta-Korrektur nicht statthaft[1874] und es kann auch nicht auf eine Korrekturbescheinigung nach § 43a Abs. 3 S. 7 EStG in Verbindung mit § 20 Abs. 3a S. 2 EStG ankommen.[1875] Daher ist für den Fall, dass Kapitalertragsteuer einbehalten wurde, die zu viel einbehaltene Kapitalertragsteuer direkt zu erstatten und nicht erst in der Zukunft zu verrechnen. Es handelt sich nicht direkt um einen Verlust, sondern um die zu viel einbehaltene Kapitalertragsteuer. Die vormals verwehrte Verlustanerkennung führt nur als Zwischenschritt zu der zu viel einbehaltenen Kapitalertragsteuer.

d) Fazit

Der Gesetzgeber hat selbst erkannt, dass auch immer wieder Fehler im Steuerabzugsverfahren auftreten können. Um das System der Abgeltungsteuer dadurch nicht unnötig aufheben zu müssen, schaffte dieser Korrekturmöglichkeiten, die aus administrativen Gründen jedoch nur künftig möglich sein sollen, soweit die auszahlende Stelle von dem Fehler nach Ablauf des Kalenderjahres davon erfährt. Tritt der Fall ein, dass ein Verlust nachträglich aufgrund geänderter Rechtsauffassung anerkannt wird, sich dadurch die ursprüngliche Bemessungsgrundlage ändert und im Endeffekt zu viel Kapitalertragsteuer einbehalten wurde, führt die Delta-Korrektur nicht zum erklärten Ziel zu viel einbehaltene Kapitalertragsteuer zurückzuerlangen. Denn es besteht, wie vorstehend aufgezeigt, grundsätzlich für diese Fälle ein Erstattungsanspruch und nicht nur ein künftiger Verrechnungsanspruch, da es ansonsten zu einem faktischen Ausschluss (des Rückerstattungsanspruchs) der zu hoch einbehaltenen Kapitalertragsteuer kommt, soweit keine neuen Kapitaleinkünfte zur Verrechnung anfallen und ebenfalls nicht der Weg über das Veranlagungsverfahren gewählt wird. Grundsätzlich ist indes der Weg über das Veranlagungsverfahren möglich und ausreichend. Nur im Fall des Fehlens der Korrekturbescheinigung und somit keiner Überprüfungsmöglichkeit im Veranlagungsverfahren würde das Abzugsverfahren auch unter dem Gedanken

1872 Z. B. BT-Drs. 17/3549, S. 6; vgl. auch *Tappe*, in: Schön/Sternberg, Zukunftsfragen III, 77 (79 f.), der zudem aufzeigt, dass drei Viertel der gesamten Steuereinnahmen durch Private im Rahmen der Steuererhebung dem Staat zufließen, so dass der Fiskus selbst nicht tätig werden muss.

1873 *Jachmann-Michel*, DB 2018, 2777 (2781 f.).

1874 Vgl. z. B. *Buge*, in: Herrmann/Heuer/Raupach, EStG, § 20 Rn. 555; *Fölsing*, DStR 2015, 2363 (2364); *Jachmann-Michel*, in: Brandis/Heuermann, EStG, § 43a Rn. 125; *Stahl*, S. 86.

1875 *Jachmann-Michel*, DB 2018, 2777 (2782); Anm. *Stahl*, HFR 2018, 886 (889 f.).

des Leistungsfähigkeitsprinzip eine besondere Rolle spielen. Dies ist vorliegend indes nicht der Fall. Zudem führt der allgemeine Erstattungsanspruch nach § 37 Abs. 2 AO für diese Erstattungsfälle nicht primär zum verfolgten Ziel.

IV. Zusammenfassung

Der Gesetzgeber hat das Steuerabzugsverfahren grundsätzlich gleichlaufend zum Veranlagungsverfahren ausgestaltet, um dem Sinn und Zweck einer Abgeltungsteuer, insbesondere dem Vereinfachungseffekt und dem Ansatz zur Belastungsgleichheit, gerecht zu werden. Die gemeinsamen Schnittstellen beider Verfahren durch § 2 Abs. 5b, § 25 Abs. 1, § 32d und § 43 Abs. 5 S. 1 EStG lösen die Kapitalerträge zwar aus dem synthetischen System der Einkommensteuer heraus und durchbrechen dieses im Rahmen der Schedulenbesteuerung. Jedoch ist insgesamt an diesem System festzuhalten, da es nicht durch eine reine Schedulensteuer ersetzt wird. Zudem sind Probleme aufgrund der Komplexität an den Schnittstellen möglich. Das Steuerabzugsverfahren führt grundsätzlich indes nicht zur endgültigen Nichtanerkennung von Verlusten. Dies betrifft nur die Fälle, in denen kein Verlust mehr im Veranlagungsverfahren geltend gemacht werden kann, also soweit eine Verlust- oder Korrekturbescheinigung fehlt. Das Veranlagungsverfahren – dessen Weg über die Wahlveranlagung nach § 32d Abs. 3 EStG offen bleibt, soweit ein Verlust zum Beispiel nicht anerkannt wurde – dient weiterhin der Ermittlung der materiell-richtigen Steuer im Zweifelsfall, so dass die eingeschränkte Überprüfungsmöglichkeit des Steuereinbehalts durch den Steuerpflichtigen im Abzugsverfahren nicht zu beanstanden ist. Auf das zwingende Erfordernis der Vorlage einer Verlust- oder Korrekturbescheinigung kann es – außer in den Fällen der Gefahr einer Doppelberücksichtigung – nicht ankommen, da dieses formelle Erfordernis bei tatsächlich endgültiger Nichtbeachtung unter dem Gedanken des Leistungsfähigkeitsprinzips nicht vertretbar ist. Im Rahmen der nachträglich geänderten Rechtsauffassung eines zu hohen Kapitalertragsteuereinbehalts ist die künftige Fehlerkorrektur über die Delta-Korrektur nach § 43a Abs. 3 S. 7 EStG nach Auslegung, insbesondere auch im methodischen Sinn und Zweck zu § 44b Abs. 5 S. 1 Alt. 1 EStG nicht einschlägig, sondern direkt ein Erstattungsanspruch nach § 44b Abs. 5 EStG.[1876] Der allgemeine Erstattungsanspruch nach § 37 Abs. 2 AO führt hingegen nicht primär zum Ziel zu viel einbehaltene Kapitalertragsteuer zurückzuerlangen, da die Steueranmeldung zumindest formal einen Rechtsgrund darstellt. Indes ist im Rahmen der vorstehenden Erstattungsproblematik der Weg über das Veranlagungsverfahren wieder zu wählen. Es kommt gar nicht auf das Fehlen der Korrekturbescheinigung an.

1876 Auch *Jachmann-Michel*, DB 2018, 2777 (2782).

Kapitel 5: Gesamtfazit

I. Zu Kapitel 1

Aufgrund des quellentheoretischen Ansatzes der Überschusseinkünfte wurden private Veräußerungsverluste aus einer Aktienbeteiligung außerhalb der Haltedauerfrist vor Einführung der Abgeltungsteuer nicht anerkannt. Ein strenger Dualismus in Bezug auf die private Aktienbeteiligung wurde indes schon früh in der Entwicklung des EStG innerhalb der Haltedauerfrist durchbrochen. Unrealisierte Verluste führen zu keiner Steuerbarkeit, entscheidend ist die Verlustrealisation. Verluste aus Werbungskosten des § 20 EStG a. F. konnten nicht auf den Veräußerungsvorgang übertragen und daher auch nicht verrechnet werden. Veräußerungsverluste konnten aufgrund der Besonderheit der Haltedauerfrist nur mit gleichen Veräußerungsgewinnen verrechnet werden. Auf einen steuerbaren Verlust aus dem Veräußerungsvorgang oder der laufenden Erträge fand vor Einführung der Abgeltungsteuer zuletzt das Halbeinkünfte- und das Halbabzugsverfahren Anwendung.

II. Zu Kapitel 2

Die Einführung einer Schedulenbesteuerung für private Kapitalerträge durch die Abgeltungsteuer durchbricht zwar das zugrundeliegende synthetische System des EStG, ersetzt dieses aber dennoch nicht insgesamt in letzter Konsequenz, da es zumindest am geforderten bestimmten Mindestmaß konzeptioneller Neuorientierung fehlt. Denn auch soweit eine Trennung der unterschiedlichen Steuergegenstände Kapital- und Arbeitseinkommen angenommen wird, bestehen zu viele Ausnahmen, die eine absolut reine Schedulensteuer begründen könnten. Die Rechtfertigungsprüfung zu einzelnen Punkten im Zusammenhang mit Verlusten aus der privaten Aktienbeteiligung und der Abgeltungsteuer muss sich daher an besonderen sachlichen Gründen messen lassen. Darüber hinaus ergeben sich zumindest durch die Verlustverrechnungsbeschränkungen des § 20 Abs. 6 S. 4 und S. 6 EStG offensichtliche Abweichungen in der Binnenfolgerichtigkeit der Schedulenbesteuerung, so dass auch unter diesem Aspekt die Rechtfertigungsprüfung diesbezüglich der besonderen sachlichen Gründe bedarf.

Die Erweiterung der Bemessungsgrundlage durch § 20 Abs. 2 EStG ist verfassungsgemäß und ein weiterer Bruch des Dualismussystems ist unter dem Gedanken des Leistungsfähigkeitsprinzips nicht zu beanstanden. Die Erweiterung der Bemessungsgrundlage mit dem Wegfall der Haltedauerfrist schafft, aufgrund der vollumfänglichen Steuerbarkeit der Wertzuwächse und unter dem Gebot der Folgerichtigkeit in Bezug auf Verluste einerseits tatsächliche Belastungsgleichheit, aber andererseits eine breite Masse an Verlusten, da der Ansatz über das nichtsteuerbare Privatvermögen außerhalb der Haltedauerfrist dadurch weggefallen ist.

Der Verstoß gegen den allgemeinen Gleichheitssatzes nach Art. 3 Abs. 1 GG durch den Sondertarif gegenüber den anderen Einkunftsarten ist gerechtfertigt. Denn in einer Gesamtabwägung in diesem Punkt hinsichtlich der privaten Kapitalerträge überwiegt das Argument der tatsächlichen Belastungsgleichheit und der Vereinfachung, insbesondere auch aus Sicht keiner Unterscheidung mehr zwischen Veräußerungsvorgängen und laufenden Erträgen und einer Abmilderung der doppelten Besteuerungsbelastung hinsichtlich des Zukunftskonsums (intersektorale und intertemporale Neutralität). Der Sondertarif ist daher verfassungsgemäß.

Die allgemeine Verlustverrechnungsbeschränkung des § 20 Abs. 6 S. 1 EStG hinsichtlich der Verrechnungsmöglichkeit mit den anderen Einkunftsarten durch die Schedulebesteuerung für Einkünfte aus Kapitalvermögen ist verfassungsgemäß. Eine Rechtfertigung ergibt sich aus dem Argument der Vereinfachung im Zusammenhang mit dem folgerichtigen Symmetriegedanken. Es bestehen jedoch erhebliche Zweifel an der Verfassungsmäßigkeit der besonderen Verlustverrechnungsbeschränkung der weiteren Schedule des § 20 Abs. 6 S. 4 EStG für Aktienveräußerungsverluste, da eine Verletzung des allgemeinen Gleichheitssatzes vorliegt, insbesondere zu anderen privaten risikobasierenden Kapitalanlageprodukten bei gleicher finanzieller Leistungsfähigkeit. Denn es fehlt eine Rechtfertigung. Bei dem angeführten Argument der Verhinderung von Haushaltsrisiken handelt es sich um einen Fiskalzweck. Das Argument der Missbrauchsvermeidung ist durch Wegfall der Haltedauerfrist nicht mehr anwendbar. Die fehlende Verrechnungsmöglichkeit von Dividenden mit Verlusten aus dem Veräußerungsgeschäft trotz gleicher Einkunftsquelle ist ungerechtfertigt. Das Argument der Spekulationen auf Kosten der Allgemeinheit scheitert an der falschen Auswahl des Leitbilds der Typisierung für Sonderlasten, da nicht auf das Vermögensvolumen und Risikopotential, sondern auf die Inhaber abgestellt wurde; auch die zeitliche Einschätzung trifft nicht zu. Trotz gleichen abstrakten Verlustpotentials ist die Besserstellung des wesentlich Beteiligten oder die der betrieblichen Aktienbeteiligung schwer zu rechtfertigen. Aufgrund der unbegrenzten Verlustvortragsmöglichkeit ist jedoch noch kein Definitiveffekt mit dieser Schedule angelegt. Ebenso bestehen erhebliche Zweifel an der Verfassungsmäßigkeit der weiteren neueren Verlustverrechnungsbeschränkung des § 20 Abs. 6 S. 6 EStG. Denn eine Rechtfertigung gelingt nicht. Mit der höhenmäßigen Begrenzung in dieser Form ist schon ein Definitiveffekt, der nicht mehr mit dem Gedanken des Leistungsfähigkeitsprinzips trotz Abschnittsbesteuerung vereinbar ist, angelegt. Zudem wurde ein falsches Leitbild für die Typisierung gewählt, indem auf die Verlusthöhe bei gleichem Sondertarif von Kleinanlegern und Spitzeninvestoren abgestellt wird. Das Argument des niedrigeren Sondertarifs ist überdies schon „verbraucht". Bei einem so deutlichen Missverhältnis kann auch nicht mehr von einem unbeachtlichen Härtefall gesprochen werden. Eine Unterscheidung über das Vermögen zwischen Kleinanlegern und Spitzeninvestoren diesbezüglich bei gleichem Sondertarif ist überdies schwer nachvollziehbar. Das Argument einer Vorschrift zur Missbrauchsvermeidung durch Gestaltungszwecke zur Verlustgenerierung trifft schon mal auf die wertlose private Aktienbeteiligung gar nicht zu und ist unter dem Leistungsfähigkeitsprinzip ebenso schwerlich vertretbar. Überdies widerspricht § 20 Abs. 6 S. 6 EStG direkt dem Vereinfachungsargument der Abgeltungsteuer und indirekt dem Ansatz, dass ein Verlust nicht nach der Ermittlungsmethode des § 20 Abs. 4 EStG durch das tatsächliche Werbungskostenabzugsverbot des § 20 Abs. 9 EStG beschränkt wird. Die fünfjährige Besserstellung der Verrechnungsmöglichkeit von Altverlusten ist hingegen aufgrund der Angemessenheit mit dem verbundenen Systemwechsel der Kapitalertragsbesteuerung verfassungsgemäß. Hinsichtlich der Übergangsregelung des § 52 Abs. 28 S. 26 EStG für die Anwendung des § 20 Abs. 6 S. 6 EStG bestehen aufgrund dessen Unklarheit und möglichen entgegenstehenden Vertrauensschutzes sowie keiner Rechtfertigung des § 20 Abs. 6 S. 6 EStG an sich erhebliche Zweifel, da eine Rechtfertigung nicht gelingt. Das vorstehende Ergebnis wird in einer vergleichenden Betrachtung zu anderen anerkannten ertragsteuerlichen Verlustverrechnungsbeschränkungen wie in §§ 2a Abs. 1 S. 1, 15a Abs. 1 S. 1, 23 Abs. 3 S. 7 und 8 EStG gestützt, da sich deren Rechtfertigung unter anderem hauptsächlich über die Missbrauchsmöglichkeit durch Steuervermeidung ergibt. Der Ansatz über die Missbrauchsvermeidung ist indes nicht mehr auf die Beschränkung der Verlustverrechnung aus der privaten Aktienbeteiligung anwendbar und auch nicht übertragbar. Eine zivilrechtliche Rechtfertigung als Grundlage für die Verlustverrechnungsbeschränkung wie zu § 15a EStG liegt im Rahmen des § 20 Abs. 6 EStG nicht vor. Auffällig ist darüber hinaus, dass keine andere Verlustverrechnungsbeschränkung eine spezielle höhenmäßige Verlustverrechnungsbeschränkung, außer nach Maßgabe des § 10d EStG für § 23 Abs. 3 S. 8 EStG, aufweist und in diesem Punkt vergleichbar ist. Ist diesbezüglich § 23 Abs. 3 S. 8 EStG vergleichbar, besteht indes eine andere Intention und der Umfang der höhenmäßigen Beschränkung findet in einer ganz anderen Dimension statt, so dass allgemein eine Verlustneutralisierung eher möglich erscheint. Unter diesem Punkt zeigt sich dennoch, dass Beschränkungen der Verlustverrechnung bei entsprechender Rechtfertigung möglich sind.

III. Zu Kapitel 3

Unter dem engen Veräußerungsbegriff des § 20 Abs. 2 S. 1 Nr. 1 EStG wird ein entgeltlicher Rechtsträgerwechsel verstanden, der zumindest in der Übertragung des wirtschaftlichen Eigentums auf einen Dritten zu sehen ist. Für die Maßgeblichkeit des Verlusteintritts ist grundsätzlich auf das Erfüllungsgeschäft abzustellen. Ein Verpflichtungsgeschäft ist nicht zwingend erforderlich, indes der Regelfall und liegt schon mit dem Auftrag an die Bank vor. Die Einkünfteerzielungsabsicht wird widerlegbar vermutet, besteht bei Verlusteintritt fort und ist daher für die Verlustabgrenzung regelmäßig untauglich. Die Veräußerung als Endtatbestand erfordert eine Realisation, genauso wie der Verlust daraus. Eine entgeltliche Übertragung in diesem Sinne ist auch gegeben, wenn wertlose Anteile ohne Gegenleistung auf einen Dritten übertragen werden, da dadurch eine objektive Gleichwertigkeit von Leistung und Gegenleistung vermutet wird. Bei einer Bereicherung liegt eine Unentgeltlichkeit vor, die sich im ungleichen Austauschverhältnis von Leistung und Gegenleistung zeigt. Ein unentgeltlicher Verlust ist nicht steuerbar. In der Verlustrealisation durch Veräußerung liegt kein Gestaltungsmissbrauch, auch wenn wertlose Aktien auf einen Dritten übertragen werden. Eine Abgrenzung über den wirtschaftlichen Ertrag für das Vorliegen des Veräußerungsbegriffs in diesem Sinne wie über die Höhe der Transaktionskosten ist untauglich. Der früher vertretene Ansatz, resultierend aus den Termingeschäften und des Forderungsausfalls, hinsichtlich eines unangemessenen Gestaltungszwecks durch den Verkauf von (beinahe) wertlosen Aktien ist gar nicht auf die Verluste aus der privaten Aktienbeteiligung übertragbar. Zwar hat der Gesetzgeber die BFH-Rechtsprechung diesbezüglich mittlerweile legalisiert durch unter anderem die neuere Verlustverrechnungsbeschränkung des § 20 Abs. 6 S. 6 EStG. Jedoch wurde der Ansatz über die Höhe der Transaktionskosten nun auf die Verlustverrechnungsebene verschoben; der Gesetzgeber separiert die Verluste aus der (beinahe) wertlosen privaten Aktienbeteiligung weiter. Das erklärte Ziel des Gesetzgebers wird auch durch diese ungerechtfertigte Verluststreckung nicht zu erreichen sein, da eine unterschiedliche Behandlung in der Verlustverrechnung durch den Paradigmenwechsel mit umfassender sofortiger Besteuerung zu den Gewinnen durch die Abgeltungsteuer unter dem Gedanken des Leistungsfähigkeitsprinzips und dem Gebot der Folgerichtigkeit so momentan in dieser Art nicht zu rechtfertigen ist. Eine Abgrenzung über die Wertlosigkeit für die teilweise oder ganze Realisierung des Solvenzrisikos ist auch hier weiterhin untauglich. Zudem fehlt es unter anderem schon gerade an dem (unangemessenen) Gestaltungszweck insgesamt durch die verschiedenen Verlustrealisierungssituationen einer (beinahe) wertlosen privaten Aktienbeteiligung, insbesondere korrespondierend zur sofortigen und umfassenden Gewinnbesteuerung. Dass eine grundsätzliche Verlustanerkennung für Untergangskonstellationen aus der privaten Aktienbeteiligung folgerichtig durch die Abgeltungsteuer besteht, zeigt sich schon anhand der Argumentation des BFH zur zumindest weiten Auslegung der Ersatztatbestände des Veräußerungsbegriffs oder des § 20 Abs. 2 S. 2 Nr. 3a, Abs. 4 S. 5 EStG in diesem Sinne in vergleichbaren Untergangskonstellationen anderer privater Anlageinstrumente. Konkret ist der Verlust aus einer Untergangskonstellation der privaten Aktienbeteiligung nach der Wertung des Leistungsfähigkeitsprinzips und dem Gebot der Folgerichtigkeit im Wege einer Analogie am Realisationstatbestand der Veräußerung nach § 20 Abs. 2 S. 1 Nr. 1 EStG, aufgrund des eigenständigen gesellschaftsrechtlichen Systems der Aktienbeteiligung, zu schließen. Auf einen Rechtsträgerwechsel kann es gerade nicht ankommen. Die Sogwirkung durch Einführung des § 17 Abs. 2a EStG hinsichtlich der Einschränkung des § 20 EStG für gesellschaftlich veranlasste Darlehen mit einer Mindestbeteiligungshöhe von 1 % ist abzuwarten, wirkt aber indes schon teilweise unverständlich.

IV. Zu Kapitel 4

Das Kapitalertragsteuerabzugsverfahren ist grundsätzlich nach dem Sinn und Zweck der Abgeltungsteuer an sich gleichlaufend zum Veranlagungsverfahren ausgestaltet. Probleme an den Schnittstellen zwischen den verschiedenen Verfahren sind aufgrund der Komplexität durchaus möglich, führen jedoch insgesamt nicht zu berechtigten Zweifeln. Das Steuerabzugsverfahren spielt hinsichtlich der Verlustanerkennung keine entscheidende Rolle, außer es fehlt eine Überprüfungsmöglichkeit von dann sozusagen endgültigen Verlusten aus der privaten Aktienbeteiligung. Denn grundsätzlich dient das Veranlagungsverfahren weiterhin der Ermittlung der materiell-richtigen Steuer im Zweifelsfall. Eine fehlende Überprüfungsmöglichkeit aus dem Gesetz würde sich ergeben, soweit die Vorlage einer Verlust- oder Korrekturbescheinigung zwingende Voraussetzung im Veranlagungsverfahren wäre (§ 20 Abs. 6 S. 7 EStG oder § 20 Abs. 3a EStG). Außer in den Fällen der Gefahr einer Doppelberücksichtigung handelt es sich um ein rein formelles Erfordernis, das bei tatsächlich endgültiger Nichtbeachtung eines Verlustes unter dem Gedanken des Leistungsfähigkeitsprinzips nicht vertretbar ist. Falls sich die Rechtsauffassung hinsichtlich der Verlustanerkennung nachträglich ändert, ist die künftige Fehlerkorrektur des zu hohen Kapitalertragsteuereinbehalts, der eben gerade auf der falschen Verlustanerkennung beruht, nicht über die Delta-Korrektur zu lösen, sondern es besteht ein direkter besonderer Erstattungsanspruch nach § 44b Abs. 5 EStG. In diesem Fall ist der Weg wieder über das Veranlagungsverfahren zu wählen.

Literaturverzeichnis

Aigner, Philipp: Der Ausfall eines Darlehens, insbesondere Gesellschafterdarlehens, im Privatvermögen, DStR 2016, 345–350.

ders.: Wegfall der Einkunftsquelle bei den Kapitaleinkünften (§ 20 EStG n. F.), Stuttgart 2013.

Bachmann, Carmen/Seifert, Christian: Steuerliche Verlustverrechnung bei privaten Kapitalanlagen – Die aktuelle Gesetzeslage am Beispiel von Wirecard-Aktionären, DStR 2021, 1–5.

Ball, Kurt: Kursgewinne nach der Einkommensteuer-Novelle, DStZ 1921, 14–15.

Bareis, Peter: Ist die Mindestbesteuerung verfassungsgemäß?, DB 2013, 144–148.

Barth, Alexander: Unternehmensteuerreform 2008, Baden-Baden 2008.

Bäuml, Swen Oliver/Gageur, Patrik: Die geplante Abgeltungssteuer auf Kapitaleinkünfte – Aktuelles Beratungs-Know-How und potenzielle Verfassungswidrigkeit –, FR 2006, 213–218.

Bayer, Frank: Verlorene Gesellschafterdarlehen im steuerlichen Privatvermögen, DStR 2009, 2397–2402.

Bayer, Hermann-Wilfried: 175 Jahre Deutsches Einkommensteuerrecht, FR 1983, 77–78.

Behrens, Stefan: Abgeltungsteuer ab 2009 – Handlungsmöglichkeiten des Privatanlegers im Übergangszeitraum, DStR 2007, 1998–2002.

ders.: Neuregelung der Besteuerung der Einkünfte aus Kapitalvermögen ab 2009 nach dem Regierungsentwurf eines Unternehmenssteuerreformgesetzes vom 14. 3. 2007, BB 2007, 1025–1032.

Bieber, Torsten: Die Verfassungsmäßigkeit der Einschränkung des steuerrechtlichen Verlustausgleichs und Verlustabzugs – eine verfassungsrechtliche-systematische Untersuchung unter besonderer Berücksichtigung des Steuerentlastungsgesetzes 1999/2000/2002 –, Bonn 2006.

Bilsdorfer, Peter: Der BFH und die Zinsbesteuerung – ein bemerkenswerter Eiertanz, NJW 1997, 2368–2370.

Birk, Dieter: Das Leistungsfähigkeitsprinzip in der Unternehmensteuerreform, StuW 2000, 328–336.

ders.: Der Schutz vermögenswerter Positionen bei der Änderung von Steuergesetzen – zur Rückwirkungsrechtsprechung des 2. Senats des BVerfG, FR 2011, 1–8.

ders.: Diskussionsbeitrag, in: Lehner, Moris (Hrsg.), Verluste im nationalen und Internationalen Steuerrecht, Bd. 24, München 2004, 134–135 (zit.: *Birk*, MSIStR 2004).

ders.: Einkommen, Einkunftsarten und Einkünfteermittlung, in: Hey, Johanna (Hrsg.), Einkünfteermittlung, Bd. 34, Köln 2011, 11–29 (zit.: *Birk*, DStJG 2011).

Birk, Dieter/Desens, Marc/Tappe, Henning: Steuerrecht, 22. Aufl., Heidelberg 2019.

Bloehs, Joachim: Abgeltungssteuer und Steueramnestie – Die geplante Neuordnung der Zinsbesteuerung und die Brücke zur Steuerehrlichkeit, BB 2003, 1042–1045.

Bode, Christoph: Nachträgliche Anschaffungskosten beim Ausfall von Gesellschafterdarlehen nach MoMiG und Einführung der Abgeltungsteuer, DStR 2009, 1781–1786.

Bordewin, Arno/Brandt, Jürgen/Bode, Walter (Hrsg.): Einkommensteuergesetz – Kommentar, Heidelberg, Stand: 446. Erg.-Lfg. Juli 2022 (zit.: *Bearbeiter*, in: Bordewin/Brandt, EStG).

v. Bornhaupt, Kurt Joachim: Der Begriff der Werbungskosten unter besonderer Berücksichtigung seines Verhältnisses zum Betriebsausgabenbegriff, in: Söhn, Hartmut (Hrsg.): Die Abgrenzung der Betriebs- oder Berufssphäre von der Privatsphäre im Einkommensteuerrecht – Betriebsausgaben/Werbungskosten - Privatausgaben – Betriebsvermögen - Privatvermögen – mit einem rechtsvergleichenden Teil, Bd. 3, Köln 1980, 149–199 (zit.: *v. Bornhaupt*, DStJG 1980).

ders.: Zehn Jahre Rechtsprechung des VI. Senats des BFH zu steuerpflichtigen Einkünften aus nicht selbstständiger Arbeit – Rückblick und Ausblick –, DStZ 1990, 496–510.

Brandis, Peter/Heuermann, Bernd (Hrsg.): Ertragsteuerrecht – Kommentar zum Einkommensteuergesetz, Körperschaftsteuergesetz, Gewerbesteuergesetz, Außensteuergesetz, Investmentsteuergesetz, Umwandlungsteuergesetz und Nebengesetze – Kommentar, Stand: 162. Erg.-Lfg. Mai 2022 (zit.: *Bearbeiter*, in: Brandis/Heuermann, EStG).

Braun, Eckhart/Geist, Andreas: Forderungsverzichte im „Bermudadreieck“ von Sanierungsgewinn, Verlustverrechnung und Mindestbesteuerung, BB 2013, 351–355.

Breinersdorfer, Stefan: Der Gestaltungsspielraum des Gesetzgebers – einige Überlegungen anhand der Rechtsprechung des BVerfG und des EuGH, StuW 2009, 211–220.

Bron, Jan F.: Übermaßbesteuerung durch neue Verrechnungsbeschränkungen für Verluste aus Kapitalanlagen (§ 20 Abs. 6 EStG), BB 2020, 535–540.

Brusch, Friedrich: Unternehmensteuerreformgesetz 2008: Abgeltungsteuer, FR 2007, 999–1004.

Bürgers, Tobias/Körber, Torsten (Hrsg.): Aktiengesetz, 3. Aufl., Heidelberg 2014.

Creifelds, Carl: Rechtswörterbuch, Weber, Klaus (Hrsg.), 21. Aufl., München 2014 (zit.: *Bearbeiter*, in: Creifelds, Rechtswörterbuch, „Stichwort“).

Dahm, Joachim/Hoffmann, Daniel: Die neue Beschränkung der Verlustverrechnung nach § 20 Abs. 6 S. 5 und 6 EStG – Schlimmer geht immer!, DStR 2020, 81–85.

dies.: Die Rechtsprechung des BFH zur Verlustberücksichtigung bei Kapitaleinkünften und die Reaktionen von Finanzverwaltung und Gesetzgeber – Zugleich zur Umsetzung der Rechtsprechung durch die Finanzverwaltung und Bewertung des Referentenentwurfs zum „JStG 2019" zur Änderung des § 20 Abs. 2 S. 1 Nr. 3 Buchst. a und S. 3 EStG, DStR 2019, 1239–1246.

Decher, Christian E./Voland, Thomas: Kapitalschnitt und Bezugsrechtausschluss im Insolvenzplan – Kalte Enteignung oder Konsequenz des ESUG?, ZIP 2013, 103–114.

Delp, Udo A.: Aktuelle Problemstränge zwischen Abgeltungsteuer und Einkommensteuererklärung, DB 2015, 1919–1925.

Desens, Marc: Der Verlust von Verlustvorträgen nach der Mindestbesteuerung, FR 2011, 745–751.

ders.: Die neue Rechtslage zum Verlust privater Gesellschafterdarlehen und Gesellschaftersicherheiten im Steuerrecht, DStR 2019, 1071–1074.

ders.: Die neue Vertrauensschutzdogmatik des Bundesverfassungsgerichts für das Steuerrecht, StuW 2011, 113–130.

Deutsche Bundesbank: Monatsbericht Juni 2008, Frankfurt am Main 2008.

dies.: Monatsbericht Mai 2019, Frankfurt am Main 2019.

Deutsches Aktieninstitut: Aktionärszahlen des Deutschen Aktieninstituts 2018, abrufbar unter: *https://www.dai.de/files/dai_usercontent/dokumente/studien/2019-03-06%20Aktieninstitut%20Aktionaerszahlen%202018.pdf*, zuletzt abgerufen am 24.8.2022 (zit.: *Deutsches Aktieninstitut*, Aktionärszahlen 2018).

dass.: 50 Jahre Aktien-Renditen – Das DAX-Rendite-Dreieck des Deutschen Aktieninstituts 2019, abrufbar unter: *https://www.dai.de/files/dai_usercontent/dokumente/renditedreieck/181231%20DAX-Rendite-Dreieck%2050%20Jahre%20Web.pdf*, zuletzt abgerufen am 24.8.2022 (zit.: *Deutsches Aktieninstitut*, 50 Jahre Aktien-Renditen).

Deutschländer, André: Anteile an Kapitalgesellschaften: Veräußerung zu geringen Kaufpreisen – Wenn symbolische Kaufpreise zum steuerlichen Risiko werden, NWB 2015, 1788–1796.

Dietz, Richard: Ist der Einkommensbegriff für Betriebsvermögen im Hinblick auf den für Privatvermögen noch verfassungskonform? – Diskussionsbeitrag, FR 1999, 85–87.

Dinkelbach, Andreas/Briesemeister, Simone: Diskriminierung privater Kapitalanlagen durch Verlustausgleichverbote – Drastische Verschärfung durch § 20 Abs. 6 Satz 5 und 6 EStG ab Vz. 2020/21 –, DB 2020, 579–584.

Dinkelbach, Andreas: Einlagen und Abgeltungsteuer – Gestaltungsmöglichkeiten und Nachbesserungsbedarf, DStR 2011, 941–946.

ders.: Offene Fragen und Ungereimtheiten bei Kapitaleinkünften nach der Unternehmensteuerreform, DB 2009, 870–875.

Doege, Mirko: Wertminderung und Ausfall privater Kapitalanlagen nach dem Unternehmensteuerreformgesetz 2008, Stbg 2008, 440–445.

Drüen, Klaus-Dieter: Das Unternehmenssteuerrecht unter verfassungsgerichtlicher Kontrolle – Zur Gestaltungsfreiheit des Steuergesetzgebers zwischen Folgerichtigkeit und Systemwechsel, Ubg 2009, 23–29.

ders.: Die Bruttobesteuerung von Einkommen als verfassungsrechtliches Vabanquespiel, StuW 2008, 3–14.

ders.: Die Indienstnahme Privater für den Vollzug von Steuergesetzen, Tübingen 2012.

ders.: Kapitalverluste nur für „Kleinanleger"? Zur Verfassungswidrigkeit der Beschränkung der Verlustverrechnung nach § 20 Abs. 6 Satz 5 f. EStG, FR 2020, 663–673.

ders.: Verfassungsrechtliche Position zur Mindestbesteuerung, FR 2013, 393–402.

ders.: Vermögensverluste als Privatvergnügen? – Zum verfassungsrechtlichen Rahmen der Verlustberücksichtigung bei den Einkünften aus Kapitalvermögen, Ubg 2020, 241–255.

Duden: Deutsches Universalwörterbuch, Das umfassende Bedeutungswörterbuch der deutschen Gegenwartssprache, Dudenredaktion (Hrsg.), 8. Aufl., Berlin 2015 (zit.: *Duden*, Deutsches Universalwörterbuch, „Stichwort").

Eckhoff, Rolf: Abgeltungsteuer – Steuersystematische und verfassungsrechtliche Aspekte, FR 2007, 989–998.

ders.: Verluste im Einkommensteuerrecht, in: v. Groll, Rüdiger (Hrsg.), Verluste im Steuerrecht, Bd. 28, Köln 2005, 11–39 (zit.: *Eckhoff*, DStJG 2005).

Ehrenforth, Werner: Das Zinsurteil des Bundesverfassungsgerichts vom 27. 6. 1991 – Verfassungskonforme Reformvorschläge und Steuergerechtigkeit, BB 1991, 2125–2130.

Elser, Thomas/Bindl, Elmar: Einzelfragen zur Abgeltungsteuer – Teil II – Anm. zum BMF-Schreiben, BStBl. I 2010, 94, FR 2010, 360–369.

Englisch, Joachim: Die Abgeltungsteuer für private Kapitalerträge – ein verfassungswidriger Sondertarif, Tübingen 2016 (zit.: *Englisch*, Abgeltungsteuer).

ders.: Die Duale Einkommensteuer – Reformmodell für Deutschland?, Bonn 2005 (zit.: *Englisch*, Duale ESt).

ders.: Verfassungsrechtliche Grundlagen und Grenzen des objektiven Nettoprinzips, DStR 2009, Beihefter zu Heft 34, 92–100.

ders.: Verfassungsrechtliche und steuersystematische Kritik der Abgeltungsteuer, StuW 2007, 221–240.

Esskandari, Manzur: „Misere der Zinsbesteuerung" und § 154 AO, DStZ 2001, 761–769.

Faber, Stephan: Untergang von Aktien im Rahmen des § 20 Abs. 2 EStG – Zugleich Anmerkung zum BFH-Urteil v. 3.12.2019 – VIII R 34/16, DStR 2020, 1825–1830.

Faltlhauser, Kurt: Die Verlockungen der Schedule, in: Kley, Max Dietrich/Sünner, Eckart/ Willemsen, Arnold, Festschrift für Wolfgang Ritter zum 70. Geburtstag – Steuerrecht, Steuer- und Rechtspolitik, Wirtschaftsrecht und Unternehmensverfassung, Umweltrecht, Köln 1997, 511–518 (zit.: *Faltlhauser*, FS Ritter).

Fehrenbacher, Oliver: Steuerrecht, 7. Aufl., Baden-Baden 2019.

Feyerabend, Hans-Jürgen (Hrsg.): Besteuerung privater Kapitalanlagen – Finanzinstrumente, Investmentanteile, Immobilieninvestitionen, Veräußerungsgeschäfte, Altersvorsorge, München 2009 (zit.: *Bearbeiter*, in: Feyerabend, Besteuerung privater Kapitalanlagen).

Fischer, Carola: Problemfelder bei der Abgeltungsteuer – ein Appell für Korrekturen noch vor 2009, DStR 2007, 1998–1900.

Flies, Rolf: Verluste nicht abnutzbarer Wirtschaftsgüter bei den Überschußeinkünften, FR 1996, 702–705.

Flick, Hans: Die österreichische Endbesteuerung von Zinserträgen – Ein Modell für Europa?, DStZ 1998, 186–194.

Fölsing, Philipp: Google-Aktiensplit: Kein Fall für die sog Delta-Korrektur, DStR 2015, 2363–2366.

Förster, Guido/v. Cölln, Tobias/Lentz, Karsten: Ausfall von Gesellschafterdarlehen und Regressforderungen aus Gesellschafter-Bürgschaften – Aktuelle Rspr. und Gesetzgebung sowie Gestaltungsüberlegungen –, DB 2020, 353–362.

Friauf, Heinrich Karl: Steuergleichheit, Systemgerechtigkeit und Dispositionssicherheit als Prämissen einer rechtsstaatlichen Einkommensbesteuerung – Zur verfassungsrechtlichen Problematik des § 2a EStG, StuW 1985, 308–318.

Frotscher, Gerrit/Geurts, Matthias (Hrsg.): EStG – Einkommensteuergesetz – Kommentar, Freiburg, Stand: 229. Erg.-Lfg. Juli 2022 (zit.: *Bearbeiter*, in: Frotscher/Geurts, EStG).

Frankfurter Institut – Stiftung Marktwirtschaft und Politik: Abgeltungssteuer bei Kapitaleinkommen, Bd. 37, Bad Homburg 2000 (zit.: *Kronberger Kreis*, Abgeltungssteuer bei Kapitaleinkommen).

Fuhrmann, Claas: Ausfall von Finanzierungshilfen im Privatvermögen im Fokus des Gesetzgebers – Gesetzliche Neuregelung in § 17 Abs. 2a EStG und § 20 Abs. 6 EStG, NWB 2020, 150–160.

Fuhrmann, Claas/Rosner, Christian: Erfordert ein Grundstücksveräußerungsgeschäft nach § 23 Abs. 1 Satz 1 Nr. 1 EStG den Übergang des dinglichen Eigentums?, DStZ 2006, 152–155.

Fuisting, Bernhard: Die preußischen direkten Steuern – Grundzüge der Steuerlehre, Bd. 4, Berlin 1902, abrufbar unter: *https://digital.staatsbibliothek-berlin.*

de/werkansicht?PPN=PPN644925833&PHYSID=PHYS_0007, zuletzt abgerufen am 24.8.2022 (zit.: *Fuisting*, Die preußischen direkten Steuern, Bd. 4).

ders.: Die preußischen direkten Steuern – Kommentar zum Einkommensteuergesetz, Bd. 1, 4. Aufl., Berlin 1899, abrufbar unter: *https://digital.staatsbibliothek-berlin.de/werkansicht?PPN=PPN805295828&PHYSID=PHYS_0138&DMDID=DMDLOG_0001*, zuletzt abgerufen am 24.8.2022 (zit.: *Fuisting*, Die preußischen direkten Steuern, Bd. 1).

Geberth, Georg/Bartelt, Martin: Gesetzgebung: Forschungszulagengesetz, GrSt-Reform, Gesetz zur Anzeigepflicht für grenzüberschreitende Steuergestaltungen, Gesetz zur Umsetzung des Klimaschutzprogramms 2030 im Steuerrecht, Gesetz zur Rückführung des SolZ, DB 2019, 2603–2605.

Gelsheimer, Bernd/Meyen, Thomas: Verfassungsrechtliche Anforderungen an steuerverschärfende Vorschriften mit rückwirkendem Anwendungsbereich, DStR 2011, 193–199.

Gerken, Lüder/Schick, Gerhard: Sind Abgeltungssteuer und „goldene Brücke" in Deutschland konsensfähig?, in: Schick, Gerhard (Hrsg.), Veranlagung – Abgeltung – Steuerfreiheit, Besteuerung von Kapitalerträgen im Rechtsstaat, Berlin 2003, 71–78 (zit.: *Gerken/Schick*, in: Schick, Veranlagung – Abgeltung – Steuerfreiheit).

v. Glasenapp, Gero: Die Auswirkungen der Unternehmensteuerreform 2008 auf die Einkünfte aus Kapitalvermögen, BB 2008, 360–367.

Goette, Wulf/Habersack, Mathias (Hrsg.): Münchener Kommentar zum Aktiengesetz, 5. Aufl., München 2021 (zit.: *Bearbeiter*, in: MüKo AktG).

Görke, Roger: Einkommensteuer und objektives Nettoprinzip, DStR 2009, Beihefter zu Heft 34, 106–109.

Grigoleit, Hans Christoph (Hrsg.): AktG, Aktiengesetz, Kommentar, München 2013.

Groh, Manfred: Unternehmensteuerreform 2008/MoMiG 2008: Neuerungen bei § 17 EStG, FR 2008, 264–267.

v. Groll, Rüdiger: Die Verlustkompensation im System des deutschen Einkommensteuerrechts, in: Lehner, Moris (Hrsg.), Verluste im nationalen und Internationalen Steuerrecht, Bd. 24, München 2004, 23–36 (zit.: *v. Groll*, MSIStR 2004).

Grüneberg, Christian u. a.: Bürgerliches Gesetzbuch – mit Nebengesetzen – […], 81. Aufl., München 2022 (zit.: *Bearbeiter*, in: Grüneberg, BGB).

Hagen, Alexander/Remmel, Matthias: Besteuerung von Knock-out-Zertifikaten – Ungewollte und ungeahnte Folgen des Beschlusses des Hessischen FG?, BB 2011, 2718–2723.

Haisch Martin L.: Besteuerung von Finanzprodukten unter der Abgeltungsteuer, DStZ 2007, 762–773.

Haisch, Martin L./Danz, Thilo: JStG 2009 – Beabsichtigte Änderungen bei der Vermögensanlage, DStZ 2008, 392–402.

Haisch, Martin L./Krampe, Stephan: Einzelfragen zur Abgeltungsteuer – Teil I – Anm. zum BMF-Schreiben v. 22.12.2009, BStBl. I 2010, 94, FR 2010, 311–321.

dies.: Überschusserzielungsabsicht bei der Kapitalanlage unter der Abgeltungsteuer, DStR 2011, 2178–2183.

Hebel, Andreas: Abgeltungssteuer auf Kapitalerträge vs. Informationssystem mit persönlichem Steuersatz, Darmstadt 2004, abrufbar unter: *https://www.ssoar.info/ssoar/bitstream/handle/document/42589/ssoar-2005-hebel-Abgeltungssteuer_auf_Kapitalertrage_vs_Informationssystem.pdf?sequence=1&isAllowed=y&lnkname=ssoar-2005-hebel-Abgeltungssteuer_auf_Kapitalertrage_vs_Informationssystem.pdf*, zuletzt abgerufen am 24.8.2022.

Hechtner, Frank/Hundsdoerfer, Jochen: Schedulenbesteuerung von Kapitaleinkünften mit der Abgeltungsteuer: Belastungswirkung und neue Problemfelder, StuW 2009, 23–41.

Heidel, Thomas (Hrsg.): Aktienrecht und Kapitalmarktrecht, 3. Aufl., Baden-Baden 2011.

Helios, Marcus/Philipp, Moritz: Besteuerung von Optionsgeschäften im Abgeltungsteuersystem – Gestaltungsmissbrauch bei der Veräußerung von faktisch wertlosen Optionsscheinen?, BB 2010, 95–100.

Hensel, Albert: Steuerrecht, Berlin 1924.

Hergarten, Lothar: Besteuerung nach der Leistungsfähigkeit - ein ausgehöhltes Prinzip?, DStR 2001, 1876–1880.

Herrmann, Arndt/Heuer, Carl/Raupach, Gerhard: Einkommensteuer- und Körperschaftsteuergesetz, Hey, Johanna/Wendt, Michael (Hrsg.), Köln, Stand: 312. Erg.-Lfg. Juli 2022 (zit.: *Bearbeiter*, in: Herrmann/Heuer/Raupach, EStG).

Heuermann, Bernd: Anteilsveräußerungen (§ 17 EStG) und Gesellschafterfinanzierung – insolvenzrechtliche versus gesellschaftsrechtliche Bindung? –, NZG 2009, 841–848.

ders.: Entwicklungslinien steuerbarer Veräußerungen von Privatvermögen – Im Spiegel höchstrichterlicher Rechtsprechung –, DB 2013, 718–724.

ders.: Kursverluste bei Fremdwährungsdarlehen – Steuerliche Relevanz der Vermögenssphäre?, DStZ 1994, 229–231.

ders.: „Nachträgliche" Einlagen – Neue steuerliche Regelungen zur Einlagefinanzierung bei Personengesellschaften – ein Beispiel für Kommunikationsstörungen zwischen staatlichen Gewalten, NZG 2009, 321–325.

ders.: System- und Prinzipienfragen beim Verlustabzug – Zugleich zur Verfassungsmäßigkeit der Mindestbesteuerung, FR 2012, 435–442.

Hey, Johanna: Gestaltungsspielraum des Gesetzgebers und Sicherung des Steueraufkommens – Mit einem Plädoyer für eine Vorabprüfung durch die EU-Kommission, FR 2008, 1033–1040.

dies.: Körperschaft- und Gewerbesteuer und objektives Nettoprinzip, Hey, DStR 2009, Beihefter zu Heft 34, 109–117.

dies.: Mitteilungspflichten oder Quellenabzug – Maßnahmen zur Sicherung von Steueransprüchen, in: Drenseck, Walter/Seer, Roman (Hrsg.), Festschrift für Heinrich Wilhelm Kruse zum 70. Geburtstag, Köln 2001, 269–293 (zit.: *Hey*, FS Kruse).

dies.: Perspektiven der Unternehmensbesteuerung, Gewerbesteuer – Gruppenbesteuerung – Verlustverrechnung – Gewinnermittlung, StuW 2011, 131–143.

dies.: Verfassungswidrige Übergangsvorschrift zur Verrechnung von Altverlusten aus Aktiengeschäften nach dem 31.12.2013 – (§§ 23 Abs. 3 Sätze 9 u. 10; 52a Abs. 11 Satz 11 EStG), FR 2014, 349–353.

dies.: Verletzung fundamentaler Besteuerungsprinzipien durch die Gegenfinanzierungsmaßnahmen des Unternehmensteuerreformgesetzes 2008, BB 2007, 1303–1309.

dies.: Verlustrücktrag und Pandemie: Systematische Einordnung und weiterer Handlungsbedarf, DStR 2020, 2041–2051.

dies.: Wird die Gesetzesverkündung wieder zum Maß des Vertrauensschutzes?– BFH wendet sich gegen Vorhersehbarkeitsrechtsprechung des BVerfG, NJW 2007, 408–411.

dies.: Zur Geltung des Gebots der Folgerichtigkeit im Unternehmensteuerrecht – Zugleich Besprechung der Entscheidung des BVerfG zum Verbot von Jubiläumsrückstellungen vom 12. 5. 2009, DStR 2009, 2561–2568.

Hirte, Heribert/Möllers, Thomas M. J. (Hrsg.): Kölner Kommentar zum WpHG, 2. Aufl., Köln (u. a.) 2014 (zit.: *Bearbeiter*, in: KK WpHG).

Hirte, Heribert/Vallender, Heinz (Hrsg.): Insolvenzordnung – Kommentar, 15. Aufl., München 2019 (zit.: *Bearbeiter*, in: Uhlenbruck, InsO).

Hierl, Robert: Kapitalvermögensverluste als Werbungskosten?, Frankfurt am Main 2003.

Hopt, Klaus Jürgen/Wiedemann, Herbert (Hrsg.): Aktiengesetz, Großkommentar, 4. Aufl., Berlin 2004 (zit.: *Bearbeiter*, in: Hopt/Wiedemann, AktG).

Hübschmann, Walter/Hepp, Ernst/Spitaler, Armin (Hrsg.): Abgabenordnung – Finanzgerichtsordnung – Kommentar, Köln, Stand: 269. Erg.-Lfg., April 2022 (zit.: *Bearbeiter*, in: Hübschmann/Hepp/Spitaler, AO).

Hüffer, Uwe/Koch, Jens: Aktiengesetz, 15. Aufl., München 2021 (zit.: *Bearbeiter*, in: Hüffer/Koch, AktG).

Intemann, Jens: Besteuerung privater Wertpapierveräußerungsgeschäfte ab 1999 verfassungsgemäß! – Anmerkung zum BVerfG-Beschluss v. 10. 1. 2008 - BvR 294/06, NWB 2008, 1017–1022.

Jachmann-Michel, Monika: § 17 Abs. 2a EStG und § 20 Abs. 6 S. 5 und 6 EStG – neue Wege in die falsche Richtung, BB 2020, 727–735.

dies.: BB-Rechtsprechungsreport zur Besteuerung der Kapitaleinkünfte 2017, BB 2018, 854–864.

dies.: Die Besteuerung der Kapitaleinkünfte, 2. Aufl., Stuttgart (u. a.) 2020.

dies.: Die Besteuerung der Kapitaleinkünfte – Neues ab 2020, Stuttgart (u. a.) 2021.

dies.: Eine deutsche Abgeltungssteuer auf Kapitalerträge im europäischen Kontext, BB 2003, 2712–2719.

dies.: Ermittlung von Vermögenseinkünften – Abgeltungsteuer, in: Hey, Johanna (Hrsg.), Einkünfteermittlung, Bd. 34, Köln 2011, 251–290 (zit.: *Jachmann*, DStJG 2011).

dies.: Kapitalerträge aus Finanzinnovationen – Zur begrenzten Steuerbarkeit von Wertveränderungen im Rahmen von § 20 Abs. 1 Nr. 7, Abs. 2 Satz 1 Nr. 4 Satz 2 EStG, in: Schön, Wolfgang (Hrsg.), Einkommen aus Kapital, Bd. 30, Köln 2007, 153–199 (zit.: *Jachmann*, DStJG 2007).

dies.: Nach fast 100 Jahren anders: Verluste unter dem Regime der Abgeltungsteuer, BB 2018, 2329–2334.

dies.: Nachhaltige Entwicklung und Steuern – Ansätze zu einer an der Gemeinwohlverantwortung des Einzelnen ausgerichteten Lastenverteilungsgerechtigkeit, Stuttgart (u. a.) 2003 (zit.: *Jachmann*, Nachhaltige Entwicklung und Steuern).

dies.: Objektives Nettoprinzip als tragendes Element im Gesamtsystem des Steuerrechts und Grenze für die Steuerpolitik, DStR 2009, Beihefter zu Heft 34, 129–132.

dies: Steuergerechtigkeit durch die Abziehbarkeit von Erwerbsaufwendungen, in: Brandt, Jürgen (Hrsg.), Für ein gerechteres Steuerrecht, Bd. 2, Stuttgart (u. a.) 2006, 59–90 (zit.: *Jachmann*, DFGT 2005).

dies.: Steuergesetzgebung zwischen Gleichheit und wirtschaftlicher Freiheit – Verfassungsrechtliche Grundlagen und Perspektiven der Unternehmensbesteuerung, Stuttgart (u. a.) 2000 (zit.: *Jachmann*, Steuergesetzgebung).

dies.: Verluste aus Aktien, DB 2018, 2777–2782.

dies.: Zur Abgeltungsteuer: Erste Rechtsprechungslinien und offene Fragen, StuW 2018, 9–27.

dies.: Zur Einkünfteerzielungsabsicht bei Einkünften aus Kapitalvermögen, DStR 2017, 1849–1852.

dies.: Zur Vereinbarkeit einer Abgeltungsteuer mit dem deutschen Verfassungsrecht, in: Schick, Gerhard (Hrsg.), Veranlagung – Abgeltung – Steuerfreiheit, Besteuerung von Kapitalerträgen im Rechtsstaat, Berlin 2003, 15–22 (zit.: *Jachmann*, in: Schick, Veranlagung – Abgeltung – Steuerfreiheit).

Jachmann-Michel/Grunow, Stefan: Kommando zurück? Entwurf des JStG 2019 soll Rechtsprechung des BFH ausbremsen – zulasten der Steuerzahler, jM 2019, 471–476.

Jacob, Friedhelm/Vieten, Nikolaus: Verfassungsmäßigkeit der Veräußerungsgewinnbesteuerung in den Jahren nach 1998, FR 2004, 482–484.

Jakob, Wolfgang: Einkommensteuer, 4. Aufl., München 2008.

Jakob, Wolfgang/Wittmann, Rolf: Von Zweck und Wesen steuerlicher AfA, FR 1988, 540–553.

Jansen, Axel: Berücksichtigung von Veräußerungsverlusten aus Wertpapiergeschäften in Abhängigkeit von den Transaktionskosten, DStR 2016, 2729–2736.

Jarass, Hans/Pieroth, Bodo (Hrsg.): Grundgesetz für die Bundesrepublik Deutschland – Kommentar, 16. Aufl., München 2020 (zit.: *Bearbeiter*, in: Jarass/Pieroth, GG).

Jehner, Hansgeorg: Zur Verfassungswidrigkeit des § 2a EStG – Ein Plädoyer an die Judikative –, DStR 1986, 279–282.

Jochum, Heike: Die Abgeltungsteuer 2009 – Sündenfall der Typisierung im Steuerrecht, in: v. Bar, Christian/Hellwege, Heiko/Mössner, Jörg Manfred/Winkeljohann, Norbert (Hrsg.), Recht und Wirtschaft – Gedächtnisschrift für Malte Schindhelm, Köln 2009, 405–418 (zit.: *Jochum*, GS Schindhelm).

dies.: Forderungsausfall als endgültige ausbleibende Rückzahlung – Zum Machtwort des BFH vom 24.10.2017, DStZ 2018, 63–67.

dies.: Verfassungsrechtliche Grenzen der Pauschalisierung und Typisierung am Beispiel der Besteuerung privater Aktiengeschäfte, DStZ 2010, 309–315.

Kanzler, Hans-Joachim: Problematik der steuerlichen Behandlung von Veräußerungsgewinnen, FR 2000, 1245–1255.

ders.: Steuerreform: Von der synthetischen Einkommensteuer zur Schedulenbesteuerung? oder: Die Schedule ist tot! Es lebe die Schedule!, FR 1999, 363–367.

Kanzler, Hans-Joachim/Kraft, Gerhard/Bäuml, Swen Oliver u. a. (Hrsg.): Einkommensteuergesetz – Kommentar, 6. Aufl., Herne 2021 (zit.: *Bearbeiter*, in: Kanzler/Kraft/Bäuml, EStG).

Kellersmann, Dietrich: Behandlung „unrealisierter" Kapitalvermögenseinbußen im Rahmen der Abgeltungsteuer, FR 2012, 57–68.

Keßler, Rainer E.: Zur Verfassungsmäßigkeit einer Abzugsteuer auf Kapitalerträge mit Abgeltungswirkung, DStZ 1995, 629–630.

Kirchhof, Gregor: Der qualifizierte Gesetzesvorbehalt im Steuerrecht – Schedulenbesteuerung, Nettoprinzip, Steuerkonkurrenzen, DStR 2009, Beihefter zu Heft 49, 135–144.

Kirchhof, Paul: Verfassungsrechtliche und steuersystematische Grundlagen der Einkommensteuer, in: Ebling, Iris (Hrsg.): Besteuerung von Einkommen, Bd. 24, Köln 2001, 9–28 (zit.: *Kirchhof*, DStJG 2001).

Kirchhof, Paul/Seer, Roman (Hrsg.): Einkommensteuergesetz – Kommentar, 21. Aufl., Köln 2022 (zit.: *Bearbeiter*, in: Kirchhof/Seer, EStG).

Kirchhof, Paul/Söhn, Hartmut/Mellinghoff, Rudolf: Einkommensteuergesetz – Kommentar, Kirchhof, Paul/Kube, Hanno/Mellinghoff, Rudolf (Hrsg.), Heidelberg, Stand: 327. Erg.-Lfg. August 2022 (zit.: *Bearbeiter*, in: Kirchhof/Söhn/Mellinghoff, EStG).

Klein, Franz: Abgabenordnung, Kommentar – einschließlich Steuerstrafrecht, 15. Aufl., München 2020 (zit.: *Bearbeiter*, in: Klein, AO).

ders.: Zur Frage der verfassungsrechtlichen Zulässigkeit von Einschränkungen des objektiven Nettoprinzips, dargestellt an § 4 Abs. 5 Satz 1 Nr. 1 EStG, DStZ 1995, S. 630–632.

Klotz, Christopher: Die Abgeltungsteuer – Eine verfassungsrechtliche Analyse unter Einbeziehung rechtspolitischer, steuersystematischer und europarechtlicher Aspekte, Frankfurt am Main 2017.

Knoblauch, Matthias: Verlustberücksichtigung bei Veräußerung „beinahe" wertloser Wertpapiere – Kritische Anmerkung zur Ergänzung des Veräußerungsbegriffs in Rz. 59 des BMF-Schreibens vom 9.10.2012, IV C 1 – S 2252/10/10013, DStR 2013, 798–802.

Kohlhaas, Karl-Friedrich: Echte und unechte Verluste – Anmerkungen zur unterschiedlichen Qualität steuerlicher Verluste, BB 2002, 2527–2531.

Königer, Stefan/Ziegler, Steffen: Die Übertragung von Veräußerungsverlusten i. S. des § 23 EStG a. F. auf die nächste Generation, DStR 2012, 2582–2585.

Kreft, Volker: Studienkosten als (vorab veranlasste) Erwerbsaufwendungen – Überlegungen zur Behandlung von Berufsausbildungskosten –, FR 2002, 657–667.

Krumm, Marcel: Die Steuerbarkeit privater Vermögensverluste: Gesellschafterdarlehen und §§ 17, 20 EStG i.d.F. des JStG 2019, FR 2020, 197–207.

Kruse, Heinrich Wilhelm: Auslegung am Gesetz vorbei – Über den heutigen Umgang mit dem Einkommensteuergesetz, in: Kley, Max Dietrich/Sünner, Eckart/Willemsen, Arnold, Festschrift für Wolfgang Ritter zum 70. Geburtstag – Steuerrecht, Steuer- und Rechtspolitik, Wirtschaftsrecht und Unternehmensverfassung, Umweltrecht, Köln 1997, 413–425 (zit.: *Kruse*, FS Ritter).

ders.: Über Werbungskosten, FR 1981, 473–479.

Kube, Hanno: Die intertemporale Verlustverrechnung – Verfassungsrechtlicher Rahmen und legislativer Gestaltungsraum, DStR 2011, 1781–1792.

Kühn, Martin: Das strukturelle Vollzugsdefizit in der Rechtsprechung des BVerfG – eine Bestandsaufnahme nach dem Nichtannahmebeschluss vom 10.1.2008, FR 2008, 506–514.

Küppers, Hans-Peter: Die Besteuerung privater Veräußerungseinkünfte im Vergleich zur britischen Capital Gain Tax, Frankfurt am Main 2005.

Lademann, Fritz: Kommentar zum Einkommensteuergesetz – EStG – mit Nebengesetzen, v. Altehoefer, Klaus/Boeker, Heide u. a, Stuttgart, Stand: 269. Erg.-Lfg. Juni 2022 (zit.: *Bearbeiter*, in Lademann, EStG).

Lang, Joachim: Der Stellenwert des objektiven Nettoprinzips im deutschen Einkommensteuerrecht, StuW 2007, 3–15.

ders.: Die Bemessungsgrundlage der Einkommensteuer – rechtssystematische Grundlagen steuerlicher Leistungsfähigkeit im deutschen Einkommensteuerrecht, Köln 1988.

ders.: Die gleichheitsrechtliche Verwirklichung der Steuerrechtsordnung, StuW 2006, 22–33.

ders.: Editorial, StuW 2008, 1–2.

ders.: Gewinnrealisierung – Rechtsgrundlagen, Grundtatbestände und Prinzipien im Rahmen des Betriebsvermögensvergleichs nach § 4 Abs. 1 EStG, in: Ruppe, Hans Georg (Hrsg.), Gewinnrealisierung im Steuerrecht – Theorie und Praxis der Gewinnverwirklichung durch Umsatzakt und durch Steuerentstrickung sowie des Besteuerungsaufschubs, Bd. 4, Köln 1981, 45–96 (zit.: *Lang*, DStJG 1981).

ders.: Prinzipien und Systeme der Besteuerung von Einkommen, in: Ebling, Iris (Hrsg.), Besteuerung von Einkommen, Bd. 24, Köln 2001, 49–133 (zit.: *Lang*, DStJG 2001).

Lang, Joachim/Englisch, Joachim: Zur Verfassungswidrigkeit der neuen Mindestbesteuerung, StuW 2005, 3–24.

Langner, Olaf/Müller, Friedrich Andreas: Negativzinsen im Passivgeschäft auf dem Prüfstand, WM 2015, 1979–1985.

Langohr, Thomas G.: Das Veranlassungsprinzip im Einkommensteuerrecht - dargestellt am Beispiel von Vermögensverlusten -, Münster (u. a.) 1990.

Larenz, Karl/Canaris, Claus-Wilhelm: Methodenlehre der Rechtswissenschaft, 3. Aufl., Berlin (u. a.) 1995.

Lehner, Moris: Die Reform der Kapitaleinkommensbesteuerung im Rahmen des Verfassungs- und Europarechts, in: Schön, Wolfgang (Hrsg.), Einkommen aus Kapital, Bd. 30, Köln 2007, 61–82 (*Lehner*, DStJG 2007).

ders.: Die verfassungsrechtliche Verankerung des objektiven Nettoprinzips – Zum Vorlagebeschluss des BFH und zur Entscheidung des BVerfG über die Verfassungswidrigkeit der Entfernungspauschale, DStR 2009, 185–191.

ders.: Verfassungsrechtliche Vorgaben für die Verlustberücksichtigung, in: Lehner, Moris (Hrsg.), Verluste im nationalen und Internationalen Steuerrecht, Bd. 24, München 2004, 1–22 (zit.: *Lehner*, MSIStR 2004).

Littmann, Eberhard/Bist, Horst/Putz, Hartmut (Hrsg.): Das Einkommensteuerrecht – EStG, Stuttgart, Stand: 156. Erg.-Lfg. Februar 2022 (zit.: *Bearbeiter*, in: Littmann/Bist/Putz, EStG).

Loos, Gerold: Benachteiligung der Aktionäre/Gesellschafter mit Anteilen im Privatvermögen in der Unternehmensteuerreform, DB 2007, 704–706.

ders.: Ist die Einschränkung der Verrechnungsfähigkeit von Verlusten aus der Veräußerung von Aktien im Privatvermögen (§ 20 Abs. 6 Satz 5 EStG) verfassungskonform?, DStZ 2010, 78–84.

Loritz, Karl-Georg/Wagner, Klaus-R.: § 2 a EStG und Europäische Gemeinschaft – verfassungsrechtliche und europarechtliche Fragen –, BB 1991, 2266–2276.

Lüdemann, Peter/Zugmaier, Oliver: Zur Verlängerung der Spekulationsfrist bei Grundstücksveräusserungen aus dem Privatvermögen, DStR 1996, 1636–1640.

Lüdicke, Jürgen: Der Verlust im Steuerrecht, DStZ 2010, 434–440.

Manke, Klaus: Angeklagt: – Plädoyer für und an den Gesetzgeber –, DStZ 1984, 235–244.

Meinert, Carsten/Helios, Marcus: Die Abzugsfähigkeit vergeblicher Aufwendungen bei Termingeschäften im Privatvermögen – Zugleich Anmerkung zum BFH-Urteil vom 26. 9. 2012, IX R 50/09, DStR 2013, 508–511.

Merkenich, Kurt: Die unterschiedlichen Arten der Einkünfteermittlung im deutschen Einkommensteuerrecht, Berlin 1982.

Mertz, Nicolai Moriz: Kapitalerträge aus börsennotierten Aktien: Systematik und Besteuerung – Zugleich ein Beitrag zur Kohärenz von Steuer- und Gesellschaftsrecht, Berlin 2018.

Mohr, Daniel: Langfristig orientierte Anleger – Viele Aktien werden über Jahre gehalten, FAZ.net vom 1.3.2013, abrufbar unter: *https://www.faz.net/aktuell/finanzen/aktien/langfristig-orientierte-anleger-viele-aktien-werden-ueber-jahre-gehalten-12099655.html*, zuletzt abgerufen am 24.8.2022.

Moritz, Joachim/Strohm, Joachim: Ausfall einer privaten Darlehensforderung als Verlust bei den Einkünften aus Kapitalvermögen – Zugleich Anmerkung zu BFH, 24.10.2017 – VIII R 13/15, BB 2018, 99, BB 2018, 542–546.

dies. (Hrsg.): Handbuch – Besteuerung privater Kapitalanlagen, Frankfurt am Main 2017 (zit.: *Bearbeiter*, in: Moritz/Strohm, Handbuch).

dies.: Steuerliche Behandlung des Verfalls von im Privatvermögen gehaltenen Knock-out-Produkten – Zugleich Anmerkung zu BFH vom 10.11.2015 – IX R 20/14, DB 2016 S. 150 –, DB 2016, 1658–1662.

dies.: Stille Revolution bei der Besteuerung privater Optionsgeschäfte i. S. des § 23 Abs. 1 Satz 1 Nr. 4 EStG a. F. – Zugleich Anm. zum BFH-Urteil vom 26. 9. 2012 – IX R 50/09, DB 2012 S. 2611 –, DB 2013, 603–608.

Müller-Franken, Sebastian: Verfassungsrecht und Einkommensteuerrecht – Dargestellt am Beispiel der Besteuerung privater Veräußerungsgeschäfte, in: Tipke, Klaus/Söhn, Hartmut (Hrsg.), Gedächtnisschrift für Christoph Trzaskalik, Köln 2005, 195–218 (zit.: *Müller-Franken*, GS Trzaskalik).

Müller-Gatermann, Gert: Aktuelles zum Unternehmenssteuerrecht, WPg 2004, 467–476.

Musil, Andreas: Abzugsbeschränkungen bei der Abgeltungsteuer als steuersystematisches und verfassungsrechtliches Problem, FR 2010, 149–155.

Neumann, Manfred J. M.: Die Abgeltungssteuer – Ein erster Schritt in Richtung konsumorientierter Einkommensbesteuerung, in: Schick, Gerhard (Hrsg.), Veranlagung – Abgeltung – Steuerfreiheit, Besteuerung von Kapitalerträgen im Rechtsstaat, Berlin 2003, 31–33 (zit.: *Neumann*, in: Schick, Veranlagung – Abgeltung – Steuerfreiheit).

Noack, Ulrich: Die Umstellung von Inhaber- auf Namensaktien, in: Westermann, Harm Peter/Mock, Klaus (Hrsg.), Festschrift für GEROLD BEZZENBERGER zum 70. Geburtstag am 13. März 2000 – Rechtsanwalt und Notar im Wirtschaftsleben, Berlin (u. a.) 2000, 291–308 (zit.: *Noack*, FS Bezzenberger).

Offerhaus, Klaus: Zur steuerrechtlichen Abgrenzung zwischen betrieblich (beruflich) veranlaßten und durch die Lebensführung veranlaßten Aufwendungen, BB 1979, 617–622.

Oho, Wolfgang/Hagen, Alexander/Lenz, Thomas: Zur geplanten Einführung einer Abgeltungsteuer im Rahmen der Unternehmensteuerreform 2008, DB 2007, 1322–1326.

Ott, Hans: Ausgefallene Finanzierungshilfen nach dem neuen § 17 Abs. 2a EStG, DStR 2020, 313–322.

Paetsch, Ralf: „Zulässigkeit und Grenzen der Durchbrechung des objektiven Nettoprinzips im Einkommen- und Körperschaftsteuerrecht" – Tagungsbericht zum 2. Steuerwissenschaftlichen Symposium im Bundesfinanzhof, DStR 2009, Beihefter zu Heft 34, 78–87.

Palm, Ulrich: Verfassungsmäßigkeit einer quellenbezogenen Mindestbesteuerung im Ertragsteuerrecht, DStR 2002, 152–160.

Paukstadt, Maik/Kerpf, Andreas: Der neue Anwendungserlass zur Abgeltungsteuer – Darstellung praxisrelevanter Sachverhalte des BMF-Schreibens vom 22. 12. 2009, DStR 2010, 678–683.

Paukstadt, Maik/Luckner, Markus: Die Abgeltungsteuer ab 2009 nach dem Regierungsentwurf zur Unternehmensteuerreform, DStR 2007, 653–657.

Pezzer, Heinz-Jürgen: Die Besteuerung des Anteilseigners, in: Seeger, Siegbert F. (Hrsg.), Perspektiven der Unternehmensbesteuerung, Bd. 25, Köln 2002, 37–57 (zit.: *Pezzer*, DStJG 2002).

ders.: Gleichmäßiger Gesetzesvollzug in der Steuerrechtsordnung, StuW 2007, 101–111.

Pflugfelder, Peter: Nationale Steuergesetzgebung und Doppelbesteuerungsabkommen – Anmerkung zum neuen § 2 a EStG –, FR 1983, 319–322.

Philipowski, Rüdiger: Stillhaltergeschäfte: Bar gezahlte Ausgleichsbeträge nicht abziehbar?, DStR 2009, 353–357.

Prinz, Ulrich: Grundsatzbetrachtungen zum Werbungskostenbegriff, FR 1986, 397–410.

ders.: Steuerliche Grundlagen der Finanzierung von Personengesellschaften, FR 2019, 789–800.

Rädler, Albert J.: Die Schlechterstellung des inländischen Portfolioaktionärs nach dem Regierungsentwurf und die Reaktionsmöglichkeiten des Aktionärs, DB 2007, 988–993.

Rau, Stephan: „Cum/Ex" und „Cum/Cum" abgeschlossene Aktiengeschäfte über den Dividendenstichtag, DStR 2021, 6–13.

ders.: Das neue Kapitalertragsteuererhebungssystem für inländische, von einer Wertpapiersammelbank verwahrte Aktien, DStR 2011, 2325–2331.

Raupach, Arndt: Mindestbesteuerung im Einkommen- und Körperschaftsteuerrecht, in: Lehner, Moris (Hrsg.), Verluste im nationalen und Internationalen Steuerrecht, Bd. 24, München 2004, 53–61 (zit.: *Raupach*, MSIStR 2004).

Recnik, Gabriel: Die Besteuerung privater Kapitaleinkünfte durch die Abgeltungsteuer – Verfassungsrechtliche Aspekte des Systemwechsels, Hamburg 2011.

Reislhuber, Andre/Bacmeister, Friedrich: Weitere ausgewählte Aspekte des neuen BMF-Anwendungsschreibens zur Abgeltungsteuer, DStR 2010, 684–688.

Rieck, Ulrich: Aufteilung von Wertpapierverwaltungskosten auf Einkünfte aus Kapitalvermögen und Einkünfte aus privaten Veräußerungsgeschäften?, DStR 2003, 1958–1962.

Ring, Ludwig: Sind die Anschaffungs- oder Herstellungskosten sowie der Restwert und die Abbruchkosten eines Gebäudes Werbungskosten?, DStZ 1980, 155–159.

Röder, Erik: Das System der Verlustverrechnung im deutschen Steuerrecht – Verfassungsrechtliche Vorgaben und Ausgestaltung de lege ferenda, Köln 2010.

ders.: Zur Verfassungswidrigkeit der Mindestbesteuerung (§ 10d Abs. 2 EstG) und der Beschränkung des Verlustabzugs nach § 8c KStG, StuW 2012, 18–32.

Roser, Frank/Will, Michael/Mendel, Christoph: Einkunftserzielung und Abgeltungsteuer – Am Beispiel eines kreditfinanzierten Bausparvertrages für eine privat genutzte Wohnimmobilie in der Ansparphase, FR 2008, 953–957.

Ruppe, Hans Georg: Die Abgrenzung der Betriebsausgaben/Werbungskosten von den Privatausgaben, in: Söhn, Hartmut (Hrsg.), Die Abgrenzung der Betriebs- oder Berufssphäre von der Privatsphäre im Einkommensteuerrecht – Betriebsausgaben/Werbungskosten - Privatausgaben – Betriebsvermögen - Privatvermögen – mit einem rechtsvergleichenden Teil, Bd. 3, Köln 1980, 103–147 (zit.: *Ruppe*, DStJG 1980).

ders.: Möglichkeiten und Grenzen der Übertragung von Einkunftsquellen als Problem der Zurechnung von Einkünften, in: Tipke, Klaus (Hrsg.), Übertragung von Einkunftsquellen im Steuerrecht – Möglichkeiten der Grenzen der Einkommensverlagerung durch Nießbrauch, Beteiligung und Darlehen – mit einem rechtsvergleichenden Teil, Bd. 1, 2. Aufl., Köln 1979, 7–40 (zit.: *Ruppe*, DStJG 1978).

Sachs, Michael (Hrsg.): Grundgesetz – Kommentar, 9. Aufl., München 2021 (zit.: *Bearbeiter*, in: Sachs, GG).

Sachverständigenrat zur Begutachtung der gesamtwirtschaftlichen Entwicklung: Staatsfinanzen konsolidieren – Steuersystem reformieren, Jahresgutachten 2003/04, Wiesbaden 2003 (zit.: *Sachverständigenrat*, Staatsfinanzen konsolidieren, 2003).

Sachverständigenrat zur Begutachtung der gesamtwirtschaftlichen Entwicklung/ Max-Planck-Institut [...]: Reform der Einkommens- und Unternehmensbesteuerung durch die Duale Einkommensteuer – Expertise im Auftrag der Bundesminister der Finanzen und für Wirtschaft und Arbeit vom 23. Februar 2005, Wiesbaden 2006, abrufbar unter: *https://www.sachverstaendigenrat-wirtschaft.de/fileadmin/dateiablage/Expertisen/Reform_der_Einkommens-_und_Unternehmensbesteuerung_durch_die_Duale_Einkommensteuer.pdf*, zuletzt abgerufen am 24.8.2022 (zit.: *Sachverständigenrat*, Duale Einkommensteuer, 2006).

v. Schanz, Georg: Der Einkommensbegriff und die Einkommensteuergesetze, FinArch I 1896, 1–87.

ders.: Der privatwirtschaftliche Einkommensbegriff, FinArch II 1922, 107–125.

Schaumburg, Harald/Rödder, Thomas (Hrsg.): Unternehmensteuerreform 2008 – Gesetze – Materialien – Erläuterungen, München 2007 (zit.: *Bearbeiter*, in: Schaumburg/Rödder).

Schaumburg, Harald/Schaumburg, Heide: Steuergerechtigkeit in der Zeit, StuW 2013, 61–71.

Schaumburg, Heide: Rückwirkung und Planungssicherheit im Steuerrecht – Ein Plädoyer für einen dispositionsbezogenen Rückwirkungsbegriff und mehr Vertrauensschutz –, DB 2000, 1884–1891.

Schenk, Matthias/Brusch, Friedrich: Eine neue Kapitalsteuer für Deutschland, DStR 2005, 1254–1260.

Schick, Gerhard: Abgeltungssteuer – Ausgestaltung und Perspektiven, in: Schick, Gerhard (Hrsg.), Veranlagung – Abgeltung – Steuerfreiheit, Besteuerung von Kapitalerträgen im Rechtsstaat, Berlin 2003, 9–11 (zit.: *Schick*, in: Schick, Veranlagung – Abgeltung – Steuerfreiheit).

Schmidt, Christoph: Die Konturen der Abgeltungsteuer gemäß § 2 Abs. 5b, § 25 Abs. 1 und § 43 Abs. 5 S. 1 EStG, DStR 2018, 1201–1210.

Schmidt, Karsten: Schöne neue Sanierungswelt: Die Gläubiger okkupieren die Burg! – Recht und Realität der ESUG-Reform, ZIP 2012, 2085–2088.

Schmidt, Karsten/Lutter, Marcus (Hrsg.): Aktiengesetz – Kommentar, Köln 2008 (zit.: *Bearbeiter*, in: Schmidt/Lutter, AktG).

Schmidt, Ludwig: Einkommensteuergesetz – Kommentar, Weber-Grellet, Heinrich (Hrsg.), 41. Aufl., München 2022 (zit.: *Bearbeiter*, in: Schmidt, EStG).

Schmitt, Bernd/Krause, Haiko: Anmerkungen zur praktischen Umsetzbarkeit der neuen BFH-Rechtsprechung zu Finanzinnovationen, DStR 2008, 82–87.

Schmitt-Homann, Fabian: Abgeltungsteuer: Verlustanteil, Forderungsausfall, Bezugsrecht und Wertpapierleihe – Kritische Anmerkung zum neuen BMF-Anwendungsschreiben –, BB 2010, 351–356.

Schneider, Stefan: Verfassungsrechtliche Grundlagen und Grenzen des objektiven Nettoprinzips, DStR 2009, Beihefter zu Heft 34, 87–91.

Schön, Wolfgang: Die Abzugsschranken des § 3c EStG zwischen Verfassungs- und Europarecht, FR 2001, 381–392.

ders.: Steuerreform in Deutschland – Anmerkungen zum verfassungsrechtlichen Rahmen, in: Kirchhof, Paul/Lambsdorff, Otto Graf/Pinkwart, Andreas (Hrsg.), Perspektiven eines modernen Steuerrechts, FS Solms, Berlin 2005, 263–272 (zit.: *Schön*, FS Solms).

Schulz, Andreas/Vogt, Rita: Unternehmensfinanzierung mittelständischer Unternehmen nach Inkrafttreten der Abgeltungsteuer im Jahr 2009, DStR 2008, 2189–2196.

Schulze, Reiner/Dörner, Heinrich/Ebert, Ina u. a.: BGB – Handkommentar, 11. Aufl., Baden-Baden 2022 (zit.: *Bearbeiter*, in: Schulze, BGB).

Schwenker, Jörg/Fischer, Carola: Gesellschafterdarlehen – Aspekte der Darlehensgewährung an eine Kapitalgesellschaft, FR 2010, 643–650.

Seiler, Christian: Prinzipien der Einkünfteermittlung – Objektives Nettoprinzip, in: Hey, Johanna (Hrsg.), Einkünfteermittlung, Bd. 34, Köln 2011, 61–89 (zit.: *Seiler*, DStJG 2011).

Simon, Stefan/Merkelbach, Matthias: Gesellschaftsrechtliche Strukturmaßnahmen im Insolvenzplanverfahren nach dem ESUG, NZG 2012, 122–129.

Söffing, Günter: Die Angleichung des Werbungskostenbegriffs an den Betriebsausgabenbegriff, DB 1990, 2086–2088.

Söhn, Hartmut: Anschaffungskosten/Herstellungskosten und Betriebsausgabenbegriff, StuW 1991, 270–277.

ders.: Betriebsausgaben, Privatausgaben, gemischte Aufwendungen – Entwicklung einer einkommensteuerrechtlichen Kausaltheorie am Beispiel umstrittener Abgrenzungsfälle, wie PKW-Unfallkosten, Aufwendungen für Telefon, Reisen, Fachtagungen, Arbeitszimmer, in: Söhn, Hartmut (Hrsg.): Die Abgrenzung der Betriebs- oder Berufssphäre von der Privatsphäre im Einkommensteuerrecht – Betriebsausgaben/Werbungskosten – Privatausgaben – Betriebsvermögen - Privatvermögen – mit einem rechtsvergleichenden Teil, Bd. 3, Köln 1980, 13–102 (zit.: *Söhn*, DStJG 1980).

ders.: Der Dualismus der Einkunftsarten im geltenden Recht, in: Schön, Wolfgang (Hrsg.), Einkommen aus Kapital, Bd. 30, Köln 2007, 13–38 (zit.: *Söhn*, DStJG 2007).

ders.: Steuerliche Belastungsgleichheit durch Vereinfachung – Zur Einführung einer Abgeltungsteuer, in: Heckmann, Dirk (Hrsg.), Modernisierung von Justiz und Verwaltung – Gedenkschrift für Ferdinand O. Kopp, Stuttgart (u. a.) 2007, 392–399 (zit.: *Söhn*, GS Kopp).

Sommer, Ulf: DAX-Konzerne suchen den gläsernen Aktionär, Handelsblatt vom 19.3.2010, 32.

Spengel, Christoph/Ernst, Christof: Private Kapitalanlagen vor und nach Einführung der Abgeltungsteuer – eine steuerplanerische Analyse, DStR 2008, 835–841.

Spieker, Sascha: Aktualisiertes Anwendungsschreiben zur Abgeltungsteuer – Die wesentlichen Änderungen im Überblick –, DB 2012, 2836–2841.

ders.: Überarbeitetes Anwendungsschreiben zur Abgeltungsteuer – Die wesentlichen Änderungen im Überblick –, DB 2016, 197–203.

Stahl, Christian: Aktuelle Brennpunkte der Abgeltungsteuer – BFH-Rechtsprechung für die Praxis ausgewertet, Stuttgart (u. a.) 2018.

Stapperfend, Thomas: Über Betriebsausgaben und Werbungskosten, in: Drenseck, Walter/Seer, Roman (Hrsg.), Festschrift für Heinrich Wilhelm Kruse zum 70. Geburtstag, Köln 2001, 533–554 (zit.: *Stapperfend*, FS Kruse).

ders.: Verluste im Einkommensteuerrecht, in: Ebling, Iris (Hrsg.), Besteuerung von Einkommen, Bd. 24, Köln 2001, 329–381 (zit.: *Stapperfend*, DStJG 2001).

Stehle, Richard/Huber, Rainer/Maier, Jürgen: Rückberechnungen des Dax für die Jahre 1955 bis 1987, KuK 1996, 277–304.

Stehle, Richard/Wulff, Christian/Richter, Yvett: Die Rendite deutscher Blue-Chip-Aktien in der Nachkriegszeit – Rückberechnung des DAX für die Jahre 1948 bis 1954 (unveröffentlichtes Manuskript), Berlin 1999, abrufbar unter: *https://www.wertpapier-forum.de/applications/core/interface/file/attachment.php?id=63019*, zuletzt abgerufen am 24.8.2022.

Stein, Michael: „Rechtsprechungs-Radar" zum insolvenzbedingten Ausfall einer privaten Darlehensforderung – Die „mitgedachte Lücke", ein „Rüttel-Urteil" und fünf Revisionen, StBp 2019, 15-21.

Stiftung Marktwirtschaft: Entwurf eines Einkommensteuergesetzes – Kommission „Steuergesetzbuch", 2. Aufl., 2009, abrufbar unter: *https://www.stiftung-marktwirtschaft.de/fileadmin/user_upload/Dokumente/Einkommensteuergesetz_neu_komplett_2.Auflage.pdf*, zuletzt abgerufen am 24.8.2022 (zit.: *Stiftung Marktwirtschaft*, Einkommensteuergesetz, 2009).

dies.: Kommission „Steuergesetzbuch" – Steuerpolitisches Programm – Einfacher, gerechter, sozialer: Eine umfassende Ertragsteuerreform für mehr Wachstum und Beschäftigung, Berlin 2006, abrufbar unter: *https://www.stiftung-marktwirtschaft.de/fileadmin/user_upload/Dokumente/Steuerpolitisches-Programm-Druck fassung.pdf*, zuletzt abgerufen am 24.8.2022 (zit.: *Stiftung Marktwirtschaft*, Steuerpolitisches Programm, 2006).

Strahl, Martin/Fuhrmann, Claas: Verfassungswidrigkeit des Verrechnungsverbots nach § 23 Abs. 3 Satz 8 EStG für Verluste aus privaten Veräußerungsgeschäften, FR 2003, 387–391.

Strauch, Robert: Strategien zur Nutzung von Altverlusten im Rahmen der Abgeltungsteuer, DStR 2010, 254–256.

Strohm, Joachim: Abgeltungsteuer – Systematische Darstellung und ausgewählte Zweifelsfragen, Stuttgart 2010.

Suttmann, Christoph: Die Flat Tax – Bemessungsgrundlage und Tarif im Rahmen einer "flachen" Einkommensteuer: Effizienz, Gerechtigkeit und rechtliche Bewertung, Berlin 2007.

Tappe, Henning: Ursprünge privater Steuererhebung, in: Schön, Wolfgang/Sternberg, Christian (Hrsg.), Zukunftsfragen des deutschen Steuerrechts III, Heidelberg 2018, 77–98 (zit.: *Tappe*, in: Schön/Sternberg, Zukunftsfragen III).

Thiemann, Christian: Verluste im Steuerrecht – Verfassungs- und unionrechtliche Bedingungen legislativer Gestaltung, Tübingen 2020.

Tipke, Klaus: Das Nettoprinzip – Angriff und Abwehr, dargestellt am Beispiel des Werkstorprinzips, BB 2007, 1525–1533.

ders.: Die dualistische Einkünfteermittlung nach dem Einkommensteuergesetz – Entstehung, Motivation und Berechtigung, in: Kruse, Heinrich Wilhelm (Hrsg.), Festschrift für Heinz Paulick zum 65. Geburtstag – 9. Mai 19973, Köln-Marienburg 1973, 391–401 (zit.: *Tipke*, FS Paulik).

ders.: Die rechtliche Misere der Zinsbesteuerung, BB 1989, 157–159.

ders.: Die Steuerrechtsordnung – Steuerrechtfertigungstheorie, Anwendung auf alle Steuerarten, sachgerechtes Steuersystem, Bd. II, 2. Aufl., Köln 2003 (zit.: *Tipke*, Steuerrechtsordnung, Bd. II).

ders.: Die Steuerrechtsordnung – Wissenschaftsorganisatorische, systematische und grundrechtlich-rechtsstaatliche Grundlagen, Bd. I, 2. Aufl., Köln 2000 (zit.: *Tipke*, Steuerrechtsordnung, Bd. I).

ders.: Konsequenzen aus dem Zinssteuer-Urteil des Bundesverfassungsgerichts, FR 1991, 480–481.

ders.: Steuergerechtigkeit unter besonderer Berücksichtigung des Folgerichtigkeitsgebots, StuW 2007, 201–220.

ders.: Steuerrecht – Chaos, Konglomerat oder System?, StuW 1971, 2–17.

ders.: Zur Abgrenzung der Betriebs- oder Berufssphäre von der Privatsphäre im Einkommensteuerrecht – Zur Lübecker Jahrestagung der Deutschen Steuerjuristischen Gesellschaft e. V. am 20./21. September 1979, StuW 1979, 193–208.

Tipke, Klaus/Kruse, Heinrich Wilhelm: Abgabenordnung – Finanzgerichtsordnung, Kommentar zur AO und FGO (inklusive Steuerstrafrecht), fortgeführt von Seer, Roman u. a., Köln, Stand: 168. Erg.-Lfg., Dezember 2021 (zit.: *Bearbeiter*, in: Tipke/Kruse, AO).

Tipke, Klaus/Lang, Joachim: Steuerrecht, 24. Aufl., Köln 2021 (zit.: *Bearbeiter*, in: Tipke/Lang).

Treml, Marius: Die Bruttobesteuerung bei der Abgeltungsteuer auf Einkünfte aus Kapitalvermögen, Berlin 2014.

Tröger, Tobias: Vertragsrechtliche Fragen negativer Zinsen auf Einlagen, NJW 2015, 657–660.

Uhländer, Christoph: Vermögensverluste im Privatvermögen – Der Einkünftedualismus als Januskopf der Einkommensteuer, Berlin 1996.

Verfürth, Frank: Verlustausgleichsverbote im Einkommensteuerrecht, Köln 2002, abrufbar unter: *http://webdoc.sub.gwdg.de/ebook/n/2003/uni-koeln/11v4308.pdf*, zuletzt abgerufen am 24.8.2022.

Vogel, Klaus: Besteuerung fiktiver Einkünfte, in: Wendt, Rudolf/Höfling, Wolfram/Karpen, Ulrich/Oldiges, Martin (Hrsg.), Staat – Wirtschaft – Steuern, Festschrift für Karl Heinrich Friauf zum 65. Geburtstag, Heidelberg 1996, 825–832 (zit.: *Vogel*, FS Heinrichs).

Völlmeke, Monika: Der Auflösungsgewinn oder -verlust gemäß § 17 EStG, DStR 2005, 2024–2027.

Wacker, Roland: § 15a EStG: Vorgezogene Einlagen und JStG 2009 – Ganzschluss, Halbschluss oder Trugschluss?, DStR 2009, 403–406.

Wassermeyer, Franz: Das Erfordernis objektiver und subjektiver Tatbestandsmerkmale in der ertragsteuerlichen Rechtsprechung des BFH – Ein Beitrag zu der im Ertragsteuerrecht maßgeblichen „Kausalitäts“lehre, StuW 1982, 352–364.

Watrin, Christoph/Benhof, Hanno: Besteuerung langfristiger privater Veräußerungsgewinne: Rechtliche Bedenken und Folgen für den Kapitalmarkt, DB 2007, 233–238.

Watrin, Christoph/Riegler, Fabian: Zur ertragsteuerlichen Behandlung von Verlusten aus Währungsswaps, FR 2015, 1049–1057.

Weber-Grellet, Heinrich: Die Abgeltungsteuer: Irritiertes Rechtsempfinden oder Zukunftschance?, NJW 2008, 545–550.

ders.: Die Funktion der Kapitalertragsteuer im System der Abgeltungsteuer (Teil I), DStR 2013, 1357–1363.

ders.: Steuern im modernen Verfassungsstaat – Funktionen, Prinzipien und Strukturen des Steuerstaats und des Steuerrechts, Köln 2001.

Weiss, Martin: Neuere Entwicklung bei der Abgeltungsteuer – Mittelbare Beteiligungen und mittelbare Tätigkeiten, BB 2017, 2071–2075.

ders.: Der neue § 20 Abs. 6 EStG, EStB 2020, 64–70.

Wendt, Michael: Prinzipien der Verlustberücksichtigung, in: v. Groll, Rüdiger (Hrsg.), Verluste im Steuerrecht, Bd. 28, Köln 2005, 41–80 (zit.: *Wendt*, DStJG 2005).

Wenzel, Sebastian: Ist der Sparer-Pauschbetrag verfassungswidrig?, DStR 2009, 1182–1185.

Wernsmann, Rainer: Die Einschränkung des Werbungskosten- und Betriebsausgabenabzugs im Zusammenhang mit Pendlerpauschale, Arbeitszimmer, Alterseinkünften und Abgeltungssteuer, in: Brandt, Jürgen (Hrsg.), Steuerrecht im Wandel – Stand und Perspektiven der Reformdiskussion, Bd. 5, Stuttgart (u. a.) 2008, 107–133 (zit.: *Wernsmann*, DFGT 2008).

ders.: Einkommensteuer und objektives Nettoprinzip, DStR 2009, Beihefter zu Heft 34, 101–106.

ders.: Verhaltenslenkung in einem rationalen Steuersystem, Tübingen 2005.

Weyss, Frank Anton: Erfahrungen mit dem österreichischen Modell einer Abgeltungsteuer, in: Schick, Gerhard (Hrsg.), Veranlagung – Abgeltung – Steuerfreiheit, Besteuerung von Kapitalerträgen im Rechtsstaat, Berlin 2003, 63–67 (zit.: *Weyss*, in: Schick, Veranlagung – Abgeltung – Steuerfreiheit).

Wolff-Diepenbrock, Johannes: Zur AfA-Berechtigung bei unentgeltlichem Nießbrauch – Die Urteile des Bundesfinanzhofs vom 28. Juli 1981, DStZ 1982, 331–339.

ders.: Zur Dauer der wesentlichen Beteiligung bei § 17 EStG –Anmerkung zum Urteil des BFH v. 7.7.1992 – VIII R 54/88, DStZ 1993, 118–120.

ders.: Zur Entstehungsgeschichte und Systematik des § 17 des Einkommensteuergesetzes, in: Kirchhof, Paul/Offerhaus, Klaus/Schöberle, Horst (Hrsg.), Steuerrecht – Verfassungsrecht – Finanzpolitik – Festschrift für Franz Klein, Köln 1994, 875–887 (zit.: *Wolff-Diepenbrock*, FS Klein).

Worgulla, Niels: Bruttobesteuerung der Einkünfte aus Kapitalvermögen und der allgemeine Gleichheitsgrundsatz, FR 2013, 921–931.

ders.: Die Bruttobesteuerung in der Schedule der Einkünfte aus Kapitalvermögen, Baden-Baden 2013.

Zapf, Alexander: Jahressteuergesetz 2.0: Der Regierungsentwurf ist da – Eine Analyse praxisrelevanter Gesetzesänderungen im Ertrag- und Grunderwerbsteuerrecht, FR 2019, 804–819.

Zipfel, Lars: Beck'sches Steuer- und Bilanzrechtslexikon, Alber, Matthias u. a. (Hrsg.), 51. Edition, München 2020, abrufbar unter: *https://beck-online.beck.de/?vpath=bibdata%2Flex%2FBESTLEX_51%2Fcont%2FBESTLEX%2EAnrechnungsverfahren%2Ehtm*, zuletzt abgerufen am 24.8.2022 (zit.: *Zipfel*, in Beck'sches Steuer- und Bilanzrechtslexikon, „Stichwort").

Zöllner, Wolfgang/Noack, Ulrich (Hrsg.): Kölner Kommentar zum Aktiengesetz, 3. Aufl., Köln (u. a.) 2018 (zit.: *Bearbeiter*, in: KK AktG).

www.ingramcontent.com/pod-product-compliance
Ingram Content Group UK Ltd.
Pitfield, Milton Keynes, MK11 3LW, UK
UKHW021124041026
8980IPUK00026B/356

9 783631 899137